Computer Specialist in Spreadsheet & Database Level-Ⅱ
컴퓨터활용능력
EXCEL 2021 2급 필기

발 행 일 : 2023년 12월 11일(초판 1쇄)
개 정 일 : 2025년 02월 03일(2판 1쇄)
I S B N : 978-89-5960-463-0(13000)
정　　가 : 17,000원

집　　필 : 김상민
진　　행 : 안영선

발 행 처 : (주)렉스미디어
발 행 인 : 안광준
주　　소 : 경기도 파주시 정문로 588번길 24
홈페이지 : www.rexmedia.net

※ 이 책은 저작권법에 따라 보호를 받는 저작물이므로 무단 전재와 무단 복제를 금지하며,
　이 책 내용의 전부 또는 일부를 이용하려면 반드시 (주)렉스미디어의 서면동의를 받아야 합니다.

컴퓨터활용능력 2급 필기 자료 다운로드 안내　　다음 페이지

렉스미디어 자료 다운로드 방법

1. 렉스미디어 홈페이지(www.rexmedia.net)에 접속한 후 [자료실]을 클릭합니다. 그런다음 렉스미디어 자료실 페이지가 나타나면 '컴퓨터활용능력'을 검색한 후 [놀자비 컴퓨터활용능력 2급 필기(EXCEL 2021)_학습자료(예제 및 완성)]을 클릭합니다.

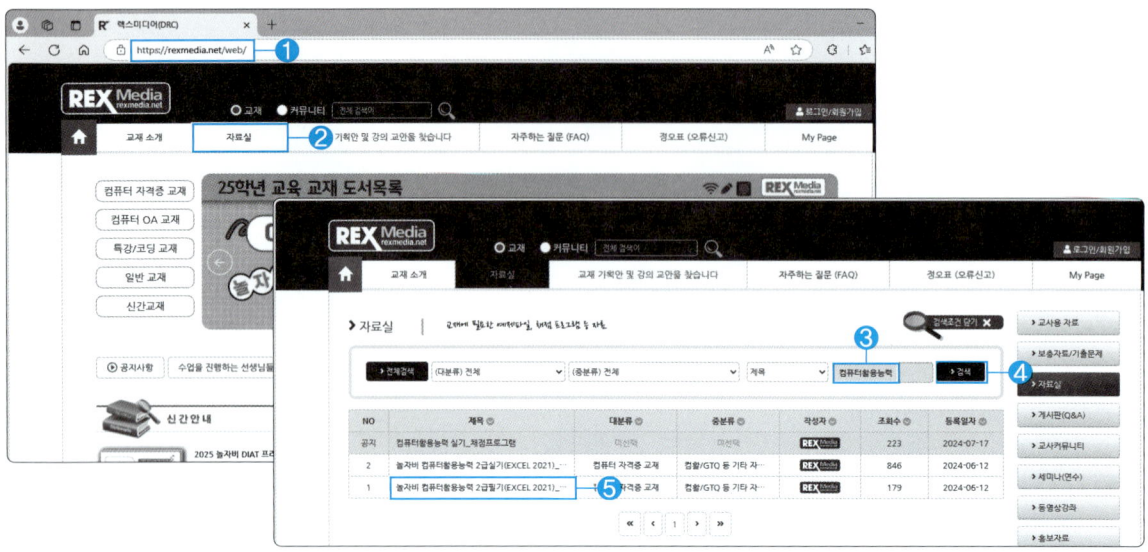

2. '놀자비 컴퓨터활용능력 2급 필기(EXCEL 2021)_학습자료(예제 및 완성)' 게시물이 나타나면 [다운로드] 버튼을 클릭합니다. 다운로드가 완료되면 [폴더에 표시]를 클릭합니다.

3. 다운로드된 파일을 압축 해제하면 다음과 같이 '컴퓨터활용능력 2급 필기' 자료가 다운로드된 것을 확인할 수 있습니다.

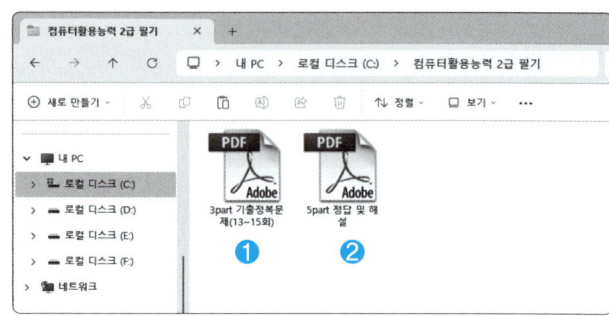

❶ 3part 기출정복문제(13~15회) PDF 파일이 담겨져있습니다.
❷ 5part 정답 및 해설 PDF파일이 담겨져있습니다.

CBT 시험 안내

▶ 시험 준비하기

국가기술자격법 시행규칙 개정에 따라
신분증 미지참시 시험응시 불가

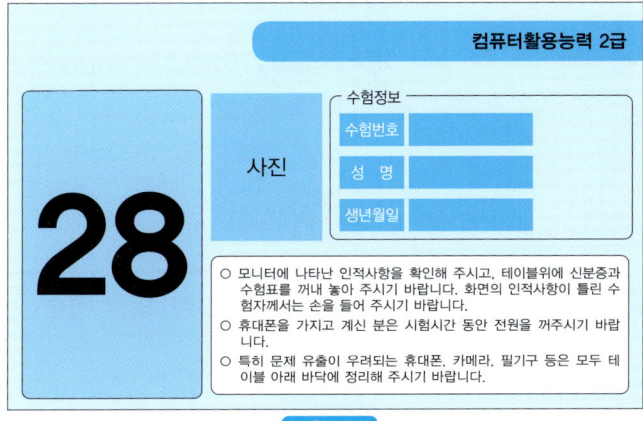

1 좌석번호 확인
- 입실시간(시험 시작시간)을 준수하여야 하며, 입실시간(시험 시작 시간) 이후에는 입실이 불가능하다.
- 수험자 접속 대기 화면에서 본인의 좌석 번호 및 인적사항을 확인한다.
- 테이블 위에 신분증과 수험표를 꺼내 놓고 감독관 지시를 기다린다.
  (신분증 미지참시 시험응시가 불가)
- 휴대폰 전원을 종료(Off) 한다.

2 수험자 정보 확인
- 시험 감독관이 수험자의 신분을 확인하는 단계이다.
- 신분 확인이 끝나면 시험이 시작된다.

3 안내사항 – 시험 안내사항을 확인한 후 [다음] 단추를 클릭한다.
4 유의사항 – 시험과 관련된 유의사항을 확인한다.
5 문제풀이 메뉴 설명
시험을 볼 때 필요한 메뉴에 대한 설명이다. 메뉴를 이용해 글자 크기와 화면 배치를 조정할 수 있으며, 남은 시간을 확인, 답안 작성, 계산기 이용등을 할 수 있다.
6 문제풀이 연습
시험 보기 전 연습을 해 보는 단계이다. 직접 시험 메뉴 화면을 클릭하며, CBT가 어떻게 진행되는지 확인한다.
7 시험 준비 완료
문제 풀이 연습을 모두 마친 후 [시험 준비 완료] 단추를 클릭하면, 시험 감독관의 지시에 따라 시험이 시작된다.

▶ 시험 시작하기

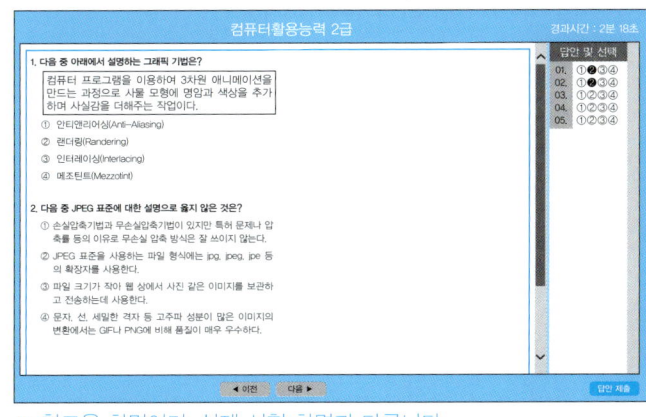

※ 참고용 화면이며, 실제 시험 화면과 다릅니다.

1 시험 시작
- 시험이 시작됩니다. 제한 시간에 맞춰 문제 풀이를 시작한다.
- 시험 중 컴퓨터에 문제가 발생할 경우 손을 들어 감독관에게 알리고 조치를 기다린다.

2 답안 제출
시험을 완료하면 [답안 제출] 단추를 클릭한다. 답안을 수정하기 위해 시험 화면으로 돌아가고 싶으면 [아니오] 단추를 클릭한다.

3 답안 제출 최종 확인
답안 제출 메뉴에서 [예] 단추를 클릭한 후 한번 더 주의 문구가 나타나면 [예] 단추를 클릭한다.

4 합격 발표
CBT 시험이 모두 종료되면, 바로 합격/불합격 여부를 확인할 수 있다.

5 퇴실
신분증, 수험표, 필기 도구, 휴대폰 등을 챙겨서 퇴실한다.

컴퓨터활용능력 시험 안내

◆ 시험 소개

산업계의 정보화가 진전되면서 영업, 재무, 생산 등의 분야에 대한 경영분석은 물론 데이터 관리가 필수적입니다.
〈컴퓨터활용능력〉 검정은 사무자동화의 필수 프로그램인 스프레드시트(SpreadSheet), 데이터베이스(Database) 활용능력을 평가하는 국가기술자격 시험입니다.

◆ 시험 과목

등급	시험방법	시험과목	출제형태	시험시간	합격 결정 기준
1급	필기시험	컴퓨터일반 스프레드시트 일반 데이터베이스 일반	객관식 60문항	60분	과목당 40점 이상 평균 60점 이상
1급	실기시험	스프레드시트 실무 데이터베이스 실무	컴퓨터 작업형 (10문항 이내)	90분 (과목별 45분)	과목당 70점 이상
2급	필기시험	컴퓨터 일반 스프레드시트 일반	객관식 40문항	40분	과목당 40점 이상 평균 60점 이상
2급	실기시험	스프레드시트 실무	컴퓨터 작업형 (5문항 이내)	40분	70점 이상

※ 필기 윈도우 운영체제는 윈도우 10 Home Premium 기준으로 출제
※ 실기프로그램 : 1급 – MS Office LTSC Professional Plus 2021 중 Excel 2021, Access 2021
　　　　　　　　 2급 – MS Office LTSC Professional Plus 2021 중 Excel 2021

◆ 원서 접수 안내

- 각 지역 상공회의소를 방문하거나 인터넷 홈페이지(http://license.korcham.net)에서 접수

◆ 합격자 발표 및 자격증 수령

- 합격자 발표는 대한상공회의소 홈페이지를 통해 확인할 수 있음(발표 후 2개월 동안 확인 가능)
- 필기 합격자는 실기시험 접수 기간에 인터넷을 통해서만 접수 가능(필기 합격자는 합격자 발표일을 기준으로 2년간 필기시험 면제) • 최종 합격자(필기/실기 합격자)는 자격증 발급 신청자에 한하여 카드 형태의 자격증이 교부됨

- **자격증 신청 및 수령 방법** : 인터넷 신청만 가능하며, 수령 방법은 우편 등기 배송만 있음
  (자격증 발급 및 등기 배송 비용은 홈페이지(http://license.korcham.net)에서 확인)
- **신청 접수 기간** : 신청 기간은 따로 없으며, 필요할 때 신청하면 됨(단, 신청후 10~15일 사이 수령 가능)

※ 자격증 방문신청 및 방문수령은 진행하지 않사오니 대한상공회의소 자격평가사업단 공식 홈페이지에서 신청하시기 바랍니다.

◆ 출제 기준

필기 과목명	주요 항목	세부 항목
컴퓨터 일반	컴퓨터 시스템 활용	1. 운영체제 사용
		2. 컴퓨터 시스템 설정 변경
		3. 컴퓨터 시스템 관리
	인터넷 자료 활용	1. 인터넷 활용
		2. 멀티미디어 활용
		3. 최신 정보통신기술 활용
	컴퓨터 시스템 보호	1. 정보 보안 유지
		2. 시스템 보안 유지
스프레드시트 일반	응용 프로그램 준비	1. 프로그램 환경 설정
		2. 파일 관리
		3. 통합 문서 관리
	데이터 입력	1. 데이터 입력
		2. 데이터 편집
		3. 서식 설정
	데이터 계산	1. 기본 계산식
	데이터 관리	1. 기본 데이터 관리
		2. 데이터 분석
	차트 활용	1. 차트 작성
		2. 차트 편집
	출력 작업	1. 페이지 레이아웃 설정
		2. 인쇄 작업
	매크로 활용	1. 매크로 작성

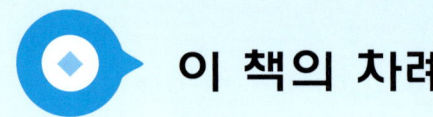

이 책의 차례

PART 01 컴퓨터 일반

- Chapter 01 · 운영체제 사용 ·········· 10
- Chapter 02 · 컴퓨터 시스템 설정 변경 ·········· 27
- Chapter 03 · 컴퓨터 시스템 관리 ·········· 34
- Chapter 04 · 정보 통신 기술 및 인터넷 활용 ·········· 52
- Chapter 05 · 멀티미디어 활용 ·········· 63
- Chapter 06 · 정보 보안 ·········· 70

PART 02 스프레드시트 일반

- Chapter 01 · 입력 및 편집 ·········· 78
- Chapter 02 · 수식의 활용 ·········· 95
- Chapter 03 · 차트의 작성 ·········· 103
- Chapter 04 · 출력 기능 ·········· 111
- Chapter 05 · 데이터 관리 ·········· 116
- Chapter 06 · 데이터 분석 ·········· 122
- Chapter 07 · 매크로 ·········· 129

PART 03 기출정복문제

제01회 기출정복문제 ………………………………………………… 134

제02회 기출정복문제 ………………………………………………… 142

제03회 기출정복문제 ………………………………………………… 151

제04회 기출정복문제 ………………………………………………… 160

제05회 기출정복문제 ………………………………………………… 169

제06회 기출정복문제 ………………………………………………… 178

제07회 기출정복문제 ………………………………………………… 187

제08회 기출정복문제 ………………………………………………… 195

제09회 기출정복문제 ………………………………………………… 203

제10회 기출정복문제 ………………………………………………… 211

제11회 기출정복문제 ………………………………………………… 220

제12회 기출정복문제 ………………………………………………… 229

제13회 기출정복문제

제14회 기출정복문제

제15회 기출정복문제

PDF 제공 - 렉스미디어 홈페이지(www.rexmedia.net)에서 [자료실]-[대용량 자료실]-[수험서 관련]-[2024년 컴퓨터활용능력] 폴더에서 다운로드 받을 수 있습니다.

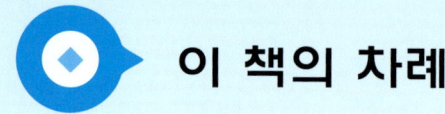

PART 04 기출실전문제

제01회 기출실전문제 ········· 240

제02회 기출실전문제 ········· 248

제03회 기출실전문제 ········· 256

PART 05 정답 및 해설

Part 01 컴퓨터 일반 ········· 266

Part 02 스프레드시트 일반 ········· 266

Part 03 기출정복문제 ········· 267

Part 04 기출실전문제 ········· 308

Computer Specialist in Spreadsheet & Database Level-II

Part 01

컴퓨터 일반

- Chapter 01 운영체제 사용
- Chapter 02 컴퓨터 시스템 설정 변경
- Chapter 03 컴퓨터 시스템 관리
- Chapter 04 정보 통신 기술 및 인터넷 활용
- Chapter 05 멀티미디어 활용
- Chapter 06 정보 보안

Chapter 01 운영체제 사용

STEP 01 한글 Windows 개요

01. 운영체제

■ 운영 체제의 정의

운영체제 OS(Operating System)는 컴퓨터의 하드웨어를 제어하고 응용 소프트웨어를 위한 기반 환경을 제공하여, 사용자가 컴퓨터를 사용할 수 있도록 중재 역할을 해 주는 소프트웨어를 말합니다.

■ 한글 Windows 운영체제의 특징

그래픽 사용자 인터페이스(GUI)	• 키보드로 명령어를 직접 입력하지 않고 아이콘이나 메뉴를 마우스로 선택하여 모든 작업을 수행하는 사용자 작업 환경 • 마우스 조작을 통해 초보자들도 쉽게 사용할 수 있음
선점형 멀티태스킹	• 운영체제가 제어권을 가지고 있으면서 응용 프로그램에 제어권을 부여하는 방식 • 특정한 프로그램에 문제가 발생해도 시스템 전체가 다운되지 않음
플러그 앤 플레이 (Plug & Play)	• 컴퓨터 시스템에 하드웨어를 설치했을 때, 해당 하드웨어를 사용하는데 필요한 시스템 환경을 운영체제가 자동으로 구성 • 하드웨어와 소프트웨어 모두 플러그 앤 플레이 기능을 지원해야 사용 할 수 있음 • IRQ, DMA 채널, I/O 주소들이 충돌하지 않도록 설정함
개체 연결 및 삽입(OLE)	• 문서 작성시 여러 응용 프로그램에서 작성된 문자나 그림 등의 개체를 연결(Linking)하거나 삽입(Embedding)하여 편집할 수 있도록 하는 기능 • OLE로 연결(Linking)된 경우 원본 개체를 수정하면 그 내용이 해당 문서에도 그대로 반영됨
255자의 긴 파일 이름 지원	• 공백을 포함하여 최대 255자의 긴 파일 이름을 지원 • ₩ / : * ? " < > | 등의 특수문자는 사용할 수 없음 • NTFS 시스템의 경우 유니코드 문자를 지원하여 세계 여러 문자를 파일 이름에 사용할 수 있음

001 한글 Windows 10에서 하드웨어 장치를 추가할 때 운영체제가 이를 자동적으로 인식하여 설치 및 환경 설정을 용이하게 하는 기능 혹은 규약을 무엇이라고 하는가?
① 파일 탐색기
② 마법사(Wizard)
③ 플러그 앤 플레이(Plug and Play)
④ 드래그 앤 드롭(Drag and Drop)

02. 한글 Windows 시작 및 종료

■ 부팅(Booting)

• 컴퓨터 본체에 전원이 공급되는 순간부터 모든 장치를 검사하고 초기화 과정을 거쳐 컴퓨터가 작업할 수 있는 환경을 만들때 까지의 과정을 의미한다.
• 컴퓨터 본체에 전원을 연결한 후 한글 Windows 10이 시작될 때 키보드의 F8을 누르면 [고급 부팅 옵션] 메뉴가 표시되며, 원하는 메뉴를 선택하여 부팅 환경을 변경할 수 있다.

컴퓨터 복구	• 부팅에 문제가 있거나 정상적인 동작을 하지 않을 경우 초기 상태 또는 최적의 상태로 복원시킴 • [시스템 복구 옵션] 대화상자가 표시되며, 시동 복구, 시스템 복원, 시스템 이미지 복구, Windows 메모리 진단, 명령 프롬프트 중에서 선택할 수 있음
안전 모드	• 컴퓨터가 정상적인 동작을 하지 않을 경우 컴퓨터에 발생한 문제를 해결하기 위해 사용 • 컴퓨터 작동에 필요한 최소한의 장치만 설정하여 부팅함 • 화면 해상도는 800×600으로 표시되며 네트워크 카드, 사운드 카드, 모뎀 등은 지원하지 않음
안전 모드 (네트워킹사용)	안전 모드 상태에서 윈도우(Windows)를 시작하며, 인터넷이나 네트워크를 이용하여 다른 컴퓨터의 자원을 사용할 수 있음
안전 모드 (명령 프롬프트 사용)	윈도우(Windows)의 GUI 환경이 아닌 안전 모드를 지원하는 환경에서 DOS 모드로 부팅하여 명령 프롬프트 창을 표시함
부팅 로깅 사용	• 부팅 과정을 Ntbtlog.txt 파일에 기록하며 부팅하는 방식 • 부팅에 문제가 발생시 Ntbtlog.txt 파일을 열어 문제 발생 여부를 확인할 수 있음

저해상도 비디오 사용 (640×480)	• 화면 해상도를 640×480으로 설정하여 부팅 • 그래픽 카드 드라이버를 새로 설치 후 Windows 부팅에 문제가 발생할 때 사용
마지막으로 성공한 구성(고급)	• 가장 마지막에 정상적인 방법으로 부팅 후 종료 되었을 때의 레지스트리 정보와 드라이버 설정을 이용하여 부팅 • 부팅이 성공하면 이후에 부팅 설정은 모두 삭제됨
디렉터리 서비스 복원 모드	• 디렉터리 컨트롤러에서만 사용 가능한 방식 • 디렉터리 서비스를 복원할 수 있도록 Active Directory를 실행하는 Windows 도메인 컨트롤러를 시작
디버깅 모드	고급 문제 해결 모드로 IT 전문가 및 네트워크로 연결된 경우 컴퓨터 관리자에게 디버그 정보를 보내면서 부팅
시스템 오류시 자동 다시 시작 사용 안 함	• 부팅 과정에서의 오류가 발생한 경우 시스템이 자동으로 다시 시작되지 않도록 지정함 • Windows가 실패하여 다시 시작하지만 반복해서 다시 실패하는 루프가 Windows에서 발생한 경우에만 선택
드라이버 서명 적용 사용 안 함	부적절한 서명이 포함된 드라이버를 설치 가능하도록 허용함
표준 모드로 Windows 시작	일반적인 한글 Windows 10의 부팅 방식

파일 시스템(File System)
- 보조기억장치에 저장되는 파일에 대해 수정, 삭제, 추가, 검색 등의 작업을 체계적으로 할 수 있도록 지원하는 관리 시스템을 말한다.
- FAT(16), FAT32, NTFS 등이 있으며, FAT32는 FAT에서 파생된 것으로 FAT에 비해 클러스터 크기가 작아 하드디스크의 공간 낭비를 줄일 수 있다.

■ 한글 Windows 새로운 기능

라이브러리	여러 개의 폴더에 흩어져 있는 파일을 마치 하나의 폴더에 있는 것처럼 이용하는 기능
홈 그룹	가정용 네트워크 설정 기능으로 파일 및 프린터 등을 쉽게 공유할 수 있도록 도와줌
자동 드라이버 설치	컴퓨터 시스템의 하드웨어 드라이버를 자동으로 인식하고 설정함
프로그램 단추 고정	자주 사용하는 프로그램을 쉽게 실행할 수 있도록 작업 표시줄에 고정할 수 있음

빠른 검색	시작 메뉴의 검색 상자에 검색어를 입력하면 문서, 그림, 음악 및 이메일 목록이 항목별로 분류되어 표시됨
자녀 보호	계정의 특정 사용자를 대상으로 시간 제어, 게임 등급 제어, 특정 프로그램 허용/차단 등 사용에 제한을 둘 수 있음
캡처 도구	화면의 특정 부분 또는 전체를 캡처하여 HTML, PNG, GIF, JPG 등의 파일로 저장할 수 있음
핫 스왑 (Hot Swap)	컴퓨터의 전원이 켜져 있는 상태에서 시스템의 장치를 연결하거나 분리할 수 있음
64비트 지원	32비트의 최대 메모리는 4GB이지만, 64비트는 최대 메모리가 192GB까지 지원되므로 처리 속도가 빠름
NTFS	파일 및 폴더에 대한 액세스 제어를 유지, 디스크 관련 오류의 자동 복구 기능, 대용량 하드 디스크 지원 및 보안 강화(사용 권한, 암호화), 하드 디스크의 공간 낭비를 줄이고 시스템의 안정성을 향상, 최대 파일의 크기는 16TB이며 파티션의 크기는 256TB까지 지원

■ 한글 Windows 종료(시스템 종료)

- 시스템 종료 동작 메뉴는 [시작]-[전원]을 클릭하여 표시할 수 있다.

- 현재 실행중인 프로그램 창을 모두 닫은 후 [시작]-[전원]-[시스템 종료]를 클릭하면 정상적인 방법으로 컴퓨터를 종료할 수 있다.

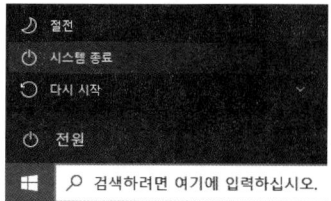

- [시작] 단추에서 마우스 오른쪽 단추를 눌러 바로 가기 메뉴의 [종료 또는 로그아웃]을 클릭하여 표시할 수 있다.

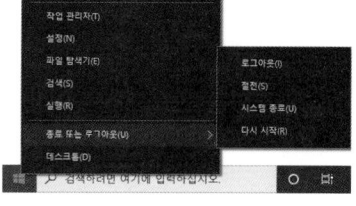

로그아웃	현재 로그인 한 계정의 모든 프로그램을 종료하고 네트워크를 차단한 후 다른 사용자 이름으로 네트워크에 로그인할 수 있도록 하는 기능
절전	장시간 컴퓨터를 사용하지 않을 경우 절전을 위해 모니터와 하드디스크를 자동으로 끄는 기능
다시 시작	컴퓨터 시스템을 다시 시작하는 기능

002 다음 중 한글 Windows 10에서 부팅 메뉴 화면이 나타나도록 하는 키로 옳은 것은?
① F2　　② F5
③ F8　　④ F9

003 파일 시스템은 디스크에 존재하는 파일의 정보가 저장되어 있는 섹터들을 찾아볼 수 있도록 정보를 저장하는 특수영역이다. 다음 중 FAT16과 비교하여 NTFS의 장점으로 옳지 않은 것은?
① 하드디스크의 공간 낭비를 줄일 수 있다.
② 시스템의 안정성이 향상된다.
③ 하드디스크의 성능을 최적화하여 시스템을 보다 빨리 사용할 수 있다.
④ 시스템 리소스를 최대화할 수 있다.

004 다음 중 한글 Windows 10에서 안전모드로 시스템을 시작할 때 설정되는 모니터의 해상도로 옳은 것은?
① 640 × 480　　② 800 × 600
③ 1024 × 768　　④ 1280 × 960

03. 마우스 및 키보드 사용법

■ 마우스 사용법

동작	기능 설명
클릭(Click)	• 마우스 왼쪽 단추를 한 번 누르는 동작 • 창(Window), 메뉴, 아이콘 등을 선택할 때 사용
더블클릭 (Double Click)	• 마우스 왼쪽 단추를 빠르게 두 번 누르는 동작 • 창(Window) 또는 폴더를 열거나 응용 프로그램을 실행할 때 사용
드래그 앤 드롭 (Drag&Drop)	• 마우스 왼쪽 단추를 누른 채로 끌어(Drag)서 놓는(Drop) 동작 • 아이콘, 폴더, 파일 등을 이동/복사하거나 창의 크기를 변경할 때 사용
오른쪽 단추 클릭	마우스 오른쪽 단추를 한 번 누르는 동작으로 마우스 포인터가 위치한 개체의 바로 가기 메뉴가 표시됨
스크롤 (Scroll)	마우스 왼쪽 버튼과 오른쪽 버튼 사이의 휠을 이용하여 화면을 위/아래로 이동시킴

■ 마우스 포인터

모양	기능 설명	모양	기능 설명
▸	일반 선택	⊘	사용할 수 없음
▸?	도움말 선택	↕↔	수직/수평/대각선 방향 크기 조절
▸○	백그라운드 작업	✥	이동
○	사용 중	↑	대체 선택
+	정밀도 선택	👆	연결 선택
I	텍스트 선택	👆	위치 선택
✎	필기	👆	사용자 선택

■ 기본 키 사용법

기본 키	기능 설명
BackSpace	커서를 왼쪽으로 이동시키면서 한 문자씩 삭제함
Delete	커서의 위치를 변경시키지 않고, 커서 오른쪽 문자를 한 문자씩 삭제함
Esc	선택된 기능이나 명령을 취소 또는 이전 상태로 복귀할 경우 사용
SpaceBar	삽입 모드에서는 공백 문자를 삽입하고 수정 모드에서는 커서 오른쪽 문자를 삭제함
Ctrl / Shift / Alt	• 다른 키와 함께 사용하는 조합키(제어키) • Shift : 영문 대소문자를 구분 또는 한글 쌍자음, 쌍모음 등에 사용
CapsLock	영문 대문자나 소문자로 변경하여 입력할 수 있는 토글키
Tab	커서를 정해진 위치로 한 번에 이동시킴

■ 바로 가기 키

바로 가기 키	기능 설명
F1	[도움말] 창을 표시함
F2	파일/폴더의 이름을 변경함
F3	파일 탐색기에서 파일 또는 폴더 검색
F4	파일 탐색기에서 주소 표시줄 목록 표시
F5	최신 정보로 고침
Alt + F4	• 실행중인 창을 종료함 • 실행중인 창이 없을 경우 [Windows 종료] 창을 표시함
Alt + Esc	열린 창들의 순서대로 전환
Alt + Tab	열린 창 목록을 화면 중앙에 표시하며, Alt 가 눌린 상태에서 Tab 을 누를 때마다 창이 전환됨
Alt + Enter	선택된 파일/폴더의 속성 대화상자를 표시함
Alt + SpaceBar	실행중인 창의 바로 가기 메뉴를 표시함
Alt + PrintScreen	실행중인 활성창을 이미지 형식으로 클립보드로 복사함
PrintScreen	화면 전체를 클립보드로 복사함
Ctrl + A	파일/폴더의 모두 선택
Ctrl + Esc	시작 메뉴를 표시함
Ctrl + Shift + Esc	[Windows 작업 관리자] 창을 표시함
Shift + Delete	휴지통을 거치지 않고 바로 삭제
Shift + F10	바로 가기 메뉴를 표시함
Shift + CD 삽입	Shift 를 누르고 CD를 삽입하면 자동 실행을 멈춤

■ Windows 로고 키(⊞)

기본 키	기능 설명
⊞	시작 화면 열기 및 닫기
⊞ + D	열려 있는 모든 창 또는 대화상자를 최소화하거나 이전 크기로 전환
⊞ + E	파일 탐색기 창 열기
⊞ + L	컴퓨터를 잠그거나 사용자를 전환
⊞ + M	모든 창을 최소화
⊞ + Shift + M	바탕 화면에서 최소화된 창 복원
⊞ + R	실행 창 열기
⊞ + T	작업 표시줄의 프로그램을 차례로 선택
⊞ + U	접근성 센터 창 열기
⊞ + V	클립보드 열기(⊞[시작]-[시스템]-[클립보드]를 선택한 후 클립보드 검색 기록 아래의 토글을 켜서 활성화함)
⊞ + Pause	시스템 속성 창 열기
⊞ + +	돋보기를 이용한 확대
⊞ + -	돋보기를 이용한 축소
⊞ + Esc	돋보기 끝내기

■ Windows 탐색기에서의 바로 가기 키

바로 가기 키	기능 설명	바로 가기 키	기능 설명
F6	창 전환	키패드(+)	선택한 폴더의 내용 표시
F11	현재 창의 최대화 또는 최소화	키패드(-)	선택한 폴더 축소
BackSpace	한 수준 위의 폴더로 이동	키패드(*)	선택한 폴더의 모든 하위 폴더 표시

> **키패드**
> • 일반적으로 키보드의 오른쪽에 위치한 것으로 숫자, 연산자, NumLock, Del, Enter 등이 표시된다.
> • 숫자를 입력할 때 자주 사용하여 숫자 키패드라고도 한다.

005 한글 Windows 10의 탐색기에서 사용하는 단축키에 대한 설명으로 가장 옳지 않은 것은?
① F6 이나 Tab : 창 사이의 전환
② 숫자 키패드의 - : 선택한 폴더의 상위 폴더 표시
③ 숫자 키패드의 * : 선택한 폴더의 모든 하위 폴더 표시
④ 숫자 키패드의 + : 선택한 폴더의 하위 폴더 표시

006 다음 중 한글 Windows 10에서 Ctrl+Esc를 눌러 수행되는 작업으로 옳은 것은?
① 시작 메뉴가 나타난다.
② 실행 창이 종료된다.
③ 작업 중인 항목의 바로 가기 메뉴가 나타난다.
④ 창 조절 메뉴가 나타난다.

007 다음 중 Windows 10의 작업 표시줄에서 열려 있는 프로그램의 미리 보기를 차례로 표시하는 바로 가기 키는?
① ⊞+L   ② ⊞+D
③ ⊞+T   ④ ⊞+F

008 다음 중 Windows 10에서 사용하는 바로 가기 아이콘에 관한 설명으로 옳지 않은 것은?
① 하나의 원본 파일에 대하여 하나의 바로 가기 아이콘만 만들 수 있다.
② 바로 가기 아이콘을 실행하면 연결된 원본 파일이 실행된다.
③ 다른 컴퓨터나 프린터 등에 대해서도 바로 가기 아이콘을 만들 수 있다.
④ 원본 파일이 있는 위치와 관계없이 만들 수 있다.

04. 창(Window) 및 대화상자
■ 창(Window)의 구성
- 한글 Windows 10에서 실행되는 모든 프로그램, 문서, 폴더, 파일 등은 창(Window) 형식으로 표시한다.
- 창(Window)은 크기 조절이 가능하며, 실행시 작업 표시줄에 단추 모양의 아이콘으로 표시된다.

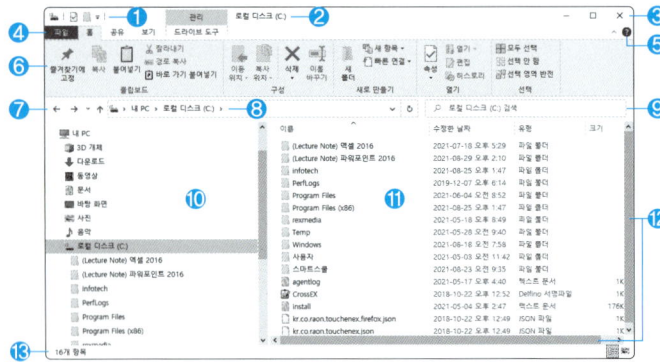

구성 요소	기능 설명
❶ 빠른 실행 도구	자주 사용하는 기능을 빠르게 실행할 수 있는 도구 모음(창에서 제공하는 기능을 아이콘으로 만들어 놓은 것)
❷ 제목 표시줄	창의 이름이 표시되는 곳
❸ 창 조절 단추	• ―[최소화] : 창을 바탕 화면에는 표시하지 않고 작업 표시줄에만 단추로 표시 • □[최대화] : 창을 바탕 화면의 크기로 조정. 창을 최대화하면 □[최대화] 단추가 ⧉[이전 크기로] 단추로 변경됨 • ⧉[이전 크기로] 창을 최대화 이전의 크기로 조정. 창을 최대화 이전의 크기로 조정하면 [이전 크기로] 단추가 □[최대화] 단추로 변경
❹ 메뉴 모음	창에서 제공하는 기능을 서로 관련 있는 기능별로 구분하여 놓은 곳
❺ 도움말 단추	• Bing 검색 화면이 나타나며 검색 결과를 확인 • 현재 위치 또는 선택 개체에 관련된 도움말을 검색
❻ 리본 메뉴	메뉴 모음과 도구 모음이 하나로 통합된 메뉴로 [홈]과 [보기] 등의 탭으로 구성되어 있고 탭은 서로 관련 있는 기능별로 구분하여 놓은 그룹으로 구성
❼ 뒤로/앞으로/위로	현재 위치에서 이전 폴더 위치로 이동/이전 위치에서 다시 현재 위치로 이동/상위 폴더 위치로 이동
❽ 주소 표시줄	• 현재 위치의 폴더의 전체 경로를 표시함 • 다른 폴더 위치로 이용할 수 있음
❾ 검색 상자	검색어를 입력하여 파일 또는 폴더를 검색할 때 사용
❿ 탐색 창	컴퓨터 시스템의 모든 내용을 트리 형태로 표시
⓫ 파일 목록	• 탐색 창에서 선택한 폴더의 내용을 표시 • 선택한 폴더의 하위 폴더가 존재하는 경우 하위 폴더 목록 표시
⓬ 화면 이동 막대	• 화면의 크기보다 내용물이 많을 경우 표시 • 수직 이동 막대와 수평 이동 막대가 있음
⓭ 상태 표시줄	선택된 개체 수를 표시

■ 창(Window)의 종료 방법
- 활성창의 바로 가기 메뉴에서 [닫기]를 선택하거나 제목 표시줄 왼쪽 끝부분을 더블클릭한다.
- 창 조절 단추의 ✕[닫기]를 클릭하거나 키보드의 Alt + F4, 작업 표시줄의 실행 프로그램에서 마우스 오른쪽 단추를 눌러 바로 가기 메뉴의 [창 닫기]를 선택하면 종료할 수 있다.

■ 활성창으로 창 전환 방법
현재 작업하고 있는 창을 활성창이라고 하며, 다른 작업을 하기 위해 창을 변경하는 것을 창 전환이라고 한다.

이용 방법	기능 설명
마우스 이용	사용하고자 하는 창을 마우스로 클릭함
작업 표시줄 이용	작업 표시줄에서 사용하고자 하는 프로그램 단추를 마우스로 클릭
바로 가기 키 이용	• Alt + Tab : 작업 전환 대화상자가 표시되며 원하는 창을 선택 • Alt + Esc : 작업 전환 대화상자를 표시하지 않고 다음 창으로 전환

009 응용 프로그램을 실행하였을 때 화면에 나타나는 사각형 영역을 창(Window)이라고 한다. 이 창의 기본 구성 요소가 아닌 것은?
① 주소 표시줄 ② 창 조절 단추
③ 상태 표시줄 ④ 시작 단추

■ 대화상자

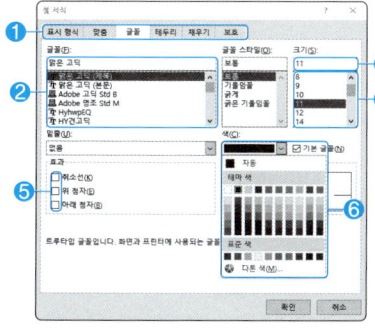
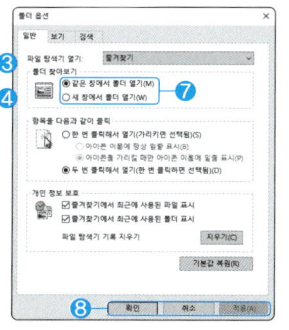

구성 요소	기능 설명
❶ 시트 탭	• 설정 항목이 많은 경우 관련된 항목을 묶어 대화상자 위쪽에 표시 • Ctrl + Tab : 시트 탭 이동 • Tab : 시트 탭 안에서 항목 이동
❷ 콤보상자 (Combo Box)	입력란과 늘어진 목록상자의 기능이 결합된 구성
❸ 입력란	사용자가 내용을 직접 입력
❹ 목록상자 (List Box)	여러 개의 목록을 표시하고 하나의 항목을 선택할 수 있도록 구성되며, 목록이 많은 경우 이동줄이 표시됨
❺ 확인란 (Check Box)	여러 개의 항목 중에서 하나 이상의 항목을 선택하거나 선택하지 않을 수 있음
❻ 늘어진 목록상자 (Drop Down Box)	• 선택된 항목 하나만 표시하고 나머지 목록은 숨겨진 상자 • 오른쪽에 있는 목록 단추를 눌러 목록 상자를 펼칠 수 있음
❼ 옵션 단추 (Option Button)	여러 개의 항목 중에서 하나만 선택할 수 있는 것으로 하나는 반드시 선택해야 함
❽ 명령 단추 (Command Button)	대화상자의 설정 사항에 대한 실행 여부를 지시하는 단추로 [확인], [적용], [취소] 등이 있음

STEP 02 바탕 화면

01. 바탕 화면의 사용

■ 바탕 화면의 구성
- 바탕 화면은 한글 Windows 10의 기본적인 작업 공간으로 아이콘과 작업 표시줄로 구성된다.
- 사용자 계정을 통해 각각의 사용자마다 별도의 바탕 화면을 구성할 수 있다.
- 바탕 화면에는 기본적으로 휴지통 아이콘이 표시되며, 필요한 아이콘을 추가할 수 있다.

■ 바탕 화면의 바로 가기 메뉴
- 바탕 화면의 빈 공간에서 마우스 오른쪽 단추를 클릭하면 표시되며, 바탕 화면에서 자주 사용하는 명령을 메뉴로 표시한다.
- **바탕 화면의 바로 가기 메뉴** : 새 폴더, 보기, 정렬 기준, 새로 고침, 새로 만들기, 디스플레이 설정, 개인 설정 등이 있다.
- **바탕 화면 아이콘의 보기 유형** : 큰 아이콘, 보통 아이콘, 작은 아이콘 등이 있으며, 아이콘 자동 정렬, 아이콘을 그리드에 맞춤, 바탕 화면 아이콘 표시 등이 있다.
- **바탕 화면의 아이콘 정렬 기준** : 이름, 크기, 항목 유형, 수정한 날짜 등이 있다.

바탕 화면 테마 변경

- 바탕 화면의 배경, 색, 소리, 마우스 커서 등이 미리 설정된 테마 항목에서 원하는 테마를 선택하여 한 꺼번에 변경할 수 있다.
- 테마에 포함된 요소(배경, 색, 소리, 마우스 커서)를 개별로 선택하여 해당 항목만 설정할 수 있다.
- **바탕 화면 배경** : Windows 바탕 화면 배경 또는 사진 라이브러리, 특정 폴더의 사진을 배경으로 지정할 수 있으며, 사진 위치를 지정 및 여러 장의 사진을 슬라이드 쇼 방식으로 순서 섞기 등을 사용하여 일정 시간마다 배경이 바뀌도록 설정할 수 있다.

바탕 화면 아이콘

- **바탕 화면의 아이콘 표시/숨기기** : 바탕 화면의 빈 공간에서 마우스 오른쪽 단추를 눌러 바로 가기 메뉴의 [보기]-[바탕 화면 아이콘 표시]를 체크 또는 체크 해제하여 바탕 화면에 아이콘을 표시하거나 숨긴다.
- 바탕 화면의 빈 공간에서 마우스 오른쪽 단추를 눌러 바로 가기 메뉴의 [개인 설정]을 클릭 ▶ [설정] 창에서 [테마] 탭을 클릭 ▶ [바탕 화면 아이콘 설정]을 클릭 ▶ [바탕 화면 아이콘 설정] 대화상자에서 컴퓨터, 휴지통, 문서, 제어판, 네트워크 등의 아이콘을 체크하여 표시하며, 체크 해제하면 숨길 수 있다.

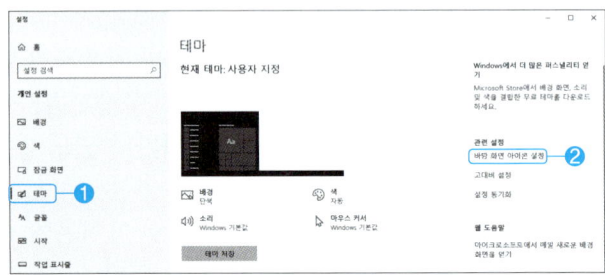

바로 가기 아이콘(단축 아이콘)

- 원본 파일에 대한 정보를 가지고 있는 아이콘으로 왼쪽 아래에 꺾인 화살표 표시가 있다.

 일반 아이콘　 바로가기 아이콘

- 아이콘을 실행하면 아이콘에 연결된 프로그램이 실행된다.
- 바로 가기 아이콘의 확장자는 '*.lnk'이다.
- 바로 가기 아이콘을 삭제해도 원본 파일은 영향을 끼치지 않는다.
- 바로 가기 아이콘 속성 대화상자의 [바로 가기] 탭에서 실행 파일의 위치를 알 수 있다.

바로 가기 아이콘 만들기

- 아이콘을 선택한 후 Ctrl+Shift를 누른 상태에서 원하는 위치로 드래그한다.
- 아이콘을 선택한 후 마우스 오른쪽 단추를 눌러 바로 가기 메뉴의 [바로 가기 만들기]를 선택한다.
- 아이콘을 선택한 후 마우스 오른쪽 단추를 누른 상태로 원하는 위치로 드래그 후 [여기에 바로 가기 만들기]를 선택한다.
- 아이콘을 복사(Ctrl+C)한 후 원하는 위치에서 마우스 오른쪽 단추를 눌러 바로 가기 메뉴의 [바로 가기 붙여넣기]를 선택한다.
- 아이콘을 선택한 후 마우스 오른쪽 단추를 눌러 바로 가기 메뉴의 [보내기]-[바탕 화면에 바로 가기 만들기]를 선택한다.

010 다음 중 바탕 화면에 바로 가기 아이콘을 만들기 위한 방법으로 옳지 않은 것은?

① 바탕 화면에서 마우스 오른쪽 버튼을 눌러 [새로 만들기]-[바로 가기] 메뉴를 선택한 후 실행 파일을 찾아 바로 가기 아이콘을 생성한다.
② Windows 탐색기의 실행 파일에서 마우스 오른쪽 버튼을 눌러 바탕 화면으로 드래그한 후 표시되는 팝업 메뉴에서 [여기에 바로 가기 만들기]를 선택한다.
③ Windows 탐색기에서 실행 파일을 Ctrl을 누르면서 바탕 화면으로 드래그한다.
④ Windows 탐색기에서 실행 파일을 선택한 후 도구 모음의 [구성]-[복사]를 누른 다음, 바탕 화면에서 마우스 오른쪽 버튼을 눌러 표시되는 팝업 메뉴에서 [바로 가기 붙여넣기]를 선택한다.

011 다음 중 바로가기 아이콘에 대한 설명으로 옳지 않은 것은?

① 바로 가기 아이콘을 삭제해도 해당 프로그램은 지워지지 않는다.
② 바로 가기 아이콘은 폴더, 디스크 드라이버, 프린터 등 모든 항목에 대해 만들 수 있다.
③ 바로 가기 아이콘은 실제 프로그램이 아니라 응용 프로그램의 경로를 기억하고 있는 아이콘이다.
④ 바로 가기 아이콘은 확장자는 '*.exe'이다.

02. 작업 표시줄과 시작 메뉴

■ 작업 표시줄
- 바탕 화면의 아래쪽에 표시되는 막대 모양으로 바탕 화면에 열린 프로그램(앱)을 단추 모양으로 표시하며 클릭으로 작업을 전환할 수 있다.
- 작업 표시줄은 시작 단추, 검색 창, 작업 보기, 작업 표시줄, 숨겨진 아이콘 표시, 시스템 아이콘, 입력 도구 모음, 시간/날짜, 알림 센터, 바탕 화면 보기 등으로 구성된다.
- 작업 표시 영역에는 고정된 프로그램과 바탕 화면에 표시된 창이 단추 모양으로 표시된다.
- 바탕 화면의 상하좌우로 이동할 수 있고 크기를 화면의 1/2까지 확장할 수 있다.
- '작업 표시줄 잠금'이 지정된 상태에서는 작업 표시줄의 크기 및 위치 이동을 할 수 없다.
- 작업 표시줄의 실행 중인 프로그램 위에 마우스 포인터를 위치시키면 작은 미리 보기 화면이 표시되고 작은 미리 보기 화면에 마우스를 올려 놓으면 화면에 창이 바로 표시되며 클릭하면 열리게 된다.
- **작업 표시줄의 바로 가기 메뉴** : 도구 모음, 검색, 작업 보기 단추 표시, 작업 표시줄에 피플 표시, Windows lnk 작업 영역 단추 표시, 터치 키보드 단추 표시, 계단식 창 배열, 창 가로 정렬 보기, 창 세로 정렬 보기 바탕 화면 보기, 작업 관리자, 작업 표시줄 잠금, 작업 표시줄 설정 등이 있다.

■ 시작 메뉴
- [시작] 단추를 클릭하거나 ⊞ 또는 Ctrl+Esc를 눌러 표시한다.
- Windows 10에 설치된 프로그램들이 앱뷰 형태로 등록되어 표시된다.
- 시작 메뉴에 표시된 프로그램 목록을 삭제해도 실제 프로그램은 삭제되지 않는다.
- 자주 사용하는 아이콘을 [시작] 단추로 드래그하면 시작 메뉴 상단에 고정된다.

■ 시작 프로그램
- 시작 프로그램에 들어 있는 프로그램들은 Windows가 시작될 때 자동으로 실행된다.
- 사용자가 자동으로 실행되기를 원하는 프로그램(앱)이나 파일을 시작 프로그램에 복사해 놓으면 된다.
- Windows 10의 실행 방법
  - ⊞[시작]-[Windows 시스템]-[실행]을 클릭한 후 [실행] 대화상자가 나타나면 열기에 'Shell:startup'을 입력한 다음 [확인] 단추를 클릭한다.
  - 파일 탐색기(⊞+E)를 실행한 후 주소 표시줄에 'Shell:startup'을 입력한 다음 Enter를 누른다.
- 시작 프로그램 폴더가 열리면 Windows가 시작 시 자동으로 실행되기를 원하는 파일이나 프로그램(앱)을 복사하여 폴더에 넣으면 된다.
- 시작 프로그램 폴더는 '내 PC\로컬 디스크(C:)\사용자\사용자 이름\AppData\Roaming\Microsoft\Windows\시작 메뉴\프로그램\시작프로그램'에 위치한다.
- 자동 실행을 원치 않을 경우 작업 관리자(Ctrl+Shift+Esc)의 [시작 프로그램] 탭에서 [사용 안 함] 단추를 이용하여 자동 실행을 해제한다.
- Windows가 시작할 때 시작 프로그램 오류 메시지가 나타나거나 더 이상 자동 실행을 원치 않을 경우 시작프로그램 폴더에서 해당 프로그램(앱)이나 파일을 선택한 후 마우스 오른쪽 단추를 눌러 바로 가기 메뉴의 [삭제]를 클릭하여 삭제한다.

012 컴퓨터 부팅 후 특정 프로그램을 자동으로 실행시키려면 해당 프로그램의 아이콘을 어디에 복사해 두면 되는가?
① 바탕 화면　　② 시작 프로그램
③ 즐겨찾기　　④ 작업 표시줄

013 다음 중 한글 Windows 10에서 작업 표시줄의 바로 가기 메뉴에서 설정할 수 있는 항목으로 옳지 않은 것은?
① 계단식 창 배열　　② 창 가로 정렬 보기
③ 작업 표시줄 잠금　　④ 아이콘 자동 정렬

03. 에어로(Aero) 기능

■ 에어로 스냅(Aero Snap)
열려 있는 창의 제목 표시줄에서 마우스를 바탕 화면의 한쪽 끝(왼쪽 또는 오른쪽)으로 드래그하면 바탕 화면의 1/2 크기로 창을 맞추는 기능이다.

■ 에어로 셰이크(Aero Shake)
- 바탕 화면에 여러 개의 창이 열려 있을 경우 현재 창을 제외한 나머지 창을 최소화시키는 방법으로 창의 제목 표시줄을 좌우로 흔들어 나머지 창들을 최소화시킬 수 있다.
- ⊞+Home : 현재 활성화 된 창을 제외한 나머지 창들을 최소화시키거나 모든 창을 복원한다.

■ 에어로 피크(Aero Peek)
- 바탕 화면에 여러 개의 창이 열려 있을 때 창을 클릭하지 않고도 창의 내용을 빠르게 확인할 수 있다.
- 바탕 화면에 여러 개의 창들이 열려 있어 바탕 화면 내용을 확인하기 어려울 때 바탕 화면을 일시적으로 표시할 수 있다.
- ⊞+, : 바탕 화면을 일시적으로 미리 보기

> 014 다음 중 Windows의 에어로 피크(Aero Peek) 기능에 대한 설명으로 옳은 것은?
> ① 파일이나 폴더의 저장된 위치에 상관없이 종류별로 파일을 구성하고 파일에 엑세스할 수 있게 한다.
> ② 모든 창을 최소화할 필요 없이 바탕 화면을 빠르게 미리 보거나 작업 표시줄의 해당 아이콘을 가리켜서 열린 창을 미리 볼 수 있게 한다.
> ③ 바탕 화면의 배경으로 여러 장의 사진을 선택하여 슬라이드 쇼 효과를 주면서 번갈아 표시할 수 있게 한다.
> ④ 작업 표시줄에서 프로그램 아이콘을 마우스 오른쪽 단추로 클릭하여 최근 열린 파일 목록을 확인할 수 있게 한다.

04. 컴퓨터 및 파일 탐색기
- 파일 및 폴더를 포함한 컴퓨터의 모든 자원을 관리할 수 있다.
- 사용자 시스템의 내용을 보여주며, 폴더, 파일, 디스크 및 프로그램 등의 실행, 시스템의 제어나 프린터 등의 장치 제어기를 추가/제거할 수 있다.
- 디스크 포맷, 디스크 공유, 파일 및 폴더의 검색 등의 작업을 할 수 있다.
- [내 PC]에서 마우스 오른쪽 단추를 눌러 바로 가기 메뉴의 [속성]을 선택하면 [시스템] 창이 표시되며, 현재 사용하고 있는 컴퓨터의 Windows 버전을 포함한 컴퓨터의 기본 정보를 확인할 수 있다.

■ 컴퓨터
- ⊞[시작]-[Windows 시스템]-[내 PC]를 클릭하거나 바탕 화면에 표시된 [내 PC] 아이콘을 더블 클릭하여 표시한다.

> 내 PC 아이콘 등록하기
> - Windows 10에서는 기본적으로 바탕 화면에 [내 PC] 아이콘이 표시되지 않는다.
> - 바탕 화면의 빈 공간에서 마우스 오른쪽 단추를 눌러 바로 가기 메뉴의 [개인 설정]을 클릭 ▶ [설정] 창에서 [테마] 탭을 클릭 ▶ [바탕 화면 아이콘 설정]을 클릭 ▶ [바탕 화면 아이콘 설정] 대화상자가 나타나면 [컴퓨터]를 선택한 후 [확인] 단추 클릭하여 표시한다.

- 컴퓨터에 설치된 각종 장치 및 디스크 드라이브, 폴더 등을 제어할 수 있다.
- 리본 메뉴의 [보기] 탭-[레이아웃] 그룹에서 레이아웃을 선택하여 형식을 변경할 수 있다.

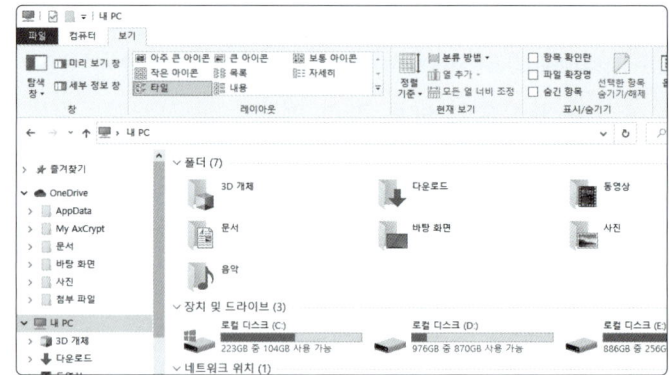

■ 디스크 속성
- [내 PC] 대화상자의 디스크 드라이브를 선택한 후 [컴퓨터] 탭-[위치] 그룹에서 [속성]을 클릭하거나 디스크 드라이브에서 마우스 오른쪽 단추를 눌러 바로 가기 메뉴의 [속성]을 클릭하여 실행한다.
- 디스크의 전체 용량, 사용 중인 공간, 사용 가능한 공간 등을 확인할 수 있다.
- 디스크 정리, 오류 검사, 드라이브 최적화 및 조각 모음 등을 수행할 수 있다.

파일 탐색기

- ⊞[시작] 단추에서 마우스 오른쪽 단추를 눌러 바로 가기 메뉴의 [파일 탐색기]를 선택하거나 작업 표시줄에 고정된 프로그램 단추의 📁[파일 탐색기]를 클릭하여 실행한다.
- ⊞[시작]-[Windows 시스템]-[파일 탐색기]를 클릭하거나 ⊞+E를 눌러도 파일 탐색기를 실행할 수 있다.
- 왼쪽에는 탐색 창이 표시되고 오른쪽에는 폴더 내용 창이 표시된다.
- ∧[리본 최소화]를 누르면 리본 메뉴의 목록이 숨겨지고 ∨[리본 확장]을 누르면 다시 나타난다.
- 파일 탐색기는 새로운 폴더의 생성과 자료의 이동, 복사, 삭제 등의 작업을 손쉽게 할 수 있는 파일 관리 프로그램이며 파일과 폴더를 계층(트리)적인 구조로 표시한다.
- 컴퓨터에 설치된 디스크 드라이브, 제어판, 응용 프로그램 파일 및 폴더 등을 관리할 수 있다.
- 탐색창이 선택된 상태에서 'M'을 누르면 'M'으로 시작하는 첫 번째 폴더가 선택되고 'M'을 누를 때마다 'M'으로 시작하는 다른 폴더가 선택된다.
- 인쇄 기능을 제공하여 [공유] 탭-[보내기] 그룹에서 [인쇄]를 클릭하여 문서를 열지 않고 바로 인쇄할 수 있다.

파일 탐색기의 구조

- 폴더(> 📁) 앞의 >를 클릭하면 하위 폴더가 표시되고 ∨로 변경된다.
- 하위 폴더가 표시된 상태에서 폴더(∨ 📁) 앞의 ∨를 클릭하면 하위 폴더가 숨겨지며 >로 변경된다.
- 폴더 창에서 폴더를 선택한 후 숫자 키패드의 *를 누르면 선택된 폴더의 모든 하위 폴더가 표시된다.
- 폴더 창에서 폴더를 선택한 후 ←를 누르면 열려 있는 상태일때 닫히고, 닫혀있는 상태일때 상위 폴더로 이동한다.
- 폴더 창에서 폴더를 선택한 후 BackSpace를 누르면 상위 폴더로 이동한다.

리본 메뉴

- 리본 메뉴는 여러 개의 탭으로 구성되며 각 탭은 명령 단추와 옵션으로 이루어진 여러 그룹으로 구성된다.
- 파일 탐색기는 기본적으로 파일, 홈, 공유, 보기 탭이 표시된다.
- 선택된 파일에 따라 '사진, 드라이브, 휴지통, 라이브러리, 응용 프로그램' 등은 [관리] 탭, '음악, 비디오' 등은 [재생] 탭, '압축 파일'은 [압축 풀기] 탭, '검색'은 [검색] 탭, '내 PC'는 [컴퓨터] 탭이 표시된다.
- [보기] 탭-[레이아웃] 그룹에서 아이콘 모양을 '아주 큰 아이콘, 큰 아이콘, 보통 아이콘, 작은 아이콘, 목록, 자세히, 타일, 내용' 등을 선택하여 보기 방식을 변경할 수 있다.
- 자세히 보기 방식에는 파일의 이름, 크기, 유형, 수정한 날짜 정보 등이 표시된다.

폴더 옵션

- [보기] 탭-📋[옵션]을 클릭하거나 [옵션]-[폴더 및 검색 옵션 변경]을 클릭하여 실행한다.

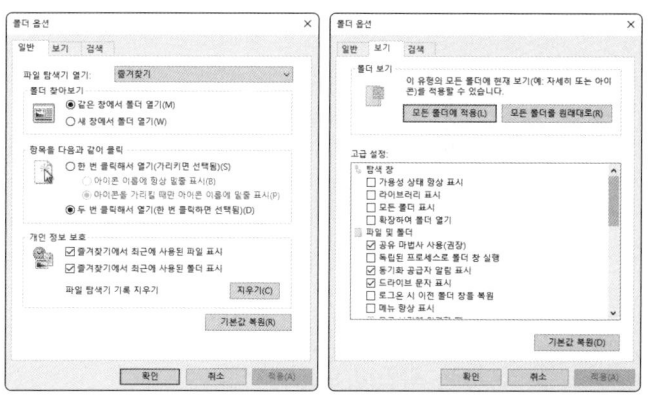

탭 이름	기능 설명
일반	• 폴더를 열 때 '같은 창에서 폴더 열기' 또는 '새 창에서 폴더 열기' 중 선택할 수 있음 • 아이콘을 '한 번 클릭해서 열기' 또는 '두 번 클릭해서 열기' 중 선택할 수 있음
보기	• 메뉴의 항상 표시 여부, 미리 보기 창에 파일 내용 표시 여부를 지정 • 숨김 파일/폴더/드라이브의 표시 여부를 지정 • 알려진 파일 형식의 파일 확장명 표시 여부를 지정 • 제목 표시줄에 전체 경로 표시 여부를 지정 • 폴더 및 바탕 화면 항목의 팝업 설명 표시 여부를 지정
검색	• 색인된 위치와 그렇지 않은 위치에서의 검색 방법을 설정 • 검색 방법으로 검색 결과에 하위 폴더 포함, 부분적으로 일치하는 항목 찾기, 자연어 검색 사용, 색인 사용 안 함 등을 설정

■ 연결 프로그램
- 컴퓨터나 파일 탐색기에서 특정한 파일을 더블 클릭했을 때 실행될 프로그램을 설정하는 것이다.
- 일반적으로 응용 프로그램을 설치하면 해당 프로그램에서 사용하는 파일은 연결 프로그램이 자동으로 설정된다.
- 프로그램이 지정된 파일에서 [열기]를 선택하면 자동으로 연결 프로그램에서 설정된 프로그램이 실행된다.
- 확장자가 다르더라도 같은 연결 프로그램을 설정할 수 있다.

015 다음 중 한글 Windows 10의 [폴더 옵션]에서 설정할 수 없는 것은?
① [일반] 탭 : 폴더 아이콘 모양을 바꿀 수 있다.
② [일반] 탭 : 웹처럼 한 번 클릭으로 파일을 열 수 있도록 설정할 수 있다.
③ [보기] 탭 : 숨김 파일을 보이게 하거나 숨길 수 있다.
④ [검색] 탭 : 검색 대상이나 방법을 지정할 수 있다.

016 다음 중 Windows 10의 [폴더 옵션]에서 설정할 수 있는 작업에 해당되지 않는 것은?
① 숨긴 파일 및 폴더를 표시할 수 있다.
② 색인된 위치에서 파일 이름 뿐만 아니라 내용도 검색하도록 설정할 수 있다.
③ 숨긴 파일 및 폴더의 숨김 속성을 일괄 해제할 수 있다.
④ 파일이나 폴더를 한 번 클릭해서 열 것인지, 두 번 클릭해서 열 것인지를 설정할 수 있다.

017 다음 중 Windows 10의 [파일 탐색기]에 대한 기능과 구조에 대한 설명으로 옳지 않은 것은?
① 컴퓨터에 설치된 디스크 드라이브, 파일 및 폴더 등을 관리하는 기능을 가진다.
② 폴더와 파일을 계층 구조로 표시하며, 폴더 앞의 > 기호는 하위 폴더가 있음을 의미한다.
③ 현재 폴더에서 상위 폴더로 이동하려면 바로 가기 키인 Home 을 누른다.
④ [보기] 탭-[레이아웃] 그룹에서 아주 큰 아이콘, 큰 아이콘, 자세히 등의 표시 여부를 선택할 수 있다.

018 다음 중 한글 Windows 10에서 [연결 프로그램] 메뉴에 대한 설명으로 옳지 않은 것은?
① 컴퓨터나 Windows 탐색기에서 특정한 파일을 더블 클릭했을 때 실행될 프로그램을 설정하는 것이다.
② 프로그램이 지정된 파일에서 [열기]를 선택하면 자동으로 연결 프로그램에서 설정된 프로그램이 실행된다.
③ 확장자에 의해 연결 프로그램이 결정되므로 확장자가 다르면 연결 프로그램도 달라야 한다.
④ 일반적으로 응용 프로그램을 설치하면 해당 프로그램에서 사용하는 파일은 연결 프로그램이 자동으로 설정된다.

05. 검색
■ 시작 메뉴의 검색 상자
- 컴퓨터 전체를 대상으로 검색한다.
- 컴퓨터에 저장된 파일/폴더 및 프로그램과 제어판 항목 등을 검색할 수 있다.
- 검색 결과는 프로그램, 제어판, 라이브러리 항목, 파일 등의 그룹으로 묶어 표시되며, 검색 결과의 '자세한 결과 보기'를 클릭하면 파일 탐색기에 검색 결과가 표시된다.

■ 파일 탐색기의 검색 상자
- 검색할 위치를 지정하여 파일/폴더를 검색할 수 있다.
- 검색어로 사용된 문자에 노란색 음영이 표시되어 검색 결과 확인이 쉽다.
- 검색 필터를 이용하여 추가 검색이 가능하다.
- Ctrl + F 또는 F3 을 눌러 검색 상자로 이동할 수 있다.

■ 검색 필터
- 검색 상자를 마우스로 클릭하면 검색 필터가 표시된다.
- 검색 위치에 따라 검색 필터가 다르게 표시된다.
- 수정한 날짜, 크기 등과 같은 속성을 이용하여 파일을 검색할 수 있다.

06. 인쇄

■ 프린터 설치
- ⊞[시작]-⚙[설정]을 클릭한 후 [설정] 창이 나타나면 [장치]를 클릭한 다음 [프린터 및 스캐너] 탭을 클릭하고 [프린터 또는 스캐너 추가]를 클릭하여 지시에 따라 설치한다.
- **프린터의 설치 과정** : '로컬 프린터 추가' 또는 '네트워크, 무선 또는 Bluetooth 프린터 추가' 선택 ▶ 프린터 포트 선택 ▶ 프린터 제조업체와 모델명 선택 ▶ 프린터 이름 지정 ▶ 프린터 공유 여부 지정 ▶ 테스트 인쇄 ▶ 마침
- 여러 개의 프린터를 한 대의 컴퓨터에 설치할 수 있고, 한 개의 프린터를 네트워크로 공유하여 여러 대의 컴퓨터에 설치할 수 있다.
- 프린터마다 개별적으로 이름을 붙여 설치할 수 있고, 이미 설치한 프린터를 다른 이름으로 다시 설치할 수 있다.
- **로컬 프린터** : 컴퓨터에 직접 연결된 프린터를 의미한다.
- **네트워크 프린터** : 네트워크에 직접 연결되었거나 다른 컴퓨터에 연결되어 있는 프린터를 의미한다.
- 네트워크 프린터를 사용할 때는 프린터의 공유 이름과 연결되어 있는 컴퓨터의 이름을 알아야한다.

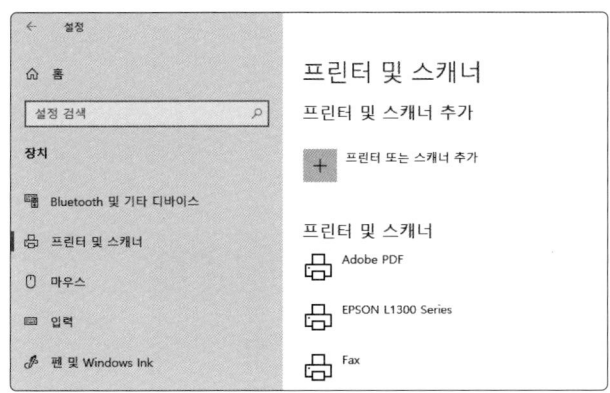

■ 기본 프린터
- 인쇄 명령시 프린터를 지정하지 않아도 자동으로 인쇄 작업이 전달되는 프린터이다.
- 기본 프린터는 하나만 지정할 수 있으며, 프린터 명 아래에 '기본값'으로 표시 또는 왼쪽 하단에 체크 표시되어 있다.
- 네트워크 프린터나 추가 설치된 프린터도 기본 프린터로 설정할 수 있으며, 기본 프린터가 삭제되면 다른 프린터가 기본 프린터로 지정된다.
- 기본 프린터로 지정된 프린터도 네트워크 상의 다른 컴퓨터에서 사용할 수 있으며, 삭제도 가능하다.
- **기본 프린터 지정** : 프린터를 선택한 후 [관리] 단추를 클릭한 다음 프린터 디바이스 관리 창이 나타나면 [기본값으로 설정] 단추를 클릭한다.

■ 문서의 인쇄
- 문서를 작성한 프로그램에서 인쇄 명령을 선택하거나 인쇄할 파일에서 바로 가기 메뉴의 [인쇄]를 선택하여 인쇄한다.
- 인쇄할 문서를 인쇄 관리자 창으로 드래그해도 인쇄할 수 있다.

■ 인쇄 관리자
- [장치 및 프린터] 창의 프린터 아이콘에서 바로 가기 메뉴의 [인쇄 작업 목록 보기]를 선택하여 표시한다.
- 인쇄가 실행될 때 인쇄 작업 내용을 보려면 작업 표시줄의 알림 영역에 표시된 프린터 아이콘을 더블클릭하여 인쇄 관리자 창을 연다. 인쇄가 완료되면 아이콘은 사라진다.
- 인쇄 관리자 창에는 인쇄중이거나 인쇄 대기중인 문서의 이름, 상태, 소유자, 페이지 수, 크기, 포트 등이 표시된다.
- 인쇄 작업이 시작된 문서를 강제로 종료시키거나 잠시 중지시켰다가 다시 인쇄할 수 있다.
- 인쇄 대기중인 문서의 순서(우선 순위)를 조정하거나 삭제할 수 있다.
- 인쇄 대기중인 문서를 다른 프린터로 전송할 수 있지만 인쇄중인 문서 또는 일시 중지된 문서, 오류가 발생한 문서 등은 다른 프린터로 전송할 수 없다.

■ 스풀(Spool)
- 장치의 이용 효율을 높이기 위해 중앙 처리 장치(CPU)의 처리 동작과 저속의 입출력 장치의 동작이 동시에 이루어지도록 하는 처리 형태이다. 스풀이 설정되면 인쇄 도중에도 다른 작업을 할 수 있는 병행 처리 기능을 의미한다.
- 인쇄할 내용을 하드디스크와 같은 보조기억장치에 저장하였다가 프린터로 전송하는 방식이다.
- 인쇄할 문서 전부를 한 번에 스풀링한 후 프린터로 전송하여 인쇄하는 방법과 한 페이지 단위로 스풀링한 후 인쇄하는 방법이 있다.
- 스풀 기능을 설정하면 컴퓨터의 처리 효율성은 높아지지만 인쇄만 수행할 때에 비해 인쇄 속도는 약간 느려진다.

- [설정] 창에서 프린터를 선택한 후 [관리]를 클릭한 다음 [프린터 속성]을 클릭하여 [프린터 속성] 대화상자의 [고급] 탭에서 설정한다.

■ **프린터 공유**
- [설정] 창에서 공유할 프린터를 선택한 후 [관리]를 클릭한 다음 [프린터 속성]을 클릭하여 [프린터 속성] 대화상자의 [공유] 탭에서 설정한다.
- 프린터 한 대를 공유하여 여러 대의 컴퓨터에서 사용할 수 있다. 즉, 기본 프린터로 설정된 프린터를 네트워크상의 다른 컴퓨터도 사용 가능하다(자동으로 네트워크 공유가 설정되는 것이 아니라 사용자가 직접 공유를 설정해야 함).
- 같은 네트워크 내에서 여러 대의 프린터를 공유할 수 있다.
- 프린터 속성에서 일반, 공유, 포트, 고급, 색 관리, 보안, 버전 정보 등 속성 설정 작업을 할 수 있지만 인쇄 중인 문서 이름은 알 수 없다.

019 다음 중 Windows 10에서 [프린터 속성] 대화상자의 [고급] 탭에서 설정할 수 없는 것은?
① 짝이 맞지 않는 문서는 보류
② 스풀된 문서를 먼저 인쇄
③ 인쇄된 문서 보관
④ 보안을 위한 사용 권한 설정

020 다음 중 프린터의 스풀 기능에 관련된 설명으로 옳지 않은 것은?
① 프린터와 같은 저속의 입출력 장치를 CPU와 병행하여 작동시켜 컴퓨터의 전체 효율을 향상시켜 준다.
② 프린터가 인쇄 중이라도 다른 응용 프로그램을 실행할 수 있다.
③ 인쇄 대기 중인 문서의 용지 방향, 용지 종류, 인쇄 매수 등의 설정을 변경할 수 있다.
④ 기본적으로 모든 사용자는 자신의 문서에 대해 인쇄 일시 중지, 계속, 다시 시작, 취소를 할 수 있다.

021 다음 중 Windows 10에서 프린터 설치에 대한 설명으로 옳지 않은 것은?
① [프린터 추가 마법사]를 실행하여 새로운 프린터를 로컬 프린터와 네트워크 프린터로 구분하여 설치할 수 있다.
② 한 대의 컴퓨터에는 한 대의 프린터만 설치되어야 하며 한 대의 프린터를 네트워크로 공유하여 여러 대의 컴퓨터에서 사용할 수 있다.
③ 네트워크 프린터를 사용할 때는 프린터의 공유 이름과 프린터가 연결되어 있는 컴퓨터 이름을 알아야 한다.
④ 네트워크 프린터를 설치하면 다른 컴퓨터에 연결된 프린터를 내 컴퓨터에 연결된 프린터와 같이 사용할 수 있다.

022 다음 중 Windows의 기본 프린터 설정에 관한 설명으로 옳지 않은 것은?
① 기본 프린터는 해당 프린터 아이콘에 체크 표시가 추가된다.
② 기본 프린터는 한 대만 지정할 수 있다.
③ 인쇄시 특정 프린터를 지정하지 않으면 기본 프린터로 인쇄된다.
④ 네트워크 프린터를 제외한 로컬 프린터만 기본 프린터로 지정할 수 있다.

STEP 03 파일과 폴더 관리

01. 파일과 폴더의 특징
- 파일은 자료가 저장되는 기본 단위로 파일명과 확장자로 구성되며, 파일명과 확장자 사이에 점(.)으로 구분한다.
  예 문서.XLSX   일기장.TXT
- 폴더는 파일들을 모아 효율적으로 관리하기 위한 장소이다.
- 파일과 폴더는 작성, 이름 변경, 삭제가 가능하며, 하위 폴더나 파일이 포함된 폴더도 삭제할 수 있다.
- 하나의 폴더 안에는 동일한 이름의 파일이나 폴더가 존재할 수 없다.
- 파일과 폴더의 이름은 255자 이내로 작성하며, 공백을 포함할 수 있다.

- * ? : / ₩ 〈 〉 " | 등은 파일과 폴더의 이름으로 사용할 수 없다.
- 파일과 폴더는 각각 속성 창을 이용하여 속성을 지정할 수 있다.

대표적인 파일의 확장명
- 실행 파일
  : COM, EXE, BAT
- 문서 파일
  : TXT, DOC, HWP
- 압축 파일
  : ZIP, RAR, ARJ
- 웹 파일
  : HTM, HTML, PHP
- 동영상 파일
  : MPG, AVI, MOV
- 소리 파일
  : WAV, MP3, MID
- 그림 파일
  : BMP, JPG, PCX, GIF
- 시스템 파일
  : SYS, INI

023 다음 중 Windows의 폴더에 대한 설명으로 옳지 않은 것은?

① 폴더는 일반 항목, 문서, 사진, 음악, 비디오 등의 유형을 선택하여 각 유형에 최적화된 폴더로 사용할 수 있다.
② 폴더는 새로 만들기, 이름 바꾸기, 삭제, 복사 등이 가능하며, 파일이 포함된 폴더도 삭제할 수 있다.
③ 하나의 폴더 내에 같은 이름의 파일이나 폴더가 존재할 수 있으나 이름에 ₩, /, *, ?, ", 〈, 〉, | 등의 문자는 사용할 수 없다.
④ 폴더의 [속성] 창에서 해당 폴더에 포함된 파일과 폴더의 개수를 확인할 수 있다.

02. 파일 및 폴더의 속성

■ 파일 속성

[파일 탐색기] 대화상자에서 파일을 선택한 후 [홈] 탭-[열기] 그룹에서 [속성]을 클릭 또는 바로 가기 메뉴의 [속성]을 클릭하여 실행한다.

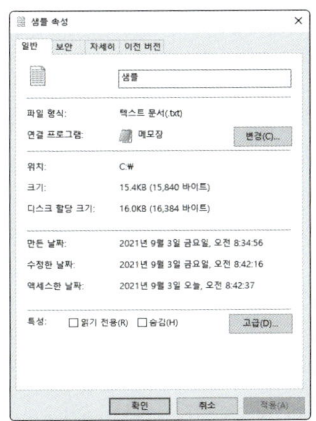
▲ 파일의 속성

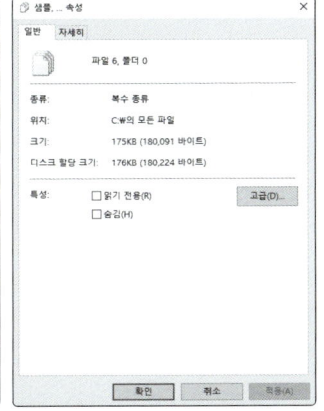
▲ 여러 개의 파일 선택 후 속성

탭 이름	기능 설명
일반	• 파일 이름, 파일 형식, 연결 프로그램, 위치, 크기, 만든 날짜, 수정한 날짜, 액세스한 날짜 등을 표시 • 파일을 읽을 수만 있도록 설정하는 '읽기 전용'과 화면에서 파일을 숨기는 '숨김' 속성을 지정
보안	사용 권한을 변경
자세히	파일의 이름, 유형, 폴더 위치, 크기, 만든 날짜, 수정한 날짜, 특성, 소유자, 컴퓨터 등 속성을 확인하거나 제거 가능

■ 폴더 속성

[파일 탐색기] 대화상자에서 폴더를 선택한 후 [홈] 탭-[열기] 그룹에서 [속성]을 클릭 또는 바로 가기 메뉴의 [속성]을 클릭하여 실행한다.

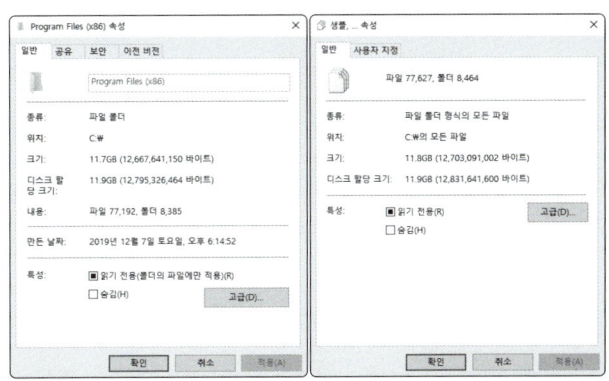
▲ 폴더의 속성   ▲ 여러 개의 폴더 선택 후 속성

탭 이름	기능 설명
일반	폴더 이름, 종류, 위치, 크기, 디스크 할당 크기, 내용(파일 수, 폴더 수), 만든 날짜 등이 표시되며, 특성(읽기 전용, 숨김)을 설정
공유	폴더의 공유 설정 및 고급 공유 옵션을 설정
보안	사용 권한을 변경

03. 파일/폴더 작업

■ 파일과 폴더 만들기

- **파일 만들기** : 응용 프로그램에서 파일을 작성 후 저장하거나 바로 가기 메뉴의 [새로 만들기]에서 원하는 종류를 선택한 다음 작성한다.
- **폴더 만들기** : [파일 탐색기] 대화상자에서 [홈] 탭-[새로 만들기] 그룹에서 [폴더]를 선택하거나 바로 가기 메뉴의 [새로 만들기]-[폴더]를 선택하여 작성한다.

■ 파일/폴더의 선택
- **연속된 파일/폴더 선택** : 첫 번째 파일/폴더를 선택한 다음 Shift를 누른 상태에서 마지막 파일/폴더를 클릭한다.
- **떨어져 있는 파일/폴더 선택** : Ctrl을 누르고 떨어져 있는 파일/폴더를 클릭한다.
- **모든 파일/폴더 선택** : 마우스로 파일/폴더 전체가 포함되도록 드래그하거나 [구성]-[모두 선택]을 선택하며, Ctrl+A를 눌러도 모두 선택할 수 있다.

■ 파일/폴더의 이름 변경

메뉴	[홈] 탭-[구성] 그룹에서 [이름 바꾸기]를 클릭한 후 새로운 이름을 입력
바로 가기 키	F2를 누른 후 새로운 이름을 입력
바로 가기 메뉴	이름 변경할 파일/폴더를 선택한 후 바로 가기 메뉴의 [이름 바꾸기]를 선택
마우스 사용	파일/폴더를 선택한 후 이름 부분을 한 번 더 클릭하여 이름안에 커서가 위치하면 새로운 이름으로 수정

■ 파일/폴더의 복사

같은 드라이브	Ctrl을 누르고 드래그
다른 드라이브	드래그 (Ctrl을 누르고 드래그해도 복사 가능)
바로 가기 키	Ctrl+C를 누른 후 붙여넣을 위치에서 Ctrl+V

■ 파일/폴더의 이동

같은 드라이브	드래그 (Shift를 누르고 드래그해도 이동 가능)
다른 드라이브	Shift를 누르고 드래그
바로 가기 키	Ctrl+X를 누른 후 붙여넣을 위치에서 Ctrl+V

클립보드(Clipboard)
- 클립보드는 데이터를 일시적으로 보관해 두는 임시저장 공간으로, 클립보드를 이용하면 서로 다른 응용 프로그램 간에 데이터를 쉽게 전달할 수 있다.
- 클립보드의 내용은 여러 번 사용이 가능하지만, 가장 최근에 저장된 것 하나만 기억한다.
- 복사하거나 잘라내기, 붙여넣기 등에 사용되며, 시스템을 재시작하면 클립보드에 저장된 데이터는 지워진다.
- PrintScreen은 화면 전체, Alt+PrintScreen은 활성창을 클립보드에 복사한다.

024 다음 중 한글 Windows 10에서 임시 보관 장소로 사용되는 클립보드(Clipboard)에 관한 설명으로 옳지 않은 것은?
① 클립보드를 사용하면 서로 다른 프로그램 간에 데이터를 쉽게 전달할 수 있다.
② 클립보드의 내용은 여러 번 사용이 가능하다.
③ 클립보드에 저장된 데이터는 시스템을 다시 시작하여도 재사용이 가능하다.
④ 가장 최근에 저장된 것 하나만 기억한다.

025 다음 중 Windows 탐색기에서 파일이나 폴더를 선택하는 방법으로 옳은 것은?
① 폴더 내의 모든 항목을 선택하려면 Alt+A를 누른다.
② 선택한 항목 중에서 하나 이상의 항목을 제외하려면 Ctrl을 누른 상태에서 제외할 항목을 클릭한다.
③ 연속되어 있지 않은 파일이나 폴더를 선택하려면 Shift를 누른 상태에서 선택하려는 각 항목을 클릭한다.
④ 연속되는 여러 개의 파일이나 폴더 그룹을 선택 하려면 첫째 항목을 클릭한 다음 Ctrl을 누른 상태에서 마지막 항목을 클릭한다.

04. 휴지통

■ 휴지통의 특징
- 작업 도중 삭제된 자료들이 임시로 보관되는 장소로 필요한 경우 복원이 가능하다.
- 휴지통 크기는 디스크 드라이브의 용량의 10% 범위 내에서 자동으로 설정하며 사용자에 의해 크기를 수정할 수 있다.
- 각 드라이브마다 휴지통의 크기를 다르게 설정하는 것이 가능하다.
- 지정된 휴지통의 용량을 초과하면 가장 오래 전에 삭제되어 보관된 파일부터 지워진다.
- 휴지통에 보관된 폴더나 파일은 직접 실행할 수 없으며, 보관된 파일은 복원 후 실행해야 한다.

■ 복원
- 휴지통에 들어있는 파일이나 폴더를 원래의 위치 또는 다른 위치로 되돌려 놓는 것을 의미한다.
- 파일이나 폴더는 복원하기 전까지 사용할 수 없다.

- 복원 방법

리본 메뉴	• [관리] 정황 탭–[휴지통 도구] 탭–[복원] 그룹에서 [모든 항목 복원/선택한 항목 복원]을 클릭 • [홈] 탭–[클립보드] 그룹에서 [잘라내기] 후 복원 위치에서 [홈] 탭–[클립보드] 그룹에서 [붙여넣기]를 클릭
바로 가기 메뉴	바로 가기 메뉴의 [복원]을 선택
바로 가기 키	Ctrl+X를 누른 후 복원 위치에서 Ctrl+V
마우스 이용	원하는 위치로 드래그

휴지통에 보관된 파일/폴더 삭제하기
- [관리] 정황 탭–[휴지통 도구] 탭–[관리] 그룹에서 [휴지통 비우기]를 클릭
- 삭제할 파일/폴더를 선택한 후 [홈] 탭–[구성] 그룹에서 [삭제]를 클릭

■ **휴지통에 보관되지 않는 경우(복원할 수 없는 경우)**
- 플로피디스크, USB 메모리, DOS 모드, 네트워크 드라이브에서 삭제한 경우
- Shift를 누르고 휴지통 아이콘으로 드래그한 경우
- Shift+Delete를 눌러 삭제한 경우
- 휴지통 속성이 '파일을 휴지통에 버리지 않고 삭제할 때 바로 제거'를 선택한 경우
- 같은 이름의 항목을 복사/이동 작업으로 덮어쓴 경우

026 다음 중 한글 Windows 10에서 파일을 삭제한 후 복원할 수 없는 경우로 옳은 것은?
① USB 메모리에 저장된 파일을 삭제한 경우
② [파일 탐색기] 창에서 바탕 화면의 파일을 선택하고 바로 가기 메뉴의 [삭제]를 선택하여 파일을 삭제한 경우
③ [문서] 창에 있는 파일을 Delete를 눌러서 삭제한 경우
④ [파일 탐색기] 창에서 바탕 화면의 파일을 마우스를 이용하여 휴지통으로 드래그하여 삭제한 경우

027 다음 중 파일 삭제시 파일이 [휴지통]에 임시 보관되어 복원이 가능한 경우로 옳은 것은?
① 바탕 화면에 있는 파일을 [휴지통]으로 드래그 앤 드롭하여 삭제한 경우
② USB 메모리에 저장되어 있는 파일을 Delete를 눌러 삭제한 경우
③ 네트워크 드라이브의 파일을 바로 가기 메뉴의 [삭제]를 클릭하여 삭제한 경우
④ [휴지통]의 크기를 0%로 설정한 후 [문서] 폴더 안의 파일을 삭제한 경우

028 다음 중 Windows 10에서 휴지통에 관한 설명으로 옳지 않은 것은?
① 작업 도중 삭제된 자료들이 임시로 보관되는 장소로 필요한 경우 복원이 가능하다.
② 각 드라이브마다 휴지통의 크기를 다르게 설정하는 것이 가능하다.
③ 원하는 경우 휴지통에 보관된 폴더나 파일을 직접 실행할 수도 있고 복원할 수도 있다.
④ 지정된 휴지통의 용량을 초과하면 가장 오래 전에 삭제되어 보관된 파일부터 지워진다.

05. 윈도우 보조프로그램

■ **메모장**
- 서식이 없는 아스키(ASCII) 형식의 텍스트(.txt)를 작성 및 저장한다.
- 문서 전체에 대해서만 글꼴의 종류 및 속성, 크기를 변경할 수 있다.
- 그림이나 차트 등 OLE 개체의 삽입이 불가능하다.
- 문서의 첫 행 왼쪽에 대문자로 '.LOG'를 입력하면 문서를 열 때마다 현재의 시간과 날짜가 문서의 맨 마지막 줄에 자동으로 표시된다.
- [편집]–[시간/날짜] 또는 F5를 누르면 원하는 위치에 시간과 날짜를 표시할 수 있다.
- 글꼴, 글꼴 스타일, 크기는 변경 가능하나 글자색은 지원되지 않는다.
- 서식 변경은 문서 전체 단위로 이루어지며 부분적인 변경은 지원되지 않는다.
- 자동 줄 바꿈 기능, 찾기, 바꾸기 기능을 제공한다.
- 용지, 방향, 여백, 머리글, 바닥글, 미리 보기의 설정이 가능하다([단 나누기] 기능은 제공되지 않는다).

OLE(Object Linking & Embedding)
- Windows 환경의 각종 응용 프로그램 간에 데이터 교환을 위하여 서로의 데이터를 공유하는 것이다.
- 데이터를 제공하는 프로그램에서 데이터를 수정/편집하면 데이터를 제공받는 프로그램에서도 자동으로 반영되는 데이터 공유 방법이다.

■ 워드패드
- 서식이 있는 문서를 작성, 편집, 인쇄할 수 있다.
- 그림과 같은 OLE 개체를 삽입할 수 있다.
- 저장 파일의 확장자는 '*.rtf'이며, txt, docx, odt 등으로 저장할 수 있다.

■ 그림판
- 비트맵 형식의 그림을 작성, 편집, 인쇄할 수 있다.
- 그림판에서 편집한 그림은 다른 문서에 삽입하거나 바탕 화면의 배경으로 지정할 수 있다.
- 저장 파일의 확장자는 '*.png'이며, bmp, jpg, gif, tif 등으로 저장할 수 있다.

비트맵(Bitmap)
- 래스터(Raster) 이미지라고도 한다.
- 점(Pixel, 화소) 형식으로 제공되는 그림으로 무수히 많은 점이 모여 형태를 표현한다.
- 각각의 점들을 독립된 정보를 가지고, 세밀한 표현을 할 수 있다.
- 확대하면 계단식으로 표현되고 거칠어진다(계단 현상 (Alias) 발생).

■ 캡처 도구
- 전체 화면, 창, 사각형, 자유형 등의 형식으로 캡처할 수 있다.
- 캡처가 완료되면 캡처 내용은 클립보드에 복사되며, [캡처 도구] 창에서 저장 및 편집할 수 있다.
- 캡처 된 내용을 전자 메일을 통해 전송할 수 있다.
- 캡처 내용은 png, gif, jpeg 및 단일 HTML 형식으로 저장할 수 있다.

Windows Media Player
- 음악 CD부터 MP3, 오디오 파일(MIDI, WAV), 동영상 파일(AVI, MPEG, MOV) 등의 멀티미디어 파일을 재생할 수 있다.
- 음악 CD를 제작하거나 CD를 복사하여 디지털 음악 파일을 만들 수 있다.

■ 명령 프롬프트
- 대소문자 상관없이 MS-DOS 명령이나 기타 명령을 실행할 수 있다.
- ⊞[시작]-[Windows 시스템]-[명령 프롬프트]를 클릭하여 실행한다.
- [실행(⊞+R)]에서 'cmd'를 입력하고 [확인]을 클릭하거나 [Windows 검색 상자]에서 '명령 프롬프트'를 입력한 다음 결과에서 [명령 프롬프트]를 클릭해도 실행할 수 있다.

■ 돋보기
- 화면의 여러 부분을 확대하여 항목을 더 크게 표시해 준다(100% ~ 1600%까지 확대).
- ⊞[시작]-[Windows 접근성]-[돋보기]를 클릭하여 실행한다(단축키 : (⊞+➕)).

029 다음 중 [메모장]에 대한 설명으로 옳지 않은 것은?
① 작성한 문서를 저장할 때 확장자는 기본적으로 .txt가 부여된다.
② 특정한 문자열을 찾을 수 있는 찾기 기능이 있다.
③ 그림, 차트 등의 OLE 개체를 삽입할 수 있다.
④ 현재 시간을 삽입하는 기능이 있다.

030 다음 중 Windows 10에서 Windows Media Player를 이용한 작업에 해당하지 않는 것은?
① 오디오나 비디오 파일 재생하기
② CD를 복사하여 디지털 음악 파일 만들기
③ 사진과 영상 파일을 편집하여 UCC 만들기
④ 자신의 음악 CD 제작하기

031 다음 중 메모장에서 문서를 작성하거나 편집할 때의 내용으로 옳지 않은 것은?
① 서식이 있는 문서의 편집이나 다른 문서와의 개체 편집이 불가능하다.
② 메모장에서 작성된 파일의 기본적인 확장자는 TXT이다.
③ 특별한 서식이 필요없는 텍스트 파일만 불러오거나 작성할 수 있고, 다양한 서식이 필요한 파일은 다른 프로그램을 이용한다.
④ EBCDIC 형식의 문자열을 작성하고 저장한다.

Chapter 02 컴퓨터 시스템 설정 변경

STEP 01 Windows 설정

01. 설정의 개념

- Windows 운영체제의 작업 환경에 도움이 되는 여러 가지 컴퓨터 시스템의 환경 설정 및 변경을 수행하는 기능을 제공한다.
- ⊞[시작]-⚙[설정]을 클릭한 후 [시스템], [장치], [전화], [네트워크 및 인터넷], [개인 설정], [앱], [계정], [시간 및 언어], [게임], [접근성], [검색], [개인 정보], [업데이트 및 보안] 등을 설정한다.
- 데스크탑 PC와 태블릿 등의 터치 환경에서 쉽게 사용할 수 있다.
- 설정에서 자주 사용되는 항목은 바로 가기 메뉴에서 [시작 화면에 고정]을 클릭하여 시작 화면에 고정시킬 수 있다.
- 설정에서 지원되는 각 항목들을 사용자가 임의로 제거할 수 없다.
- BackSpace 를 누르면 [설정] 홈 페이지로 돌아간다.

02. 시스템 정보

- **정보** : PC 모니터링되고 보호되는 상황(바이러스 및 위협 방지, 계정 보호, 방화벽 및 네트워크 보호, 웹 및 브라우저 컨트롤, 장치 보안, 장치 성능 및 상태, 가족 옵션)에 대해 알 수 있다.
- **장치 사양** : 장치 이름, 프로세서(CPU), 설치된 RAM, 장치 ID, 제품 ID, 시스템 종류(32/64비트 운영 체제) 펜 및 터치 등에 대해 알 수 있다.
- **이 PC의 이름 바꾸기** : 현재 설정되어 있는 PC의 이름을 변경할 수 있으며, 변경 후 시스템을 다시 시작해야 완전히 변경된다.
- **Windows 사양** : 에디션, 버전, 설치 날짜, OS 빌드, 경험 등을 알 수 있다.
- **제품 키 변경 또는 Windows 버전 업그레이드** : 정품 인증 및 제품 키 업데이트(제품 키 변경), Microsoft 계정 추가를 할 수 있다.

03. 마우스

- 기본 단추(왼쪽, 오른쪽) 선택을 할 수 있다.
- 커서 속도를 설정할 수 있다.
- 마우스 휠을 돌릴 때 스크롤할 양(한 번에 여러 줄, 한 번에 한 화면씩)을 선택할 수 있다.
- 한 번에 스크롤할 줄 수 선택을 설정할 수 있다.
- 마우스 및 커서 크기 조정
  - 마우스 및 커서 크기 조정 : 마우스 포인터 및 터치 피드백을 보기 쉽게 설정하며 포인터 크기 변경(1~15)과 포인터 색 변경이 가능하다.
  - 추가 마우스 옵션 : [마우스 속성] 대화상자에서 단추 구성(오른쪽 단추와 왼쪽 단추 기능 바꾸기), 두 번 클릭 속도, 클릭 잠금, 마우스 포인터, 포인트 옵션, 휠 등의 마우스 설정을 사용자가 지정할 수 있다.

[단추] 탭	오른쪽 단추와 왼쪽 단추 기능 바꾸기와 두 번 클릭 속도, 클릭 잠금 등을 설정함
[포인터] 탭	마우스 구성표와 포인터 사용자 지정 및 포인터 그림자 사용 등을 설정함
[포인트 옵션] 탭	포인터의 속도 선택 및 대화상자의 기본 단추로 포인터 자동 이동, 포인터 자국 표시, 입력할 때는 포인터 숨기기, Ctrl 를 누르면 포인터 위치 표시 등을 설정함
[휠] 탭	• 세로 스크롤(한 번에 스크롤할 줄의 수 (1~100), 한 번에 한 화면씩)을 설정함 • 가로 스크롤(휠을 상하로 이동할 때 스크롤할 문자의 수(1~100))을 설정함
[하드웨어] 탭	사용하고 있는 마우스 장치의 이름, 종류, 장치 속성(제조업체, 위치, 장치 상태)을 표시함

04. 디스플레이

- 야간 모드를 '끔'과 '켬'을 설정할 수 있다.
- **야간 모드 설정** : 지금 켜기, 강도 조정, 야간 모드 예약이 가능하다.
- **배율 및 레이아웃** : 텍스트, 앱 및 기타 항목의 크기 변경(100%(권장)), 125%, 150%, 175%), 고급 배율 설정, 디스플레이 해상도, 디스플레이 방향(가로, 세로, 가로(대칭 이동), 세로(대칭 이동)) 등을 설정할 수 있다.
- 여러 디스플레이 연결, 고급 디스플레이 설정, 그래픽 설정이 가능하다.

032 다음 중 한글 Windows 10에서 복수 모니터에 관한 설명으로 옳지 않은 것은?
① 복수 모니터는 2대 이상의 모니터를 연결한 것이다.
② 복수 모니터를 사용하면 설치된 모니터마다 색 설정을 지정할 수 있다.
③ 복수 모니터를 사용하면 개별 그래픽 어댑터를 지원하지 않아 복수 출력을 지원하는 단일 어댑터에 연결하여 사용한다.
④ 복수 모니터를 사용하면 한 모니터에서 웹 작업을 보면서 다른 모니터에서 이미지 또는 텍스트를 편집할 수 있다.

033 다음 중 Windwos 10의 [디스플레이]-[디스플레이 해상도] 설정에 대한 설명으로 옳지 않은 것은?
① 높은 화면 해상도에서는 텍스트와 이미지가 더 선명하지만 크기는 더 작게 표시된다.
② 해상도를 변경하면 해당 컴퓨터에 로그온한 모든 사용자에게 변경 내용이 적용된다.
③ 다중 디스플레이 옵션은 Windows에서 둘 이상의 모니터가 PC에 연결되어 있음을 인식할 때만 나타난다.
④ 두 대의 모니터가 연결된 경우 좌측 모니터가 주 모니터로 설정되므로 해상도가 높은 모니터를 반드시 좌측에 배치해야 한다.

05. 앱 및 기능
- 앱을 가져올 위치를 선택할 수 있다.
- **선택적 기능** : 앱을 제거하거나 관리할 수 있으며 기능을 추가할 수도 있다.
- **앱 실행 별칭** : 명령 프롬프트에서 앱을 실행하는 데 사용되는 이름을 선언할 수 있으며 동일한 이름을 사용하는 경우 사용할 앱 하나를 선택한다.
- 앱을 이동 및 수정하거나 제거할 수 있으며 드라이브별로 검색, 정렬 및 필터링이 가능하다.

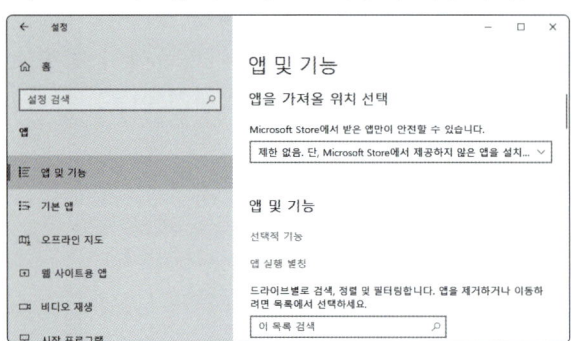

034 다음 중 Windows의 [설정]-[앱]-[앱 및 기능]에 대한 설명으로 옳지 않은 것은?
① [Microsoft Store에서 더 많은 테마 보기]를 선택하여 Microsoft 사에서 제공하는 다양한 테마를 추가 설치할 수 있다.
② 앱을 가져올 위치를 사용자가 선택할 수 있다.
③ 설치되어 있는 앱 목록을 드라이브별로 검색하거나 정렬 및 필터링할 수 있다.
④ Windows에 설치되어 있는 앱을 수정하거나 제거할 수 있다.

06. 기본 앱
- 메일, 지도, 음악 플레이어, 사진 뷰어, 비디오 플레이어, 웹 브라우저와 같은 작업에 사용할 앱을 선택한다.
- [파일 형식별 기본 앱 선택], [프로토콜별 기본 앱 선택]으로 기본 앱을 선택할 수 있으며 [앱별 기본값 설정]이 가능하다.
- Microsoft에서 권장하는 기본 앱으로 돌아가려는 경우 [Microsoft 권장 기본값으로 초기화]에서 [초기화] 단추를 클릭한다.

07. 개인 설정
배경, 색, 잠금 화면, 테마, 글꼴, 시작, 작업 표시줄 등에 대해 설정할 수 있다.

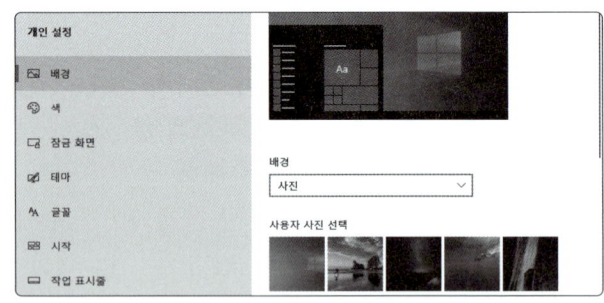

▣ 배경
- 바탕 화면의 배경(사진, 단색, 슬라이드 쇼)을 선택한다.
- 사진은 맞춤 선택(채우기, 맞춤, 확대, 바둑판식 배열, 가운데, 스팬)을 선택할 수 있다.
- 단색은 배경색을 선택할 수 있다.
- 슬라이드 쇼는 다음 간격마다 사진 변경(1분, 10분, 30분, 1시간, 6시간, 1일) 및 순서 섞기, 맞춤 선택 등을 설정할 수 있다.

색
- 색 선택(밝게, 어둡게, 사용자 지정), 투명 효과(켬, 꺼짐) 등을 설정할 수 있다.
- 테마 컬러 선택(자동으로 내 배경 화면에서 테마 컬러 선택, 최근에 사용한 색, Windows 색상표, 사용자 지정 색)을 이용한 색 지정이 가능하며 테마 컬러 표시를 [시작, 작업 표시줄 및 알림 선택], [제목 표시줄 및 창 테두리]에 적용시킬 수 있다.

잠금 화면
- 잠금 화면의 배경(Windows 추천, 사진, 슬라이드 쇼)을 설정할 수 있다.
- [잠금 화면에서 세부 상태를 표시할 앱 하나 선택], [잠금 화면에 빠른 상태를 표시할 앱 선택] 등이 가능하며 [로그인 화면에 잠금 화면 배경 그림 표시]의 여부 등을 설정할 수 있다.
- **화면 시간 제한 설정** : 전원 및 절전 모드를 설정
  - 화면 : 전원 사용 시 다음 시간이 경과하면 끄기(1분, 2분, 3분, 5분 ~ 4시간, 5시간, 안 함)
  - 절전 모드 : 전원 사용 시 다음 시간이 경과하면 PC를 절전 상태로 전환(1분, 2분, 3분, 5분 ~ 4시간, 5시간, 안 함)
- **화면 보호기 설정** : 화면 보호기와 전원 설정 변경 등을 할 수 있다.

테마
- 배경, 색, 소리, 마우스 커서 등의 설정으로 사용자 지정 테마를 저장할 수 있다.
- [Microsoft Store에서 더 많은 테마 보기]를 선택하여 Microsoft 사에서 제공하는 다양한 테마를 추가 설치할 수 있다.
- [관련 설정]-[바탕 화면 아이콘 설정]을 클릭한 후 [바탕 화면 아이콘 설정] 대화상자가 나타나면 바탕 화면 아이콘(컴퓨터, 휴지통, 문서, 제어판, 네트워크)을 선택하고 [아이콘 변경]과 [기본 값 복원]이 가능하다.

> **마우스 커서**
> [마우스 속성] 대화상자에서 단추 구성, 두 번 클릭 속도, 클릭 잠금, 포인터, 포인터 옵션, 휠 설정 등이 가능하다.

글꼴
- 글꼴 추가 및 사용 가능한 글꼴의 확인이 가능하다.
- 글꼴을 클릭하면 글꼴 미리 보기, 글꼴 크기 변경, 메타 데이터(전체 이름, 글꼴 파일, 버전, 디자이너/제조 업체, 제조업체, 저작권, 등록 상표, 라이선스 설명 등)를 알 수 있다.

시작
- 시작 화면에 더 많은 타일 표시를 켜고 끌 수 있다.
- 시작 메뉴에서 앱 목록 표시를 켜고 끌 수 있다.
- 최근에 추가된 앱 표시를 켜고 끌 수 있다.
- 가장 많이 사용하는 앱 표시를 켜고 끌 수 있다.
- 때때로 시작 메뉴에 제안 표시를 켜고 끌 수 있다.
- 전체 시작 화면 사용을 켜고 끌 수 있다.
- 시작 메뉴의 점프 목록, 작업 표시줄 또는 파일 탐색기 즐겨찾기에서 최근에 연 항목 표시를 켜고 끌 수 있다.

08. 계정

계정에 대한 사용자 정보(계정 이름, 계정 유형)를 알 수 있으며 사진 만들기에서 [카메라]나 [찾아보기]로 사용자 사진을 만들 수 있다.

> **계정 유형**
> - **표준** : 컴퓨터에 설치된 대부분의 소프트웨어를 사용할 수 있으며, 다른 사용자나 컴퓨터의 보안에 영향을 주지 않는 시스템 설정을 변경할 수 있다.
> - **관리자** : 컴퓨터에 대한 모든 제어 권한을 가지며 컴퓨터를 완전하게 제어할 수 있으며, 모든 설정을 변경하고 컴퓨터에 저장된 모든 파일 및 프로그램에 액세스할 수 있다.

035 다음 중 Windows 10에서 [표준 사용자 계정]의 사용자가 할 수 있는 작업으로 옳지 않은 것은?
① 사용자 자신의 암호를 변경할 수 있다.
② 마우스 포인터의 모양을 변경할 수 있다.
③ 관리자가 설정해 놓은 프린터를 프린터 목록에서 제거할 수 있다.
④ 사용자의 사진으로 자신만의 바탕 화면을 설정할 수 있다.

09. 접근성

- 사용자의 시력, 청력, 기동성에 따라 컴퓨터 설정을 조정하고 음성 인식을 사용하여 음성 명령으로 컴퓨터를 조정하게 한다.
- 시각 항목에서 디스플레이, 마우스 포인터, 텍스트 커서, 돋보기, 색상 필터, 고대비, 내레이터 등을 설정할 수 있다.
- 청각 항목에서 오디오와 선택 자막 등을 설정할 수 있다.
- 상호 작용 항목에서 음성 명령, 키보드, 마우스, 아이 컨트롤 등을 설정할 수 있다.

> **접근성 키보드**
> - 고정 키 : 여러 개의 키를 동시에 눌러야 하는 경우에 한 번에 하나씩 눌러 인식할 수 있도록 설정한다.
> - 토글 키 : [CapsLock], [NumLock], [ScrollLock]을 누를 때마다 소리로 경고를 표시한다.
> - 필터 키 : 짧게 입력한 키나 반복되게 입력한 키를 무시하거나 늦추고 키보드의 반복 속도를 조정한다.

036 다음 중 Windows 10의 [제어판]-[접근성]에서 설정할 수 있는 기능으로 옳지 않은 것은?

① 자녀 보호 설정 : 자녀가 컴퓨터를 사용할 수 있는 게임 유형 및 프로그램을 차단할 수 있다.
② 토글 켜기 : [CapsLock], [NumLock], [ScrollLock] 키를 누를 때 신호음을 들을 수 있다.
③ 고대비 : 컴퓨터 화면에서 일부 텍스트와 이미지의 색상 대비를 강조하는 고대비 색 구성표를 설정하여 해당 항목을 보다 뚜렷하고 쉽게 식별되도록 할 수 있다.
④ 마우스 키 켜기 : 키보드의 숫자 키패드로 마우스 포인터의 움직임을 제어할 수 있다.

037 다음 중 Windows의 [설정]에서 시각 장애가 있는 사용자가 컴퓨터를 사용하기에 편리하도록 설정할 수 있는 기능은?

① 개인 설정 ② 계정 ③ 접근성 ④ 장치

STEP 02 시스템 유지 관리

01. 시스템 관리

■ **시스템 복원**
- 컴퓨터가 정상적인 상태일 때를 복원 시점으로 설정한 후에 사용중 시스템에 문제가 발생할 경우 복원 지점으로 되돌려 정상적인 상태로 만든다.
- 시스템 복원시 응용 프로그램에서 작성한 문서, 전자우편, 즐겨찾기 목록, 휴지통, 문서 등은 변경되지 않지만 응용 프로그램은 복원 시점 상태로 변경된다.
- 복원 지점은 시스템에 의해 자동으로 설정되지만 사용자에 의해 임의로 복원 지점을 설정할 수도 있다.
- [시스템]-[정보] 창에서 [고급 시스템 설정]을 클릭한 후 [시스템 속성] 대화상자의 [시스템 보호] 탭에서 시스템의 보호 설정 및 복원 설정의 구성과 시스템 복원을 실행할 수 있다.

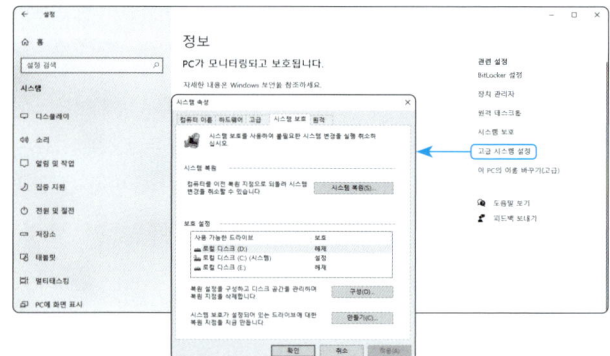

■ **레지스트리(Registry)**
- 컴퓨터에 설치된 모든 하드웨어와 소프트웨어의 실행 정보를 한군데 모아 관리하는 계층적인 데이터베이스이다.
- 시스템과 사용자에 대한 중요한 정보를 가지고 있어 문제가 있을 경우 시스템이 부팅되지 않을 수도 있으며, 변경으로 인한 이상 증상이 있을 경우 컴퓨터를 성공적으로 시작했을 때 사용한 레지스트리로 복원할 수 있다.
- 레지스트리의 내용은 기계어로 되어 있어 일반 문서 편집기로 확인할 수 없으며, 수정하려면 REGEDIT와 같은 레지스트리 편집 프로그램을 사용해야 한다.
- 시작 메뉴의 검색 상자에서 'regedit'를 입력한 후 [Enter]를 누르면 레지스트리 편집기를 실행할 수 있다.
- 레지스트리에 저장되는 디바이스 자원에는 IRQ, DMA, I/O 주소 등이 있다.
- 레지스트리 백업은 레지스트리 편집기에서 [파일]-[내보내기]를 클릭하여 실행한다.

> **시스템 구성 편집기(SYSEDIT)**
> - 시스템 구성 편집기는 MS-DOS 모드에서 사용되는 파일들을 편집하는 프로그램이다.
> - 시스템 구성 편집기로 편집할 수 있는 파일에는 AUTOEXEC.BAT, CONFIG.SYS, WIN.INI, SYSTEM.INI가 있다.
> - [시작] 단추를 클릭한 후 검색 상자에서 'sysedit'를 입력한 후 Enter를 누르면 실행된다.

■ 장치 관리자
- 컴퓨터에 설치된 디바이스 하드웨어 설정 및 드라이버 소프트웨어를 관리한다.
- 컴퓨터의 하드웨어가 올바르게 작동하는지 확인할 수 있고, 문제가 있거나 불필요한 하드웨어 장치를 제거할 수 있다.
- 바로가기 메뉴에서 [드라이버 업데이트], [디바이스 사용 안 함], [디바이스 제거], [하드웨어 변경사항 검색], [속성] 등의 작업을 수행할 수 있다.

■ Windows 작업 관리자
- 현재 실행중인 프로그램과 프로세스에 대한 정보를 확인하고 응답하지 않는 프로그램을 종료할 수 있다.
- CPU와 메모리(RAM)의 사용 현황을 확인할 수 있다.
- 실행 : 작업 표시줄에서 바로 가기 메뉴의 [작업 관리자]를 선택하거나 Ctrl+Shift+Esc를 눌러 실행한다.

■ Microsoft Defender
- [설정]-[업데이트 및 보안]-[Windows 보안]-[바이러스 및 위협 방지]에서 실행한다.
- [Microsoft Defender 바이러스 백신 옵션]에서 주기적 검사를 '켬'으로 설정한다.
- 바이러스 및 웜을 포함한 사용자 컴퓨터에 무단으로 접근하려는 시도를 방어한다.
- 스파이웨어, 바이러스, 맬웨어(악성코드)를 검색하고 치료해주는 백신으로 실시간 보호 기능을 제공한다.
- 네트워크로 연결된 사용자 컴퓨터의 정보를 효과적으로 보호하고 제어할 수 있다.

■ 백업
- 불의의 사고로 인한 원본 데이터의 손실을 대비하여 중요한 데이터를 외부 저장장치에 하나 더 만들어 두는 기능이다.
- 해당 컴퓨터나 CD-ROM 드라이브, USB 플래시 드라이브, 네트워크 상의 다른 컴퓨터에 백업할 수 있다.
- 여러 개의 파일이 백업되어 있는 경우 몇 개의 파일만을 선택하여 복원할 수 있다.

038 다음 중 Windows 10에서 시스템 관리와 관련된 설명으로 옳지 않은 것은?
① Windows에 문제가 생겼을 때를 대비하여 시스템이 최적의 상태일 때 시스템 복원을 위한 복원 지점을 만들어둔다.
② 컴퓨터의 프로그램이 응답하지 않으면 Windows에서 문제를 검색하여 자동으로 해결하려고 하지만, 기다리지 않으려면 작업 관리자를 사용하여 프로그램을 직접 끝낸다.
③ 하드디스크의 파일이 손상되었을 경우 [디스크 조각 모음]을 실행하여 디스크 최적화를 유지한다.
④ 하드웨어가 작동하지 않을 때는 [장치 관리자]를 이용하여 드라이버의 업데이트를 실행한다.

039 다음 중 한글 Windows 10에서 설치된 모든 하드웨어와 소프트웨어의 실행 정보를 모아 관리하는 계층적인 시스템 데이터베이스를 의미하는 것은?
① Registry ② File System
③ Zip Drive ④ Partition

02. 디스크 관리

■ 디스크 검사
- 하드디스크나 플로피디스크의 논리적, 물리적인 손상이 있는지를 검사하고 복구 가능한 에러의 경우 복구해 주는 기능이다.
- 디스크 검사를 실행할 경우 실행중인 프로그램을 모두 종료해야 하며, 프로그램이 실행중일 경우 시스템을 다시 시작할 때 실행하도록 설정할 수 있다.
- 네트워크 드라이브나 CD-ROM 드라이브는 디스크 검사를 수행할 수 없다.

- **실행** : [내 PC]에서 검사할 디스크 드라이브를 선택 ▶ 바로 가기 메뉴의 [속성]을 클릭 ▶ [속성] 대화상자의 [도구] 탭에서 [검사]를 클릭
- **드라이브 검사** : 검사하는 동안 드라이브를 계속 사용할 수 있고 오류가 발견되면 수정 여부를 결정할 수 있다.

■ 디스크 조각 모음
- 단편화로 디스크에 비연속적으로 분산 저장된 파일들을 모아서 디스크를 최적화시켜 접근 속도를 향상시키는 기능이다.
- 디스크 분석을 통해 디스크의 조각화 비율이 10%를 넘을 때 수행하는 것이 좋다.
- 네트워크 드라이브나 CD-ROM 드라이브, Windows가 지원하지 않는 압축된 프로그램은 디스크 조각 모음을 실행할 수 없다.

■ 디스크 정리
- 디스크의 사용 가능한 공간을 늘리기 위하여 불필요한 파일들을 삭제하는 작업이다.
- 다운로드한 프로그램 파일, 임시 인터넷 파일, 오프라인 웹 페이지, 휴지통에 있는 파일, 임시 파일 등의 필요없는 파일을 삭제한다.
- **실행** : [내 PC]에서 검사할 디스크 드라이브를 선택 ▶ 바로 가기 메뉴의 [속성]을 클릭 ▶ [속성] 대화상자의 [일반] 탭에서 [디스크 정리]를 클릭

---

040 다음 중 Windows 10의 [디스크 정리] 기능에 관한 설명으로 옳은 것은?
① 하드디스크에서 불필요한 파일의 수를 줄여 디스크에 여유 공간을 확보한다.
② 분산되어 있는 저장 파일들을 연속된 공간에 저장함으로써 디스크의 접근 속도를 향상시킨다.
③ 개인 파일에 영향을 주지 않고, 컴퓨터에 대한 시스템 변경 내용 실행을 취소한다.
④ 심각한 오류가 발생한 경우에 Windows를 복구하는데 사용한다.

---

041 다음 중 Windows 10에서 [디스크 정리]를 수행할 때 정리 대상 파일로 옳지 않은 것은?
① 임시 인터넷 파일
② 사용하지 않은 폰트(*.TTF) 파일
③ 휴지통에 있는 파일
④ 다운로드한 프로그램 파일

---

042 다음 중 Windows 10에서 하드디스크에 저장된 파일을 다시 정렬하는 단편화 제거 과정을 통해 디스크의 파일 읽기/쓰기 성능을 향상 시키는 프로그램으로 옳은 것은?
① 디스크 검사　② 디스크 정리
③ 디스크 포맷　④ 디스크 조각 모음

STEP 03　네트워크 및 인터넷

01. 네트워크의 개요
- 컴퓨터와 컴퓨터를 연결하여 서로의 자원을 공유하거나 데이터를 교환하는 기술이다.
- 디스크나 프린터 등의 하드웨어 장치 및 자료를 공유하고 전자 메일 교환 등을 통해 공동의 작업을 할 수 있다.
- 네트워크 관련 장비로는 네트워크 어댑터(LAN 카드), 케이블과 허브(Hub), 라우터 등이 있다.
- 컴퓨터 네트워크에서 정보 전달을 위한 구성 요소에는 송·수신자, 전송매체, 프로토콜 등이 있다.

02. 무선 랜

AP (Access Point)	• 기존 유선 네트워크와 무선 네트워크 사이에서 중계기 역할을 담당하는 기기임 • 전파의 송수신을 위한 내장 안테나가 내장되어 있으며 확장 안테나로 전송 거리를 확장할 수 있음
무선 랜 카드	• 무선으로 네트워크에 연결시키기 위한 기본 장비임 • 전송 속도와 인터페이스 규격에 따라 여러 종류가 있음

안테나 (Antenna)	• **무지향성 확장 안테나** : 무선 랜을 사용할 수 있는 도달 영역을 확장시키기 위한 모든 방향으로 전파를 확장하는 기능 • **지향성 안테나** : 특정 지점 사이를 연결시키는 기능

03. 인터넷 프로토콜 TCP/IP 설정

- [이더넷 상태] 대화상자의 [일반] 탭에서 [속성]을 클릭하면 [이더넷 속성] 대화상자가 나타난다.
- **TCP/IPv4 구성 요소** : IP 주소, 서브넷 마스크, 기본 게이트웨이, DNS 서버 주소
- **TCP/IPv6 구성 요소** : IP 주소, 서브넷 접두사 길이, 기본 게이트웨이, DNS 서버 주소

자동으로 IP 주소 받기	IP 설정이 자동으로 할당됨(유동 IP 방식)
다음 IP 주소 사용	네트워크 관리자에게 IP 설정값을 부여받아야 함(고정 IP 주소)
IP 주소	• 현재 컴퓨터에 설정된 IP 주소임 • 네트워크 주소와 호스트 주소로 구성됨 • 32비트 주소를 8비트 점(.)으로 구분함 • 호스트 PC에서 사용한 IP 주소 맨 끝에 숫자를 하나 늘려줌
서브넷 마스크	• 네트워크 ID와 호스트 ID를 구분해주는 역할을 함 • 서브넷은 여러 개의 LAN에 접속하는 경우 하나의 LAN을 의미함 • IP 수신자에게 제공하는 32비트 주소임 • 대부분 255.255.255.0의 C 클래스(Class)로 정의됨
기본 게이트웨이	• 프로토콜이 서로 다른 통신망을 상호 접속하기 위한 장치임 • 호스트 PC에서 사용하는 IP 주소를 사용함 • 일반적으로 라우터(Router)의 주소임
DNS 서버 주소	• 도메인 네임(문자 형식)을 숫자로 된 IP 주소로 변환하는 DNS 서버의 IP 주소임 • 일반적으로 백업(Backup)의 목적으로 2개가 할당됨

04. 네트워크 명령어

- [시작]-[Windows 시스템]-[명령 프롬프트]를 클릭하거나 [실행] 열기란에 'cmd'를 입력한 후 [확인]을 클릭한다.
- 명령어는 대·소문자 상관없이 사용할 수 있다.

IPCONFIG	사용자 자신의 컴퓨터 IP 주소를 확인하는 명령어
PING	네트워크의 현재 상태나 다른 컴퓨터의 네트워크 접속 여부를 확인하는 명령
TRACERT	네트워크에 연결된 컴퓨터의 경로(라우팅 경로)를 추적할 때 사용하는 명령어
NSLOOKUP	• URL 주소로 IP 주소를 확인하는 명령 • DNS의 동작 여부를 확인할 수 있음
NETSTAT	• 현재 자신의 컴퓨터에 연결된 다른 컴퓨터의 IP 주소나 포트 정보를 확인할 수 있음 • 활성 TCP 연결 상태, 컴퓨터 수신 포트, 이더넷 통계 등을 표시함
NBTSTAT	IP 주소가 중복되어 충돌되는 경우 충돌 지점을 알아내는 명령
FINGER	특정 네트워크에 접속된 사용자의 정보를 확인할 때 사용하는 명령
NET VIEW	특정 컴퓨터 시스템에 공유되어 있는 현황을 보여주는 명령

Chapter 03 컴퓨터 시스템 관리

STEP 01 컴퓨터의 원리 및 개념

01. 컴퓨터의 정의 및 구성

■ 컴퓨터의 정의
- 컴퓨터란 주어진 자료(Data)를 일련의 처리과정(Program)을 거쳐 원하는 정보(Information)를 출력해주는 장치이다.
- 전자적인 성질을 이용하여 주어진 데이터를 처리한다는 의미로 EDPS라고도 한다.
- 입력된 데이터를 자동으로 처리한다는 의미로 ADPS라고도 한다.
- GIGO(Garbage In Garbage Out) : 올바른 출력 결과를 얻고자 한다면 입력된 자료가 정확해야 한다는 의미로 컴퓨터의 수동성을 나타낸다.

> **자료와 정보**
> - **자료(Data)** : 관찰이나 측정을 통해 수집한 단순한 사실이나 결과값을 말한다.
> - **정보(Information)** : 의사 결정에 도움을 줄 수 있는 유용한 형태로 가공(처리)한 결과물을 의미한다.

■ 컴퓨터의 구성
- **하드웨어** : 컴퓨터를 이루는 기계적인 장치를 의미한다.
  예 CPU, RAM, SSD, HDD 등
- **소프트웨어** : 컴퓨터를 사용하기 위한 프로그램을 의미한다.
  예 Windows 10, Excel 2016, Access 2016 등

■ 컴퓨터의 특징
- 자동성, 정확성, 신속성, 호환성, 대용량성, 범용성 등이 있다.

> **호환성과 범용성**
> - **호환성** : 서로 다른 기종의 컴퓨터 간에도 프로그램이나 자료의 공유가 가능
> - **범용성** : 일부분에 국한되지 않고 다목적(사무처리, 과학, 교육, 게임 등)으로 사용

043 다음 중 ⓐ와 ⓑ에 대한 답으로 옳은 것은?

> 컴퓨터의 처리 대상이 되는 것으로 어떤 조건이나 상황을 나타내는 문자, 숫자, 그림, 음성, 영상 등을 (ⓐ)(이)라고 하며, (ⓐ)를 가공한 것으로 유용하게 사용되는 것을 (ⓑ)(이)라고한다.

① ⓐ : 파일 ⓑ : 미디어
② ⓐ : 멀티미디어 ⓑ : 미디어
③ ⓐ : 데이터베이스 ⓑ : 소프트웨어
④ ⓐ : 자료 ⓑ : 정보

02. 컴퓨터의 발전 과정

■ 기계식 계산기

가감산기	파스칼이 개발한 톱니바퀴식 계산기로 덧셈과 뺄셈이 모두 가능한 최초의 계산기
가감승제기	라이프니츠가 개발한 계산기로 가감산기를 개량하여 사칙연산이 모두 가능

■ 전기 기계식 계산기

차분기관	바베지에 의해 개발된 기계식 계산기로 삼각함수 계산이 가능
해석기관	바베지에 의해 개발된 현대 컴퓨터의 개념을 최초로 제시한 모델
천공카드	• 홀러리스에 의해 개발, 미국의 인구 조사/국세 조사에 사용 • 자동 계산의 실용성을 확인하며, 일괄처리 방식의 효시가 됨
MARK-1	에이컨이 개발한 최초의 전기 기계식 자동 계산기

■ 전자계산기

ENIAC	에커트와 머큘리가 개발한 최초의 전자계산기로 외부 프로그램 내장방식을 사용
EDSAC	윌키스에 의해 개발된 최초로 프로그램 내장을 도입한 전자계산기
UNIVAC	에커트와 머큘리가 개발한 최초의 상업용 전자계산기로 미국의 통계국에서 사용
EDVAC	폰 노이만이 개발한 2진법을 사용한 프로그램 내장방식의 전자계산기

> **프로그램 내장방식**
> 폰 노이만에 의해 고안된 방식으로 프로그램을 2진수로 코드화하여 기억장치에 저장해 두고 명령에 따라 컴퓨터가 순서대로 해독하면서 처리하는 방식으로 외부 프로그램 방식에 비해 수정이 쉽고 프로그램을 공동으로 사용할 수 있는 장점이 있다.

044 다음 중 최초의 상업용 전자계산기는 어느 것인가?

① UNIVAC ② IBM-370
③ EDVAC ④ ENIAC

045 다음 중 프로그램 내장형 컴퓨터에 대한 설명으로 올바르지 않은 것은?

① 폰 노이만(Von Neumann)이 제안하였다.
② 프로그램의 일부를 반복 사용하는 서브 루틴이나 루프의 구현이 비경제적이다.
③ 프로그램 실행 시에 프로그램과 데이터를 주기억장치에 기억시켜 사용한다.
④ 오늘날 사용하는 대부분의 컴퓨터는 프로그램 내장형 컴퓨터이다.

046 다음 중 최초의 전자계산기 ENIAC에서 사용된 프로그램 방식으로 옳은 것은?

① 프로그램 내장 방식 ② 외부 프로그램 방식
③ 어셈블리어 방식 ④ 고급 언어 방식

03. 컴퓨터의 세대별 특징

세대	주요 소자	특징
1세대	진공관	• 속도 : 밀리초(ms, 10^{-3}) • 하드웨어 중심 개발, 부피가 크고 속도가 느림 • 기계어와 어셈블리어를 사용
2세대	트랜지스터 (TR)	• 속도 : 마이크로초(μs, 10^{-6}) • 운영체제 등장, 온라인 실시간 처리, 다중 프로그래밍 • FORTRAN, COBOL 등 고급 언어 등장
3세대	집적회로 (IC)	• 속도 : 나노초(ns, 10^{-9}) • 경영 정보 시스템(MIS) 도입 및 OMR, OCR, MICR 등장 • 시분할 처리 및 다중 처리 시스템 개발
4세대	고밀도 집적회로 (LSI)	• 속도 : 피코초(ps, 10^{-12}) • 마이크로프로세서, 가상기억 장치, 개인용 컴퓨터 개발 • 네트워크의 발달로 분산처리 시스템 등장
5세대	초고밀도 집적회로 (VLSI)	• 속도 : 펨토초(fs, 10^{-15}) • 인터넷, 인공지능(AI), 퍼지이론, 패턴 인식 등장 • 전문가 시스템 및 의사 결정 지원 시스템(DSS) 등장

> **처리 속도 단위**
>
> | 단위 | 속도 |
> |---|---|
> | ms(밀리초) | 10^{-3} |
> | μs(마이크로초) | 10^{-6} |
> | ns(나노초) | 10^{-9} |
> | ps(피코초) | 10^{-12} |
> | fs(펨토초) | 10^{-15} |
> | as(아토초) | 10^{-18} |
>
> • 처리속도 (느림〈빠름) : ms 〈 μs 〈 ns 〈 ps 〈 fs 〈 as

047 다음 중 컴퓨터의 특징에 관한 설명으로 옳지 않은 것은?

① 컴퓨터에서 사용되는 용어 중 'GIGO'는 입력 데이터가 옳지 않으면 출력 결과도 옳지 않다는 의미의 용어로 'Garbage In Garbage Out'의 약자이다.
② 호환성은 컴퓨터 기종에 상관없이 데이터 값을 동일하게 공유하여 처리할 수 있는 것을 의미한다.
③ 컴퓨터의 처리 속도 단위는 KB, MB, GB, TB 등으로 표현된다.
④ 컴퓨터 사용에는 사무처리, 학습, 과학계산 등 다양한 분야에서 이용될 수 있는 특징이 있으며, 이러한 특징을 범용성이라고 한다.

048 다음 중 컴퓨터의 처리 시간 단위가 빠른 것에서 느린 순서로 바르게 나열된 것은?
① ps - as - fs - ns - ms - μs
② as - fs - ps - ns - μs - ms
③ ms - μs - ns - ps - fs - as
④ fs - ns - ps - μs - as - ms

049 다음 중 컴퓨터의 발전 과정을 세대별로 구분할 때, 5세대 컴퓨터의 특징으로 볼 수 없는 것은?
① 퍼지 컴퓨터   ② 인공지능
③ 패턴인식   ④ 집적회로(IC) 사용

050 다음은 컴퓨터 세대와 주요 회로를 연결한 것이다. 틀리게 연결된 것은?
① 1세대 - 진공관   ② 2세대 - 트랜지스터
③ 3세대 - 자기드럼 ④ 4세대 - 고밀도 집적 회로

04. 컴퓨터의 분류

■ 사용 용도에 따른 분류

전용 컴퓨터	• 특수 목적용으로 한정된 업무에만 사용하기 위해 제작된 컴퓨터 • 기상 관측, 항공 산업 등 산업용 제어 분야 및 군사용에 사용
범용 컴퓨터	• 여러 가지 분야에 다목적으로 사용하기 위해 제작된 컴퓨터 • 일반 사무 처리 및 과학 기술 계산 등에 사용

■ 데이터 취급에 따른 분류

디지털 컴퓨터	숫자, 문자와 같은 이산적인 데이터를 처리하는 일반적인 컴퓨터
아날로그 컴퓨터	전압, 전류, 온도, 압력 등 연속적인 물리량을 입력받아 처리하는 특수 목적용 컴퓨터
하이브리드 컴퓨터	디지털 컴퓨터와 아날로그 컴퓨터의 장점을 혼합하여 만든 컴퓨터

아날로그 컴퓨터와 디지털 컴퓨터

구분	디지털 컴퓨터	아날로그 컴퓨터
입력 형식	숫자, 문자	전압, 전류, 온도, 속도
출력 형식	숫자, 문자	그래프, 곡선
구성 회로	논리 회로	증폭 회로
연산 형식	산술, 논리 연산	미적분 연산
연산 속도	느림	빠름
프로그램	필요	필요 없음
정 밀 도	필요한 한도까지 가능	제한적(0.01% 까지)

■ 처리 능력에 따른 분류

마이크로 컴퓨터 (Micro Computer)	일반 개인용 컴퓨터로 가정용이나 업무용으로 사용
워크스테이션 (Workstation)	RISC 프로세서를 사용하여 고성능 그래픽 처리나 공학용 시뮬레이션, 네트워크 서버용으로 사용
미니 컴퓨터 (Mini Computer)	중소규모의 기업체나 학교, 연구소, 과학 기술 계산용 등에서 사용
메인프레임 (Main Frame)	수백명의 사용자가 동시에 처리가 가능하며, 은행, 정부기관, 대기업 등에서 사용
슈퍼 컴퓨터 (Super Computer)	높은 정밀도와 고도의 계산 능력을 갖춘 컴퓨터로 우주 항공 분야, 기상 관측 및 예보, 복잡한 시뮬레이션 분야에 사용

• 개인용 컴퓨터의 크기 분류 : 데스크톱 〉 랩톱 〉 노트북 〉 태블릿 PC 〉 팜톱(PDA)
• 태블릿 PC : 노트북의 기능에 PDA의 휴대성을 더한 컴퓨터로 아이패드, 갤럭시탭 등이 있음
• PDA : 팜톱 컴퓨터의 일종으로 전자수첩 기능, 이동통신 기능, 개인정보 관리 기능 등을 수행하는 컴퓨터

051 컴퓨터를 분류하는 방법은 사용 목적, 취급하는 데이터의 형태, 처리 능력에 따라 분류할 수 있다. 다음 중 컴퓨터가 취급하는 데이터 형태에 의한 분류에 해당되지 않는 것은?
① 아날로그 컴퓨터   ② 디지털 컴퓨터
③ 하이브리드 컴퓨터 ④ 마이크로 컴퓨터

052 다음 중 디지털 컴퓨터에 대한 설명으로 옳지 않은 것은?

① 입력 형태는 부호화된 숫자, 문자, 이산자료 등이다.
② 출력 형태는 곡선, 그래프 등 연속된 자료 형태이다.
③ 자료처리를 위해서는 프로그래밍이 필요하다.
④ 우리가 일상생활에서 사용하는 대부분의 컴퓨터이다.

053 다음 중 연속적인 데이터 형식을 사용하는 아날로그 컴퓨터의 주요 구성 회로로 옳은 것은?

① 논리 회로 ② 증폭 회로
③ 연산 회로 ④ 제어 회로

STEP 02 자료의 표현

01. 자료의 표현 단위

비트(Bit)	• Binary Digit의 약자로, 2진수(0 또는 1) 1자리를 의미함 • 정보(자료) 표현의 최소 단위
니블(Nibble)	• 4개의 비트로 구성됨 • 2^4(16)개의 정보를 표현
바이트(Byte)	• 8개의 비트로 구성되며, 2^8(256)개의 정보를 표현 • 주소 지정의 단위이며, 문자를 표현하는 단위로 사용됨 (영문, 숫자는 1바이트, 한글, 한자, 특수 문자는 2바이트로 표현)
워드(Word)	• 컴퓨터 내부의 명령 처리 단위 • CPU(중앙처리장치)가 한 번에 처리할 수 있는 데이터의 양을 의미함 • Half Word(2Byte), Full Word(4Byte)=(1Word), Double Word(8Byte)
필드(Field)	• 서로 관련성 있는 워드의 집합으로 아이템(Item) 또는 항목이라고 함 • 자료처리에서 레코드를 구성하는 기본 단위(데이터베이스의 열 부분)
레코드(Record)	• 하나 이상의 필드가 모여 구성되며, 프로그램에서 처리하는 자료의 기본 단위 • 논리레코드 : 자료처리의 기본 단위(데이터베이스의 행 부분) • 물리레코드 : 자료의 입·출력 단위로 블록(Block)이라고도 함
파일(File)	• 하나 이상의 논리레코드가 모여 구성 • 프로그램 구성의 기본 단위(디스크의 저장 단위)
데이터베이스(Database)	• 상호 연관성 있는 파일들을 모아놓은 데이터 집합체

자료의 구성

이름	국어	영어	수학	합계
유재식	70	80	60	210
김종구	60	70	90	220
송지현	80	90	80	250

레코드   필드명   필드   파일

• 기억용량(작음〈큼) : KB 〈 MB 〈 GB 〈 TB 〈 PB 〈 EB

기억 용량 단위

단위	용량
KB(킬로바이트)	$2^{10} ≒ 10^3$(1024 Byte)
MB(메가바이트)	$2^{20} ≒ 10^6$(1024 KB)
GB(기가바이트)	$2^{30} ≒ 10^9$(1024 MB)
TB(테라바이트)	$2^{40} ≒ 10^{12}$(1024 GB)
PB(페타바이트)	$2^{50} ≒ 10^{15}$(1024 TB)
EB(엑사바이트)	$2^{60} ≒ 10^{18}$(1024 PB)

054 다음 중 컴퓨터에서 사용하는 자료의 물리적 단위가 작은 것부터 큰 것의 순으로 나열이 옳은 것은?

① Bit – Nibble – Byte – Word – Field – Record – File
② Bit – Byte – Nibble – Word – Record – Field – File
③ Bit – Nibble – Byte – Word – Record – Field – File
④ Bit – Byte – Nibble – Word – Field – Record – File

055 다음 데이터에 관한 설명 중 잘못된 것은?
① 데이터베이스(Database)는 레코드 모임인 파일(File)들의 집합을 말한다.
② 워드(Word)는 바이트 모임으로 하프워드, 풀워드, 더블워드로 분류된다.
③ 필드(Field)는 자료 처리의 최소 단위이며, 여러 개의 필드가 모여 레코드(Record)가 된다.
④ 비트(Bit)는 정보 표현의 최소 단위이며, 2Bit가 모여 1바이트(Byte)가 된다.

02. 수치 자료의 표현

■ 고정 소수점 표현(정수 연산)
- 정수를 표현하며, 첫 번째 비트를 부호비트(양수 : 0, 음수 : 1)로 표시한다.
- 표현 방식에는 부호화 절대치, 부호와 1의 보수, 부호와 2의 보수 방식이 있다.

부호와 절대치	숫자를 2진수로 변환하고 첫 번째 비트(Bit)를 부호로 표시
부호와 1의 보수	부호 비트(Bit)를 제외하고 0은 1로, 1은 0으로 변경
부호와 2의 보수	1의 보수에서 마지막 비트(Bit)에 1을 더하여 표현

예 숫자 6의 경우 : 2진수 0110, 1의 보수 1001, 2의 보수 1010

> **보수(Complement)를 사용하는 이유**
> 컴퓨터에서 자료를 표현할 때에 보수를 사용하는 이유는 뺄셈기가 따로 없어 뺄 수를 보수로 취한 후 가산기로 연산하여 뺄셈 작업을 처리하기 위해서 사용한다.

■ 부동 소수점 표현(실수 연산)
- 소수점이 있는 2진 실수 표현에 사용하며, 부호부, 지수부, 가수부로 구성된다.
- 가장 큰 수나 가장 작은 수의 표현이 가능하며, 속도가 느리다.

056 다음 중 이진수 (0110)의 2의 보수 표현으로 옳은 것은?
① 1001   ② 1010
③ 1011   ④ 1000

057 다음 중 컴퓨터의 자료 표현과 관련하여 보수(Complement)를 사용하는 이유로 옳은 것은?
① 가산기를 이용하여 뺄셈을 처리하기 위하여
② 큰 수를 저장하기 위하여
③ 덧셈의 빠른 처리를 위하여
④ 지수를 저장하기 위하여

03. 문자 자료의 표현

BCD (2진화 10진 코드)	• 6개의 비트로 구성되며, 2^6(64)개의 문자 표현이 가능 • 대표적인 가중치 코드로 Zone은 2비트, Digit는 4비트로 구성
ASCII (미국 표준 코드)	• 7개의 비트로 구성되며, 2^7(128)개의 문자 표현이 가능 • 개인용 컴퓨터(PC)에서의 일반적인 문자 표현 및 데이터 통신용 코드 • Zone은 3비트, Digit는 4비트로 구성
EBCDIC (확장 2진화 10진 코드)	• 8개의 비트로 구성되며, 2^8(256)개의 문자 표현이 가능 • 확장된 BCD 코드로 대형 컴퓨터에서 사용되는 범용 코드 • Zone과 Digit가 모두 4비트로 구성
Unicode(유니코드)	• 완성형 코드에 조합형 코드를 반영한 국제 표준 코드 • 전 세계 모든 문자의 표현이 가능하며, 2바이트로 표현

058 다음 중 컴퓨터에서 사용하는 ASCII 코드에 관한 설명으로 옳은 것은?
① 패리티 비트를 이용하여 오류 검출과 오류 교정이 가능하다.
② 표준 ASCII 코드는 3개의 존 비트와 4개의 디지트 비트로 구성되며, 주로 대형 컴퓨터의 범용 코드로 사용된다.
③ 표준 ASCII 코드는 7비트를 사용하여 영문 대소문자, 숫자, 문장 부호, 특수 제어 문자 등을 표현한다.
④ 확장 ASCII 코드는 8비트를 사용하며, 멀티미디어 데이터 표현에 적합하도록 확장된 코드표이다.

059 다음 중 개인용 컴퓨터(PC)에서 문자를 표현하기 위해 일반적으로 사용하는 코드 형식에 해당하는 것은?

① BCD 코드
② ASCII 코드
③ ISO 코드
④ EBCDIC 코드

04. 에러 검출

패리티(Parity) 코드	• 기존의 데이터에 오류 검사를 위해 추가되는 1비트 • 짝수 패리티와 홀수 패리티 검사 방법이 있음 • 오류 검출만 가능하고 교정은 불가능
해밍(Hamming) 코드	• 에러 검출과 교정이 가능한 코드 • 8421 코드에 3비트의 패리티를 추가해서 구성 • 2비트의 에러 검출 및 1비트의 에러 교정이 가능
순환 중복 검사(CRC)	데이터가 전송될 때 미리 정해진 다항식을 적용하여 오류를 검출하고 교정
블록합 검사(BSC)	• 패리티 검사의 단점을 보완한 방식 • 전송 데이터의 각 문자 당 패리티 체크 비트(수평 패리티 체크)와 전송 프레임의 모든 문자들에 대한 패리티 문자(수직 패리티 체크)를 함께 전송하는 방식

060 다음 중 컴퓨터에서 사용하는 코드체계에서 에러 검출 뿐만 아니라 교정도 할 수 있는 코드로 옳은 것은?

① Hamming Code
② Parity Code
③ ASCII Code
④ BCD Code

061 다음 중 컴퓨터에서 사용하는 코드와 관련하여 패리티 비트(Parity Bit)에 대한 설명으로 옳지 않은 것은?

① 에러가 발생한 비트를 의미한다.
② 에러 검출용 비트이다.
③ 짝수(Even)와 홀수(Odd) 등의 패리티 비트를 사용할 수 있다.
④ 패리티 비트는 1비트를 사용한다.

05. 한글 코드

- **KS X 1001 완성형** : 자주 사용하는 문자를 만들어 놓고 코드값을 부여하는 방식으로 영문/숫자 1바이트, 한글/한자 2바이트로 표현하며 정보 교환용으로 사용된다.
- **KS X 1001 조합형** : 한글 창제의 원리인 초성, 중성, 종성에 코드값을 부여하는 방식으로 영문/숫자 1바이트, 한글/한자 2바이트로 표현하며 정보 처리용으로 사용된다.
- **KS X 1005-1(유니코드)** : 완성형 코드에 조합형 코드를 반영하여 모든 문자를 2바이트로 표현하는 국제 표준 코드로 정보 처리 및 정보 교환용 모두 사용 가능하다.

STEP 03 컴퓨터 하드웨어

01. 중앙처리장치(CPU)

- 인간의 두뇌와 같이 명령어의 해석과 자료의 연산 및 논리 조작을 수행하고 모든 장치를 관리, 감독, 제어하는 기능을 수행한다.
- 중앙처리장치는 제어장치, 연산장치, 레지스터로 구성되며, 넓은 의미에서는 주기억장치까지 포함된다.
- 설계 방식에 따라 RISC 방식과 CISC 방식으로 나눌 수 있다.

종류	특징
CISC	• 명령어 종류가 많아 프로그래밍이 단순하지만 처리속도가 느림 • 명령어 길이가 다양하고 설계 및 구현이 복잡하여 전력 소모가 많음 • 일반 개인용 PC에 사용되었으나 현재는 거의 RISC 방식을 사용
RISC	• 적은 명령어로 반복, 조합하여 프로그래밍이 복잡하지만 처리속도가 빠름 • 명령어 길이가 같고 설계 및 구현이 단순하여 전력 소모가 적음 • 고성능 컴퓨터(그래픽 관련 처리, 워크스테이션 등)에 사용

중앙처리장치(CPU)의 성능 평가 단위
- MIPS : 1초 동안에 100만개의 명령어를 처리할 수 있다는 의미의 단위
- FLOPS : 1초 동안에 처리할 수 있는 부동 소수점의 연산 횟수
- 클럭 속도(MHz) : CPU를 동작하기 위한 클럭 속도로 전기적 주파수의 단위

■ 레지스터
- 중앙처리장치(CPU) 내에서 처리할 명령어나 연산의 중간 결과값을 일시적으로 기억하는 소량의 임시 기억장소이다.
- 플립플롭(Flip-Flop)이나 래치(Latch)들을 연결하여 구성하며 메모리 중에서 속도가 가장 빠르다.

플립플롭(Flip-Flop)과 래치(Latch)
- 플립플롭 : 기억장치를 구성하는 전자 회로로, 1비트의 정보(0 또는 1)를 기억할 수 있는 능력이 있다.
- 래치 : 1비트 이상의 입력된 값을 다음 입력이 있기 전까지 그대로 유지하는 전자 회로이다.

■ 제어장치(CU)
- 컴퓨터에 있는 모든 장치들의 동작을 지시하고 제어하는 장치이다.
- 주기억장치로부터 프로그램 명령어를 읽어 들여 이를 해독하고 해당 장치에게 제어 신호를 보내 정확하게 수행하도록 지시한다.

구성 요소	특 징
프로그램 카운터(PC)	다음에 수행할 명령어의 번지를 기억하는 레지스터
명령 레지스터(IR)	현재 실행중인 명령어의 내용을 기억하는 레지스터
명령 해독기(ID)	명령 레지스터에 있는 명령어를 해석하여 부호기로 전달
부호기(Encoder)	해독기로 해석된 명령에 따라 각 장치로 보낼 제어 신호를 생성
메모리 주소 레지스터 (MAR)	기억장치를 출입하는 데이터의 번지를 기억하는 레지스터
메모리 버퍼 레지스터 (MBR)	기억장치를 출입하는 데이터가 잠시 기억되는 레지스터

■ 연산장치(ALU)
- 제어장치의 명령에 따라 실제로 연산을 수행하는 장치이다.
- 연산에 필요한 자료를 입력받아 산술 연산, 논리 연산, 관계 연산, 이동(Shift) 등을 수행한다.

구성 요소	특 징
가산기(Adder)	누산기와 데이터 레지스터의 자료를 연산하여 결과를 누산기에 저장
보수기 (Complementer)	음수 표현 및 뺄셈을 위해 입력 데이터의 수를 보수로 변환
누산기 (Accumulator)	연산 결과 또는 중간 값을 일시적으로 기억하는 레지스터
데이터 레지스터 (Data Register)	연산에 사용된 데이터를 기억하는 레지스터
상태 레지스터 (Status Register)	연산중에 발생하는 여러 가지 상태 정보를 기억하는 레지스터
인덱스 레지스터 (Index Register)	주소 변경을 위해 새로운 주소 계산에 사용되는 레지스터

062 다음 중 누산기(AC)에 관한 설명으로 옳은 것은?
① 연산 결과를 일시적으로 기억하는 장치이다.
② 명령의 순서를 기억하는 장치이다.
③ 명령어를 기억하는 장치이다.
④ 명령을 해독하는 장치이다.

063 다음 중 컴퓨터에 관련된 용어의 설명으로 옳지 않은 것은?
① GIGO : 입력 자료가 좋지 않으면 출력 자료도 좋지 않다는 것으로 컴퓨터에 불필요한 정보를 입력하면 불필요한 정보가 출력된다는 의미
② ALU : CPU 내에서 주기억장치로부터 읽어 들인 명령어를 해독하여 해당 장치에게 제어 신호를 보내 정확하게 수행하도록 지시하는 장치
③ ADPS : 자동적으로 다량의 데이터를 처리하는 시스템으로 전자정보처리시스템인 EDPS와 같이 컴퓨터를 정의하는 용어로 사용
④ CPU : 컴퓨터의 가장 중요한 부분으로 명령을 해독하고 산술논리연산이나 데이터 처리를 실행하는 장치

064 다음 중 컴퓨터의 시스템 클럭 속도를 나타낼 때 사용하는 단위로 옳은 것은?

① ms ② ns ③ MHz ④ CPS

> **펌웨어(Firmware)**
> 하드웨어와 소프트웨어의 중간적인 특성으로 ROM에 소프트웨어를 접목시켜 하드웨어의 교체 없이 소프트웨어의 업그레이드만으로 시스템의 성능을 높일 수 있다.

02. 주기억장치(Main Memory)

ROM(Read Only Memory)

- 기억된 내용을 읽을 수만 있는 읽기 전용 메모리이다.
- 전원이 꺼져도 기억된 내용이 지워지지 않는 비휘발성 메모리이다.
- 입출력 시스템(BIOS)이나 글꼴(Font) 등 변경 가능성이 적은 데이터를 저장하는데 사용한다.

종류	특징
Mask ROM	제조 회사에서 미리 내용을 기록하여 사용자가 변경할 수 없음
PROM	사용자에 의해 내용을 한 번 기록할 수 있는 ROM
EPROM	자외선(UV)을 이용해 여러 번 기록, 수정, 삭제할 수 있음
EEPROM	전기적인 방법을 이용하여 여러 번 기록, 수정, 삭제할 수 있음

RAM(Random Access Memory)

- 읽고 쓰기가 모두 가능한 메모리이다.
- 전원이 꺼지면 기억된 내용이 모두 지워지는 휘발성 메모리이다.

종류	특징
정적 램 (SRAM)	• 플립플롭을 사용하여 전원이 공급되는 동안 기억 내용이 유지됨 • 전력 소비가 많으며, 재충전이 필요 없음 • DRAM보다 접근 속도가 빠르나 집적도가 낮음 • 주로 캐시 메모리로 사용
동적 램 (DRAM)	• 콘덴서를 사용하여 일정 시간이 지나면 전하가 방전되므로 재충전(Refresh)이 필요 • 비교적 구조가 단순하여 가격이 저렴함 • SRAM에 비해 속도가 느리지만 집적도가 높음 • 주로 일반 컴퓨터(PC)의 주기억장치로 사용

■ 기타 메모리

캐시 메모리 (Cache Memory)	중앙처리장치(CPU)와 주기억장치 사이에 위치하여 처리 속도를 향상시키는 역할을 함
가상 기억 장치 (Virtual Memory)	보조기억장치의 일부를 주기억장치처럼 사용하는 메모리 관리 기법으로 주기억장치보다 큰 프로그램을 불러와 실행해야 할 때 유용함
플래시 메모리 (Flash Memory)	• 롬(ROM)처럼 기억된 내용이 전원이 나가도 지워지지 않는 비휘발성 메모리이면서 램(RAM)처럼 입력과 수정이 쉽도록 개발된 빠른 속도의 기억장치 • 소비 전력이 작아 MP3 플레이어, 휴대전화, 디지털 카메라 등에 널리 사용됨
연관 메모리 (Associative Memory)	주기억장치에 저장된 정보에 접근할 때 주소 대신 기억된 정보의 내용의 일부를 이용하여 직접 접근하는 장치
버퍼 메모리 (Buffer Memory)	입출력장치와 기억장치와 같이 동작 속도나 접근 속도 등에 차이가 나는 두 장치 사이에 위치하여 두 장치간의 속도 차이를 줄일때 사용하는 임시 기억장치

> **USB 플래시 드라이브(USB Flash Drive)**
> USB 포트에 꽂아 사용하는 플래시 메모리로 USB 메모리 또는 USB 디스크라고도 하며, 크기가 작아 휴대가 편리하고 용량에 따라 4GB, 8GB, 16GB, 32GB, 64GB 등으로 다양하다.

065 다음 중 컴퓨터에서 사용하는 USB 장치에 관한 설명으로 옳지 않은 것은?

① 주변장치를 127개까지 연결할 수 있다.
② 컴퓨터의 전원이 켜진 상태에서도 장치를 연결하거나 제거할 수 있다.
③ 기존의 직렬, 병렬, PS/2 포트 등을 하나의 포트로 대체하기 위한 범용 직렬 버스이다.
④ 한번에 8비트의 데이터가 동시에 전송되는 방식을 사용한다.

066 입출력장치와 기억장치 사이의 동작속도 차이를 극복하기 위해 필요한 것은?
① 모뎀(Modem)   ② 버퍼(Buffer)
③ 플래시 메모리   ④ 로더(Loader)
　(Flash Memory)

067 다음 보기의 내용에 적합한 기억소자로 옳은 것은?

> 전원이 계속 공급되더라도 주기적으로 재충전되어야 기억된 내용을 유지할 수 있는 기억소자이며, 회로가 비교적 간단하고 가격이 저렴하다. 집적도가 높기 때문에 대용량의 기억장치에 주로 사용된다.

① SRAM(Static RAM)
② DRAM(Dynamic RAM)
③ PROM(Programmable ROM)
④ EPROM(Erasable ROM)

068 다음 중 플래시 메모리의 설명으로 옳은 것은?
① 중앙처리장치와 주기억장치 사이에 위치하여 컴퓨터의 처리 속도를 향상시키는 역할을 한다.
② 보조기억장치의 일부를 주기억장치처럼 사용하는 메모리관리 기법으로 주기억장치보다 큰 프로그램을 불러와 실행해야 할 때 유용하다.
③ 주기억장치에 저장된 정보에 접근할 때 주소 대신 기억된 정보의 내용의 일부를 이용하여 직접 접근하는 장치이다.
④ 전기적인 방법으로 수정이 가능한 EEPROM을 개선한 메모리 칩으로, MP3 플레이어, 휴대전화, 디지털 카메라 등에 널리 사용된다.

069 다음 중 USB 컨트롤러에 대한 설명으로 옳지 않은 것은?
① 플러그 앤 플레이 설치를 지원하는 외부 버스이다.
② 컴퓨터를 종료하거나 다시 시작하지 않아도 USB 장치를 연결하거나 연결을 끊을 수 있다.
③ 단일 USB 포트를 사용하여 스피커, 전화, CD-ROM 드라이브, 스캐너 등 주변기기를 연결할 수 있다.
④ 범용 병렬 버스 장치를 연결할 수 있도록 해주는 컴퓨터 인터페이스이다.

03. 보조기억장치

- 자료를 반영구적으로 기억하기 위해 사용한다.
- 전원이 꺼져도 지워지지 않는 비휘발성 기억장치이다.
- 주기억장치에 비해 속도는 느리지만 기억용량이 크고 가격이 저렴하다.
- 데이터의 접근 방법에 따라 순서처리(SASD)와 직접처리(DASD)방식으로 구분할 수 있다.

■ 하드디스크(Hard Disk)
- 금속성 디스크 원판에 자성 물질을 입히고 그 위에 데이터를 기록 및 읽을 수 있는 기억장치이다.
- 순서처리(SASD)와 직접처리(DASD)가 모두 가능하다.

관련 용어	특징
트랙(Track)	회전축을 중심으로 디스크를 둘러싼 여러 개의 동심원
섹터(Sector)	트랙을 여러 개의 구역으로 나눈 작은 조각
실린더(Cylinder)	여러 개의 디스크에서 축을 중심으로 같은 위치에 있는 트랙들의 집합
클러스터(Cluster)	여러 개의 섹터를 묶어놓은 것으로 실제 데이터 저장을 위한 기본 단위
헤드(Head)	디스크 내에 자료를 기록하거나 읽을 수 있는 장치
탐색시간(Seek Time)	읽기/쓰기 헤드가 원하는 데이터가 있는 트랙까지 이동하는 시간
회전 지연 시간(Latency Time)	읽기/쓰기 헤드가 원하는 데이터가 있는 트랙(실린더)을 찾은 후 디스크가 회전하여 원하는 섹터가 헤드에 올 때까지 걸리는 시간
전송시간(Transmission Time)	데이터 전송이 완료될 때까지의 시간
접근시간(Access Time)	• 기억장치의 데이터에 접근하는 데 걸리는 시간 • 접근시간 = 탐색시간 + 회전 지연시간 + 전송시간

■ 기타 보조기억장치

SSD (Solid State Drive)	기존 HDD에서 발생하는 기계적 소음이 없으며, 소비전력이 저전력이고 고효율의 속도를 보장해주는 보조기억장치
CD-ROM	600~700MB 정도의 데이터를 저장할 수 있으며, 주로 멀티미디어 데이터의 저장용으로 사용되는 읽기전용장치
DVD	CD와 크기는 같지만 4.7~17GB의 대용량 저장 매체로 고화질, 고음질의 멀티미디어 데이터를 저장하기 적합
ZIP DISK	병렬포트나 USB 포트 등을 사용하여 연결, 100~250MB 정도의 데이터를 저장할 수 있음

CD-R / CD-R/W / DVD-R / DVD-R/W
- CD-R : 사용자가 한 번 기록할 수 있는 CD를 의미한다.
- CD-R/W : 사용자가 최대 1,000번 정도 내용을 다시 저장할 수 있는 CD를 의미한다.
- DVD-R : 사용자가 한 번 기록할 수 있는 DVD를 의미한다.
- DVD-R/W : 사용자가 최대 1,000번 정도 내용을 다시 저장할 수 있는 DVD를 의미한다.

블루레이(Blu-ray) 디스크
- CD, DVD와 같은 크기로 짧은 파장을 갖는 레이저를 사용, 트랙의 폭이 가장 좁으며 단층 구조로 25GB, 듀얼 레이어는 50GB까지 데이터 저장이 가능하다.
- 최근에는 한 장의 블루레이 디스크에 3층, 4층으로 데이터 기록이 가능하여 100GB에서 128GB까지의 용량을 저장할 수 있다.

■ 하드웨어 관련 용어

채널	주변장치에 대한 제어 권한을 CPU로부터 넘겨받아 CPU 대신 입출력을 관리하는 것으로 입출력 작업이 끝나면 CPU에 인터럽트 신호를 보냄
인터럽트	• 프로그램 실행 도중 예기치 않은 상황이 발생할 때 현재 실행중인 작업을 일시 중지하고 발생된 상황을 우선 처리한 후 실행중인 작업으로 복귀하여 계속 처리는 방식 • 종류에 따라 외부 인터럽트, 내부 인터럽트(트랩), 소프트웨어 인터럽트 등이 있음
IRQ	컴퓨터 주변장치에 일련의 고유 번호를 붙여 각각의 인터럽트 신호를 구분하며, 장치 중 두 개 이상의 하드웨어가 같은 IRQ를 사용하면 충돌이 발생함
DMA	CPU를 거치지 않고 주기억장치와 입출력장치 사이에서 대량의 데이터를 고속으로 주고받을 수 있어 시스템의 전반적인 속도가 향상됨
Deadlock (교착상태)	고정된 자원을 각 프로세스들이 서로 차지하려고 무한정 대기하는 상태

070 인터럽트(Interrupt)에 대한 설명 중 옳지 않은 것은?

① CPU에게 어떠한 신호를 보내면 처리하고 있던 일을 잠시 보류하고, 신호를 파악하여 정해진 인터럽트 루틴에 따라 처리한다.
② 인터럽트 종류에는 외부 인터럽트, 내부 인터럽트, 소프트웨어 인터럽트가 있다.
③ 내부 인터럽트를 트랩(Trap)이라고도 부른다.
④ 외부 인터럽트는 불법적 명령이나 데이터를 사용할 때 발생한다.

071 다음 설명과 관련 있는 용어로 알맞은 것은?

- CPU의 간섭 없이 주기억장치와 입/출력장치 사이에서 직접 전송이 이루어지는 방법
- 고속으로 대량의 데이터를 전송하여 입/출력이 이루어짐

① 교착상태(Dead Lock)
② DMA(Direct Memory Access)
③ 인터럽트(Interrupt)
④ IRQ(Interrupt Request)

04. 입·출력장치
■ 입력장치

키보드(Keyboard)	CUI(Character User Interface) 환경의 기본적인 입력장치
마우스(Mouse)	GUI(Graphic User Interface) 환경의 기본적인 입력장치
스캐너(Scanner)	그림이나 사진 등을 컴퓨터에서 사용할 수 있도록 파일로 변환하는 장치
디지타이저(Digitizer)	설계 도면이나 도형을 입력하는데 사용되는 입력장치
터치패드 (Touch Pad)	노트북 등에서 주로 사용하며, 손가락을 감지하여 커서를 화면에 표시하는 입력장치

종류	특징
터치스크린 (Touch Screen)	화면을 직접 손가락으로 눌러 입력하는 장치로 공공장소에 편의를 위한 키오스크 시스템으로 주로 사용(현금 지급기, 길 안내 등)
디지털 카메라 (Digital Camera)	촬영한 사진을 필름이 아닌 디지털 저장매체에 저장하여 컴퓨터에 입력하는 장치
자기 잉크 판독기 (MICR)	자성 물질의 잉크로 인쇄된 글자를 읽는 장치로 수표나 어음 등에 사용
광학 마크 판독기 (OMR)	컴퓨터용 펜으로 표시(Mark)한 내용을 빛을 이용하여 읽는 장치로 시험 답안지나 설문지 등에 사용
광학 문자 판독기 (OCR)	인쇄된 문자나 손으로 쓴 문자를 빛을 이용하여 읽는 장치로 지로 용지 및 공공요금 청구서 등에 사용
바코드 판독기 (BCR)	바코드를 빛을 이용하여 읽는 장치로 편의점이나 대형 할인 매장 등의 POS(Point Of Sales) 시스템으로 사용

■ 인쇄장치

종류	특징
잉크젯 프린터	• 잉크를 분사시켜 인쇄하는 방식 • 소음이 적고 저렴한 가격으로 컬러 인쇄가 가능 • 습기가 많으면 잉크가 번지기 쉽고 건조하면 노즐이 막히기 쉬움
레이저 프린터	• 복사기의 원리를 이용하여 인쇄하는 방식 • 소음이 적고 속도가 빠르며, 해상도가 높음
열전사 프린터	• 발열소자로 이루어진 프린터 헤드에 열을 가하여 특수한 잉크 리본을 녹이면서 인쇄하는 방식 • 기기는 저렴하지만 1회용 잉크 리본을 사용하여 유지비가 많이 들어감
감열 프린터	• 열을 가하면 검게 변하도록 특수 화학 처리된 용지(감열지)에 인쇄하는 방식 • 인쇄물의 변색이 빨라 단기간의 기록물(은행의 대기표 등)에 주로 사용

인쇄 속도 단위
- CPS(Character Per Second) : 1초당 인쇄되는 글자의 수를 의미한다.
- LPM(Lines Per Minute) : 1분당 인쇄되는 라인 수를 의미한다.
- PPM(Page Per Minute) : 1분당 인쇄되는 페이지 수를 의미한다.

■ 표시장치(디스플레이 모니터)

종류	특징
CRT	진공관 안쪽의 형광면을 전자총으로 자극하여 전기 신호를 눈에 볼 수 있는 광학 신호로 변환하여 표시
LCD	액정 물질이 들어있는 두 장의 유리판에 전압을 가해 반사되는 빛의 양을 변화시켜 표시
PDP	네온 또는 아르곤 혼합 가스로 채워진 셀에 전압을 가해 발광되는 빛을 이용하여 화면을 표시

표시장치 관련 용어
- 픽셀(Pixel) : 모니터 화면을 이루는 최소 단위로 화소라고도 한다.
- 해상도(Resolution) : 픽셀의 수를 의미하며, 그래픽 화면의 선명도를 나타내며, 픽셀의 수가 많을수록 해상도는 높아진다.
- 점 간격(Dot Pitch) : 점과 점 사이의 간격을 의미하며, 점 간격이 가까울수록 선명하게 표시된다.
- 재생률(Refresh Rate) : 픽셀들이 밝게 빛나는 것을 유지하기 위해 1초당 재충전 횟수를 의미한다.
- DPI(Dot Per Inch) : 1인치를 구성하는 점(Dot)의 개수를 의미한다.
- PPI(Pixel Per Inch) : 1인치를 구성하는 픽셀(Pixel)의 개수를 의미한다.

072 다음 중 컴퓨터에 연결하여 사용하는 모니터에 관한 설명으로 옳지 않은 것은?

① 출력장치의 하나로 문자나 그림을 화면에 표시해 주는 장치이다.
② 비디오 어댑터와 관계없이 모니터는 영상을 표현하기 위하여 도트(Dot)라는 화소 단위를 사용한다.
③ 모니터의 해상도가 높을수록 모니터에 나타나는 영상은 선명하다.
④ 모니터는 표현 방식에 따라 PDP, LCD, CRT, LED 등으로 분류된다.

073 다음 중 컴퓨터 출력장치인 모니터에 관한 용어의 설명으로 가장 거리가 먼 것은?

① 픽셀(Pixel) : 화면을 이루는 최소의 단위로써 그림의 화소라는 뜻을 의미하며, 픽셀 수가 많을수록 해상도가 높아진다.
② 재생률(Refresh Rate) : 픽셀들이 밝게 빛나는 것을 유지하도록 하기 위한 1초당 재충전 회수를 의미한다.
③ 점 간격(Dot Pitch) : 픽셀들 사이의 공간을 나타내는 것으로 간격이 가까울수록 영상은 선명하다.
④ 해상도(Resolution) : 모니터 화면의 명확성을 나타내는 것으로, 1인치(Inch) 사각형에 픽셀의 수가 많을수록 표시할 수 있는 색상의 수가 증가한다.

074 다음 중 모니터 화면의 이미지를 얼마나 세밀하게 표시할 수 있는가를 나타내는 정보로 픽셀수에 따라 결정되는 것은?

① 재생률(refresh rate) ② 해상도(resolution)
③ 색깊이(color depth) ④ 색공간(color space)

05. 컴퓨터의 구조

■ 메인보드(Mainboard)

- 컴퓨터를 구성하는 모든 장치들이 연결되는 주기판이다.
- CPU 및 RAM 소켓, 칩셋(Chipset), 바이오스(BIOS), 확장 슬롯, 포트(Port), CMOS 배터리 등으로 구성되어 있다.
- **칩셋(Chipset)** : 메인 보드에 장착된 부품들 간의 데이터 흐름을 제어하는 중요한 역할을 담당한다.
- **바이오스(BIOS)** : 부팅 과정에서 POST를 통해 컴퓨터의 자기 진단과 주변 기기 등을 점검하고 시스템을 초기화 및 시스템 부트 등을 수행하는 역할을 하며, ROM에 저장되어 ROM BIOS라고도 한다. 하드웨어와 소프트웨어의 중간 성질인 펌웨어에 속하여 칩을 교환하지 않고도 업그레이드할 수 있다.
- **확장 슬롯(Slot)** : 그래픽 카드나 LAN 카드 등 카드 형태의 주변장치를 장착하는 곳으로 지원 방식에 따라 ISA, VESA, PCI, AGP 등이 있다.

종류	특징
ISA	• 초창기 IBM PC부터 사용하던 방식으로 호환성이 뛰어나고 가격이 저렴함 • 16비트 방식으로 속도가 느려 현재는 거의 사용하지 않음
VESA	• 486 컴퓨터에서 그래픽 카드 연결에 사용하던 방식 • 32비트 방식으로 현재는 거의 사용하지 않음
PCI	• 32비트 방식으로 최대 64비트까지 지원하며, VESA에 비해 호환성이 좋음 • 슬롯의 크기가 작고 최대 10개까지 주변장치를 장착할 수 있음
AGP	• PC에서 3차원 그래픽 표현을 빠르게 구현할 수 있게 해 주는 버스 규격 • CPU와의 직접적인 자료 전송으로 PCI보다 처리 속도가 빠름

버스(Bus)
- 컴퓨터에서 데이터를 주고받는 통로로 정보를 전송하는 데 사용한다.
- 내부 버스 : CPU 내에서 레지스터 간의 데이터 전송에 사용되는 통로이다.
- 외부 버스 : CPU와 메모리, 입출력장치 간의 데이터 전송에 사용되는 통로이다.
- 외부 버스에 전달되는 신호의 형태에 따라 데이터 버스, 주소 버스, 제어 버스로 분류된다.

- **포트(Port)** : 컴퓨터의 각종 주변장치를 연결하기 위해 사용하는 접속부분이다.

종류	특징
직렬 포트	• 한 번에 1비트씩 전송하는 방식 • 모뎀이나 마우스 연결에 사용
병렬 포트	• 한 번에 8비트(1바이트)씩 전송하는 방식 • 프린터나 스캐너 연결에 사용
PS/2 포트	• IBM이 개발한 포트로 6개의 핀으로 구성 • 마우스나 키보드 연결에 사용
USB 포트	• 기존의 직렬, 병렬, PS/2 포트를 통합한 보다 빠른 직렬 포트 • 최대 127개의 주변기기 연결이 가능하며, 핫 플러그 인 기능을 지원
IEEE 1394 포트	• 미국의 애플(Apple)사와 TI사가 공동으로 디자인한 "Firewire"를 전기전자학회(IEEE)가 표준화한 직렬 인터페이스 포트 • 최대 63개의 주변기기 연결이 가능하며, 핫 플러그 인 기능을 지원

> **핫 플러그 인 / 핫 스와핑**
> 컴퓨터의 전원이 연결된 상태에서도 주변장치의 설치/제거가 가능한 것을 의미한다.

■ 하드디스크 연결방식

연결방식	특징
IDE	• AT 버스 방식이라고도 하며, 최대 용량 528MB까지 인식하여 사용할 수 있음 • Master/Slave 방식으로 하드디스크나 CD-ROM 등을 2개까지 연결할 수 있음
EIDE	• IDE를 확장하여 기존의 데이터 전송 속도를 4배 이상 향상시킴 • Master/Slave 방식으로 하드디스크나 CD-ROM 등을 4개까지 연결할 수 있음
SCSI	• CPU에 무리를 주지 않고 빠른 데이터 전송이 가능하나 별도의 컨트롤러가 필요함 • 시스템 구분 없이 하드디스크나 CD-ROM 등을 7개에서 최대 15개까지 연결 가능 • 여러 장치를 하나의 케이블에 연결하므로 마지막 장치의 표시인 터미네이션이 필요함
SATA	• 하드디스크나 CD-ROM 등 기존의 IDE 장치의 접속 규격인 병렬 방식의 각종 ATA 규격과 호환성을 갖는 직렬 인터페이스 규격 • 핫 플러그 기능이 있어 전원이 공급된 상태에서도 USB처럼 장치를 탈착할 수 있음 • 데이터 전송 속도는 최고 1.5Gbps이며, 최근 성능이 확장된 SATA2 규격도 등장
RAID	• 동일한 데이터를 여러 대의 디스크에 중복해서 저장 • 미러링과 스트라이핑 기술을 결합하여 안정성과 속도를 향상시키는 디스크 연결 기술 • 중요한 데이터를 가지고 있는 서버에 주로 사용됨

075 다음 중 PC에서 사용하는 BIOS(Basic Input Output System)에 관한 설명으로 옳지 않은 것은?
① 기본 입출력장치나 메모리 등 하드웨어 작동에 필요한 프로그램이다.
② 전원이 켜지면 POST를 통해 컴퓨터를 점검하고 사용 가능한 장치를 초기화한다.
③ RAM에 저장되며, 펌웨어라고도 한다.
④ 칩을 교환하지 않고 업그레이드를 할 수 있다.

076 다음 중 컴퓨터 내부에서 중앙처리장치와 메모리 사이의 데이터 전송을 위해 사용되는 버스(Bus)로 옳지 않은 것은?
① 제어 버스(Control Bus)
② 프로그램 버스(Program Bus)
③ 데이터 버스(Data Bus)
④ 주소(Address Bus)

077 미국의 애플(Apple)사와 TI(Texas Instrument)사가 공동으로 디자인한 'Firewire'를 미국전기전자학회가 표준화한 것으로 컴퓨터와 디지털 가전 기기를 연결해 데이터를 교환할 수 있게 하는 직렬(Serial) 인터페이스 방식은?
① IEEE 1394 ② USB ③ IED ④ SCSI

078 다음 중 컴퓨터 보조기억장치인 하드디스크의 인터페이스 방식이 아닌 것은?
① IDE ② DMA ③ EIDE ④ SCSI

079 다음 중 컴퓨터의 전원이 연결된 상태에서 장치를 연결하거나 분리할 수 있도록 하는 기능을 의미하는 것은?
① 플러그 앤 플레이(Plug and Play)
② 핫 스와핑(Hot Swapping)
③ 채널(Channel)
④ 인터럽트(Interrupt)

STEP 04 PC 유지와 보수

01. PC 관리 환경 및 안전 관리 장치

■ PC 관리 환경
• 본체는 과열을 방지하기 위해 통풍이 잘되도록 벽면에서 10cm 이상 떨어진 평평한 곳에 설치한다.
• 적절한 온도(18~24℃)와 습도(50~60%)를 유지하고 먼지 발생이 적은 곳에 설치한다.
• 시스템의 이상에 대비하여 부팅 CD 또는 부팅 USB를 만들어 둔다.
• 정기적으로 최신의 백신 프로그램을 사용하여 바이러스 감염을 방지한다.

PC 안전 관리장치

- **자동 전압 조절기(AVR)** : 시스템의 사용 전압을 일정하게 유지시켜 주는 장치이다.
- **무정전 전원 공급 장치(UPS)** : 정전이 발생한 경우 일정 시간 동안 전원을 공급해 주는 장치이다.
- **정전압 정주파 장치(CVCF)** : 출력 전압 및 주파수를 일정하게 유지시켜 주는 장치이다.
- **항온 항습기** : 항상 일정한 온도와 습도를 유지시켜 주는 장치이다.
- **서지 보호기(Surge Protector)** : 전압이나 전류가 갑자기 증가하여 생기는 손상을 방지한다.

> **080** 다음 중 컴퓨터를 안전하게 사용하기 위한 PC 전원 관리 장치가 아닌 것은?
> ① Surge Protector ② DVD
> ③ UPS ④ AVR

02. PC 업그레이드

- 시스템의 성능을 높이는 모든 작업을 의미한다.
- 소프트웨어 업그레이드와 하드웨어 업그레이드로 나뉜다.

소프트웨어 업그레이드
기존의 소프트웨어보다 기능이 향상된 높은 버전 또는 버그(오류)를 수정한 프로그램을 다운로드 받아 설치하는 것을 의미한다.

하드웨어 업그레이드
CPU, 메모리(RAM) 등의 하드웨어를 높은 성능의 장치로 교체하는 작업으로 업그레이드를 위해서는 가격과 성능을 비교한 후 기존의 장치와 호환이 맞는지 확인한 다음 진행하는 것이 중요하다.

> **081** 다음 중 컴퓨터의 처리 속도를 높이기 위한 가장 효율적인 방법은?
> ① EIDE 포트 확장 ② 모니터 교체
> ③ RAM 확장 ④ CD-ROM 교체

03. PC 문제해결

부팅되지 않을 때의 원인
- 롬바이오스(ROM-BIOS)의 이상이 발생한 경우
- 전원 공급 장치에 이상이 발생한 경우
- 바이러스에 감염된 경우

메모리 용량부족 문제해결
- 불필요한 프로그램을 종료한다.
- 시작 프로그램에 설정된 불필요한 프로그램을 삭제한 후 다시 시작한다.
- 가상 메모리 크기를 적절하게 조절한다.
- 메모리(RAM)를 추가로 설치하여 업그레이드한다.

하드디스크 용량부족 문제해결
- 휴지통에 있는 파일을 삭제한다.
- 디스크 정리를 수행하여 다운로드한 프로그램 파일, 임시 인터넷 파일, 오프라인 웹 페이지, 휴지통에 있는 파일, 임시 파일 등을 삭제한다.
- 불필요한 프로그램 또는 사용하지 않는 Windows 기능을 제거한다.

> **082** 다음 중 컴퓨터의 문제 해결 방법으로 가장 옳지 않은 것은?
> ① 부팅 속도가 느려질 경우 백신 프로그램으로 바이러스를 점검한다.
> ② 하드디스크 용량이 부족하면 불필요한 프로그램을 종료한 후 컴퓨터를 재부팅한다.
> ③ 하드디스크를 인식하지 못하는 경우 케이블 연결과 점퍼 설정 상태를 확인한다.
> ④ 하드웨어 정보에 노란색 바탕의 '!' 표시가 나타나면 하드웨어를 수동으로 설정하거나 드라이버를 업그레이드한다.

> **083** 다음 중 컴퓨터가 부팅되지 않을 때의 원인으로 가장 적절하지 않은 것은?
> ① 전원 공급 장치의 이상
> ② 롬 바이오스의 이상
> ③ 키보드 연결의 이상
> ④ 바이러스의 감염

04. 파티션(Partition)과 포맷(Format)

■ 파티션(Partition)
- 하나의 물리적인 하드디스크를 논리적인 여러 개의 하드디스크처럼 나누는 작업이다.
- 파티션을 설정한 후에는 포맷(Format)을 해야 사용할 수 있다.
- 각각의 파티션에는 서로 다른 운영체제를 설치할 수 있다.
- 하나의 파티션에는 한 가지 파일 시스템만을 설치할 수 있다.

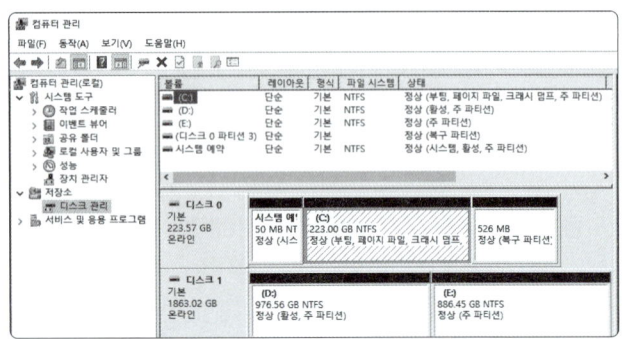

■ 디스크 포맷(Format)
- 이동식 디스크나 하드디스크를 초기화하는 작업이다.
- 이미 사용중인 디스크를 포맷할 경우 기존의 디스크 내용은 모두 삭제되므로 주의해야 한다.
- [컴퓨터]에서 포맷할 디스크 드라이브를 선택한 후 바로 가기 메뉴의 [포맷]을 선택하여 실행한다.
- [포맷] 대화상자에는 용량, 파일 시스템, 할당 단위 크기, 볼륨 레이블, 포맷 옵션(빠른 포맷, 시동 디스크 만들기) 등이 있다.

STEP 05 컴퓨터 소프트웨어

01. 소프트웨어의 정의
■ 소프트웨어의 개념
- 소프트웨어란 컴퓨터 전체를 작동시키거나 사용자가 컴퓨터를 이용하여 특정 업무를 처리할 수 있도록 개발된 프로그램으로 시스템 소프트웨어와 응용 소프트웨어로 나뉜다.
- **시스템 소프트웨어** : 컴퓨터의 전체를 작동시키는 프로그램으로 기능에 따라 제어 프로그램과 처리 프로그램으로 구분하며, 대표적인 시스템 소프트웨어에는 운영체제(OS)가 있다.
- **응용 소프트웨어** : 사용자가 컴퓨터를 이용하여 특정 업무를 처리할 수 있도록 개발된 프로그램을 의미한다.

■ 운영체제(OS, Operating System)
- 사용자의 편의성과 생산성을 높이기 위한 프로그램으로 사용자와 컴퓨터 사이에서 중간 역할을 하여 사용자가 컴퓨터를 편리하게 사용할 수 있도록 도와주는 프로그램이다.
- 컴퓨터가 동작하는 동안 주기억장치에 위치하며 프로세스, 기억장치, 메모리, 입출력장치, 파일 등의 자원을 관리한다.
- **운영체제의 종류** : MS-DOS, Windows, UNIX, LINUX, OSX 등이 있다.

■ 운영체제(OS)의 운영 방식

일괄 처리 시스템 (Batch Processing System)	• 일정량 또는 일정 기간 동안 데이터를 모아서 한꺼번에 처리하는 방식 • 급여 계산, 지불 계산, 연말 결산 등의 업무에 사용
실시간 처리 시스템 (Real Time Processing System)	• 데이터가 발생 즉시 또는 데이터 처리 요구가 있는 즉시 처리하는 방식 • 처리 시간이 단축되고 처리 비용이 절감됨
다중 프로그래밍 시스템 (Multi-Programming System)	• 하나의 CPU가 여러 개의 프로그램을 동시에 처리하는 방식 • CPU의 사용률과 처리량이 증가함
다중 처리 시스템 (Multi-Processing System)	• 여러 개의 CPU가 여러 개의 프로그램을 동시에 처리하는 방식 • 시스템의 신뢰성과 안정성이 높음
시분할 처리 시스템 (Time Sharing System)	여러명이 사용하는 컴퓨터에서 사용자들의 프로그램을 번갈아 가며 처리해 줌으로써 각 사용자에게 독립된 컴퓨터를 사용하는 느낌을 줌
분산 처리 시스템 (Distributed Processing System)	여러 대의 컴퓨터들에 의해 작업들을 나누어 처리하여 그 내용이나 결과를 통신망을 이용하여 상호 교환할 수 있도록 연결되어 있는 시스템

■ 응용 소프트웨어
- **워드프로세서** : 문서를 작성, 편집, 저장, 인쇄 등의 기능을 갖춘 프로그램으로 한글, 훈민정음, MS-Word 등이 있다.
- **스프레드시트** : 계산 작업, 차트 작성 및 간단한 데이터 관리를 할 수 있는 프로그램으로 엑셀, 훈민시트, 한셀 등이 있다.
- **데이터베이스 관리 시스템** : 많은 양의 데이터를 체계적으로 관리하기 위한 프로그램으로 액세스, MySQL, 오라클 등이 있다.

- **프레젠테이션** : 발표 및 세미나 등에서 효과적으로 의사 표현을 위해 사용하는 프로그램으로 파워포인트, 한쇼, 키노트 등이 있다.
- **통계 프로그램** : 통계 분석을 위한 프로그램으로 SAS, SPSS 등이 있다.
- **멀티미디어 저작 도구** : 멀티미디어 타이틀을 제작하기 위한 프로그램으로 파워디렉터, 베가스 프로, 어도비 프리미어 프로 등이 있다.
- **전자출판(DTP) 프로그램** : 출판에 필요한 원고 작성, 편집, 인쇄 등을 일괄적으로 처리하는 프로그램으로 PageMaker, Quark XPress, InDesign 등이 있다.

02. 저작권에 따른 소프트웨어의 구분

상용 프로그램	판매를 목적으로 개발하여 일정 금액을 지불하고 사용하는 프로그램
공개 프로그램 (Freeware)	무료로 배포되는 프로그램
번들 프로그램	컴퓨터 시스템이나 프로그램을 구입할 때 서비스로 제공하는 프로그램
셰어웨어 (Shareware)	일부 기능에 제한을 두거나 일정 기간 동안 사용이 가능한 프로그램
데모 버전 (Demo Version)	게임 프로그램 등 상용 프로그램의 판매 촉진을 위한 홍보용 프로그램
알파 버전 (Alpha Version)	베타 테스트를 하기 전, 제작 회사 내에서 테스트할 목적으로 제작하는 프로그램
베타 버전 (Beta Version)	정식 프로그램을 출시하기 전에 일반 사용자에게 공개하는 프로그램
패치 버전 (Patch Version)	프로그램의 오류를 수정하거나 기능 향상을 위해 프로그램의 일부를 변경해 주는 프로그램

084 다음은 무엇에 대한 설명인가?

> 프로그램에 존재하는 사소한 오류의 수정이나 성능 향상을 위해 해당 부분의 모듈을 수정하여 변경 배포하는 버전

① 셰어웨어(Shareware) ② 알파(Alpha) 버전
③ 베타(Beta) 버전 ④ 패치(Patch) 버전

03. 유틸리티

■ 압축

- 중복된 데이터를 이용하여 파일의 크기를 줄인다.
- 디스크의 저장 공간을 효율적으로 사용할 수 있다.
- 여러 개의 파일을 하나로 압축할 수 있다.
- 압축을 하면 파일 전송 시간 및 비용을 절약할 수 있다.
- **압축 프로그램** : 도스(DOS)용 ARJ, PKZIP, RAR, LHA 등과 윈도우(Windows)용 WINZIP, WINARJ, WINRAR, 알집, 밤톨이 등이 있다.

■ 기타 유틸리티

FTP	서버에 파일을 업로드 및 다운로드에 사용하는 프로그램(종류 : 알FTP, Smart FTP)
백신 프로그램	바이러스의 감염 여부를 검사하고 치료하는 프로그램(종류 : V3, 알약)
뷰어 프로그램	지정된 문서 형식을 볼수 있도록 도와주는 프로그램(종류 : Acrobat Reader)

> **아카이브 파일(Archive File)**
> ZIP 파일과 같이 압축된 파일이나 '보관 속성' 또는 '저장 속성'을 가진 파일을 의미한다.

085 다음 중 압축에 관한 설명으로 가장 적절하지 않은 것은?

① 압축 대상에 따라 파일 압축, 디스크 압축, 실행 파일로 압축 등이 있다.
② 압축 파일을 재 압축하는 방식으로 파일의 크기를 계속 줄일 수 있다.
③ 파일을 압축하는 목적은 저장 공간의 절약과 통신 속도의 향상이다.
④ 파일 압축 프로그램에는 ARJ, PKZIP, RAR, LHA 등이 있다.

STEP 06 프로그래밍 언어

01. 일반 프로그래밍 언어

■ 저급 언어(기계 중심 언어)

종류	설명
기계어	• 컴퓨터가 직접 이해할 수 있는 언어로 0과 1의 2진수 형태 • 사람이 이해하기 어려워 분석 및 수정이 어려움 • 번역 과정이 필요 없어 수행 속도가 빠름
어셈블리어	• 기계어와 1:1로 기호화(Symbolic)한 언어 • 하드웨어의 제어를 위해 주로 사용하는 언어 • 어셈블러(Assembler)라는 번역기를 사용하여 기계어로 번역

■ 고급 언어(사람 중심 언어)

종류	설명
ALGOL	• PASCAL과 C언어의 모체가 된 언어 • 수치 계산이나 논리 연산에 사용된 구조화 개념의 언어
FORTRAN	• 과학 기술 계산용 언어 • 수학 및 공학 분야의 공식이나 수식과 같은 형태로 프로그래밍
COBOL	• 최초의 고급 언어로 일반 사무 처리에 사용 • 네 개의 DIVISION으로 구성, 영어의 문장 형태로 프로그래밍
BASIC	초보자도 쉽게 사용할 수 있는 대화형 언어
C언어	• ALGOL 60을 모체로 개발된 언어로 UNIX 운영체제를 구현 • H/W 제어가 가능하며, 다양한 분야에서 이용이 가능
C++	• C언어를 확장한 객체 지향 언어 • 모든 문제를 객체로 모델링하여 표현 • 추상화, 코드 재사용, 클래스, 상속 등이 가능
LISP	인공지능 분야에서 사용되는 언어
JAVA	• 객체 지향 언어로 분산 네트워크 처리 작업에 사용 가능 • 멀티 스레드(Multi-thread) 기능을 제공하여 여러 작업을 동시에 처리 가능 • 가상 바이트 머신 코드를 사용하여 플랫폼이 독립적으로 동작

문제 중심 언어와 절차 중심 언어
- 문제 중심 언어 : 처리 방법이나 절차보다 해결하려는 문제에 중심을 두고 프로그램할 수 있는 언어로 LISP, GPSS, SPSS, SAS, COGO 등이 있으며, 비절차적이며 대화식으로 구성된다.
- 절차 중심 언어 : 정해진 문법에 맞게 일련의 처리 절차를 순서대로 기술하는 언어로 PASCAL, COBOL, FORTRAN, C언어 등이 있다.

02. 언어 번역

■ 언어 번역 과정

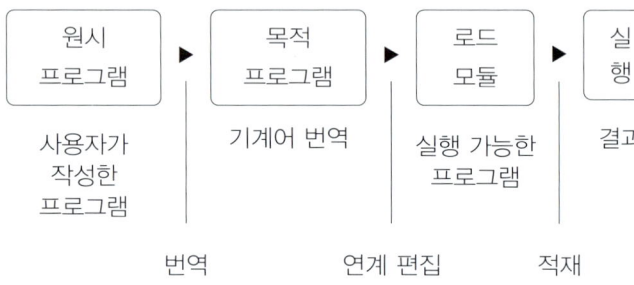

원시 프로그램	사용자가 고급 언어를 이용하여 작성한 프로그램
번역(Compile)	• 사용자가 작성한 프로그램을 기계어로 바꾸어 주는 과정 • 컴파일러(Compiler), 어셈블러(Assembler), 인터프리터(Interpreter)가 있음
목적 프로그램	번역을 통해 컴퓨터가 이해할 수 있는 기계어로 번역된 것
연계 편집(Linker)	목적 프로그램을 실행 가능한 모듈로 만드는 것
로드 모듈	목적 프로그램을 이용하여 실행 가능하도록 만들어진 프로그램
적재(Loader)	프로그램을 실행하기 위해 주기억장치로 적재하는 것

버그(Bug)와 디버그(Debug)
- 버그(Bug) : 프로그램에서 발생하는 문제(오류)를 의미한다.
- 디버그(Debug) : 버그를 찾아서 수정하거나 에러를 피해가는 처리 과정을 의미한다.

언어 번역기

어셈블러 (Assembler)	저급 언어인 어셈블리어로 작성한 프로그램을 컴퓨터가 이해할 수 있는 기계어로 변환하기 위한 프로그램
컴파일러 (Compiler)	• 프로그램 전체를 기계어로 번역하여 목적 프로그램을 생성 • 많은 기억 장소가 필요하지만 실행 속도가 빠름 • ALGOL, PASCAL, FORTRAN, COBOL, C, PL/1 등이 있음
인터프리터 (Interpreter)	• 프로그램을 줄 단위로 번역하여 바로 실행해 주는 프로그램 • 목적 프로그램을 생성하지 않음 • BASIC, LISP, SNOBOL, APL 등이 있음

086 다음 중 인터프리터 언어에 대한 설명으로 옳지 않은 것은?
① 대화형 언어로서 목적 프로그램을 생성하지 않는다.
② 디버깅이 컴파일러보다 쉽지만 실행 속도가 느리다.
③ 전체 프로그램을 한번에 처리하여 실행한다.
④ BASIC, LISP, APL과 같은 언어가 있다.

087 다음은 운영체제 구성 중 언어 번역 프로그램에 대한 설명이다. 설명이 잘못된 것은?
① 입력되는 프로그램을 원시 프로그램이라 하고, 출력되는 프로그램을 목적 프로그램이라 한다.
② 인터프리터는 원시 프로그램을 입력으로 받아 기계어로 변환하고 이를 실행해서 그 결과를 출력하여 주는 프로그램이다.
③ 어셈블리 언어는 어셈블러라고 하는 언어 번역기에 의해서 기계어로 번역된다.
④ 여러 형태의 컴퓨터 언어에 따라 프로그램 언어는 각각의 언어 번역 프로그램을 갖고 있다.

03. 웹 프로그래밍 언어

객체 지향 프로그래밍(Object-Oriented Programming) 기법

- 프로그램에서 사용하는 데이터 구조의 데이터형과 사용하는 함수까지 정의하는 프로그래밍 기법이다.
- 객체 지향 언어는 C++, Actor, SmallTalk, JAVA 등이 있다.
- 객체 지향 프로그래밍에서 공통적인 기능과 속성을 가진 객체를 클래스(Class)라 한다.
- 객체 지향 프로그래밍에서 객체가 수행하는 실제 기능을 기술한 코드를 메서드(Method)라 한다.
- 메서드의 상속과 재사용이 가능하고 시스템의 확장성이 높다.
- 객체 지향 프로그래밍에서 객체의 고유 성질이나 속성을 프로퍼티(Property)라 한다.
- **객체 지향 언어의 특징** : 추상화, 캡슐화, 계층성, 모듈성, 다형성(오버로딩), 정보 은폐, 상속성, 재사용성 등이 있다(단, 구조화는 아님).

웹 프로그래밍 언어

HTML	인터넷 표준 문서인 하이퍼텍스트 문서를 만들기 위해 사용되는 언어
DHTML	동적인 웹 페이지를 만들 수 있게 해주는 HTML로 애니메이션이 강화됨
SGML	멀티미디어 전자 문서들을 다른 기종의 시스템과 정보의 손실없이 전송, 저장, 처리하기 위한 언어
XML	확장성 생성 언어라는 뜻으로 기존 HTML의 단점을 보안하여 웹에서 구조화된 폭 넓고 다양한 문서들을 상호 교환할 수 있도록 설계된 언어
VRML	인터넷상에서 상호 작용이 가능한 3차원 가상 세계를 표현할 수 있게 해주는 언어
ASP	마이크로소프트사의 서버용 언어로 WWW나 인트라넷에 사용될 수 있는 대화형 MTML 페이지를 제작할 수 있도록 고안된 언어
JSP	자바로 만들어진 서버 스크립트로 다양한 운영체제에 사용 가능하며, 데이터베이스와 연결이 쉽고 시스템을 효율적으로 사용할 수 있음
JAVA	웹 상에서 멀티미디어 데이터를 효율적으로 처리할 수 있는 객체 지향 언어로 네트워크 환경에서 분산 작업이 가능하도록 설계된 프로그래밍 언어

JAVA Script	일반 사용자가 프로그래밍하기 힘든 자바 애플릿(Applet)의 단점을 극복하기 위해 개발된 언어로 소스 코드가 HTML 문서에 포함되어 있어 사용자의 웹 브라우저에서 직접 번역 및 실행됨
PHP	동적 웹페이지를 만들기 위해 설계된 구조로, PHP4.0 버전부터 호환성 및 확장성 등 큰 폭으로 기능이 향상되어 많이 사용하는 웹 스크립트 언어
Perl	• 1980년대 초반에 Lary Wall에 의해 개발된 인터프리터 언어 • 사용하기 쉽고 크기가 작기 때문에 CGI 프로그램을 작성하는 데 널리 이용됨
CGI	웹 서버에 있어 사용자의 요구를 응용 프로그램에 전달하고 그 결과를 사용자에게 되돌려 주기 위한 표준적인 방법으로 카운터, 방명록, 게시판과 같이 방문자 상호 간의 정보를 주고 받는 기능을 추가함
UML	객체 지향 방법론에서 분석 및 설계를 위한 사용하는 모델링 언어
WML	무선 접속을 통하여 휴대폰이나 PDA 등에 웹 페이지의 텍스트와 이미지 부분이 표시될 수 있도록 해주는 웹 프로그래밍 언어

HTML5
액티브X나 플러그인 등의 프로그램 설치 없이 동영상이나 음악 재생을 실행할 수 있는 웹 표준 언어이다.

088 다음 중 컴퓨터에서 사용하는 객체 지향 언어의 특징으로 옳지 않은 것은?
① 그룹화　　② 캡슐화
③ 다형성　　④ 상속성

089 다음 중 인터넷상에서 상호 작용이 가능한 3차원 가상 세계를 표현할 수 있게 해주는 언어는?
① HTML　　② VRML
③ XML　　④ Dynamic HTML

090 HTML의 단점을 보완하고 클라이언트의 복잡한 데이터 처리를 쉽게 할 수 있으며, 자신의 목적에 맞게 태그를 정의할 수 있는 마크업 언어는?
① DHTML　　② ASP
③ XML　　④ WML

091 다음 중 W3C에서 제안한 표준안으로 문서 작성 중심으로 구성된 기존 표준에 비디오, 오디오 등 다양한 부가 기능과 최신 멀티미디어 콘텐츠를 액티브X 없이 브라우저에서 쉽게 볼 수 있도록 한 웹의 표준 언어는?
① XML　　② VRMAL
③ HTML5　　④ JSP

Chapter 04 정보통신 기술 및 인터넷 활용

STEP 01 정보통신의 이해

01. 정보 전송 방식

단방향 방식 (Simplex)	한쪽은 수신만, 다른 한쪽은 송신만 가능한 방식(TV, 라디오)
반이중 방식 (Half Duplex)	양방향으로 송수신이 가능하지만 동시에는 불가능한 방식(무전기)
전이중 방식 (Full Duplex)	양방향 모두 동시에 송수신이 가능한 방식(전화)

092 다음 중 무전기와 같이 한 번에 한 방향으로만 통신이 가능한 방식을 무엇이라 하는가?
① Z모뎀 방식(Zmodem)
② 단방향 방식(Simplex)
③ 반이중 방식(Half Duplex)
④ 전이중 방식(Full Duplex)

02. 통신망의 형태

스타형	• 모든 노드는 중앙에 있는 제어 노드와 점대점으로 직접 연결되는 형태 • 중앙 집중 방식으로 통제가 쉽지만 중앙의 컴퓨터가 고장나면 모든 네트워크가 마비됨
버스형	• 모든 노드들은 탭을 통해 버스라는 하나의 케이블에 연결되는 형태 • 단말기의 추가와 제거가 쉽지만 비밀 보장이 어렵고 단말기의 개수가 많을수록 성능이 약해짐
링형	• 모든 노드들은 원형으로 연결되어 있고 각 노드는 인접한 노드와 직접 점대점으로 연결된 형태 • 각 노드 사이의 연결을 최소화 가능하며 통신 제어가 간단하지만 문제 파악 및 수리가 어려움
트리형	• 중앙의 컴퓨터와 일정 지역의 단말기까지 하나의 통신 회선으로 연결되어 이웃 단말기는 이 단말기로부터 근처의 다른 단말기로 회선이 연장되는 형태 • 분산 처리 시스템이 가능하고 통신 선로가 가장 짧음
망형	• 모든 노드들이 상호간에 연결을 하고 있는 형태 • 통신 회선의 장애 발생시 우회 전송이 가능하여 신뢰성이 좋지만 가장 많은 통신 회선이 필요하여 설치가 복잡하고 비용이 많이듬

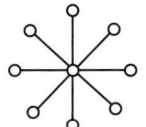
▲ 스타형

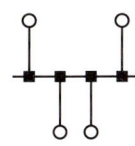
▲ 버스형

▲ 링형

▲ 트리형

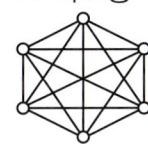
▲ 망형

> **093** 다음 중 중앙 컴퓨터와 일정 지역의 단말장치까지는 하나의 통신 회선으로 연결시키고, 이웃하는 단말장치는 일정 지역 내에 설치된 중간 단말장치로부터 다시 연결시키는 형태로 분산 처리 환경에 적합한 망의 구성 형태는?
>
> ① 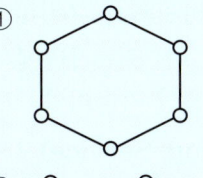　②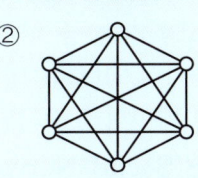
>
> ③ 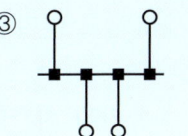　④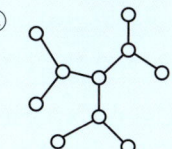

03. 네트워크 운영 방식

■ 중앙 집중식
- 고성능의 중앙 컴퓨터와 입출력을 담당하는 단말기들이 1:1로 연결된 방식이다.
- 메인프레임에서 많이 사용하던 방식으로 최근에는 사용하지 않는다.

■ 클라이언트/서버 방식
- 정보를 제공하는 서버와 정보를 요구하는 클라이언트로 구성된다.
- 서버와 클라이언트 모두 독자적으로 처리 능력이 있어 분산 처리 환경에 적합하다.

■ 동배간 처리 방식(Peer to Peer)
- 모든 컴퓨터를 동등하게 연결하는 방식으로 시스템에 소속된 컴퓨터들은 어느 것이든 서버가 될 수 있으며, 동시에 클라이언트도 될 수 있다.
- 작은 규모의 네트워크에 사용된다.

> **094** 다음 중 클라이언트/서버에 대한 설명으로 적합하지 않은 것은?
> ① 서버(Server)와 클라이언트(Client)가 모두 처리 능력을 가지고 있어 분산 처리 환경에 적합하다.
> ② 서버(Server)의 기능은 정보를 제공하는 역할을 담당한다.
> ③ 클라이언트(Client)는 서버에 정보를 요구하는 기능을 담당한다.
> ④ 클라이언트/서버는 소프트웨어 모형이 아니라 하드웨어적인 모형이다.

04. 통신망의 종류 및 네트워크 관련 장비
■ 통신망의 종류

LAN	자원 공유를 목적으로 전송 거리가 짧은 학교, 연구소, 병원 등의 구내에서 사용하는 통신망
MAN	LAN보다는 큰 형태로 도시 또는 지역을 연결하는 통신망
WAN	MAN보다 큰 형태로 국가와 국가 혹은 대륙과 대륙을 하나로 연결하는 통신망
VAN	기간 통신 사업자로부터 통신 회선을 빌려 기존의 정보에 새로운 가치를 더해 다수의 이용자에게 판매하는 통신망

ISDN	문자, 음성, 동영상 등 다양한 데이터를 통합하여 디지털화된 하나의 통신 회선으로 전송하는 종합 정보통신망
B-ISDN	광대역 종합정보통신망으로 고도의 광범위한 서비스를 제공하는 디지털 공중 통신망
IMT-2000	이동통신의 문제점인 지역적 한계와 고속 전송에 대한 기술적 한계를 극복하고 나라마다 다른 이동통신 방식을 통일하여 한 대의 휴대폰 전화기로 전세계 어디서나 통화할 수 있도록 하기 위한 규격

■ 네트워크 관련 장비

네트워크 어댑터 (LAN 카드)	• 컴퓨터와 컴퓨터 또는 컴퓨터와 네트워크를 연결하는 장치 • 네트워크 인터페이스 카드(NIC)라고도 함
허브(Hub)	• 네트워크를 구성할 때 한꺼번에 여러 대의 컴퓨터를 연결하는 장치 • 스위칭 허브 : 단말기의 연결수 및 데이터 양과 상관없이 속도가 일정 • 더미 허브 : 단말기의 연결 수 및 데이터 양에 따라 속도가 다름
리피터 (Repeater)	디지털 회선의 중간에 위치하여 거리가 증가할수록 신호가 감쇠하는 디지털 신호를 장거리 전송을 위해 수신한 신호를 재생시키거나 출력 전압을 높여 전송하는 장치
브리지 (Bridge)	• 서로 독립적으로 동작하면서 같은 프로토콜을 사용하는 두 개의 근거리 통신망(LAN)을 연결해 주는 접속장치 • 리피터와 동일한 기능을 수행하지만 단순 신호 증폭 뿐만 아니라 네트워크 분할을 통해 트래픽을 감소시킴
라우터 (Router)	• 인터넷에 접속할 때 반드시 필요한 장비로 송신 정보에 포함된 수신처 주소를 읽고 가장 최적의 통신 경로를 설정하여 전송하는 장치 • 효율적인 속도로 전송될 수 있도록 데이터의 흐름을 제어
게이트웨이 (Gateway)	• 서로 다른 구조의 통신 네트워크를 연결해 주는 장치 • 프로토콜 전환이 필요한 다른 네트워크에 데이터를 보내거나 데이터를 받아들이는 출입구 역할을 함

095 다음 중 통신 장비에 대한 설명으로 옳지 않은 것은?

① 게이트웨이(Gateway) : 네트워크에서 다른 네트워크로 들어가는 관문의 기능을 수행하는 지점을 말한다.
② 라우터(Router) : 서로 독립적으로 동작하면서 같은 프로토콜을 사용하는 두 LAN(Local Area Network)을 연결하는 네트워크 장치이다.
③ 스위칭 허브(Switching Hub) 여러 대의 컴퓨터를 연결하는 장치로, 더비 허브(Dummy Hub)와는 달리 노드가 늘어나도 속도에는 변화가 없다.
④ 리피터(Repeater) : 디지털 방식의 통신선로에서 전송신호를 재생시키거나 출력전압을 높여 전송하는 장치이다.

096 다음 중 인터넷에서 네트워크를 연결하는데 사용되는 장비로 가장 거리가 먼 것은?

① 라우터(Router) ② 백 도어(Back Door)
③ 브리지(Bridge) ④ 허브(Hub)

05. 모바일 기기 관련 용어

- **LTE(Long Term Evolution)** : 3세대 이동통신(3G)과 4세대 이동통신(4G)의 중간에 해당하는 기술로 최대 20Mhz 대역폭에서 하향 링크 최대 전송 속도 100Mbps, 상향 링크 50Mbps의 전송 속도를 지원한다.
- **m-VoIP** : 무선 모바일 인터넷을 이용하여 휴대폰으로 인터넷 전화를 할 수 있는 기술이다.
- **N 스크린(N-screen)** : 하나의 콘텐츠를 스마트폰, PC, 스마트 TV, 테블릿 PC, 자동차 등 다양한 디지털 정보기기에서 공유할 수 있는 컴퓨팅·네트워크 서비스이다.
- **NFC(Near Field Communication)** : 무선태그(RFID) 기술 중 하나로 비접촉식 근거리 무선통신 모듈이며, 10Cm 이내의 가까운 거리에서 다양한 무선 데이터를 주고받는 통신 기술이다.
- **SNS(Social Networking Service)** : 온라인상에서 이용자들이 관심사를 공유하고 친밀도를 높여 인맥을 확장할 수 있게 하는 서비스이다.
- **UX(User Experience)** : 사용자가 시스템, 제품, 서비스를 이용하면서 느끼고 생각하게 되는 총체적

경험으로 기술을 효율성 측면과 사용자의 삶의 질을 향상시키는 방향으로 이해하려는 접근법이다.

- **WiFi(와이파이)** : 무선통신 전파를 이용해 초고속 데이터를 근거리에서 전달할 수 있는 무선 네트워크 기술이다.
- **블루투스(Bluetooth)** : 근거리에서 데이터 통신을 무선으로 가능하게 해주는 표준 기술로 무선 마우스와 키보드를 컴퓨터와 연결하는 등 장치들 간의 양방향 정보 전송을 목적으로 한다.
- **앱스토어(App Store)** : 애플리케이션 스토어(Application Store)의 준말로 스마트폰이나 태블릿 PC를 통해 다양한 애플리케이션(응용 프로그램)을 판매하는 모바일 콘텐츠 장터를 말한다.
- **와이브로(Wibro : Wireless Broadband Internet)** : 무선 광대역을 의미하는 것으로, 휴대폰, PDA, 노트북 등의 휴대 인터넷 단말장치를 이용하여 언제 어디서나 이동하면서 고속으로 무선 인터넷 접속이 가능한 서비스이다.
- **클라우드 서비스(Cloud Service)** : 영화, 사진, 음악 등 미디어 파일 문서 주소록 등 사용자의 콘텐츠를 서버에 저장해 두고 스마트폰이나, 스마트 TV를 포함한 어느 기기에서든 다운로드 후 사용할 수 있는 서비스이다.
- **핫스팟(Hot Spot)** : 전파를 중계하는 무선 랜 기지국으로 초고속 데이터 전송 속도를 내지만, 응답 반경이 최대 200m 정도밖에 되지 않아 사람이 많이 몰리는 도시의 중심가나 대학 도서관 등 한정된 지역을 중심으로 설치할 수밖에 없다.
- **테더링(Tethering)** : 인터넷이 가능한 스마트기기의 통신 중계기 역할로 PC의 인터넷 접속을 가능하게 하고 모바일 데이터 연결을 공유한다.
- **사물 인터넷(Internet of Things)** : 인간 대 사물, 사물 대 사물 간에 인터넷으로 연결되어 정보의 소통이 가능한 기술로서 개인별 맞춤형 스마트 서비스를 지향하며 정보 보안 기술의 적용이 중요하다. 개방형 아키텍처로 스마트 센싱 기술과 무선 통신 기술을 융합한 실시간 송수신 서비스를 제공한다(IoT 네트워크를 이용할 경우 사물마다 네트워크가 연결되므로 통신 비용이 증가되며 성능과 형태가 모두 다른 이기종 간의 사물인터넷마다 정보보안기술을 적용하기가 용이하지 않음).
- **3D 프린터** : X축(앞뒤), Y축(좌우), Z축(상하)을 이용하여 작성된 3D 도면을 이용하여 3차원의 입체물을 만들어내는 프린터이다. 잉크젯 프린터의 인쇄 원리와 같으며 제작 방식에 따라 층(레이어)으로 겹겹이 쌓아 입체 형상을 만들어내는 적층형과 큰 덩어리를 조각하듯이 깎아내는 절삭형으로 나뉜다.
- **웨어러블(Wearable)** : 컴퓨터 칩이 내장되어 있는 입거나 몸에 착용 가능한 형태의 기기나 액세서리(시계, 안경 등)로 인터넷이 가능하며 스마트기기와의 정보 공유가 가능한 서비스를 제공하는 컴퓨터나 디바이스를 의미한다.
- **LBS(Location Based Service)** : 위치 기반 서비스로 스마트 폰에 내장된 칩(Chip)이 각 기지국(셀 방식)이나 GPS(위성 항법 장치)와 연결되어 위치 추적이 가능하며 위치 정보에 따른 특정 지역의 기상상태나 교통 및 생활 정보등을 제공 받을 수 있다.

IPTV

컴퓨터 모니터와 마우스 대신 텔레비전 수상기와 리모컨을 이용하여 초고속 인터넷을 사용하는 것으로 정보 검색, 온라인 쇼핑, 홈뱅킹, 동영상 콘텐츠 등의 다양한 인터넷 서비스를 제공 받을 수 있다.

---

097 다음 중 모든 사물을 네트워크로 연결하여 인간과 사물, 사물과 사물 간에 언제 어디서나 서로 소통할 수 있게 하는 새로운 정보통신 환경을 의미하는 것은?

① 클라우드 컴퓨팅(Cloud Computing)
② RSS(Rich Site Summary)
③ IoT(Internet of Things)
④ 빅 데이터(Big Data)

098 다음 중 소형화, 경량화를 비롯해 음성과 동작 인식 등 다양한 기술이 적용되어 장소에 구애받지 않고 컴퓨터를 활용할 수 있도록 몸에 착용하는 컴퓨터를 의미하는 것은?

① 웨어러블 컴퓨터 ② 마이크로 컴퓨터
③ 인공지능 컴퓨터 ④ 서버 컴퓨터

099 다음 중 초고속 인터넷을 이용하여 동영상 콘텐츠, 정보 서비스 등 기본 텔레비전 기능에 인터넷 검색이 가능하게 한 서비스는?

① VoIP   ② IPTV
③ IPv6   ④ TCP/IP

STEP 02 　인터넷의 개요

01. 인터넷 일반

■ **인터넷의 특징**
- 전세계 수많은 컴퓨터와 네트워크들이 시간과 장소에 구애받지 않고 언제 어디서든 정보를 교환할 수 있도록 연결된 광범위한 컴퓨터 통신망이다.
- 인터넷은 TCP/IP 프로토콜을 사용하여 상호 접속하는 네트워크로 유닉스 운영체제를 기반으로 하고 있다.
- 인터넷에 연결된 모든 컴퓨터는 고유한 IP 주소를 갖으며, 국내에서 IP 주소 및 도메인 등록 서비스는 KISA(한국인터넷진흥원)에서 수행한다.

■ **인터넷 연결 방법**

전용선	인터넷 서비스 업체(ISP)에서 전용선을 할당받아 자신의 컴퓨터에 직접 인터넷에 연결하는 방식
전화선과 모뎀	모뎀으로 전화를 걸어 인터넷 서비스 업체(ISP)의 서버에 접속하여 인터넷을 이용하는 방법으로 SLIP/PPP 프로토콜을 사용
케이블 모뎀	케이블 TV에 사용되는 동축 케이블을 사용하여 최고 10Mbps 정도의 속도로 데이터를 주고받을 수 있는 초고속 인터넷 서비스
ISDN	• 기존의 전화선을 이용하여 인터넷을 위한 디지털 데이터 라인으로 사용 • 인터넷과 동시에 전화, FAX 등 다양한 서비스를 이용 가능
ADSL	• 기존 전화선을 이용하여 주파수가 서로 다른 음성 데이터(저주파)와 디지털 데이터(고주파)를 함께 보내는 방식 • 다운로드 속도가 업로드 속도보다 빠른 비대칭 전송방식
VDSL	• 전화선을 이용한 고속 디지털 전송 기술 • 비대칭 가입자 회선(ADSL)보다 전송 거리가 짧은 구간에서 고속의 데이터를 비대칭으로 전송하는 기술

> **모뎀(Modem)과 코덱(Codec)**
> - **모뎀(Modem)** : 디지털 신호를 아날로그 신호로 변환하는 변조(Modulation) 과정과 아날로그 신호를 디지털 신호로 변환하는 복조(Demodulation) 과정을 수행하는 신호 변환 장치이다.
> - **코덱(Codec)** : 음성이나 비디오 등 아날로그 신호를 전송에 적합한 디지털 신호로 변환하고 그 역의 작업을 수행하는 장치로 모뎀과 반대의 역할을 말한다.

100 다음 중 컴퓨터 네트워크에서 모뎀(Modem)에 관한 설명으로 옳은 것은?
① 컴퓨터 내부의 디지털 신호를 아날로그 신호로 바꾸어 보내는 장치
② 음성과 같은 아날로그 신호를 디지털로 처리한 후 다시 아날로그로 신호를 바꾸는 장치
③ 통신망에서 정보를 전송하기 위해 경로를 설정하는 장치
④ 혼잡한 네트워크 상에서 수송해야 하는 데이터 양을 분리하는 장치

101 다음 중 음성이나 비디오 등의 아날로그 신호를 전송에 적합한 디지털 신호로 변환하고 그 역의 작업을 수행하는 장치를 의미하는 것은?
① 코덱(CODEC)　② 필터링(Filtering)
③ 샘플링(Sampling)　④ 미디(MIDI)

02. 인터넷의 주소 체계

■ **IP 주소**
- 인터넷에 연결된 모든 컴퓨터의 자원을 구분하기 위한 인터넷 주소이다.
- **IPv4** : 숫자로 8비트씩 4부분, 총 32비트로 구성되며, 각 부분은 10진수로 0~255까지의 숫자로 표현하고, 점(.)으로 구분한다.
- **IPv6** : IP 주소 체계(IPv4)가 더 이상 주소를 지정할 수 없을 정도로 포화 상태에 이르게 되어 이에 대한 대책으로 개발되었고, 16비트씩 8부분, 총 128비트로 구성, 각 부분은 16진수로 표현하며, 콜론(:)으로 구분한다(유니캐스트, 멀티캐스트, 애니캐스트 등의 주소 체계로 나누어짐).

■ 도메인 네임
- 숫자로 된 IP 주소를 사람이 이해하기 쉬운 문자 형태로 표현하는 것이다.
- 도메인 네임은 보통 영문과 숫자, 하이픈(-)을 섞어서 만들며, 단어와 단어 사이는 마침표(.)로 구분한다.
- 도메인 네임은 호스트 컴퓨터 이름, 소속 기관 이름, 소속 기관의 종류, 소속 국가명 순서로 구성되며, 왼쪽에서 오른쪽으로 갈수록 상위 도메인을 의미한다.
- 문자로 된 도메인 네임을 숫자로 된 IP 주소로 바꿔주는 역할을 하는 시스템을 DNS(Domain Name System)라고 한다.

■ URL(Uniform Resource Locator)
- 인터넷 상에 존재하는 각종 자원들의 위치를 같은 형식으로 나타내기 위한 표준 주소 체계이다.
- **형식** : 프로토콜://도메인 네임[:포트 번호][/파일 경로]

102 다음 중 인터넷과 관련하여 사람이 사용하는 도메인 네임을 컴퓨터가 인식할 수 있도록 IP 주소로 바꾸어 주는 것으로 옳은 것은?
① DNS 서버 ② 프록시 서버
③ 웹 서버 ④ 메일 서버

103 다음 중 인터넷에서 사용되는 IPv6 주소 체계에 대한 설명으로 옳지 않은 것은?
① 16비트씩 8부분으로 총 128비트로 구성된다.
② 각 부분은 16진수로 표현하고, 세미콜론(;)으로 구분한다.
③ 유니캐스트, 멀티캐스트, 애니캐스트 등의 3가지 주소체계로 나누어진다.
④ IPv4의 주소 부족 문제를 해결하여 줄 수 있다.

104 다음 중 인터넷에서 사용하는 주소에 관한 설명으로 옳지 않은 것은?
① 도메인 네임(Domain Name)은 숫자로 된 IP 주소를 사람이 이해하기 쉬운 문자 형태로 표현한 것이다.
② KRNIC에서 부여하는 도메인 네임은 '호스트명.소속기관명.소속기관의 종류.소속국가' 순으로 구성된다.
③ 도메인 네임과 IP 주소는 전 세계에서 중복되지 않는 고유한 주소로 사용된다.
④ IPv4주소는 총 64비트로 구성된다.

105 다음 중 인터넷에서 사용하는 도메인 네임에 관한 설명으로 옳은 것은?
① IP 주소를 사람이 이해하기 쉬운 숫자 형태로 표현한 것이다.
② 소속 국가명, 소속 기관명, 소속 기관 종류, 호스트 컴퓨터명의 순으로 구성된다.
③ 퀵돔(QuickDom)은 2단계 체제와 같이 도메인을 짧은 형태로 줄여쓰는 것을 말한다.
④ 국가가 다른 경우에는 중복된 도메인 네임을 사용할 수 있다.

106 다음 중 우리나라의 공식 인터넷주소자원을 관리하는 조직으로 IP 주소와 도메인 이름의 등록 관리 뿐만 아니라 인터넷주소자원에 관한 정책 연구, 제도개선, 인터넷 이용 활성화를 위한 지원, 국제 인터넷 주소관련 기구와의 협력 등의 업무를 수행하는 곳은?
① WWW-KR ② INTERNIC
③ KRNIC ④ KNC

03. 프로토콜
■ 프로토콜의 기능
- 네트워크에서 서로 다른 컴퓨터들 간에 정보 교환을 할 수 있게 해주는 통신 규약이다.
- 통신망의 흐름 제어로 안정성을 유지하고, 송수신기가 같은 상태를 유지하도록 동기화하며, 전송 도중 발생하는 오류를 검출한다.
- 단편화와 재조합, 주소 지정, 순서 지정, 캡슐화, 연결 제어, 오류 제어, 동기화, 데이터 흐름 제어, 멀티플렉싱, 전송 서비스 등을 한다.

TCP/IP

- TCP/IP는 인터넷에 연결된 다른 종류의 컴퓨터끼리 상호 데이터를 주고 받을 수 있도록 한 인터넷 표준 프로토콜이다.
- TCP/IP는 응용 계층(데이터 송수신), 전송 계층(신뢰성 있는 통신), 인터넷 계층(주소 지정, 경로 설정), 링크 계층(프레임 송수신)으로 구성된다.

> **TCP/IP**
> - **TCP** : 데이터를 패킷(Packet) 단위로 묶어주며, 데이터의 흐름을 제어하고 에러 유무를 검사한다.
> - **IP** : 패킷 주소를 해석하고 경로를 결정하여 다음 호스트로 전송한다.

프로토콜의 종류

HTTP	인터넷상에서 웹 서버와 클라이언트 브라우저간의 하이퍼텍스트 문서를 교환하기 위하여 사용되는 프로토콜
UDP	인터넷상에서 정보를 주고받을 때 한쪽에서 일방적으로 보내는 방식의 프로토콜
ARP	IP 주소를 이용하여 물리적 주소인 이더넷(MAC) 주소를 찾아주는 프로토콜
RARP	LAN 내에서 자신의 IP 주소를 알아내기 위해 확인 요청을 하는데 사용되는 프로토콜
ICMP	통신중 발생하는 에러 메시지 및 제어 메시지를 관리하는 프로토콜
SNMP	네트워크 장비들로부터 필요한 정보를 가져와 장비 상태를 관리하는 프로토콜
DHCP	ISP 업체에서 각 컴퓨터의 IP 주소를 자동으로 할당해 주는 프로토콜

> **통신 속도 단위**
> - BPS(Bit Per Second) : 초당 전송할 수 있는 비트 수
> - Baud : 초당 일어나는 신호 변환 속도를 의미하며 1초에 한 번의 신호 변환이 이루어진다면 BPS와 동일함
> - CPS(Characters Per Second) : 초당 전송할 수 있는 문자 수를 의미하며 1CPS는 8BPS 이다.

OSI 7 계층

- 개방형 시스템 간의 상호 접속을 위한 참조 모델이다.
- 기종이 서로 다른 컴퓨터 간의 정보 교환을 원활하게 하기 위해 국제표준화기구(ISO)에서 제정한 표준화 방식이다.
- OSI 7 계층은 하위 계층(물리 계층, 데이터 링크 계층, 네트워크 계층)과 상위 계층(전송 계층, 세션 계층, 표현 계층, 응용 계층)으로 나뉜다.

물리 계층 (1계층)	• 허브나 리피터 등의 전기적 신호를 재발생시키는 장비로, 시스템 간의 물리적인 접속을 제어한다. • ITU-T의 V.24, EIA의 RS-232C 통신 규격을 사용한다. • 전송 방식, 데이터 부호화 방식, 케이블의 형태, 데이터 충돌 감지 방식, 신호 형식, 변조 방식 등을 정의한다. • 기능적, 기계적, 전기적, 절차적인 특성으로 정의된다.
데이터 링크 계층 (2계층)	• 이웃한 통신 기기 사이의 연결 및 데이터 전송 기능과 관리를 규정한다. • 동기화, 오류 제어, 흐름 제어 등의 기능을 사용한다. • 데이터 블록을 인접 노드 간에 오류 없이 전송한다. • 정보의 프레임화 및 순서 제어, 전송 확인, 오류 검출 및 복구, 흐름 제어, 데이터 링크의 접속과 단절 등의 기능을 수행한다.
네트워크 계층 (3계층)	• 응용 프로세스가 존재하는 시스템 간 데이터의 교환 기능이다. • 복수 망인 경우 중계 시스템에 대한 경로 선택 및 중계 기능을 제공한다. • 패킷 관리와 경로 배정(Routing) 등의 기능을 수행한다. • 네트워크 계층의 대표적 프로토콜 : ITU-T의 X.25
전송 계층 (4계층)	• 종단 간 투명하고 신뢰성 있는 데이터의 전송을 제공한다. • 상하위 계층 간의 중간 인터페이스 역할을 제공한다. • 데이터 전송에 대한 오류 검출, 오류 복구, 흐름 제어 등의 기능을 수행한다.
세션 계층 (5계층)	• 사용자와 전송 계층 간의 인터페이스를 위한 연결이다. • 세션 접속 설정, 데이터 전송, 세션 접속 해제 등의 기능을 수행한다. • 반이중과 전이중 통신 모드의 설정을 결정한다.

표현 계층 (6계층)	• 네트워크 내에서 응용 프로그램의 구문상 차이 없이 연결이 가능하다. • 데이터의 재구성, 코드 변환, 구문 검색 등의 기능을 수행한다.
응용 계층 (7계층)	• OSI 참조 모델의 최상위 레벨로 특정한 서비스(데이터베이스, 전자 사서함 등)를 제공한다. • 응용 프로그램과의 인터페이스 기능(파일 처리, 파일 전송) 및 통신을 수행한다.

107 네트워크 간에 물리적, 논리적으로 연결해 주기 위해서 네트워크 간을 연결해 주는 인터네트워킹 기기가 필요하다. 다음 중 인터네트워킹 기기가 아닌 것은?

① 패킷(Packet)
② 라우터(Router)
③ 브리지(Bridge)
④ 리피터(Repeater)

108 다음 중 컴퓨터 네트워크에서 정보를 전달하기 위한 구성 요소에 해당되지 않는 것은?

① 송·수신자
② 음성인식
③ 전송매체
④ 프로토콜

109 다음 중 국제표준화기구에서 네트워크 통신의 접속에서부터 완료까지의 과정을 구분하여 정의한 통신 규약 명칭은?

① Network 3 계층
② Network 7 계층
③ OSI 3 계층
④ OSI 7 계층

STEP 03 웹 브라우저의 사용 및 설정

01. 웹 브라우저

- 웹 서버와 HTTP 프로토콜로 통신하여 사용자가 요구한 웹 문서를 보여주는 프로그램이다.
- 별도의 플러그 인(Plug-In)을 설치하여 다양한 멀티미디어 데이터를 처리할 수 있다.
- 전자우편 발송 및 HTML 문서 편집이 가능하다.
- 최근에 접속한 사이트와 URL을 저장할 수 있는 '기록(History)' 기능을 지원한다.
- 자주 방문하는 URL을 저장 및 관리할 수 있는 '즐겨찾기' 기능을 지원한다.
- **웹 브라우저의 종류** : 마이크로소프트 엣지, 인터넷 익스플로러, 네스케이프, 파이어폭스, 사파리, 오페라, 핫 자바 등

110 다음 중 인터넷을 사용하기 위한 웹 브라우저에 해당하지 않는 것은?

① 파이어폭스 ② 사파리
③ 구글   ④ 인터넷 익스플로러

02. 인터넷 옵션

인터넷 익스플로러에서 [도구]-[인터넷 옵션]을 선택하거나 [제어판]-[네트워크 및 인터넷]-[인터넷 옵션]을 선택한 후 [인터넷 옵션] 대화상자에서 설정한다.

탭 종류	기능 설명
일반	• 기본 홈페이지 주소, 시작 옵션, 임시 인터넷 파일, 열어본 페이지 목록, 페이지 보관 일 수 설정 • 탭 사용, 웹 페이지의 색 및 글꼴, 언어, 사용자 서식 등을 설정
보안	• 인터넷, 로컬 인트라넷 영역의 보안 수준 설정 • 신뢰할 수 있는 사이트 및 제한된 사이트 설정
개인 정보	• 인터넷 영역에 대한 쿠키 정보의 저장 및 차단 설정 • 팝업 차단 사용 여부 설정
내용	• 볼 수 있는 콘텐츠의 제한을 두는 가족 보호 설정 • 인증서 및 자동 완성의 사용 여부 설정
연결	인터넷 연결 설정
프로그램	• 시스템에 설치된 브라우저의 추가 기능 관리 • 인터넷 서비스에 사용할 프로그램 설정
고급	인터넷 고급 설정 정보 관리

> **쿠키(Cookie)와 캐싱(Caching)**
>
> - 쿠키(Cookie) : 인터넷 웹 사이트의 방문 정보를 기록하고 있는 텍스트 파일로 쿠키를 이용하면 웹 사이트에 접속 후 정보의 검색 기록이 사용자 PC에 저장되며, 인터넷 접속시 매번 아이디와 비밀번호를 넣지 않아도 자동으로 입력되도록 설정도 할 수 있어 유출될 경우 문제가 발생할 수도 있다.
> - 캐싱(Caching) : 웹 브라우저에서 사용자가 열어본 페이지에 관련된 파일을 보관하여 이후 사용자가 다시 해당 사이트에 접속을 요구하면 그 사이트에서 갱신된 내용만 가져와서 보다 빠르게 보여주는 기능이다.

111 다음 용어의 설명으로 적합한 것은?

> 특정한 웹 사이트에 접속했던 기록을 보관하고 있는 일종의 텍스트 파일로 사용자가 해당 웹 사이트에 다시 접속하면 웹 서버에서 이를 자동으로 호출하여 사용한다. 또한 사용자가 사이트에 몇 번 접속했는지, 아이디와 비밀번호는 어떻게 되는지 등을 알 수 있기 때문에 개인정보의 유출 가능성이라는 단점을 가진다.

① 캐시(Cache) ② 쿠키(Cookie)
③ 고퍼(Gopher) ④ 텔넷(Telnet)

03. 인터넷 정보 검색

인터넷 검색 엔진은 로봇, 스파이더, 에이전트, 웜, 크롤러 등 정보 수집 프로그램을 이용해 대량으로 정보를 수집하고 하이퍼텍스트 기법을 통해 정보를 찾아갈 수 있도록 한다.

주제별 검색 엔진	예술, 정치, 경제, 스포츠 등 각 분야별로 분로되어 있는 항목을 마우스로 클릭하여 원하는 정보를 검색
키워드별 검색 엔진	찾으려는 정보에 대한 키워드를 입력하여 정보를 검색
메타 검색 엔진	로봇 에이전트를 이용하여 여러 검색 엔진을 참조해 정보를 검색

112 다음 중 인터넷을 이용한 자체 검색 기능은 가지고 있지 않으나, 한 번의 검색어 입력으로 여러 개의 검색 엔진에서 정보를 찾아 주는 검색 엔진은?

① 디렉터리형 검색 엔진
② 키워드형 검색 엔진
③ 메타 검색 엔진
④ 하이브리드형 검색 엔진

04. 즐겨찾기

- 자주 여는 홈페이지를 등록하는 기능이다.
- [인터넷 익스플로러]에서 [즐겨찾기] 메뉴를 이용한다.
- [즐겨찾기]-[즐겨찾기 관리]를 클릭하여 등록된 즐겨찾기 목록을 정리할 수 있다.
- 사용자 계정마다 즐겨찾기 목록이 따로 저장된다.
- 즐겨찾기의 내용은 C 드라이브₩Users₩사용자명 폴더에 즐겨찾기라는 이름의 폴더에 저장된다.

STEP 04 인터넷 서비스

01. 인터넷 활용

■ 전자우편(Email)

- 인터넷을 통해 다른 사람과 편지뿐만 아니라 그림, 동영상 등 다양한 형식의 데이터를 주고받을 수 있도록 해주는 서비스이다.
- 전자우편(Email)을 통해 한 사람이 여러 사람에게 동일한 전자우편(Email)을 보낼 수 있다.
- 수신자가 인터넷에 접속되어 있지 않더라도 메일이 발송되어 메일 서버에 저장되면 수신자가 언제든지 인터넷에 접속하여 메일을 확인할 수 있다.
- 전자우편에 사용되는 프로토콜

SMTP	사용자가 작성한 메일을 보낸 사람의 계정으로 전송하는 송신 프로토콜
POP3	메일 서버에 도착한 메일을 사용자 컴퓨터로 가져오는 수신 프로토콜
IMAP	메일 서버에 도착한 메일의 제목을 클릭했을때 사용자 컴퓨터로 내용을 가져오는 프로토콜
MIME	전자우편으로 멀티미디어 정보를 전송할 수 있도록 해주는 멀티미디어 지원 프로토콜

전자우편 용어
- 답장(Reply) : 메일을 보낸 발송자에게 메일을 전송하는 기능
- 전달(Forward) : 받은 메일을 원본 그대로 다른 이에게 전달하는 기능
- 첨부(Attachment) : 메일에 파일을 덧붙여 보내는 기능
- 동보(Broadcast) : 동일한 메일을 여러 사람에게 전송하는 기능

불건전 메일
- Opt-In mail : 사전에 허가를 받고 보내는 광고성 이메일
- 스팸 메일 : 불특정 다수에게 동의 없이 보내는 광고성 메일, 정크 메일(Junk Mail)이라고도 함
- 폭탄 메일 : 상대방에게 지속적으로 크기가 큰 메일을 보내는 것으로, 메일 서버를 마비시킬 수도 있어 법적으로 처벌을 받게 됨

■ **인트라넷과 익스트라넷**
- 인트라넷(Intranet) : 외부 인터넷을 기업 내부의 네트워크와 하나로 연결하여 저렴한 비용으로 필요한 네트워크를 구축하는 것이다(LAN 기반의 네트워크).
- 익스트라넷(Extranet) : 기업과 기업 간에 인트라넷을 서로 연결하여 납품업체나 고객업체 등 자기 회사와 관련 있는 업체와의 원활한 통신을 위해 인트라넷의 이용 범위를 확대한 것이다.

그룹웨어(Groupware)
여러 사람이 공통의 업무를 수행하는데 있어 공동으로 사용할 수 있는 네트워크 프로그램을 의미하는 것으로 마이크로소프트사의 익스체인지(Exchange)나 넷미팅(Netmeeting) 등이 있다.

113 인터넷 기술을 이용하여 기업 내부의 업무를 처리하려는 새로운 네트워크 환경으로, 인터넷과 동일한 TCP/IP 프로토콜을 사용한 LAN 기반 네트워크를 무엇이라고 하는가?
① 원거리 통신망(WAN)
② 인트라넷(Intranet)
③ 부가가치 통신망(VAN)
④ MAN(Metropolitan Aera Network)

114 다음 중 전자우편에 대한 설명으로 옳지 않은 것은?
① 인터넷을 통하여 사용자끼리 서로 편지를 주고받는 서비스
② 편지를 받을 때는 SMTP 서버, 편지를 보낼 때는 POP 서버를 이용한다.
③ 전자우편 주소는 '사용자ID@호스트 주소'의 형식으로 이루어진다.
④ MIME은 웹 브라우저가 지원하지 않는 각종 멀티미디어 파일의 내용을 확인하고 실행시켜 주는 프로토콜이다.

115 다음 중 전자우편에서 사용하는 POP3 프로토콜에 관한 설명으로 옳은 것은?
① 이메일을 전송할 때 필요로 하는 프로토콜이다.
② 원격 서버에 접속하여 이메일을 사용자 컴퓨터로 가져오기 위한 프로토콜이다.
③ 멀티미디어 이메일을 주고받기 위한 프로토콜이다.
④ 이메일의 회신과 전체 회신을 가능하가는 하는 프로토콜이다.

116 기업 내에서 업무에 활용되는 전자결재, 전자우편, 게시판 등의 네트워크 소프트웨어를 무엇이라고 칭하는가?
① 방화벽(Firewall)
② 블루투스(Bluetooth)
③ 그룹웨어(Groupware)
④ 운영체제(Operating System)

02. 기타 인터넷 서비스

월드와이드웹 (WWW)	하이퍼링크를 이용하여 인터넷상의 정보를 통일된 방법으로 찾아볼 수 있도록 해주는 종합 정보 서비스
유즈넷 (Usenet)	분야별로 공통의 관심사를 가진 인터넷 사용자들이 서로의 의견을 주고받을 수 있게 하는 서비스(게시판)
PING	원격 컴퓨터가 현재 인터넷에 연결되어 정상적으로 작동하는지 알아볼 수 있도록 도와주는 서비스
텔넷(Telnet)	원격 컴퓨터에 접속하여 자신의 컴퓨터처럼 사용할 수 있도록 해 주는 서비스

FTP	파일 송수신 프로토콜로 특정 컴퓨터에 접속하여 데이터를 주고 받을 수 있는 서비스
Tracert	인터넷 서버까지의 경로를 추적하는 명령어로 IP 주소, 목적지까지 거치는 경로(장비의 수)의 수, 각 구간 사이의 데이터 왕복 속도를 알아볼 수 있도록 도와주는 서비스
IRC	인터넷상에서 실시간으로 다른 사람과 채팅을 할 수 있도록 지원하는 서비스
아키(Archie)	익명(Anonymous)의 FTP 사이트에 있는 정보의 검색을 쉽게 할 수 있도록 한 서비스
고퍼(Goper)	메뉴 방식을 이용해 손쉽게 정보 검색을 할 수 있도록 하는 서비스

117 다음 중 인터넷에서 제공되는 서비스로 옳지 않은 것은?

① FTP ② TELNET
③ USB ④ WWW

118 다음 중 인터넷상에서 실시간으로 다른 사람과 채팅을 할 수 있도록 지원하는 서비스는?

① FTP ② ASP
③ XML ④ IRC

119 다음 중 인터넷에서 사용하는 FTP 프로토콜에 관한 설명으로 옳지 않은 것은?

① FTP 서비스를 사용하기 위해서는 일반적으로 해당 사이트의 계정을 가지고 있어야 한다.
② 파일의 업로드, 다운로드, 삭제, 이름 변경 등의 작업을 할 수 있다.
③ FTP 서버에 있는 응용 프로그램들을 실행할 수 있다.
④ 데이터 전송을 위하여 Binary 모드와 ASCII 모드를 제공한다.

120 다음 중 FTP 프로그램으로 수행할 수 없는 작업은?

① 원격지에 있는 FTP 서버로 파일 업로드
② 원격지에 있는 FTP 서버에서 파일 다운로드
③ 원격지에 있는 FTP 서버의 응용 프로그램 실행
④ 원격지에 있는 FTP 서버의 파일 삭제

03. 인터넷 관련 용어

- **포털 사이트(Portal Site)** : 인터넷 웹사이트의 관문이라는 뜻으로 접속시 제일 먼저 나타나거나 가장 많이 이용하는 사이트로 정보 검색 및 전자우편, 뉴스, 동호회 등 다양한 서비스를 제공한다.
- **미러 사이트(Mirror Site)** : 특정 사이트에 동시에 많은 이용자들이 접속을 시도할 경우 다운되는 것을 방지하기 위해 동일한 내용을 복사해 놓은 사이트이다.
- **웹호스팅(Web Hosting)** : 서버의 일정 부분을 임대하여 사용자가 직접 웹 서버를 이용하여 웹사이트를 운영하는 것과 같은 효과를 낼 수 있도록 해주는 서비스이다.
- **넷미팅(Netmeeting)** : 인터넷에 연결되어 있는 친구와 화상통신을 하여 정보를 주고받을 수 있도록 해주는 통신 서비스이다.
- **아바타** : 가상 사회에서 자신의 분신을 뜻하는 말로, 사이버 게임이나 인터넷 채팅에서 자신을 나타내는 애니메이션 인물이다.
- **크래커(Cracker)** : 고의로 다른 사람 컴퓨터 시스템에 침입하여 자료를 파괴하거나 불법적으로 자료를 가져가는 행위를 하는 사람을 일컫는다.
- **유비쿼터스(Ubiquitous)** : '언제 어디서나 있는'을 의미하는 라틴어로 개별 물건에 극소형 전자 태그가 삽입되어 있어 사용자가 시간과 장소에 구애받지 않고 언제 어디서나 자유롭게 네트워크에 접속할 수 있는 환경을 의미한다.
- **Web 2.0**
  - 사용자가 제공하는 데이터를 이용하여 다양한 서비스를 생산해 낼 수 있는 웹 환경
  - 사용자들의 정보 제공과 참여을 통해 사용자 간에 정보를 공유하는 환경
  - Web 2.0 대표적인 기술 : XML, RSS, AJAX
  - **예** 블로그 등을 이용하여 사용자와 정보 공유, 자료에 사용자가 입력한 태그 정보를 통한 검색, UCC를 이용한 사용자 간의 정보 참여
- **네티켓** : 인터넷상에서 지켜야 할 예의범절
- **VoIP** : 인터넷 프로토콜을 이용하여 데이터뿐 아니라 음성을 함께 전송할 수 있도록 지원하는 프로토콜(원거리 통화 시 PSTN보다 요금이 높지 않으며 일정 수준의 통화 품질이 보장되지 않음)
- **WLL** : 무선 가입자 회선으로 전화국과 사용자 단말 사이를 무선으로 연결하여 구성하는 방식이다.

- **블루투스(Bluetooth)** : 무선 기기(이동 전화, 컴퓨터, PDA 등) 간 정보 전송을 목적으로 하는 근거리 무선 접속 프로토콜로 IEEE 802.15.1 규격을 사용하는 PANs(Personal Area networks)의 산업 표준이다.
- **지그비(Zigbee)** : 저가, 저전력의 장점이 있는 무선 매쉬 네트워킹의 표준임. 반경 30m내에서 데이터 전송(20~250kbps)하며, 최대 255대의 기기를 연결한다.
- **텔레매틱스** : 통신망을 통해 확보된 위치 정보를 기반으로 교통 안내, 긴급 구난, 물류 정보 등을 제공하는 이동형 정보 활용 서비스이다.
- **RFID(Radio Frequency IDentification) 서비스** : 모든 사물에 센싱, 컴퓨터 및 통신 기능을 탑재하여 언제 어디서나 정보를 처리, 제공할 수 있도록 지원하는 유비쿼터스 서비스(비접촉 ID 시스템)이다.
- **빅 데이터(Big Data)** : 기존의 관리 방법이나 분석 체계로는 처리하기 어려운 막대한 양의 데이터 집합으로 스마트 단말의 빠른 확산, 소셜 네트워크 서비스의 활성화, 사물 네트워크의 확대로 데이터 폭발이 더욱 가속화되고 있다.

121 다음 중 인터넷 전화와 가장 관련이 있는 기술로 옳은 것은?

① IPTV
② ASP
③ VoIP
④ WTP

122 다음 중 인터넷상에서 접속이 너무 많거나 너무 원격지일 경우 과부하나 속도 저하를 막기 위해 동일한 사이트를 여러 곳에 복사해 놓은 것을 뜻하는 용어는?

① Portal Site
② Mirror Site
③ Intranet
④ Extranet

123 다음 중 인터넷을 이용할 때 자주 방문하게 되는 웹 사이트로 전자우편, 뉴스, 쇼핑, 게시판 등 다양한 서비스를 제공하는 사이트를 의미하는 것은?

① 미러 사이트
② 포털 사이트
③ 커뮤니티 사이트
④ 멀티미디어 사이트

Chapter 05 멀티미디어 활용

STEP 01 멀티미디어 개요

01. 멀티미디어의 특징

- 다중(Multi)과 매체(Media)의 합성어로 텍스트, 그래픽, 사운드, 동영상, 애니메이션 등의 매체를 디지털 데이터로의 통합을 의미한다.
- 멀티미디어 데이터를 전송할 경우 비동기 전송(ATM) 방식이 적당하다.
- 멀티미디어 데이터는 용량이 크기 때문에 압축하여 저장한다.
- **멀티미디어 데이터의 특징** : 디지털화, 쌍방향성, 비선형성, 정보의 통합성
- **디지털화** : 다양한 아날로그 데이터를 디지털 데이터로 변환하여 통합 처리한다.
- **쌍방향성** : 정보 제공자와 사용자 간의 의견을 통한 상호 작용에 의해 데이터가 전달된다.
- **비선형성** : 데이터가 일정한 방향으로 순차적으로 처리되는 것이 아니라 사용자의 선택에 따라 다양한 방향으로 처리된다.
- **정보의 통합성** : 텍스트, 그래픽, 사운드, 동영상, 애니메이션 등의 여러 미디어를 통합 처리한다.

124 정보화 시대, 인터넷 시대에 중요한 요소로 자리하고 있는 멀티미디어의 특징과 그에 대한 설명으로 옳지 않은 것은?

① 디지털화 : 다양한 아날로그 데이터를 디지털 데이터로 변환하여 통합 처리한다.
② 쌍방향성 : 정보 제공자와 사용자 간의 의견을 통한 상호 작용에 의해 데이터가 전달된다.
③ 정보의 통합성 : 텍스트, 그래픽, 사운드, 동영상, 애니메이션 등의 여러 미디어를 통합하여 처리한다.
④ 선형성 : 데이터가 일정한 방향으로 처리되고 순서에 관계없이 원하는 부분을 선택적으로 처리한다.

125 다음 중 멀티미디어에 관련된 설명으로 옳지 않은 것은?

① 텍스트 파일은 사용할 수 없다.
② 다양한 아날로그 데이터를 디지털 데이터로 변환하여 통합 처리한다.
③ 멀티미디어 데이터는 용량이 크기 때문에 압축하여 저장한다.
④ 둘 이상의 매체가 동시에 사용된다.

126 다음 중 멀티미디어에 대한 설명으로 옳지 않은 것은?

① 멀티미디어 데이터는 다양한 하드웨어와 소프트웨어 환경에서 생성, 처리, 전송, 이용되므로 상호 호환되기 위한 표준이 필요하다.
② 멀티미디어는 텍스트, 이미지, 사운드, 애니메이션, 동영상 등의 데이터를 아날로그화시킨 복합 구성 매체이다.
③ 가상현실, 전자출판, 화상회의, 방송, 교육, 의료 등 사회 전 분야에서 활용되고 있다.
④ 사용자는 정보 제공자와의 상호작용을 통해 어떤 정보를 언제 어떠한 형태로 얻을 것인지 결정하여 데이터를 전달받을 수도 있다.

02. 멀티미디어의 발전 배경

- 저장장치의 기술 발전으로 대량의 멀티미디어 데이터를 저장할 수 있다.
- 압축 기술이 발전하여 대량의 멀티미디어 데이터를 효율적으로 저장 및 전송할 수 있게 되었다.
- 초고속 통신망 기술 및 인터넷 기술의 발전으로 대용량 멀티미디어 데이터를 전세계의 모든 사람들이 쉽고 빠르게 사용할 수 있다.

127 다음 중 멀티미디어에 관련된 설명으로 옳지 않은 것은?

① 다중(Multi)과 매체(Media)의 합성어로 그래픽, 이미지, 텍스트, 오디오, 비디오 등의 매체들이 통합된 것을 의미한다.
② 멀티미디어는 매체 정보를 디지털화하고, 대용량으로 생성되므로 이를 저장할 수 있는 저장장치를 사용해야 한다.
③ 대용량의 멀티미디어 정보를 효율적으로 저장하기 위해 다양한 압축 기술이 개발되었으나 아직 동영상 압축 기술의 개발은 미비하다.
④ VCR 같은 기능의 셋탑 박스는 비디오 서버로부터 압축되어 전송된 디지털 영상과 소리를 복원, 재생하는 역할을 한다.

03. 하이퍼텍스트 / 하이퍼미디어 / 하이퍼링크

- **하이퍼텍스트(Hypertext)** : 문서와 문서가 연결되어 있는 것으로 문서 안의 특정 문자를 선택하면 그와 연결된 문서로 이동하는 문서 형식이다.
- **하이퍼미디어(Hypermedia)** : 하이퍼텍스트와 멀티미디어를 합한 개념으로 문자 뿐만 아니라 그래픽, 사운드, 동영상 등의 정보를 연결해 놓은 미디어 형식이다.
- **하이퍼링크(Hyperlink)** : 웹상에서 정보를 효과적으로 나타내기 위해 문서와 문서를 연결하여 관련된 정보를 쉽게 찾아볼 수 있도록 하는 기능이다.

> **하이퍼텍스트/하이퍼미디어/하이퍼링크 관련 용어**
> - **노드(Node)** : 하이퍼텍스트/하이퍼미디어를 구성하는 각 문서에 연결된 페이지를 의미한다.
> - **앵커(Anchor)** : 하나의 노드에서 다른 노드로 넘어가게 해주는 키워드, 노드와 노드를 연결하여 관련된 정보를 쉽게 찾아볼 수 있도록 하는 기능이다.

128 정보를 효과적으로 나타내기 위해 문서와 문서를 연결하여 관련된 정보를 찾아볼 수 있도록 한다. 이렇게 만든 텍스트를 무엇이라고 하는가?

① 멀티미디어 텍스트 ② 모노미디어 텍스트
③ 하이퍼텍스트   ④ 인덱스 텍스트

STEP 02   멀티미디어 하드웨어

01. CD-ROM
- 650MB 정도의 데이터를 저장할 수 있는 매체로 하드디스크에 비해 속도가 느리지만 휴대할 수 있는 장점이 있다.
- 전송 속도는 배속(32배속, 48배속)으로 표시하며, 1배속은 150KB/sec의 속도로 숫자가 클수록 전송 속도가 빠르다.

02. DVD(Digital Versatile Disk)
- CD-ROM과 크기는 같지만 4.7~17GB 정도의 데이터를 저장할 수 있는 대용량 저장매체이다.
- 화질과 음질이 뛰어난 동영상 데이터를 135분 가량 기록할 수 있다.
- DVD 드라이브에서는 CD-ROM 데이터를 읽을 수 있지만 CD-ROM 드라이브에서는 DVD 데이터를 읽을 수 없다.

03. 비디오 카드
- CPU에서 처리한 데이터를 아날로그로 변환하여 모니터로 보내는 장치로, 그래픽 카드라고도 한다.
- 비디오 카드에 있는 비디오 메모리의 크기에 따라 모니터의 출력 해상도가 달라진다.

> **비디오 메모리**
> 컴퓨터 화면에 표시되는 데이터를 저장하기 위한 메모리로 비디오 램이라고도 한다.

04. 동영상 처리 보드
- **TV 수신 카드** : 컴퓨터를 통해 TV를 시청할 수 있게 해주는 장치이다.
- **비디오 오버레이 보드** : TV나 비디오를 보면서 컴퓨터 작업을 할 수 있도록 동영상 데이터를 비디오 카드의 데이터와 합성시켜 표시하는 장치이다.
- **비디오 캡처 보드** : 동영상 데이터를 컴퓨터에서 사용할 수 있도록 디지털 신호로 변환하여 파일로 저장하는 장치이다.
- **MPEG 보드** : 압축된 동영상(비디오) 데이터를 빠른 속도로 복원시켜 재생해 주는 장치이다.

05. 사운드 카드
- 컴퓨터에서 소리를 재생하거나 녹음하는데 사용한다.
- 사운드 카드는 샘플링(Sampling) 비율에 따라 16비트와 32비트 등으로 구분된다.

> **샘플링(Sampling)**
> 음성. 영상 등의 아날로그 신호를 일정 시간 간격으로 검출하는 단계로 아날로그 신호를 디지털 신호로 변환하는 과정 중 한 단계이다.

STEP 03   멀티미디어 소프트웨어

01. 재생 소프트웨어
- 그래픽, 사운드, 비디오 등의 멀티미디어 데이터를 재생해 보여주는 소프트웨어를 의미한다.
- **종류** : Windows Media Player, MPEG Player, 곰플레이어 등이 있다.

02. 저작 소프트웨어
- 영상, 사운드, 애니메이션, 그래픽 등의 데이터를 간단한 메뉴 조작으로 쉽게 연결, 통합함으로써 하나의 멀티미디어 데이터를 저작할 수 있는 소프트웨어를 의미한다.
- **종류** : 툴북(Toolbook), 디렉터(Director), 플래시(Flash), 어도비 라이브 모션(Adobe Live Motion) 등이 있다.

> **스트리밍(Streaming) 기술**
> - '흘리다'라는 뜻으로 전송되는 데이터를 마치 끊임없고 지속적인 물 흐름처럼 처리할 수 있어 파일을 다운로드 받으면서 파일을 재생하는 방식이다.
> - **스트리밍 지원 프로그램** : 스트림웍스(Stream Works), 리얼 오디오(Real Audio), 비디오라이브(VDOLive) 등
> - **스트리밍 전송이 가능한 파일 형식** : ASF, WMV, RAM 등

129 다음 중 인터넷에서 동영상 전송 기술과 관련하여 스트리밍(Streaming) 전송이 가능한 파일의 형식으로 옳지 않은 것은?
① ASF   ② JPG
③ WMV   ④ RAM

130 일반적으로 동영상 파일 및 음악 파일들은 크기가 크기 때문에 이를 다운로드하고 난 후에 재생하기 위해서는 오랫동안 기다려야 한다는 문제점이 있다. 이를 해결하기 위하여 자료를 다운로드 받으면서 재생할 수 있도록 해주는 기술을 무엇이라 하는가?

① 실시간 상영(Realtime Play) 기술
② 스트리밍(Streaming) 기술
③ 퀵타임(Quicktime) 기술
④ MPEG 기술

STEP 04 멀티미디어 데이터

01. 그래픽 데이터

■ 비트맵(Bitmap) / 벡터(Vector) 방식

비트맵 (Bitmap)	• 점(Pixel, 화소)으로 이미지를 표현하는 방식 (래스터 방식이라고도 함) • 이미지를 확대하면 테두리가 거칠게 표현(계단 현상)되지만 다양한 색상을 사용하므로 사진과 같은 사실적인 이미지를 표현할 수 있음 • 파일 형식 : BMP, GIF, TIF, JPEG, PCX 등
벡터 (Vector)	• 점과 점을 연결하는 직선이나 곡선을 이용하여 이미지를 표현하는 방식 • 이미지를 확대해도 테두리가 매끄럽게 표현되고 단순한 도형과 같은 개체 표현에 적합 • 파일 형식 : DXF, AI, WMF, CDR 등

■ 그래픽 데이터 종류

BMP	• 비트맵 방식으로 고해상도의 이미지를 표현 • 압축을 하지 않아 용량이 커지는 단점이 있음
GIF	• 인터넷 표준 그래픽 형식으로 8비트의 컬러(256가지 색상)를 지원 • 배경을 투명하게 처리할 수 있으며, 애니메이션 표현이 가능 • 비(무)손실 압축 방식으로 여러 번 압축해도 화질의 손상이 없음
JPEG/JPG	• 정지 영상 압축 기술에 관한 국제 표준 압축 방식 • 24비트 트루컬러를 사용하여 16,777,215가지의 색을 표현할 수 있음
PNG	• 웹에서 최상의 이미지를 표현하기 위해 제정한 그래픽 형식 • GIF와 JPEG의 장점을 모두 갖고 있음

■ 그래픽 기법

디더링 (Dithering)	제한된 색상을 조합하여 복잡한 색이나 새로운 색을 만드는 작업
렌더링 (Rendering)	3차원 애니메이션을 만드는 과정 중의 하나로 물체의 모형에 명암과 색상을 입혀 사실감을 더해 주는 작업
모델링 (Modeling)	렌더링을 하기 전에 수행되는 작업으로 어떠한 방법으로 렌더링 할 것인지를 정함
모핑 (Morphing)	2개의 이미지를 부드럽게 연결하여 변환·통합하는 것으로, 컴퓨터 그래픽, 영화 등에서 많이 응용
필터링 (Filtering)	이미 작성된 그림을 필터 기능을 이용하여 여러 가지 형태의 새로운 이미지로 바꿔주는 작업
리터칭 (Retouching)	기존의 이미지를 다른 형태로 새롭게 변형·수정하는 작업
인터레이싱 (Interlacing)	그림 파일을 표시하는데 있어서 이미지의 대략적인 모습을 먼저 보여준 다음 점차 자세한 모습을 보여주는 기법
메조틴트 (Mazzotint)	금속판에 점과 가늘게 교차하는 선을 새겨 넣고 그 선을 메우거나 깎는 등의 명암을 내는 기법
솔러리제이션 (Solarization)	필름을 일시적으로 빛에 노출시켜 반전된 것처럼 표현하는 기법
안티앨리어싱 (Antialiasing)	2차원 그래픽에서 톱니 모양의 개체 경계면 픽셀을 개체의 색상과 배경의 색상을 혼합해서 표현함으로써 경계면을 부드럽게 보이도록 하는 기법

131 다음 중 컴퓨터 그래픽과 관련하여 벡터(Vector) 이미지에 관한 설명으로 옳지 않은 것은?

① 점과 점을 연결하는 직선이나 곡선을 이용하여 이미지를 표현하는 방식이다.
② 픽셀을 이용하여 다양하고 사실적인 이미지를 표현할 수 있다.
③ 대표적으로 WMF 파일 형식이 있다.
④ 이미지를 확대해도 테두리가 거칠어지지 않고 매끄럽게 표현된다.

132 다음 중 컴퓨터에서 사용하는 멀티미디어와 관련하여 비트맵 이미지에 대한 설명으로 옳지 않은 것은?

① 픽셀로 이미지를 표현하며 래스터 이미지라고도 한다.
② 이미지를 확대하면 테두리가 거칠어진다.
③ 벡터 방식과 비교하여 기억공간을 적게 차지한다.
④ 다양한 색상으로 사진 같은 사실적인 이미지를 표현한다.

133 다음 중 정지 영상 데이터에 대한 설명으로 옳지 않은 것은?

① JPEG 파일 형식은 사진과 같은 정지영상 표준 압축기술이다.
② PNG 파일 형식은 GIF와 JPEG의 효과적인 기능들을 조합하여 만든 그래픽 파일 포맷이다.
③ BMP 파일 형식은 비트맵 방식으로 압축을 하지 않는다.
④ GIF 파일 형식은 이미지 표현 방식으로 벡터 방식의 손실 압축 방식을 이용한다.

134 다음 중 한글 Windows에서 음성 데이터를 저장하는 파일명의 확장자로 옳은 것은?

① pcx　　② jpg
③ wav　　④ doc

02. 오디오 데이터

WAV	• 아날로그 형태의 소리를 디지털 형태로 변형하는 샘플링 과정을 통하여 작성된 데이터 • 실제 소리가 저장되어 있으므로 재생은 쉽지만 용량이 큼
MIDI	• 전자악기 간의 디지털 신호에 의해 통신이나 컴퓨터와 전자악기 간의 통신 규약 • 여러 가지 악기 소리와 같은 연주 정보만 저장되어 크기가 작음 • 사람의 음성과 같은 자연음은 저장할 수 없음
MP3	• MPEG-1에서 규정한 고음질 오디오 데이터의 디지털 압축 기술 • 음반 CD 수준의 음질을 유지하면서 용량을 1/12 크기로 압축 가능

03. 동영상 데이터

■ 동영상 데이터

MPEG	• 동영상 전문가 그룹에서 제정한 동영상 압축 기술에 대한 국제 표준 규격 • 프레임간의 연관성을 고려하여 중복 데이터를 제거함으로써 압축률을 높이는 손실 압축 기법을 사용
AVI	• Windows의 표준 동영상 파일 형식 • 별도의 하드웨어 장치없이 Windows Media Player 등을 이용하여 재생할 수 있음
DVI	• 인텔(Intel)사가 개발한 동영상 압축 기술 • 디지털 TV를 위한 압축 기술이었지만 인텔사에 의해 멀티미디어 분야의 동영상 압축 기술로 발전
ASF	마이크로소프트사의 통합 멀티미디어 형식으로 스트리밍을 위한 표준 기술 규격
DivX	동영상 압축이 우수한 비규격 파일 형식으로 MPEG-4 화질과 MP3 음질을 제공
퀵타임 MOVE	• 애플(Apple)사가 개발한 동영상 압축 기술로 JPEG의 압축 방식을 사용 • Windows에서 재생하려면 Quick Time for Windows를 설치해야 함

■ MPEG(Moving Picture Experts Group)의 규격

1988년 설립된 동화상 전문가 그룹을 의미하는 Moving(Motion) Picture Experts Group의 약자로 동영상을 압축하는 방법을 연구하고 표준안을 제정하고 있다.

MPEG-1	• CD와 같은 고용량 매체에서 동영상을 재생하기 위한 규격 • CD, 비디오 CD 등이 있음
MPEG-2	• MPEG-1 규격의 화질을 개선하여 차세대 텔레비전 방송이나 ISDN, 케이블 망 등을 이용한 영상 전송 규격 • HDTV, 위성 방송, DVD 등이 있음

MPEG-4	• MPEG-2의 압축률을 개선하여 통신, PC, 방송 등을 결합하는 복합 멀티미디어 서비스의 통합 표준을 위한 규격 • IMT-2000 환경에서 영상 정보 압축 전송 시 필수 요소
MPEG-7	멀티미디어 정보 검색이 가능한 동영상, 데이터 검색 및 전자 상거래 등에 사용하도록 개발
MPEG-21	MPEG 기술들을 통합하여 디지털 콘텐츠 제작, 유통, 보안 등 전과정을 관리할 수 있는 기술
H.264	• 매우 높은 압축률이 지원되는 디지털 비디오 코덱 표준 기술 • 현재 국내 지상파 DMB 및 위성 DMB의 비디오 기술 표준임 • 높은 화질 및 음질의 지원으로 디지털 방송이나 모바일 동영상 플레이어에 효율적임 • MPEG-4 Part 10 또는 MPEG-4 AVC(Advanced Video Coding)라고도 함

> **MHEG(Multimedia and Hypermedia information coding Experts Group)**
>
> 멀티미디어 콘텐츠에서 각 객체의 배치나 출력의 타이밍, 사용자의 조작에 대한 응답 방법 등을 기술하는 언어의 표준을 책정하는 ISO의 전문가 위원회의 명칭 및 규격명

135 다음 중 멀티미디어에 관련된 설명으로 가장 잘못된 것은?

① 멀티미디어 데이터란 텍스트, 그래픽, 오디오, 동영상 등을 말한다.
② 그래픽 파일 형식으로는 JPEG, GIF, BMP 등이 있다.
③ 동영상 파일 형식으로는 MPEG, AVI, PNG 등이 있다.
④ 오디오 파일 형식으로는 WAV, MIDI, MP3 등이 있다.

136 다음 중 Windows 10에서 재생할 수 있는 표준 동영상 파일의 형식으로 옳은 것은?

① JPG 파일　　② GIF 파일
③ BMP 파일　　④ AVI 파일

137 다음 중 멀티미디어와 관련하여 MPEG 파일에 관한 설명으로 옳은 것은?

① 컴퓨터와 전자악기와의 디지털 신호 교환을 위한 규약이다.
② 동영상 전문가 그룹에서 제정한 동영상 압축 기술의 국제 표준 규격이다.
③ 오디오 데이터를 제외한 동영상 데이터만 압축할 수 있다.
④ 비손실 압축을 하기 때문에 이미지의 손상은 없지만 압축률이 좋지 않다.

04. 멀티미디어 활용

• **VOD(주문형 비디오)** : 각종 영상 정보를 데이터베이스로 구축하여 사용자의 요구에 따라 프로그램을 즉시 전송하여 가정에서 원하는 정보를 이용할 수 있도록 해 주는 서비스이다.
• **MOD(주문형 음악)** : 모바일 인터넷에 접속하여 각종 음악 파일이나 음원을 제공받는 주문형 음악 서비스로 스트리밍 기술 등을 이용하여 음악을 실시간으로 들을 수 있다.
• **VCS(화상회의 시스템)** : 멀리 떨어져 있는 사람들 간에 각자의 설치된 TV 화면에 비친 화상 및 음향 등을 통하여 회의를 진행할 수 있도록 만든 시스템이다(사용자간 커뮤니케이션을 목적으로함).
• **IPTV** : 인터넷망을 이용하여 멀티미디어 콘텐츠를 제공하는 방송 통신 융합서비스로 시청자가 편리한 시간에 원하는 프로그램을 선택하여 볼 수 있는 특징이 있다.
• **Smart TV** : 인터넷 기능을 결합한 TV로 각종 앱을 설치하여 웹 서핑, VOD 시청, 게임 등 다양한 기능을 활용할 수 있는 다기능 TV이다.
• **Cable TV** : 동축이나 광케이블에 영상이나 음성 및 데이터 등 수많은 정보를 주파수 분할 다중방식을 이용하여 가입자 단말기까지 전송하는 방송방식으로 다채널이 가능하고 쌍방향성 특징이 있다.
• **AR(증강현실)** : 사람이 눈으로 볼 수 있는 실세계와 관련된 3차원의 부가 정보를 제공받을 수 있는 기술이다.
• **VR(가상현실)** : 고도의 컴퓨터 그래픽 또는 시뮬레이션 기술을 이용하여 실제로 존재하지 않는 가상의 세계를 만들어 내는 기술이다.

- **PACS(의료 영상정보 시스템)** : 원격 진료를 가능하게 실현시켜주는 의학 영상정보 시스템을 의미한다.
- **CAI(컴퓨터 활용교육)** : 컴퓨터를 응용한 자동 교육 시스템으로 컴퓨터를 이용하여 동시에 많은 학습자에게 교육 내용을 설명하면서 개인의 적성이나 이해력을 높이는 개별 교육까지 실시하는 교육 시스템이다.
- **HCI(Human Computer Interface)** : 인간과 컴퓨터간의 상호 작용을 연구하는 분야(GUI 기술, 음성 합성 및 인식 기술, 영상 인식 기술 등)이다.
- **킨들(Kindle)** : 미국의 전자상거래 회사인 아마존 닷컴이 출시한 무선 휴대용 전자책 단말기이다.

> **시뮬레이션과 키오스크**
> - **시뮬레이션** : 실제로 실행하기 어려운 실험을 간단히 행하는 모의실험으로 컴퓨터로 특정 상황을 설정해서 구현하는 기술
> - **키오스크(Kiosk)** : 전시장이나 쇼핑센터와 같은 공공 장소에 방문객의 편의를 위하여 터치 패널을 이용해 메뉴를 손가락으로 선택해서 정보를 얻을 수 있는 컴퓨터 자동화 시스템

138 다음 중 아래에서 설명하는 용어는?

> 모바일 인터넷에 접속하여 각종 음악 파일이나 음원을 제공받는 주문형 음악 서비스로 스트리밍 기술 등을 이용하여 음악을 실시간으로 들을 수 있다.

① VOD ② VDT
③ PDA ④ MOD

139 다음 중 인터넷 기능을 결합한 TV로 각종 앱을 설치하여 웹 서핑, VOD 시청, 게임 등 다양한 기능을 활용할 수 있는 다기능 TV를 의미하는 용어는?

① HDTV ② Cable TV
③ IPTV ④ Smart TV

140 다음 중 '모의 실험'이라는 의미로 컴퓨터로 특정 상황을 설정해서 구현하는 기술로 옳은 것은?

① 워크스테이션 ② 에뮬레이션
③ 시뮬레이션 ④ 테라플롭스

141 다양한 멀티미디어 정보를 다루기 위해서는 보다 편리한 HCI(human computer interface) 기술이 요구된다. 다음 중 HCI 기술에 해당되는 것과 거리가 먼 것은?

① GUI 기술 ② DVD 기술
③ 음성합성 및 인식기술 ④ 영상 인식 기술

142 다음 중 컴퓨터를 이용하여 학습자에게 교육 내용을 설명하거나 연습 문제를 주어서 학습자가 개별적으로 학습을 진행하는 것을 가능하게 하는 교육 시스템을 의미하는 약어는?

① VOD ② CAI
③ VCS ④ PACS

143 다음 중 멀티미디어와 관련된 기술인 VOD(Video On Demand)에 대한 설명으로 옳지 않은 것은?

① 비디오를 디지털로 압축하여 비디오 서버에 저장하고, 가입자가 원하는 콘텐츠를 제공하며 재생, 제어, 검색, 질의 등이 가능하다.
② 사용자의 요구에 따라 영화나 뉴스 등의 콘텐츠를 통신 케이블을 통하여 서비스하는 영상 서비스이다.
③ 사용자 간 커뮤니케이션을 목적으로 원거리에서 영상을 공유하며, 공간적 시간적 제약을 극복할 수 있다.
④ VCR 같은 기능의 셋탑 박스는 비디오 서버로부터 압축되어 전송된 디지털 영상과 소리를 복원, 재생하는 역할을 한다.

Chapter 06 정보 보안

STEP 01 저작권 보호

01. 저작권법 보호

■ **저작권법**

저작자의 권리와 이에 인접하는 권리를 보호하고 저작물의 공정한 이용을 도모함으로써 문화 및 관련 사업의 향상 발전에 이바지함을 목적으로 한다.

■ **저작권 보호 기간**

- 저작 재산권은 저작자의 생존 기간과 사망 후 70년간 존속하는 것을 원칙으로 하고 있다.
- 공동저작물의 경우에는 맨 마지막으로 사망한 저작자를 기준으로 사후 70년간 존속한다(저작자의 사망 시점을 알 수 없는 경우에는 이러한 원칙을 적용할 수 없음).
- 무명 또는 이명 저작물인 경우, 업무상 저작물인 경우, 영상 저작물인 경우에 이에 해당된다. 이러한 경우에는 공표된 시점을 기준으로 70년간 존속한다.
- 이러한 저작재산권의 보호 기간은 저작자가 사망하거나 저작물을 공표한 다음해 1월 1일부터 기산한다.
- 저작 재산권 보호기간이 70년으로 연장되어 시행되는 시점은 2013년 7월 1일 부터이다.

144 저작권의 보호 기간을 설명한 것 중 잘못된 것은?

① 저작 재산권은 저작자의 생존 기간과 사망 후 70년간 보호된다.
② 우리나라의 프로그램 저작권은 프로그램이 창작된 때로부터 발생하는데 반드시 공표할 의무를 갖는다.
③ 저작자가 사망 후에 공표된 저작물로 생전에 공표된 저작물과 같이 사후 70년간 보호된다.
④ 보호 기간을 산정할 때는 초년을 포함하지 않는다.

145 다음 중 인터넷에서의 저작권에 대한 설명으로 옳지 않은 것은?

① 다른 사람의 초상 사진을 사용하기 위해서는 사진 작가와 본인의 승낙을 동시에 받아야 하는 것이 원칙이다.
② 사람의 이름이나 단체의 명칭 또는 저작물의 제호 등은 사상 또는 감정의 창작적 표현이라고 볼 수 없기 때문에 저작물이 되지 않는다.
③ 국가 또는 지방자체단체의 홈페이지에 게시된 고시·공고·훈령 등은 저작권법의 보호를 받는다.
④ 원저작물을 번역, 편곡, 변경, 각색, 영상제작 그 밖의 방법으로 작성한 창작물은 독자적인 저작물로 보호된다.

STEP 02 컴퓨터 범죄 및 사용 예절

01. 컴퓨터 범죄 유형

- 소프트웨어, 웹 콘텐츠, 전자문서의 불법 복사
- 컴퓨터를 이용한 금품 횡령 또는 사기 판매
- 컴퓨터 시스템 해킹을 통한 중요 정보의 위조 또는 변조
- 전산망을 이용한 개인 신용 정보 유출
- 다른 사람의 계정(ID나 비밀번호)을 불법으로 사용하거나 유출하는 행위
- 음란물 유통 및 사이트 운영 행위
- 컴퓨터 바이러스 제작 및 유포 행위

146 다음 중 컴퓨터 범죄에 해당하지 않는 것은?

① 전자문서의 불법 복사
② 전산망을 이용한 개인 정보 유출
③ 컴퓨터 시스템 해킹을 통한 중요 정보의 위조 또는 변조
④ 웹 검색 엔진을 이용한 상품 검색

02. 컴퓨터 범죄의 예방 및 대책

- 게시판에 업로드된 프로그램은 보안상 안정성이 검증되지 않았으므로 바이러스 등을 검사한 후 다운로드 받아 설치한다.

- 다운로드 받은 파일은 백신 프로그램으로 검사한 후 사용한다.
- 백신 프로그램은 수시로 업데이트한다.
- 컴퓨터 바이러스 예방 및 치료에 대한 프로그램을 지속적으로 개발한다.
- 인터넷을 통한 해킹으로부터 보호하기 위해 시스템에 방화벽과 해킹 방지 시스템을 설치한다.
- 정기적인 보안 검사를 통해 해킹여부를 감시하도록 한다.

147 다음 중 컴퓨터 범죄에 관한 대비책으로 옳지 않은 것은?
① 컴퓨터 바이러스 예방 및 치료에 대한 프로그램을 지속적으로 개발한다.
② 크랙커(Cracker)를 지속적으로 양성한다.
③ 인터넷을 통한 해킹으로부터 보호하기 위해 방화벽과 해킹 방지 시스템을 설치한다.
④ 정기적인 보안 검사를 통해 해킹여부를 감시하도록 한다.

148 사회적으로 컴퓨터 이용이 다변화되면서 컴퓨터 사용자의 윤리 의식이 강화되고 있다. 다음 중 컴퓨터 범죄 예방에 대한 설명으로 옳지 않은 것은?
① 한 번 설정한 패스워드는 가급적 변경하지 않는다.
② 해킹 방지를 위해 방화벽 체계를 정비한다.
③ 시스템의 패스워드 관리를 철저히 한다.
④ 의심이 가는 메일이나 호기심을 자극하는 표현이 담긴 메일은 열어보지 않는다.

149 다음 중 컴퓨터 범죄의 예방 방법으로 가장 적절하지 않은 것은?
① 시스템에 방화벽을 구성하여 사용한다.
② 다운로드 받은 파일은 백신 프로그램으로 검사한 후 사용한다.
③ 게시판에 업로드 된 프로그램은 안전하므로 다운로드 해서 바로 사용한다.
④ 백신 프로그램은 수시로 업데이트한다.

03. PC 통신 및 인터넷 사용 예절
- 광고를 위한 정크 메일(Junk Mail)이나 불건전한 정보를 유통시키지 않는다.
- 게시판에 다른 사람을 비방하는 글을 올리지 않는다.
- 대화방이나 공개편지에서는 상대방을 존중하는 말을 사용한다.
- 상용화된 프로그램을 필요한 이들에게 통신을 통해 무료로 보내주어서는 안된다.
- 게시판에 질문하고자 할 경우 먼저 같은 질문과 답변(FAQ)이 있는지 살펴보고, 없을 경우 질문한다.

04. 전자우편 사용 예절
- 전자우편 제목만 보고도 중요도와 내용을 알 수 있도록 하는 것이 좋다.
- 보내는 사람이 누구인지 명확히 밝히는 것이 바람직하다.
- 전자우편 내용은 용건을 간단히 하되, 지나친 약어 사용은 피한다.
- 광고 및 홍보용 전자우편을 전송할 경우 사전에 허락을 받는 것이 좋다.
- 첨부 파일의 크기가 큰 경우 미리 약속하고 사용하는 것이 좋다.
- 오랜 기간 메일을 받을 수 없는 경우는 자동 회신 기능을 이용하여 언제부터 다시 메일을 읽을 수 있는지 메시지가 자동으로 전달되도록 하는 것이 좋다.

STEP 03 정보 보안

01. 보안의 요소 및 침해 유형
■ 정보 보안 요소

인증	정보를 보낸 사람의 신원을 확인하고 접근 권한을 검증
기밀성	정보를 허가된 사용자에게만 허용하며, 정보가 노출되더라도 데이터를 읽을 수 없음
무결성	정보를 허가된 사용자만 수정이 가능하며, 정보의 내용이 수정되지 않고 전달되는 것을 의미
가용성	정보를 허가받은 사용자라면 언제라도 사용 가능
부인 방지	데이터를 송수신한 자가 송수신 사실을 부인할 수 없도록 송수신 증거를 제공

보안의 침해 유형

가로막기 (Interruption)	데이터의 정상적인 전달을 가로막아 흐름을 방해하는 행위
가로채기 (Interception)	송신된 데이터가 수신지까지 가는 도중 몰래 보거나 도청하는 행위
수정 (Modification)	전송된 데이터를 원래의 데이터가 아닌 다른 내용으로 바꾸는 행위
위조 (Fabrication)	마치 다른 송신자로부터 데이터가 송신된 것처럼 꾸미는 행위

02. 보안 등급

- 보안 등급은 국가별 보안에 대한 일정 요건과 등급을 만들어 보안의 수준을 평가한다.
- **보안의 관점** : "명확하게 허용되지 않은 것은 금지한다.", "특별히 금지하지 않는 것은 허용한다."

미국의 보안 등급

- 전미컴퓨터보안센터(NCSC)에서는 국방성이 제안한 TCSEC를 기준으로 보안등급을 규정한다.
- **보안 등급(높음 > 낮음)** : A1 > B3 > B2 > B1 > C2 > C1 > D1

국내의 보안 등급

- 정보화 촉진 기본법에 의거해 보안등급을 규정한다.
- **보안 등급(높음 > 낮음)** : K7 > K6 > K5 > K4 > K3 > K2 > K1

> **150** 정보 시스템을 통하여 전자문서를 전송하기 위해서는 정보보호를 위하여 보안 서비스가 필요하다. 다음 중 보안 서비스와 설명으로 옳지 않은 것은?
> ① 기밀성 : 컴퓨터 시스템의 정보 및 전송 정보가 인가 당사자만 읽을 수 있도록 통제한다.
> ② 인증 : 메시지의 출처가 정확히 확인되고, 그 실체의 신분이 거짓이 아님을 확인한다.
> ③ 무결성 : 컴퓨터 시스템 및 전송 정보가 오직 인가 당사자에 의해서만 수정될 수 있도록 한다.
> ④ 부인 봉쇄 : 컴퓨터 시스템 자원을 허가된 당사자가 필요할 때 이용될 수 있도록 한다.

> **151** 데이터 침해 형태 중에서 송신 데이터가 수신지까지 전달되는 도중에 몰래 보거나 도청하여 정보를 유출하는 행위를 무엇이라 하는가?
> ① 가로막기(Interruption)
> ② 수정(Modification)
> ③ 가로채기(Interception)
> ④ 위조(Fabrication)

03. 보안의 위협 행위

- **도청(Wiretapping)** : 통신 회선상에서 전송 중인 자료나 정보를 몰래 빼내는 행위를 의미한다.
- **해킹(Hacking)** : 사용 권한이 없는 사람이 시스템에 침입하여 정보를 수정하거나 빼내는 행위를 의미한다.
- **크래킹(Cracking)** : 어떤 목적을 가지고 타인의 시스템에 불법으로 침입하여 정보를 파괴하거나 정보의 내용을 자신의 이익에 맞게 변경하는 행위를 의미한다.
- **웜(Worm)** : 네트워크를 통해 연속적으로 자신을 복제하여 시스템의 부하를 높여 결국 시스템을 다운시키는 바이러스 일종으로 대표적으로 분산 서비스 거부 공격이 있다.
- **스미싱(Smishing)** : 문자메시지(SMS)와 피싱(Phishing)의 합성어로 무료 쿠폰 제공, 돌잔치 초대장, 모바일 청첩장 등의 내용으로 문자 메시지를 클릭하면 악성 코드가 설치되어 피해자가 모르는 사이에 개인·금융정보 등이 탈취되거나 소액 결제 피해가 발생한다.
- **DoS(Denial of Service)** : 여러 대의 장비를 이용하여 대량의 데이터를 특정 서버에 집중적으로 전송하므로써 서버의 정상적인 기능을 방해하는 것이다.
- **트로이 목마(Trojan Horse)** : 정상적인 기능을 하는 프로그램으로 가장하여 프로그램 내에 숨어 있다가 해당 프로그램이 동작할 때 활성화되어 부작용을 일으키는 것으로 자기 복제 능력은 없다.
- **피싱(Phishing)** : 개인 정보(Private)를 낚는다(Fishing)라는 의미의 합성어로 허위 웹 사이트를 만들어 사용자의 개인 신용 정보를 빼내는 행위이다.

- **백도어(Back Door), 트랩도어(Trap Door)** : 서비스 기술자나 유지 보수 프로그래머들의 액세스 편의를 위해 만든 보안이 제거된 비밀통로를 이르는 말로 시스템에 무단 접근하기 위한 일종의 비상구이다.
- **드로퍼(Dropper)** : 컴퓨터 사용자가 모르는 사이에 바이러스나 트로이 목마 프로그램을 사용자 컴퓨터에 설치하는 프로그램이다.
- **눈속임(Spoof)** : 어떤 프로그램이 정상적으로 실행되는 것처럼 속임수를 사용하는 행위를 말한다.
- **스푸핑(Spoofing)** : 다른 사람의 시스템에 침입할 때 침입자의 정보를 속여 역추적을 어렵게 만드는 방법으로 IP 스푸핑, ARP 스푸핑, 이메일 스푸핑, DNS 스푸핑 등이 있다.
- **스파이웨어(Spyware)** : 스파이(Spy)와 소프트웨어(Software)의 합성어로 사용자의 동의 없이 컴퓨터에 침입하여 사용자도 모르게 개인 정보를 빼가는 프로그램이다.
- **스니핑(Sniffing)** : 사전적인 의미로는 '냄새를 맡다, 코를 킁킁거리다'의 뜻으로 네트워크 주변을 지나다니는 패킷을 엿보면서 계정과 패스워드를 알아내는 행위를 말한다.

152 다음 중 컴퓨터 시스템 보안 예방책을 침입하여 시스템에 무단으로 접근 경로를 만드는 컴퓨터 범죄는?
① 스니핑(Sniffing)
② Dos(Denial of Service)
③ 트랩 도어(Trap Door)
④ 스푸핑(Spoofing)

153 다음 중 감염대상을 갖고 있지는 않으나 연속으로 자신을 복제하여 시스템의 부하를 높이는 악성 프로그램은?
① 웜(Worm)
② 해킹(Hacking)
③ 스푸핑(Spoofing)
④ 스파이웨어(Spyware)

154 다음 중 유명 기업이나 금융기관을 사칭한 가짜 웹 사이트나 이메일 등으로 개인의 금융정보와 비밀번호를 입력하도록 유도하여 예금 인출 및 다른 범죄에 이용하는 수법인 것은?
① 웜(Worm)
② 해킹(Hacking)
③ 피싱(Phishing)
④ 스니핑(Sniffing)

155 다음의 해킹 유형 중에서 여러 대의 장비를 이용하여 대량의 데이터를 특정한 서버에 집중적으로 전송하므로써 서버의 정상적인 기능을 방해하는 것을 무엇이라고 하는가?
① 스푸핑(Spoofing)
② 스니퍼(Sniffer)
③ DoS(Denial of Service)
④ 트랩 도어(Trap door)

04. 보안 기법

암호화

- 데이터를 보낼 때 송신자가 지정한 수신자 이외에는 그 내용을 알 수 없도록 평문을 암호문으로 변환하는 것이다.
- 비밀키 암호화 기법과 공개키 암호화 기법이 있다.

비밀키 암호화 (대칭키 또는 단일키 암호화 기법)	• 암호화 키(Key)와 복호화 키(Key)가 동일하며 암호화 및 복호화 속도가 빠름 • 알고리즘이 간단하고 파일의 크기가 작음 • 사용자가 많으면 관리할 키의 개수가 늘어남 • 대표적인 암호화 방식 : DES
공개키 암호화 (비대칭키 또는 이중키 암호화 기법)	• 암호화 키와 복호화 키가 서로 다르며, 암호키는 공개하고 복호키는 비공개함 • 암호화 및 복호화 속도가 느리며, 알고리즘이 복잡하고 파일의 크기가 큼 • 키의 분배가 쉽고 관리할 키의 개수가 적음 • 대표적인 암호화 방식 : RSA

■ 방화벽

- 보안이 필요한 네트워크의 통로를 단일화하여 관리함으로써 외부의 불법적인 침입으로부터 내부의 정보 자산을 보호하기 위한 시스템이다.
- 시스템 보안 문제는 중요한 부분으로 보안이 필요한 네트워크의 통로를 단일화하여 외부로부터의 불법 접근을 차단한다.
- 내부에서 발생하는 해킹 행위는 막아 낼 수 없다.
- 방화벽은 역추적 기능이 있어 외부의 침입자를 역추적하여 흔적을 찾을 수 있다.
- **방화벽의 기능** : 접근 제어, 사용자 인증, 로깅(Logging), 암호화

> **프록시(Proxy) 서버**
> 인터넷을 사용하는 기관 등에서 PC 사용자와 인터넷 사이의 중계자 역할을 수행하는 서버로 캐시와 방화벽의 기능을 가진다.

156 다음 중 컴퓨터 보안과 관련된 기술에 해당하지 않는 것은?
① 인증(Authentication)
② 암호화(Encryption)
③ 방화벽(Firewall)
④ 브리지(Bridge)

157 인터넷의 보안에 대한 해결책으로 공개키(Public Key)를 이용한 암호화 기법이 있다. 이 기법에서 암호키(Encryption Key)와 해독키(Decryption) 두 개의 키를 사용하는데, 공개 여부에 대한 설명으로 맞는 것은?
① 암호키와 해독키를 모두 공개한다.
② 암호키와 해독키를 모두 비공개한다.
③ 암호키는 공개하고 해독키는 비공개한다.
④ 해독키는 공개하고 암호키는 비공개한다.

158 인터넷상에서 시스템 보안 문제는 중요한 부분이다. 따라서 보안이 필요한 네트워크의 통로를 단일화하여 이 출입구를 보안 관리함으로써 외부로부터의 불법적인 접근을 상당부분 막을 수 있다. 이러한 시스템을 무엇이라 하는가?
① 방화벽(Firewall)
② 해킹(Hacking)
③ 펌웨어(Firmware)
④ 데이터 디들링(Data Diddling)

159 다음 중 데이터 통신에서 도청, 부정 접근 등 위험에 대해 보완하는 대책으로 옳은 것은?
① 압축 기술
② 암호화
③ 프로토콜
④ 분산 기술

STEP 04 컴퓨터 바이러스

01. 컴퓨터 바이러스의 특징

- 컴퓨터에서 실행되는 일종의 프로그램으로 운영체제 및 기타 응용 프로그램의 정상적인 수행을 방해하는 불법 프로그램을 말한다.
- 디스크나 프로그램 등에 기생하면서 사용자 몰래 자기 자신을 은폐 및 복제 또는 다른 컴퓨터에 전염시켜 데이터를 파괴하는 등의 행위를 한다.
- 컴퓨터 바이러스에 감염되면 부팅이 안 되거나 시스템의 속도가 떨어지고 시스템이 자주 다운된다.

160 컴퓨터 바이러스의 기능적 특징이라고 보기 어려운 것은?
① 자기 복제 기능
② 자기 치료 기능
③ 은폐 기능
④ 파괴 기능

02. 바이러스의 예방

- 최신의 백신 프로그램으로 정기적인 바이러스 검사를 수행한다.
- 다운로드 받은 파일은 반드시 바이러스 검사 후 실행한다.
- 운영체제 및 중요한 파일은 읽기 전용으로 설정한다.
- 정품 소프트웨어를 사용한다.
- 플로피디스크의 쓰기 방지 탭을 사용한다.
- 출처가 불분명한 전자메일(E-mail)은 열지 않고 삭제한다.

161 다음 중 컴퓨터 바이러스의 예방법으로 가장 거리가 먼 것은?
① 최신 버전의 백신 프로그램을 사용하도록 한다.
② 다운로드 받은 파일은 작업에 사용하기 전에 바이러스 검사 후 사용하도록 한다.
③ 전자우편에 첨부된 파일은 다른 이름으로 저장하고 사용한다.
④ 네트워크 공유 폴더에 있는 파일은 읽기 전용으로 지정한다.

162 다음 중 컴퓨터의 악성 코드에 대한 설명으로 옳지 않은 것은?
① 악의적인 용도로 사용될 수 있는 유해 프로그램을 말한다.
② 외부침입을 탐지하고 분석하는 프로그램으로 잘못된 정보를 남발할 수 있다.
③ 때로는 실행하지 않은 파일이 저절로 삭제되거나 변형되는 모습으로 나타난다.
④ 대표적인 악성 코드로는 스파이웨어와 트로이 목마 등이 있다.

03. 바이러스의 치료(백신 프로그램)

- 주기억장치 및 보조기억장치에 감염된 바이러스를 예방하고 검색 및 치료하는 프로그램이다.
- 바이러스 검사 및 치료 프로그램 : V3, TV, 바이로봇, 알약, 노턴 안티 바이러스 등
- **바이러스 검사 프로그램** : 스캔(Scan)
- **바이러스 치료 프로그램** : 클린(Clean)

악성 코드
- **악성 코드** : 악의적인 목적을 위해 작성된 실행 가능한 코드의 통칭으로 자기복제능력과 감염대상 유무에 따라 바이러스, 웜(Worm), 트로이목마(Trojan Horse), 드로퍼(Dropper), 스파이웨어 등으로 구분된다.

MEMO

Part 02

스프레드시트 일반

Chapter 01 입력 및 편집

Chapter 02 수식의 활용

Chapter 03 차트의 작성

Chapter 04 출력 기능

Chapter 05 데이터 관리

Chapter 06 데이터 분석

Chapter 07 매크로

Chapter 01 입력 및 편집

STEP 01 워크시트의 기본

01. 스프레드시트의 기초

■ 스프레드시트의 정의
- 일상 업무에 많이 발생되는 여러 가지 도표 형태의 양식으로 계산하는 사무 업무를 할 수 있는 표 계산 프로그램을 의미한다.
- 스프레드시트 프로그램의 종류에는 엑셀(Excel), 훈민시트, 로터스(Lotus) 123, 쿼트로 프로(Quattro Pro) 등이 있다.

■ 스프레드시트의 기능
- **문서 작성** : 입력된 데이터를 문서 편집기를 사용한 것과 같이 다양한 서식을 적용하여 작성할 수 있다.
- **수치 계산** : 수식과 함수를 이용하여 복잡한 계산도 쉽고 빠르게 계산할 수 있다.
- **데이터 관리** : 다양한 데이터를 검색, 필터, 정렬 등을 이용하여 관리할 수 있다.
- **차트 작성** : 입력한 데이터를 이용하여 한눈에 알아보기 쉽도록 차트를 작성할 수 있다.
- **매크로** : 반복적이고 규칙적인 대량의 작업을 일괄적으로 자동 처리할 수 있다.

02. 엑셀의 시작과 종료

■ 엑셀의 시작
- ⊞[시작]-[Excel]을 클릭한다.
- 바탕 화면에 있는 엑셀 바로 가기 아이콘을 더블클릭한다.
- 엑셀 파일을 더블클릭하면 엑셀 프로그램이 실행되면서 해당 파일을 열 수 있다.

■ 엑셀의 종료
- [파일]을 클릭한 후 백스테이지(Backstage)로 전환되면 [닫기]를 클릭한다.
- 제목 표시줄의 오른쪽에 위치한 ×[닫기]를 클릭한다.
- Alt + F4를 누른다.

03. 엑셀의 화면 구성

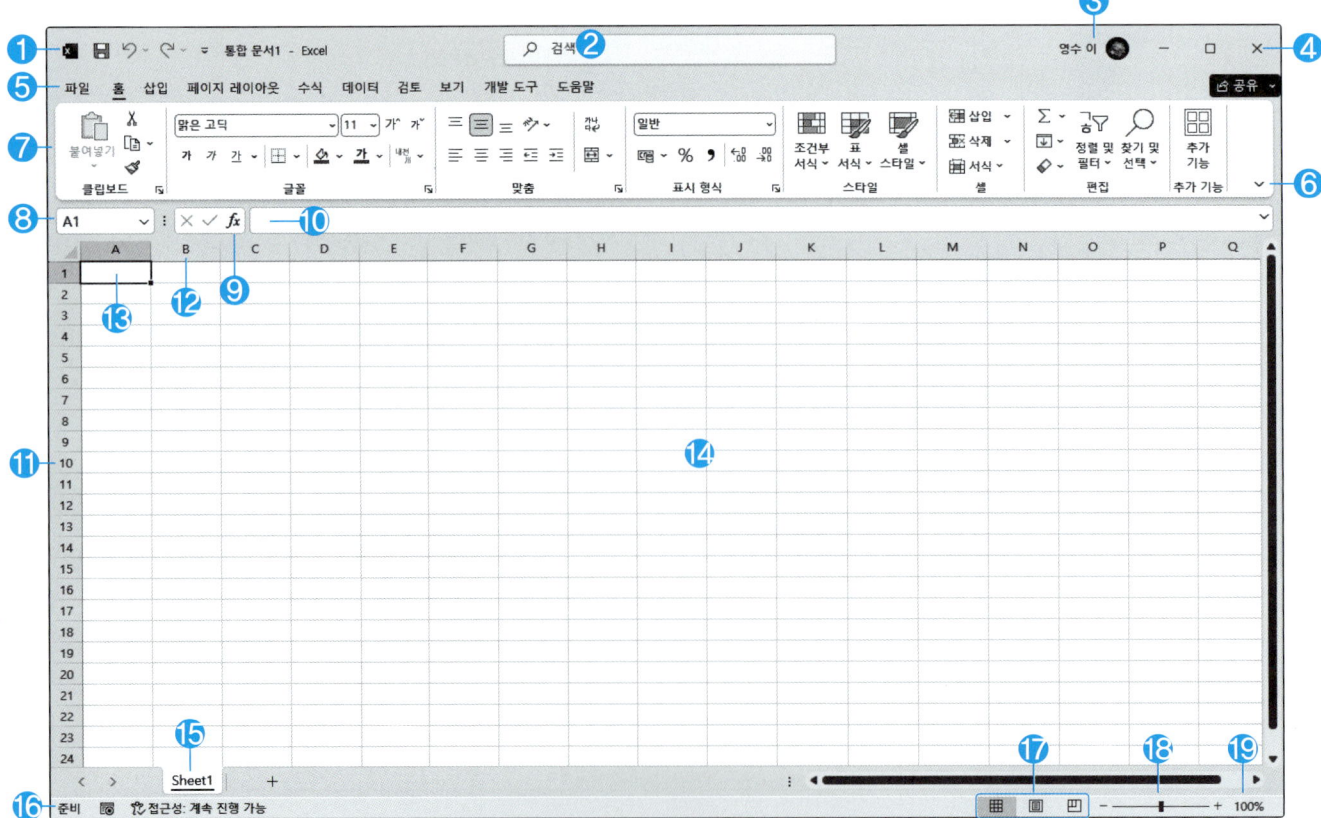

번호	명칭	설명
❶	빠른 실행 도구 모음	자주 사용하는 명령을 빠르게 실행할 수 있도록 도구를 모아 놓은 곳이다. ▼[빠른 실행 도구 모음 사용자 지정]을 클릭하면 빠른 실행 도구 모음에 ■[저장], ↩-[취소], ↪-[다시 실행] 등을 추가하거나 제거할 수 있다.
❷	제목 표시줄	문서의 파일 이름과 프로그램 이름(Excel)이 표시되는 곳이다. 문서를 저장하지 않아서 문서의 파일 이름이 없는 경우, '통합 문서1'과 같이 표시된다.
❸	계정 표시	로그인 한 계정을 표시하며, 새로운 로그인 계정을 추가할 수 있음
❹	창 조절 단추	엑셀 창을 조절하거나 엑셀을 종료할 수 있는 단추이다.
❺	파일 탭	[파일] 탭을 클릭하면 백스테이지(Backstage)로 전환된다. 백스테이지는 파일과 파일에 대한 데이터를 관리할 수 있는 곳으로 [정보], [새로 만들기], [열기], [저장], [다른 이름으로 저장] 등으로 구성되어 있다. 다시 기본 보기로 전환하려면 ⬅[뒤로]를 클릭한다.
❻	리본 표시 옵션	[전체 화면 모드], [탭만 표시], [항상 리본 표시] 등을 선택할 수 있으며, Ctrl+F1을 누르거나 [파일] 탭을 제외한 리본 탭을 마우스로 더블클릭하여 축소하거나 확장할 수 있음
❼	리본 메뉴	메뉴와 도구 모음이 하나로 통합된 메뉴이다. [홈], [삽입], [페이지 레이아웃] 등의 탭으로 구성되어 있고, 탭은 서로 관련 있는 명령들을 묶어서 표시한 그룹으로 구성되어 있다. ⬜[추가 옵션]을 클릭하면 그룹에 표시된 명령 이외의 추가 옵션을 지정할 수 있는 대화상자가 나타난다.
❽	이름 상자	선택한 셀의 주소나 WordArt, 그림, 도형 등의 개체 이름이 표시되는 곳이다. 이름 상자를 사용하여 특정 셀을 선택하거나 이름 정의를 할 수 있다.
❾	함수 삽입	함수를 입력할 수 있는 [함수 마법사] 대화상자가 나타난다.
❿	수식 입력줄	선택한 셀의 데이터나 수식이 표시되는 곳이다.
⓫	행 머리글	행을 나타내는 숫자가 표시되는 곳이다. 행은 가로 방향으로 1,048,576행(1~1,048,576)이 있다.
⓬	열 머리글	열을 나타내는 문자가 표시되는 곳이다. 열은 세로 방향으로 16,384열(A~XFD)이 있다.
⓭	셀	행과 열이 교차하면서 생긴 영역이다.
⓮	워크 시트	문서를 작성하는 곳이다. 셀들로 구성되어 있다.
⓯	시트 탭	시트 이름이 표시되는 곳이다. 시트 탭을 사용하여 시트 이름 바꾸기, 시트 삽입, 시트 삭제 등을 할 수 있다.
⓰	상태 표시줄	준비, 입력, 편집 등의 현재 작업 상태가 표시되는 곳이다.
⓱	보기 바로 가기	문서 보기를 전환할 수 있는 곳입니다. ▦[기본], ▤[페이지 레이아웃], ▥[페이지 나누기 미리 보기]로 구성되어 있다.
⓲	확대/축소 슬라이더	➕[확대]나 ➖[축소]를 클릭하거나 ▮[확대/축소]를 드래그하여 시트 화면의 확대/축소 배율을 지정할 수 있는 곳이다.
⓳	확대/축소	시트 화면의 확대/축소 배율이 퍼센트(%)로 표시되는 곳이다.

[Excel 옵션] 대화상자를 이용한 화면의 구성 요소 변경하기

[파일] 탭-[옵션]을 클릭한 후 [Excel 옵션] 대화상자에서 다음과 같은 화면 구성 요소를 변경할 수 있다.

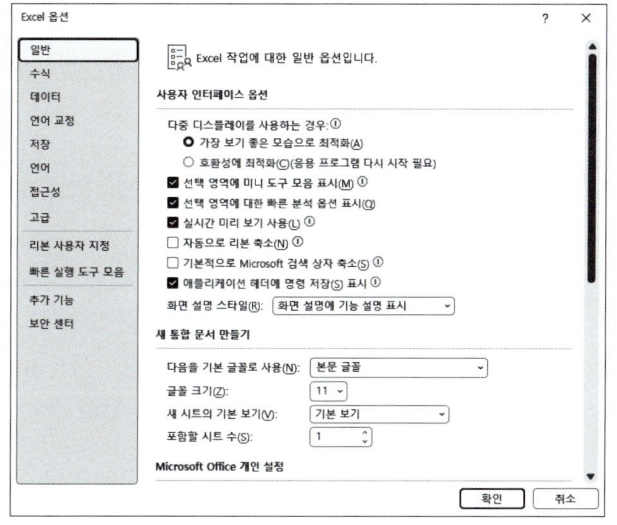

변경할 화면 구성 요소	실행 방법
• 사용자 인터페이스 옵션 • 새 통합 문서 만들기 • Microsoft office 개인 설정 • 시작 옵션	[Excel 옵션] 대화상자의 [일반]
• 행이나 열 머리글 표시되지 않도록 설정 • 눈금선 색 변경 • 표시할 최근 문서 수 • 데이터 입력 후 Enter를 눌렀을때 셀 이동 위치	[Excel 옵션] 대화상자의 [고급]
• 리본 메뉴에 도구 추가	[Excel 옵션] 대화상자의 [리본 사용자 지정]
• 빠른 실행 도구 모음에 도구 추가	[Excel 옵션] 대화상자의 [빠른실행 도구 모음]

001 다음 중 수식 입력줄에 대한 기능 설명으로 옳지 않은 것은?

① 현재 셀에 입력된 데이터를 그대로 표시한다.
② 수식 입력줄을 이용하여 입력된 데이터를 수정할 수 있다.
③ 수식 입력줄을 이용하여 셀의 특정 범위에 이름을 정의할 수 있다.
④ 셀의 내용을 입력시 수식 입력줄에 직접 입력이 가능하다.

002 다음 중 사용자가 자주 사용하거나 원하는 기능에 해당하는 명령들을 버튼으로 표시하며, 리본 메뉴의 윗쪽이나 아래에 표시하는 엑셀의 화면 구성 요소는?

① 상태 표시줄 ② 빠른 실행 도구 모음
③ 리본 메뉴   ④ 제목 표시줄

003 다음 중 엑셀의 화면 구성에 대한 설명으로 옳지 않은 것은?

① 화면 상단의 '제목 표시줄'은 현재의 작업 상태나 선택한 명령에 대한 기본적인 정보가 표시되는 곳이다.
② '리본 메뉴'는 엑셀의 다양한 명령들을 용도에 맞게 탭과 그룹으로 분류하여 아이콘으로 표시되는 곳이다.
③ 자주 사용하는 도구들을 모아 두는 곳이 '빠른 실행 도구 모음'이며, 원하는 도구를 추가하거나 제거할 수 있다.
④ '이름 상자'는 현재 작업 중인 셀의 이름이나 주소를 표시하는 부분으로 차트 항목이나 그리기 개체를 선택하면 개체의 이름이 표시된다.

STEP 02 파일의 관리

01. 새로 만들기

- [파일] 탭을 클릭한 후 백스테이지(Backstage)로 전환되면 [새로 만들기]를 클릭한 다음 [새 통합 문서]를 클릭한다.
- Ctrl+N을 누른다.

02. 파일 열기

- [파일] 탭을 클릭한 후 백스테이지(Backstage)로 전환되면 [열기]를 클릭한 다음 [찾아보기]를 클릭한다. [열기] 대화상자가 나타나면 파일을 선택한 후 [열기]를 클릭한다.
- [열기] 대화상자에서 Ctrl 또는 Shift를 이용하여 여러 개의 파일을 선택한 후 [열기]를 클릭하면 한꺼번에 여러 개의 파일을 열 수 있다.
- 읽어 올 수 있는 파일 형식 : 모든 Excel 파일(*.xl*, *.xlsx, *.xlsm 등), 모든 웹 페이지(*.html, *.htm, *.mht, *.mhtml), XML 파일, 텍스트 파일(*.prn, *.txt, *.csv), Access 데이터베이스, 쿼리 파일, dBASE 파일, Microsoft Excel 4.0 매크로, Microsoft Excel 통합 문서, 작업 영역 파일, 서식 파일, 추가 기능, 도구 모음, SYLK 파일, DIF 파일, 백업 파일 등이 있다.
- [파일] 탭을 눌러 열고자 하는 파일이 최근 문서 목록에 있을 경우 클릭한다.
- 최근 문서 목록의 최근 문서 수는 [파일] 탭-[옵션]을 클릭한 후 [고급] 탭에서 '표시할 최근 통합 문서 수'를 수정하여 최대 50개까지 표시할 수 있다.

03. 파일 저장하기

- [파일] 탭-[저장] 또는 [다른 이름으로 저장]을 클릭한 후 [다른 이름으로 저장] 대화상자에서 저장 위치 및 파일 이름을 지정한 다음 [저장]을 클릭한다.
- 저장된 파일에 내용을 수정한 후 저장을 실행하면 기존 통합 문서를 갱신하여 저장한다.
- [파일] 탭-[다른 이름으로 저장] 메뉴는 기존 파일과 별도로 통합 문서를 저장할 때 사용한다.
- 빠른 실행 도구 모음의 🖫[저장]을 클릭하거나 Ctrl+S를 눌러도 저장할 수 있다.

■ 저장 가능한 파일 형식

파일 형식	확장자	파일 형식	확장자
Excel 통합 문서	*.xlsx	텍스트(탭으로 분리)	*.txt
매크로 사용 통합 문서	*.xlsm	유니코드 텍스트	*.txt
바이너리 통합 문서	*.xlsb	XML 스프레드시트 2003	*.xml
Excel 97 – 2003 통합 문서	*.xls	Microsoft Excel 5.0/95 통합 문서	*.xls

파일 형식	확장자	파일 형식	확장자
XML 데이터	*.xml	CSV(쉼표로 분리)	*.csv
웹 보관파일	*.mht	텍스트(공백으로 분리)	*.prn
웹 페이지	*.htm *.html	DIF(Data Interchange Format)	*.dif
Excel 서식 파일	*.xltx	SYLK(Symbolic Link)	*.slk
Excel 매크로 사용 서식 파일	*.xltm	Excel 추가 기능	*.xlam
Excel 97-2003 서식 파일	*.xlt	Excel 97-2003 추가 기능	*.xla
Excel 백업 파일	*.xlk	XPS 문서	*.xps
PDF	*.pdf	OpenDocument 스프레드시트	*.ods
Strict Open XML 스프레드시트	*.xlsx		

004 다음 중 엑셀 2016에서 지원하는 파일 형식으로 옳지 않은 것은?

① .xlsx : Excel 통합 문서
② .xltm : Excel 매크로 사용 통합 문서
③ .xlsb : Excel 바이너리 통합 문서
④ .xls : Excel 97-2003 통합 문서

005 워크시트의 [파일]-[다른 이름으로 저장] 대화상자에서 [도구]-[일반 옵션] 단추를 선택하여 실행할 수 있는 기능은?

① 워크시트의 이름을 바꿀 수 있다.
② 작업한 파일에 대해서 암호를 설정한다.
③ 파일 인쇄시 페이지마다 인쇄될 매수를 설정한다.
④ 저장될 파일의 확장자를 설정한다.

■ 일반 옵션

[다른 이름으로 저장] 대화상자에서 [도구]-[일반 옵션]을 클릭하여 옵션을 설정한다.

백업 파일 항상 만들기	통합 문서 파일 이외에 백업 파일을 생성함
열기 암호	문서를 열 때 열기 암호를 물어보는 대화상자가 표시 되도록 설정(최대 255자)
쓰기 암호	문서를 열 수 있지만, 문서 내용을 수정한 경우 쓰기 암호를 물어보는 대화상자가 표시 되도록 설정(최대 15자)
읽기 전용 권장	문서를 열 때 읽기 전용으로 열 것인지 물어봄

■ 웹 페이지로 저장

- [다른 이름으로 저장] 대화상자에서 파일 형식에 [웹 페이지]를 선택하면 통합 문서를 웹 문서로 출력하여 인터넷을 통해 통합 문서의 내용을 참조할 수 있다.
- 워크시트, 워크시트 항목 또는 차트 시트를 웹 페이지에 비대화형 데이터로 저장하면 인터넷 사용자가 시트의 일부를 조작할 수 없다.
- 차트를 포함한 워크시트를 선택, 대화형 기능을 가지도록 제시하면 차트가 웹 페이지에 포함되지 않는다.
- 대화형 작업을 가능하도록 하려면 [다른 이름으로 저장] 대화상자에서 파일 형식에 [웹 페이지]를 지정한 후 [게시]를 클릭한다.

04. 통합 문서 보호와 공유

■ 통합 문서 보호

- 통합 문서의 시트 이동, 숨기기, 삭제, 이름 바꾸기 등을 할 수 없도록 보호한다.
- 통합 문서의 창 이동 및 크기 조절 등을 할 수 없도록 보호한다.
- 보호 대상으로는 구조와 창이 있으며 암호를 지정할 수 있다.
- [검토] 탭-[변경 내용] 그룹에서 [통합 문서 보호]를 클릭한 후 [구조 및 창 보호] 대화상자가 나타나면 속성을 지정한다.

■ 통합 문서 공유

- 네트워크로 연결된 환경에서 하나의 통합 문서를 여러 사람이 공동으로 작업할 수 있게 하는 기능이다.
- 공유된 통합 문서는 여러 사용자가 동시에 변경 및 병합할 수 있다.
- 다른 사용자가 문서의 내용을 변경하였을 경우 변경된 셀에 자동으로 메모가 표시된다.
- 여러 사용자가 동시에 동일한 셀을 변경하면 충돌이 발생한다.
- 공유된 통합 문서의 워크시트에서 전체 행이나 열은 삽입/삭제할 수 있지만 워크시트나 차트 시트를 삭제할 수는 없다.

- 통합 문서 공유가 설정된 파일을 다른 위치에 복사해도 공유 설정값은 유지된다.
- 공유 통합 문서가 저장된 네트워크 위치를 액세스하는 모든 사용자는 공유 통합 문서를 액세스할 수 있다.
- [검토]탭-[변경 내용] 그룹에서 [통합 문서 공유]를 클릭하여 수행하며, 제목 표시줄에 [공유]가 표시된다.

■ 통합 문서 보호와 공유
- 공유 통합 문서를 보호하는 기능으로 이미 공유된 통합 문서에서는 공유 통합 문서 보호를 활성화하고 사용 내용을 변경할 수 있지만 암호를 지정할 수는 없다.
- 암호를 지정하려면 공유 상태로 사용하고 있는 통합 문서를 먼저 삭제해야 한다.
- [검토] 탭-[변경 내용] 그룹에서 [통합 문서 공유]를 클릭하여 실행하며, 실행한 후 리본 메뉴가 [공유 통합 문서 보호 취소]로 변경된다.

> **006** 다음 중 공유 통합 문서에 대한 설명으로 옳지 않은 것은?
> ① 여러 사용자가 동시에 동일한 셀을 변경하면 충돌이 발생한다.
> ② 공유된 통합 무서의 워크시트에서 전체 행이나 열을 삽입하거나 삭제할 수 있다.
> ③ 워크시트나 차트 시트를 삭제할 수 있다.
> ④ 공유 통합 문서를 열면 창의 제목 표시줄에 [공유]가 표시된다.

STEP 03 워크시트 관리 및 셀 관리

01. 워크시트 관리

■ 워크시트의 기본 설정
- **탭 구성** : 워크시트(Sheet1)가 기본 생성된다.
- 워크시트 탭의 색은 변경이 가능하며 각 시트마다 다른 색 또는 같은 색 등으로 지정할 수 있다.
- 워크시트는 최대 255개까지 추가할 수 있으며, [파일] 탭-[옵션]을 클릭한 후 [Excel 옵션] 대화상자의 [일반] 탭에서 시작할 때의 포함할 시트 수를 변경할 수 있다.

- 통합 문서 내의 워크시트는 추가 및 삭제가 가능하지만 반드시 하나 이상이 표시되어야 한다.
- 하나의 워크시트에는 1,048,576행과 16,384(XFD)열의 교차로 만들어지는 셀로 구성된다.
- 워크시트의 내용은 10% ~ 400%까지 축소 및 확대할 수 있다.

■ 워크시트의 선택
- **연속된 여러 시트 선택** : 첫 번째 시트를 클릭한 후 Shift를 누른 상태에서 마지막 시트를 클릭한다.
- **떨어진 여러 시트 선택** : 첫 번째 시트를 클릭한 후 Ctrl을 누른 상태에서 떨어진 시트를 순서대로 클릭한다.
- **모든 시트 선택** : 시트 탭의 바로 가기 메뉴에서 [모든 시트 선택]을 선택한다.
- 여러 개의 시트가 선택된 경우 제목 표시줄에 [그룹]으로 표시되며 시트의 바로 가기 메뉴에서 [시트 그룹 해제]를 선택하면 그룹이 해제된다.
- 여러 개의 시트를 선택하고 데이터를 입력하면 선택한 모든 시트에 동일한 데이터가 입력된다.

▲ 연속된 여러 시트 선택   ▲ 떨어진 여러 시트 선택

▲ 바로 가기 메뉴를 이용한 모든 시트 선택

■ 워크시트의 삽입/삭제

워크시트 삽입	• [홈] 탭-[셀] 그룹에서 [삽입]-[시트 삽입]을 클릭 • 시트 탭의 +[새 시트]를 클릭 • Shift+F11 또는 Shift+Alt+F1을 누름 • 시트 탭에서 바로 가기 메뉴의 [삽입]을 선택한 후 [삽입] 대화상자의 [일반] 탭에서 '워크시트'를 선택한 다음 [확인]을 클릭
워크시트 삭제	• [홈] 탭-[셀] 그룹에서 [삭제]-[시트 삭제]를 클릭 • 시트 탭의 삭제할 시트에서 바로 가기 메뉴의 [삭제]를 클릭

- 워크시트를 삽입하면 선택한 시트의 왼쪽에 삽입되고 시트 이름은 Sheet2, Sheet3, … 등으로 숫자 1씩 증가되어 생성된다.

- 여러 개의 시트를 선택한 후 시트를 삽입하면 선택한 시트의 수만큼 삽입되며, 서로 떨어져 있는 시트를 선택한 경우에는 삽입될 수 없다.
- 여러 개의 시트를 선택하여 한꺼번에 삭제할 수 있다.
- 삭제된 시트는 되살릴 수 없으므로 신중하게 수행해야 한다.

워크시트의 이동/복사

- 이동/복사할 시트를 선택한 후 [홈] 탭-[셀] 그룹에서 [서식]-[시트 이동/복사] 또는 워크시트에서 바로 가기 메뉴의 [이동/복사]를 선택한다.
- 이동할 시트를 선택한 후 드래그하면 시트 위치를 이동할 수 있다.
- 복사할 시트를 선택한 후 Ctrl을 누르고 드래그하면 선택한 시트가 복사된다.
- 시트가 복사할 때마다 시트 이름은 원래의 시트 이름에 괄호( )가 붙으면서 2부터 숫자 1씩 증가되어 복사된다.

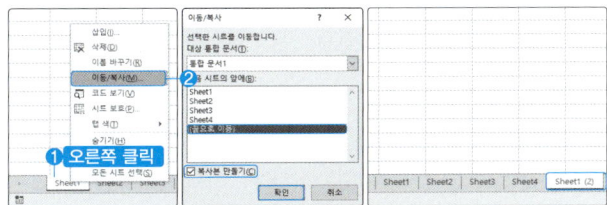

▲ [Sheet1]에서 바로 가기 메뉴를 이용하여 복사하는 과정

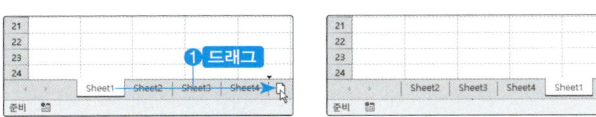

▲ 마우스로 [Sheet1] 시트를 드래그하여 이동하는 과정

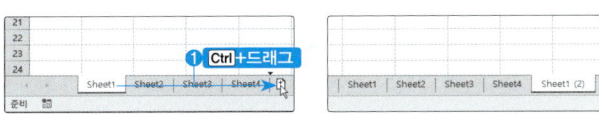

▲ Ctrl을 누르고 마우스로 [Sheet1] 시트를 드래그하여 복사하는 과정

워크시트의 이름 바꾸기

- [홈] 탭-[셀] 그룹에서 [서식]-[시트 이름 바꾸기] 또는 시트 탭에서 바로 가기 메뉴의 [이름 바꾸기]를 선택한다.
- 시트 이름을 더블클릭한 후 원하는 이름을 입력한 다음 Enter를 눌러도 이름을 변경할 수 있다.
- 시트 이름은 공백을 포함하여 31자까지 지정할 수 있으며 * / : ? [ ] 등의 특수문자는 사용할 수 없다.
- 하나의 통합 문서 안에는 동일한 시트 이름을 사용할 수 없다.

시트 보호

- 시트의 내용이나 개체, 시나리오를 보호하도록 설정하는 기능이다.
- 워크시트에 입력된 데이터나 차트 등을 변경할 수 없도록 보호한다.
- 통합 문서 중에서 특정 시트만을 보호하는 기능이다.
- [검토] 탭-[변경 내용] 그룹에서 [시트 보호]를 클릭한다.
- [셀 서식] 대화상자의 [보호] 탭에서 '잠금'이 해제된 셀은 보호되지 않는다.

007 다음 중 시트 보호에 대한 설명으로 옳지 않은 것은?

① 사용자가 행과 열을 삽입 혹은 삭제하거나, 서식을 지정하거나, 잠긴 셀 내용을 변경하거나, 커서를 잠긴 셀 또는 잠기지 않은 셀로 이동하는 것을 막을 수 있다.
② 시트 보호 설정은 [검토]-[변경 내용]-[시트 보호]를 실행한 후 [시트 보호] 대화상자에서 해당 항목을 체크한다.
③ 시트의 내용이나 개체, 시나리오를 보호하도록 설정하는 기능이다.
④ 차트 시트의 경우에 차트 내용을 변경하지 못하도록 보호할 수 없다.

008 다음 중 시트 탭에 관한 설명으로 옳지 않은 것은?

① 시트 탭의 색을 변경할 수 있으나 각 시트의 색은 반드시 다른 색으로 설정해야 한다.
② 시트 탭을 더블클릭하여 시트 이름을 변경할 수 있다.
③ 시트 탭의 바로 가기 메뉴에서 [모든 시트 선택]을 클릭하여 전체 시트를 그룹으로 설정할 수 있다.
④ 시트 탭의 바로 가기 메뉴에서 [삭제]를 클릭하여 시트를 삭제할 수 있다.

02. 셀 관리

■ 키보드를 이용한 셀 포인터 이동

바로 가기 키	기능 설명
Shift+Enter/Enter	• 상/하로 한칸씩 이동 • [파일] 탭-[옵션]의 [고급] 탭에서 Enter를 누른 후 이동 방향을 변경 가능
Shift+Tab/Tab	좌/우로 한칸씩 이동
PageUp/PageDown	화면 단위의 위/아래로 이동
Alt+PageUp / Alt+PageDown	화면 단위의 좌/우로 이동
Ctrl+PageUp / Ctrl+PageDown	현재 시트의 앞/뒤 시트로 이동
Ctrl+↑/↓/←/→	데이터 범위의 상/하/좌/우의 끝으로 이동
Home	행의 처음(A열)으로 이동
Ctrl+Home	워크시트의 시작 위치(A1)로 이동
Ctrl+End	데이터 범위의 맨 오른쪽 아래의 셀로 이동
F5 또는 Ctrl+G	이동하고자 하는 셀 주소를 직접 입력하여 이동
Shift+SpaceBar / Ctrl+SpaceBar	커서가 위치한 셀을 기준으로 행 전체/열 전체의 셀이 선택됨

■ [이동] 대화상자를 이용한 셀 포인터 이동
- 키보드의 Ctrl+G 또는 F5를 누르면 [이동] 대화상자가 표시되며, 이동할 셀의 주소를 참조란에 입력하여 셀 포인터를 이동시킨다.
- 이동 목록에는 최근 명령을 사용했던 마지막 네 개의 참조 영역이 표시되며 선택하여 셀 포인터를 이동시킬 수 있다.
- [옵션] 단추를 클릭하면 이동할 개체나 메모, 또는 특성이나 항목이 있는 셀 등을 선택할 수 있다.

■ 셀 범위 지정

연속된 셀	• 선택할 영역을 드래그 • 첫 번째 셀을 클릭한 후 Shift를 누른 상태에서 마지막 셀을 클릭 • Shift를 누른 상태에서 방향키를 누름
떨어진 셀	• 첫 번째 셀을 클릭한 후 Ctrl을 누른 상태에서 순서대로 클릭 • Ctrl을 누른 상태에서 떨어진 셀들을 드래그 또는 클릭

워크시트 전체	• A열 머리글 왼쪽의 ◢[모두 선택] 단추를 클릭 • Ctrl+A 또는 Ctrl+Shift+SpaceBar를 누름

■ 행 높이 변경
- 행 높이는 기본적으로 해당 행의 글꼴 크기 중에서 가장 큰 것에 맞추어 자동으로 조절된다.
- 변경할 행을 선택한 후 [홈] 탭-[셀] 그룹에서 [서식]-[행 높이]를 선택하거나 바로 가기 메뉴의 [행 높이]를 선택한 다음 변경할 값을 입력하고 [확인]을 클릭한다.
- 높이를 변경할 행의 머리글 경계선을 드래그하여 조절할 수 있다.
- 셀을 선택한 후 [홈] 탭-[셀] 그룹에서 [서식]-[행 높이 자동 맞춤]을 실행하면 현재 행에서 가장 큰 문자 크기에 맞추어 행의 높이가 자동으로 조절된다.
- 여러 개의 행을 선택한 후 높이를 조절하면 선택된 모든 행의 높이가 동일하게 조절된다.

■ 열 너비 변경
- 표준 글꼴 크기의 문자 수 단위로 너비를 조절한다.
- 변경할 열을 선택한 후 [홈] 탭-[셀] 그룹에서 [서식]-[열 너비]를 선택하거나 열 머리글의 바로 가기 메뉴에서 [열 너비]를 선택한 다음 변경할 값을 입력하고 [확인]을 클릭한다.
- 너비를 변경할 열의 머리글 경계선을 드래그하여 열 너비를 조절한다.
- 셀을 선택한 후 [홈] 탭-[셀] 그룹에서 [서식]-[열 너비 자동 맞춤]을 실행하면 현재 셀에 입력된 문자의 길이에 맞추어 열의 너비가 자동으로 조절된다.
- 여러 개의 열을 선택한 후 너비를 조절하면 선택된 모든 열의 너비가 동일하게 조절된다.

■ 셀/행/열의 삽입과 삭제
- **셀/행/열의 삽입** : 기존의 셀을 오른쪽이나 아래쪽으로 밀어내고 지정한 범위만큼 새로운 셀/행/열을 삽입한다.
- **셀/행/열 삭제** : 셀을 삭제하면서 오른쪽이나 아래쪽의 셀/행/열을 당겨 표시하며 전체 행과 열의 개수에는 변화가 생기지 않는다.

삽입	• [홈] 탭-[셀] 그룹에서 [삽입]-[셀 삽입]/[시트 행 삽입]/[시트 열 삽입]을 선택 • 바로 가기 메뉴의 [삽입] 또는 Ctrl++

삭제	• [홈] 탭-[셀] 그룹에서 [삭제]-[셀 삭제]/[시트 행 삭제]/[시트 열 삭제]를 선택 • 바로 가기 메뉴의 [삭제] 또는 Ctrl+-

■ 행/열 숨기기
- 숨기려는 행 또는 열을 선택한 후 [홈] 탭-[셀] 그룹에서 [서식]-[숨기기 및 숨기기 취소]-[행 숨기기/열 숨기기]를 선택한다.
- 숨겨진 행 또는 열을 다시 표시하려면 [홈] 탭-[셀] 그룹에서 [서식]-[숨기기 및 숨기기 취소]-[행 숨기기/열 숨기기]를 선택한다.
- 숨기려는 행 또는 열을 선택한 후 바로 가기 메뉴의 [숨기기]를 클릭해도 행 또는 열을 숨길 수 있으며, 숨기기 취소는 인접한 행 또는 열을 드래그하여 선택한 다음 바로 가기 메뉴의 [숨기기 취소]를 선택한다.

009 다음 중 워크시트에서 숨겨져 있는 [C열]과 [D열]을 다시 표시하기 위한 작업 과정에 대한 설명으로 옳은 것은?
① E열을 선택한 다음 마우스 오른쪽 단추를 눌러 숨기기 취소를 선택한다.
② B열에서 E열까지 드래그한 다음 [보기] 탭에서 숨기기 취소를 선택한다.
③ B열을 선택한 다음 마우스 오른쪽 단추를 눌러 숨기기 취소를 선택한다.
④ B열에서 E열까지 드래그한 다음 마우스 오른쪽 단추를 눌러 숨기기 취소를 선택한다.

010 다음 중 열 너비에 대한 설명으로 옳지 않은 것은?
① [홈]-[셀]-[서식]-[열 너비 자동 맞춤]을 실행하면 현재 선택한 셀에 입력된 길이의 문자열에 맞추어 현재 열의 너비를 조절할 수 있다.
② 열 너비를 조정하려면 열 머리글의 너비 경계선에서 원하는 너비가 될 때까지 마우스를 이용하여 조절할 수 있다.
③ 열 너비를 조정하려면 [홈]-[셀]-[서식]-[열 너비]를 선택한 후 [열 너비] 상자에 원하는 값을 입력한다.
④ 해당 열 너비를 크게하면 글자의 크기도 같이 조정된다.

STEP 04 데이터의 입력 및 편집

01. 데이터의 입력
■ 문자 데이터
- 문자 데이터는 한글, 영문, 특수문자, 문자와 숫자가 혼합된 데이터로, 기본적으로 왼쪽을 기준으로 정렬된다.
- 숫자 데이터 앞에 작은 따옴표(')를 붙이고 입력하면 문자 데이터로 인식된다.
- 숫자 데이터 중간에 공백 또는 특수문자가 있을 경우 문자 데이터로 인식된다.
- 입력하는 문자열 데이터가 셀 너비보다 길 경우 오른쪽 셀의 데이터 입력 여부에 따라 다르게 표시된다.

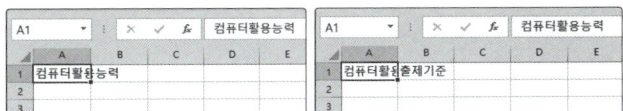

▲ 오른쪽 셀이 빈 경우   ▲ 오른쪽 셀에 데이터가 있는 경우

- 한 셀에 두 줄 이상의 내용을 입력할 경우 줄을 바꾸려는 부분에서 Alt+Enter를 누른다.

- 여러 셀에 동일한 내용을 입력할 경우 셀 범위를 지정한 후 데이터를 입력한 다음 Ctrl+Enter를 누른다.

- 여러 개의 워크시트를 선택하여 그룹으로 지정한 상태에서 데이터를 입력하면 모든 시트에 동일한 데이터가 입력된다.

■ 자동 완성 기능
- 같은 열에 이미 입력된 내용과 동일한 첫 글자를 입력하면 나머지 글자를 자동으로 완성하여 입력하는 기능이다.
- 키보드의 Alt+↓를 누르면 같은 열에 이미 입력된 데이터 목록이 표시되며 선택하여 입력할 수 있다.
- 문자 데이터에만 적용되는 기능으로, 숫자나 날짜 데이터에는 적용되지 않는다.
- [파일] 탭-[옵션]을 클릭한 후 [Excel 옵션]-[고급] 탭에서 [셀 내용을 자동 완성] 항목이 체크 되어 있어야 사용할 수 있다.

숫자 데이터

- 0~9까지의 숫자와 +, -, 괄호( ), 소수점(.), 쉼표(,), 통화(₩, $) 기호, 백분율(%) 기호, 지수(E, e) 기호 등을 사용하여 입력한 데이터로 셀의 오른쪽을 기준으로 정렬된다.
- 숫자를 입력하더라도 중간에 공백이나 특수문자 등을 입력하면 문자 데이터로 인식된다.
- 숫자를 큰 따옴표(" ")로 묶어서 수식에 입력하면 텍스트로 인식하지만 더하기나 빼기와 같은 연산을 하면 수치 데이터로 계산된다(예 "2"+"3" = 5).
- 숫자의 크기가 커서 셀의 너비보다 긴 경우 지수 형식으로 표시된다.
- 분수의 경우 0을 입력한 후 한 칸을 띄운 다음 입력한다.
  (예 0 1/2 = 0.5)

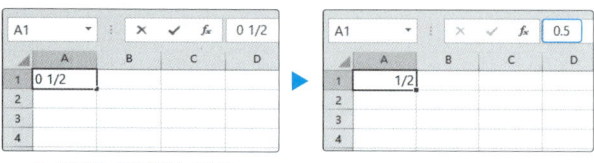
▲ 0 1/2을 입력한 경우

▲ 1 1/2을 입력한 경우

날짜/시간 데이터

- 기본적으로 셀의 오른쪽으로 정렬된다.
- 날짜와 시간을 한 셀에 입력할 경우 날짜와 시간 사이에 한 칸을 띄우고 입력한다.
- **날짜 데이터** : 하이픈(-)이나 슬래시(/)를 이용하여 년, 월, 일을 구분한다.
- 연도를 두 자리로 입력하는 경우 연도가 30 이상이면 1900년대로 인식하고 29 이하이면 2000년대로 인식한다.
- 오늘 날짜는 Ctrl+;, 현재 시간은 Ctrl+Shift+;을 눌러 표시한다.
- **시간 데이터** : 콜론(:)을 이용하여 시, 분, 초를 구분한다.
- **12시각제 표시** : 시간을 입력한 후 한 칸을 띄우고 AM 또는 PM을 입력하여 오전과 오후를 구분한다.

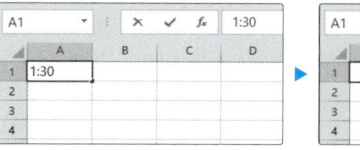
▲ 1:30을 입력한 경우

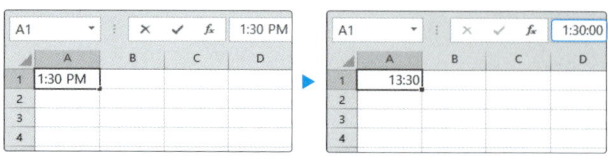
▲ 1:30 PM을 입력한 경우

한자 및 특수문자

- **한자** : 한글을 입력한 후 한자를 누른다.
- **특수문자** : 한글의 자음을 입력한 후 한자를 눌러 특수 문자 목록이 표시되면 선택한다.

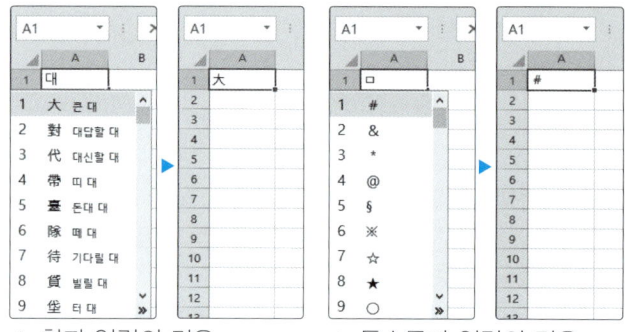
▲ 한자 입력의 경우   ▲ 특수문자 입력의 경우

메모 삽입

- 셀에 입력된 내용에 대한 보충 설명을 기록한다.
- 데이터에 상관없이 메모를 삽입할 수 있다.
- 셀의 위치가 변경되면 메모의 위치도 같이 변경된다.
- 메모가 삽입된 셀에는 빨간색 삼각형 점이 표시된다.
- 셀에 입력된 데이터를 삭제해도 메모는 삭제되지 않는다.
- 통합 문서에 포함된 메모는 시트에 표시된 대로 인쇄하거나 시트 끝에 인쇄할 수 있다.
- **메모 삽입** : [검토] 탭-[메모] 그룹에서 [새 메모] 또는 바로 가기 메뉴의 [메모 삽입]을 클릭한다.
- **메모 수정** : 메모가 삽입된 셀을 선택한 후 [검토] 탭-[메모] 그룹에서 [메모 편집]을 선택하거나 바로 가기 메뉴의 [메모 편집]을 선택한다.
- **메모 삭제** : [검토] 탭-[메모] 그룹에서 [삭제]를 선택하거나 바로 가기 메뉴의 [메모 삭제]를 선택한다.
- **메모 표시/숨기기** : [검토] 탭-[메모] 그룹에서 [메모 표시/숨기기]에서 메모의 표시 유/무를 설정할 수 있다.

윗주 삽입

- 셀에 입력된 데이터의 위쪽에 표시하는 주석문으로 문자 데이터에만 삽입할 수 있다.
- 윗주가 삽입된 셀의 데이터를 삭제하면 윗주도 함께 삭제된다.
- 윗주가 표시되는 만큼 행의 높이도 조절된다.
- 윗주 삽입 : [홈] 탭-[글꼴] 그룹에서 [윗주 필드 표시/숨기기]-[윗주 편집]을 선택하고 윗주를 입력한다.
- 윗주 표시/숨기기 : [홈] 탭-[글꼴] 그룹에서 [윗주 필드 표시/숨기기]를 선택하여 표시/숨기기할 수 있다.
- 윗주 설정 : [홈] 탭-[글꼴] 그룹에서 [윗주 필드/표시/숨기기]-[윗주 설정]을 이용하여 윗주의 수평 맞춤 방식 및 글꼴 서식을 수정할 수 있다.

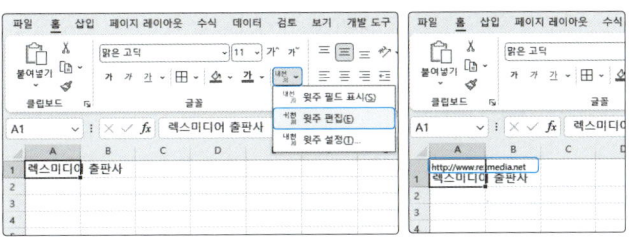

이름 정의

- 자주 사용하는 셀이나 셀 범위에 이름을 지정하는 것으로, 수식이나 함수에서 주소 대신 이름을 참조하여 사용할 수 있다.
- 정의된 이름을 사용하면 수식이나 함수에서 참조 범위를 쉽게 지정할 수 있으며, 함수나 수식의 의미를 좀더 명확히 할 수 있다.
- 정의된 이름은 참조시 절대 참조 방식으로 사용된다.
- [수식] 탭-[정의된 이름] 그룹에서 [이름 정의] 메뉴를 이용하거나 이름 상자에서 직접 이름을 입력한 후 Enter를 눌러 정의한다.
- 이름을 정의할 경우 첫 문자는 반드시 문자(영문, 한글)나 밑줄(_) 또는 역슬래시(\)로 시작해야 하며, 이름에 공백은 포함할 수 없다.
- 이름 정의시 문자는 대소문자를 구분하지 않고 255자까지 지정할 수 있다.
- 같은 통합 문서 안에는 동일한 이름을 지정할 수 없다.
- 이름을 정의한 범위를 지정하면 이름 상자에 정의된 이름이 표시된다.

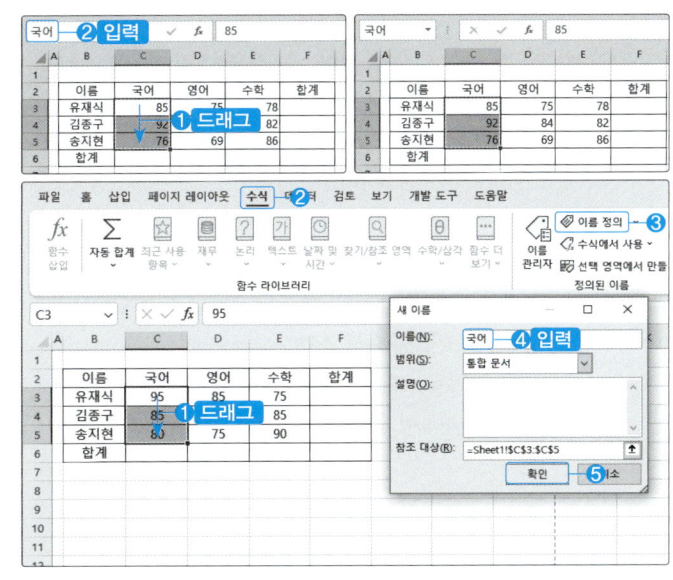

하이퍼링크 삽입

- 텍스트나 그래픽 개체에 기존 파일/웹 페이지, 현재 문서, 새 통합 문서, 전자 메일 주소 등을 연결하는 기능이다.
- 개체를 선택한 후 [삽입] 탭-[링크] 그룹에서 [하이퍼링크]를 클릭하거나 Ctrl+K를 누른다.

---

011 다음 중 워크시트에 데이터를 입력하는 방법에 대한 설명으로 옳지 않은 것은?

① 숫자 데이터를 문자로 입력하려면 숫자 앞에 " 기호를 붙여 입력한다.
② 여러 개의 셀에 동일한 데이터를 한 번에 입력하려면 범위를 설정한 후 데이터를 입력하고 Ctrl+Enter를 누른다.
③ 수식 또는 함수식을 입력할 때는 = 기호를 붙여 입력한다.
④ 입력 데이터가 숫자인 경우 오른쪽, 문자는 왼쪽으로 자동 정렬된다.

012 다음 중 워크시트의 데이터 입력에 관한 설명으로 옳지 않은 것은?

① 문자열 데이터는 셀의 왼쪽에 정렬된다.
② 수치 데이터는 셀의 오른쪽으로 정렬되며, 공백과 '&' 특수문자를 사용할 수 있다.
③ 기본적으로 수식 데이터는 워크시트 상에 수식의 결과값이 표시된다.
④ 특수문자는 한글 자음(ㄱ, ㄴ, ㄷ 등)을 입력한 후 한자를 눌러 나타나는 목록상자에서 원하는 문자를 선택하여 입력할 수 있다.

013 다음 중 워크시트 상에 특수문자를 입력하는 방법으로 옳은 것은 것은?
① 한글 모음을 입력한 뒤 [한자]를 누르면 목록이 나타나 그중에서 선택한다.
② 영문 입력 상태에서 대문자를 입력하고 [한자]를 누르면 목록이 나타나 그중에서 선택한다.
③ 한글 자음을 입력한 후 [한자]를 누르면 목록이 나타나 그중에서 선택한다.
④ 한글 모음을 입력한 후 [Ctrl]을 누르면 목록이 나타나 그중에서 선택한다.

014 다음 중 메모에 대한 설명으로 옳지 않은 것은?
① 통합 문서에 포함된 메모를 시트에 표시된 대로 인쇄하거나 시트 끝에 인쇄할 수 있다.
② 메모에는 어떠한 문자나 숫자, 특수문자도 지정하여 표현할 수 있다.
③ 모든 메모를 표시하려면 [검토] 탭의 [메모] 그룹에서 [메모 모두 표시]를 클릭한다.
④ 셀에 입력된 데이터를 지우면 메모도 자동으로 삭제된다.

02. 데이터의 편집

■ 데이터 수정
- 수정할 셀을 더블클릭하거나 [F2]를 눌러 커서가 위치하면 데이터를 수정한다.
- 수식 입력줄을 클릭하여 커서가 위치하면 데이터를 수정한다.
- 데이터가 입력된 셀에서 새로운 내용을 입력해도 데이터가 수정된다.
- 여러 셀을 한번에 똑같은 데이터로 수정하려면 여러 셀을 선택하고 데이터를 입력한 후 [Ctrl]+[Enter]를 누른다.

■ 데이터의 복사/이동/붙여넣기

기능	메뉴	바로 가기 키	바로 가기 메뉴	도구 모음
복사	[홈]-[클립보드]-[복사]	[Ctrl]+[C]	[복사]	📋
이동	[홈]-[클립보드]-[잘라내기]	[Ctrl]+[X]	[잘라내기]	✂
붙여넣기	[홈]-[클립보드]-[붙여넣기]	[Ctrl]+[V]	[붙여넣기]	📋

- 셀의 외곽선을 마우스로 끌면 이동할 수 있고, [Ctrl]을 누른 상태에서 셀의 외곽선을 마우스로 끌면 복사할 수 있다.
- 데이터를 복사한 후 붙여넣기는 여러 번 가능하지만, 데이터를 잘라내기한 다음 붙여넣기는 한 번만 가능하다.

■ 선택하여 붙여넣기
- 복사한 셀의 데이터에서 수식, 값, 서식, 메모 등 특정 옵션을 선택하여 해당 내용만 붙여넣는 기능이다.
- 데이터를 복사한 후 [홈] 탭-[클립보드] 그룹에서 [붙여넣기]-[선택하여 붙여넣기] 또는 바로 가기 메뉴의 [선택하여 붙여넣기]를 선택한 다음 [선택하여 붙여넣기] 대화상자에서 옵션을 선택한다.

■ 데이터 삭제

내용 지우기	• [홈] 탭-[편집] 그룹에서 [지우기]-[내용 지우기]를 선택 • 바로 가기 메뉴의 [내용 지우기]를 선택하거나 [Delete]를 누름
서식 지우기	• [홈] 탭-[편집] 그룹에서 [지우기]-[서식 지우기]를 선택 • 셀에 적용된 서식만 삭제됨
모두 지우기	• [홈] 탭-[편집] 그룹에서 [지우기]-[모두 지우기]를 선택 • 셀 내용과 서식, 메모 등 모두 삭제됨

■ 채우기 핸들을 이용한 데이터 채우기

문자 데이터	데이터가 복사됨
숫자 데이터	• 한 셀을 드래그할 경우 동일한 데이터가 복사되고 [Ctrl]을 누르고 드래그하면 값이 1씩 증가하며 입력됨 • 두 셀을 범위로 설정한 후 드래그하면 두 셀의 차이 값만큼 증가/감소하면서 입력됨
혼합 데이터	• 한 셀을 드래그할 경우 가장 오른쪽에 있는 숫자가 1씩 증가하고 나머지는 그대로 입력됨 • 두 셀을 범위로 설정한 후 드래그하면 숫자 데이터의 차이만큼 증가/감소 하면서 입력됨 • [Ctrl]을 누르고 드래그하면 복사됨
날짜 데이터	• 한 셀을 드래그할 경우 1일 단위로 증가함 • 두 셀을 범위로 설정한 후 드래그하면 두 셀의 차이만큼 년, 월, 일 단위로 증가함

사용자 지정 목록	• 사용자 지정 목록에 등록된 문자 데이터 중 하나를 입력하고 채우기 핸들을 드래그하면 사용자 지정 목록에 등록된 순서대로 입력됨 • [파일] 탭-[옵션]을 클릭한 후 [Excel 옵션]-[고급] 탭-[일반]-[사용자 지정 목록 편집]을 이용하여 등록할 수 있음

■ [Excel 옵션] 대화상자의 설정

[파일] 탭-[옵션]을 클릭하여 실행한다.

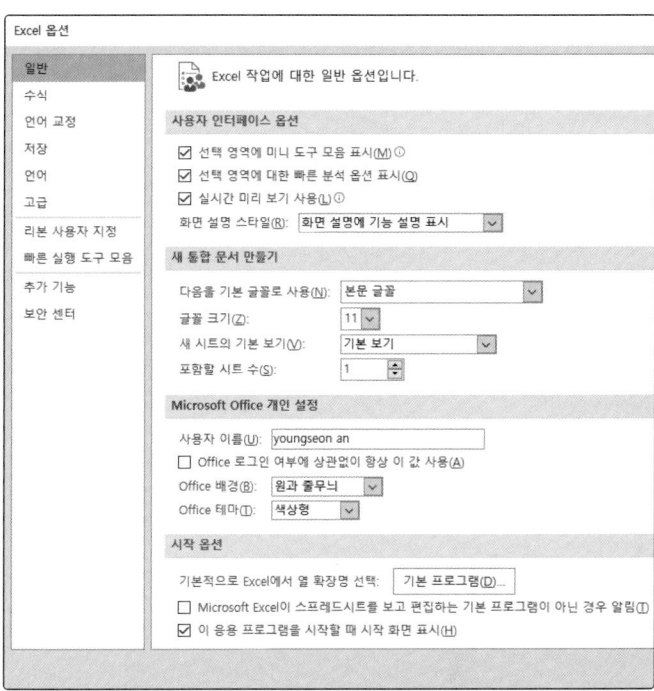

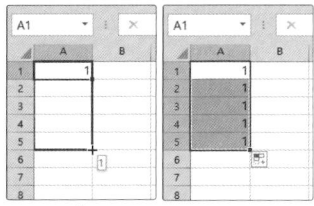
▲ 드래그

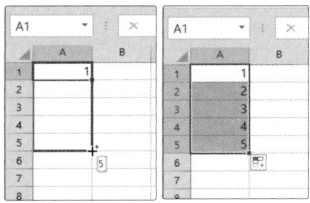
▲ Ctrl+드래그

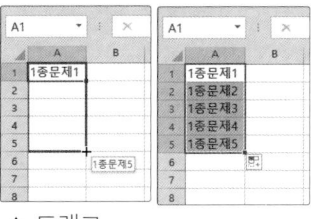
▲ 드래그

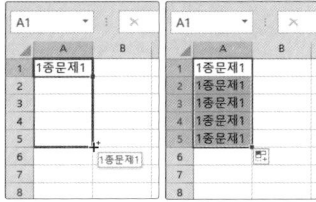
▲ Ctrl+드래그

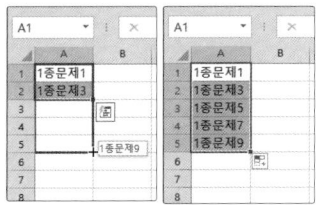
▲ 두 셀 범위 설정 후 드래그

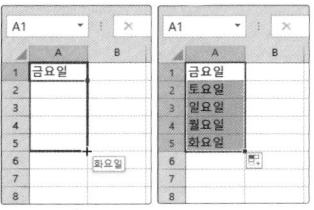
▲ 드래그

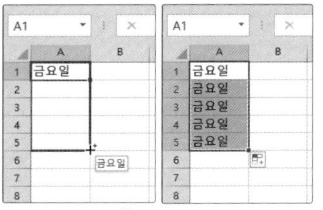
▲ Ctrl+드래그

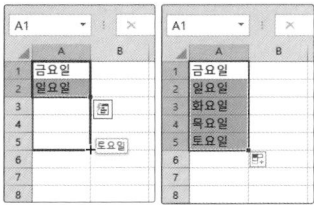
▲ 두 셀 범위 설정 후 드래그

탭 종류	기능 설명
일반	• 선택 영역에 미니 도구 모음 표시, 선택 영역에 대한 빠른 분석 옵션 표시, 실시간 미리 보기 사용 여부 등을 설정 • 새 통합 문서를 만들 때 글꼴, 글꼴 크기, 새 시트의 기본 보기 선택, 포함할 시트 수 등을 지정함
수식	• 통합 문서 계산의 자동 또는 수동 계산 여부와 반복 계산의 최대 반복 횟수 및 변화 한도값 설정 • 수식의 자동 완성 사용 여부 및 오류 처리에 관한 옵션 설정
언어 교정	• 텍스트를 수정하거나 서식을 지정하는 방법을 선택하는 자동 고침 옵션 설정 • 맞춤법 검사 옵션 설정
고급	• Enter 를 누른 후 이동 방향 지정, 소수점 자동 삽입 • 채우기 핸들 및 셀 끌어서 놓기 사용 여부 지정, 셀에서 직접 편집 허용 여부 지정 • 셀 내용을 자동 완성, 행 및 열 머리글 표시 여부 지정 • 계산 결과 대신 수식을 셀에 표시 및 눈금선 표시 여부 설정 • 정렬 및 채우기 순서에서 사용할 목록을 만들 수 있는 사용자 지정 목록 편집이 가능
빠른 실행 도구 모음	빠른 실행 도구 모음의 사용자 지정 설정

연속 데이터 채우기
• [홈] 탭-[편집] 그룹에서 [채우기]-[계열]을 클릭한 후 [연속 데이터] 대화상자에서 방향, 유형, 단계 값, 종료 값 등을 입력하여 데이터를 채운다.
• 유형
  - 선형 : 단계 값만큼 더하여 입력
  - 급수 : 단계 값만큼 곱하여 입력
  - 날짜 : 날짜 단위(일, 평일, 월, 년)에서 지정한 값만큼 증가
• 단계 값 : 연속 데이터의 증가 또는 감소할 값을 지정함
• 종료 값 : 연속 데이터가 끝나는 값을 지정함

찾기 및 바꾸기

- **찾기** : [홈] 탭-[편집] 그룹에서 [찾기 및 선택]-[찾기]를 선택하거나 Ctrl+F를 눌러 [찾기 및 바꾸기] 대화상자가 표시되면 찾을 내용을 입력한 후 [다음 찾기]를 클릭한다.

찾을 내용	• 찾고자 하는 내용의 전체 또는 일부를 입력하여 찾음 • 워크시트 전체 또는 범위를 지정하여 찾을 수 있음 • 와일드카드 문자(*, ?)를 이용하여 찾을 수 있으며, 와일드카드 문자 자체를 찾을 경우 ~ 기호를 와일드카드 문자 앞에 사용함
옵션	• 범위를 시트 또는 통합 문서로 선택할 수 있음 • 검색을 행 방향 또는 열 방향 기준으로 설정 • 찾는 위치를 수식, 값, 메모 등에서 선택하여 설정 • 대/소문자 구분, 전체 셀 내용 일치, 전자/반자 구분하여 찾을 수 있음

- **바꾸기** : [홈] 탭-[편집] 그룹에서 [찾기 및 선택]-[바꾸기]를 선택하거나 Ctrl+H를 눌러 [찾기 및 바꾸기] 대화상자가 표시되면 찾을 내용과 바꿀 내용을 입력한 후 [바꾸기]를 클릭한다.
- 바꾸기는 특정 내용을 찾아 원하는 내용으로 바꿔주는 기능이다.

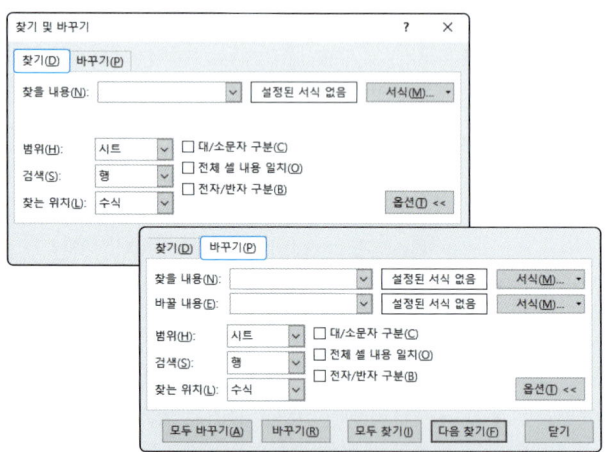

015 다음 중 아래 시트에서 [A1] 셀을 선택하고 채우기 핸들을 [A4] 셀까지 드래그했을 때 [A4] 셀에 입력되는 값은?

	A	B	C
1	1학년 1반 001번		
2			
3			
4			
5			

① 1학년 1반 001번 ② 1학년 1반 004번
③ 1학년 4반 001번 ④ 4학년 4반 004번

016 다음 중 데이터가 입력된 셀에서 Delete를 눌렀을 때의 상황에 대한 설명으로 옳지 않은 것은?
① 셀에 설정된 메모는 지워지지 않는다.
② 셀에 설정된 내용과 서식이 함께 지워진다.
③ [홈]-[편집]-[지우기]-[내용 지우기]를 실행한 것과 동일한 결과가 발생한다.
④ 바로 가기 메뉴에서 〈내용 지우기〉를 실행한 것과 동일한 결과가 발생한다.

017 셀 값을 입력하기 위해서 [A1] 셀에 숫자 1을 입력하고, [A1] 셀에서 마우스로 채우기 핸들을 아래로 드래그하려고 한다. 이때 숫자가 증가하여 입력되도록 하기 위해 함께 눌러줘야 하는 키로 옳은 것은?
① Alt ② Ctrl ③ Shift ④ Tab

018 아래 시트에서 [C2:C5] 영역을 선택하고 선택된 셀들의 내용을 모두 지우려고 할 경우 다음 중 결과가 다르게 나타나는 것은?

	A	B	C	D	E
1	성명	출석	과제	실기	총점
2	함인식	20	20	55	95
3	전은진	15	10	60	85
4	박민석	20	14	50	84
5	장진화	5	11	45	61
6					

① 키보드의 BackSpace를 누른다.
② 마우스의 오른쪽 버튼을 눌러서 나온 바로 가기 메뉴에서 [내용 지우기]를 선택한다.
③ [홈]-[편집]-[지우기] 메뉴에서 [내용 지우기]를 선택한다.
④ 키보드의 Delete를 누른다.

019 다음 중 찾기에 관한 설명으로 옳지 않은 것은?
① 대/소문자를 구분하여 찾을 수 있다.
② 수식이나 값을 찾을 수 있지만, 메모 안의 텍스트는 찾을 수 없다.
③ 위쪽 방향이나 왼쪽 방향으로 검색 방향을 바꾸려면 Shift를 누른채 [다음 찾기]를 클릭한다.
④ 와일드카드 문자인 '*'는 모든 문자를 대신할 수 있고, '?'는 해당 위치의 한 문자를 대신할 수 있다.

020 아래 시트에서 [D3] 셀의 위치에서 [홈]-[편집]-[찾기 및 선택]-'찾기'를 실행한 후 아래와 같이 찾을 조건을 지정하고 '다음 찾기'를 실행하였을 때 셀 포인터가 위치할 셀의 주소로 옳은 것은?

조건) 찾을 내용 : 90, 검색 : 열, 찾는 위치 : 값

	A	B	C	D	E
1	번호	이름	국어	국사	윤리
2	1	김종훈	85	95	85
3	2	정수현	75	90	80
4	3	김성국	87	87	90
5	4	이명준	95	78	90
6	5	오정훈	90	90	85

① [C6] ② [E4] ③ [D6] ④ [E5]

03. 셀 서식 지정

[홈] 탭-[셀] 그룹에서 [서식]-[셀 서식]을 선택하거나 Ctrl+1을 눌러 표시한다.

■ [표시형식] 탭

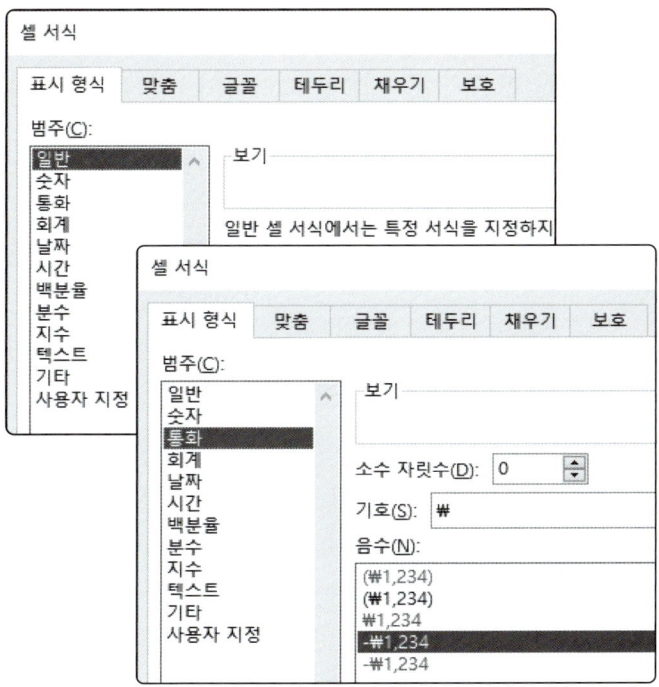

숫자	소수 자릿수 지정, 1000 단위 구분 기호 사용 여부, 음수의 표기 형식 지정(괄호&빨간색, 괄호, 빨간색, 음수표시, 음수표시&빨간색)
통화	소수 자릿수 지정, 통화 기호, 음수의 표기 형식 지정(괄호&빨간색, 괄호, 빨간색, 음수표시, 음수표시&빨간색)
회계	소수 자릿수 및 통화 기호 설정
날짜	형식 목록에서 제공하는 날짜 서식 중에서 선택하여 지정
시간	형식 목록에서 제공하는 시간 서식 중에서 선택하여 지정
백분율	셀 값에 100을 곱한 값과 백분율 기호(%)를 함께 나타내며 소수 자릿수 지정 가능
분수	셀에 입력된 소수를 형식 목록에서 제공하는 분수 데이터 표시형식에서 선택하여 지정
지수	숫자 데이터를 지수 형식으로 수정하며 소수 자릿수 지정 가능
텍스트	숫자 데이터에 텍스트 서식을 적용하여 입력한 그대로 표시함
기타	우편번호, 전화번호, 주민등록번호 등 형식 목록에서 제공하는 표시형식에서 선택하여 지정

■ [맞춤] 탭

- **텍스트 줄 바꿈** : 셀의 너비보다 데이터의 길이가 길 경우 셀의 너비에 맞게 줄을 나누어 한 셀에 여러 줄로 표시한다.
- **셀에 맞춤** : 셀의 너비보다 데이터의 길이가 긴 경우 글자 크기를 자동으로 조절하여 한 셀에 표시하며, 셀의 너비를 조절하면 너비에 따라 글자 크기가 자동으로 조절된다.
- **셀 병합** : 선택한 여러 셀을 하나의 셀로 병합하며, 데이터가 입력된 경우 첫 행 왼쪽 셀의 내용만 남고 모두 삭제된다.

■ [글꼴]/[테두리]/[채우기] 탭

- **[글꼴] 탭** : 텍스트의 글꼴, 글꼴 스타일, 크기, 색, 밑줄 등의 서식을 설정한다.
- **[테두리] 탭** : 선의 스타일, 색 등을 설정하여 테두리를 적용한다.
- **[채우기] 탭** : 배경색 또는 무늬색, 무늬 스타일 등을 지정한다.

■ [보호] 탭

- **잠김** : 셀의 내용이나 서식의 변경, 셀 데이터의 이동 등을 할 수 없도록 설정하며 만약, 시트 보호 기능을 설정하려면 먼저 잠김 기능을 해제해야 한다.
- **숨김** : 수식 입력줄에 입력한 내용이 표시되지 않도록 설정한다.

021 엑셀의 [셀 서식]-[표시 형식] 탭의 사용자 지정을 설정할 때 사용되는 형식에 대한 설명 중 옳지 않은 것은?

① # : 하나의 자릿수를 의미하며 해당 자릿수에 숫자가 없을 경우 0을 표시한다.
② mmm : 월을 영문자로 표시한다.
③ @ : 입력된 문자열과 함께 특정 문자열을 항상 나타낼 때 사용한다.
④ % : 입력된 숫자에 100을 곱한 후 % 기호를 붙인다.

022 아래의 내용에 적용된 셀 서식 지정 방식이 아닌 것은?

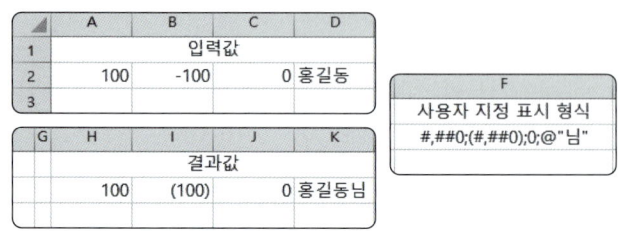

① [셀 서식] 중 [맞춤] 탭의 텍스트 줄 바꿈을 선택했다.
② [셀 서식] 중 [맞춤] 탭의 셀 병합을 선택했다.
③ [셀 서식] 중 [맞춤] 탭의 텍스트 방향을 90도로 지정했다.
④ [셀 서식] 중 [맞춤] 탭의 가로, 세로를 가운데로 선택했다.

04. 사용자 지정 표시 형식

■ 조건 지정

- 사용자가 직접 만들어 사용하는 표시형식이다.
- 사용자 지정 서식 코드는 양수, 음수, 0, 텍스트 순으로 표시형식을 지정할 수 있으며, 세미콜론(;)으로 구분한다.

- 조건을 지정하여 만족하는 조건에 맞는 표시형식을 지정할 수 있으며, 조건 및 글꼴색은 대괄호([ ])로 입력한다.
- 조건이 없을 경우 양수, 음수, 0, 텍스트 순서로 표시형식이 지정되지만 조건이 있을 경우 조건이 지정된 순으로 표시형식을 나타낸다.

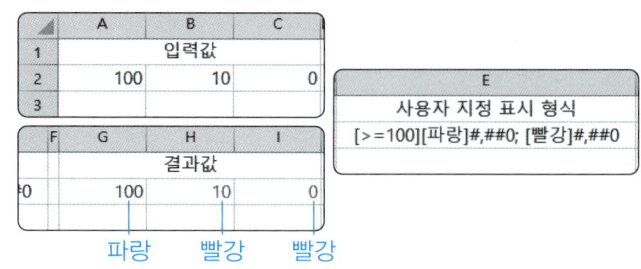

- 셀에 입력한 자료를 숨기고자 할 경우 형식에 ;;;를 입력한다.

■ 숫자 서식

- # : 유효한 자릿수만 표시하고 유효하지 않은 0은 표시하지 않는다. (12.34 ▶ ##.# ▶ 12.3)
- 0 : 유효하지 않은 자릿수를 0으로 표시한다. (12.34 ▶ 000.000 ▶ 012.340)
- ? : 유효하지 않은 자릿수를 공백으로 입력하여 자릿수를 정렬할 때 사용한다.

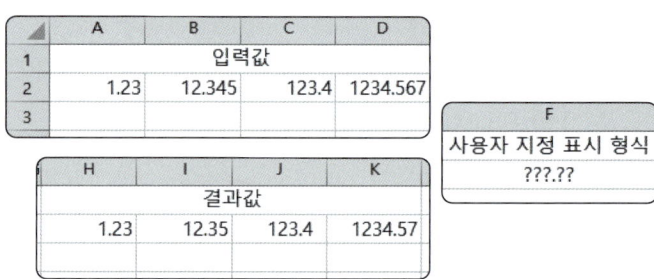

- , : 천 단위 구분 기호를 표시하며, 서식의 마지막에 쉼표(,)로 표시하면 천 단위의 배수로 표시한다.

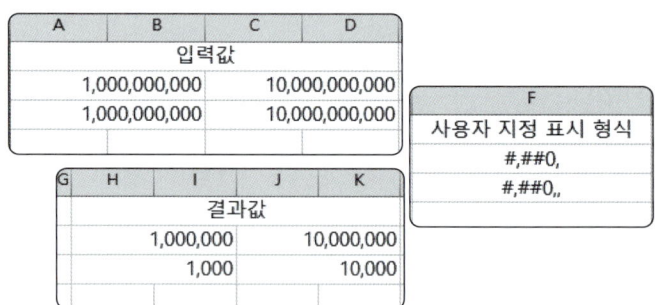

- % : 숫자에 100을 곱한 후 백분율 기호(%)를 표시한다.

■ 날짜 서식

- yy : 연도 중에서 뒤의 두 자리만 표시한다.
- yyyy : 연도를 네 자리로 표시한다.
- m : 월을 1~12로 표시한다.
- mm : 월을 01~12로 표시한다.
- mmm : 월을 Jan~Dec로 표시한다.
- mmmm : 월을 January~December로 표시한다.

- d : 일을 1~31로 표시한다.
- dd : 일을 01~31로 표시한다.
- ddd : 요일을 Sun~Sat로 표시한다.
- dddd : 요일을 Sunday~Saturday로 표시한다.
- aaa : 요일을 월~일로 표시한다.
- aaaa : 요일을 월요일~일요일로 표시한다.

	A	B	C
1	원본 데이터	사용자 지정 표시 형식	결과 데이터
2	2025-05-17	yy-m-d	25-5-17
3	2025-05-17	yyyy-mm-ddd	2025-05-Sat
4	2025-05-17	mm-dd-yy	05-17-25
5	2025-05-17	yyyy"년"mm"월"dd"일"	2025년05월17일

■ 시간 서식
- h : 시간을 0~23으로 표시한다.
- hh : 시간을 00~23으로 표시한다.
- m : 분을 0~59로 표시한다.
- mm : 분을 00~59로 표시한다.
- s : 초를 0~59로 표시한다.
- ss : 초를 00~59로 표시한다.
- AM/PM or A/P : 시간을 12시간제인 오전(AM, A)과 오후(PM, P)로 표시한다.

	A	B	C
1	원본 데이터	사용자 지정 표시 형식	결과 데이터
2	1:05:08	hh:mm:ss	01:05:08
3	13:05:08	h:m:s AM/PM	1:5:8 PM
4	13:05	hh"시"mm"분"ss"초"	13시05분00초
5	13:05	hh:mm: A/P	01:05: P

■ 문자열 서식
- @ : 특정 문자를 붙여서 표시할 때 사용한다.
- * : * 기호 다음에 있는 특정 문자를 셀의 너비만큼 반복하여 채운다.
- _ : 공백을 만들며, '_' 뒤에 표시되는 하이픈(-) 표시 이외에 다른 기호를 사용해도 된다.

■ 기타 사용자 지정 표시형식

입력 값	사용자 지정 표시 형식	형식	결과
123	[DBNum1]	숫자(한자)	一百二十三
	[DBNum2]	숫자(한자-갖은자)	壹百貳拾參
	[DBNum3]	없음	百2十3
	[DBNum4]	숫자(한글)	일백이십삼

023 -2,265,132 수치에 다음과 같이 사용자 지정 형식이 지정되었을 경우 결과가 틀린 것은?

　　[형식]　　　　　[결과]
① 0　　　　　　　-2265132
② 0.00　　　　　-2265132.00
③ #,##0　　　　　-2,265,132
④ 0.00%　　　　　-2265132.00%

024 다음 중 셀에 입력한 자료를 숨기고자 할 때의 사용자 지정 표시 형식으로 옳은 것은?

① @@@　　　　② ;;;
③ 000　　　　　④ ###

025 다음 중 원 단위로 입력된 숫자를 백만원 단위로 표시하기 위한 사용자 지정 표시 형식으로 옳은 것은?

① #,###　　　　② #,###,
③ #,###,,　　　　④ #,###,,,

05. 기타 서식
■ 조건부 서식
- 특정 규칙에 만족하는 셀에만 셀 서식을 설정한다.
- 셀의 값이 변경되면 변경된 값에 따라 조건부 서식의 결과도 바로 적용된다.
- [홈] 탭-[스타일] 그룹에서 [조건부 서식]-[새 규칙]을 클릭한다.
- 규칙의 개수에는 제한이 없으며, 규칙별로 다른 서식을 적용할 수 있다.
- 여러 개의 규칙이 모두 만족될 경우 지정된 서식이 모두 적용되지만 서식이 충돌할 경우 우선순위가 높은 규칙이 적용된다.
- 서식이 적용된 규칙으로는 셀 값 또는 수식이 있으며, 규칙을 수식으로 입력할 경우 수식 앞에 등호(=)를 입력해야 한다.

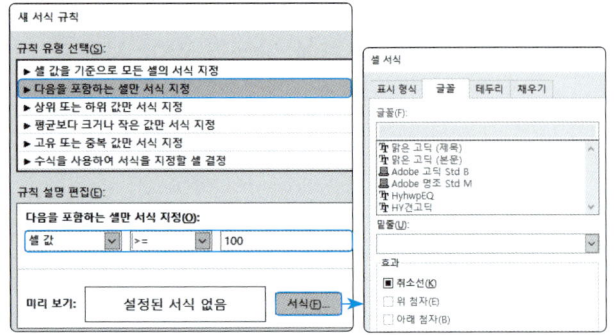

▲ 셀 값에 조건부 서식을 지정하는 방법

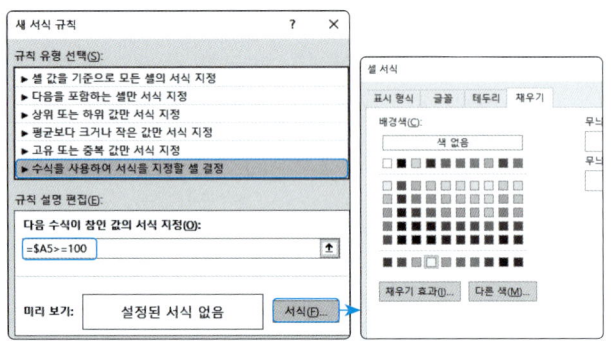

▲ 수식을 이용하여 조건부 서식을 지정하는 방법

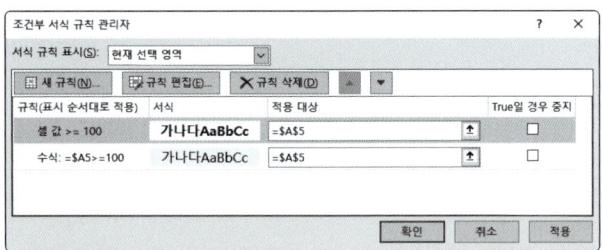

▲ [홈] 탭-[스타일] 그룹에서 [조건부 서식]-[규칙 관리]를 이용한 규칙 목록

표 서식

- 미리 만들어 놓은 표 서식을 목록에서 선택하여 한 번에 서식을 적용할 수 있다.
- 표 서식을 지정할 셀 범위를 지정한 후 [홈] 탭-[스타일] 그룹에서 [표 서식]을 클릭하여 표 서식 목록에서 선택한다.

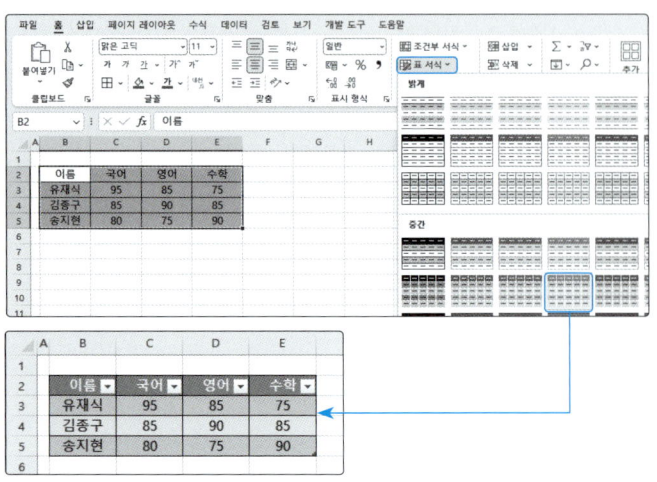

셀 스타일

- 표시 형식, 맞춤, 글꼴, 테두리 등의 서식을 하나의 스타일로 정의하여 필요할 때 한 번에 적용시키는 기능이다.
- 셀 스타일 추가하기 : [홈] 탭-[스타일] 그룹에서 [셀 스타일]-[새 셀 스타일]을 선택한 후 [스타일] 대화상자에서 스타일 이름 지정한 다음 [서식]을 클릭하여 새로운 스타일 서식을 지정한다.

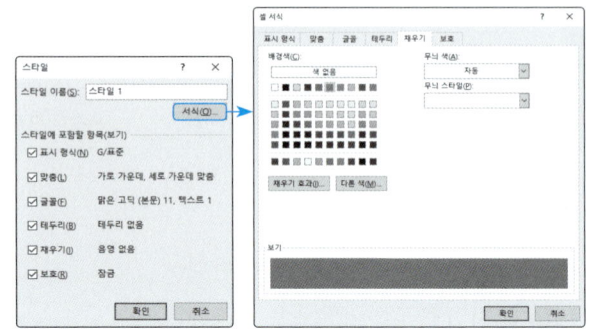

- 셀 스타일 적용하기 : [홈] 탭-[스타일] 그룹에서 [셀 스타일]을 클릭한 후 적용할 스타일을 선택한다.
- 셀 스타일 해제하기 : 셀 스타일 범위를 선택한 후 [홈] 탭-[스타일] 그룹에서 [셀 스타일]-[표준]을 선택한다.

---

026 조건부 서식은 선택한 셀이 사용자가 지정한 값이나 수식에 따른 조건을 만족할 때 서식을 적용할 수 있는 기능이다. 다음 중 조건부 서식에서 설정할 수 없는 셀 서식은 어느 것인가?

① 맞춤　　　　② 글꼴
③ 테두리　　　④ 채우기

027 다음 중 조건부 서식에 대한 설명으로 옳지 않은 것은?

① 조건부 서식의 규칙별로 다른 서식을 적용할 수 있다.
② 해당 셀이 여러 개의 조건을 동시에 만족하는 경우 가장 나중에 만족된 조건부 서식이 적용된다.
③ 조건을 수식으로 입력할 경우 수식 앞에 등호(=)를 반드시 입력해야 한다.
④ 조건부 서식에 의해 서식이 설정된 셀에서 값이 변경되어 조건에 만족하지 않을 경우 적용된 서식은 바로 해제된다.

028 다음 중 조건부 서식을 이용하여 [A2:C5] 영역에 EXCEL과 ACCESS 점수의 합계가 170 이하인 행 전체에 셀 배경색을 지정하기 위한 수식으로 옳은 것은?

	A	B	C	D
1	이름	EXCEL	ACCESS	
2	김연진	75	73	
3	홍정현	89	88	
4	최영준	65	68	
5	이송은	98	96	
6				

① =B$2+C$2<=170   ② =$B2+$C2<=170
③ =$B$2+$B$2<=170 ④ =B2+C2<170

029 다음 중 조건부 서식을 설정을 위한 [새 서식 규칙] 대화 상자의 '규칙 유형 선택' 항목에 해당하지 않는 것은?
① 임의의 날짜를 기준으로 셀의 서식 지정
② 셀 값을 기준으로 모든 셀의 서식 지정
③ 다음을 포함하는 셀만 서식 지정
④ 고유 또는 중복 값만 서식 지정

Chapter 02 수식의 활용

STEP 01 수식 및 셀 참조

01. 수식

수식의 작성
- 수식은 등호(=)나 +, - 기호로 시작한다.
- 수식에는 산술 연산자, 비교 연산자, 텍스트 연산자, 참조 연산자 등을 사용할 수 있다.
- 문자열이 수식에 사용될 경우 큰 따옴표(" ")로 묶어준다.
- 수식에 셀 주소를 사용하면 해당 주소에 입력된 데이터가 연산의 대상이 된다.
- 수식에는 같은 시트의 셀, 다른 시트의 셀, 다른 통합 문서의 셀 등을 참조할 수 있다.
- 수식이 입력된 셀에는 결과값이 표시되며, 수식 입력줄에 수식이 표시된다.
- Ctrl+~를 누르면 입력된 전체 수식을 확인할 수 있다.

연산자
- **산술 연산자** : 사칙연산 및 백분율, 거듭제곱 등의 연산자를 의미한다.

산술 연산자	기능 설명	산술 연산자	기능 설명
+	더하기	/	나누기
−	빼기	%	백분율
*	곱하기	^	거듭제곱

- **비교 연산자** : 두 값의 크기를 비교하여 참(TRUE) 또는 거짓(FALSE)의 결과를 표현한다.

비교 연산자	기능 설명	비교 연산자	기능 설명
>	크다(초과)	>=	크거나 같다(이상)
<	작다(미만)	<=	작거나 같다(이하)
=	같다	<>	같지 않다

- **텍스트 연산자** : 텍스트 문자열을 연결(&)하여 하나의 텍스트를 만든다.

- **참조 연산자**

참조 연산자	기능 설명
콜론(:)	• 연속적인 셀 범위를 지정할 때 사용 • A1:A3 ▶ A1 셀에서 A3 셀까지의 범위를 참조
쉼표(,)	• 비연속적인 셀 범위를 지정할 때 사용 • A1:A3, C1:C3 ▶ A1 셀에서 A3 셀까지의 범위와 C1 셀에서 C3셀까지의 범위를 참조
공백	• 두 개의 참조 영역에 교차하는 셀 범위를 지정할 때 사용 • A2:C2 B1:B3 ▶ 두 영역이 교차하는 B2 셀을 참조

셀 참조 방법의 예	
참조 방법	참조 대상
A1:A5	A1 셀부터 A5 셀까지
A1:A5, C1, D2	A1 셀부터 A5 셀까지와 C1 셀, D2 셀
4:4	4행에 있는 모든 셀
C:E	C열에서 E열까지
A1:A5, C1:C5	A1 셀부터 A5 셀까지와 C1 셀부터 C5 셀까지

오류 메시지

#####	셀의 셀 너비보다 큰 숫자 또는 날짜, 시간이 입력되어 있거나 계산 결과가 음수인 날짜와 시간이 있을 경우
#DIV/0!	나누는 수가 빈 셀이나 0이 있는 셀을 참조한 경우(피연산자가 빈 셀이면 0으로 간주됨)
#NUM!	숫자 오류로 너무 크거나 작은 숫자를 결과로 표시하는 수식을 입력한 경우
#NAME?	함수 이름이나 정의되지 않은 셀 이름을 사용한 경우, 수식에 잘못된 문자열을 지정하여 사용한 경우
#N/A	수식에서 잘못된 값으로 연산을 시도한 경우
#NULL!	교점 연산자(공백)를 사용했을 때 교차 지점을 찾지 못한 경우
#REF!	셀 참조가 유효하지 않을 경우
#VALUE!	수치를 사용해야 할 장소에 다른 데이터를 사용하는 경우

030 다음 시트에서 [A7] 셀에 수식 =$A$1+$A2를 입력한 후 [A7] 셀을 복사하여 [C8] 셀에 붙여넣기 했을 때, [C8] 셀에 표시되는 결과로 옳은 것은?

	A	B	C	D
1	1	2	3	
2	2	4	6	
3	3	6	9	
4	4	8	12	
5	5	10	15	
6				
7				
8				
9				

① 3 ② 4
③ 7 ④ 10

031 다음 중 =SUM(A3:A9) 수식이 =SUM(A3A9)와 같이 범위 참조의 콜론(:)이 생략된 경우 나타나는 오류 메시지로 옳은 것은?

① #N/A ② #NULL!
③ #REF! ④ #NAME?

032 다음 중 오류 값의 표시 내용에 대한 설명으로 옳지 않은 것은?

① #NUM! : 수식이나 함수에 잘못된 숫자 값을 사용할 때 발생한다.
② #VALUE : 셀에 입력된 숫자 값이 너무 커서 셀 안에 나타낼 수 없음을 의미한다.
③ #REF! : 유효하지 않은 셀 참조를 지정할 때 발생한다.
④ #NAME? : 수식의 텍스트를 인식하지 못할 때 발생한다.

02. 셀 참조

셀 참조 유형

상대 참조	현재 셀의 위치에 따라 작업의 대상이 되는 영역을 달리하며, 현재 셀에서 작업의 대상이 되는 셀까지의 거리만큼 참조 셀의 주소가 달라짐(예 A1)
절대 참조	현재 셀의 위치와 작업의 대상이 되는 영역이 같으며, 고정하여 절대로 변경되지 않음(예 $A$1)
혼합 참조	현재 셀에서 열 또는 행 하나만 절대 참조가 적용됨(예 $A1, A$1)

- 셀 참조 주소에서 F4를 한 번씩 누를때마다 절대 참조 ▶ 혼합 참조 ▶ 상대 참조 순서로 전환된다. (A1 ▶ F4 ▶ $A$1 ▶ F4 ▶ A$1 ▶ F4 ▶ $A1 ▶ F4 ▶ A1)

다른 워크시트의 셀 참조
- 워크시트의 이름과 셀 주소를 느낌표(!)로 구분하여 입력한다. 예 =Sheet2!A1
- 워크시트의 이름에 한글, 영문 외의 다른 문자가 있을 경우 작은 따옴표(' ')로 묶어준다.

다른 통합 문서의 셀 참조
통합 문서의 이름을 대괄호([ ])로 묶어 표기하고 뒤에 시트 이름과 셀 주소를 입력한다.
예 =[성적표.xlsx]Sheet2!A1

3차원 참조
- 통합 문서의 여러 워크시트에 있는 같은 위치의 셀이나 셀 범위를 참조한다.
  예 =SUM(Sheet1:Sheet5!A1)
- 배열 수식에는 3차원 참조를 사용할 수 없음

033 다음 중 셀 참조에 관한 설명으로 옳은 것은?

① 수식 작성 중 마우스로 셀을 클릭하면 기본적으로 해당 셀이 절대 참조로 처리된다.
② 수식에 셀 참조를 입력한 후 셀 참조의 이름을 정의한 경우에는 참조 에러가 발생하므로 기존 셀 참조를 정의된 이름으로 수정한다.
③ 셀 참조 앞에 워크시트 이름과 마침표(.)를 차례로 넣어서 다른 워크시트에 있는 셀을 참조할 수 있다.
④ 셀을 복사하여 붙여 넣은 다음 [붙여넣기 옵션]의 [셀 연결] 명령을 사용하여 셀 참조를 만들 수도 있다.

034 다음 중 참조의 대상 범위로 사용하는 이름 정의 시 이름의 지정 방법에 대한 설명으로 옳지 않은 것은?

① 이름의 첫 글자로 밑줄(_)을 사용할 수 있다.
② 이름에 공백 문자는 포함할 수 없다.
③ 'A1'과 같은 셀 참조 주소 이름은 사용할 수 없다.
④ 여러 시트에서 동일한 이름으로 정의할 수 있다.

STEP 02 함수

01. 함수의 기본

■ 함수의 정의 및 규칙

- 함수는 복잡한 계산이 필요하거나 수식만으로 처리할 수 없는 작업을 간단히 처리할 수 있도록 특정한 이름으로 정의해 둔 기능이다.
- 함수는 수식과 같이 등호(=), +, -로 시작하며, 함수 이름이 표시되고 뒤에 괄호 안에 인수(상수, 셀 참조, 논리값 등)를 사용하여 작성한다.
- 괄호 안의 인수는 콤마(,)로 구분하며, 문자열을 인수로 이용하거나 비교 연산자로 조건을 입력하는 경우 큰따옴표(" ")로 묶어서 구분한다.
  예 ">=100"
- 함수에 따라 인수 없이 괄호로만 사용하는 경우도 있다.
  예 NOW( ), TODAY( ), RAND 등
- 하나의 함수만을 이용하거나 다른 함수와 함께 중첩하여 사용할 수 있으며, 최대 64단계까지 중첩할 수 있다.

> **인수**
> - 함수의 연산이나 계산에 필요한 값을 의미한다.
> - 일반적으로 인수에는 숫자, 텍스트, 셀 주소, 셀 범위, 함수 등이 사용된다.
> - 인수의 시작과 끝은 반드시 괄호로 구분하고, 인수와 인수는 콤마(,)로 구분한다.
> - 인수는 255개까지 사용할 수 있다.

■ 함수의 사용법

- 셀 포인터가 위치한 셀 또는 수식 입력줄에서 등호(=) 및 함수명과 인수를 직접 입력하여 사용할 수 있다.
- [수식] 탭-[함수 라이브러리] 그룹에서 [함수 삽입]을 클릭하거나 수식 입력줄의 f_x[함수 삽입] 아이콘을 클릭하여 [함수 마법사] 대화상자가 표시되면 '함수 검색' 및 '범주 선택', '함수 선택' 등을 이용하여 함수를 선택하고 인수를 입력하여 사용할 수 있다.
- 셀에 등호(=)를 입력하면 이름 상자 부분에 최근에 사용했던 10개의 함수 목록이 표시되어 빠르게 선택한 후 사용할 수 있다.

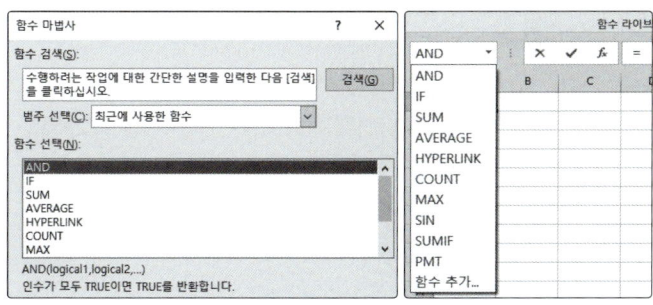

02. 날짜/시간 함수

함수	설명
YEAR(날짜)	날짜에서 연도만 표시 (연도를 두 자리로 표시할 경우 00~29는 2000년대, 30~99는 1900년대로 표시됨)
MONTH(날짜)	날짜에서 월만 표시
DAY(날짜)	날짜에서 일만 표시
HOUR(시간)	시간에서 시간만 표시
MINUTE(시간)	시간에서 분만 표시
SECOND(시간)	시간에서 초만 표시

DATE(연,월,일)	입력한 값을 날짜로 표시
TIME(시,분,초)	입력한 값을 시간으로 표시
DAYS360(날짜,날짜)	1년을 12달, 360일로 하여 두 날짜 사이의 일수 계산

WEEKDAY(날짜,옵션)	• 날짜에 해당하는 요일 번호를 구함
	• 옵션 1 또는 생략
	  : 1(일요일)~ 7(토요일)까지의 숫자 사용
	  2 : 1(월요일)~7(일요일)까지의 숫자 사용
	  3 : 0(월요일)~6(일요일)까지의 숫자 사용

TODAY( )	현재 날짜를 표시함
NOW( )	현재 날짜와 시간을 표시함

	A	B	C	D	E
1					
2		표1	날짜		2025-12-25
3			시간		13:20:30
4					
5			함수	함수식	결과값
6			YEAR	=YEAR(D2)	2025
7			MONTH	=MONTH(D2)	12
8			EOMONTH	=EOMONTH(D2, 1)	2026-01-31
9			DAY	=DAY(D2)	25
10			HOUR	=HOUR(D3)	13
11			MINUTE	=MINUTE(D3)	20
12		표2	SECOND	=SECOND(D3)	30
13			DATE	=DATE(E6,E7,E9)	2025-12-25
14			EDATE	=EDATE(D2, 1)	2026-01-25
15			TIME	=TIME(E9,E10,E11)	1:13 AM
16			DAYS360	=DAYS360("2023-12-31",D2)	715
17			WEEKDAY	=WEEKDAY(D2)	5
18			TODAY	=TODAY()	2025-09-09
19			NOW	=NOW()	2025-09-09 9:58
20					

035 다음 중 1982년 12월 4일에서 오늘까지 경과된 날짜를 구하는 수식으로 옳은 것은?

① =DATE(1982,12,4)−DAY( )
② =DAY( )−DATE(1982−12,4)
③ =YEAR( )−DATE(1982,12,4)
④ =TODAY( )−DATE(1982,12,4)

036 다음 중 각 수식에 대한 결과가 옳지 않은 것은?

① =MNTH(EDATE("2025−3−20",2)) → 5
② =EDATE("2025−3−20",3) → 2025−06−20
③ =EOMONTH("2025−3−20",2) → 2025−05−20
④ =EDATE(2025−3−20",−3) → 2024−12−20

037 아래 그림에서 주민등록번호를 이용해 [D2] 셀에 나이를 구할 때의 수식으로 올바른 것은?

	A	B	C	D	E	F
1	성명	주민등록번호	토익	나이		
2	갑돌이	740917-1010265	800			
3	갑순이	761023-2134568	780			
4	갑을병	720122-1012342	850			
5						

① =YEAR(TODAY( ))−LEFT(B2,2)−1900
② =TODAY( )−LEFT(B2,2)−1900
③ =TODAY( )−RIGHT(B2,2)−1900
④ =YEAR(TODAY( )−LEFT(B2,2)−1900)

03. 수학/삼각함수

SUM(인수1, 인수2, …)	인수의 합계
SUMIF (조건 범위, 조건, 합계 범위)	조건에 만족하는 셀들의 합계
ROUND(인수, 자릿수)	인수를 지정한 자릿수로 반올림
ROUNDUP(인수, 자릿수)	인수를 지정한 자릿수로 올림
ROUNDDOWN (인수, 자릿수)	인수를 지정한 자릿수로 내림
ABS(인수)	인수의 절대값
INT(인수)	인수보다 크지 않은 정수를 구함
MOD(인수1, 인수2)	인수1을 인수2로 나눈 나머지
SQRT(인수)	인수의 양의 제곱근을 구함(단, 인수가 음수이면 오류)
POWER(인수, 제곱값)	인수의 거듭 제곱값
PI( )	수치 상수 파이(π)를 15자리까지 나타냄

	A	B	C	D	E	F	G	H	I
1									
2			이름	이론	실기	합계	평균		숫자
3		표1	유재식	71.351	61.014	132.365	66.1825		-35.12
4			김종구	53.424	55.913	109.337	54.6685		6
5			송지현	67.132	65.171	132.303	66.1515		4
6									2
7			함수	함수식			결과값		
8			SUM	=SUM(D3:E3)			132.365		
9			SUMIF	=SUMIF(D3:D5,">=60",F3:F5)			264.668		
10			ROUND	=ROUND(G3, 1)			66.2		
11			ROUNDUP	=ROUNDUP(G4,-1)			60		
12			ROUNDDOWN	=ROUNDDOWN(G5, 1)			66.1		
13		표2	ABS	=ABS(I3)			35.12		
14			INT	=INT(G3)			66		
15			MOD	=MOD(I4,I5)			2		
16			SQRT	=SQRT(I5)			2		
17			TRUNC	=TRUNC(G3, 1)			66.1		
18			POWER	=POWER(I5,I6)			16		
19			PRODUCT	=PRODUCT(I5,I6)			8		
20			PI	=PI()			3.141592654		
21									

038 다음 중 함수식의 실행 결과가 옳지 않은 것은?

① =MOD(17,-5) → 2
② =PRODUCT(7,2,2) → 28
③ =INT(-5.2) → -6
④ =ROUND(6.29,0) → 6

039 다음 중 각 수식의 실행 결과가 옳지 않은 것은?

① =MOD(13,-3) → -2
② =POWER(3,2) → 9
③ =INT(-7.4) → -7
④ =TRUNC(-8.6) → -8

04. 통계 함수

함수	설명
AVERAGE(인수1, 인수2, …)	인수들의 평균값
MAX(인수1, 인수2, …)	인수 중에서 최대값
MIN(인수1, 인수2, …)	인수 중에서 최소값
COUNT(인수1, 인수2, …)	인수 중 숫자가 들어있는 셀의 개수
COUNTA(인수1, 인수2, …)	인수 중 비어있지 않은 셀의 개수
COUNTIF(범위, 조건)	지정된 범위에서 조건에 만족하는 셀의 개수
LARGE(범위, n번째)	범위에서 n번째로 큰 값
SMALL(범위, n번째)	범위에서 n번째로 작은 값
RANK.EQ (인수, 범위, 논리값)	• 지정된 범위 안에서 인수의 순위 • 논리값이 0 또는 생략되면 내림차순 0 이외의 수는 오름차순
VAR(인수1, 인수2, …)	인수의 분산
STDEV(인수1, 인수2, …)	인수의 표준 편차
MEDIAN(인수1, 인수2, …)	인수들의 중간값
MODE(인수1, 인수2, …)	인수 중 가장 많이 발생한 값

	A	B	C	D	E	F	G	H	I
1									
2			이름	필기	실기	평균	등수		인수
3		표1	유재식	63	77	70	1		1
4			김종구	57	61	59	3		대한
5			송지현	69	65	67	2		
6			하동현	49	61	55	4		5
7									
8			함수명		함수식				결과값
9			AVERAGE	=AVERAGE(D3:E3)					70
10			MAX	=MAX(D3:E6)					77
11			MIN	=MIN(D3:E6)					49
12			COUNT	=COUNT(I3:I6)					2
13			COUNTA	=COUNTA(I3:I6)					3
14		표2	COUNTIF	=COUNTIF(F3:F6,">=60")					2
15			LARGE	=LARGE(D3:E6,2)					69
16			SMALL	=SMALL(D3:E6,2)					57
17			RANK.EQ	=RANK.EQ(F3,$F$3:$F$6)					1
18			VAR	=VAR(D3:D6)					73
19			STDEV	=STDEV(D3:D6)					8.544003745
20			MEDIAN	=MEDIAN(D3:E6)					62
21			MODE	=MODE(D3:E6)					61

RANK.EQ 함수 범위의 절대 참조와 상대참조

순위를 구할 값이 포함되어 있는 셀은 채우기로 계산할 경우 위치에 따라 상대적으로 변해야 하지만 순위를 구하는 대상의 범위는 고정되어야 하므로 절대 참조 방식을 사용해야 한다. 만약, 범위를 상대 참조 방식으로 그대로 두면 정확한 등수를 계산할 수 없다.

	A	B	C	D	E
1					
2		이름	평균	등수	등수 함수식
3		유재식	70	1	=RANK.EQ(C3,$C$3:$C$6)
4		김종구	59	3	=RANK.EQ(C4,$C$3:$C$6)
5		송지현	67	2	=RANK.EQ(C5,$C$3:$C$6)
6		하동현	55	4	=RANK.EQ(C6,$C$3:$C$6)

▲ 범위의 절대 참조

	A	B	C	D	E
1					
2		이름	평균	등수	등수 함수식
3		유재식	70	1	=RANK.EQ(C3,C3:C6)
4		김종구	59	2	=RANK.EQ(C4,C4:C7)
5		송지현	67	1	=RANK.EQ(C5,C5:C8)
6		하동현	55	1	=RANK.EQ(C6,C6:C9)

▲ 범위의 상대 참조

040 아래의 워크시트에서 총점에 대하여 내림차순으로 '김수로'의 등수를 산출하고, 채우기 핸들을 이용하여 등수를 표시하려고 할 때 올바른 수식은?

	A	B	C	D	E	F
1	수험자 성명	필기	면접	총점	등수	
2	김수로	100	100	200		
3	원효	99	93	192		
4	사임당	88	75	163		
5	김유신	70	70	140		

① =RANK.EQ(D$2,$D$2:$D$5,1)
② =RANK.EQ(D$2,$D$2:$D$5,0)
③ =RANK.EQ(D2,$D$2:$D$5,1)
④ =RANK.EQ(D2,$D$2:$D$5,0)

041 다음 함수 식의 설명 중 옳은 것은?

① LARGE - 인수 중에서 가장 큰 값을 구한다.
② SMALL - 인수 중에서 가장 작은 값을 구한다.
③ COUNTA - 값이 있거나 비어있지 않은 셀의 개수를 구한다.
④ COUNTIF - 인수 중에서 숫자 데이터의 개수를 구한다.

042 다음 중 수식의 실행 결과가 다르게 나타나는 것은?

① =POWER(2, 5)
② =SUM(3, 11, 25, 0, 1, -8)
③ =MAX(32, -4, 0, 12, 42)
④ =INT(32.2)

043 다음 중 영문 소문자로 입력된 텍스트에서 각 단어의 첫 글자만 대문자로 바꾸는 함수로 옳은 것은?

① TRIM 함수　② UPPER 함수
③ LOWER 함수　④ PROPER 함수

044 [A1:E2] 셀에 아래 그림과 같이 문자가 입력되어 있다. 아래 보기의 수식을 [A3:D3] 셀에 순서대로 입력하려고 한다. 다음 중 입력된 수식의 결과가 다른 것은?

	A	B	C	D	E
1	안녕	하세요	안녕하세요		
2	안녕	녕	하	세	요
3					

① =LEFT(B1,2)　② =MID(C1,3,2)
③ =RIGHT(C1,3)　④ =C2&D2

05. 텍스트 함수

함수	설명
LEFT(문자열, 개수)	문자열의 왼쪽부터 지정한 개수만큼 표시
RIGHT(문자열, 개수)	문자열의 오른쪽부터 지정한 개수만큼 표시
MID(문자열, 시작 위치, 개수)	문자열의 지정된 시작 위치부터 지정한 개수만큼 표시
LOWER(문자열)	문자열을 모두 소문자로 표시
UPPER(문자열)	문자열을 모두 대문자로 표시
PROPER(문자열)	문자열의 첫 글자만 대문자로 표시
TRIM(문자열)	문자열의 양쪽 공백을 제거 후 표시

	A	B	C	D	E
1					
2		표1	텍스트	컴퓨터활용능력필기	
3				Computer efficiency TEST	
4				렉스 미디어　출판사	
5					
6			함수	함수식	결과값
7			LEFT	=LEFT(D2,3)	컴퓨터
8		표2	RIGHT	=RIGHT(D2,2)	필기
9			MID	=MID(D2,4,2)	활용
10			LOWER	=LOWER(D3)	computer efficiency test
11			UPPER	=UPPER(D3)	COMPUTER EFFICIENCY TEST
12			PROPER	=PROPER(D3)	Computer Efficiency Test
13			TRIM	=TRIM(D4)	렉스 미디어 출판사

06. 논리 함수

함수	설명
IF(조건, 인수1, 인수2)	조건을 비교하여 참이면 인수1, 거짓이면 인수2를 실행
AND(인수1, 인수2, …)	인수가 모두 참이면 참을 표시
OR(인수1, 인수2, …)	인수 중 하나라도 참이면 참을 표시
NOT(인수)	인수에 대한 논리값의 반대값을 표시

	A	B	C	D	E	F	G	H	I
1									
2			이름	필기	실기	합계	평균		
3		표1	유재식	65	75	140	70		
4			김종구	48	58	106	53		
5			송지현	72	58	130	65		
6									
7			함수	함수식				결과값	
8				=AND(D3>=60,E3>=60)				TRUE	
9			AND	=AND(D4>=60,E4>=60)				FALSE	
10				=AND(D5>=60,E5>=60)				FALSE	
11				=OR(D3>60,E3>=60)				TRUE	
12			OR	=OR(D4>60,E4>=60)				FALSE	
13				=OR(D5>60,E5>=60)				TRUE	
14				=NOT(G3>=60)				FALSE	
15		표2	NOT	=NOT(G4>=60)				TRUE	
16				=NOT(G5>=60)				FALSE	
17				=IF(G3>=60,"합격","불합격")				합격	
18			IF	=IF(G4>=60,"합격","불합격")				불합격	
19				=IF(G5>=60,"합격","불합격")				합격	
20				=IF(AND(D3>40,E3>=40,G3>=60),"합격","불합격")				합격	
21			AND/IF	=IF(AND(D4>40,E4>=40,G4>=60),"합격","불합격")				불합격	
22				=IF(AND(D5>40,E5>=40,G5>=60),"합격","불합격")				합격	
23				=IF(G3>=70,"상위권",IF(G3>=60,"중위권","하위권"))				상위권	
24			다중 IF	=IF(G4>=70,"상위권",IF(G4>=60,"중위권","하위권"))				하위권	
25				=IF(G5>=70,"상위권",IF(G5>=60,"중위권","하위권"))				중위권	

045 워크시트의 [A1] 셀과 [A2] 셀에 각각 −300, 300의 데이터가 입력되어 있을 때, 다음 중 수식의 결과값이 나머지 수식과 다른 것은 어느 것인가?

① =IF(NOT(A1<A2),"O","X")
② =IF(NOT(OR(A1<A2)),"O","X")
③ =IF(A1=A2,"O","X")
④ =IF(AND(A1<A2),"O","X")

07. 찾기/참조 함수

- **VLOOKUP(찾을 값, 범위, 열 번호, 옵션)**: 범위의 첫 번째 열에서 찾을 값을 찾은 후 찾을 값이 있는 행에서 지정된 열 번호에 있는 데이터를 찾는다.

	A	B	C	D	E	F
1						
2		학과	가산점		총점	학점
3		전기	5		0	재수강
4		전자	3		70	C 학점
5		기계	10		80	B 학점
6		통신	6		90	C 학점
7						
8		이름	학과	점수	가산점	가산점 함수식
9		유재식	전자	82	3	=VLOOKUP(C9,$B$3:$C$6,2,FALSE)
10		김종구	통신	71	6	=VLOOKUP(C10,$B$3:$C$6,2,FALSE)
11		송지현	기계	59	10	=VLOOKUP(C11,$B$3:$C$6,2,FALSE)
12		하동현	전기	92	5	=VLOOKUP(C12,$B$3:$C$6,2,FALSE)

총점	학점	학점 함수식
85	B 학점	=VLOOKUP(J9,$E$3:$F$6,2)
77	C 학점	=VLOOKUP(J10,$E$3:$F$6,2)
69	재수강	=VLOOKUP(J11,$E$3:$F$6,2)
97	A 학점	=VLOOKUP(J12,$E$3:$F$6,2)

- **HLOOKUP(찾을 값, 범위, 행 번호, 옵션)**: 범위의 첫 번째 행에서 찾을 값을 찾은 후 찾을 값이 있는 열에서 지정된 행 번호에 있는 데이터를 찾는다.

	A	B	C	D	E	F
1						
2		학과	전기	전자	기계	통신
3		가산점	5	3	10	6
4						
5		총점	0	70	80	90
6		학점	재수강	C 학점	B 학점	A 학점
7						
8		이름	학과	점수	가산점	가산점 함수식
9		유재식	전자	82	3	=HLOOKUP(C9,$C$2:$F$3,2,FALSE)
10		김종구	통신	71	6	=HLOOKUP(C10,$C$2:$F$3,2,FALSE)
11		송지현	기계	59	10	=HLOOKUP(C11,$C$2:$F$3,2,FALSE)
12		하동현	전기	92	5	=HLOOKUP(C12,$C$2:$F$3,2,FALSE)

총점	학점	학점 함수식
85	B 학점	=HLOOKUP(J9,$C$5:$F$6,2)
77	C 학점	=HLOOKUP(J10,$C$5:$F$6,2)
69	재수강	=HLOOKUP(J11,$C$5:$F$6,2)
97	A 학점	=HLOOKUP(J12,$C$5:$F$6,2)

HLOOKUP/VLOOKUP 함수의 옵션
- TRUE(또는 1): 찾을 값보다 가장 근접하게 작은 값을 찾음 (TRUE 옵션을 사용할 경우 행(HLOOKUP)/열(VLOOKUP)이 반드시 오름차순으로 정렬되어 있어야 함)
- FALSE: 찾을 값과 정확히 일치하는 값을 찾음

- **INDEX(범위, 행 번호, 열 번호)**: 범위에서 행 번호와 열 번호에 해당하는 데이터를 찾는다.
- **CHOOSE(인수, 인수 범위)**: 인수 범위 중에서 인수에 해당하는 값을 찾는다.

	A	B	C	D	E	F	G	H	I	J	K
1											
2		등급	수	우	미	양	가		숫자		
3		점수	90~100	80~89	70~79	60~69	0~59		2	3	
4											
5		함수명			함수식						결과
6		INDEX	=INDEX(B2:G3,1,3)								우
7			=INDEX(B2:G3,I1,J3)								우
8											80~89
9		CHOOSE	=CHOOSE(1,"수","우","미","양","가")								수
10			=CHOOSE(3,"수","우","미","양","가")								미
11			=CHOOSE(5,C2,D2,E2,F2,G2)								가
12			=CHOOSE(WEEKDAY("2024-1-1",2),"월","화","수","목","금","토","일")								월

046 다음 시트에서 [H1] 셀에 표시되는 결과로 옳은 것은?

H1		ƒx	=HLOOKUP(82,B1:F5,3,TRUE)				
	A	B	C	D	E	F	G	H
1		0	60	70	80	90		
2	국어	2	11	21	25	6		
3	영어	3	12	22	26	7		
4	수학	4	13	23	27	8		
5	과학	5	14	24	28	9		

① 26　　② 27
③ 7　　④ 8

047 다음 중 수식을 실행한 결과가 다른 하나는?

① =SQRT(16)
② =MAX(4,"0.5")
③ =CHOOSE(4,3,4,5,6)
④ =COUNTA("월","화",A,0)

048 아래 워크시트는 '수량'과 '상품코드'별 단가를 이용하여 금액을 산출한 것이다. 다음 중 [D2] 셀에 사용된 함수식으로 옳은 것은?
(금액 = 수량 × 단가)

	A	B	C	D	E
1	매장명	상품코드	수량	금액	
2	강북	AA-10	15	45,000	
3	강남	BB-20	25	175,000	
4	강서	AA-10	30	90,000	
5	강동	CC-30	35	175,000	
6					
7		상품코드	단가		
8		AA-10	3000		
9		BB-20	7000		
10		CC-30	5000		

① =C2*VLOOKUP(B2,$B$8:$C$10,1,1)
② =B2*HLOOKUP(C2,$B$8:$C$10,2,0)
③ =C2*VLOOKUP(B2,$B$8:$C$10,2,0)
④ =C2*HLOOKUP($B$8:$C$10,2,B2)

08. 데이터베이스 함수

DSUM (범위, 열 번호, 조건)	범위에서 조건에 만족하는 자료의 열 번호에 해당하는 데이터 합계
DAVERAGE (범위, 열 번호, 조건)	범위에서 조건에 만족하는 자료의 열 번호에 해당하는 데이터 평균
DCOUNT (범위, 열 번호, 조건)	범위에서 조건에 만족하는 자료의 열 번호에 해당하는 숫자가 들어 있는 셀의 개수
DCOUNTA (범위, 열 번호, 조건)	범위에서 조건에 만족하는 자료의 열 번호에 해당하는 비어있지 않은 셀의 개수
DMAX (범위, 열 번호, 조건)	범위에서 조건에 만족하는 자료의 열 번호에 해당하는 셀들 중 가장 큰 값
DMIN (범위, 열 번호, 조건)	범위에서 조건에 만족하는 자료의 열 번호에 해당하는 셀들 중 가장 작은 값

- **범위** : 레코드(행)와 필드(열)로 이루어진 관련 데이터 목록으로 첫 행에는 반드시 열 이름표가 있어야 한다.
- **열 번호** : 함수에서 값을 계산할 필드(열) 번호로 숫자로 직접 입력하거나 열 이름 또는 열 이름의 셀 주소로 지정할 수 있다.
- **조건** : 찾을 조건에 해당하는 셀 범위로 조건은 반드시 열 이름표를 함께 입력해야 한다.

	A	B	C	D	E	F	G	H
1								
2		이름	1학기	2학기	출석점수	실습확인	합계	
3		유재식	28	38	26	확인	92	
4		김종구	15	35	30		80	
5		송지현	16	26	22	확인	64	
6		하동현	24	34	24		82	
7								
8		1학기	2학기		출석점수		합계	
9		>=20	>=20		>=25		>=80	
10								
11			1학기 점수가 20점 이상인 학생의 출석점수 합계					결과
12		DSUM	=DSUM(B2:G6,E2,B8:B9)					50
13			=DSUM(B2:G6,"출석점수",B8:B9)					50
14			=DSUM(B2:G6,4,B8:B9)					50
15			출석 점수가 25점 이상인 학생의 출석점수 평균					
16		DAVERAGE	=DAVERAGE(B2:G6,E2,E8:E9)					28
17			출석 점수가 25점 이상인 학생의 합계 평균					
18			=DAVERAGE(B2:G6,6,E8:E9)					86
19		DCOUNT	합계 점수가 80점 이상인 학생의 수					
20			=DCOUNT(B2:G6,G2,G8:G9)					3
21		DCOUNTA	합계 점수가 80점 이상인 학생 중 실습확인 학생 수					
22			=DCOUNTA(B2:G6,F2,G8:G9)					1
23		DMAX	2학기 점수가 20점 이상인 학생 중 가장 높은 출석점수					
24			=DMAX(B2:G6,E2,C8:C9)					30
25		DMIN	2학기 점수가 20점 이상인 학생 중 가장 낮은 출석점수					
26			=DMIN(B2:G6,E2,C8:C9)					22

049 다음 중 아래의 워크시트에서 몸무게가 70kg 이상인 사람의 수를 구하고자 할때 [D7] 셀에 입력할 수식으로 옳지 않은 것은?

	A	B	C	D	E	F	G
1	번호	이름	키(Cm)	몸무게(Kg)			
2	12001	홍길동	165	67		몸무게(Kg)	
3	12002	이대한	171	69		>=70	
4	12003	한민국	177	78			
5	12004	이우리	162	80			
6	몸무게가 70Kg 이상인 사람의 수?					2	

① =DCOUNT(A1:D5,2,F2:F3)
② =DCOUNTA(A1:D5,2,F2:F3)
③ =DCOUNT(A1:D5,3,F2:F3)
④ =DCOUNTA(A1:D5,3,F2:F3)

050 아래 워크시트에서 [D10] 셀에 '서울' 지점 금액의 평균을 계산하는 수식으로 적합하지 않은 것은?

	A	B	C	D	E
1	지점명	수량	단가	금액	
2	서울	100	800	80,000	
3	부산	120	750	90,000	
4	대구	130	450	58,500	
5	대전	140	660	92,400	
6	서울	100	990	99,000	
7	부산	90	450	40,500	
8	광주	140	760	106,400	
9	서울지점 금액의 평균				

① =AVERAGEIF(A2:A8,A2,D2:D8)
② =AVERAGE(D2,D6)
③ =DAVERAGE(A1:D8,D1,A2)
④ =SUMIF(A2:A8,A2,D2:D8)/COUNTIF(A2:A8, A2)

Chapter 03 차트의 작성

STEP 01 차트 만들기

01. 차트의 특징

- 워크시트에 입력된 수치 데이터를 막대나 선, 도형, 그림 등을 사용하여 시각적으로 표현한 것이다.
- 데이터의 상호 관계 및 데이터의 추세, 경향 등을 쉽게 이해하고 분석할 수 있다.
- 차트는 2차원과 3차원 차트로 구분되며, 2차원 차트는 차트의 원근감 및 상/하/좌/우 회전 등을 할 수 없고, 3차원 차트는 추세선 추가가 불가능하다.
- 차트를 작성하기 위해서는 차트에 필요한 원본 데이터가 필요하며, 데이터의 내용이 바뀌면 차트의 모양도 자동으로 바뀐다.
- 차트는 현재 통합 문서의 워크시트 안에 작성하거나 새로운 차트(Chart) 시트에 작성할 수 있다.
- 차트에 필요한 원본 데이터를 선택한 후 F11을 누르면 기본 차트(묶은 세로 막대형)가 차트 시트에 자동으로 생성된다.
- 원본 데이터의 숨겨진 셀은 차트에 표시되지 않는다.
- 차트에 두 개 이상의 차트 종류를 사용하여 혼합형 차트를 만들 수 있다.
- 원통형, 원뿔형, 피라미드형 차트는 2차원 차트 모양으로 만들 수 없다.
- 분산형, 도넛형, 주식형 차트는 3차원 차트로 작성할 수 없다.

051 다음 중 차트에 관한 설명으로 옳지 않은 것은?

① 차트는 차트 영역, 그림 영역, 계열, 항목 축, 값 축, 범례, 제목 등의 개체로 구성되어 있다.
② F11을 누르면 자동적으로 만들어지는 기본형 차트는 2차원 가로 막대형 차트이다.
③ 세로 막대와 꺾은선 그래프를 함께 표시할 수도 있다.
④ 계열의 단위가 다르거나, 숫자의 크기가 현저하게 다를 경우에는 이중 축 차트를 작성하는 것이 좋다.

052 다음 중 차트에 대한 설명으로 옳지 않은 것은?

① 차트를 클릭하면 [차트 디자인] 탭과 [서식] 탭이 추가된다.
② 사용자가 제작한 차트를 차트 서식 파일 목록에서 선택할 수 있도록 차트 서식 파일로 등록할 수 있다.
③ 차트에서 데이터 요소의 크기를 조절하면 워크시트의 값이 자동으로 수정된다.
④ 워크시트의 셀과 차트의 제목을 연결하려면 차트에 제목이 입력되어 있어야 한다.

02. 차트의 구성 요소

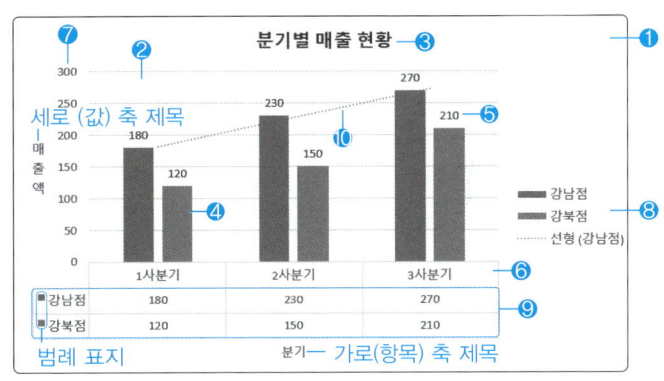

❶ 차트 영역	차트의 전체 영역으로 모든 구성 요소를 포함하고 있으며, 구성 요소의 서식을 한꺼번에 변경할 수 있음
❷ 그림 영역	가로 축과 세로 축이 포함된 영역으로 채우기 색(단색, 그라데이션, 그림)을 변경할 수 있음
❸ 차트 제목	차트의 제목을 표시함
❹ 데이터 계열	차트로 표시할 값을 가진 항목으로 막대 또는 선 등으로 표현하며, 계열마다 채우기 색(단색, 그라데이션, 그림) 또는 무늬 등을 변경할 수 있음
❺ 데이터 레이블	데이터 계열에 대한 값 또는 데이터 항목을 표시함
❻ 가로(항목) 축	차트를 구성하는 데이터 항목을 나타냄
❼ 세로(값) 축	데이터의 계열을 포함하는 값을 숫자로 나타냄
❽ 범례	데이터 계열의 무늬 및 색과 이름을 표시함
❾ 데이터 표	차트의 원본 데이터를 표시함
❿ 추세선	데이터 계열에 대한 변화 추세로 데이터를 분석하고 예측하는데 사용됨

053 다음 중 차트의 기본 구성 요소에 대한 설명으로 옳지 않은 것은?
① 범례 : 차트를 구성하는 데이터 계열의 무늬 및 색상과 데이터 계열의 이름을 표시하는 것이다.
② 데이터 요소 : 데이터의 계열을 포함하는 값을 숫자로 나타낸다.
③ 데이터 레이블 : 그려진 막대나 선이 나타내는 표식에 대한 데이터 요소 또는 값 등의 추가정보를 표시한다.
④ 가로(항목) 축 : 차트를 구성하는 데이터 항목을 나타내는 것으로 일반적으로 X축이라 한다.

054 다음 중 차트의 범례 설정에 대한 설명으로 옳지 않은 것은?
① 차트에 범례가 표시되어 있으면 개별 범례 항목을 선택하여 데이터 계열 서식을 변경할 수 있다.
② 차트에서 범례 또는 범례 항목을 클릭한 후 Delete를 누르면 범례를 쉽게 제거할 수 있다.
③ 범례는 기본적으로 차트와 겹치지 않게 표시된다.
④ 마우스로 범례를 이동하거나 크기를 변경하면 그림 영역의 크기 및 위치는 자동으로 조정된다.

055 다음 중 아래 차트에 설정되지 않은 차트 요소는?

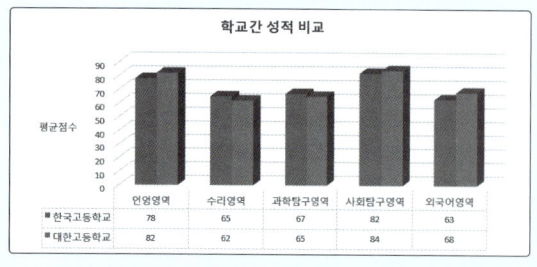

① 차트 제목
② 데이터 표
③ 데이터 레이블
④ 세로(값) 축 제목

056 다음 차트에 대한 설명으로 옳지 않은 것은?

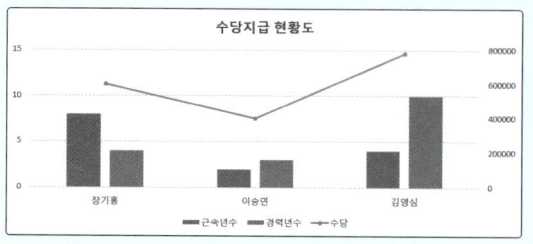

① 두 개의 차트 종류가 혼합되어 있으며, 값 축이 두 개로 설정된 혼합형(콤보) 차트이다.
② 막대 그래프 계열 옵션의 계열 겹치기는 '0%'로 설정되었다.
③ 데이터 레이블이 표시되어 있는 차트이다.
④ 기본 가로 축 제목이 표시되어 있지 않은 차트이다.

03 차트(묶은 세로 막대형)의 작성 방법

① 차트에 사용할 데이터의 범위(B2:E5)를 영역으로 지정한 후 [삽입] 탭-[차트] 그룹에서 [세로 또는 가로 막대형 차트 삽입]-[묶은 세로 막대형]을 클릭한다.

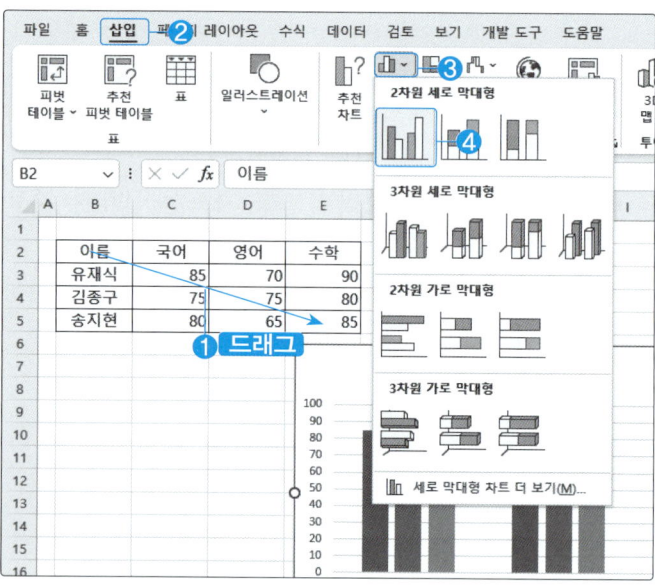

② 차트가 삽입되면 차트 제목을 선택한 후 **차트 제목(성적표)**을 수정한다.

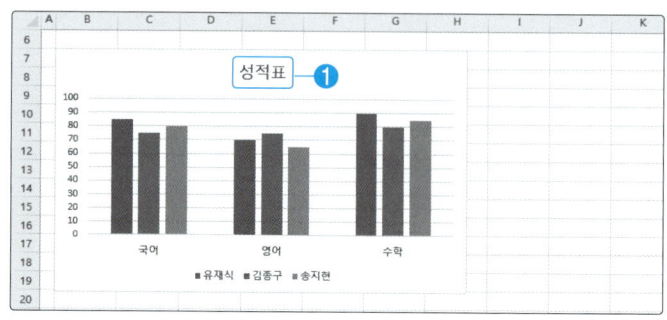

③ 차트의 세로(값) 축 제목을 삽입하기 위해 [차트 디자인] 탭-[차트 레이아웃] 그룹에서 [차트 요소 추가]-[축 제목]-[기본 세로]를 클릭한다.

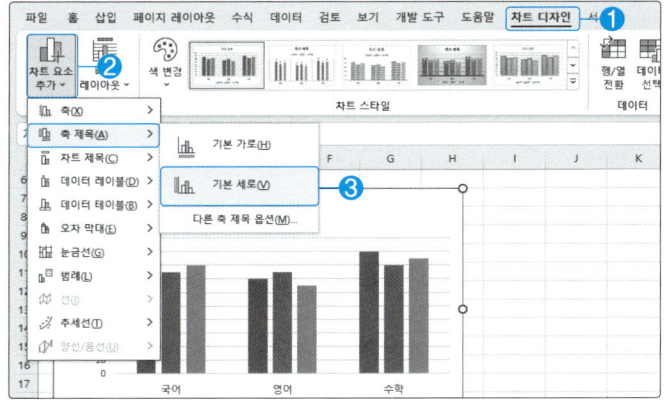

④ 차트에 '축 제목'이 추가되면 세로(값) 축 제목(점수)을 수정한다.

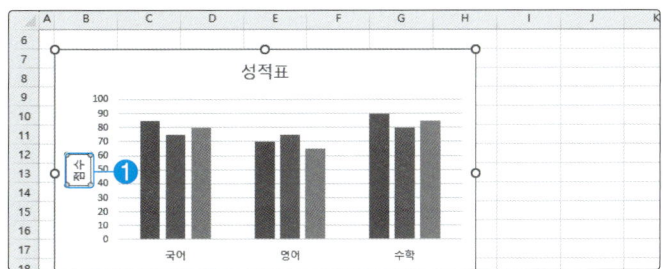

⑤ 범례 위치를 수정하기 위해 [차트 디자인] 탭-[차트 레이아웃] 그룹에서 [차트 요소 추가]-[범례]-[위쪽]을 클릭한다.

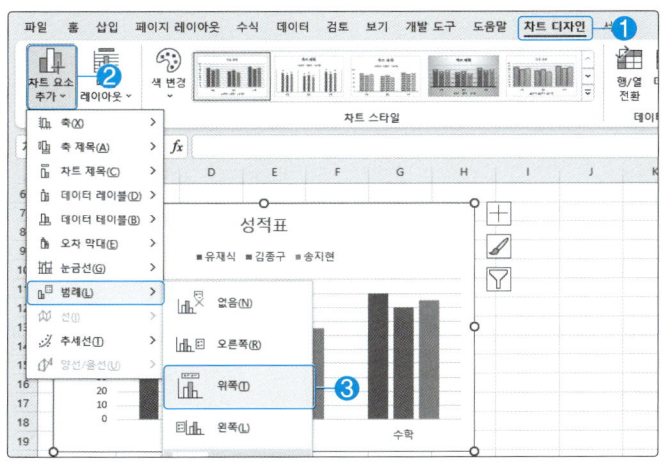

⑥ 범례 위치가 위쪽으로 이동된다.

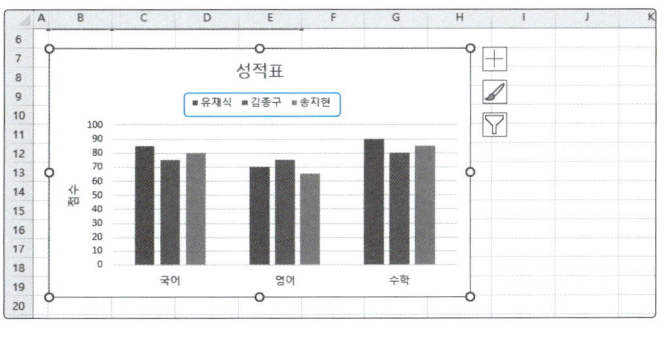

⑦ 유재식 계열에 데이터 레이블을 추가하기 위해 [차트 디자인] 탭-[차트 레이아웃] 그룹에서 [차트 요소 추가]-[데이터 레이블]-[바깥쪽 끝에]를 클릭한다.

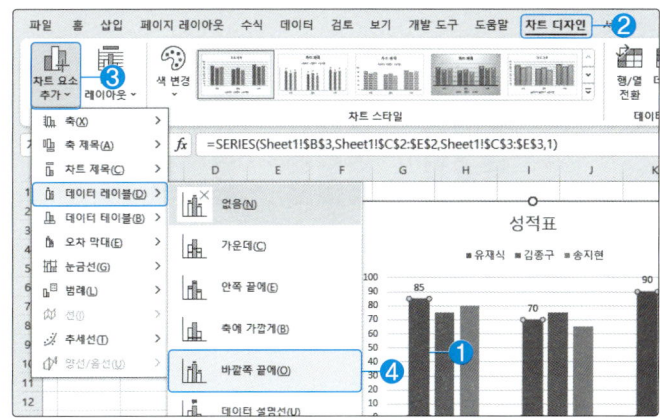

⑧ 유재식 계열에 데이터 레이블이 표시된다.

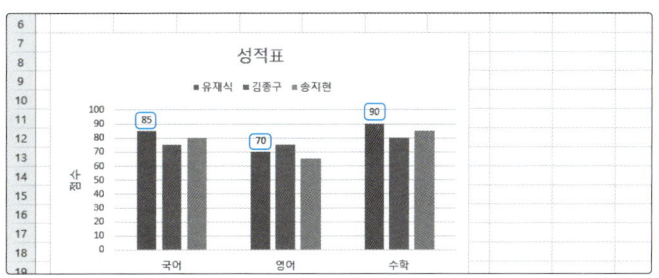

⑨ 범례 표지 포함을 추가하기 위해 [차트 디자인] 탭-[차트 레이아웃] 그룹에서 [차트 요소 추가]-[데이터 테이블]-[범례 표지 포함]를 클릭한다.

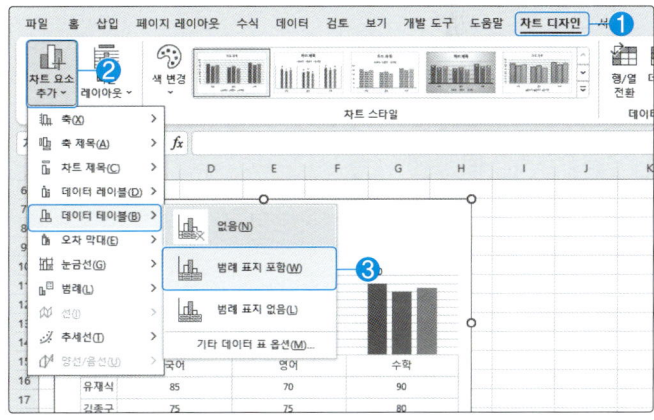

⑩ 차트 아래에 데이터 표가 표시된다.

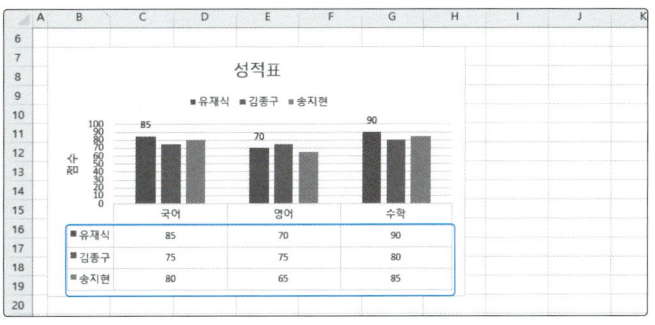

Chapter 03 · 차트의 작성

⑪ 완성된 차트는 **차트 안에서 드래그하여 차트 위치를 수정**할 수 있고 **차트 모서리에서 드래그하여 크기를 수정**할 수 있다.

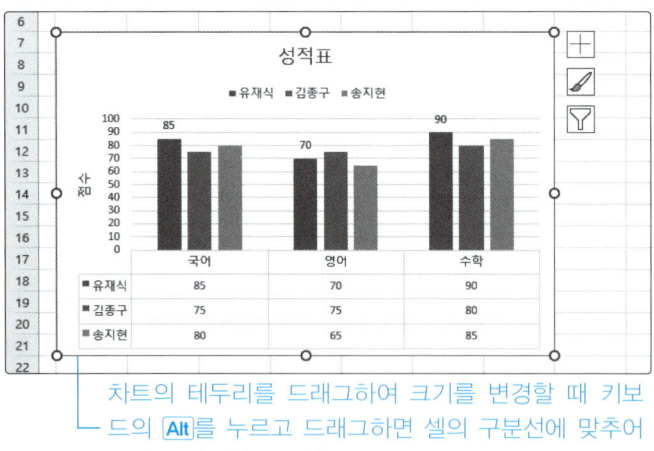

차트의 테두리를 드래그하여 크기를 변경할 때 키보드의 `Alt`를 누르고 드래그하면 셀의 구분선에 맞추어 크기를 변경할 수 있음

04. 차트의 삭제

■ 차트 삭제
차트 영역을 클릭한 후 [홈] 탭-[편집] 그룹에서 [지우기]-[모두 지우기]를 선택하거나 키보드의 `Delete`를 누른다.

■ 데이터 계열 삭제
삭제할 데이터 계열을 선택한 후 `Delete`를 누르거나 바로 가기 메뉴의 [삭제]를 선택한다.

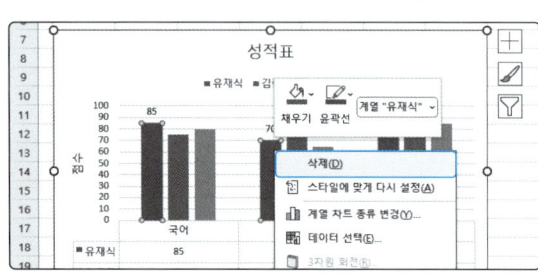

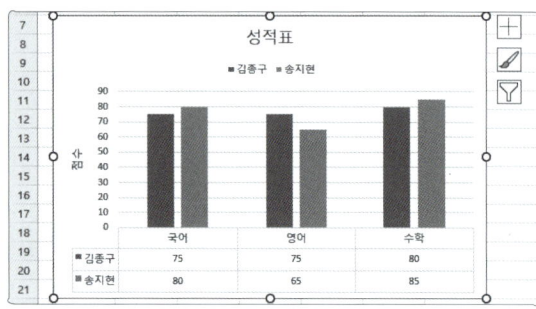

■ 서식 삭제
차트 영역을 클릭한 후 바로 가기 메뉴의 [스타일에 맞게 다시 설정]을 선택하거나 [서식] 탭-[현재 선택 영역] 그룹에서 [스타일에 맞게 다시 설정]을 클릭한다.

05. 차트의 종류

세로 막대형	• 각 항목간의 값을 비교할 때 사용함 • 항목 축은 수평, 값 축은 수직으로 표시
가로 막대형	• 각 항목간의 값을 비교할 때 사용함 • 항목 축은 수직, 값 축은 수평으로 표시
꺾은선형	• 시간의 흐름에 따른 각 항목의 변화를 표시 • 연속적인 변화의 값을 선으로 표시
원형	• 전체 항목에 대한 각 항목의 비율을 표시 • 항상 한 개의 데이터 계열만 가지고 있으므로 축이 없으며, 중요한 요소의 강조에 사용
분산형	• 두 개의 숫자 그룹을 xy 좌표로 이루어진 한 계열에 표시 • 데이터의 불규칙한 간격이나 묶음을 보여주며, 주로 과학, 공학용 데이터 분석에 사용
영역형	시간에 따른 각 값의 변화량을 비교할 때 사용 (꺾은선형과 비슷함)
도넛형	• 전체에 대한 각 부분의 관계를 비율로 표시 • 원형 차트와 달리 여러 개의 계열을 갖음 • 3차원 차트로 작성할 수 없음
방사형	• 모든 계열의 값이 가운데에서 뻗어 나오는 값 축을 갖음 • 같은 계열의 값을 모두 선으로 연결하여 거미줄 모양을 연상케함
표면형	• 두 데이터의 집합에서 최적의 조합을 찾을 때 유용함 • 지형 지도 모양으로 같은 값 범위의 지역들을 색과 무늬로 구분
거품형	• 세 값의 집합을 비교할 때 사용하며, 데이터 요소당 적어도 두 개의 값이 필요함 • 데이터 값이 세 개인 경우 사용하며, 첫 번째 값이 X축, 두 번째 값이 Y축, 세 번째 값이 데이터 표식의 크기로 사용됨
주식형	• 주식의 거래량과 같은 주가 흐름을 파악할 때 사용 • 온도 변화와 같은 과학 데이터에도 사용
혼합형	• 두 개 이상의 데이터 계열을 갖는 차트에서 특정 데이터 계열을 다른 차트 종류로 표시 • 혼합형 차트의 구현은 2차원 차트에서만 가능 • 주식형, 거품형, 표면형, 원통형, 원뿔형, 피라미드형 차트는 혼합형 차트로 구현할 수 없음

트리맵	• 데이터를 계층 구조 보기로 제공하므로 다른 범주 수준을 비교하기 간편함 • 색과 근접성을 기준으로 범주를 표시하며 다른 차트 유형으로 표시하기 어려운 많은 양의 데이터를 쉽게 표시할 수 있음 • 트리맵 차트는 계층 구조 안에 빈(공백) 셀이 있는 경우에만 그릴 수 있으며 계층 안에서 비율을 비교하는데 유용함
선버스트	• 계층적 데이터를 표시하는 데 적합하며, 계층 구조 내에 빈 셀이 있는 경우 그릴 수 있음 • 하나의 고리 또는 원이 계층 구조의 각 수준을 나타내며 가장 안쪽에 있는 원이 계층 구조의 가장 높은 수준을 나타냄 • 계층 구조가 없는(하나의 범주 수준) 선버스트 차트는 도넛형 차트와 모양이 유사함 • 범주 수준이 여러 개인 서버스트 차트는 외부 고리와 내부 고리의 관계를 보여줌 • 선버스트 차트는 하나의 고리가 어떤 요소로 구성되어 있는가를 보여 주는데 가장 효과적임
히스토그램	• 데이터는 분포 내의 빈도를 나타냄 • 계급 구간이라고 하는 차트의 각 열을 변경하여 데이터를 보다 세부적으로 분석할 수 있음 • 히스토그램(빈도 계급 구간으로 그룹화된 데이터 분포를 보여줌)과 파레토차트(내림차순으로 정렬된 열과 총 누적 백분율을 나타내는 선을 모두 포함하는 순차적 히스토그램 차트)가 있음
상자 수염 그림	• 데이터 분포를 사분위수로 나타내며 평균 및 이상값을 강조하여 표시함 • 상자에는 수직으로 확장되는 '수염'이라는 선이 포함될 수 있음 • 서로 특정 방식으로 관계가 있는 여러 데이터 집합이 있는 경우에 사용함
폭포	• 값이 더하거나 뺄 때 재무 데이터의 누계 합계가 표시됨 • 초기 값이 양의 양수 및 음수 값에 영향을 주는 방식을 이해하는 데 유용함 • 막대는 색으로 구분되므로 양수와 음수를 빠르게 구분할 수 있음

콤보	• 여러 열과 행에 있는 데이터를 콤보 차트로 그릴 수 있음
	• 특히 데이터 범위가 광범위한 경우 데이터를 쉽게 이해할 수 있도록 만들기 위해 두 개 이상의 차트 종류를 결합함
	• 종류
	  – 묶은 세로 막대형 – 꺾은선형
	  – 묶은 세로 막대형 – 꺾은선형, 보조 축
	  – 누적 영역형 – 묶은 세로 막대형
	  – 사용자 지정 조합

057 다음 중 차트에 대한 설명으로 옳지 않은 것은?

① 표면형 차트 : 두 개의 데이터 집합에서 최적의 조합을 찾을 때 사용한다.
② 방사형 차트 : 분산형 차트의 한 종류로 데이터 계열 간의 항목 비교에 사용된다.
③ 분산형 차트 : 데이터의 불규칙한 간격이나 묶음을 보여주는 것으로 주로 과학이나 공학용 데이터 분석에 사용된다.
④ 이중 축 차트 : 특정 데이터 계열의 값이 다른 데이터 계열의 값과 현저하게 차이가 날 경우나 두 가지 이상의 데이터 계열을 가진 차트에 사용한다.

058 다음 중 항목 레이블이 월, 분기, 연도와 같이 일정한 간격의 값을 나타내는 경우에 적합한 차트로 일정 간격에 따라 데이터의 추세를 표시하는 데 유용한 것은?

① 분산형 차트   ② 원형 차트
③ 꺾은선형 차트   ④ 방사형 차트

059 다음 중 아래 차트에 대한 설명으로 옳지 않은 것은?

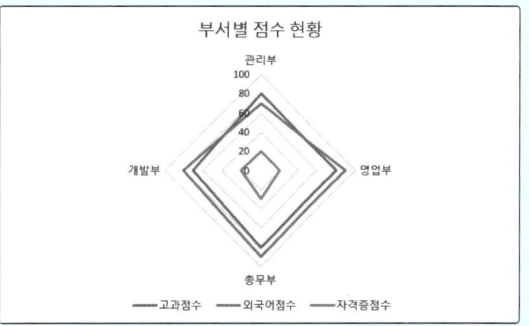

① 데이터 계열이 중심점에서 외곽선으로 나오는 축을 갖는다.
② 여러 데이터 계열의 집계 값을 비교할 때 사용한다.
③ 같은 계열에 있는 모든 값들이 선으로 연결되며, 각 계열마다 축을 갖는다.
④ 두 데이터 계열에서 최적의 조합을 찾는데 유용하다.

060 다음 중 전체 항목의 합에 대한 각 항목의 비율을 나타내기에 적합한 차트는?
① 혼합형 차트　② 원형 차트
③ 방사형 차트　④ 영역형 차트

061 다음 중 차트에서 계열의 순서를 변경할 때 선택해야 할 바로 가기 메뉴는?
① 차트 이동　② 데이터 선택
③ 차트 영역 서식　④ 그림 영역 서식

STEP 02 차트 편집

01. 차트 도구

■ [차트 디자인] 탭

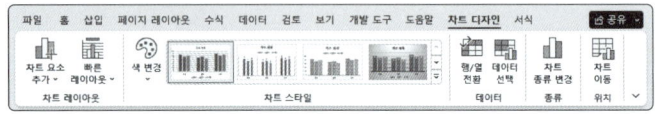

차트 레이아웃	차트 요소를 추가하거나 빠른 레이아웃을 선택할 수 있음
차트 스타일	차트를 구성하는 요소의 스타일이 적용되어 있는 차트 스타일 목록에서 선택할 수 있음
데이터	차트 데이터의 행과 열을 전환하거나 데이터의 범위를 선택할 수 있음
종류	차트의 종류를 변경하거나 추천 차트를 선택할 수 있음
위치	차트의 위치를 새 시트나 워크시트로 이동할 수 있음

■ [서식] 탭

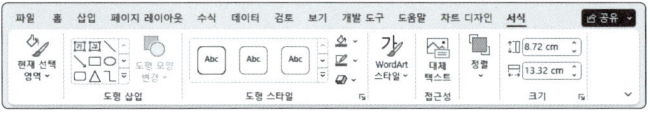

현재 선택 영역	현재 선택된 개체의 서식을 변경 및 현재 선택된 개체의 서식을 기본 서식으로 변경할 수 있음
도형 삽입	차트 내에 도형을 삽입하여 다양한 도형 효과를 지정할 수 있음
도형 스타일	선택된 차트 요소의 스타일 설정 및 채우기, 윤곽선, 효과 등을 지정할 수 있음
WordArt 스타일	차트 내에 입력된 텍스트에 대해 다양한 WordArt 효과를 지정할 수 있음
정렬 및 크기	차트 개체에 대해 정렬 및 크기 등을 조절할 수 있음

02. 차트 편집

■ 차트 편집

- **선택** : 차트를 선택한 후 차트를 구성하는 요소를 클릭해서 특정 요소만 선택할 수 있다.
- **위치** : 차트를 선택한 후 마우스로 드래그하여 위치를 조절할 수 있다.
- **크기** : 차트를 선택한 후 조절점을 마우스로 드래그하여 크기를 조절할 수 있다.
- **삭제** : 차트나 특정 요소를 선택한 후 Delete 를 누르거나 [홈] 탭-[편집] 그룹에서 [지우기]-[모두 지우기]를 선택한다.
- 데이터 계열을 선택해서 지울 수 있으며, 이때 원본 데이터는 삭제되지 않는다.
- 차트의 요소를 선택한 후 [서식] 탭-[현재 선택 영역] 그룹에서 [선택 영역 서식]을 클릭하면 나타나는 차트 영역 서식 작업 창에서 요소의 속성을 변경할 수 있다.

- 일부 데이터를 차트에 표시하지 않으려면 해당하는 열이나 행을 [숨기기]로 지정한다.
- Alt 를 누른 상태에서 차트 크기를 조절하면 차트의 크기가 셀에 맞춰 조절된다.
- Ctrl 을 누른 상태에서 차트 크기를 조절하면 차트의 중심을 그대로 유지한 채 크기가 조절된다.

■ 차트 종류 변경

- 차트를 선택한 후 [차트 디자인] 탭-[종류] 그룹에서 [차트 종류 변경]을 클릭하거나 차트 영역의 바로 가기 메뉴에서 [차트 종류 변경]을 클릭한다.
- 특정한 데이터 계열을 선택한 후 차트 종류를 변경하면 선택한 데이터 계열만 차트 종류가 변경된다.

■ 이중 축 차트

- 이중 축 차트는 특정 계열의 값이 다른 계열과 크게 차이나는 경우에 주로 사용한다.
- 이중 축을 만들려면 특정 데이터 계열을 선택한 후 바로 가기 메뉴에서 [데이터 계열 서식]을 클릭

한 다음 [계열 옵션]에서 '보조 축'을 지정하면 오른쪽의 세로 축으로 선택한 데이터 계열의 축이 설정되어 이중 축 차트가 만들어진다.

■ 원본 데이터 범위 변경
- 차트를 선택한 후 [차트 디자인] 탭-[데이터] 그룹에서 [데이터 선택]을 클릭하거나 차트 영역의 바로 가기 메뉴에서 [데이터 선택]을 클릭한다.
- 추가할 데이터를 범위로 지정하여 복사한 후 차트를 선택하여 차트 영역 위에서 붙여넣기 한다.

■ 차트 옵션 변경
- 차트를 선택한 후 [차트 디자인] 탭-[차트 레이아웃] 그룹에서 차트 제목, 축 제목, 범례, 데이터 레이블, 데이터 표의 표시 여부와 위치를 설정할 수 있다.
- [차트 디자인] 탭-[차트 레이아웃] 그룹에서 [차트 요소 추가]-[눈금선]에서 가로나 세로 눈금선을 설정할 수 있다.

■ 차트 이동
- 차트를 선택한 후 [차트 디자인] 탭-[위치] 그룹에서 [차트 이동]을 클릭한다.
- [차트 이동] 대화상자가 나타나면 새 시트 및 워크시트에 삽입 중 선택하여 차트의 위치를 이동한다.
- 차트 전체를 선택한 후 바로 가기 메뉴에서 [잘라내기]를 클릭한 다음 다른 시트로 이동하여 [붙여넣기]를 한다.

■ 추세선
- 차트를 선택한 후 [차트 디자인] 탭-[차트 레이아웃] 그룹에서 [차트 요소 추가]-[추세선]을 클릭한다.
- 특정 데이터 계열에 대한 변화 추세를 파악하기 위해 선으로 그린 것으로, 예측 문제 연구를 위해 사용되며 회귀 분석이라고도 한다.
- 추세선에 사용된 수식을 추세선과 함께 나타나게 할 수 있다.
- 추세선의 종류에는 선형, 로그, 다항식, 거듭제곱, 지수, 이동 평균 등이 있다.

추세선을 사용할 수 있는 차트	꺾은선형, 분산형, 막대형, 영역형, 주식형, 거품형
추세선을 사용할 수 없는 차트	3차원, 표면형, 원형, 도넛형, 방사형

■ 오차 막대
- 데이터 계열에 있는 각 데이터 표식의 잠정 오차나 불확실도를 그림으로 나타내는 막대 이다.
- 2차원 영역형, 가로 막대형, 세로 막대형, 꺾은선형, 분산형, 거품형 차트 등의 데이터 계열에 Y 오차 막대를 추가할 수 있다.
- 3차원 차트는 오차 막대를 표시할 수 없다.

062 워크시트에 추가된 내용을 차트에 추가하려고 한다. 적당하지 않은 방법은?
① 추가된 데이터를 범위로 지정하여 복사한 다음 차트를 선택하여 차트 영역 위에서 붙여넣기한다.
② 차트를 선택하고 [차트 디자인]-[데이터]-[데이터 선택]에서 [추가]를 클릭한 후 추가된 데이터의 범위와 계열 이름을 지정한다.
③ 차트를 선택하고 단축 메뉴 [데이터 선택]에서 데이터 범위를 추가된 부분까지 포함하여 새로 설정한다.
④ 새로 추가된 범위를 포함하여 차트를 반드시 다시 작성해야만 가능하다.

063 다음 중 차트 작업 중에, 추세선에 대한 설명으로 옳지 않은 것은?
① 추세선은 데이터의 추세를 그래픽으로 표시하고 예측 문제를 분석하는데 사용된다.
② 누적되지 않은 2차원 영역형, 가로 막대형, 세로 막대형, 꺾은선형, 주식형, 분산형, 거품형 차트 등의 데이터 계열에는 추세선을 추가할 수 있다.
③ 3차원, 방사형, 원형, 표면형, 도넛형 차트에는 한 가지 계열에 대해서만 추세선이 가능하다.
④ 추세선에 사용된 수식을 추세선과 함께 나타나게 할 수 있다.

064 [차트1]을 완성한 후 [차트2]와 같이 변경하려고 한다. 이 때 사용되지 않은 기능은?

[차트 1]

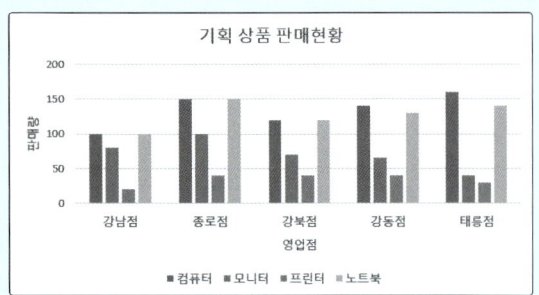

[차트 2]

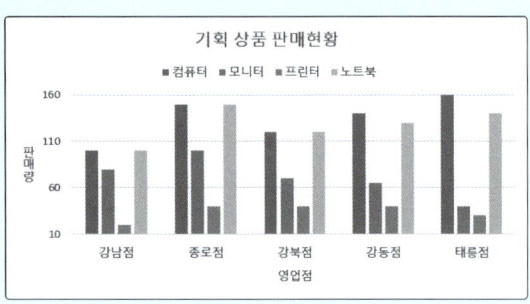

① 축 제목 서식의 텍스트 맞춤 방향을 변경하였다.
② 데이터 계열 서식을 변경하여 보조 축을 지정하였다.
③ 축 서식을 사용하여 최소값과 최대값을 변경하였다.
④ 범례 위치를 위쪽으로 변경하였다.

065 다음 중 막대형 차트에서 각 데이터 계열을 그림으로 표시하는 방법으로 옳지 않은 것은?

① 막대에 채워질 그림은 저장된 파일, 클립보드에 복사되어 있는 파일, 온라인에서 선택할 수 있다.
② 늘이기는 값에 비례하여 그림의 너비와 높이가 증가한다.
③ 쌓기는 원본 그림의 크기에 따라 단위/그림이 달라진다.
④ '다음 배울에 맞게 쌓기'는 계열 간의 원본 그림 크기가 달라도 단위/그림(Units/Picture)을 같게 설정하면 같은 크기로 표시된다.

066 다음 중 아래 그림과 같이 [변경 전] 차트를 [변경 후] 차트로 수정하였을 때 변경된 내용에 해당하지 않은 것은?

[변경 전]

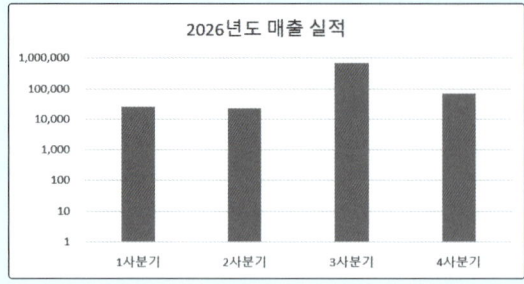

[변경 후]

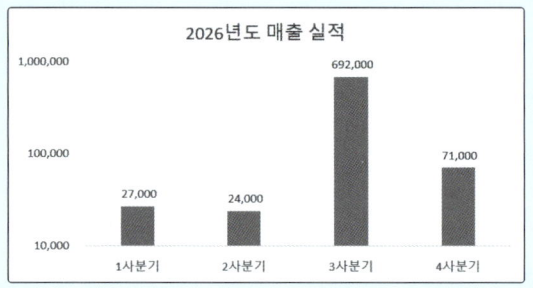

① 최소값을 10000으로 변경하였다.
② 기본 주 가로 눈금선을 없앴다.
③ 가로 축 교차 축 값을 100000으로 설정하였다.
④ 데이터 레이블 '바깥쪽 끝에'가 추가되었다.

067 아래 그림을 [데이터 계열 서식] 메뉴를 이용하여 수정하고자 할 때, 다음 중 설명이 옳지 않은 것은?

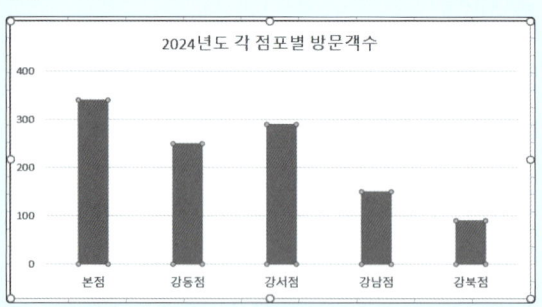

① [계열 겹치기]는 −100%에서 100%까지 조절할 수 있다.
② [간격 너비]는 0%에서 500%까지이다.
③ [요소마다 다른 색 사용]에 체크표시를 하면 막대의 색깔이 각각 달라진다.
④ [간격 너비]의 숫자를 늘리면 각 막대의 너비가 커진다.

068 아래 그림과 같이 차트에서 '전기난로' 계열의 직선을 부드러운 선으로 나타내는 방법은?

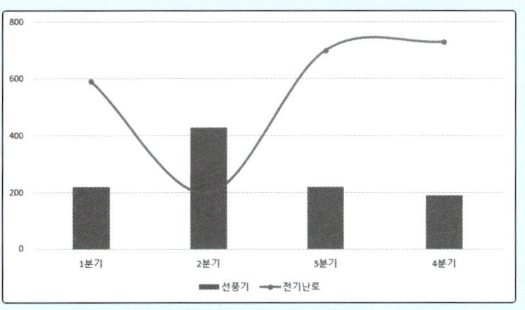

① [데이터 계열 서식] 작업 창의 [선] 탭에서 [완만한 선]을 설정한다.
② [데이터 계열 서식] 작업 창의 [선] 탭에서 [끝 모양 종류]를 설정한다.
③ [데이터 계열 서식] 작업 창의 [선] 탭에서 [연결점 종류]를 설정한다.
④ [데이터 계열 서식] 작업 창의 [선] 탭에서 [곡선]을 설정한다.

069 다음 중 아래 차트에 대한 설명으로 옳지 않은 것은?

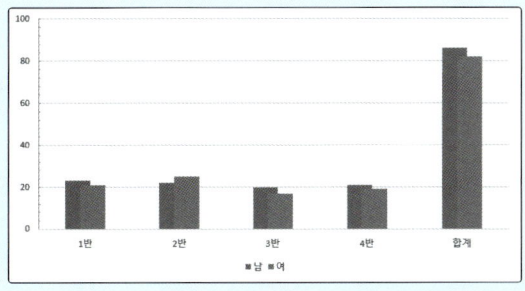

① 차트의 종류는 묶은 세로 막대형으로 계열 옵션의 '계열 겹치기'가 적용되었다.
② 세로 값(축)의 [축 서식]에는 주 눈금과 보조 눈금이 '안쪽'으로 표시되도록 설정되었다.
③ 데이터 계열로 '남'과 '여'가 사용되고 있다.
④ 표 전체 영역을 데이터 원본으로 사용하여 차트를 작성하였다.

070 다음은 차트를 작성할 때 사용할 수 있는 기능이다. 3차원 막대 그래프에 적용할 수 없는 기능은?
① Y 회전
② 원근감 조절
③ 데이터 표 표시
④ 추세선

Chapter 04 출력 기능

STEP 01 화면 제어

01. 화면 확대/축소
- 현재 워크시트를 확대 또는 축소한다.
- [보기] 탭-[확대/축소] 그룹에서 [확대/축소]를 선택하거나 상태 표시줄에 표시된 백분율 형식의 배율을 클릭한 후 [확대/축소] 대화상자에서 배율을 선택한다.
- 상태 표시줄에 표시된 [확대/축소] 슬라이더를 드래그해도 배율을 조정할 수 있다.

02. 틀 고정
- 워크시트에 입력된 데이터의 내용이 많을 경우 특정 범위의 열 또는 행을 고정시켜 셀 포인터의 이동과 상관없이 화면에 항상 표시할 경우 사용한다.
- [보기] 탭-[창] 그룹에서 [틀 고정]-[틀 고정]을 선택하여 실행하며, 커서가 위치한 셀의 좌측 상단을 기준으로 고정되어 행과 열을 동시에 고정시킬 수 있다.
- 틀 고정이 실행된 후에는 위치를 수정할 수 없으며, 위치를 수정하려면 기존의 틀 고정을 취소하고 다시 지정해야 한다.
- [보기] 탭-[창] 그룹에서 [틀 고정]-[틀 고정 취소]를 클릭하면 틀 고정을 취소할 수 있다.

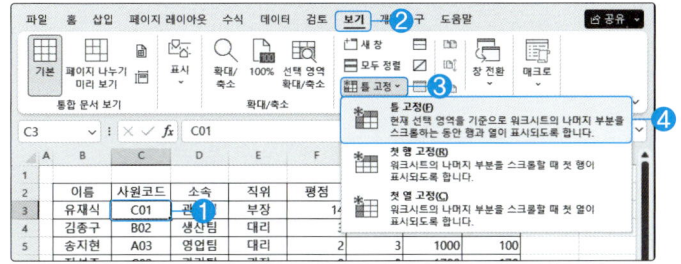

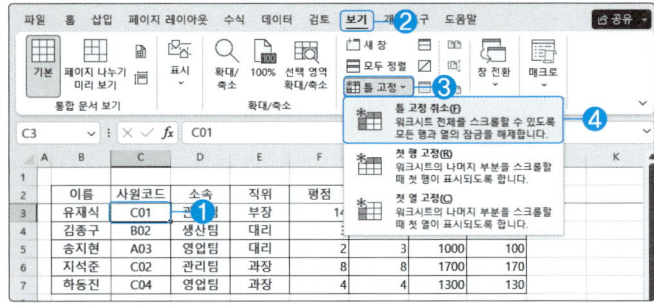

071 다음 중 [창]-[틀 고정]에 대한 설명으로 옳지 않은 것은?

① 셀 포인터의 이동에 상관없이 항상 제목 행이나 제목 열을 표시하고자 할 때 설정한다.
② 제목 행으로 설정된 행은 셀 포인터를 화면의 아래쪽으로 이동시켜도 항상 화면에 표시된다.
③ 제목 열로 설정된 열은 셀 포인터를 화면의 오른쪽으로 이동시켜도 항상 화면에 표시된다.
④ 틀 고정을 취소할 때에는 반드시 셀 포인터를 틀 고정된 우측 하단에 위치시키고 [창]-[틀 고정 취소]를 클릭해야 한다.

03. 창 나누기

- 워크시트에 입력된 데이터의 내용이 많아 하나의 화면으로 모두 표시하기 어려울 때 떨어져 있는 데이터를 한 화면에 표시할 수 있도록 하는 기능이다.
- [보기] 탭-[창] 그룹에서 [나누기]를 실행하면 선택한 셀의 좌측 상단을 기준으로 분할하여 표시된다.
- 현재의 화면을 수직이나 수평 또는 수직/수평 등 최대 4개로 분할이 가능하다.
- 분할선을 마우스로 드래그하여 이동할 수 있다.
- 분할선을 워크시트 바깥쪽으로 이동하거나 더블클릭하면 삭제된다.
- 창 나누기가 설정된 상태에서 [보기] 탭-[창] 그룹에서 [나누기]를 클릭하면 창 나누기 기능이 해제된다.

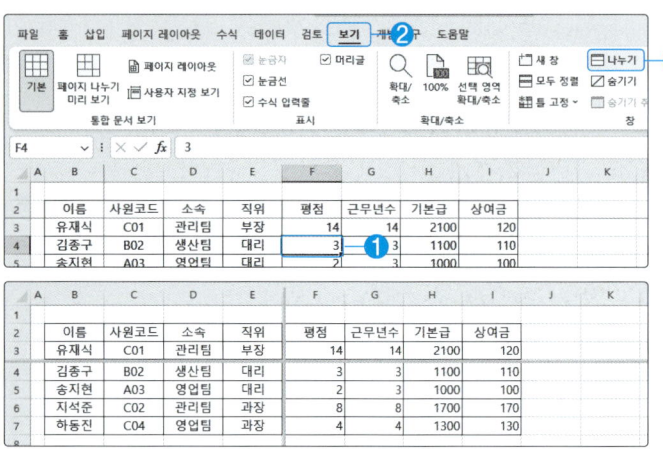

072 다음 중 현재의 화면을 수평이나 수직 또는 수평/수직으로 나누어 볼 수 있는 화면 제어 기능은?

① 창 정렬　　② 확대/축소
③ 창 나누기　④ 창 숨기기

073 다음 중 창 정렬과 창 나누기에 대한 설명으로 옳지 않은 것은?

① 창을 정렬하는 방식은 4가지가 있다.
② 창 정렬은 여러 개의 통합 문서를 배열하여 비교하면서 작업할 수 있는 기능이다.
③ 창이 나누어진 상태에서는 분할선을 마우스로 끌어 분할된 지점을 변경할 수 있다.
④ 창 나누기는 현재 셀 포인터의 우측과 위쪽을 기준으로 설정된다.

04. 새 창과 창 정렬

- **새 창** : 현재 작업하고 있는 통합 문서와 동일한 내용을 새로운 창으로 표시하며, [보기]-[창]-[새 창] 메뉴를 선택하여 실행한다.
- **창 정렬** : 열려 있는 통합 문서 창의 배열 방식을 설정하며, [보기]-[창]-[모두 정렬] 메뉴를 실행하여 정렬 방식(바둑판식, 가로, 세로, 계단식)을 선택한다.

074 다음 중 [창 정렬] 창에서 설정할 수 없는 정렬 방식은 어느 것인가?

① 바둑판식　　② 계단식
③ 채우기식　　④ 세로식

05. 창 숨기기

- 현재의 통합 문서를 숨기는 기능으로 [보기]-[창]-[숨기기]를 선택하여 실행한다.
- 숨기기를 실행하면 [시트] 탭들도 모두 사라지며, 엑셀 프로그램을 종료 후 다시 실행하면 숨기기 기능이 해제된다.
- [보기]-[창]-[숨기기 취소]를 실행한 후 나타낼 문서를 선택하여 다시 표시할 수 있다.

075 아래 그림은 [보기] 탭 [창] 그룹의 일부이다. 이에 대한 설명으로 옳지 않은 것은?

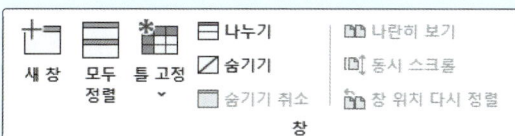

① [나란히 보기]를 클릭하면 두 개의 통합 문서를 한 화면의 위, 아래에 열어 놓고 비교할 수 있다.
② [숨기기]를 클릭하면 현재 통합 문서에서 선택된 워크시트만 숨겨진다.
③ [나누기]를 취소하려면 창을 나누고 있는 분할 줄을 더블클릭한다.
④ [모두 정렬]은 창을 정렬하는 방식으로 바둑판식/가로/세로/계단식 중에서 선택할 수 있다.

076 다음 중 화면 제어 방법에 대한 설명으로 옳지 않은 것은?

① 창 나누기는 워크시트의 내용이 많은 경우 하나의 화면으로는 모두 표시하기 어려울 때 워크시트를 여러 개의 창으로 분리하는 기능으로 화면은 최대 4개로 분할할 수 있다.
② 창 나누기를 위해서는 셀 포인터를 창을 나눌 기준 위치로 옮긴 후 [보기]-[창]-[나누기]를 클릭하면 셀 포인터의 위치에 따라 화면을 수평/수직으로 분할해 준다.
③ 틀 고정은 셀 포인터의 이동에 관계없이 항상 제목 행이나 제목 열을 표시하고자 할 때 설정한다.
④ 통합 문서 창을 [보기]-[창]-[숨기기]를 이용하여 숨긴 채로 엑셀을 종료하면 다음에 파일을 열 때 숨겨진 창에 대해 숨기기 취소를 할 수 없으므로 주의해야 한다.

STEP 02 인쇄

01. 인쇄 미리 보기

- 인쇄하기 전에 인쇄될 내용 및 머리글, 바닥글, 여백 등을 미리 화면으로 확인하는 기능이다.
- [파일] 탭-[인쇄]를 클릭한 후 인쇄 미리 보기에서 [여백 표시]를 선택하면 여백 경계선과 열 너비 경계선이 표시되며, 마우스로 드래그하여 여백과 열 너비를 조절할 수 있고 워크시트에도 그대로 적용된다.
- [확대/축소]를 클릭하면 화면을 일정한 비율로 확대하여 표시하지만 인쇄에 영향을 주지는 않는다.
- [페이지 설정]을 클릭하면 [페이지 설정] 대화상자가 표시되며 인쇄에 관한 사항을 설정 변경할 수 있다.
- 차트를 선택한 후 [파일] 탭-[인쇄]를 클릭하면 차트만 미리 볼 수 있다.
- 인쇄 미리보기를 종료하려면 Esc 를 누른다.

077 다음 중 [인쇄 미리 보기]에 관한 설명으로 옳지 않은 것은?

① [인쇄 미리 보기] 창에서 셀 너비를 조절할 수 있으나 워크시트에는 변경된 너비가 적용되지 않는다.
② [인쇄 미리 보기]를 실행한 상태에서 [페이지 설정]을 클릭하여 [여백] 탭에서 여백을 조절할 수 있다.
③ [인쇄 미리 보기] 상태에서 '확대/축소'를 누르면 화면에는 적용되지만 실제 인쇄 시에는 적용되지 않는다.
④ [인쇄 미리 보기]를 실행한 상태에서 [여백 표시]를 체크한 후 마우스 끌기를 통하여 여백을 조절할 수 있다.

078 다음 중 [인쇄 미리 보기] 화면에서 설정할 수 없는 것은?

① 상하좌우의 여백 설정
② 머리글과 바닥글의 여백 조정
③ 셀의 행 높이 조정
④ 셀의 열 너비 조정

02. [페이지 설정] 대화상자

- [페이지 레이아웃] 탭-[페이지 설정] 그룹에서 ⌐[추가 옵션]을 클릭한다.
- [파일] 탭-[인쇄]를 클릭한 후 인쇄 미리 보기에서 [페이지 설정]을 클릭하여 실행한다.

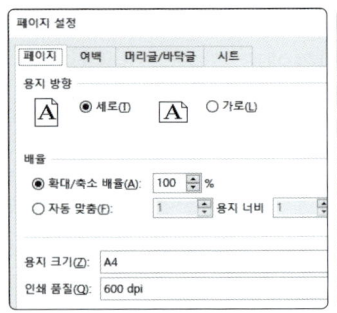
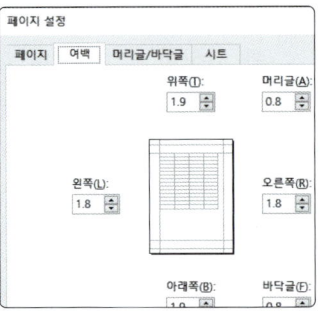
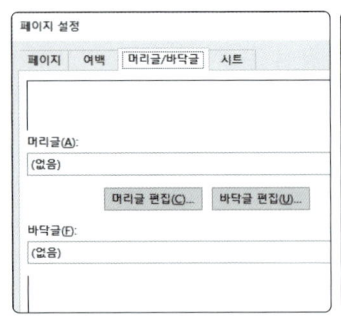
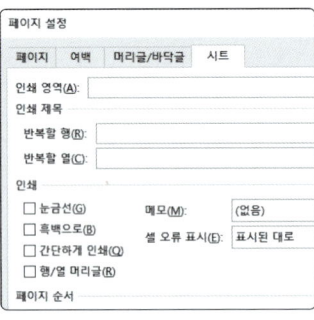

탭 종류	기능 설명
페이지	• 용지 방향(가로, 세로), 용지 크기, 인쇄 품질, 시작 페이지 번호 등을 설정 • 배율(10~400%)을 지정하여 확대/축소 인쇄하거나 자동 맞춤으로 지정한 페이지 수에 맞게 자동으로 배율을 조정하여 인쇄할 수 있음
여백	인쇄 용지의 상/하/좌/우 여백 및 머리글/바닥글의 여백을 조정
머리글/ 바닥글	• 페이지마다 고정적으로 표시되는 머리글/바닥글을 도구 모음을 이용하여 표시 • 도구 모음을 이용하지 않고 삽입할 경우 표시할 내용을 대괄호([ ])로 묶어주고 바로 앞에 '&'를 붙여줌(예 : &[페이지 번호]) • 도구 모음의 종류 　가 : 텍스트 서식　　 : 페이지 번호 삽입 　 : 전체 페이지 수 삽입　 : 날짜 삽입 　 : 시간 삽입　　 : 파일 경로 삽입 　 : 파일 이름 삽입　 : 시트 이름 삽입 　 : 그림 삽입　　 : 그림 서식
시트	• 인쇄 영역 지정, 눈금선, 메모, 행/열 머리글의 인쇄 여부지정 • 인쇄 제목 : 모든 페이지마다 반복하여 인쇄할 행 또는 열을 지정 • 간단하게 인쇄 : 눈금선이나 그림은 제외하고 신속히 출력할 때 사용

079 다음 중 [페이지 설정] 대화상자에서 실행 가능한 작업이 아닌 것은?

① [페이지] 탭에서 '자동 맞춤' 옵션을 이용하여 한장에 모아서 인쇄할 수 있다.
② [여백] 탭에서 '페이지 나누기' 옵션을 이용하여 새 페이지가 시작되는 위치를 설정할 수 있다.
③ [머리글/바닥글] 탭에서 머리말과 꼬리말이 짝수와 홀수 페이지에 다르게 표시되도록 설정할 수 있다.
④ [시트] 탭에서 '간단하게 인쇄' 옵션을 이용하여 워크시트에 삽입된 차트나 일러스트레이션 개체 등이 인쇄되지 않도록 설정할 수 있다.

080 인쇄해야 할 범위가 2페이지 이상이 되는 표를 인쇄하고자 한다. 첫 페이지에 있는 표의 제목줄(A1:H1 셀)을 2쪽 이후에도 인쇄하려면, 다음 중 어떠한 순서로 작업을 해야 하는가?

① [페이지 설정]-[시트] 탭의 '반복할 행'에서 제목줄의 범위 지정
② [페이지 설정]-[시트] 탭의 '반복할 열'에서 제목줄의 범위 지정
③ [페이지 설정]-[시트] 탭의 '인쇄 영역'에서 제목줄의 범위 지정
④ [페이지 설정]-[시트] 탭의 '행/열 머리글'에서 체크 표시

081 다음 중 [페이지 설정] 대화상자의 [시트] 탭에 대한 설명으로 옳지 않은 것은?

① 셀에 삽입된 메모를 시트 끝에 인쇄되도록 설정할 수 있다.
② 셀 구분선이나 그림 개체 등은 제외하고 셀에 입력된 데이터만 인쇄되도록 설정할 수 있다.
③ 워크시트의 행/열 머리글과 눈금선이 인쇄되도록 설정할 수 있다.
④ 페이지를 기준으로 가운데에 인쇄되도록 '페이지 가운데 맞춤'을 설정할 수 있다.

082 다음 중 [페이지 설정] 대화상자에 대한 설명으로 옳지 않은 것은?

① [셀 오류 표시] 옵션을 이용하여 오류 값이 인쇄되지 않도록 할 수 있다.
② 인쇄할 내용이 페이지의 가로/세로의 가운데에 위치하도록 설정할 수 있다.
③ [시작 페이지 번호] 옵션을 이용하여 인쇄할 페이지의 시작 페이지 번호를 지정할 수 있다.
④ 설치된 여러 대의 프린터 중에서 인쇄할 프린터를 선택할 수 있다.

083 다음 중 머리글 또는 바닥글에 인쇄할 '전체 페이지 수'를 표시하려고 할 때 사용하는 것으로 옳은 것은?

①   ②   ③   ④

03. 페이지 나누기

■ 자동 페이지 나누기
- 한 페이지 이상으로 인쇄할 페이지가 많을 경우 자동으로 구분선이 삽입되며 페이지가 나뉜다.
- 페이지 구분선은 용지의 크기, 여백 설정, 설정한 배율 옵션을 기준으로 설정된다.

■ 수동 페이지 나누기
- [페이지 레이아웃] 탭-[페이지 설정] 그룹에서 [나누기]-[페이지 나누기 삽입]을 클릭한다.
- 사용자가 임의로 페이지를 구분할 때 사용한다.
- 셀 포인터의 왼쪽과 위쪽 위치를 기준으로 페이지 구분선이 삽입된다.
- [페이지 레이아웃] 탭-[페이지 설정] 그룹에서 [나누기]-[페이지 나누기 제거]를 클릭하면 페이지 구분선이 제거된다.

■ 페이지 나누기 미리 보기
- [보기] 탭-[통합 문서 보기] 그룹에서 [페이지 나누기 미리 보기]를 클릭한다.
- 작성한 문서를 페이지 단위로 나누어 페이지 구분선과 인쇄 영역, 페이지 번호 등을 표시한다.
- 페이지 구분선을 마우스로 드래그하여 구분선의 위치 변경이 가능하다.
- 페이지 구분선을 상/하/좌/우 끝으로 이동시키면 페이지 구분선이 제거된다.
- [보기] 탭-[통합 문서 보기] 그룹에서 [기본]을 클릭하면 페이지 미리 보기 상태가 해제된다.

084 다음 중 [페이지 나누기] 기능에 대한 설명으로 옳지 않은 것은?

① [보기] 탭의 [페이지 나누기 미리 보기]를 클릭하면 페이지가 나누어진 상태가 더 명확하게 구분된다.
② [페이지 나누기 미리 보기] 상태에서는 페이지 구분선을 마우스로 드래그하여 페이지 나눌 위치를 조정할 수 있다.
③ [페이지 레이아웃] 탭의 [나누기]-[페이지 나누기 모두 원래대로]를 클릭하여 페이지 나누기전 상태로 원상 복귀할 수 있다.
④ [페이지 나누기 미리 보기] 상태에서는 데이터를 입력하거나 편집할 수 없으므로 [기본] 보기 상태로 변경해야 한다.

085 다음 중 [페이지 나누기 미리 보기] 상태에 대한 설명으로 옳지 않은 것은?

① 차트나 그림 등의 개체를 삽입할 수 없으나 데이터를 입력하거나 편집할 수는 있다.
② 페이지 구분선을 마우스로 드래그하여 페이지를 나눌 위치를 조정할 수 있다.
③ [페이지 레이아웃]-[페이지 설정] 그룹의 [나누기]-[페이지 나누기 모두 원래대로]를 클릭하면 사용자가 삽입한 페이지 구분선이 모두 삭제된다.
④ 자동으로 표시된 페이지 구분선은 점선, 사용자가 삽입한 페이지 구분선은 실선으로 표시된다.

04. 인쇄 작업

■ 인쇄
- [파일] 탭-[인쇄]를 클릭한다.

인쇄	• 인쇄 : 인쇄를 실행함 • 복사본 : 매 페이지를 몇 장씩 인쇄할 것인지 설정함
프린터	• 인쇄를 실행할 프린터를 선택함 • 파일로 인쇄 : 인쇄 파일로 만듦(확장자 '*.prn')
설정	• 인쇄 범위 설정 : 인쇄할 대상을 선택 • 한 부씩 인쇄, 한 부씩 인쇄 안 함 • 용지 방향 설정 : 세로 방향, 가로 방향 • 용지 크기 설정 • 여백 설정 : 마지막 사용자 지정 설정, 기본, 넓게, 좁게, 사용자 지정 여백 설정 • 인쇄 배율 설정 : 현재 설정된 용지, 한 페이지에 시트 맞추기, 한 페이지에 모든 열 맞추기, 한 페이지에 모든 행 맞추기

■ 기타 인쇄
- **도형을 제외한 인쇄** : 도형의 바로 가기 메뉴에서 [크기 및 속성]을 선택한 후 [속성]에서 '개체 인쇄'를 해제한다.
- **차트만 인쇄** : 차트를 선택한 후 인쇄를 실행한다.
- 숨기기를 실행한 영역은 인쇄되지 않는다.

> **086** 인쇄할 내용을 파일로 저장했을 때 생성되는 파일의 확장자로 올바른 것은?
> ① *.TXT ② *.PRN
> ③ *.CSV ④ *.TMP

> **087** 다음 중 인쇄에 대한 설명으로 옳은 것은?
> ① 기본적으로 워크시트에서 숨기기를 실행한 영역도 인쇄된다.
> ② 인쇄 영역에 포함된 도형들을 함께 인쇄하려면 [인쇄] 대화상자에서 '개체 인쇄'를 선택하여 인쇄한다.
> ③ 워크시트에 삽입된 차트만 인쇄하려면 차트가 선택된 상태에서 인쇄 명령을 실행한다.
> ④ 여러 시트를 한 번에 인쇄하려면 [인쇄] 대화상자에서 '여러 시트'를 선택하여 인쇄한다.

Chapter 05 데이터 관리

STEP 01 데이터 정렬

01. 데이터 정렬

■ 정렬의 특징
- 입력된 데이터 목록을 특정 기준에 따라 재배열하는 기능이다.
- 정렬 방식에는 오름차순과 내림차순, 사용자 지정 목록의 순서로 셀 값에 따라 정렬이 수행된다.
- 정렬 방식

오름차순	숫자 – 특수문자 – 영문 소문자 – 영문 대문자 – 한글 – 논리값 – 오류값 – 빈 셀(공백)
내림차순	오류값 – 논리값 – 한글 – 영문 대문자 – 영문 소문자 – 특수문자 – 숫자 – 빈 셀(공백)

- 오름차순과 내림차순 모두 항상 빈 셀(공백)은 마지막에 정렬된다.
- 사용자 지정 목록으로 정렬할 경우 먼저 사용자 지정 목록을 등록한 후 정렬할 수 있다.
- 값, 셀 색, 글꼴 색, 셀 아이콘 등을 기준으로 정렬할 수 있다.
- 정렬 조건은 최대 64개까지 지정할 수 있으며 기본적으로 행 단위로 정렬된다.
- 데이터 목록에 병합된 셀이 포함된 경우 정렬할 수 없다.
- 특정 영역을 범위로 지정하여 해당 범위만 정렬을 수행할 수 있으며, 셀 범위를 지정하지 않은 경우 현재 셀 포인터를 기준으로 인접한 데이터를 모든 범위로 자동 지정된다.

■ 아이콘을 이용한 정렬
- 데이터 목록에서 정렬할 열(필드)의 위치에 셀 포인터를 이동시킨 후 [데이터] 탭-[정렬 및 필터] 그룹에서 ↓[텍스트 오름차순 정렬]/↑[텍스트 내림차순 정렬]을 클릭한다.
- 데이터 범위를 지정할 경우 범위의 첫 번째 열(필드)을 기준으로 정렬된다.

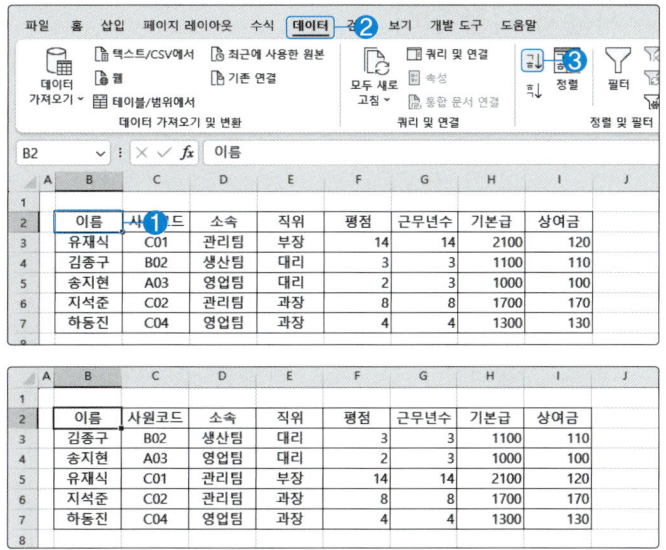

■ 대화상자를 이용한 정렬

- 데이터 목록안에 셀 포인터를 이동시킨 후 [데이터] 탭-[정렬 및 필터] 그룹에서 [정렬]을 클릭하여 [정렬] 대화상자가 나타나면 정렬 순서를 설정한다.
- 데이터 목록에서 정렬의 기준이 되는 열(필드), 정렬 기준(값, 셀 색, 글꼴 색, 셀 아이콘), 정렬(오름차순, 내림차순, 사용자 지정 목록)을 선택한 후 [확인]을 클릭한다.
- 첫 번째 기준이 되는 열(필드)로 정렬했을 때 동일한 레코드가 나올 경우 [기준 추가] 단추를 클릭한 후 두 번째 열(필드)에 따라 재 정렬할 수 있다.
- [정렬] 대화상자의 [옵션]을 클릭하면 대/소문자 구분 및 정렬 방향(위쪽에서 아래쪽, 왼쪽에서 오른쪽)을 지정할 수 있다.
- [정렬] 대화상자의 [내 데이터에 머리글 표시]를 체크하면 데이터 범위의 첫 번째 행이 정렬에서 제외된다.

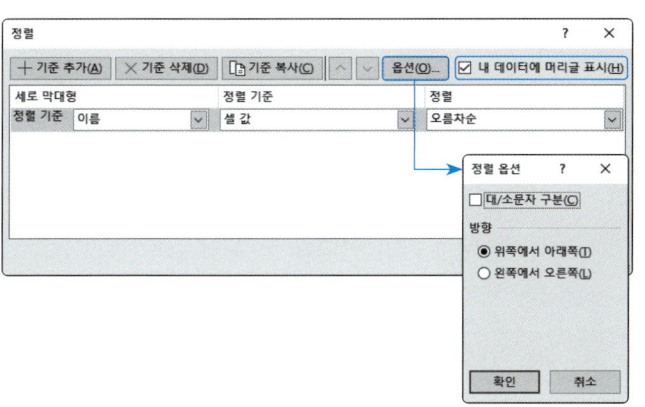

088 다음 중 오름차순 정렬에 관한 설명으로 옳지 않은 것은?

① 숫자는 가장 작은 음수에서 가장 큰 양수의 순서로 정렬된다.
② 영숫자 텍스트는 왼쪽에서 오른쪽으로 정렬된다. 예를 들어, 텍스트 "A100"이 들어 있는 셀은 "A1"이 있는 셀보다 뒤에, "A11"이 있는 셀보다 앞에 정렬된다.
③ 논리값은 TRUE보다 FALSE가 앞에 정렬되며 오류값의 순서는 모두 같다.
④ 공백(빈 셀)은 항상 가장 앞에 정렬된다.

089 다음 중 데이터 분석을 쉽게 하기 위해 수행하는 정렬에 대한 설명으로 옳지 않은 것은?

① 정렬 조건을 최대 64개까지 지정할 수 있어 다양한 기준으로 정렬할 수 있다.
② 색상별 정렬이 가능하여 글꼴 색 또는 셀 색을 기준으로 정렬할 수도 있다.
③ 정렬 옵션을 이용하면 데이터를 열 방향 또는 행 방향으로 선택하여 정렬할 수 있다.
④ 표에 병합된 셀이 포함되어 있어도 정렬을 할 수 있으며 병합된 셀은 맨 아래에 정렬된다.

090 다음 중 정렬에 대한 설명으로 옳지 않은 것은?

① 머리글의 값이 정렬 작업에 포함 또는 제외되도록 설정하거나 해제할 수 있다.
② 숨겨진 열이나 행도 정렬시 이동되므로 데이터를 정렬하기 전에 숨겨진 열과 행을 표시하는 것이 좋다.
③ 사용자 지정 목록을 사용하여 사용자가 정의한 순서대로 정렬할 수 있다.
④ 셀 범위나 표 열의 서식을 직접 또는 조건부 서식으로 설정한 경우 셀 색 또는 글꼴 색을 기준으로 정렬할 수 있다.

091 다음 중 정렬 방법에 대한 설명으로 옳지 않은 것은?

① 정렬은 데이터 목록을 특정 기준에 따라 재배열하는 기능이다.
② 정렬 방식에는 오름차순, 내림차순, 사용자 지정 목록 등이 있다.
③ 영어는 대소문자를 구별해서 정렬할 수 있다.
④ 정렬 옵션의 방향은 '위쪽에서 아래쪽'과 '아래쪽에서 위쪽'이 있다.

STEP 02 필터

01. 자동 필터

자동 필터의 개요

- 데이터의 특정 필드명을 기준으로 단순한 비교 조건의 사용으로 필요한 데이터를 추출하기 위해 사용한다.
- 자동 필터를 사용하여 데이터를 추출하면 셀 범위나 표 열에서 원하는 데이터를 쉽고 빠르게 찾아 작업할 수 있다.
- 데이터 목록안에 셀 포인터를 이동시킨 후 [데이터] 탭-[정렬 및 필터] 그룹에서 [필터]를 클릭한다.
- 데이터 목록에는 반드시 필드명이 있어야 하며, 자동 필터 기능을 실행하면 필드명에 자동 필터 목록 단추가 표시된다.
- 자동 필터를 사용하여 추출한 결과는 원본 데이터 위치에서 행 단위로 표시한다.
- 두 개 이상의 필드명에 조건이 설정된 경우 AND 조건으로 결합된다.
- 자동 필터 기능을 이용하여 추출한 결과가 화면에 표시된 상태에서 인쇄 명령을 내리면 해당 결과만 인쇄된다.

▲ 자동 필터를 이용하여 [직위]가 [과장]인 데이터의 추출 결과 화면

사용자 지정 필터

- 자동 필터 목록에서 [숫자 필터]-[사용자 지정 필터]를 선택하여 실행한다.
- 하나의 필드에 두 가지 조건을 그리고(AND)나 또는(OR)으로 결합하여 지정할 수 있다.
- 비교 연산자(=, 〈 〉, 〉, 〉=, 〈, 〈=) 및 와일드카드 문자(*, ?)를 사용하여 조건을 만들 수 있다.
- 문자열을 대상으로한 조건에서는 '시작 문자', '끝 문자', '제외할 시작 문자, 제외할 끝 문자', '포함', '포함하지 않음'을 사용하여 조건을 만들 수 있다.

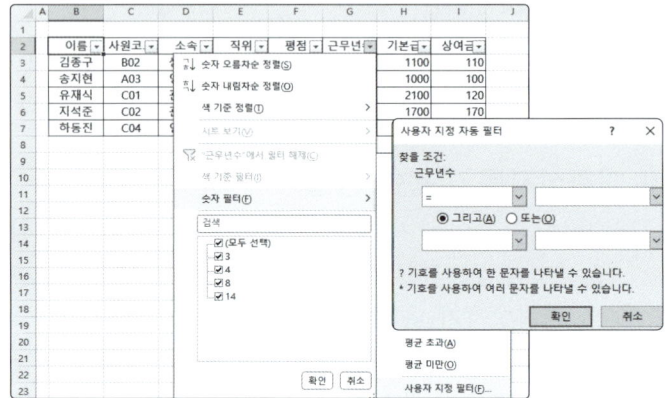

상위 10 자동 필터

- 자동 필터 목록에서 [숫자 필터]-[상위 10]을 선택하여 표시한다.
- 항목이나 백분율을 기준으로 상위 또는 하위 500까지의 범위에 들어가는 레코드만 추출할 수 있다.
- 상위 10 자동 필터는 문자열 필드에서는 사용할 수 없다.

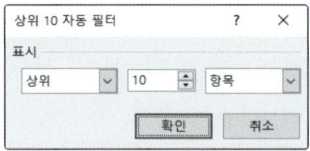

092 다음 중 필터링에 대한 설명으로 옳지 않은 것은?

① 자동 필터를 사용하여 데이터를 필터링하면 셀 범위나 표 열에서 원하는 데이터를 쉽고 빠르게 찾아 작업할 수 있다.
② 데이터에 필터를 적용하면 지정한 조건에 맞는 행만 표시되고 나머지 행은 숨겨진다.
③ 자동 필터에서는 여러 열에 동시에 '또는 (OR)' 조건으로 결합시킬 수 없다.
④ 필터를 사용하려면 기준이 되는 필드를 반드시 오름차순이나 내림차순으로 정렬해야 한다.

093 다음 중 자동 필터가 설정된 표에서 사용자 지정 필터를 사용하여 검색이 불가능한 조건은?

① 성별이 '남자'인 데이터
② 성별이 '남자'이고, 주소가 '서울'인 데이터
③ 나이가 '20'세 이하이거나 '60'세 이상인 데이터
④ 주소가 '서울' 이거나 직업이 '학생'인 데이터

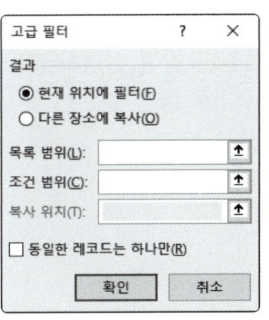

결과	결과를 원본 데이터와 같은 현재 위치에 표시하거나 다른 장소에 복사할 수 있음
목록 범위	원본 데이터 범위를 지정함
조건 범위	조건이 입력된 범위를 지정함
복사 위치	결과 항목에서 다른 장소에 복사를 선택한 경우 결과를 복사할 위치를 지정함
동일한 레코드는 하나만	조건에 만족하는 데이터를 추출할 경우 중복되는 레코드가 있을시 하나만 표시하도록 설정

02. 고급 필터

- 사용자가 직접 조건을 수식으로 설정하여 자동 필터에 비해 복잡한 조건을 사용할 수 있다.
- 추출된 결과는 원본 데이터 위치 또는 다른 위치에 표시할 수 있으며, 조건에 맞는 필드만을 추출할 수도 있다.
- 고급 필터 기능을 실행 전에 반드시 기준이 되는 필터의 조건을 워크시트에 입력해야 한다.
- 조건은 그리고(AND) 조건과 또는(OR) 조건을 이용하여 지정한다.

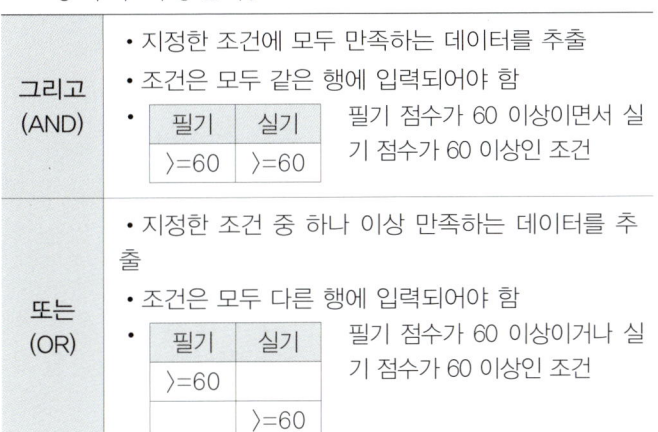

- 원본 데이터의 필드명과 조건에 사용된 필드명은 같아야 한다.
- 한 필드에 3개 이상의 조건을 지정할 수 있다.
- 중복된 데이터의 경우 동일한 레코드는 하나만 표시할 수 있다.
- 와일드카드 문자(*, ?)를 사용하여 조건을 지정할 수 있다.
- [데이터] 탭-[정렬 및 필터] 그룹에서 [고급]을 클릭한 후 [고급 필터] 대화상자에서 결과 및 목록 범위, 조건 범위 등을 지정하여 실행한다.

094 아래 시트에서 고급 필터를 그림과 같이 실행하였다. 다음 중 고급 필터의 실행 결과로 옳은 것은?

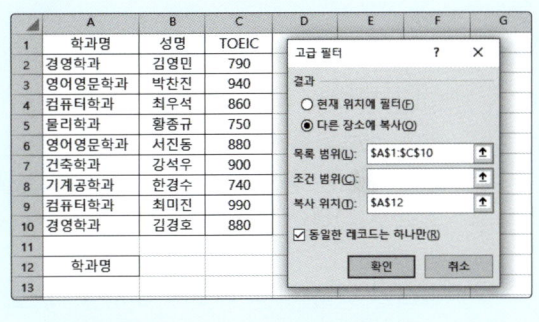

095 아래 시트에서 고급 필터를 그림과 같이 실행하였다. 다음 중 고급 필터의 실행 결과로 옳은 것은?

	A	B	C	D
1	학과명	성명	TOEIC	
2	경영학과	김영민	790	
3	영어영문학과	박찬진	940	
4	컴퓨터학과	최우석	860	
5	물리학과	황종규	750	
6	영어영문학과	서진동	880	
7	건축학과	강석우	900	
8	기계공학과	한경수	740	
9				

①
TOEIC
=RANK.EQ(C2,$C$2:$C$8)<=5

②
TOEIC
=LARGE($C$2:$C$8,5)

③
점수
=RANK.EQ(C2,$C$2:$C$8)<=5

④
점수
=LARGE($C$2:$C$8,5)

096 [고급 필터] 기능에 대한 설명으로 틀린 것은?
① 고급 필터는 수식이 포함된 논리식을 이용하여 레코드를 검색한다.
② 고급 필터는 동일 시트 내에 필터 조건을 별도로 지정하여 조건에 맞는 레코드를 검색할 수 있다.
③ 필터한 행을 다른 위치에 복사할 때 포함할 열을 지정할 수 있다.
④ 기준 범위에 쓰인 필드명은 목록에 있는 필드명과 반드시 일치할 필요는 없다.

097 다음 중 성명이 '정'으로 시작하거나 출신지역이 '서울'인 데이터를 추출하기 위한 고급 필터 조건으로 옳은 것은?

①
성명	출신지역
정*	서울

②
성명	출신지역
정*	
	서울

③
성명	정*
출신지역	서울

④
성명	정*	
출신지역		서울

098 다음 중 아래 그림의 표에서 조건 범위로 [A9:B11] 영역을 선택하여 고급 필터를 실행한 결과 레코드 수는?

	A	B	C	D
1	성명	이론	실기	합계
2	김진아	47	45	92
3	이은경	38	47	85
4	장영주	46	48	94
5	김시내	23	42	65
6	홍길동	49	48	97
7	박승수	37	43	80
8				
9	합계	합계		
10	<95	>90		
11		<70		
12				

① 0 ② 3 ③ 4 ④ 6

STEP 03 텍스트 나누기/외부 데이터 가져오기

01. 텍스트 나누기
- 워크시트의 한 셀에 입력된 데이터를 여러 셀로 분리시키는 기능이다.
- 하나의 열에 포함된 데이터만을 이용하며, 여러 행을 범위로 지정하여 사용할 수 있다.
- 선택한 열의 오른쪽에는 빈 열이 하나 이상 있어야 하며, 없을 경우 덮어쓰기로 오른쪽에 있는 열의 데이터가 수정된다.
- 텍스트 나누기 과정에서 문자 형식으로 인식(예 '3)으로 인식된 숫자를 숫자 형식으로 변경할 수 있다.
- 텍스트 나누기 과정에서 숫자 데이터를 날짜 형식으로 변환할 수 있다.
- [데이터] 탭-[데이터 도구] 그룹에서 [텍스트 나누기]를 선택한 후 [텍스트 마법사]를 이용하여 3단계로 진행한다.

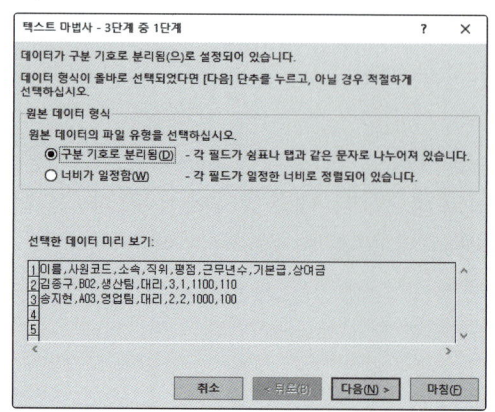

▲ 텍스트 마법사 1단계 : 데이터의 파일 유형 선택

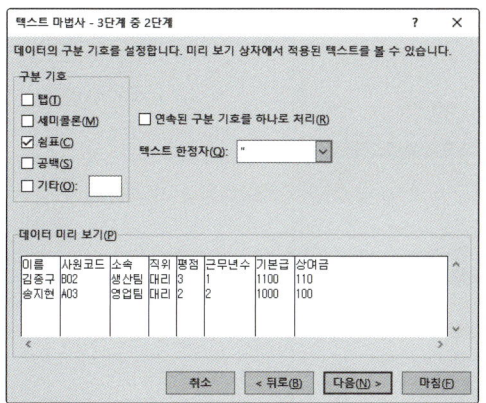

▲ 텍스트 마법사 2단계 : 데이터의 구분 기호 선택

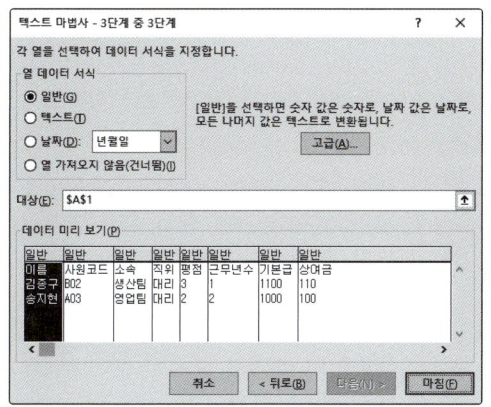

▲ 텍스트 마법사 3단계 : 각 열의 데이터 서식 지정

1단계	원본 데이터 유형이 구분 기호(탭, 세미콜론, 쉼표, 공백, 기타)로 분리된 유형인지 일정한 너비로 구분된 유형인지 선택
2단계	• 구분 기호로 분리 : 분리 유형의 구분 기호를 선택 • 너비가 일정함 : 눈금자의 구분선을 드래그하여 너비를 선택
3단계	구분된 각 열의 데이터 서식을 설정

099 다음 시트에서 [A1] 셀에 있는 텍스트를 쉼표(,)를 기준으로 [A1:D1] 영역에 분리하여 표시하려고 할 때 사용할 적합한 기능은?

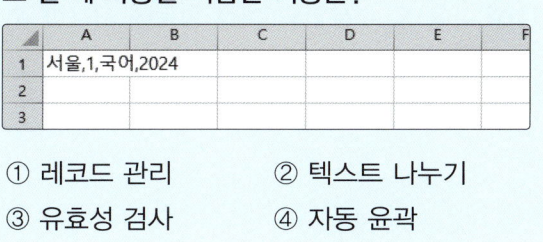

① 레코드 관리 ② 텍스트 나누기
③ 유효성 검사 ④ 자동 윤곽

100 다음 중 텍스트 나누기에 대한 설명으로 옳지 않은 것은?

① 각 필드가 일정한 너비로 정렬되어 있는 경우 사용자가 열 구분선 위치를 지정하여 데이터를 분리할 수 있다.
② 텍스트 마법사에서는 탭, 세미콜론, 쉼표, 공백 등의 구분 기호가 기본으로 제공되며, 사용자가 원하는 구분 기호를 지정할 수도 있다.
③ 데이터의 필드 사이에 두 가지 이상의 문자 구분 기호가 있는 경우에는 텍스트 나누기를 실행할 수 없다.
④ 텍스트 마법사 3단계에서는 분리된 데이터가 입력될 각 열의 데이터 서식을 설정할 수 있다.

02. 외부 데이터 가져오기

- 일정한 너비나 구분 기호로 분리된 텍스트 파일을 워크시트로 가져올 경우 사용한다.
- [외부 데이터 가져오기]를 이용하여 가져온 데이터는 원본 데이터가 변경될 경우 가져온 데이터에도 반영되도록 설정할 수 있다.
- 구분 기호에는 탭, 세미콜론, 쉼표, 공백 등과 사용자가 구분 기호를 정의하여 사용할 수 있다.
- 두 가지 이상의 문자 구분 기호를 선택할 수 있다.
- [파일] 탭-[열기]를 클릭하거나 [데이터] 탭의 [텍스트/CSV에서] 또는 [데이터 가져오기]-[파일에서]-[텍스트/CSV에서]를 클릭하여 실행한다.

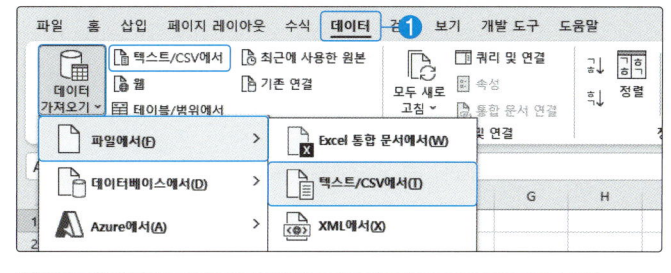

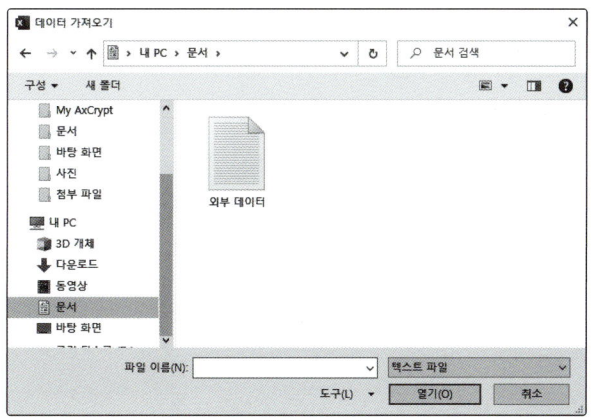

101 다음 중 텍스트 파일 가져오기에 대한 설명으로 잘못된 것은?

① 텍스트 파일을 가져오는 방법은 [파일]-[열기]와 [데이터]-[외부 데이터 가져오기]-[텍스트]가 있다.
② ①의 두 가지 방법은 모두 '텍스트 마법사'를 통해서 Excel 파일로 전환된다.
③ [파일]-[열기] 명령을 실행하면 항상 새 통합 문서가 열리면서 사용자가 지정하는 셀에서부터 텍스트 파일의 데이터를 가져온다.
④ [데이터]-[외부 데이터 가져오기]-[텍스트] 명령을 실행하면 현재 열려 있는 시트의 지정한 위치에서 데이터를 가져와서 편집할 수 있다.

Chapter 06 데이터 분석

STEP 01 부분합

01. 부분합의 개요

- 원본 데이터 목록을 그룹별로 분류하고 해당 그룹별로 특정한 계산을 수행하는 데이터 분석 도구이다.
- 부분합을 실행하려면 먼저 원본 데이터의 기준이 되는 필드명이 오름차순 또는 내림차순으로 정렬되어 있어야 한다.
- 부분합의 결과 데이터에는 윤곽 기호가 자동으로 표시되며, 해당 윤곽 기호를 이용하여 하위 목록의 데이터들의 표시 여부를 설정할 수 있다.
- 부분합의 결과 데이터만을 이용하여 차트를 작성할 수 있다.

02. 부분합의 작성

① 데이터 목록에서 그룹화할 열(필드)의 정렬(오름차순 또는 내림차순)을 수행한다.
② [데이터] 탭-[개요] 그룹에서 [부분합]을 선택한 후 [부분합] 대화상자에서 선택하여 실행한다.

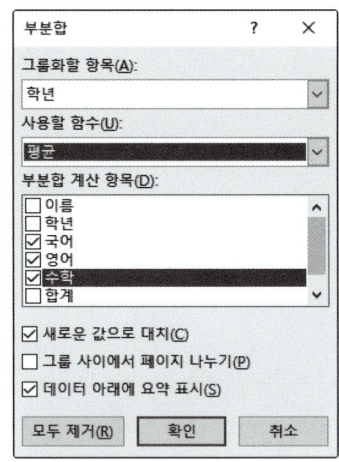

그룹화할 항목	• 그룹으로 묶어 계산할 항목을 선택 • 선택한 필드명은 반드시 정렬되어 있어야 함
사용할 함수	합계, 개수, 평균, 최대값, 최소값, 곱, 숫자 개수, 표본 표준 편차, 표준 편차, 표본 분산, 분산 중에서 선택
부분합 계산 항목	그룹별 계산할 필드명을 선택
새로운 값으로 대치	부분합의 결과가 표시된 상태에서 다시 부분합을 실행할 경우 이전 값을 지우고 새로운 값으로 대치할지 여부를 선택
그룹 사이에서 페이지 나누기	부분합이 적용된 각 그룹 사이에 페이지 나누기를 삽입하여 별도의 페이지로 분리할지 여부를 선택
데이터 아래에 요약 표시	그룹별로 계산된 항목을 해당 그룹의 아래에 표시할지 여부를 선택
모두 제거	부분합을 해제하고 원본 데이터를 표시

사용할 함수 : 백분율, 중간값, 순위, 절대 표준 편차는 사용할 수 없음

102 다음 중 부분합의 계산 항목에 사용할 수 있는 함수의 종류로 옳지 않은 것은?

① 최대값
② 표준 편차
③ 중앙값
④ 수치 개수

03. 중첩 부분합의 작성

- 이미 작성된 부분합 그룹 내에 새로운 부분합 그룹을 추가하는 것이다.
- 중첩할 부분합 그룹의 기준 필드들이 정렬된 상태에서 [부분합] 대화상자의 그룹화할 항목, 사용할 함수, 부분합 계산 항목을 선택한 후 반드시 [새로운 값으로 대치]를 체크 해제해야 한다.

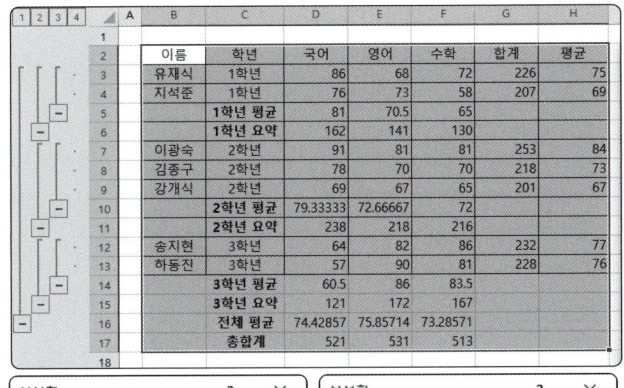

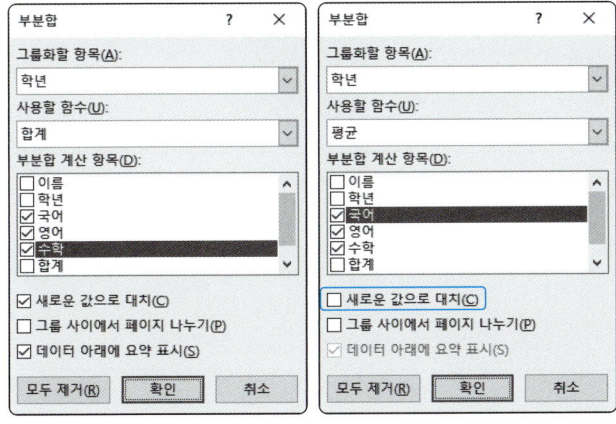

04. 그룹 및 윤곽 설정

- [데이터] 탭-[개요] 그룹에서 [그룹]의 열이나 행을 선택하면 그룹화된다.
- 그룹 및 윤곽 설정을 하려면 먼저 그룹화할 데이터에 정렬(오름차순 또는 내림차순)을 실행하여 묶어 주는 것이 좋다.

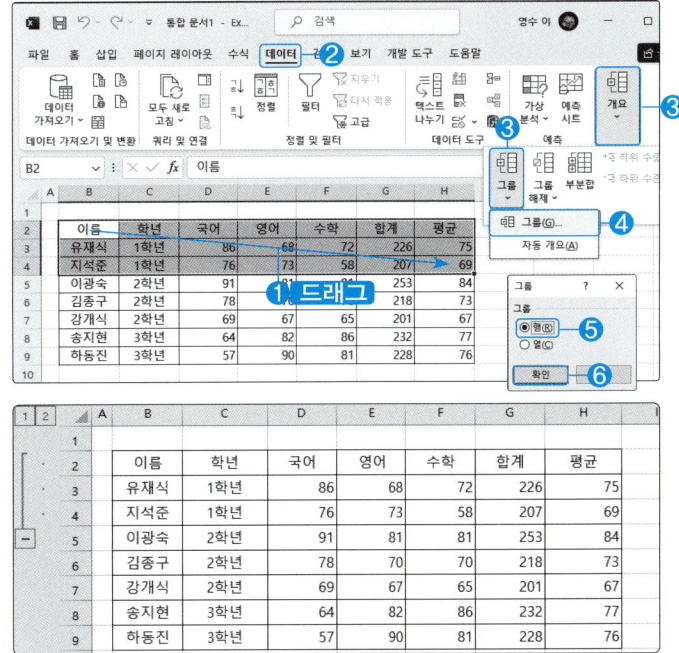

- 화면 왼쪽에 표시된 윤곽 기호에서 1 이 가장 높은 수준이다.
- 그룹 내에 정보 데이터를 모두 표시하려면 + 를 클릭하고 - 를 클릭하면 그룹 내의 정보를 숨긴다.

103 다음 중 아래의 윤곽 설정에 대한 설명으로 옳은 것은?

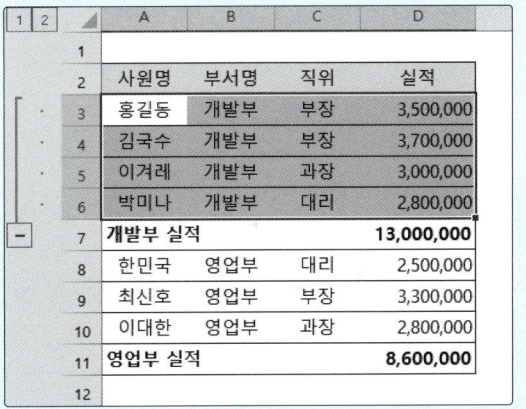

① [A3:D6]의 영역을 선택한 후 [데이터]-[윤곽선]-[그룹]을 '행' 기준으로 실행한 상태이다.
② [A3:D6]의 영역을 선택한 후 [데이터]-[윤곽선]-[그룹]-[자동 윤곽]을 실행한 상태이다.
③ [A3:D6]의 영역을 선택한 후 [데이터]-[윤곽선]-[그룹 해제]를 '행' 기준으로 실행한 상태이다.
④ [A3:D6]의 영역을 선택한 후 [데이터]-[윤곽선]-[그룹]을 '열' 기준으로 실행한 상태이다.

STEP 02 데이터 표/통합

01. 데이터 표

- 워크시트에서 특정 데이터 값의 변화에 따른 결과 값의 변화 과정을 표의 형태로 표시해 주는 기능이다.
- 변화값 계열의 수에 따라 단일표와 이중표로 구분한다.
- 결과값은 반드시 수식으로 작성되어 있어야 한다.
- 데이터 표를 실행한 후 계산식이나 변화값이 수정되면 데이터 표의 내용도 자동으로 갱신된다.
- 데이터 표의 결과는 일부분만 수정할 수 없다.
- [데이터] 탭-[예측] 그룹에서 [가상 분석]-[데이터 표]를 클릭한 후 [데이터 표] 대화상자에서 선택하여 실행한다.

행 입력 셀	행에 입력되어 있는 변화값에 해당하는 셀 주소
열 입력 셀	열에 입력되어 있는 변화값에 해당하는 셀 주소

- 변화값 계열이 하나일 경우 행 또는 열 하나만 선택할 수 있다.
- 계산식에 사용된 셀 주소를 입력해야 한다.

104 다음 중 가상 분석 도구인 [데이터 표]에 대한 설명으로 옳지 않은 것은?

① 테스트할 변수의 수에 따라 변수가 한 개이거나 두 개인 데이터 표를 만들 수 있다.
② 데이터 표를 이용하여 입력된 데이터는 부분적으로 수정 또는 삭제할 수 있다.
③ 워크시트가 다시 계산될 때마다 데이터 표도 변경 여부와 관계없이 다시 계산된다.
④ 데이터 표의 결과값은 반드시 변화하는 변수를 포함한 수식으로 작성해야 한다.

105 다음 중 홍길동의 성적표에서 컴퓨터 과목들의 점수 변동에 따르는 전체 평균 점수의 변화 과정을 구하고자 할 때 사용할 도구로 적절한 것은?

① 통합   ② 데이터 표
③ 목표값 찾기   ④ 부분합

02. 데이터 통합

- 여러 데이터를 하나의 표로 통합하여 표시한다.
- 여러 시트의 데이터를 통합하거나 다른 통합 문서에 입력되어 있는 데이터를 통합할 수 있다.
- 사용할 데이터의 형태가 다르더라도 같은 이름표를 사용하면 항목을 기준으로 통합할 수 있다.
- 통합할 여러 데이터의 순서와 위치가 동일할 경우 위치를 기준으로 통합할 수 있다.
- 데이터 통합의 결과는 통합을 실행한 위치의 셀에 표시된다.
- [데이터] 탭-[데이터 도구] 그룹에서 [통합]을 클릭한 후 [통합] 대화상자에서 선택하여 실행한다.

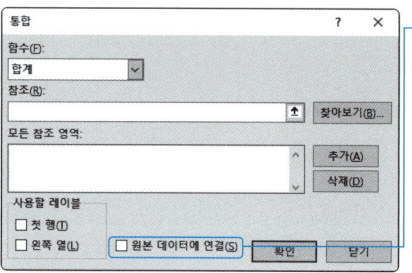

통합할 데이터와 통합 결과가 작성될 위치가 같은 워크시트인 경우에는 '원본 데이터에 연결'을 설정할 수 없음.
따라서 '원본 데이터에 연결'은 반드시 다른 워크시트에서 작업해야 함.

함수	• 통합할 표의 계산할 함수를 선택 • **사용 가능 함수** : 합계, 개수, 평균, 최대값, 최소값, 곱, 숫자 개수, 표준 편차, 표본 표준 편차, 표본 분산, 분산
참조	통합할 데이터 범위를 지정함
모든 참조 영역	참조로 설정한 데이터 범위 목록으로 추가 또는 삭제 가능
사용할 레이블	데이터 범위의 레이블 이름 위치(첫 행, 첫 열)를 지정
원본 데이터에 연결	• 원본 데이터와의 연결 여부 지정 • 통합할 데이터와 통합 결과가 표시될 위치가 같을 경우 설정할 수 없음

106 다음 중 엑셀의 데이터 통합 기능에 대한 설명으로 옳지 않은 것은?

① 사용할 데이터의 형태가 다르더라도 같은 이름표를 사용하면 항목을 기준으로 통합할 수 있다.
② 통합할 여러 데이터의 순서와 위치가 동일한 경우 위치를 기준으로 통합할 수 있다.
③ 여러 시트에 입력되어 있는 데이터들을 하나로 통합할 수 있지만, 다른 통합 문서에 입력되어 있는 데이터를 통합할 수는 없다.
④ 계산할 함수로 '개수'를 선택한 경우에는 문자열 데이터의 개수를 계산할 수도 있다.

107 다음 중 아래의 워크시트에서 '1월 판매현황'과 '2월 판매현황'의 데이터에 대해서 지역명별로 TV, VR의 평균 또는 합계에 대한 월별 집계를 구하기에 가장 적절한 기능으로 옳은 것은?

	A	B	C	D	E	F	G
1		1월 판매현황					
2	지역명	TV	VR				
3	동부	30	22				
4	서부	28	15				
5	남부	40	24				
6							
7		2월 판매현황					
8	지역명	TV	VR				
9	동부	45	25				
10	서부	35	13				
11	남부	15	20				

① 필터　　② 부분합
③ 표　　　④ 통합

STEP 03 피벗 테이블과 피벗 차트

01. 피벗 테이블

■ 피벗 테이블의 개요

- 많은 양의 데이터를 한 눈에 파악할 수 있도록 요약, 분석하는 기능이다.
- 피벗 테이블 보고서는 각 필드에 다양한 조건을 지정할 수 있으며, 일정한 그룹별로 데이터 집계가 가능하다.
- 피벗 테이블은 현재 작업중인 워크시트나 새로운 워크시트에 작성할 수 있다.
- 피벗 테이블은 행 레이블, 열 레이블, 보고서 필터 필드, 값 필드 등으로 구성된다.
- 작성된 피벗 테이블에 새로운 수식을 추가할 수 있으며, 보고서 필터, 행 레이블, 열 레이블에 배치된 항목을 이동 및 삭제하여 재배치할 수 있다.
- 원본 데이터가 변경되었을 경우 피벗 테이블에 반영하려면 새로 고침을 실행해야 한다.
- '값' 영역에 지정된 필드가 문자 데이터인 경우 개수, 숫자인 경우 합계가 기본 설정되며, [값 필드 설정]을 이용하여 합계, 개수, 평균, 최대값, 최소값, 곱, 숫자 개수, 표본 표준 편차, 표준 편차, 표본 분산, 분산 등으로 수정할 수 있다.
- '값' 영역의 특정 항목을 더블클릭하면 해당 항목에 대한 원본 데이터가 새로운 시트에 표시된다.

■ 피벗 테이블의 사용 순서

① [삽입] 탭-[표] 그룹에서 [피벗 테이블]을 클릭한다.
② 사용할 데이터가 있는 표 또는 범위를 지정 및 작성 위치를 지정한다.
③ 피벗 테이블 구성을 위한 필드를 배치한다.

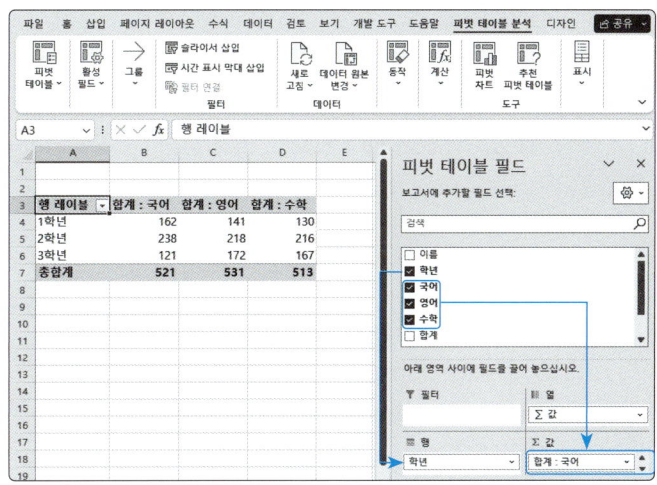

■ [피벗 테이블]-[테이블/범위에서] 기능

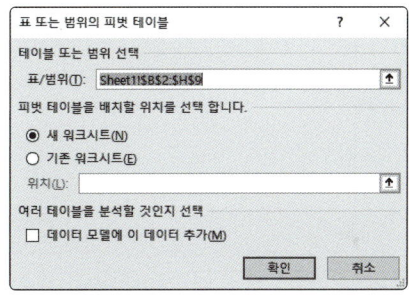

테이블 또는 범위 선택	분석할 데이터를 워크시트의 표나 데이터 범위를 선택하여 사용
새 워크시트	같은 통합 문서 내의 새로운 워크시트에 피벗 테이블을 작성(시작 위치를 지정할 수 없음)
기존 워크시트	현재 사용중인 워크시트의 원하는 위치에 피벗 테이블을 작성

■ [피벗 테이블]-[외부 데이터 원본에서] 기능

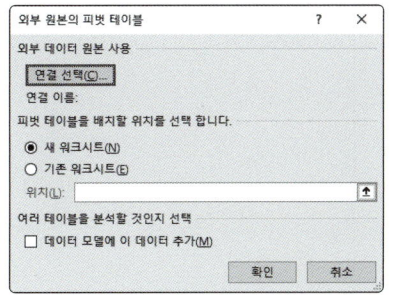

- 분석할 데이터를 외부에 있는 엑셀, 데이터 베이스, 텍스트 파일, 웹페이지 등에서 선택하여 사용한다.

피벗 테이블 옵션

- 작성된 피벗 테이블에서 바로 가기 메뉴의 [피벗 테이블 옵션]을 선택하거나 [피벗 테이블 분석] 탭-[피벗 테이블]-[옵션]을 클릭하면 [피벗 테이블 옵션] 대화상자가 표시된다.
- 레이블이 있는 셀 병합 및 가운데 맞춤, 오류 값 표시, 빈 셀 표시, 행 총합계 표시, 열 총합계 표시, 인쇄된 각 페이지에 행 레이블 반복 및 인쇄 제목 설정 여부를 지정한다.

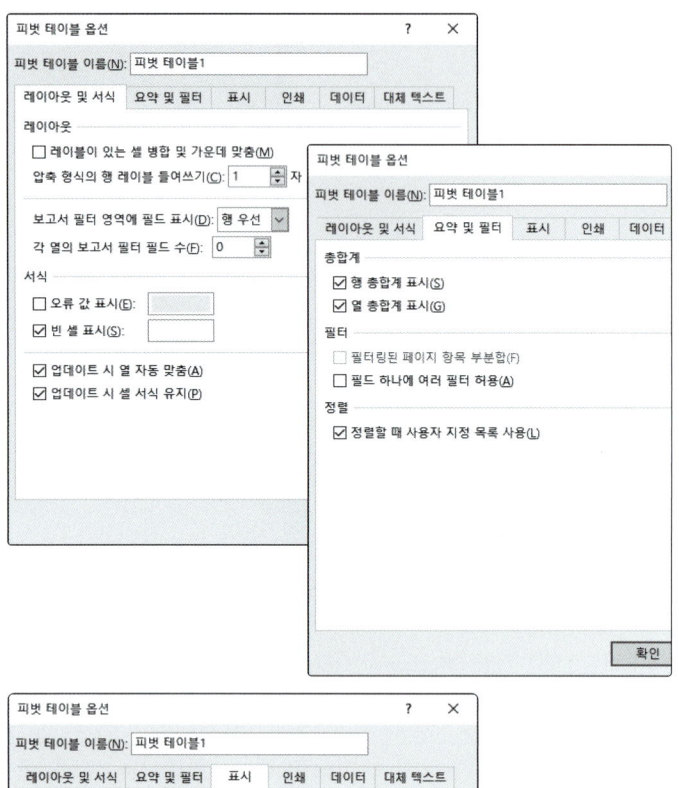

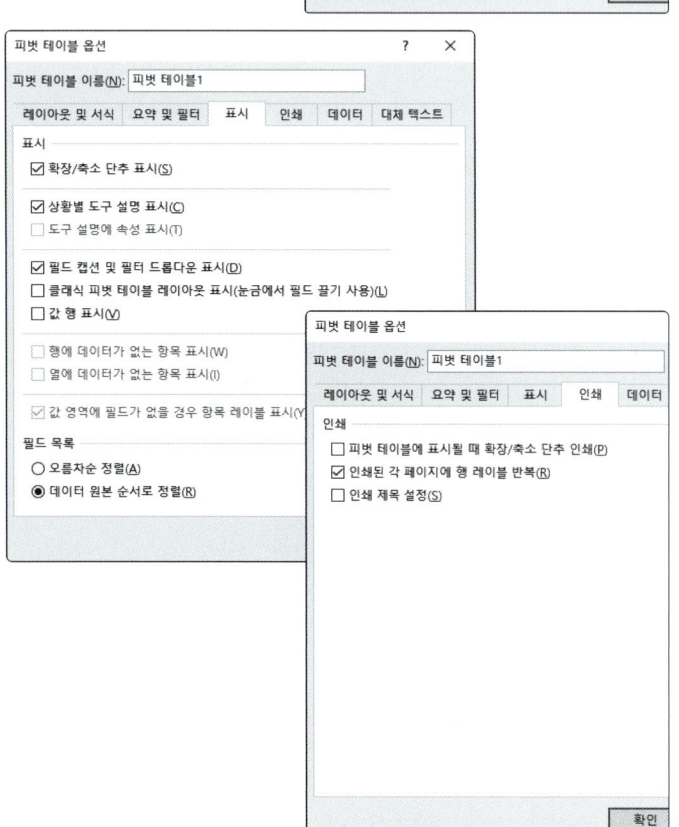

108 아래 시트에서 고급 필터를 그림과 같이 실행하였다. 다음 중 고급 필터의 실행 결과로 옳은 것은?

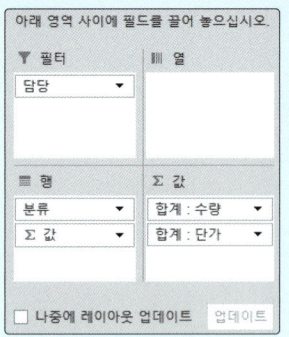

①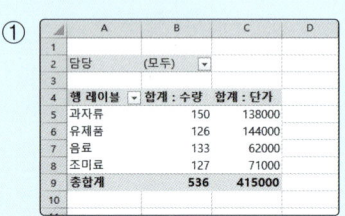

②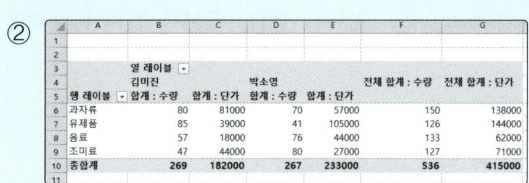

③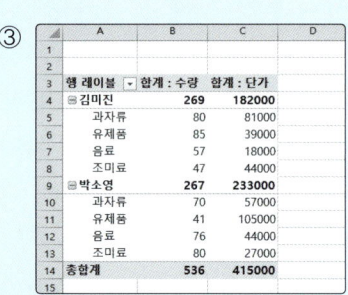

④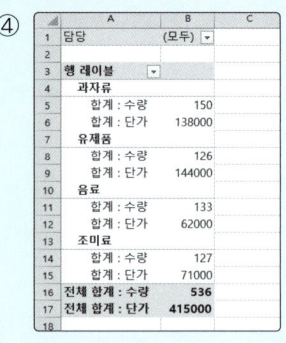

109 다음 중 피벗 테이블에서 가능한 작업들을 설명한 것으로 옳지 않은 것은?

① 먼저 피벗 테이블을 만든 후 나중에 피벗 차트를 추가할 수 있다.
② 피벗 테이블과 피벗 차트를 함께 만든 후에 피벗 테이블을 삭제하면 피벗 차트도 자동으로 삭제된다.
③ 피벗 차트는 피벗 테이블을 만들지 않고는 만들 수 없다.
④ 한번 작성된 피벗 테이블의 필드 위치를 필요에 따라 삭제나 이동하여 재배치할 수 있다.

110 다음 중 피벗 테이블에 대한 설명으로 옳지 않은 것은?

① 피벗 테이블 결과가 표시되는 장소는 동일한 시트 내에만 지정된다.
② 피벗 테이블로 작성된 목록에서 행 필드를 열 필드로 편집할 수 있다.
③ 피벗 테이블 작성 후에도 사용자가 새로운 수식을 추가하여 표시할 수 있다.
④ 피벗 테이블은 많은 양의 데이터를 손쉽게 요약하기 위해 사용되는 기능이다.

02. 피벗 차트

- 피벗 테이블의 데이터를 이용하여 작성한 차트를 의미한다.
- 피벗 테이블에서 항목이나 필드에 변화를 주면 피벗 차트도 변경된다.
- 피벗 테이블을 만들지 않고서는 피벗 차트를 작성할 수 없다.
  (피벗 차트를 작성하면 자동으로 피벗 테이블도 작성됨)
- 피벗 테이블과 피벗 차트를 함께 만든 후 피벗 테이블을 삭제하면 피벗 차트는 일반 차트로 변경된다.

STEP 04 목표값 찾기/시나리오

01. 목표값 찾기

- 수식에서 원하는 결과값은 알고 있지만 그 결과값을 계산하기 위해 필요한 입력값을 모를 경우 사용한다.
- 주어진 결과값에 대해 하나의 입력값만 변경할 수 있다.
- 결과값은 입력값을 참조하는 수식으로 작성되어 있어야 한다.
- [데이터] 탭-[예측] 그룹에서 [가상 분석]-[목표값 찾기]를 클릭한 후 [목표값 찾기] 대화상자에서 지정하여 실행한다.

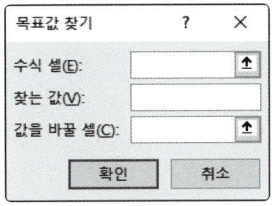

수식 셀	결과값이 출력되는 셀의 주소로 수식으로 작성되어 있어야 함
찾는 값	목표로 하는 값을 직접 입력해야 하며, 값이 입력된 셀 주소를 참조할 수 없음
값을 바꿀 셀	목표값을 만들기 위해 변경되는 값이 들어있는 셀 주소

111 아래 시트에서 할인율을 변경하여 "판매가격"의 목표값을 150000으로 변경하려고 할 때, [목표값 찾기] 대화상자의 수식 셀에 입력할 값으로 옳은 것은?

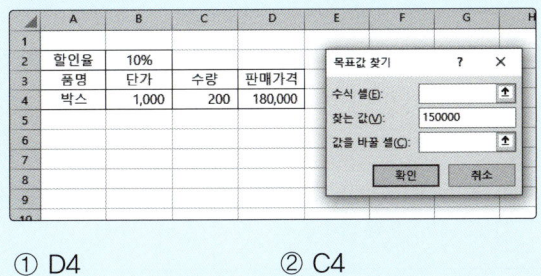

① D4   ② C4
③ B2   ④ B4

112 국어, 영어, 수학 점수의 평균이 70점이다. 평균이 80점이되기 위해서 영어 점수는 몇 점을 맞아야 하는지 알아 보려고 사용한 목표값 찾기가 올바른 것은?

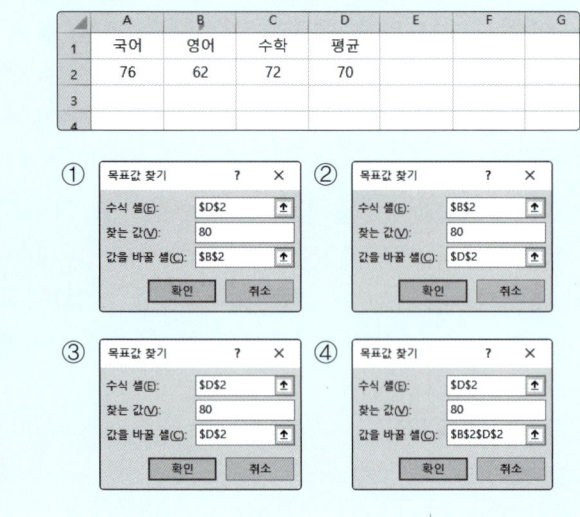

02. 시나리오

- 입력된 데이터에서 특정 셀의 변화에 따른 가상의 결과물을 예측하고 분석하기 위해 사용된다.
- 입력된 특정 셀의 데이터의 변화에 대한 결과값 변화를 여러 가지 시나리오로 만들어 예측할 수 있다.
- 입력 데이터에서 변경되는 값을 가지고 있는 셀을 변경 셀이라고 하며, 최대 32개까지의 변경 셀을 지정하여 시나리오를 만들 수 있다.
- 결과 셀은 변경 셀 값을 참조하는 수식으로 입력되어야 한다.
- 손익 분기점 분석, 이자율 분석, 원가 분석, 주가 분석 등에 많이 사용된다.
- 시나리오 결과는 요약 보고서 및 피벗 테이블 보고서로 작성할 수 있다.
- [데이터] 탭-[예측] 그룹에서 [가상 분석]-[시나리오 관리자]를 선택한 후 [시나리오 관리자] 대화상자에서 시나리오를 추가하여 실행한다.

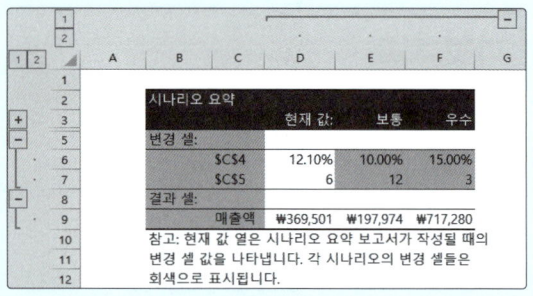

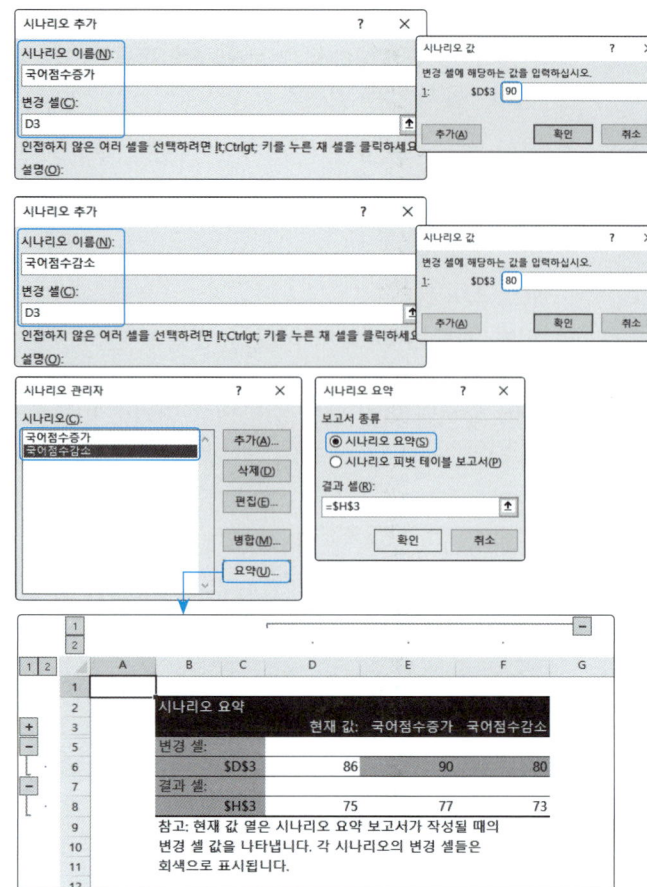

113 아래 그림의 시나리오 요약 보고서에 대한 설명으로 옳지 않은 것은?

① 추가된 시나리오의 이름은 '현재 값', '보통', '우수'이다.
② 결과 셀은 "매출액"으로 이름이 정의되어 있다.
③ 결과 셀에는 [C4] 셀과 [C5] 셀을 참조하는 수식이 입력되어 있다.
④ 시나리오 요약 보고서가 있는 위 그림의 시트를 삭제해도 작성된 시나리오는 삭제되지 않는다.

114 다음 중 시나리오에 관한 설명으로 옳지 않은 것은?

① 하나의 시나리오에 최대 32개까지 변경 셀을 지정할 수 있다.
② 시나리오의 결과는 요약 보고서나 피벗 테이블 보고서로 작성할 수 있다.
③ 시나리오 병합을 통하여 다른 통합 문서나 다른 워크시트에 저장된 시나리오를 가져올 수 있다.
④ 시나리오는 입력된 자료들을 그룹별로 분류하고 해당 그룹별로 특정한 계산을 수행하는 기능이다.

- 매크로를 연결할 수 있는 양식 컨트롤에는 레이블, 단추, 확인란, 콤보 상자, 스핀 단추, 옵션 단추, 스크롤 등이 있다.
- 매크로 보안 설정 종류에는 모든 매크로 제외(알림 표시 없음), 모든 매크로 제외(알림 표시), 디지털 서명된 매크로만 포함, 모든 매크로 포함(위험성 있는 코드가 실행될 수 있으므로 권장하지 않음) 등이 있다.

115 매크로의 실행 방법에 대한 설명 중 옳지 않은 것은?

① 빠른 실행 도구 모음에 추가한 매크로 아이콘으로 실행할 수 있다.
② 양식 컨트롤에서 버튼을 만든 다음 해당 버튼을 클릭하여 실행되도록 할 수 있다.
③ 바로 가기 키를 이용해서 매크로를 실행할 수 있다.
④ 실행하려는 셀을 선택한 후 마우스 오른쪽 버튼 메뉴를 이용해 실행할 수 있다.

Chapter 07 매크로

STEP 01 매크로의 정의 및 기록

01. 매크로의 정의

- 자주 사용되는 명령이나 반복되는 작업을 일련의 순서대로 기록해 두었다가 필요할 때 해당키나 도구를 이용하여 호출하면 기록해둔 처리 과정이 수행되도록 하는 기능이다.
- 매크로는 반복적인 작업을 자동화하여 복잡한 작업을 단순한 명령으로 실행할 수 있도록 한다.
- 매크로를 활용하면 자주 사용하는 복잡한 작업을 단순한 명령으로 실행할 수 있다.
- 매크로는 해당 작업에 대한 일련의 명령과 함수를 Microsoft Visual Basic 모듈로 저장한다.
- 매크로는 사용자의 마우스 동작 및 키보드 동작까지 모두 기록된다.
- 특정 셀이나 범위를 참조할 때는 절대 주소나 상대 주소 모두 가능하다.
- 절대 참조로 기록된 매크로를 실행하면, 현재 셀의 위치에 상관없이 매크로를 기록할 때 지정한 셀에 매크로가 적용된다.
- 현재 셀의 위치에 따라 작업의 대상이 되는 영역을 달리하여 실행되게 하려면 상대 참조를 사용하여 매크로를 기록하면 된다.
- 텍스트 상자, 워드 아트, 클립아트, 그림 등을 이용하여 그린 개체에 매크로를 연결하여 실행한다.
- 양식 컨트롤의 매크로 실행 단추에 매크로를 연결하여 실행할 수 있다.

116 다음 중 매크로에 관한 설명으로 옳지 않은 것은?

① 서로 다른 매크로에 동일한 이름을 부여할 수 없다.
② 매크로는 반복적인 작업을 자동화하여 복잡한 작업을 단순한 명령으로 실행할 수 있도록 한다.
③ 사용자의 마우스 동작은 그대로 기록되지만, 키보드 동작은 그대로 기록되지 않는다.
④ 현재 셀의 위치를 기준으로 실행되게 하려면 상대 셀 참조를 사용하여 매크로를 기록하면 된다.

117 다음 중 선택 가능한 매크로 보안 설정으로 옳지 않은 것은?

① 모든 매크로 제외(알림 표시 없음)
② 모든 매크로 제외(알림 표시)
③ 디지털 서명된 매크로만 포함
④ 모든 매크로 포함(알림 표시)

118 다음 중 매크로의 특징에 대한 설명으로 옳지 않은 것은?

① 매크로를 기록할 때 리본 메뉴에서의 탐색은 기록된 단계에 포함되지 않는다.
② 매크로로 작성한 내용은 필요에 따라 삭제, 편집이 가능하다.
③ '절대 참조'를 이용하면 현재 셀의 위치에 따라 작업의 대상이 되는 영역을 달리할 수 있다.
④ 매크로는 반복적인 작업이나 시간이 많이 걸리는 작업을 보다 신속하게 처리하기 위해 사용된다.

02. 매크로 기록하기

- [개발 도구] 탭–[코드] 그룹에서 [매크로 기록]을 클릭하여 시작한다.
- [매크로 기록] 대화상자에서 매크로 이름은 반드시 입력되어야 하며, 바로 가는 키와 설명 등은 선택 사항이다.
- 매크로 이름은 자동으로 부여되며, 사용자에 의해 변경할 수 있다.
- 매크로 이름의 첫 글자는 문자로 시작해야 한다.
- 매크로 이름에는 특수 문자(+,-,&,*,?)가 포함될 수 없으며 공백도 포함될 수 없다.
- 서로 다른 매크로에 동일한 이름을 부여할 수 없다.
- 매크로의 바로 가기 키는 Ctrl+[영문 소문자] 또는 Ctrl+Shift+[영문 대문자]의 결합으로 구성해야 한다.
- 매크로에서 지정한 바로 가기 키와 엑셀의 바로 가기 키가 같은 경우 매크로에서 지정한 바로 가기 키가 적용된다.
- 매크로 저장 위치에는 개인용 매크로 통합 문서, 새 통합 문서, 현재 통합 문서 등의 옵션이 있다.
- 개인용 매크로 통합 문서는 엑셀이 시작될 때 매크로가 자동으로 열리도록하기 위해 저장하는 매크로 저장 위치로 엑셀이 기동할 때 XLSTART 폴더에 있는 모든 문서가 한꺼번에 열리는데 개인용 매크로 통합 문서도 이 XLSTART 폴더에 있다.
- 설명은 매크로 실행과는 관계가 없는 주석을 기록하는 것으로 사용자가 임의로 수정할 수 있으며, 비주얼 베이직 편집기 창에서 보면 작은 따옴표(')로 시작한다.
- 매크로를 기록할 때 리본 메뉴에서의 탐색은 기록된 단계에 포함되지 않는다.
- 매크로 기록 기능으로 기록한 매크로는 [매크로] 대화상자에서 삭제 및 편집이 가능하다.

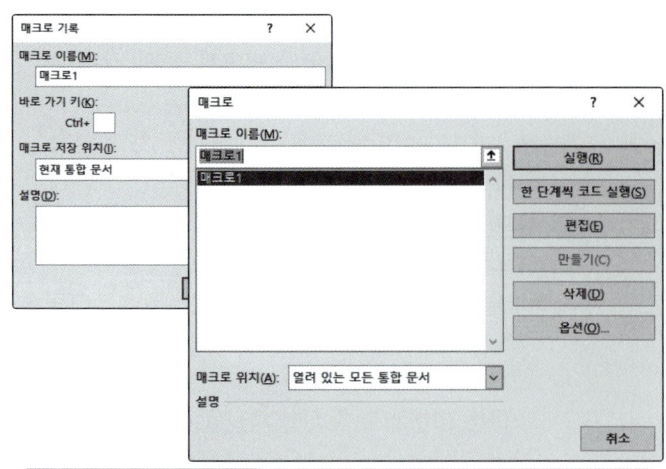

매크로에서의 셀 참조(절대 참조와 상대 참조)

매크로 기록 작업에서 셀 참조는 기본적으로 절대 참조로 기록되며, [개발 도구] 탭–[코드] 그룹에서 [상대 참조 기록]을 클릭하여 눌려 있는 상태로 전환하면 매크로 기록 작업에서 셀 참조를 상대 참조로 전환할 수 있다.

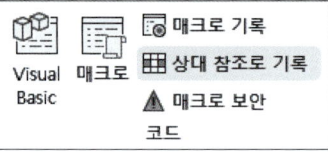

119 다음 중 매크로에 관한 설명으로 옳지 않은 것은?

① 매크로 이름은 자동으로 부여되며, 변경할 수 있다.
② 매크로의 바로 가기 키는 Ctrl과 영문자 또는 숫자로 조합하여 사용할 수 있다.
③ 매크로는 해당 작업에 대한 일련의 명령과 함수를 비주얼 베이직 모듈로 저장한 것이다.
④ 매크로가 저장되는 위치는 '개인용 매크로 통합 문서', '새 통합 문서' 중 선택하여 지정할 수 있다.

120 다음 중 매크로 이름으로 적합한 것은?

① 합계_생성 ② 2025년_합계
③ Chart-1 ④ 1사분기실적

121 다음 중 매크로에 관한 설명으로 옳지 않은 것은?

① 매크로에서 지정한 바로 가기 키와 엑셀의 바로 가기 키가 같은 경우 매크로에서 지정한 바로 가기 키가 적용된다.
② 매크로에 지정된 바로 가기 키를 변경한 경우 도구모음이나 단추에 연결된 매크로는 다시 연결해야 한다.
③ 매크로의 바로 가기 키는 Ctrl+[영문 소문자] 또는 Ctrl+Shift+[영문 대문자]의 결합으로 구성해야 한다.
④ 작성된 매크로는 VBE(Visual Basic Editor)에서 해당하는 코드를 제거하면 매크로가 삭제된다.

122 다음 중 매크로와 관련된 바로 가기 키에 대한 설명으로 옳지 않은 것은?

① Alt+M을 누르면 [매크로 기록] 대화상자가 표시되어 매크로를 기록할 수 있다.
② Alt+F11을 누르면 Visual Basic Editor가 실행되며, 매크로를 수정할 수 있다.
③ Alt+F8을 누르면 [매크로] 대화상자가 표시되어 매크로 목록에서 매크로를 선택하여 실행할 수 있다.
④ 매크로 기록 시 Ctrl과 영문 문자를 조합하여 해당 매크로의 바로 가기 키를 지정할 수 있다.

STEP 02 매크로의 실행 및 편집

01. 매크로 실행

- [개발 도구] 탭-[코드] 그룹에서 [매크로]를 선택하거나 Alt+F8을 눌러 [매크로] 대화상자에서 매크로 이름을 선택한 후 실행한다.
- [개발도구] 탭은 [파일] 탭-[옵션]을 클릭한후 [Excel 옵션]-[리본 사용자 지정] 탭에서 '개발 도구'를 선택하여 표시할 수 있다.
- 매크로 실행 도중 Esc를 누르면 매크로 실행이 중지된다.
- [한 단계씩 코드 실행] 단추를 클릭하면 비주얼 베이직 편집기(Visual Basic Editor)가 실행되어 매크로 실행 과정을 확인할 수 있다.
- [편집] 단추를 클릭하거나 Alt+F11을 누르면 비주얼 베이직 편집기(Visual Basic Editor)가 실행되며, 매크로를 수정할 수 있다.
- 매크로 이름을 입력한 다음 [만들기]를 클릭하면 새로운 매크로를 작성하기 위한 Visual Basic Editor가 실행되며, 새 매크로를 작성할 수 있다.
- [삭제] 단추를 클릭하면 매크로를 삭제할 수 있으며, 한 번 삭제되면 다시 되살릴 수 없다.
- [옵션] 단추를 클릭하면 매크로 바로 가기 키와 설명을 수정할 수 있다(단, 매크로 이름은 수정할 수 없음).

02. 매크로 편집

- [개발 도구] 탭-[코드] 그룹에서 [매크로]를 실행한 후 매크로를 선택하고 [편집]을 클릭하거나 [개발 도구] 탭-[코드] 그룹에서 [Visual Basic]을 선택하여 실행한다.
- 기록된 매크로는 비주얼 베이직 편집기(Visual Basic Editor)를 사용하여 편집할 수 있다.
- 비주얼 베이직 편집기(Visual Basic Editor)에서 해당하는 코드를 제거하면 매크로가 삭제된다.
- 매크로는 모듈 시트에 기록되며, 하나의 모듈 시트에는 여러 개의 매크로가 기록될 수 있다.
- 모듈 시트의 이름은 Module1, Module2, … 순서대로 자동 설정되며, 모듈 시트의 이름은 속성 창을 이용하여 변경할 수 있다.

Macro1 코드 설명

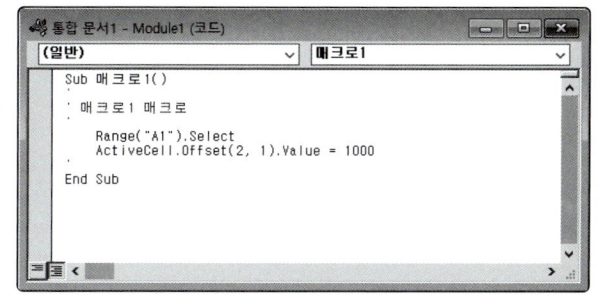

- Range("A1").Select : A1 셀을 선택한다.
- ActiveCell.Offset(2, 1).Value = 1000 : 현재 셀에서 아래로 2, 오른쪽으로 1 셀을 이동한 후 해당 위치에 1000을 입력한다.

MEMO

Computer Specialist in Spreadsheet & Database Level-Ⅱ

Part 03

기출정복문제

제01회 기출정복문제
제02회 기출정복문제
제03회 기출정복문제
제04회 기출정복문제
제05회 기출정복문제
제06회 기출정복문제
제07회 기출정복문제
제08회 기출정복문제
제09회 기출정복문제
제10회 기출정복문제
제11회 기출정복문제
제12회 기출정복문제

제 01 회 기출정복문제

1 과목 | 컴퓨터 일반

01 다음 중 컴퓨터의 연산장치에 있는 누산기(Accumulator)에 관한 설명으로 옳은 것은?

① 연산결과를 일시적으로 기억하는 장치이다.
② 명령의 순서를 기억하는 장치이다.
③ 명령어를 기억하는 장치이다.
④ 명령을 해독하는 장치이다.

02 다음 중 인터넷 주소 체계인 IPv6에 대한 설명으로 옳은 것은?

① 주소는 8비트씩 16개 부분으로 총128비트로 구성되어 있다.
② 주소를 네트워크부분의 길이에 따라 A클래스에서 E클래스까지 총 5단계로 구분한다.
③ IPv4와의 호환성은 낮으나 IPv4에 비해 품질 보장은 용이하다.
④ 주소의 한부분이 0으로만 연속되는 경우 연속된 0은 ':'으로 생략하여 표시할 수 있다.

03 다음 멀티미디어 파일 형식 중에서 이미지 형식에 해당하지 않는 것은?

① BMP   ② GIF
③ TIF   ④ WAV

04 다음 중 비트맵 이미지를 확대하였을 때 이미지의 경계선이 매끄럽지 않고 계단 형태로 나타나는 현상을 의미하는 용어는?

① 디더링(dithering)   ② 앨리어싱(aliasing)
③ 모델링(modeling)   ④ 렌더링(rendering)

05 다음 중 한글 Windows 10의 [메모장]에 대한 설명으로 옳지 않은 것은?

① 작성한 문서를 저장할 때 확장자는 기본적으로 .txt가 부여된다.
② 그림, 차트 등의 OLE개체를 삽입할 수 있다.
③ 현재시간/날짜를 삽입하는 기능이 있다.
④ 특정한 문자열을 찾을 수 있는 찾기 기능이 있다.

06 다음 중 한글 Windows 10에서 바로 가기 아이콘에 대한 설명으로 옳지 않은 것은?

① 하나의 원본파일에 대하여 여러 개의 바로가기 아이콘을 만들 수 있다.
② 바로가기 아이콘의 확장자는 LNK이다.
③ 원본파일을 삭제하여도 바로가기 아이콘을 실행할 수 있다.
④ 원본파일이 있는 위치와 다른 위치에 만들 수 있다.

07 다음 중 전자우편(E-mail)에 대한 설명으로 옳지 않은 것은?

① 송신자가 작성한 메일을 수신자의 계정에 전송하는 역할을 담당하는 프로토콜은 SMTP이다.
② 전자우편을 통해 한사람이 동시에 여러 사람에게 동일한 전자우편을 보낼 수 있다.
③ 멀티미디어파일의 내용을 확인하고 실행시켜주는 프로토콜은 POP3이다.
④ 불특정다수에게 대량으로 보내는 광고성메일을 스팸메일이라 한다.

08 다음 중 각 소프트웨어에 대한 설명으로 옳지 않은 것은?

① 공개소프트웨어(OpenSoftware) : 특정한 하드웨어나 소프트웨어를 구매하였을 때 무료로 주는 프로그램
② 셰어웨어(Shareware) : 정상적인 프로그램을 구매하도록 유도하기위해 사용기간이나 기능 등을 제한하여 배포하는 프로그램
③ 데모버전(DemoVersion) : 정식프로그램을 홍보하기 위해 사용기간이나 기능을 제한하여 배포하는 프로그램
④ 패치버전(PatchVersion) : 이미 제작하여 배포된 프로그램의 오류수정이나 성능향상을 위해 프로그램의 일부파일을 변경해 주는 프로그램

09 다음 중 추상화, 캡슐화, 상속성, 다형성 등의 특징을 지니고 있으며, 크고 복잡한 프로그램 구축이 어려운 절차형 언어의 문제점을 해결하기 위해 개발된 프로그래밍 기법은?

① 구조적프로그래밍 ② 객체지향프로그래밍
③ 하향식프로그래밍 ④ 비주얼프로그래밍

10 다음 중 정보통신에서 네트워크 관련 장비에 대한 설명으로 옳지 않은 것은?

① 라우터(Router) : 네트워크를 구성하기 위해 반드시 필요한 장비로 정보전송을 위한 최적의 경로를 찾아 통신망에 연결 하는 장치
② 허브(Hub) : 네트워크를 구성할 때 여러 대의 컴퓨터를 연결하고, 각 회선들을 통합 관리하는 장치
③ 브리지(Bridge) : 네트워크를 구성할 때 디지털신호를 아날로그신호로 변환하여 전송하고 다시 수신된 신호를 원래대로 변환하기 위한 전송장치
④ 게이트웨이(Gateway) : 한 네트워크에서 다른 네트워크로 들어가는 입구역할을 하는 장치로 근거리통신망(LAN)과 같은 하나의 네트워크를 다른 네트워크와 연결할 때 사용되는 장치

11 중앙처리장치와 주기억장치 사이의 속도 차를 해결하기 위해 사용되는 기억장치는?

① 캐시메모리   ② 가상기억장치
③ 플래시메모리   ④ 연상기억장치

12 다음 중 컴퓨터의 연산 속도 단위로 가장 빠른 것은?

① 1ms   ② 1μs
③ 1ns   ④ 1ps

13 다음 중 여러 대의 컴퓨터를 일제히 동작시켜 대량의 데이터를 한 곳의 서버 컴퓨터에 집중적으로 전송시킴으로써 특정 서버가 정상적으로 동작하지 못하게 하는 공격 방식은?

① 스니핑(Sniffing)
② 분산서비스거부(DDoS)
③ 백도어(BackDoor)
④ 해킹(Hacking)

14 다음 중 한글 Windows에서 임시 보관 장소로 사용되는 클립보드 (Clipboard)에 관한 설명으로 옳지 않은 것은?

① 클립보드에 있는 정보를 별도의 파일로 저장할 수도 있다.
② 클립보드의 내용은 여러번 사용이 가능하지만 가장 최근에 저장된 것 하나만 기억한다.
③ 클립보드를 사용하면 서로 다른 프로그램간에 데이터를 쉽게 전달할 수 있다.
④ 클립보드에 저장된 데이터는 시스템을 다시 시작하여도 재사용이 가능하다.

15 다음 중 통신회선 중 어느 하나라도 고장 나면 전체 통신망에 영향을 미치는 통신망 형태는?

① 버스(Bus)형   ② Tree(트리)형
③ Ring(링)형   ④ Mesh(망)형

16 다음 중 자료의 구성 단위에 대한 설명으로 옳지 않은 것은?

① 데이터베이스(Database)는 관련된 데이터 파일들의 집합을 말한다.
② 워드(Word)는 컴퓨터에서 한 번에 처리할 수 있는 명령단위를 나타낸다.
③ 니블(Nibble)은 4개의 비트가 모여 1개의 니블을 구성한다.
④ 비트(Bit)는 정보의 최소단위이며, 5비트가 모여 1바이트(Byte)가 된다.

17 다음 중 한글 Windows 10에서 작업 표시줄의 바로 가기 메뉴에서 설정할 수 있는 항목으로 옳지 않은 것은?

① 계단식 창 배열   ② 창가로 정렬보기
③ 작업표시줄 잠금   ④ 아이콘 자동정렬

18 다음 중 컴퓨터의 문자 표현 코드인 ASCII 코드의 특징으로 옳은 것은?

① BCD 코드를 확장한 코드로 대형 컴퓨터에서 사용한다.
② 확장 ASCII 코드는 8비트를 사용하여 256가지의 문자를 표현 한다.
③ 2진화 10진 코드라고도 하며, 하나의 문자를 4개의 Zone 비트 와 4개의 Digit 비트로 표현한다.
④ 에러 검출 및 교정이 가능한 코드로 2비트의 에러 검출 코드가 포함되어 있다.

19 다음 중 컴퓨터에서 그래픽 데이터 표현 방식인 비트맵(Bitmap) 방식에 관한 설명으로 옳지 않은 것은?

① 점과 점을 연결하는 직선이나 곡선을 이용하여 이미지를 표현 한다.

② 이미지를 확대하면 테두리가 거칠어진다.

③ 파일형식에는 BMP, GIF, JPEG 등이 있다.

④ 다양한 색상을 사용하여 사실적 이미지를 표현할 수 있다.

20 다음 중 한글 Windows 10의 인쇄 기능에 대한 설명으로 옳지 않은 것은?

① 기본 프린터란 인쇄시 특정 프린터를 지정하지 않아도 자동으로 인쇄되는 프린터를 말한다.

② 프린터 속성 창에서 공급용지의 종류, 공유, 포트등을 설정할 수 있다.

③ 인쇄 대기중인 작업은 취소시킬 수 있다.

④ 인쇄중인 작업은 취소할 수는 없으나 잠시 중단시킬 수 있다.

2 과목 | 스프레드시트 일반

21 다음 중 [부분합] 대화상자의 각 항목 설정에 대한 설명으로 옳지 않은 것은?

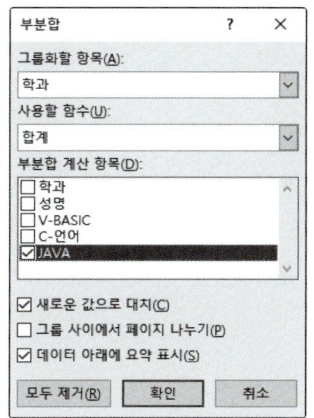

① '그룹화할 항목'에서 선택할 필드를 기준으로 미리 오름차순 또는 내림차순으로 정렬한 후 부분합을 실행해야 한다.

② 부분합 실행 전 상태로 되돌리려면 부분합 대화상자의 [모두 제거] 단추를 클릭한다.

③ 세부 정보가 있는 행 아래에 요약 행을 지정하려면 '데이터 아래에 요약 표시'를 선택하여 체크 표시한다.

④ 이미 작성된 부분합을 유지하면서 부분합 계산 항목을 추가할 경우에는 '새로운 값으로 대치'를 선택하여 체크한다.

22 다음 중 매크로를 실행하는 방법에 대한 설명으로 옳지 않은 것은?

① [개발 도구]-[코드] 그룹의 [매크로]를 클릭한 후 매크로를 선택하여 실행한다.

② 셀의 바로 가기 메뉴에서 [매크로 지정]을 클릭하여 셀에 매크로를 연결한 후 실행한다.

③ 매크로를 기록할 때 지정한 바로가기 키를 눌러 실행한다.

④ 빠른 실행 도구 모음에 매크로를 선택하여 아이콘으로 추가한 후 아이콘을 클릭하여 실행한다.

23 다음 중 [시트 보호] 기능에 대한 설명으로 옳지 않은 것은?

① 새 워크시트의 모든 셀은 기본적으로 '잠금' 속성이 설정되어 있다.
② 워크시트에 있는 셀을 보호하기 위해서는 먼저 셀의 '잠금' 속성을 해제해야 한다.
③ 시트 보호를 설정하면 셀에 데이터를 입력하거나 수정하려고 했을 때 경고 메시지가 나타난다.
④ 셀의 '잠금' 속성과 '숨김' 속성은 시트를 보호하기 전까지는 아무런 효과를 내지 못한다.

24 다음 중 피벗 테이블에 대한 설명으로 옳지 않은 것은?

① 원본의 자료가 변경되면 [모두 새로 고침] 기능을 이용하여 피벗 테이블에 반영할 수 있다.
② 작성된 피벗 테이블을 삭제하면 함께 작성한 피벗 차트도 삭제된다.
③ 피벗 테이블을 삭제하려면 피벗 테이블 전체를 범위로 지정하고 를 누른다.
④ 피벗 테이블 보고서에서는 값 영역에 표시된 데이터를 삭제하거나 수정할 수 없다.

25 다음 중 필터에 대한 설명으로 옳지 않은 것은?

① 필터 기능을 이용하면 워크시트에 입력된 자료들 중 특정한 조건에 맞는 자료들만을 워크시트에 표시할 수 있다.
② 자동 필터에서 여러 필드에 조건을 지정하는 경우 각 조건들은 AND 조건으로 설정된다.
③ 고급 필터를 실행하는 경우 조건을 만족하는 데이터를 다른 곳에 추출할 수 있다.
④ 고급 필터가 적용된 결과표를 정렬할 경우 숨겨진 레코드도 정렬에 포함된다.

26 다음 중 수식에 잘못된 인수나 피연산자를 사용할 때 표시되는 오류 메시지로 옳은 것은?

① #DIV/0!   ② #NUM!
③ #NAME?   ④ #VALUE!

27 다음 중 메모에 대한 설명으로 옳지 않은 것은?

① 통합 문서에 포함된 메모를 시트에 표시된 대로 인쇄하거나 시트 끝에 인쇄할 수 있다.
② 메모에는 어떠한 문자나 숫자, 특수 문자도 입력 가능하며, 텍스트 서식도 지정할 수 있다.
③ 시트에 삽입된 모든 메모를 표시하려면 [검토] 탭의 [메모] 그룹에서 '메모 모두 표시'를 선택한다.
④ 셀에 입력된 데이터를 Delete 로 삭제한 경우 메모도 함께 삭제된다.

28 다음 중 아래의 매크로 대화상자에 대한 설명에서 괄호 안에 들어갈 용어로 옳은 것은?

> 매크로 대화상자의 (㉮) 단추는 바로 가기 키나 설명을 변경할 수 있고, (㉯) 단추는 매크로 이름이나 명령 코드를 수정할 수 있다.

① ㉮-옵션   ㉯-편집
② ㉮-편집   ㉯-옵션
③ ㉮-매크로   ㉯-보기 편집
④ ㉮-편집   ㉯-매크로 보기

29 다음 중 데이터 통합에 관한 설명으로 옳지 않은 것은?

① 데이터 통합은 위치를 기준으로 통합할 수도 있고, 영역의 이름을 정의하여 통합할 수도 있다.

② '원본 데이터에 연결' 기능은 통합할 데이터가 있는 워크시트와 통합 결과가 작성될 워크시트가 같은 통합 문서에 있는 경우에만 적용할 수 있다.

③ 다른 원본 영역의 레이블과 일치하지 않는 레이블이 있는 경우에 통합하면 별도의 행이나 열이 만들어진다.

④ 여러 시트에 있는 데이터나 다른 통합 문서에 입력되어 있는 데이터를 통합할 수 있다.

30 다음 중 아래의 차트에 설정된 차트의 구성 요소로 옳지 않은 것은?

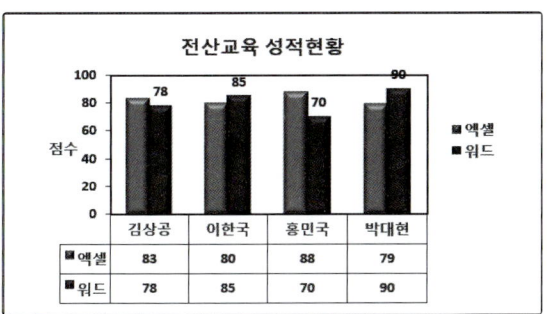

① 눈금선
② 데이터표
③ '워드'계열의 데이터레이블
④ 세로(값)축제목

31 다음 중 채우기 핸들을 이용하여 데이터를 입력하는 방법으로 옳지 않은 것은?

① 인접한 셀의 내용으로 현재 셀을 빠르게 입력하려면 위쪽 셀의 내용은 Ctrl+D, 왼쪽 셀의 내용은 Ctrl+R을 누른다.

② 숫자와 문자가 혼합된 문자열이 입력된 셀의 채우기 핸들을 아래쪽으로 끌면 문자는 복사되고 숫자는 1씩 증가한다.

③ 숫자가 입력된 셀의 채우기 핸들을 Ctrl을 누른 채 아래쪽으로 끌면 똑같은 내용이 복사되어 입력된다.

④ 날짜가 입력된 셀의 채우기 핸들을 아래쪽으로 끌면 기본적으로 1일 단위로 증가하여 자동 채우기가 된다.

32 다음 중 원본 데이터를 지정된 서식으로 설정하였을 때, 결과가 옳지 않은 것은?

① 원본 데이터 : 1234.2, 서식 : ###
→ 결과 데이터 : 1234

② 원본 데이터 : 대한민국, 서식 : @"무궁화"
→ 결과 데이터 : 대한민국무궁화

③ 원본 데이터 : 15:30:22, 서식 : hh:mm:ss AM/PM → 결과 데이터 : 3:30:22 PM

④ 원본 데이터 : 2024-05-07, 서식 : yyyy-mm-ddd → 결과 데이터 : 2013-05-Tue

33 다음 중 [페이지 설정] 대화상자의 [시트] 탭에 대한 설명으로 옳지 않은 것은?

① 셀에 삽입된 메모를 시트 끝에 인쇄되도록 설정할 수 있다.

② 셀 구분선이나 그림 개체 등은 제외하고 셀에 입력된 데이터만 인쇄되도록 설정할 수 있다.

③ 워크시트의 행/열 머리글과 눈금선이 인쇄되도록 설정할 수 있다.

④ 페이지를 기준으로 가운데에 인쇄되도록 '페이지 가운데 맞춤'을 설정할 수 있다.

34 다음 중 [D9] 셀에서 사과나무의 평균 수확량을 구하고자 하는 경우 나머지 셋과 다른 결과를 표시하는 수식은?

	A	B	C	D	E	F	G
1	나무번호	종류	높이	나이	수확량	수익	
2	001	사과	18	20	18	105000	
3	002	배	12	12	10	95000	
4	003	체리	13	14	9	105000	
5	004	사과	14	15	10	75000	
6	005	배	9	8	8	77000	
7	006	사과	8	9	10	45000	
8							
9	사과나무의 평균 수확량						
10							

① =INT(DAVERAGE(A1:F7,5,B1:B2))

② =TRUNC(DAVERAGE(A1:F7,5,B1:B2))

③ =ROUND(DAVERAGE(A1:F7,5,B1:B2),0)

④ =ROUNDDOWN(DAVERAGE(A1:F7,5,B1:B2),0)

35 다음 중 데이터 입력에 대한 설명으로 옳지 않은 것은?

① 셀 안에서 줄 바꿈을 하려면 Alt+Enter를 누른다.

② 한 행을 블록 설정한 상태에서 Enter를 누르면 블록 내의 셀이 오른쪽 방향으로 순차적으로 선택되어 행 단위로 데이터를 쉽게 입력할 수 있다.

③ 여러 셀에 숫자나 문자 데이터를 한 번에 입력하려면 여러 셀이 선택된 상태에서 데이터를 입력한 후 바로 Shift+Enter를 누른다.

④ 열의 너비가 좁아 입력된 날짜 데이터 전체를 표시하지 못하는 경우 셀의 너비에 맞춰 '#'이 반복 표시된다.

36 다음 중 아래 워크시트의 [A2] 셀에 수식을 작성하는 경우 수식의 결과가 다른 하나는?

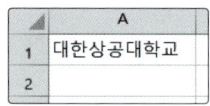

① =MID(A1,SEARCH("대",A1)+2,5)

② =RIGHT(A1,LEN(A1)−2)

③ =RIGHT(A1,FIND("대",A1)+5)

④ =MID(A1,FIND("대",A1)+2,5)

37 다음 중 [찾기 및 바꾸기] 대화상자의 각 항목에 대한 설명으로 옳지 않은 것은?

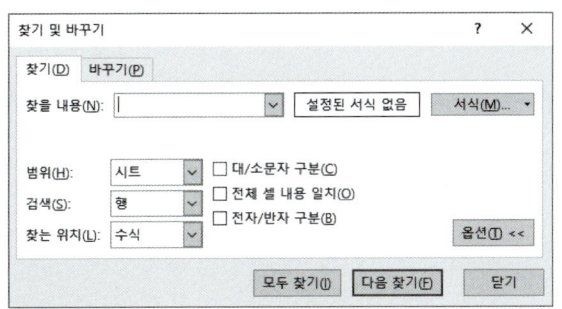

① 찾을 내용 : 검색할 내용을 입력하는 곳으로 와일드카드 문자를 검색 문자열에 사용할 수 있다.

② 서식 : 숫자 셀을 제외한 특정 서식이 있는 텍스트 셀을 찾을 수 있다.

③ 범위 : 현재 워크시트에서만 검색하는 '시트'와 현재 통합 문서의 모든 시트를 검색하는 '통합 문서' 중 선택할 수 있다.

④ 모두 찾기 : 검색 조건에 맞는 모든 항목이 나열된다.

38 다음 중 아래와 같이 조건을 설정한 고급 필터의 실행 결과에 대한 설명으로 옳은 것은?

소속	근무경력
〈〉영업팀	〉=30

① 소속이 '영업팀'이 아니면서 근무경력이 30년 이상인 사원정보

② 소속이 '영업팀'이면서 근무경력이 30년 이상인 사원정보

③ 소속이 '영업팀'이 아니거나 근무경력이 30년 이상인 사원정보

④ 소속이 '영업팀'이거나 근무경력이 30년 이상인 사원정보

39 다음 중 날짜 및 시간 데이터에 관한 설명으로 옳지 않은 것은?

① 날짜 데이터를 입력할 때 년도와 월만 입력하면 일자는 자동으로 해당 월의 1일로 입력된다.

② 셀에 '4/9'을 입력하고 Enter를 누르면 셀에는 '04월 09일'로 표시된다.

③ 날짜 및 시간 데이터의 텍스트 맞춤은 기본 왼쪽 맞춤으로 표시된다.

④ Ctrl+;을 누르면 시스템의 오늘 날짜, Ctrl+Shift+;을 누르면 현재 시간이 입력된다.

40 다음 중 아래 차트에 대한 설명으로 옳은 것은?

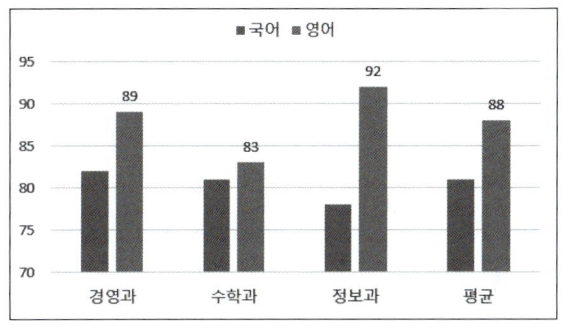

① 세로(값) 축의 축 서식에서 '주 단위' 간격을 95로 설정하였다.

② 데이터 계열 서식의 '계열 겹치기' 값을 0보다 작은 음수 값으로 설정하였다.

③ '영어'의 데이터 레이블은 안쪽 끝에 표시되고 있다.

④ 가로(항목) 축의 주 눈금선과 보조 눈금선이 함께 표시되고 있다.

제02회 기출정복문제

1과목 | 컴퓨터 일반

01 다음 중 아래에서 설명하는 그래픽 기법은?

> 컴퓨터 프로그램을 이용하여 3차원 애니메이션을 만드는 과정으로 사물 모형에 명암과 색상을 추가하여 사실감을 더해주는 작업이다.

① 안티앨리어싱(Anti-Aliasing)
② 렌더링(Rendering)
③ 인터레이싱(Interlacing)
④ 메조틴트(Mezzotint)

02 다음 중 네트워크 장비와 관련하여 라우터에 관한 설명으로 옳은 것은?

① 네트워크를 구성할 때 여러 대의 컴퓨터를 연결하여 각 회선을 통합 관리하는 장비이다.
② 네트워크 상에서 가장 최적의 IP 경로를 설정하여 전송하는 장비이다.
③ 다른 네트워크와 데이터를 보내고 받기 위한 출입구 역할을 하는 장비이다.
④ 인터넷 도메인 네임을 숫자로 된 IP 주소로 바꾸어 주는 장비이다.

03 다음 중 JPEG 표준에 대한 설명으로 옳지 않은 것은?

① 손실압축기법과 무손실압축기법이 있지만 특허문제나 압축률 등의 이유로 무손실압축 방식은 잘 쓰이지 않는다.
② JPEG 표준을 사용하는 파일 형식에는 jpg, jpeg, jpe 등의 확장자를 사용한다.
③ 파일 크기가 작아 웹 상에서 사진 같은 이미지를 보관하고 전송하는데 사용한다.
④ 문자, 선, 세밀한 격자 등 고주파 성분이 많은 이미지의 변환에서는 GIF나 PNG에 비해 품질이 매우 우수하다.

04 다음 중 컴퓨터 바이러스의 예방법으로 가장 거리가 먼 것은?

① 최신 버전의 백신 프로그램을 사용한다.
② 다운로드 받은 파일은 작업에 사용하기 전에 바이러스 검사 후 사용한다.
③ 전자우편에 첨부된 파일은 다른 이름으로 저장하고 사용한다.
④ 네트워크 공유 폴더에 있는 파일은 읽기 전용으로 지정한다.

05 다음 중 Windows에서 사용하는 바로 가기 키에 관한설명으로 옳지 않은 것은?

① [Ctrl]+[Esc] : 시작 메뉴를 표시
② [Shift]+[F10] : 선택한 항목의 바로가기 메뉴 표시
③ [Alt]+[Enter] : 선택한 항목 실행
④ [⊞]+[E] : 탐색기 실행

06 다음 중 인터넷을 수동으로 연결하기 위하여 지정해야 할 TCP/IP 구성요소로 옳지 않은 것은?

① IP 주소
② 서브넷 마스크
③ 어댑터 주소
④ DNS 서버 주소

07 다음 중 Windows Update가 속한 사용권에 따른 소프트웨어 분류 유형으로 가장 적절한 것은?

① 패치 버전
② 알파 버전
③ 트라이얼 버전
④ 프리웨어

08 다음 중 파일이나 폴더를 복사하거나 이동하는 방법으로 옳지 않은 것은?

① 폴더를 마우스로 선택한 후 동일한 드라이브의 다른 폴더로 끌어서 놓으면 이동이 된다.
② USB에 저장되어 있는 파일을 마우스로 선택한 후 바탕화면으로 끌어서 놓으면 복사가 된다.
③ 파일을 마우스로 선택한 후 [Ctrl]키를 누른 채 같은 드라이브의 다른 폴더로 끌어서 놓으면 복사가 된다.
④ 폴더를 마우스로 선택한 후 [Alt]키를 누른 채 같은 드라이브의 다른 폴더로 끌어서 놓으면 이동이 된다.

09 다음 중 차세대 웹 표준으로 텍스트와 하이퍼링크를 이용한 문서 작성 중심으로 구성된 기존 표준에 비디오, 오디오 등의 다양한 부가기능을 추가하여 최신 멀티미디어 콘텐츠를 ActiveX 없이도 웹 서비스로 제공할 수 있는 언어는?

① XML
② VRML
③ HTML5
④ JSP

10 다음 중 Windows [제어판]의 [접근성 센터]에서 설정할 수 없는 기능은?

① 다중 디스플레이를 설정하여 두 대의 모니터에 화면을 확장하여 표시할 수 있다.
② 돋보기를 사용하여 화면에서 원하는 영역을 확대하여 크게 표시할 수 있다.
③ 내레이터를 사용하여 화면의 모든 텍스트를 소리내어 읽어 주도록 설정할 수 있다.
④ 키보드가 없어도 입력 가능한 화상 키보드를 표시할 수 있다.

11 다음 중 Windows의 에어로 피크(Aero Peek) 기능에 대한 설명으로 옳은 것은?

① 파일이나 폴더의 저장된 위치에 상관없이 종류별로 파일을 구성하고 액세스할 수 있게 한다.

② 모든 창을 최소화할 필요 없이 바탕 화면을 빠르게 미리 보거나 작업 표시줄의 해당 아이콘을 가리켜서 열린 창을 미리 볼 수 있게 한다.

③ 바탕 화면의 배경으로 여러 장의 사진을 선택하여 슬라이드 쇼 효과를 주면서 번갈아 표시할 수 있게 한다.

④ 작업 표시줄에서 프로그램 아이콘을 마우스 오른쪽 단추로 클릭하여 최근에 열린 파일 목록을 확인할 수있게 한다.

12 다음 중 라디오와 같이 한쪽은 송신만, 다른 한쪽은 수신만 가능한 정보 전송 방식은?

① 단방향 통신 ② 반이중 통신
③ 전이중 통신 ④ 양방향 통신

13 다음 중 정보 보안을 위협하는 유형에서 가로채기에 해당하는 것은?

① 데이터의 전달을 가로막아 수신자측으로 정보가 전달되는 것을 방해하는 행위

② 전송되는 데이터를 전송 도중에 도청 및 몰래 보는 행위

③ 전송된 원래의 데이터를 다른 내용으로 수정하여 변조하는 행위

④ 다른 송신자로부터 데이터가 송신된 것처럼 꾸미는 행위

14 다음 중 삭제된 파일이 [휴지통]에 임시 보관되어 복원이 가능한 경우는?

① 바탕 화면에 있는 파일을 [휴지통]으로 드래그 앤 드롭 하여 삭제한 경우

② USB 메모리에 저장되어 있는 파일을 〈Delete〉 키로 삭제한 경우

③ 네트워크 드라이브의 파일을 바로 가기 메뉴의 [삭제]를 클릭하여 삭제한 경우

④ [휴지통 속성]에서 최대 크기를 0 MB로 설정한 후 [내 문서] 폴더 안의 파일을 삭제한 경우

15 다음 중 영상신호와 음향신호를 압축하지 않고 통합하여 전송하는 고선명 멀티미디어 인터페이스로 S-비디오, 컴포지트 등의 아날로그 케이블보다 고품질의 음향 및 영상을 감상할 수 있는 것은?

① DVI ② HDMI
③ USB ④ IEEE-1394

16 다음 중 컴퓨터에서 사용하는 레이저 프린터에 관한 설명으로 옳지 않은 것은?

① 회전하는 드럼에 토너를 묻혀서 인쇄하는 방식이다.

② 비충격식이라 비교적 인쇄 소음이 적고 인쇄 속도가 빠르다.

③ 인쇄 방식에는 드럼식, 체인식, 밴드식 등이 있다.

④ 인쇄 해상도가 높으며 복사기와 같은 원리를 사용한다.

17 다음 중 컴퓨터에서 사용하는 캐시 메모리에 관한 설명으로 옳은 것은?

① 보조기억장치의 일부를 주기억장치처럼 사용하는 메모리이다.
② 기억된 정보의 내용 일부를 이용하여 주기억장치에 접근하는 장치이다.
③ EEPROM의 일종으로 비휘발성 메모리이다.
④ 중앙처리장치(CPU)와 주기억장치 사이에 위치하여 컴퓨터 처리 속도를 향상시키는 메모리이다.

18 아래는 노트북의 사양을 나타낸 것이다. 다음 중 ㉠~㉣에 대한 설명이 옳은 것은?

㉠ Intel Core i5-8세대
㉡ Intel UHD Grapics 620
㉢ 16GB DDR4 RAM
㉣ SSD 256GB

19 다음 중 소형화, 경량화를 비롯해 음성과 동작인식 등 다양한 기술이 적용되어 장소에 구애받지 않고 컴퓨터를 활용할 수 있도록 몸에 착용하는 컴퓨터를 의미하는 것은?

① 웨어러블 컴퓨터 ② 마이크로 컴퓨터
③ 인공지능 컴퓨터 ④ 서버 컴퓨터

20 다음 중 인터넷에서 웹 서버와 사용자의 인터넷 브라우저 사이에 하이퍼텍스트 문서를 전송하기 위해 사용되는 통신 규약은?

① TCP ② HTTP
③ FTP ④ SMTP

2 과목 | 스프레드시트 일반

21 다음 중 워크시트에 대한 설명으로 옳지 않은 것은?

① 여러 개의 시트를 한 번에 선택하면 제목 표시줄의 파일명 뒤에 [그룹]이 표시된다.
② 선택된 시트의 왼쪽에 새로운 시트를 삽입하려면 Shift+F11 키를 누른다.
③ 마지막 작업이 시트 삭제인 경우 빠른 실행 도구 모음의 '실행 취소( )' 명령을 클릭하여 되살릴 수 있다.
④ 동일한 통합 문서 내에서 시트를 복사하면 원래의 시트 이름에 '(일련번호)' 형식이 추가되어 시트 이름이 만들어진다.

22 다음 중 [시트 보호] 기능에 대한 설명으로 옳지 않은 것은?

① 새 워크시트의 모든 셀은 기본적으로 '잠금' 속성이 설정되어 있다.
② 워크시트에 있는 셀을 보호하기 위해서는 먼저 셀의 '잠금' 속성을 해제해야 한다.
③ 시트 보호를 설정하면 셀에 데이터를 입력하거나 수정 하려고 했을 때 경고 메시지가 나타난다.
④ 셀의 '잠금' 속성과 '숨김' 속성은 시트를 보호하기 전까지는 아무런 효과를 내지 못한다.

23 다음 중 새 워크시트에서 보기의 내용을 그대로 입력 하였을 때, 입력한 내용이 텍스트로 인식되지 않는 것은?

① 01:02AM ② 0 1/4
③ '1234 ④ 1월30일

24 다음 중 부분합에 대한 설명으로 옳지 않은 것은?

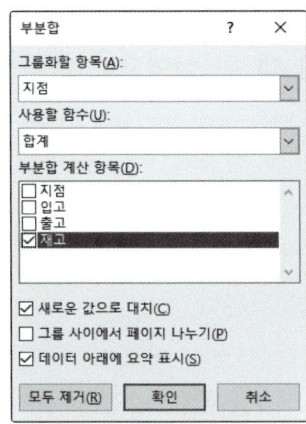

① 부분합을 실행하면 각 부분합에 대한 정보 행을 표시하고 숨길 수 있도록 목록에 윤곽이 자동으로 설정된다.

② 부분합은 한번에 한 개의 함수만 계산할 수 있으므로 두 개 이상의 함수를 이용하려면 함수의 개수만큼 부분합을 중첩해서 삽입해야 한다.

③ '새로운 값으로 대치'를 선택하면 이전의 부분합의 결과는 제거되고 새로운 부분합의 결과로 변경한다.

④ 그룹화할 항목으로 선택된 필드는 자동으로 오름차순 정렬하여 부분합이 계산된다.

25 다음 중 [A1:D1] 영역을 선택한 후 채우기 핸들을 이용하여 아래쪽으로 드래그하였을 때, 데이터가 변하지 않고 같은 데이터로 채워지는 것은?

	A	B	C	D
1	가	갑	월	자
2				
3				
4				
5				

① 가 ② 갑
③ 월 ④ 자

26 다음 중 아래 그림과 같이 목표값 찾기를 설정했을 때, 이에 대한 의미로 옳은 것은?

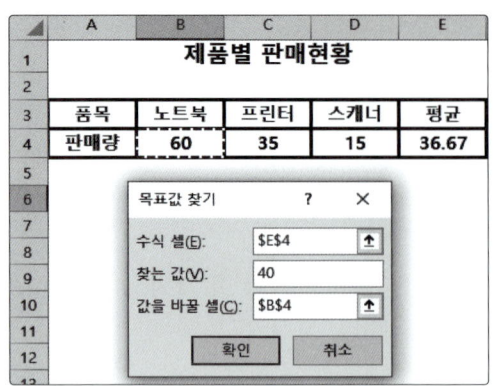

① 평균이 40이 되려면 노트북 판매량이 얼마가 되어야 하는가?

② 노트북 판매량이 40이 되려면 평균이 얼마가 되어야 하는가?

③ 노트북 판매량을 40으로 변경하였을 때 평균은 얼마가 되어야 하는가?

④ 평균이 40이 되려면 노트북을 제외한 나머지 제품의 판매량이 얼마가 되어야 하는가?

27 다음 중 근무기간이 15년 이상이면서 나이가 50세 이상인 직원의 데이터를 조회하기 위한 고급 필터의 조건으로 옳은 것은?

①
근무기간	나이
>=15	>=50

②
근무기간	나이
>=15	
	>=50

③
근무기간	>=15
나이	>=50

④
근무기간	>=15	
나이		>=50

28 다음 중 [페이지 설정] 대화상자의 [시트] 탭에 대한 설명으로 옳은 것은?

① '메모'는 셀에 설정된 메모의 인쇄 여부를 설정하는 것으로 '없음'과 '시트에 표시된 대로' 중 하나를 선택하여 인쇄할 수 있다.

② 워크시트의 셀 구분선을 그대로 인쇄하려면 '눈금선'에 체크하여 표시하면 된다.

③ '간단하게 인쇄'를 체크하면 설정된 글꼴색은 모두 검정으로, 도형은 테두리 색만 인쇄하여 인쇄 속도를 높인다.

④ '인쇄 영역'에 범위를 지정하면 특정 부분만 인쇄할 수 있으며, 지정한 범위에 숨겨진 행이나 열도 함께 인쇄된다.

29 다음 중 [통합] 데이터 도구에 대한 설명으로 옳지 않은 것은?

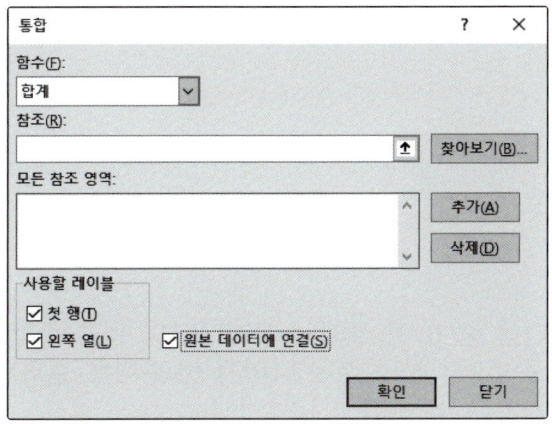

① '모든 참조 영역'에 다른 통합 문서의 워크시트를 추가하여 통합할 수 있다.

② '사용할 레이블'을 모두 선택한 경우 각 참조 영역에 결과 표의 레이블과 일치하지 않은 레이블이 있으면 통합 결과 표에 별도의 행이나 열이 만들어진다.

③ 지정한 영역에 계산될 요약 함수는 '함수'에서 선택하며, 요약 함수로는 합계, 개수, 평균, 최대값, 최소값 등이 있다.

④ '원본 데이터에 연결' 확인란을 선택하여 통합한 경우 통합에 참조된 영역에서의 행 또는 열이 변경될 때 통합된 데이터 결과도 자동으로 업데이트 된다.

30 다음 중 [A4] 셀의 메모가 지워지는 작업에 해당하는 것은?

	A	B	C	D
1		성적관리		
2	성명	영어	국어	총점
3	배순용	91 (장학생)	89	170
4	이길순	88	98	186
5	하길주	87	88	175
6	이선호	67	78	145

① [A3] 셀의 채우기 핸들을 아래쪽으로 드래그 하였다.

② [A4] 셀의 바로 가기 메뉴에서 [메모 숨기기]를 선택 하였다.

③ [A4] 셀을 선택하고, [홈]탭 [편집]그룹의 [지우기]에서 [모두 지우기]를 선택하였다.

④ [A4] 셀을 선택하고, 키보드의 BackSpace 키를 눌렀다.

31 다음 중 입력 데이터에 주어진 표시 형식으로 지정한 경우 그 결과가 옳지 않은 것은?

	입력 데이터	표시 형식	표시 결과
①	7.5	#.00	7.50
②	44.398	???.???	044.398
③	12,200,000	#,##0,	12,200
④	상공상사	@ "귀중"	상공상사 귀중

32 아래 표에서 원금[C4:F4]과 이율[B5:B8]을 각각 곱하여 수익금액[C5:F8]을 계산하기 위해서, [C5] 셀에 수식을 입력하고 나머지 모든 셀은 [자동 채우기] 기능으로 채우려고 한다. 다음 중 [C5] 셀에 입력할 수식으로 옳은 것은?

	A	B	C	D	E	F
1			이율과 원금에 따른 수익금액			
2						
3			원금			
4			5,000,000	10,000,000	30,000,000	500,000,000
5	이	1.5%				
6	율	2.3%				
7		3.0%				
8		5.0%				

① =C4*B5 ② =$C4*B$5
③ =C$4*$B5 ④ =$C$4*$B$5

33 다음 중 매크로의 바로 가기 키에 대한 설명으로 옳지 않은 것은?

① 매크로 생성 시 설정한 바로 가기 키는 [매크로] 대화상자의 [옵션]에서 변경할 수 있다.
② 기본적으로 바로 가기 키는 Ctrl 키와 조합하여 사용하지만 대문자로 지정하면 Shift 키가 자동으로 덧붙는다.
③ 바로 가기 키의 조합 문자는 영문자만 가능하고, 바로가기 키를 설정하지 않아도 매크로를 생성할 수 있다.
④ 엑셀에서 기본적으로 지정되어 있는 바로 가기 키는 매크로의 바로 가기 키로 지정할 수 없다.

34 다음 중 환자번호[C2:C5]를 이용하여 성별[D2:D5]을 표시하기 위해 [D2] 셀에 입력할 수식으로 옳지 않은 것은?

(단, 환자번호의 4번째 문자가 'M'이면 '남', 'F'이면 '여' 임)

	A	B	C	D
1	번호	이름	환자번호	성별
2	1	박상훈	01-M0001	
3	2	서윤희	07-F1002	
4	3	김소민	02-F5111	
5	4	이진	03-M0224	
6				
7	코드	성별		
8	M	남		
9	F	여		

① =IF(MID(C2,4,1)="M","남","여")
② =INDEX($A$8:$B$9,MATCH(MID(C2,4,1),$A$8:$A$9,0),2)
③ =VLOOKUP(MID(C2,4,1),$A$8:$B$9,2,FALSE)
④ =IFERROR(IF(SEARCH(C2,"M"),"남"),"여")

35 다음 중 [D9] 셀에서 사과나무의 평균 수확량을 구하고자 하는 경우 나머지 셋과 다른 결과를 표시하는 수식은?

	A	B	C	D	E	F	G
1	나무번호	종류	높이	나이	수확량	수익	
2	001	사과	18	20	18	105000	
3	002	배	12	12	10	95000	
4	003	체리	13	14	9	105000	
5	004	사과	14	15	10	75000	
6	005	배	9	8	8	77000	
7	006	사과	8	9	10	45000	
8							
9	사과나무의 평균 수확량						
10							

① =INT(DAVERAGE(A1:F7,5,B1:B2))
② =TRUNC(DAVERAGE(A1:F7,5,B1:B2))
③ =ROUND(DAVERAGE(A1:F7,5,B1:B2),0)
④ =ROUNDDOWN(DAVERAGE(A1:F7,5,B1:B2),0)

36 다음 중 막대형 차트에서 각 데이터 계열을 그림으로 표시하는 방법으로 옳지 않은 것은?

① 막대에 채워질 그림은 저장된 파일, 클립보드에 복사되어 있는 파일, 클립 아트에서 선택할 수 있다.

② 늘이기는 값에 비례하여 그림의 너비와 높이가 증가한다.

③ 쌓기는 원본 그림의 크기에 따라 단위/그림이 달라진다.

④ '다음 배율에 맞게 쌓기'는 계열 간의 원본 그림 크기가 달라도 단위/그림 같게 설정하면 같은 크기로 표시된다.

37 다음 중 매크로가 포함된 엑셀 파일을 열었을 때 엑셀 화면이 다음과 같이 되었다면, 아래 통합문서에 적용된 매크로 보안은?

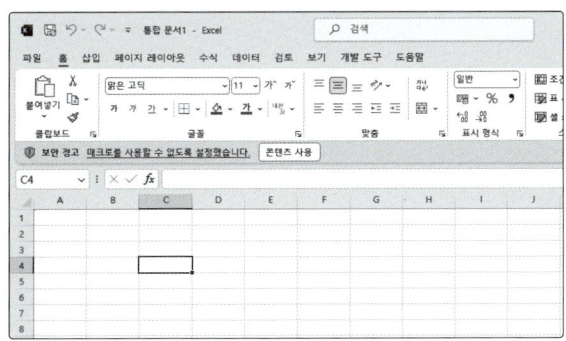

① 알림이 없는 매크로 사용 안 함

② 알림이 포함된 VBA 매크로 사용 안 함

③ 디지털 서명된 매크로를 제외하고 VBA 매크로 사용 안 함

④ VBA 매크로 사용

38 다음 중 '페이지 나누기'에 대한 설명으로 옳지 않은 것은?

① [페이지 나누기 미리 보기]에서 행 높이와 열 너비를 변경하면 '자동 페이지 나누기'의 위치도 변경된다.

② [페이지 나누기 미리 보기]에서 수동으로 삽입된 페이지 나누기는 점선으로 표시된다.

③ 수동으로 삽입한 페이지 나누기를 제거하려면 페이지 나누기 선 아래 셀의 바로 가기 메뉴에서 [페이지 나누기 제거]를 선택한다.

④ 용지 크기, 여백 설정, 배율 옵션 등에 따라 자동 페이지 나누기가 삽입된다.

39 다음 중 학점[B3:B10]을 이용하여 [E3:E7] 영역에 학점별 학생수 만큼 '♣' 기호를 표시하고자 할 때, [E3] 셀에 입력해야 할 수식으로 옳은 것은?

	A	B	C	D	E
1	엑셀 성적 분포				
2	이름	학점		학점	성적그래프
3	김현미	A		A	♣
4	조미림	B		B	♣♣♣♣
5	심기훈	F		C	♣
6	박원석	C		D	
7	이영준	B		F	♣♣
8	최세종	F			
9	김수현	B			
10	이미도	B			

① =REPT("♣", COUNTIF(D3, $B$3:$B$10))

② =REPT(COUNTIF(D3, $B$3:$B$10), "♣")

③ =REPT("♣", COUNTIF($B$3:$B$10, D3))

④ =REPT(COUNTIF($B$3:$B$10, D3), "♣")

40 다음 중 아래 차트에 대한 설명으로 옳지 않은 것은?

구분	남	여	합계
1반	23	21	44
2반	22	25	47
3반	20	17	37
4반	21	19	40
합계	86	82	168

① 차트의 종류는 묶은 세로 막대형으로 계열 옵션의 '계열 겹치기'가 적용되었다.

② 세로 (값) 축의 [축 서식]에는 주 눈금과 보조 눈금이 '안쪽'으로 표시되도록 설정되었다.

③ 데이터 계열로 '남'과 '여'가 사용되고 있다.

④ 표 전체 영역을 데이터 원본으로 사용하여 차트를 작성하였다.

제03회 기출정복문제

1과목 | 컴퓨터 일반

01 다음 중 멀티미디어의 특징에 대한 설명으로 옳지 않은 것은?

① 다양한 아날로그 데이터를 디지털 데이터로 변환하여 통합 처리한다.

② 정보 제공자와 사용자 간의 상호 작용에 의해 데이터가 전달된다.

③ 미디어별 파일 형식이 획일화되어 멀티미디어의 제작이 용이해진다.

④ 텍스트, 그래픽, 사운드, 동영상 등의 여러 미디어를 통합 처리한다.

02 다음 중 컴퓨터에서 사용하는 오디오 포맷인 웨이브 파일(WAV file)에 관한 설명으로 옳지 않은 것은?

① 파일의 확장자는 'WAV'이다.

② 녹음 조건에 따라 파일의 크기가 가변적이다.

③ Windows Media Player로 파일을 재생할 수 있다.

④ 음높이, 음길이, 세기 등 다양한 음악 기호가 정의되어 있다.

03 다음 중 데이터 보안 침해 형태 중 하나인 변조에 대한 설명으로 옳은 것은?

① 데이터가 정상적으로 전송되는 것을 방해하는 것이다.

② 데이터가 전송되는 도중에 몰래 엿보거나 정보를 유출 하는 것이다.

③ 전송된 데이터를 다른 내용으로 바꾸는 것이다.

④ 데이터를 다른 사람이 송신한 것처럼 꾸미는 것이다.

04 다음 중 정보 사회에서 발생할 수 있는 문제점으로 적절하지 않은 것은?

① 정보의 편중으로 계층 간의 정보차이를 줄일 수 있다.

② 중앙 컴퓨터 또는 서버의 장애나 오류로 사회적, 경제적으로 혼란을 초래할 수 있다.

③ 정보기술을 이용한 새로운 범죄가 증가할 수 있다.

④ VDT 증후군이나 테크노스트레스 같은 직업병이 발생할 수 있다.

05 다음 중 가상 메모리에 관한 설명으로 옳은 것은?

① EEPROM의 일종으로 디지털 기기에서 널리 사용되는 비휘발성 메모리이다.
② 주기억장치의 크기보다 큰 용량을 필요로 하는 프로그램을 실행해야 할 때 유용하게 사용된다.
③ 중앙처리장치와 주기억장치 사이에 위치하여 컴퓨터의 처리 속도를 향상시킨다.
④ 두 장치 간의 속도 차이를 해결하기 위해 사용되는 임시저장 공간으로 각 장치 내에 위치한다.

06 다음 중 인터넷의 표준 주소 체계인 URL (Uniform Resource Locator)의 형식으로 옳은 것은?

① 프로토콜://호스트 서버 주소[:포트번호][/파일 경로]
② 프로토콜://호스트 서버 주소[/파일 경로][:포트번호]
③ 호스트 서버 주소://프로토콜[/파일 경로][:포트번호]
④ 호스트 서버 주소://프로토콜[:포트번호][/파일 경로]

07 다음 중 이기종 단말 간 통신과 호환성 등 모든 네트워크상의 원활한 통신을 위해 최소한의 네트워크 구조를 제공하는 모델로 네트워크 프로토콜 디자인과 통신을 여러계층으로 나누어 정의한 통신 규약 명칭은?

① ISO 7 계층
② Network 7 계층
③ TCP/IP 7 계층
④ OSI 7 계층

08 다음 중 인트라넷(Intranet)에 관한 설명으로 옳은 것은?

① 핸드폰, 노트북 등과 같은 단말장치의 근거리 무선접속을 지원하기 위한 통신기술이다.
② 인터넷 기술과 통신 규약을 기업 내의 전자우편, 전자결재 등과 같은 정보시스템에 적용한 것이다.
③ 납품업체나 고객업체 등 관련 있는 기업들 간의 원활한 통신을 위한 시스템이다.
④ 분야별 공통의 관심사를 가진 인터넷 사용자들이 서로의 의견을 주고받을 수 있게 하는 서비스이다.

09 다음 중 인터넷 전자우편에 관한 설명으로 옳지 않은 것은?

① 한 사람이 동시에 여러 사람에게 전자우편을 보낼 수있다.
② 기본적으로 8비트의 EBCDIC 코드를 사용하여 메시지를 보내고 받는다.
③ SMTP, POP3, MIME 등의 프로토콜이 사용된다.
④ 전자우편 주소는 '사용자 ID@호스트 주소'의 형식이 사용된다.

10 다음 중 컴퓨터 운영체제의 주요 기능으로 옳지 않은 것은?

① 자원의 효율적인 관리를 위해 자원의 스케줄링을 제공한다.
② 시스템과 사용자간의 편리한 인터페이스를 제공한다.
③ 데이터 및 자원 공유 기능을 제공한다.
④ 시스템을 실시간으로 감시하여 바이러스 침입을 방지하는 기능을 제공한다.

11 다음 중 USB 인터페이스에 대한 설명으로 옳지 않은 것은?

① 직렬포트보다 USB 포트의 데이터 전송 속도가 더 빠르다.
② USB는 컨트롤러 당 최대 127개까지 포트의 확장이 가능하다.
③ 핫 플러그 인(Hot Plug In)과 플러그 앤 플레이(Plug &Play)를 지원한다.
④ USB 커넥터를 색상으로 구분하는 경우 USB 3.0은 빨간색, USB 2.0은 파란색을 사용한다.

12 다음 중 빈 칸의 용어를 올바르게 나열한 것은?

(ⓐ)은(는) 생활에서 관찰이나 측정을 통해 얻을 수 있는 문자나 그림, 숫자 등의 값을 의미한다.
이런한 요소들을 모아서 의미있는 이용 가능한 형태로 바꾸면 (ⓑ)이(가) 된다.
(ⓒ)란 정보통신기술의 혁신을 바탕으로 경제와 사회의 중심이 물질이나 에너지로부터 정보로 이동하여 정보가 사회의 전 분야에 널리 확산되는 것을 말한다.

① ⓐ 자료 ⓑ 지식 ⓒ 정보화
② ⓐ 자료 ⓑ 정보 ⓒ 정보화
③ ⓐ 정보 ⓑ DB ⓒ 스마트
④ ⓐ 정보 ⓑ 지식 ⓒ 스마트

13 다음 중 사물 인터넷(IoT)에 대한 설명으로 옳지 않은 것은?

① IoT 구성품 가운데 디바이스는 빅데이터를 수집하며, 클라우드와 AI는 수집된 빅데이터를 저장하고 분석한다.
② IoT는 인터넷 기반으로 다양한 사물, 사람, 공간을 긴밀하게 연결하고 상황을 분석, 예측, 판단해서 지능화된 서비스를 자율 제공하는 제반 인프라 및 융복합 기술이다.
③ 현재는 사물을 단순히 연결시켜 주는 단계에서 수집된 데이터를 분석해 스스로 사물에 의사결정을 내리는 단계로 발전하고 있다.
④ IoT 네트워크를 이용할 경우 통신비용이 절감되는 효과가 있으며, 정보보안기술의 적용이 용이해진다.

14 다음 중 컴퓨터 소프트웨어에서 셰어웨어(Shareware)에 관한 설명으로 옳은 것은?

① 정상 대가를 지불하고 사용하는 소프트웨어이다.

② 특정 기능이나 사용 기간에 제한을 두고 무료로 배포 하는 소프트웨어이다.

③ 개발자가 소스를 공개한 소프트웨어이다.

④ 배포 이전의 테스트 버전의 소프트웨어이다.

15 다음 중 모니터 화면의 이미지를 얼마나 세밀하게 표시할 수 있는가를 나타내는 정보로 픽셀수에 따라 결정되는 것은?

① 재생률(refresh rate) ② 해상도(resolution)

③ 색깊이(color depth) ④ 색공간(color space)

16 다음 중 Windows 운영체제에서 시스템의 속도가 느려진 경우 문제 해결 방법으로 가장 적절한 것은?

① [장치 관리자] 창에서 중복 설치된 해당 장치를 제거한다.

② 드라이브 조각 모음 및 최적화를 수행하여 하드 디스크의 단편화를 제거한다.

③ [작업 관리자] 창에서 시스템의 속도를 저해하는 Windows 프로세스를 찾아 '작업 끝내기'를 실행한다.

④ [시스템 관리자] 창에서 하드 디스크의 파티션을 재설정 한다.

17 다음 중 Windows의 방화벽 기능에 대한 설명으로 옳지 않은 것은?

① 통신을 허용할 프로그램 및 기능을 설정한다.

② 네트워크 및 인터넷 사용과 관련된 문제 해결 방법을 제공한다.

③ 바이러스의 감염을 인지하는 알림을 설정한다.

④ 네트워크 위치에 따른 외부 연결의 차단 여부를 설정한다.

18 다음 중 Windows의 사용자 계정에 대한 설명으로 옳지 않은 것은?

① 관리자 계정의 사용자는 다른 계정의 컴퓨터 사용 시간을 제어할 수 있다.

② 관리자 계정의 사용자는 다른 계정의 계정 유형과 계정 이름, 암호를 변경할 수 있다.

③ 표준 계정의 사용자는 컴퓨터 보안에 영향을 주는 설정을 변경할 수 있다.

④ 표준 계정의 사용자는 컴퓨터에 설치된 대부분의 프로그램을 사용할 수 있고, 자신의 계정에 대한 암호 등을 설정할 수 있다.

19 다음 중 Windows에서 파일을 선택한 후 Ctrl + Shift 키를 누른 채 다른 위치로 끌어다 놓은 결과는?

① 해당 파일의 바로가기 아이콘이 만들어진다.

② 해당 파일이 복사된다.

③ 해당 파일이 이동된다.

④ 해당 파일이 휴지통을 거치지 않고 영구히 삭제된다.

20 다음 중 Windows의 [제어판]에서 [시스템]을 선택했을 때 확인할 수 있는 정보에 해당하지 않는 것은?

① 설치된 Windows 운영체제의 버전
② CPU의 종류와 설치된 메모리의 용량
③ 설치된 Windows 정품 인증 내용
④ 컴퓨터 이름과 현재 로그인한 사용자 계정

2 과목 | 스프레드시트 일반

21 다음 중 아래 그림의 시나리오 요약 보고서에 대한 설명으로 옳지 않은 것은?

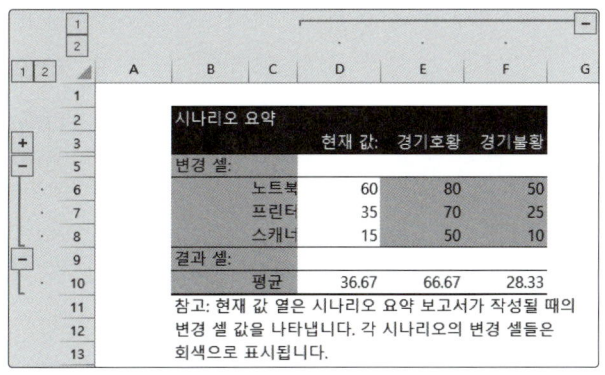

① 노트북, 프린터, 스캐너 값의 변화에 따른 평균 값을 확인할 수 있다.
② '경기 호황'과 '경기 불황' 시나리오에 대한 시나리오 요약 보고서이다.
③ 시나리오의 값을 변경하면 해당 변경 내용이 기존 요약 보고서에 자동으로 다시 계산되어 표시된다.
④ 시나리오 요약 보고서를 실행하기 전에 변경 셀과 결과 셀에 대해 이름을 정의하였다.

22 다음 중 아래의 고급 필터 조건에 대한 설명으로 옳은 것은?

국사	영어	평균
>=80	>=85	
		>=85

① 국사가 80 이상이거나, 영어가 85 이상이거나, 평균이 85 이상인 경우
② 국사가 80 이상이거나, 영어가 85 이상이면서 평균이 85 이상인 경우
③ 국사가 80 이상이면서 영어가 85 이상이거나, 평균이 85 이상인 경우
④ 국사가 80 이상이면서 영어가 85 이상이면서 평균이 85 이상인 경우

23 다음 중 아래의 부분합 대화상자에 대한 설명으로 옳지 않은 것은?

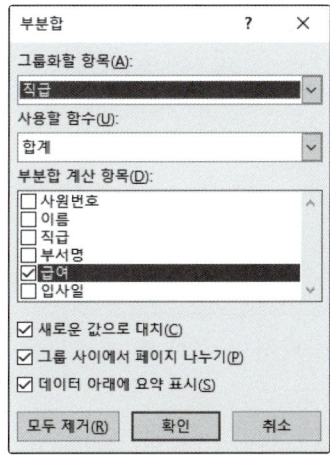

① 부분합을 실행하기 전에 직급 항목으로 정렬되어 있어야 올바른 결과를 얻을 수 있다.
② 부분합의 실행 결과는 직급별로 급여 항목에 대한 합계가 표시된다.
③ 인쇄시 직급별로 다른 페이지에 인쇄된다.
④ 계산 결과는 그룹별로 각 그룹의 위쪽에 표시된다.

24 다음 중 데이터 통합에 관한 설명으로 옳지 않은 것은?

① 데이터 통합은 위치를 기준으로 통합할 수도 있고, 영역의 이름을 정의하여 통합할 수도 있다.
② '원본 데이터에 연결' 기능은 통합할 데이터가 있는 워크시트와 통합 결과가 작성될 워크시트가 같은 통합 문서에 있는 경우에만 적용할 수 있다.
③ 다른 원본 영역의 레이블과 일치하지 않는 레이블이 있는 경우에 통합하면 별도의 행이나 열이 만들어진다.
④ 여러 시트에 있는 데이터나 다른 통합 문서에 입력되어 있는 데이터를 통합할 수 있다.

25 다음 중 [매크로] 대화상자에 대한 설명으로 옳지 않은 것은?

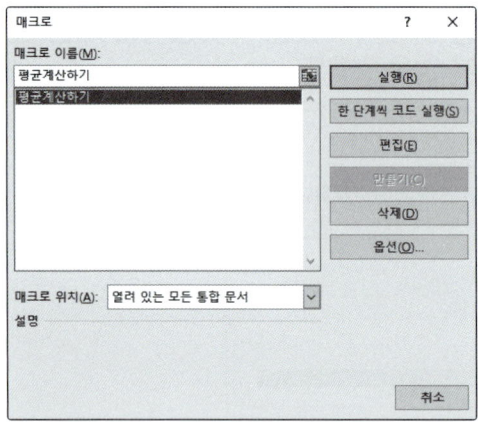

① [실행] 단추를 클릭하면 선택한 매크로를 실행한다.
② [한 단계씩 코드 실행] 단추를 클릭하면 선택한 매크로의 코드를 한 단계씩 실행할 수 있도록 Visual Basic 편집기를 실행한다.
③ [편집] 단추를 클릭하면 선택한 매크로의 명령을 수정할 수 있도록 Visual Basic 편집기를 실행한다.
④ [옵션] 단추를 클릭하면 선택한 매크로의 매크로 이름과 설명을 수정할 수 있는 [매크로 옵션] 대화상자를 표시한다.

26 다음 중 날짜 데이터를 자동 채우기 옵션() 단추를 이용하여 데이터를 채운 경우, 채울 수 있는 값에 해당하지 않는 것은?

① 평일 단위나 일 단위 증가되는 날짜를 채울 수 있다.
② 주 단위로 증가되는 날짜를 채울 수 있다.
③ 월 단위로 증가되는 날짜를 채울 수 있다.
④ 연 단위로 증가되는 날짜를 채울 수 있다.

27 다음 중 [셀 서식] 대화상자에서 [맞춤] 탭의 기능으로 옳지 않은 것은?

① '셀 병합'은 선택 영역에서 데이터 값이 여러 개인 경우 마지막 셀의 내용만 남기고 모두 지운다.
② '셀에 맞춤'은 입력 데이터의 길이가 셀의 너비보다 긴 경우 글자 크기를 자동으로 줄인다.
③ '방향'은 데이터를 세로 방향으로 설정하거나 가로의 회전 각도를 지정하여 방향을 설정한다.
④ '텍스트 줄 바꿈'은 텍스트의 길이가 셀의 너비보다 긴 경우 자동으로 줄을 나누어 표시한다.

28 다음 중 셀에 데이터를 입력하는 방법에 대한 설명으로 옳지 않은 것은?

① [C5] 셀에 값을 입력하고 Esc 키를 누르면 [C5] 셀에 입력한 값이 취소된다.
② [C5] 셀에 값을 입력하고 오른쪽 방향키를 누르면 [C5] 셀에 값이 입력된 후 [D5] 셀로 셀 포인터가 이동한다.
③ [C5] 셀에 값을 입력하고 Enter 키를 누르면 [C5] 셀에 값이 입력된 후 [C6] 셀로 셀 포인터가 이동한다.
④ [C5] 셀에 값을 입력하고 Home 키를 누르면 [C5] 셀에 값이 입력된 후 [C1] 셀로 셀 포인터가 이동한다.

29 아래 시트에서 수강생들의 학점별 학생수를 [E3:E7] 영역에 계산하였다. 다음 중 [E3] 셀에 입력한 수식으로 옳은 것은?

	A	B	C	D	E
1	엑셀 성적분포				
2	이름	엑셀		학점	학생수
3	이현미	A		A	2
4	장조림	B		B	3
5	나기훈	B		C	1
6	백원석	C		D	0
7	이영후	A		F	0
8	세종시	B			

① =COUNT(B3:B8,D3)

② =COUNTA($B$3:$B$8,D3)

③ =COUNTIF(D3,$B$3:$B$8)

④ =COUNTIF($B$3:$B$8,D3)

30 다음 중 시트 보호와 통합 문서 보호에 대한 설명으로 옳지 않은 것은?

① 시트 보호에서 '잠긴 셀 선택'을 허용하지 않으려면 시트 보호 설정 전 [셀 서식] 대화상자의 [보호] 탭에 '숨김' 항목이 선택되어 있어야 한다.

② 시트 보호 시 시트 보호 해제 암호를 지정할 수 있으며, 암호를 설정하지 않으면 모든 사용자가 시트의 보호를 해제하고 보호된 요소를 변경할 수 있다.

③ 통합 문서 보호는 시트의 삽입, 삭제, 이동, 숨기기, 이름 바꾸기 등의 작업을 할 수 없도록 보호하는 것이다.

④ 통합 문서 보호에서 보호할 대상으로 창을 선택하면 통합 문서의 창을 옮기거나 크기 조정, 닫기 등을 할수 없도록 보호한다.

31 다음 중 아래 시트에서 [C2:C5] 영역에 수행한 결과가 다르게 나타나는 것은?

	A	B	C	D	E
1	성명	출석	과제	실기	총점
2	박경수	20	20	55	95
3	이정수	15	10	60	85
4	경동식	20	14	50	84
5	김미경	5	11	45	61

① 키보드의 키를 누른다.

② 마우스의 오른쪽 버튼을 눌러서 나온 바로가기 메뉴에서 [내용 지우기]를 선택한다.

③ [홈]-[편집]-[지우기] 메뉴에서 [내용 지우기]를 선택한다.

④ 키보드의 키를 누른다.

32 다음 중 아래 워크시트에서 '직무'가 90 이상이거나, '국사'와 '상식'이 모두 80 이상이면 '평가'에 "통과"를 표시하고 그렇지 않으면 공백을 표시하는 [E2] 셀의 함수식으로 옳은 것은?

	A	B	C	D	E
1	이름	직무	국사	상식	평가
2	이몽룡	87	92	84	
3	성춘향	91	86	77	
4	조방자	78	80	75	

① =IF(AND(B2>=90,OR(C2>=80,D2>=80)),"통과","")

② =IF(OR(AND(B2>=90,C2>=80),D2>=80)),"통과","")

③ =IF(OR(B2>=90,AND(C2>=80,D2>=80)),"통과","")

④ =IF(AND(OR(B2>=90,C2>=80),D2>=80)),"통과","")

33 다음 중 수식에 따른 실행 결과가 옳은 것은?

① =LEFT(MID("Sound of Music",5,6),3) → of

② =MID(RIGHT("Sound of Music",7),2,3) → Mu

③ =RIGHT(MID("Sound of Music",3,7),3) → fM

④ =MID(LEFT("Sound of Music",7),2,3) → und

34 다음 중 매크로 이름을 정의하는 규칙으로 옳지 않은 것은?

① '?', '/', '-' 등의 문자는 매크로 이름에 사용할 수 없다.

② 기존의 매크로 이름과 동일한 이름을 사용하면 기존의 매크로를 새로 기록하려는 매크로로 바꿀 것인지를 선택할 수 있다.

③ 매크로 이름의 첫 글자는 반드시 문자로 지정해야 한다.

④ 매크로 이름에 사용되는 영문자는 대소문자를 구분한다.

35 다음 중 차트에 대한 설명으로 옳지 않은 것은?

① 기본적으로 워크시트의 행과 열에서 숨겨진 데이터는 차트에 표시되지 않는다.

② 차트 제목, 가로/세로 축 제목, 범례, 그림 영역 등은 마우스로 드래그하여 이동할 수 있다.

③ Ctrl 키를 누른 상태에서 차트 크기를 조절하면 차트의 크기가 셀에 맞춰 조절된다.

④ 사용자가 자주 사용하는 차트 종류를 차트 서식 파일로 저장할 수 있다.

36 아래 워크시트는 수량과 상품코드별 단가를 이용하여 금액을 산출한 것이다. 다음 중 [D2] 셀에 사용된 수식으로 옳은 것은? (단, 금액 = 수량 × 단가)

	A	B	C	D
1	매장명	상품코드	수량	금액
2	강북	AA-10	15	45,000
3	강남	BB-20	25	125,000
4	강서	AA-10	20	90,000
5	강동	CC-30	35	245,000
6				
7		상품코드	단가	
8		AA-10	3000	
9		CC-30	7000	
10		BB-20	5000	

① =C2*VLOOKUP(B2,$B$8:$C$10,2)

② =C2*VLOOKUP($B$8:$C$10,2,B2,FALSE)

③ =C2*VLOOKUP(B2,$B$8:$C$10,2,FALSE)

④ =C2*VLOOKUP($B$8:$C$10,2,B2)

37 다음 중 특정한 데이터 계열에 대한 변화 추세를 파악하기 위한 추세선을 표시할 수 있는 차트 종류는?

①    ②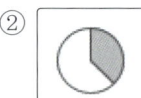

③ 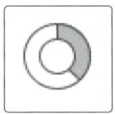   ④

38 다음 중 아래 차트에 대한 설명으로 옳은 것은?

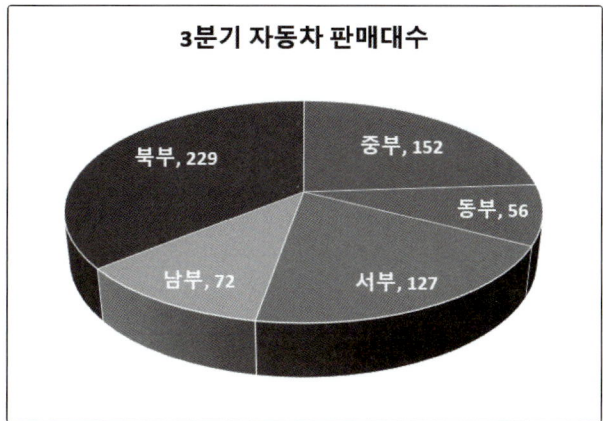

① 계열 옵션으로 첫째 조각의 각을 90°로 설정하였다.
② 차트 종류는 원형으로 지정하였다.
③ 데이터 레이블 내용으로 항목 이름과 값을 함께 표시하였다.
④ 차트 제목을 그림 영역 안의 위쪽에 표시하였다.

39 다음 중 페이지 나누기에 대한 설명으로 옳지 않은 것은?

① 페이지 나누기는 워크시트를 인쇄할 수 있도록 페이지 단위로 나누는 구분선이다.
② [페이지 나누기 미리 보기] 상태에서 마우스로 페이지 나누기 구분선을 클릭하여 끌면 페이지를 나눌 위치를 조정할 수 있다.
③ 행 높이와 열 너비를 변경해도 자동 페이지 나누기 구분선의 위치는 변경되지 않는다.
④ [페이지 나누기 미리 보기] 상태에서 파선은 자동 페이지 나누기를 나타내고 실선은 사용자 지정 페이지 나누기를 나타낸다.

40 다음 중 머리글 편집과 바닥글 편집에서 명령 단추와 기능의 연결이 옳지 않은 것은?

① : 그림 서식
② : 페이지 번호 삽입
③ : 시간 삽입
④ : 시트 이름 삽입

제04회 기출정복문제

1 과목 | 컴퓨터 일반

01 다음 중 멀티미디어 기법에 대한 설명으로 옳지 않은 것은?

① 안티앨리어싱(Anti-Aliasing)은 2차원 그래픽에서 개체색상과 배경 색상을 혼합하여 경계면 픽셀을 표현함으로써 경계면을 부드럽게 보이도록 하는 기법이다.

② 모델링(Modeling)은 컴퓨터 그래픽에서 명암, 색상, 농도의 변화 등과 같은 3차원 질감을 넣음으로써 사실 감을 더하는 기법을 말한다.

③ 디더링(Dithering)은 제한된 색을 조합하여 음영이나 색을 나타내는 것으로 여러 컬러의 색을 최대한 나타내는 기법을 말한다.

④ 모핑(Morphing)은 한 이미지가 다른 이미지로 서서히 변화하는 과정을 나타내는 기법이다.

02 다음 중 초고속 인터넷을 이용하여 동영상 콘텐츠, 정보서비스 등 기본 텔레비전 기능에 인터넷 검색이 가능하게 한 서비스는?

① VoIP ② IPTV
③ IPv6 ④ TCP/IP

03 다음 중 컴퓨터 보안과 관련된 기술에 해당하지 않은 것은?

① 인증(Authentication) ② 암호화(Encryption)
③ 방화벽(Firewall) ④ 브리지(Bridge)

04 다음 중 정보 사회의 특징으로 적절하지 않은 것은?

① 처리하고자 하는 정보의 종류와 양이 증가하였다.

② 정보처리 기술의 발달로 사회의 변화 속도가 빨라졌다.

③ 사이버 공간 상에 새로운 인간관계와 문화가 형성되었다.

④ 대중화 현상이 강화되고 개성과 자유를 경시하게 되었다.

05 다음 중 정보통신 시스템의 구성요소에 대한 설명으로 옳지 않은 것은?

① 데이터 전송 방식에는 클라이언트/서버 방식과 동배간 처리 방식이 있다.

② 데이터 전송계는 데이터의 이동을 담당하는 여러 장치들을 포함한다.

③ 데이터 처리계는 데이터 처리에 사용하는 하드웨어와 통신 소프트웨어가 해당된다.

④ 단말장치는 원격지에서 발생한 데이터의 송수신을 위한 장치로 에러 제어 기능이 있다.

06 다음 중 네트워크 구성 형태에 관한 설명으로 옳지 않은 것은?

① 망(Mesh)형은 응답 시간이 빠르고 노드의 연결성이 우수하다.
② 성형(중앙 집중형)은 통신망의 처리 능력 및 신뢰성이 중앙 노드의 제어장치에 좌우된다.
③ 버스(Bus)형은 기밀 보장이 우수하고 회선 길이의 제한이 없다.
④ 링(Ring)형은 통신회선 중 어느 하나라도 고장 나면 전체 통신망에 영향을 미친다.

07 다음 중 컴퓨터 하드 디스크의 연결 방식인 SATA(Serial ATA)에 관한 설명으로 옳지 않은 것은?

① 병렬 인터페이스 방식이다.
② 핫 플러그인 기능을 지원한다.
③ CMOS에서 지정하면 자동으로 Master와 Slave가 지정 된다.
④ 데이터 전송 속도가 빠르다.

08 다음 중 컴퓨터와 같은 정보기기를 사용하기 위해서 반드시 설치되어야 하는 프로그램으로 가장 대표적인 시스템 소프트웨어는?

① 컴파일러 ② 운영체제
③ 유틸리티 ④ 라이브러리

09 다음 중 웹 브라우저의 기능에 관한 설명으로 옳지 않은 것은?

① 인터넷 옵션에서 멀티미디어 편집기를 선택할 수 있다.
② 전자 우편을 보내거나 FTP 서버에 접속할 수 있다.
③ 웹 페이지를 사용자 컴퓨터에 저장하거나 인쇄할 수 있다.
④ 자주 방문하는 웹 사이트 주소를 관리할 수 있다.

10 다음 중 컴퓨터 운영체제 운영방식에서 임베디드 시스템에 관한 설명으로 옳지 않은 것은?

① 제어가 필요한 시스템의 두뇌 역할을 하는 전자 시스템으로 TV, 냉장고 등의 가전제품에 많이 사용된다.
② 처리할 데이터를 일정량 또는 일정시간 동안 모아서 한꺼번에 처리한다.
③ 마이크로프로세서에 특정 기능을 수행하는 응용 프로그램을 탑재하여 컴퓨터 기능을 수행한다.
④ 하드웨어와 소프트웨어가 하나로 결합된 제어 시스템이다.

11 다음 중 플래시 메모리(Flash Memory)에 관한 설명으로 옳지 않은 것은?

① 정보의 입출력이 자유롭고, 전송속도가 빠르다.
② 비휘발성 기억장치이다.
③ 트랙 단위로 저장된다.
④ 전력 소모가 적다.

12 다음 중 컴퓨터에서 사용하는 유니코드(Unicode)에 관한 설명으로 옳은 것은?

① 표현 가능한 문자수는 최대 256자이다.

② 에러 검출이나 교정이 가능한 코드이다.

③ 연산을 빠르게 수행하기 위하여 Zone 비트와 Digit 비트로 구성한다.

④ 데이터의 처리나 교환을 위하여 1개 문자를 16비트로 표현한다.

13 다음 중 자료의 구성 단위에 대한 설명으로 옳지 않은 것은?

① 데이터베이스(Database)는 관련된 데이터 파일들의 집합을 말한다.

② 워드(Word)는 컴퓨터에서 한 번에 처리할 수 있는 명령 단위를 나타낸다.

③ 니블(Nibble)은 4개의 비트가 모여 1개의 니블을 구성한다.

④ 비트(Bit)는 정보의 최소 단위이며, 5비트가 모여 1바이트(Byte)가 된다.

14 다음 중 Windows에서 사용되는 휴지통에 관한 설명으로 옳은 것은?

① 휴지통은 하드 디스크 드라이브마다 한 개씩 만들 수 있다.

② 지정된 휴지통의 용량이 초과되면 새로 삭제된 파일이나 폴더는 보관되지 않는다.

③ 휴지통에 보관된 파일이나 폴더의 이름을 변경할 수 있다.

④ 휴지통에서 원하는 파일이나 폴더를 선택하여 실행할 수 있다.

15 다음 중 컴퓨터의 하드웨어를 업그레이드할 때 수치가 작을수록 좋은 항목은?

① CPU 클럭 속도 ② 하드디스크 용량
③ RAM 접근 속도 ④ 모뎀 전송 속도

16 다음 중 Windows의 시스템 복원 기능에 대한 설명으로 옳지 않은 것은?

① 컴퓨터 시스템에 문제가 생겼을 경우 복원 지점을 이용하여 정상적인 상태로 만드는 기능이다.

② 복원 지점은 시스템에 의해 자동으로 설정되지만 사용자가 임의로 복원 지점을 설정할 수도 있다.

③ 시스템 복원은 개인 파일을 백업하지 않으므로 삭제되었거나 손상된 개인 파일은 복구할 수 없다.

④ 시스템 복원 시 Windows Update에 의한 변경 사항은 복원되지 않는다.

17 다음 중 유틸리티 프로그램에 대한 설명으로 적절하지 않은 것은?

① 다수의 작업이나 목적에 대하여 적용되는 편리한 서비스 프로그램이나 루틴을 말한다.

② 컴퓨터의 동작에 필수적이고, 컴퓨터를 이용하는 주 목적에 대한 일부 특정 작업을 수행하는 소프트웨어들을 가리킨다.

③ 컴퓨터 하드웨어, 운영 체제, 응용 소프트웨어를 관리하는 데 도움을 주도록 설계된 프로그램을 의미한다.

④ Windows에서 제공하는 유틸리티 프로그램으로는 메모장, 그림판, 계산기 등을 예로 들 수 있다.

18 다음 중 Windows 작업 표시줄의 점프 목록 사용에 대한 설명으로 옳지 않은 것은?

① 프로그램의 점프 목록을 보려면 작업 표시줄의 프로그램 아이콘을 마우스 오른쪽 단추로 클릭한다.
② 점프 목록에서 항목을 열려면 프로그램의 점프 목록에서 해당 항목을 클릭한다.
③ 점프 목록에 항목을 고정하려면 프로그램의 점프 목록에서 항목을 가리킨 다음 압정 아이콘을 클릭한다.
④ 점프 목록에서 항목을 제거하려면 프로그램의 점프목록에서 항목을 가리킨 다음 키를 누른다.

19 다음 중 Window에서 유해한 프로그램이나 불법 사용자가 컴퓨터 설정을 임의로 변경하려는 경우 이를 사용자에게 알려 컴퓨터를 제어할 수 있도록 도와주는 기능은?

① 사용자 계정 컨트롤 ② Windows Defender
③ BitLocker ④ 시스템 복원

20 다음 중 Windows의 드라이브 최적화(디스크 조각 모음) 기능에 관한 설명으로 옳지 않은 것은?

① 하드 디스크에 단편화되어 조각난 파일들을 모아준다.
② USB 플래시 드라이브와 같은 이동식 저장 장치도 조각화 될 수 있다.
③ 수행 후에는 디스크 공간의 최적화가 이루어져 디스크의 용량이 증가한다.
④ 일정을 구성하여 드라이브 최적화(디스크 조각모음)를 예약 실행할 수 있다.

2 과목 | 스프레드시트 일반

21 다음 중 [찾기 및 바꾸기] 대화 창에서 찾을 내용에 만능 문자(와일드카드)인 '?' 나 '*' 문자 자체를 찾는 방법은?

① 찾으려는 만능 문자 앞·뒤에 큰따옴표("") 기호를 입력한다.
② 찾으려는 만능 문자 앞에 퍼센트(%) 기호를 입력한다.
③ 찾으려는 만능 문자 앞에 느낌표(!) 기호를 입력한다.
④ 찾으려는 만능 문자 앞에 물결표(~) 기호를 입력한다.

22 다음 중 아래 시트에서 셀 포인터를 [D5] 셀에 두고 Home 키를 누른 경우 셀 포인터의 위치는?

	A	B	C	D	E	F	G
1	학번	성명	출석	중간	기말	총점	석차
2	112473	이준민	15	34	22	71	C
3	112487	정정용	20	33	33	86	B
4	112531	이준섭	15	39	35	89	B
5	212509	김정필	20	40	39	99	A
6	212537	한일규	15	23	17	55	F

① [A1] 셀 ② [A5] 셀
③ [D1] 셀 ④ [D2] 셀

23 다음 중 아래 그림과 같이 사원에 대한 근속연수 데이터에 주어진 조건으로 고급 필터를 실행한 경우의 결과값은?

	A	B	C	D	E	F	G
1					조건		
2	성명	직위	근속연수		성명	직위	근속연수
3	김일민	부장	20		김*		>10
4	김유민	사원	4			사원	<5
5	이지연	과장	12				
6	이민석	부장	14				
7	석열희	사원	2				
8	민호성	사원	11				

① 성명/직위/근속연수: 김일민 부장 20, 김유민 사원 4
② 성명/직위/근속연수: 김일민 부장 20, 석열희 사원 2
③ 성명/직위/근속연수: 김일민 부장 20, 김유민 사원 4, 석열희 사원 2
④ 성명/직위/근속연수: 김일민 부장 20, 김유민 사원 4, 석열희 사원 2, 민호성 사원 11

24 다음 중 아래와 같은 피벗 테이블을 작성하기 위한 작업으로 옳지 않은 것은?

	L	M	N	O	P
1					
2					
3		직업	(모두)		
4					
5		합계 : 금액	열 레이블		
6		행 레이블	생명	연금	종신
7		⊟ 1월		1,185,600	3,732,950
8		합계:월납입액	32,000		115,000
9		합계:만기보장금액		1,153,600	3,617,950
10		⊟ 2월	3,858,000		1,893,200
11		합계:월납입액	150,000		101,000
12		합계:만기보장금액	3,708,000		1,792,200
13		⊟ 3월	790,080	1,336,000	1,792,200
14		합계:월납입액	32,000	100,000	
15		합계:만기보장금액	758,080	1,236,000	1,792,200
16		총합계	4,648,080	2,521,600	7,418,350

① 피벗 테이블 보고서를 넣을 위치로 기존 워크시트의 [M3] 셀을 선택하였다.
② '직업' 필드를 보고서 필터 영역에 설정하였다.
③ 총합계는 열의 총합계만 표시되도록 설정하였다.
④ 행 레이블의 필드에 그룹화를 설정하였다.

25 다음 중 채우기 핸들을 이용하여 데이터를 입력하는 방법으로 옳지 않은 것은?

① 인접한 셀의 내용으로 현재 셀을 빠르게 입력할 때 위쪽 셀의 내용은 단축키 Ctrl+D, 왼쪽 셀의 내용은 단축키 Ctrl+R을 누른다.
② 숫자와 문자가 혼합된 문자열이 입력된 셀의 채우기 핸들을 아래쪽으로 끌면 문자는 복사되고 마지막 숫자는 1씩 증가한다.
③ 숫자가 입력된 셀의 채우기 핸들을 Ctrl키를 누른 채 아래쪽으로 끌면 똑같은 내용이 복사되어 입력된다.
④ 날짜가 입력된 셀의 채우기 핸들을 아래쪽으로 끌면 기본적으로 1일 단위로 증가하여 입력된다.

26 다음 중 원본 데이터를 지정된 서식으로 설정하였을 때 결과가 옳지 않은 것은?

①
원본 데이터	서식	결과 데이터
314826	#,##0,	314

②
원본 데이터	서식	결과 데이터
281476	#,##0.0	281,476.0

③
원본 데이터	서식	결과 데이터
12:00:00 AM	0	0

④
원본 데이터	서식	결과 데이터
2025-03-25	yyyy-mmmm	2025-March

27 다음 중 정렬에 대한 설명으로 옳은 것은?

① 최대 24개의 열을 기준으로 정렬할 수 있다.

② 글꼴 색을 기준으로 정렬할 수 있다.

③ 정렬 대상 범위에 병합된 셀이 포함되어 있어도 정렬할 수 있다.

④ 숨겨진 행은 정렬 결과에 포함되나 숨겨진 열은 정렬결과에 포함되지 않는다.

28 다음 중 [데이터 유효성] 기능의 오류 메시지 스타일에 해당하지 않는 것은?

① 경고 (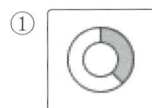) ② 중지 (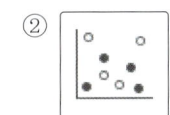)

③ 정보 () ④ 확인 ()

29 다음 중 3차원 차트로 변경이 가능한 차트 유형은?

① ② ③ ④

30 다음 중 매크로에 관한 설명으로 옳지 않은 것은?

① 같은 통합 문서 내에서 시트가 다르면 동일한 매크로 이름으로 기록할 수 있다.

② [매크로 기록] 대화상자에서 바로 가기 키 지정 시 영문 대문자를 사용하면 Shift 키가 자동으로 덧붙는다.

③ 엑셀을 실행할 때마다 매크로를 사용할 수 있게 하려면 [매크로 기록] 대화상자에서 매크로 저장 위치를 '개인용 매크로 통합 문서'로 선택한다.

④ 통합 문서를 열 때 어떤 상황에서 어떤 매크로를 실행할지 매크로 보안 설정을 변경하여 제어할 수 있다.

31 다음 중 찾기/참조 함수에 대한 설명으로 옳지 않은 것은?

① VLOOKUP 함수의 네 번째 인수를 'FALSE'로 사용하는 경우 참조 표의 첫 열의 값은 반드시 오름차순 정렬되어 있어야 한다.

② HLOOKUP 함수는 참조 표의 첫 행에서 값을 찾을 때 대/소문자를 구분하지 않는다.

③ INDEX 함수는 표나 범위에서 값 또는 값에 대한 참조를 반환한다.

④ CHOOSE 함수의 첫 번째 인수는 1에서 254 사이의 숫자를 나타내는 숫자나 수식, 셀 참조 등을 사용한다.

32 다음 중 셀 또는 셀 범위에 대한 이름 정의 시 구문규칙에 대한 설명으로 옳은 것은?

① 이름은 최대 255자까지 지정할 수 있다.

② 이름의 첫 자는 반드시 문자나 밑줄(_) 또는 슬래시(/)로 시작해야 한다.

③ 이름의 일부로 공백을 사용할 수 있다.

④ Excel에서는 이름의 대문자와 소문자를 구별한다.

33 아래 워크시트와 같이 짝수 행에만 배경색과 글꼴 스타일 '굵게'를 설정하는 조건부 서식을 지정하고자 한다. 다음 중 이를 위해 아래의 [새 서식 규칙] 대화상자에 입력할 수식으로 옳은 것은?

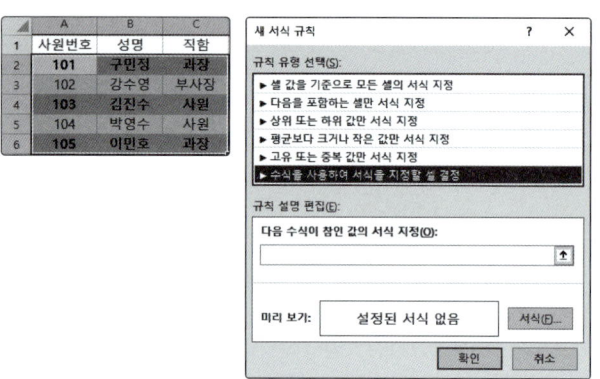

① =MOD(ROW(),2)=1

② =MOD(ROW(),2)=0

③ =MOD(COLUMN(),2)=1

④ =MOD(COLUMN(),2)=0

34 새 워크시트에서 [A1] 셀에 셀 포인터를 두고, [개발도구] 탭의 [상대 참조로 기록]을 선택한 후 [매크로기록]을 클릭하여 [그림1]과 같이 데이터를 입력하는 '매크로1'을 작성하였다. 다음 중 [그림2]와 같이 [C3]셀에 셀 포인터를 두고 '매크로1'을 실행한 경우 '성적현황'이 입력되는 셀의 위치는?

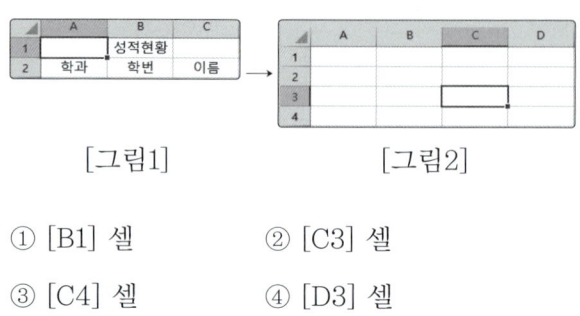

[그림1]   [그림2]

① [B1] 셀   ② [C3] 셀
③ [C4] 셀   ④ [D3] 셀

35 다음 중 <변경 전> 차트를 <변경 후> 차트로 수정하기 위해 적용한 기능으로 옳지 않은 것은?

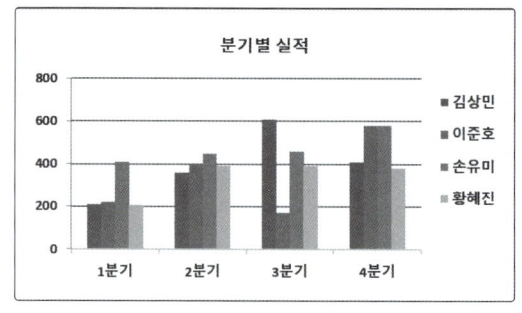

[변경전]

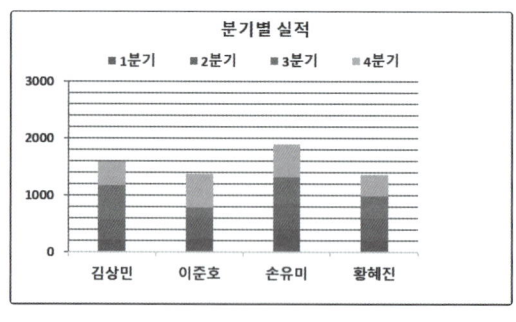

[변경후]

① 누적 세로 막대형으로 차트 종류 변경

② 데이터의 행과 열을 전환

③ 기본 보조 세로를 추가

④ 범례의 위치를 위쪽으로 변경

36 다음 중 아래 시트의 [A1:C8] 영역에 고급 필터 기능을 이용하여 판매수량이 전체 판매수량의 평균 이상의 데이터를 추출하기 위한 조건으로 옳은 것은?

	A	B	C
1	지역	판매수량	판매금액
2	서울	140	938,000
3	경기	380	406,000
4	인천	240	729,000
5	광주	390	362,600
6	부산	130	470,300
7	대전	120	852,000
8	대구	170	534,000

① 판매금액
　=B2>=AVERAGE($B$2:$B$8)

② 평균이상
　=B2>=AVERAGE(B2:B8)

③ 판매금액
　=B2>=AVERAGE(B2:B8)

④ 평균이상
　=B2>=AVERAGE($B$2:$B$8)

37 다음 중 워크시트의 화면 작업에 대한 설명으로 옳지 않은 것은?

① 범위를 선택한 후 값을 입력하고 [Alt]+[Enter]키를 누르면 선택된 범위에 같은 값이 입력된다.

② [Ctrl]키를 누른 상태에서 마우스 휠을 돌리면 화면이 확대/축소된다.

③ [Enter]방향키가 아래쪽일 때 [Shift]+[Enter]키를 누르면 셀 포인터가 위쪽 셀로 이동된다.

④ [ScrollLock]키를 누른 후 방향키를 누르면 셀 포인터는 고정된 상태로 화면만 이동된다.

38 다음 중 각 차트에 대한 설명으로 옳지 않은 것은?

① 꺾은선형 차트 : 일정 간격에 따라 데이터의 추세를 나타내기에 적합하다.

② 원형 차트 : 전체에 대한 각 부분의 관계를 보여주며, 여러 데이터 계열이 각각의 고리로 표시된다.

③ 방사형 차트 : 각 데이터 요소의 중간 지점에 대한 값의 변화를 보여주며, 여러 데이터 계열의 집계 값을 비교하기에도 용이하다.

④ 분산형 차트 : 여러 데이터 계열에 있는 숫자 값 사이의 관계를 보여주거나 두 개의 숫자 그룹을 xy 좌표로 이루어진 하나의 계열로 표시한다.

39 다음 중 [인쇄 미리 보기 및 인쇄] 상태에서의 [페이지설정] 대화상자에 대한 설명으로 옳은 것은?

① 눈금선이나 행/열 머리글의 인쇄 여부를 설정할 수 없다.

② 인쇄 영역이나 인쇄 제목으로 반복할 행 또는 반복할 열을 설정할 수 있다.

③ 인쇄 배율을 수동으로 설정할 수 있고, 배율은 워크시트 표준 크기의 '10%'에서 '200%'까지 가능하다.

④ 배율을 '자동 맞춤'으로 선택하고 용지 너비와 용지높이를 '1'로 지정하는 경우 여러 페이지가 한 페이지에 출력되도록 확대/축소 배율이 자동으로 조정 된다.

40 다음 중 아래 그림과 같이 눈금선과 행/열 머리글을 포함하여 인쇄하기 위한 방법은?

	A	B	C	D
2				
3	개강날짜	단계 및 대상	기간	시간
4	2018-01-02	초급·중급	3개월 수금	17:00~18:00
5	2018-10-10	중학생	4개월 토일	11:00~12:00
6	2018-02-01	일반인	1개월 화수	09:00~10:30
7	2018-02-15	초중급	5주간 토일	18:00~19:20
8	2018-03-02	초등(1-3학년)	1개월 매주	10:00~10:50
9	2018-02-20	성인	2개월 화목	10:00~12:00
10	2018-03-10	초중급	1개월 월수	17:00~18:00

① [페이지 레이아웃] 탭의 [시트 옵션] 그룹에서 '눈금선'과 '제목'에서 보기를 선택한다.

② [페이지 설정] 대화상자의 [시트] 탭에서 '눈금선'과 '행/열 머리글'을 선택한다.

③ [보기] 탭의 [표시] 그룹에서 '눈금선'과 '머리글'을 선택한다.

④ [Excel 옵션] 창의 [고급] 탭 '이 워크시트의 표시옵션'에서 '행 및 열 머리글 표시'와 '눈금선 표시'를 선택한다.

제05회 기출정복문제

1 과목 | 컴퓨터 일반

01 다음 중 폴더의 [속성] 창에 대한 설명으로 옳지 않은 것은?

① 폴더가 포함하고 있는 하위 폴더 및 파일의 개수를 알 수 있다.

② 폴더의 특정 하위 폴더를 삭제할 수 있다.

③ 폴더를 네트워크와 연결되어 있는 다른 컴퓨터에서 접근 할 수 있도록 공유시킬 수 있다.

④ 폴더에 '읽기 전용' 속성을 설정하거나 해제할 수 있다.

02 다음 중 추상화, 캡슐화, 상속성, 다형성 등의 특징을 지니고 있으며, 크고 복잡한 프로그램 구축이 어려운 절차형 언어의 문제점을 해결하기 위해 개발된 프로그래밍 기법은?

① 구조적 프로그래밍 ② 객체지향 프로그래밍
③ 하향식 프로그래밍 ④ 비주얼 프로그래밍

03 다음 중 Windows에서 [디스크 정리]를 수행할 때 정리 대상 파일에 해당하지 않는 것은?

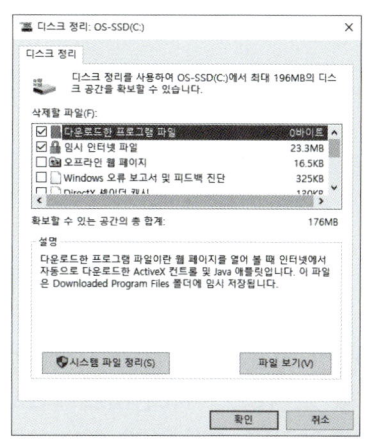

① 임시 인터넷 파일

② 사용하지 않은 폰트(*.TTF) 파일

③ 휴지통에 있는 파일

④ 다운로드한 프로그램 파일

04 다음 중 컴퓨터에서 그래픽 데이터 표현 방식인 비트맵(Bitmap) 방식에 관한 설명으로 옳지 않은 것은?

① 점과 점을 연결하는 직선이나 곡선을 이용하여 이미지를 표현한다.

② 이미지를 확대하면 테두리가 거칠어진다.

③ 파일 형식에는 BMP, GIF, JPEG 등이 있다.

④ 다양한 색상을 사용하여 사실적 이미지를 표현할 수 있다.

05 다음 중 컴퓨터에서 사용되는 바이트(Byte)에 대한 설명으로 옳지 않은 것은?

① 1바이트는 8비트로 구성된다.
② 일반적으로 영문자나 숫자는 1Byte로 한 글자를 표현하고, 한글 및 한자는 2Byte로 한 글자를 표현한다.
③ 1바이트는 컴퓨터에서 각종 명령을 처리하는 기본단위이다.
④ 1바이트로는 256가지의 정보를 표현할 수 있다.

06 다음 중 프로그램이 실행될 때 발생하는 메인 메모리 부족 문제를 보완하기 위해 하드 디스크의 일부를 메인 메모리처럼 사용하게 하는 메모리 관리 기법을 의미하는 것은?

① 캐시 메모리　② 디스크 캐시
③ 연관 메모리　④ 가상 메모리

07 다음 중 멀티미디어와 관련하여 동영상 전문가 그룹에 의해서 제안된 비디오 또는 오디오 압축에 관한 일련의 표준으로 옳은 것은?

① XML　② SVG
③ JPEG　④ MPEG

08 다음 중 컴퓨터에서 문자 데이터를 표현하는 방법으로 옳지 않은 것은?

① EBCDIC　② Parity bit
③ ASCII　④ Unicode

09 다음 중 인터넷 주소 체계인 IPv6에 대한 설명으로 옳은 것은?

① 주소는 8비트씩 16개 부분으로 총 128비트로 구성되어 있다.
② 주소를 네트워크 부분의 길이에 따라 A클래스에서 E클래스까지 총 5단계로 구분한다.
③ IPv4와의 호환성은 낮으나 IPv4에 비해 품질 보장은 용이하다.
④ 주소의 단축을 위해 각 블록에서 선행되는 0은 생략할 수 있다.

10 다음 중 인터넷을 이용한 전자 우편(E-mail)에 관한 설명으로 옳지 않은 것은?

① 전자 우편에서는 SMTP, MIME, POP3 프로토콜 등이 사용된다.
② 전자 우편 주소는 "아이디@도메인 네임"으로 구성된다.
③ 한 사람이 동시에 여러 사람에게 동일한 전자 우편을 보낼 수 있다.
④ 받은 메일에 대해 작성한 답장만 발송자에게 전송하는 기능을 전달(Forward)이라 한다.

11 다음 중 Windows의 [작업 관리자]에서 설정할 수 있는 작업으로 옳지 않은 것은?

① 실행 중인 응용 프로그램을 [작업 끝내기]로 종료할 수 있다.
② 현재 실행 중인 프로세스와 프로세스에서 실행되는 서비스를 볼 수 있다.
③ CPU 사용정도와 CPU 사용현황을 확인할 수 있다.
④ 실행 중인 응용 프로그램의 실행 순서를 변경할 수 있다.

12 다음 중 컴퓨터에서 사용하는 일반 하드디스크에 비하여 속도가 빠르고 기계적 지연이나 에러의 확률 및 발열 소음이 적으며, 소형화, 경량화할 수 있는 하드디스크 대체 저장 장치는?

① DVD ② HDD
③ SSD ④ ZIP

13 다음 중 인터넷 서비스를 위한 프로토콜로 웹페이지와 웹브라우저 사이에서 하이퍼텍스트 문서를 전송하기 위한 것은?

① TCP/IP ② HTTP
③ FTP ④ WAP

14 다음 중 Windows에서 하드 디스크를 포맷하기 위한 [포맷] 창에서 설정 가능한 항목으로 옳지 않은 것은?

① 볼륨 레이블 입력 ② 파티션 제거
③ 파일 시스템 선택 ④ 빠른 포맷 선택

15 다음 중 컴퓨터 범죄 예방과 대책에 관한 설명으로 옳지 않은 것은?

① 해킹 여부를 정기적으로 검사한다.
② 의심이 가는 이메일은 열어서 내용을 확인하고 삭제한다.
③ 백신 프로그램을 설치하고 자동 업데이트 기능을 설정한다.
④ 회원 가입한 사이트의 패스워드를 주기적으로 변경한다.

16 다음 중 Windows의 [메모장]에 대한 설명으로 옳지 않은 것은?

① 작성한 문서를 저장할 때 확장자는 기본적으로 .txt가 부여된다.
② 특정한 문자열을 찾을 수 있는 찾기 기능이 있다.
③ 그림, 차트 등의 OLE 개체를 삽입할 수 있다.
④ 현재 시간/날짜를 삽입하는 기능이 있다.

17 7bit ASCII 코드에 1bit 홀수 패리티(Odd Parity) 비트를 첨부하여 데이터를 송신하였을 경우 수신된 데이터에 에러가 발생한 것은 어느 것인가?(단, 우측에서 첫 번째 비트가 패리티 비트이다.)

① 10101110
② 00110100
③ 00110111
④ 10111011

18 다음 중 Windows에서 프린터 설치에 관한 설명으로 옳지 않은 것은?

① 새로운 프린터를 설치하기 위하여 [장치 및 프린터]창에서 [프린터 추가]를 클릭하여 [프린터 추가 마법사]를 이용한다.
② 설치할 프린터 유형은 로컬 프린터와 네트워크, 무선 또는 Bluetooth 프린터 중에서 하나를 선택할 수 있다.
③ 네트워크 프린터를 선택한 경우에는 연결할 프린터의 포트를 지정한다.
④ 컴퓨터에 설치된 여러 대의 프린터 중에 현재 설치 중인 프린터를 기본 프린터로 설정할 것인지 선택한다.

19 다음 중 Windows의 바로 가기 키에 대한 설명으로 옳지 않은 것은?

① Ctrl+Esc 키를 누르면 Windows 시작 메뉴를 열 수 있다.
② 바탕 화면에서 아이콘을 선택한 후 Alt+Enter 키를 누르면 선택된 항목의 속성 창을 표시한다.
③ 바탕 화면에서 폴더나 파일을 선택한 후 F2 키를 누르면 이름을 변경할 수 있다.
④ 폴더 창에서 Alt+SpaceBar 키를 누르면 특정 폴더 내의 모든 파일이나 폴더를 선택할 수 있다.

20 다음 중 Windows의 [키보드 속성] 창에서 설정할 수 있는 내용으로 옳지 않은 것은?

① 문자 반복을 위한 재입력 시간
② 포인터 자국 표시
③ 커서 깜박임 속도
④ 문자 반복을 위한 반복 속도

2과목 | 스프레드시트 일반

21 다음 중 셀 범위를 선택한 후 그 범위에 이름을 정의하여 사용하는 것에 대한 설명으로 옳지 않은 것은?

① 이름은 기본적으로 상대참조를 사용한다.

② 이름에는 공백이 없어야 한다.

③ 이름은 대소문자를 구별하지 않는다.

④ 정의된 이름은 다른 시트에서도 사용할 수 있다.

22 다음 중 아래와 같이 설정된 [매크로 기록] 대화상자에 대한 설명으로 옳지 않은 것은?

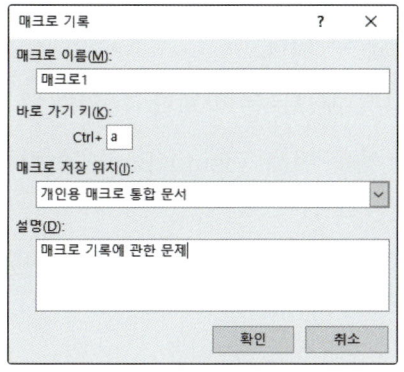

① 매크로 이름은 Macro1이며, 변경하고자 할 경우 [매크로]대화상자에서만 변경할 수 있다.

② 작성된 'Macro1' 매크로는 'Personal.xlsb'에 저장된다.

③ 설명은 일종의 주석으로 반드시 지정해 주지 않아도 된다.

④ 작성된 'Macro1' 매크로는 [Ctrl]+[A]키를 눌러 실행 할 수 있다.

23 다음 중 워크시트에 숫자 '2234543'을 입력한 후 사용자 지정 표시 형식을 설정하였을 때, 화면에 표시되는 결과로 옳지 않은 것은?

① 형식: #,##0.00 , 결과: 2,234,543.00

② 형식: 0.00 , 결과: 2234543.00

③ 형식: #,###,"천원" , 결과: 2,234천원

④ 형식: #% , 결과: 223454300%

24 다음 중 채우기 핸들에 대한 설명으로 옳은 것은?

① 문자와 숫자가 혼합된 셀의 채우기 핸들을 [Ctrl]키를 누른 채 드래그하면 동일한 내용으로 복사된다.

② 숫자가 입력된 첫 번째 셀과 두 번째 셀을 범위로 설정 한 후 채우기 핸들을 드래그하면 두 번째 셀의 값이 복사된다.

③ 숫자가 입력된 셀에서 [Ctrl]키를 누른 채 채우기 핸들을 오른쪽으로 드래그하면 숫자가 1씩 감소한다.

④ 사용자 정의 목록에 정의된 목록 데이터의 첫 번째 항목을 입력하고 [Ctrl]키를 누른 채 채우기 핸들을 드래그하면 목록 데이터가 입력된다.

25 다음 중 이미 부분합이 계산되어 있는 상태에서 새로운 부분합을 추가하고자 할 때 수행해야 할 작업으로 옳은 것은?

① [모두 제거] 단추를 클릭

② '새로운 값으로 대치' 설정을 해제

③ '그룹 사이에 페이지 나누기'를 설정

④ '데이터 아래에 요약 표시' 설정을 해제

26 다음 중 [페이지 설정] 대화상자에서 워크시트에 포함된 메모의 인쇄 여부 및 인쇄 위치를 지정하기 위해 선택해야 할 탭은?

① [페이지] 탭 ② [여백] 탭
③ [머리글/바닥글] 탭 ④ [시트] 탭

27 다음 중 판정[G2:G5] 영역에 총점이 160 이상이면 '우수', 100 이상 160 미만이면 '보통', 100 미만이면 '노력'으로 입력하려고 할 경우 [G2] 셀에 입력할 수식으로 옳은 것은?

	A	B	C	D	E	F	G
1		번호	이름	영어	상식	총점	판정
2		1	원빈	97	80	177	우수
3		2	장동신	87	72	159	보통
4		3	현지	60	40	100	보통
5		4	한길	40	50	90	노력

① =IF(F2〉=160,IF(F2〉=100,"우수","보통","노력"))

② =IF(F2〉=160,"우수",IF(F2〉=100,"보통","노력"))

③ =IF(OR(F2〉=160,"우수",IF(F2〉=100,"보통","노력"))

④ =IF(F2〉=160,"우수",IF(F2〉=100,"보통",IF(F2=100,"노력"))

28 다음 중 날짜 및 시간 데이터에 관한 설명으로 옳지 않은 것은?

① 날짜 데이터를 입력할 때 년도와 월만 입력하면 일자는 자동으로 해당 월의 1일로 입력된다.

② 셀에 '4/9'을 입력하고 Enter키를 누르면 셀에는 '04월 09일'로 표시된다.

③ 날짜 및 시간 데이터의 텍스트 맞춤은 기본 왼쪽 맞춤으로 표시된다.

④ Ctrl+;키를 누르면 시스템의 오늘 날짜, Ctrl+Shift+;키를 누르면 현재 시간이 입력된다.

29 다음 중 아래의 데이터를 이용하여 각 데이터 간 값을 비교하는 차트를 작성하려고 할 때 가장 적절하지 않은 차트는?

	A	B	C	D	E
1	성명	1사분기	2사분기	3사분기	4사분기
2	홍길동	83	90	95	70
3	성춘향	91	70	70	88
4	이몽룡	93	98	91	93

① 세로 막대형 ② 꺾은선형
③ 원형 ④ 방사형

30 다음 중 매크로에 대한 설명으로 옳은 것은?

① 매크로의 이름은 문자로 시작하여야 하고, 공백을 포함할 수 있다.

② 한 번 작성된 매크로는 삭제할 수 없다.

③ 매크로 작성을 위해 Visual Basic 언어를 따로 설치해야한다.

④ 매크로란 반복적인 작업을 단순화하기 위해 작업과정을 자동화하는 기능이다.

31 다음 중 [텍스트 나누기] 기능에 대한 설명으로 옳지 않은 것은?

① 영역을 선택한 후 [데이터] 탭 [데이터 도구] 그룹의 [텍스트 나누기]를 클릭하면 [텍스트 마법사] 대화상자가 실행된다.

② [데이터 미리 보기]에서 나눠진 열을 선택한 후 드래그하여 열의 순서를 변경할 수 있다.

③ 각 열을 선택하여 데이터 서식을 지정할 수 있다.

④ 일정한 열 너비 또는 구분 기호로 구분하여 데이터를 나눌 수 있다.

32 다음 중 [보기] 탭의 [창] 그룹에 대한 설명으로 옳지 않은 것은?

① [나란히 보기]를 클릭하면 2개의 통합 문서를 동시에 비교 보기 할 수 있다.

② [숨기기]를 클릭하면 선택되어 있는 현재 워크시트를 숨긴다.

③ [나누기]를 취소하려면 창을 나누고 있는 창 구분선을 더블클릭한다.

④ [모두 정렬]은 현재 열려진 여러 개의 통합문서를 한 화면에 모두 표시할 때 사용한다.

33 다음 중 아래 워크시트에서 '부산' 대리점의 판매수량의 합계를 [D11] 셀에 구하기 위한 수식으로 옳지 않은 것은?

	A	B	C	D
1	대리점	단가	공급단가	판매수량
2	부산	500	450	120
3	인천	500	420	150
4	부산	500	450	170
5	서울	500	410	250
6	광주	500	440	300
7	이천	500	420	260
8	광주	500	440	310
9	부산	500	450	290
10				
11	부산 판매수량 합계			

① =SUM(D2,D4,D9)

② =SUMIF(A2:A9,"부산",D2:D9)

③ =DSUM(A1:D9,D1,A2)

④ =SUMIF(A2:D9,A2,D2:D9)

34 다음 중 데이터 정렬에 대한 설명으로 옳지 않은 것은?

① 사용자 지정 목록을 사용하면 사용자가 정의한 순서대로 정렬할 수 있다.

② 색상별 정렬이 가능하여 글꼴 색 또는 셀 색을 기준으로 정렬할 수도 있다.

③ 정렬 옵션을 이용하면 데이터를 열 방향 또는 행 방향으로 선택하여 정렬할 수 있다.

④ 표에 병합된 셀들이 포함되어 있는 경우 병합된 셀들은 맨 아래쪽으로 정렬된다.

35 다음 중 [A8] 셀에 아래 함수 식을 입력했을 때 나타나는 결과로 옳은 것은?

```
=COUNTBLANK(A1:A7) + COUNT(A1:A7)
```

	A
1	민영호
2	
3	이민정
4	노치국
5	6
6	2019-09-09
7	
8	

① 4 ② 5

③ 6 ④ 7

36 다음 중 아래 그림과 같이 소수점 자동 삽입의 소수점 위치를 '3'으로 설정한 상태에서 숫자 5를 입력하였을 때 화면에 표시되는 결과로 옳은 것은?

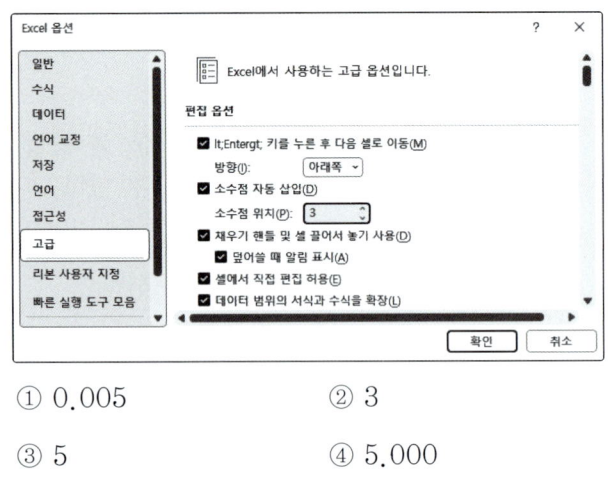

① 0.005
② 3
③ 5
④ 5.000

37 다음 중 시스템의 현재 날짜에서 년도를 구하는 수식으로 옳은 것은?

① =DAYS360(YEAR())
② =DAY(YEAR())
③ =YEAR(TODAY())
④ =YEAR(DATE())

38 다음 중 [시나리오 추가] 대화상자에 대한 설명으로 옳지 않은 것은?

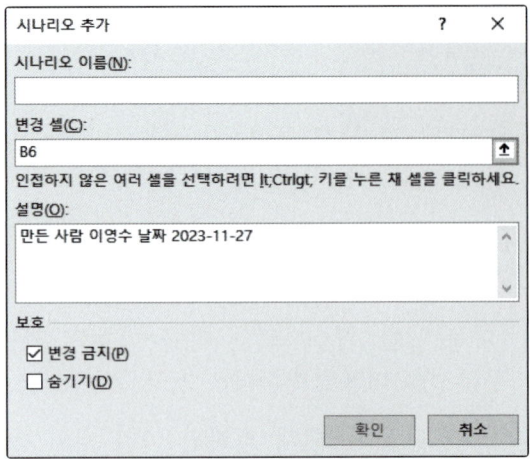

① [데이터]-[예측]-[가상 분석]-[시나리오 관리자] 대화상자에서 [추가] 단추를 클릭하면 표시되는 대화상자이다.

② '변경 셀'은 변경 요소가 되는 값의 그룹이며, 하나의 시나리오에 최대 32개까지 지정할 수 있다.

③ '설명'은 시나리오에 대한 추가적인 설명으로 반드시 입력해야 한다.

④ '보호'의 체크 박스들은 [검토]-[변경 내용]-[시트 보호]를 설정한 경우에만 적용되는 항목들이다.

39 다음 중 아래 차트에 대한 설명으로 옳은 것은?

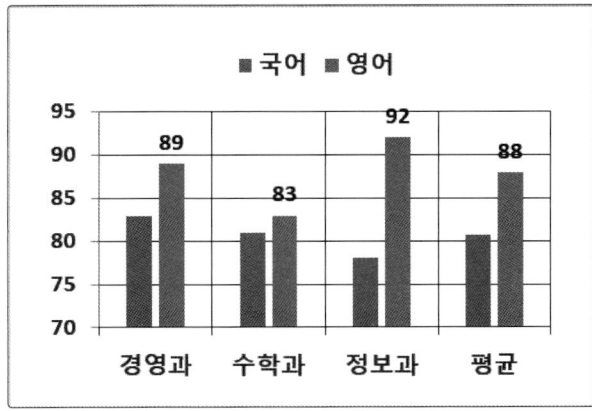

① 세로 (값) 축의 축 서식에서 주 단위 간격을 '95'로 설정하였다.

② 데이터 계열 서식의 '계열 겹치기' 값을 0보다 작은 음수 값으로 설정하였다.

③ '영어'의 데이터 레이블은 안쪽 끝에 표시되고 있다.

④ 가로 (항목) 축의 주 눈금선과 보조 눈금선이 함께 표시되고 있다.

40 다음 중 차트의 범례 설정에 대한 설명으로 옳지 않은 것은?

① 범례 위치는 [범례 서식] 대화상자나 [레이아웃]탭 [레이블] 그룹에서 쉽게 변경할 수 있다.

② 차트에서 범례 또는 범례 항목을 클릭한 후 Delete 키를 누르면 범례를 쉽게 제거할 수 있다.

③ 기본적으로 범례의 위치는 차트의 다른 구성요소와 겹치지 않게 표시된다.

④ 마우스로 범례를 이동하거나 크기를 변경하면 그림 영역의 크기 및 위치는 자동으로 조정된다.

제06회 기출정복문제

1과목 | 컴퓨터 일반

01 다음 중 그래픽 데이터의 표현에서 벡터(Vector) 방식에 관한 설명으로 옳은 것은?

① 점과 점을 연결하는 직선 또는 곡선을 이용하여 이미지를 표현한다.

② 이미지를 확대하면 테두리에 계단 현상과 같은 앨리어싱이 발생한다.

③ 래스터 방식이라고도 하며 화면 표시 속도가 빠르다.

④ 많은 픽셀로 정교하고 다양한 색상을 표시할 수 있다.

02 다음 중 Windows에서 아래 그림의 [오류 검사]에 관한 설명으로 옳지 않은 것은?

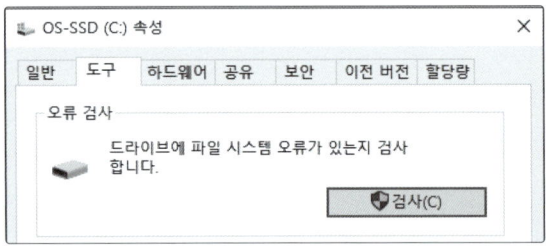

① 폴더와 파일의 오류를 검사하여 발견된 오류를 복구한다.

② 디스크의 물리적 손상 영역인 불량 섹터를 검출한다.

③ 네트워크 드라이브를 선택하여 오류 검사를 할 수 있다.

④ 시스템 성능 향상을 위해 정기적으로 수행하는 것이 좋다.

03 다음 중 멀티미디어와 관련된 용어에 대한 설명으로 옳지 않은 것은?

① VR이란 컴퓨터가 만들어 낸 가상세계의 다양한 경험을 체험할 수 있도록 하는 컴퓨터 그래픽 기술과 시뮬레이션 기능 등 관련 기술을 통틀어 말한다.

② LBS란 멀티미디어 기능 강화 실시간 TV와 생활정보, 교육 등의 방송 서비스를 말한다.

③ VCS란 화상회의시스템으로 초고속 정보통신망을 이용하여 멀리 떨어져 있는 사람들과 비디오와 오디오를 통해 회의할 수 있도록 하는 멀티미디어 시스템이다.

④ VOD란 주문형 비디오로 보고 싶은 영화나 스포츠 뉴스, 홈 쇼핑 등 가입자가 원하는 시간에 원하는 프로그램을 선택하여 시청할 수 있도록 하는 멀티미디어 서비스이다.

04 다음 중 Windows 사용 시 메모리(RAM) 용량 부족 문제의 해결 방법으로 가장 적절하지 않은 것은?

① 불필요한 프로그램을 종료한다.

② 불필요한 자동 시작 프로그램을 삭제한다.

③ 시스템 속성 창에서 가상 메모리의 크기를 적절히 설정한다.

④ 휴지통에 있는 파일을 삭제한다.

05 다음 중 Windows에서 바로 가기 아이콘에 대한 설명으로 옳지 않은 것은?

① 원본 파일이 있는 위치와 다른 위치에 만들 수 있다.
② 원본 파일을 삭제하여도 바로 가기 아이콘을 실행할 수 있다.
③ 바로 가기 아이콘의 확장자는 LNK 이다.
④ 하나의 원본 파일에 대하여 여러 개의 바로 가기 아이콘을 만들 수 있다.

06 다음 중 Windows에 포함되어 있는 백신 프로그램으로 스파이웨어 및 그 밖의 원치 않는 소프트웨어로부터 컴퓨터를 보호할 수 있는 것은?

① Windows Defender
② BitLocker
③ Archive
④ Malware

07 다음 중 Windows의 작업 표시줄에 대한 설명으로 옳지 않은 것은?

① 작업 표시줄 잠금을 설정하여 작업 표시줄의 위치나 크기를 변경하지 못하도록 할 수 있다.
② 마우스 포인터 위치에 따라 작업 표시줄이 표시되지 않도록 작업 표시줄 자동 숨기기를 설정할 수 있다.
③ 작업 표시줄의 오른쪽 끝에 있는 [바탕 화면 보기] 단추를 클릭하여 바탕 화면이 표시되도록 할 수 있다.
④ [작업 표시줄 아이콘 만들기] 기능을 이용하여 작업 표시줄의 바로 가기 아이콘을 바탕 화면에 설정할 수 있다.

08 다음 중 컴퓨터의 보조기억장치로 사용하는 SSD(Solid State Drive)의 특징으로 옳지 않은 것은?

① HDD보다 빠른 속도로 데이터의 읽기나 쓰기가 가능하다.
② 물리적인 외부 충격에 약하며 불량 섹터가 발생할 수 있다.
③ 작동 소음이 없으며 전력소모가 적다.
④ 자기 디스크가 아닌 반도체를 이용하여 데이터를 저장한다.

09 다음 중 PC의 BIOS(Basic Input Output System)에 관한 설명으로 옳지 않은 것은?

① 기본 입출력장치나 메모리 등 하드웨어 작동에 필요한 명령을 모아 놓은 프로그램이다.
② 전원이 켜지면 POST(Power On Self Test)를 통해 컴퓨터를 점검하고 사용 가능한 장치를 초기화한다.
③ RAM에 저장되며, 펌웨어라고도 한다.
④ 칩을 교환하지 않고도 업그레이드를 할 수 있다.

10 다음 중 [제어판]에서 [인터넷 옵션] 창의 [일반] 탭을 이용하여 설정할 수 있는 작업으로 옳지 않은 것은?

① 마지막 세션 또는 기본 홈페이지로 웹 브라우저의 시작 여부를 설정할 수 있다.
② 임시 파일, 열어본 페이지 목록, 쿠키 등을 삭제할 수 있다.
③ 웹 페이지의 색, 언어, 글꼴, 접근성 등을 설정할 수 있다.
④ 기본 웹 브라우저와 HTML 편집 프로그램을 설정할 수 있다.

11 다음 중 1GB(Giga Byte)에 해당하는 것은?

① 1024 Byte

② 1024 × 1024 Byte

③ 1024 × 1024 × 1024 Byte

④ 1024 × 1024 × 1024 × 1024 Byte

12 다음 중 제어장치에서 사용되는 레지스터로 다음 번에 실행할 명령어의 번지를 기억하는 것은?

① 프로그램 카운터(PC)

② 누산기(AC)

③ 메모리 주소 레지스터(MAR)

④ 메모리 버퍼 레지스터(MBR)

13 다음 중 컴퓨터 운영체제에 관한 설명으로 옳지 않은 것은?

① 프로세스, 기억장치, 주변장치, 파일 등의 관리가 주요 기능이다.

② 운영체제는 컴퓨터가 작동하는 동안 하드 디스크에 위치하여 실행된다.

③ 운영체제의 평가 항목으로 처리 능력, 응답시간, 사용 가능도, 신뢰도 등이 있다.

④ 사용자들 간의 하드웨어 공동 사용 및 자원의 스케줄링을 수행한다.

14 다음 중 아래의 ㉠, ㉡, ㉢에 해당하는 소프트웨어의 종류를 올바르게 짝지어 나열한 것은?

> 홍길동은 어떤 프로그램이 좋은지 알아보기 위해 ㉠누구나 임의의 용도로 사용할 수 있는 프로그램과 ㉡주로 일정 기간 동안 일부 기능을 제한한 상태로 사용하는 프로그램을 먼저 사용해 보고, 가장 적합한 ㉢프로그램을 구입하여 사용하려고 한다.

① ㉠ 프리웨어, ㉡ 셰어웨어, ㉢ 상용 소프트웨어

② ㉠ 셰어웨어, ㉡ 프리웨어, ㉢ 상용 소프트웨어

③ ㉠ 상용 소프트웨어, ㉡ 셰어웨어, ㉢ 프리웨어

④ ㉠ 셰어웨어, ㉡ 상용 소프트웨어, ㉢ 프리웨어

15 다음 중 처리하는 데이터에 따라 분류되는 디지털 컴퓨터의 특징으로 옳은 것은?

① 산술이나 논리 연산을 한다.

② 증폭 회로를 사용한다.

③ 프로그래밍이 필요 없다.

④ 기억 기능이 없다.

16 다음 중 사물에 전자 태그를 부착하고 무선 통신을 이용하여 사물의 정보 및 주변 상황 정보를 감지하는 센서 기술은?

① 텔레매틱스   ② DMB

③ W-CDMA   ④ RFID

17 다음 중 유명 기업이나 금융기관을 사칭한 가짜 웹 사이트나 이메일 등으로 개인의 금융정보와 비밀번호를 입력하도록 유도하여 예금 인출 및 다른 범죄에 이용하는 컴퓨터 범죄 유형은?

① 웜(Worm)
② 해킹(Hacking)
③ 피싱(Phishing)
④ 스니핑(Sniffing)

18 다음 중 컴퓨터 사용 시 발생할 수 있는 바이러스 감염에 대한 예방법으로 적절하지 않은 것은?

① 방화벽을 설정하여 사용한다.
② 의심이 가는 메일은 열지 않고 삭제한다.
③ 백신 프로그램을 최신 버전으로 업데이트하여 실행한다.
④ 정기적으로 Windows의 [디스크 정리]를 실행한다.

19 다음 중 Windows의 [명령 프롬프트] 창에서 사용하는 PING 서비스에 대한 설명으로 옳은 것은?

① 원격으로 다른 컴퓨터를 사용할 수 있는 서비스이다.
② 인터넷이 정상적으로 연결되었는지 확인하는 서비스이다.
③ 인터넷 서버까지의 경로를 추적하는 서비스이다.
④ 특정 시스템을 사용하고 있는 사용자 정보를 알아보는 서비스이다.

20 다음 중 정보통신에서 네트워크 관련 장비에 대한 설명으로 옳지 않은 것은?

① 라우터(Router) : 네트워크를 구성하기 위해 반드시 필요한 장비로 정보 전송을 위한 최적의 경로를 찾아 통신망에 연결하는 장치
② 허브(Hub) : 네트워크를 구성할 때 여러 대의 컴퓨터를 연결하고, 각 회선들을 통합 관리하는 장치
③ 브리지(Bridge) : 네트워크를 구성할 때 디지털 신호를 아날로그 신호로 변환하여 전송하고 다시 수신된 신호를 원래대로 변환하기 위한 전송 장치
④ 게이트웨이(Gateway) : 한 네트워크에서 다른 네트워크로 들어가는 입구 역할을 하는 장치로 근거리통신망(LAN)과 같은 하나의 네트워크를 다른 네트워크와 연결할 때 사용되는 장치

2과목 | 스프레드시트 일반

21 다음 중 조건부 서식의 서식 스타일에 해당하지 않는 것은?

① 데이터 막대
② 색조
③ 아이콘 집합
④ 그림

22 다음 중 [찾기 및 바꾸기] 대화상자에서 [찾기] 탭의 기능에 대한 설명으로 옳지 않은 것은?

① 대/소문자를 구분하여 찾을 수 있다.
② 수식이나 값에서 찾을 수 있지만, 메모 안의 텍스트는 찾을 수 없다.
③ 이전 항목을 찾으려면 Shift 키를 누른 상태에서 [다음 찾기] 단추를 클릭한다.
④ 와일드 카드 문자인 '*' 기호를 이용하여 특정 글자로 시작하는 텍스트를 찾을 수 있다.

23 다음 중 데이터 편집에 대한 설명으로 옳지 않은 것은?

① [홈] 탭 [셀] 그룹의 [삭제]를 클릭하면 현재 선택되어 있는 셀 자체를 삭제하는 것이다.
② 셀을 선택하고 Delete 키를 누르면 셀에 입력된 데이터 내용만 지워진다.
③ 클립보드는 임시 저장소로 한 번에 하나의 데이터만 저장할 수 있기 때문에 추가로 다른 데이터가 저장되면 이전에 저장된 데이터는 사라진다.
④ [선택하여 붙여넣기] 기능을 이용하면 데이터가 입력되어 있는 표의 행과 열을 바꾸어 붙여넣을 수 있다.

24 아래 보기는 입력 데이터, 표시 형식, 결과 순으로 표시한 것이다. 입력 데이터에 주어진 표시 형식으로 지정한 경우 그 결과가 옳지 않은 것은?

① 10   ##0.0   10.0
② 2123500   #,###,"천원"   2,123.5천원
③ 홍길동   @"귀하"   홍길동귀하
④ 123.1   0.00   123.10

25 다음 중 작성된 매크로를 실행하는 방법으로 옳지 않은 것은?

① 매크로를 지정한 도형을 클릭하여 실행한다.
② 매크로 대화상자에서 매크로를 선택하여 실행한다.
③ 매크로를 기록할 때 지정한 바로 가기 키를 이용하여 실행한다.
④ 매크로를 지정한 워크시트의 셀 자체를 클릭하여 실행한다.

26 다음 중 매크로에 대한 설명으로 옳지 않은 것은?

① 매크로 이름은 대소문자를 구분하지 않으며, 공백이나 마침표를 포함하여 매크로 이름을 설정할 수 있다.
② 매크로를 실행할 Ctrl 키 조합 바로 가기 키는 매크로가 포함된 통합 문서가 열려 있는 동안 이와 동일한 기본 엑셀 바로 가기 키를 무시한다.
③ 매크로를 기록하는 경우 실행하려는 작업을 완료하는데 필요한 모든 단계가 매크로 레코더에 기록되며, 리본에서의 탐색은 기록에 포함되지 않는다.
④ 엑셀을 사용할 때마다 매크로를 사용할 수 있게 하려면 매크로 기록 시 매크로 저장 위치 목록에서 '개인용 매크로 통합 문서'를 선택한다.

27 다음 중 입력한 수식에서 발생한 오류 메시지와 그 발생원인으로 옳지 않은 것은?

① #VALUE! : 잘못된 인수나 피연산자를 사용했을 때

② #DIV/0! : 특정 값(셀)을 0 또는 빈 셀로 나누었을 때

③ #NAME? : 함수 이름을 잘못 입력하거나 인식할 수 없는 텍스트를 수식에 사용했을 때

④ #REF! : 숫자 인수가 필요한 함수에 다른 인수를 지정 했을 때

28 다음 중 함수식에 대한 결과가 옳지 않은 것은?

① =MOD(9,2) → 1

② =COLUMN(C5) → 3

③ =TRUNC(8.73) → 8

④ =POWER(5,3) → 15

29 다음 중 아래 차트에 관한 설명으로 옳지 않은 것은?

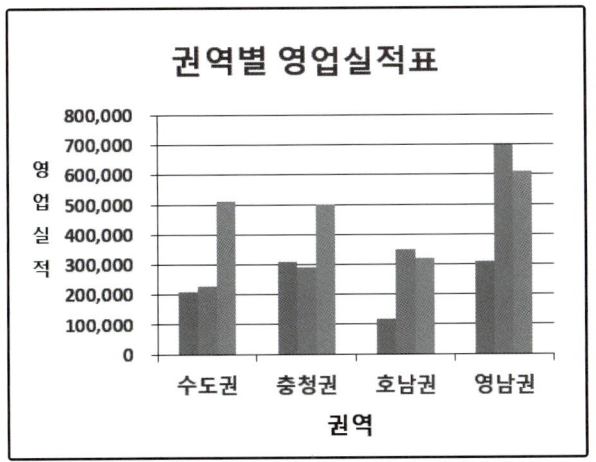

① 범례가 표시되어 있다.

② 차트 제목이 표시되어 있다.

③ 차트 종류는 묶은 세로 막대형이다.

④ 기본 세로 축 제목이 표시되어 있다.

30 아래의 워크시트에서 [표1]을 이용하여 [F3:F5] 영역에 소속별 매출액의 합계를 구하고자 한다. 다음 중 [F3] 셀에 수식을 입력한 후 채우기 핸들을 이용하여 [F5] 셀까지 계산하려고 할 때 [F3] 셀에 입력할 수식으로 옳은 것은?

	A	B	C	D	E	F	G
1	[표1]						
2	성명	소속	매출액		소속	총매출액	평균매출액
3	이민우	영업2부	8,819		영업1부	24,634	6,159
4	차소라	영업3부	8,010		영업2부	42,300	7,050
5	진희경	영업2부	6,985		영업3부	30,128	7,532
6	장용	영업1부	7,580				
7	최병철	영업1부	7,321				
8	김철수	영업2부	4,850				
9	정진수	영업3부	7,623				
10	고희수	영업1부	3,455				
11	조민희	영업2부	4,215				
12	추소영	영업2부	8,521				
13	홍수아	영업3부	6,741				
14	이강식	영업1부	6,278				
15	유동근	영업3부	7,754				
16	이현재	영업2부	8,910				

① =SUMIF(B3:B16,E3,C3:C16)

② =SUMIF(B$3:B$16,E$3,C$3:C$16)

③ =SUMIF($B$3:$B$16,E3,$C$3:$C$16)

④ =SUMIF($B3:$B16,$E3,$C3:$C16)

31 다음 중 워크시트 사용 방법에 대한 설명으로 옳은 것은?

① 다음 워크시트로 전환하려면 시트 탭에서 Shift+PageDown 키를 누르고, 이전 워크시트로 전환하려면 Shift+PageUp 키를 누른다.

② 시트를 복사하려면 Shift 키를 누른 채 해당 시트의 시트 탭을 마우스로 드래그 앤 드롭한다.

③ 현재의 워크시트 앞에 새로운 워크시트를 삽입하려면 Shift+F11 키를 누른다.

④ 인접하지 않은 둘 이상의 시트를 선택할 때는 Shift 키를 누른 채 원하는 시트 탭을 순서대로 클릭한다.

32 다음 중 아래 그림과 같이 [목표값 찾기]를 실행했을 때 이에 대한 의미로 옳은 것은?

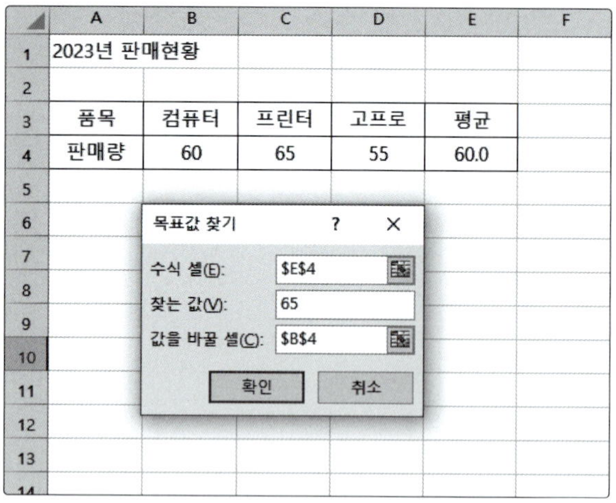

	A	B	C	D	E	F
1	2023년 판매현황					
2						
3	품목	컴퓨터	프린터	고프로	평균	
4	판매량	60	65	55	60.0	

목표값 찾기
- 수식 셀(E): $E$4
- 찾는 값(V): 65
- 값을 바꿀 셀(C): $B$4

① 평균이 65가 되려면 컴퓨터의 판매량이 얼마가 되어야 하는가?

② 컴퓨터 판매량이 65가 되려면 평균은 얼마가 되어야 하는가?

③ 평균이 65가 되려면 프린트의 판매량은 얼마가 되어야 하는가?

④ 컴퓨터 판매량이 65가 되려면 캠코더의 판매량은 얼마가 되어야 하는가?

33 다음 중 함수식에 대한 결과가 옳은 것은?

① =COUNT(1, "참", TRUE, "1") → 1

② =COUNTA(1, "거짓", TRUE, "1") → 2

③ =MAX(TRUE, "10", 8, 3) → 10

④ =ROUND(215.143, -2) → 215.14

34 다음 중 차트 작업에 대한 설명으로 옳지 않은 것은?

① 차트에 표시되는 계열의 순서는 차트 생성 후에도 변경할 수 있다.

② 데이터 계열 값으로 참조되는 셀 영역에서 표시 형식을 변경하는 경우 차트에 표시되는 값에도 적용된다.

③ 사용자가 차트 요소에 지정한 서식은 해당 요소 선택 후 [홈]-[편집]-[지우기]-[서식 지우기]를 이용하여 원래 스타일로 되돌릴 수 있다.

④ 데이터 계열 값으로 참조되는 셀 영역에서 값을 변경하는 경우 차트에 표시되는 값도 함께 변경된다.

35 다음 중 원형 차트에 대한 설명으로 옳지 않은 것은?

① 차트 계열 요소의 값들을 '데이터 표'로 나타낼 수 있다.

② 항상 한 개의 데이터 계열만을 가지고 있으므로 축이 없다.

③ 차트의 각 조각을 분리하거나, 첫째 조각의 각을 조정할 수 있다.

④ 전체 항목의 합에 대한 각 항목의 비율을 표시할 수 있다.

36 다음 중 [페이지 나누기 미리 보기] 기능에 대한 설명으로 옳지 않은 것은?

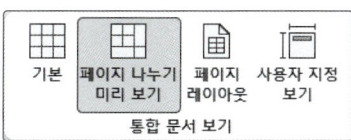

① 수동으로 삽입한 페이지 나누기는 실선으로 표시되고, 자동으로 추가된 페이지 나누기는 파선으로 표시된다.

② 자동 페이지 나누기 구분선을 이동하면 수동 페이지 나누기로 바뀐다.

③ 수동으로 삽입한 페이지 나누기를 제거하려면 페이지 나누기를 페이지 나누기 미리 보기 영역 밖으로 끌어 놓는다.

④ 행 높이와 열 너비를 변경하여도 자동 페이지 나누기는 영향을 받지 않고 원래대로 유지된다.

37 다음 중 창 나누기에 대한 설명으로 옳지 않은 것은?

① 창 나누기를 실행하면 하나의 작업 창은 최대 4개 부분으로 나눌 수 있다.

② 첫 행과 첫 열을 제외한 나머지 셀에서 창 나누기를 수행하면 현재 셀의 위쪽과 왼쪽에 창 분할선이 생긴다.

③ 현재의 창 나누기 상태를 유지하면서 추가로 창 나누기를 지정할 수 있다.

④ 화면에 표시되는 창 나누기 형태는 인쇄 시 적용되지 않는다.

38 다음 중 아래와 같이 조건을 설정한 고급 필터의 실행 결과에 대한 설명으로 옳은 것은?

소속	근무경력
◇영업팀	>=30

① 소속이 '영업팀'이 아니면서 근무경력이 30년 이상인 사원 정보

② 소속이 '영업팀'이면서 근무경력이 30년 이상인 사원 정보

③ 소속이 '영업팀'이 아니거나 근무경력이 30년 이상인 사원 정보

④ 소속이 '영업팀'이거나 근무경력이 30년 이상인 사원 정보

39 다음 중 시나리오에 관한 설명으로 옳지 않은 것은?

① 하나의 시나리오에 변경 셀을 최대 32개까지 지정할 수 있다.

② 요약 보고서나 피벗테이블 보고서로 시나리오 결과를 작성할 수 있다.

③ 시나리오 병합을 통하여 다른 통합 문서나 다른 워크시트에 저장된 시나리오를 가져올 수 있다.

④ 입력된 자료들을 그룹별로 분류하고, 해당 그룹별로 원하는 함수를 이용한 계산 결과를 볼 수 있다.

40 다음 중 피벗 테이블에 대한 설명으로 옳지 않은 것은?

① 원본의 자료가 변경되면 [모두 새로 고침] 기능을 이용하여 일괄 피벗 테이블에 반영할 수 있다.

② 작성된 피벗 테이블을 삭제하는 경우 함께 작성한 피벗 차트는 자동으로 삭제된다.

③ 피벗 테이블을 삭제하려면 피벗 테이블 전체를 범위로 지정한 후 Delete 키를 누른다.

④ 피벗 테이블의 삽입 위치는 새 워크시트뿐만 아니라 기존 워크시트에서 시작 위치를 선택할 수도 있다.

제07회 기출정복문제

1과목 | 컴퓨터 일반

01 다음 중 멀티미디어에 대한 설명으로 옳지 않은 것은?

① 멀티미디어 데이터는 다양한 하드웨어와 소프트웨어 환경에서 생성, 처리, 전송, 이용되므로 상호 호환되기 위한 표준이 필요하다.

② 멀티미디어는 텍스트, 이미지, 사운드, 애니메이션, 동영상 등의 데이터를 아날로그화 시킨 복합 구성 매체이다.

③ 가상현실, 전자출판, 화상회의, 방송, 교육, 의료 등 사회 전 분야에서 활용되고 있다.

④ 사용자는 정보 제공자와의 상호작용을 통해 어떤 정보를 언제 어떠한 형태로 얻을 것인지 결정하여 데이터를 전달 받을 수도 있다.

02 다음 중 모든 사물을 네트워크로 연결하여 인간과 사물, 사물과 사물 간에 언제 어디서나 서로 소통할 수 있게 하는 새로운 정보통신 환경을 의미하는 것은?

① 클라우드 컴퓨팅(Cloud Computing)
② RSS(Rich Site Summary)
③ IoT(Internet of Things)
④ 빅 데이터(Big Data)

03 다음 중 비트맵 이미지를 확대하였을 때 이미지의 경계선이 매끄럽지 않고 계단 형태로 나타나는 현상을 의미하는 용어는?

① 디더링(dithering)   ② 앨리어싱(aliasing)
③ 모델링(modeling)   ④ 렌더링(rendering)

04 다음 중 정보사회의 문제점으로 적절하지 않은 것은?

① 정보기술을 이용한 컴퓨터 범죄가 증가할 수 있다.

② VDT증후군과 같은 컴퓨터 관련 직업병이 발생할 수 있다.

③ 정보의 편중으로 계층 간의 정보수준 차이가 감소할 수 있다.

④ 정보처리 기술로 인간관계의 유대감이 약화될 가능성도 있다.

05 다음 중 언어 번역 프로그램인 컴파일러와 인터프리터의 차이점에 대한 설명으로 옳지 않은 것은?

① 컴파일러는 프로그램 전체를 번역하고, 인터프리터는 한 줄씩 번역한다.

② 컴파일러는 목적 프로그램을 생성하고, 인터프리터는 생성하지 않는다.

③ 컴파일러는 실행 속도가 빠르고, 인터프리터는 실행 속도가 느리다.

④ 컴파일러는 번역 속도가 빠르고, 인터프리터는 번역 속도가 느리다.

06 다음 중 인터넷을 이용할 때 자주 방문하게 되는 웹 사이트로 전자우편, 뉴스, 쇼핑, 게시판 등 다양한 서비스를 통합하여 제공하는 사이트를 의미하는 것은?

① 미러 사이트
② 포털 사이트
③ 커뮤니티 사이트
④ 멀티미디어 사이트

07 다음 중 인터넷에 대한 설명으로 적절하지 않은 것은?

① URL은 인터넷 상에 있는 각종 자원의 위치를 나타내는 표준 주소 체계이다.
② 인터넷은 TCP/IP 프로토콜을 통해 연결된 상업용 네트워크로 중앙통제기구인 InterNIC에 의해 운영된다.
③ IP주소는 인터넷에 연결된 모든 컴퓨터 자원을 구분하기 위한 고유의 주소이다.
④ www는 웹 브라우저를 통해 인터넷을 효과적으로 사용할 수 있게 하는 서비스이다.

08 다음 중 시스템 소프트웨어에 대한 설명으로 옳지 않은 것은?

① 컴퓨터와 사용자 사이에서 중계자 역할을 하는 소프트웨어이다.
② 운영체제의 도움을 받아 컴퓨터를 사용할 수 있게 하는 소프트웨어이다.
③ 컴퓨터 시스템을 효율적으로 운영해 주는 소프트웨어이다.
④ 시스템 소프트웨어는 제어 프로그램과 처리 프로그램으로 구분된다.

09 다음 중 인터넷에서 사용하는 FTP 프로토콜에 관한 설명으로 옳지 않은 것은?

① FTP 서비스를 사용하기 위해서는 일반적으로 해당 사이트의 계정을 가지고 있어야 한다.
② 파일의 업로드, 다운로드, 삭제, 이름 변경 등의 작업을 할 수 있다.
③ FTP 서버에 있는 응용 프로그램들을 실행할 수 있다.
④ 데이터 전송을 위하여 Binary 모드와 ASCII 모드를 제공한다.

10 다음 중 컴퓨터 범죄의 유형에 해당하지 않는 것은?

① 전산망을 이용한 개인 정보의 유출과 공개
② 컴퓨터 바이러스 백신의 제작과 유포
③ 저작권이 있는 웹 콘텐츠의 복사와 사용
④ 해킹에 의한 정보의 위/변조 및 유출

11 다음 중 컴퓨터의 문자 표현 코드인 ASCII 코드의 특징으로 옳은 것은?

① BCD 코드를 확장한 코드로 대형 컴퓨터에서 사용한다.
② 확장 ASCII 코드는 8비트를 사용하여 256가지의 문자를 표현한다.
③ 2진화 10진 코드라고도 하며, 하나의 문자를 4개의 Zone 비트와 4개의 Digit 비트로 표현한다.
④ 에러 검출 및 교정이 가능한 코드로 2비트의 에러 검출 코드가 포함되어 있다.

12 다음 중 컴퓨터의 연산속도 단위로 가장 빠른 것은?

① 1ms ② 1㎲
③ 1ns ④ 1ps

13 다음 중 레지스터에 관한 설명으로 옳지 않은 것은?

① 명령 레지스터는 현재 수행 중인 명령어를 가지고 있다.
② 메모리 중에서 가장 빠른 속도로 접근이 가능하다.
③ 프로그램 카운터는 다음 번에 실행할 명령어의 주소를 가지고 있다.
④ 운영체제의 시스템 정보를 기억하고 관리한다.

14 다음 중 컴퓨터를 업그레이드 하는 경우 수치가 클수록 좋은 것에 해당하지 않는 것은?

① 하드 디스크의 용량 ② RAM의 접근 속도
③ CPU의 클럭 속도   ④ DVD의 배속

15 다음 중 Windows의 네트워크 및 공유 센터에서 고급 공유 설정 옵션에 해당하지 않는 것은?

① 네트워크 검색 ② 파일 및 프린터 공유
③ 공용 폴더 공유 ④ 이더넷 공유

16 다음 중 중앙처리장치의 구성요소에 해당하지 않는 것은?

① ALU(Arithmetic Logic Unit)
② CU(Control Unit)
③ 레지스터(Register)
④ SSD(Solid State Drive)

17 다음 중 Windows의 [제어판]-[프로그램 및 기능]에서 설정할 수 없는 것은?

① 설치된 업데이트를 제거할 수 있다.
② Windows 기능을 설정(켜기)하거나 해제(끄기)할 수 있다.
③ Windows 업데이트가 자동 수행되도록 설정할 수 있다.
④ Windows에 설치된 응용 프로그램을 변경하거나 제거할 수 있다.

18 다음 중 Windows에서 디스크에 저장된 파일의 위치를 재정렬하는 단편화 제거 과정을 통해 디스크에서의 파일 읽기/쓰기 성능을 향상시키는 기능은?

① 리소스 모니터 ② 디스크 정리
③ 디스크 포맷   ④ 디스크(드라이브) 조각 모음

19 다음 중 Windows 바탕 화면에서 아래 그림과 같이 열려 있는 모든 창들을 미리 보기로 보면서 활성창을 전환할 수 있는 바로 가기 키는?

① Alt + Tab　　② ⊞ + Tab
③ Ctrl + Esc　　④ Alt + Esc

20 다음 중 Windows 폴더의 [속성] 창에 대한 설명으로 옳지 않은 것은?

① 해당 폴더의 크기를 알 수 있다.

② 해당 폴더의 바로가기 아이콘을 만들 수 있다.

③ 해당 폴더의 읽기 전용 특성을 설정할 수 있다.

④ 해당 폴더의 만든 날짜를 알 수 있다.

2 과목 | 스프레드시트 일반

21 다음 중 부분합을 실행했다가 부분합을 실행하지 않은 상태로 다시 되돌리려고 할 때의 방법으로 옳은 것은?

① [부분합] 대화상자에서 [그룹화할 항목]을 '없음'으로 선택하고 [확인]을 누른다.

② [데이터] 탭의 [윤곽선] 그룹에서 [그룹 해제]를 선택하여 부분합에서 설정된 그룹을 모두 해제한다.

③ [부분합] 대화상자에서 '새로운 값으로 대치'를 선택하고 [확인]을 누른다.

④ [부분합] 대화상자에서 [모두 제거]를 누른다.

22 다음 중 피벗 테이블에 대한 설명으로 옳지 않은 것은?

① 값 영역의 특정 항목을 마우스로 더블클릭하면 해당 데이터에 대한 세부적인 데이터가 새로운 시트에 표시된다.

② 데이터 그룹 수준을 확장하거나 축소해서 요약 정보만 표시할 수도 있고 요약된 내용의 세부 데이터를 표시할 수도 있다.

③ 행을 열로 또는 열을 행으로 이동하여 원본 데이터를 다양한 방식으로 요약하여 표시할 수 있다.

④ 피벗 테이블과 피벗 차트를 함께 만든 후에 피벗 테이블을 삭제하면 피벗 차트도 자동으로 삭제된다.

23 아래 견적서에서 총합계 [F2] 셀을 1,170,000원으로 맞추기 위해서 [D6] 셀의 할인율을 어느 정도로 조정해야 하는지 그 목표값을 찾고자 한다. 다음 중 [목표값 찾기] 대화상자의 각 항목에 들어갈 내용으로 옳은 것은?

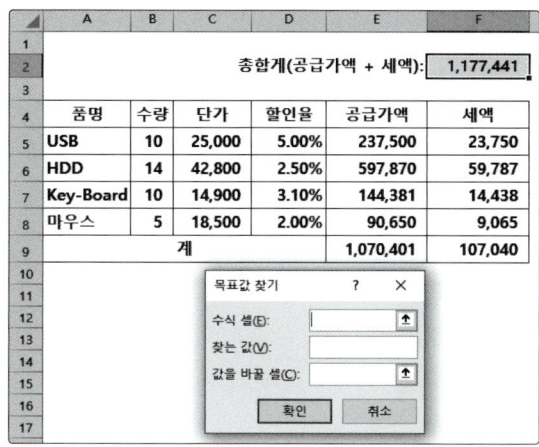

① 수식 셀: $F$2, 찾는 값: 1170000, 값을 바꿀 셀: $D$6

② 수식 셀: $D$6, 찾는 값: $F$2, 값을 바꿀 셀: 1170000

③ 수식 셀: $D$6, 찾는 값: 1170000, 값을 바꿀 셀: $F$2

④ 수식 셀: $F$2, 찾는 값: $D$6, 값을 바꿀 셀: 1170000

24 다음 중 엑셀에서 기본 오름차순 정렬 순서에 대한 설명으로 옳지 않은 것은?

① 날짜는 가장 이전 날짜에서 가장 최근 날짜의 순서로 정렬된다.

② 논리값의 경우 TRUE 다음 FALSE의 순서로 정렬된다.

③ 숫자는 가장 작은 음수에서 가장 큰 양수의 순서로 정렬된다.

④ 빈 셀은 오름차순과 내림차순 정렬에서 항상 마지막에 정렬된다.

25 다음 중 아래 워크시트에서 [A1:A2] 영역을 선택한 후 Ctrl키를 누른 채 채우기 핸들을 아래쪽으로 드래그 하는 경우 [A5] 셀에 입력되는 값은?

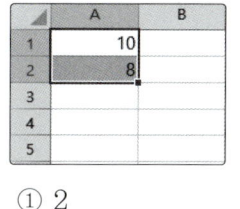

① 2   ② 16

③ 8   ④ 10

26 다음 중 아래 시트에서 [C2:G3] 영역을 참조하여 [C5] 셀의 점수 값에 해당하는 학점을 [C6] 셀에 구하기 위한 함수식으로 옳은 것은?

	A	B	C	D	E	F	G
1							
2		점수	0	60	70	80	90
3		학생	F	D	C	B	A
4							
5		점수	76				
6		학생					
7							

① =VLOOKUP(C5,C2:G3,2,TRUE)

② =VLOOKUP(C5,C2:G3,2,FALSE)

③ =HLOOKUP(C5,C2:G3,2,TRUE)

④ =HLOOKUP(C5,C2:G3,2,FALSE)

27 다음 중 [찾기 및 바꾸기] 대화상자의 각 항목에 대한 설명으로 옳지 않은 것은?

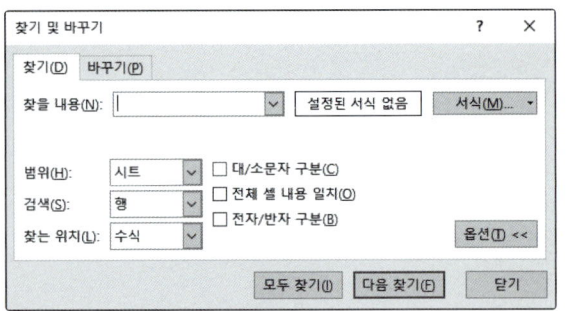

① 찾을 내용 : 검색할 내용을 입력하는 곳으로 와일드카드 문자를 검색 문자열에 사용할 수 있다.

② 서식 : 숫자 셀을 제외한 특정 서식이 있는 텍스트 셀을 찾을 수 있다.

③ 범위 : 현재 워크시트에서만 검색하는 '시트'와 현재 통합 문서의 모든 시트를 검색하는 '통합 문서' 중 선택할 수 있다.

④ 모두 찾기 : 검색 조건에 맞는 모든 항목이 나열된다.

28 다음 중 조건부 서식 설정을 위한 [새 서식 규칙] 대화상자의 '규칙 유형 선택' 항목에 해당하지 않는 것은?

① 임의의 날짜를 기준으로 셀의 서식 지정

② 셀 값을 기준으로 모든 셀의 서식 지정

③ 다음을 포함하는 셀만 서식 지정

④ 고유 또는 중복 값만 서식 지정

29 다음 중 [매크로 기록] 대화상자의 각 항목에 입력하는 내용으로 옳지 않은 것은?

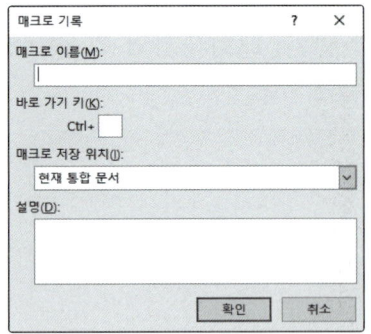

① 매크로 이름 : 공백을 사용할 수 없으므로 단어 구분 기호로 밑줄을 사용한다.

② 바로 가기 키 : 영문자만 사용할 수 있으며, 대문자 입력 시에는 Ctrl+Shift 키가 조합키로 사용된다.

③ 매크로 저장 위치 : '현재 통합 문서'를 선택하면 모든 Excel 문서에서 해당 매크로를 사용할 수 있다.

④ 설명 : 매크로에 대한 설명을 기록할 때 사용하며, 매크로 실행에 영향을 미치지 않는다.

30 다음 중 [매크로] 대화상자에 대한 설명으로 옳지 않은 것은?

① 매크로 이름을 선택한 후 [실행] 단추를 클릭하면 매크로가 실행된다.

② [한 단계씩 코드 실행] 단추를 클릭하면 Visual Basic Editor에서 매크로 실행과정을 단계별로 확인할 수 있다.

③ [만들기] 단추를 클릭하면 빠른 실행 도구 모음에 매크로 실행 명령을 추가할 수 있다.

④ [옵션] 단추를 클릭하면 매크로 바로 가기 키를 수정할 수 있다.

31 다음 중 아래 워크시트에서 [E2] 셀의 함수식이 '=CHOOSE(RANK(D2, $D$2:$D$5), "천하", "대한", "영광", "기쁨")' 일 때 결과로 옳은 것은?

	A	B	C	D	E
1	성명	이론	실기	합계	수상
2	김나래	47	45	92	
3	이석주	38	47	85	
4	박명호	46	48	94	
5	장영민	49	48	97	

① 천하 ② 대한
③ 영광 ④ 기쁨

32 다음 중 [차트 디자인] 탭의 [차트 레이아웃] 그룹에서 삽입할 수 없는 항목은?

① 범례 ② 축 제목
③ 차트 제목 ④ 텍스트 상자

33 다음 중 아래의 워크시트에서 수식 '=DAVERAGE(A4:E10, "수확량", A1:C2)'의 결과 값으로 옳은 것은?

	A	B	C	D	E
1	나무	높이	높이		
2	배	>10	<20		
3					
4	나무	높이	나이	수확량	수익
5	배	18	17	14	105
6	배	12	20	10	90
7	체리	13	14	9	105
8	사과	14	15	10	75
9	배	9	8	8	76.8
10	사과	8	9	6	45

① 15 ② 12
③ 14 ④ 18

34 다음 중 셀 서식의 표시 형식에 대한 설명으로 옳지 않은 것은?

① 일반 형식으로 지정된 셀에 열 너비 보다 긴 소수가 '0.123456789'와 같이 입력될 경우 셀의 너비에 맞춰 반올림한 값으로 표시된다.

② 통화 형식은 숫자와 함께 기본 통화 기호가 셀의 왼쪽 끝에 표시되며, 통화 기호의 표시 여부를 선택할 수 있다.

③ 회계 형식은 음수의 표시 형식을 별도로 지정할 수 없고, 입력된 값이 0일 경우 하이픈(-)으로 표시된다.

④ 숫자 형식은 음수의 표시 형식을 빨강색으로 지정할 수 있다.

35 다음 중 수식에 잘못된 인수나 피연산자를 사용한 경우 표시되는 오류 메시지는?

① #DIV/0! ② #NUM!
③ #NAME? ④ #VALUE!

36 다음 중 엑셀의 화면 제어에 관한 설명으로 옳지 않은 것은?

① 화면의 확대/축소는 화면에서 워크시트를 더 크게 또는 작게 표시하는 것으로 실제 인쇄할 때에도 설정된 화면의 크기로 인쇄된다.

② 리본 메뉴는 화면 해상도와 엑셀 창의 크기에 따라 다른 형태로 표시될 수 있다.

③ 워크시트에서 특정 영역을 마우스로 드래그하여 블록을 설정한 후 '선택 영역 확대/축소'를 클릭하면 워크 시트가 확대/축소되어 블록으로 지정한 영역이 전체 창에 맞게 보여진다.

④ 리본 메뉴가 차지하는 공간 때문에 작업이 불편한 경우 리본 메뉴의 활성 탭 이름을 더블클릭하여 리본 메뉴를 최소화할 수 있다.

37 다음 중 아래 차트에 대한 설명으로 옳지 않은 것은?

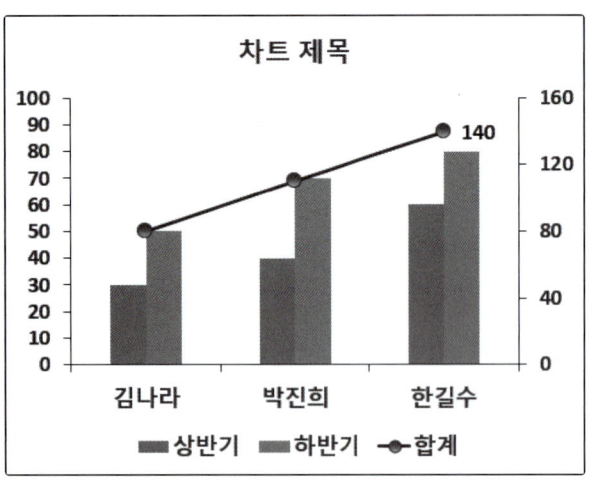

① '합계' 계열이 보조 축으로 설정된 이중 축 차트이다.

② 범례 위치는 '아래쪽'으로 설정되어 있다.

③ '하반기' 계열의 '한길수' 요소에 데이터 레이블이 표시되어 있다.

④ 보조 세로 (값) 축의 주 단위는 '40'으로 설정되어 있다.

38 다음 중 [페이지 레이아웃] 보기 상태에서의 머리글/바닥글 작업에 대한 설명으로 옳지 않은 것은?

① 머리글/바닥글 여백을 충분히 확보하려면 [머리글/바닥글] 탭의 [옵션] 그룹에서 '문서에 맞게 배율 조정'을 선택한다.

② [머리글/바닥글] 탭의 [머리글/바닥글] 그룹에서 미리 정의된 머리글이나 바닥글을 선택할 수 있다.

③ 워크시트 페이지 위쪽의 머리글 영역을 클릭하면 리본 메뉴에 [머리글/바닥글] 탭이 표시된다.

④ 머리글 또는 바닥글의 입력을 마치려면 워크시트에서 아무 곳이나 클릭한다.

39 다음 중 차트에 대한 설명으로 옳지 않은 것은?

① 표면형 차트는 두 개의 데이터 집합에서 최적의 조합을 찾을 때 사용한다.

② 방사형 차트는 분산형 차트의 한 종류로 데이터 계열간의 항목 비교에 사용된다.

③ 분산형 차트는 데이터의 불규칙한 간격이나 묶음을 보여주는 것으로 주로 과학이나 공학용 데이터 분석에 사용된다.

④ 이중 축 차트는 특정 데이터 계열의 값이 다른 데이터 계열의 값과 현저하게 차이가 나거나 데이터의 단위가 다른 경우 주로 사용한다.

40 다음 중 [페이지 설정] 대화상자의 [시트] 탭에 관한 설명으로 옳지 않은 것은?

① '메모'는 시트에 포함된 메모의 인쇄 여부와 인쇄 위치를 지정한다.

② '눈금선'은 시트에 회색으로 표시된 셀 눈금선의 인쇄 여부를 지정한다.

③ '인쇄 영역'은 특정 부분만 인쇄하기 위해 범위를 지정하며, 인쇄 영역 내에 포함된 숨겨진 행과 열도 인쇄된다.

④ '간단하게 인쇄'는 워크시트에 입력된 차트, 도형, 그림 등 모든 그래픽 요소를 제외하고 텍스트만 인쇄한다.

제08회 기출정복문제

1과목 | 컴퓨터 일반

01 다음 중 모바일 멀티미디어 커뮤니케이션 서비스와 가장 거리가 먼 것은?

① 모바일 화상전화   ② LBS
③ DMB   ④ MMS

02 다음 중 멀티미디어 하드웨어에 대한 설명으로 옳지 않은 것은?

① 사운드 카드의 샘플링이란 아날로그 소리 파형을 일정시간 간격으로 연속적인 측정을 통해 얻어진 각각의 소리의 진폭을 숫자로 표현하여 디지털 데이터로 생성하는 것을 말한다.

② MPEG 보드란 압축된 동영상 파일을 빠른 속도로 복원시켜 재생해 주는 장치이다.

③ 비디오 오버레이 보드란 TV나 비디오를 보면서 컴퓨터 작업을 동시에 할 수 있도록 동영상 데이터를 비디오 카드의 데이터와 합성시켜 표현하는 장치이다.

④ 그래픽 카드는 CPU에 의해 처리된 아날로그 데이터를 디지털로 변환하여 모니터로 보내는 장치이다.

03 다음 중 정보 사회의 컴퓨터 범죄 예방과 대책으로 적절하지 않은 것은?

① 보호하고자 하는 컴퓨터나 정보에 비밀번호를 설정하고 주기적으로 변경한다.

② 바이러스 백신 프로그램을 설치하고 자동 업데이트로 설정한다.

③ 정크메일로 의심이 가는 이메일은 본문을 확인한 후 즉시 삭제한다.

④ Windows Update는 자동 설치를 기본으로 설정한다.

04 다음 중 근거리 통신망(LAN)에 관한 설명으로 옳지 않은 것은?

① 비교적 전송 거리가 짧아 에러 발생률이 낮다.

② 반이중 방식의 통신을 한다.

③ 자원 공유를 목적으로 컴퓨터들을 상호 연결한다.

④ 프린터, 보조기억장치 등 주변장치들을 쉽게 공유할 수 있다.

05 다음 중 전자우편에서 사용하는 POP3 프로토콜에 관한 설명으로 옳은 것은?

① 이메일을 전송할 때 필요로 하는 프로토콜이다.

② 원격 서버에 접속하여 이메일을 사용자 컴퓨터로 가져오기 위한 프로토콜이다.

③ 멀티미디어 이메일을 주고 받기 위한 프로토콜이다.

④ 이메일의 회신과 전체 회신을 가능하게 하는 프로토콜이다.

06 다음 중 정보 보안을 위협하는 형태에 대한 설명으로 옳은 것은?

① 스니핑(Sniffing) : 검증된 사람이 네트워크를 통해 데이터를 보낸 것처럼 데이터를 변조하여 접속을 시도한다.

② 피싱(Phishing) : 적절한 사용자 동의 없이 사용자 정보를 수집하는 프로그램을 설치하여 사생활을 침해 한다.

③ 스푸핑(Spoofing) : 실제로는 악성 코드로 행동하지 않으면서 겉으로는 악성 코드인 것처럼 가장한다.

④ 키로거(Key Logger) : 키보드 상의 키 입력 캐치 프로그램을 이용하여 개인 정보를 빼낸다.

07 다음 중 정보 통신 장비와 관련하여 리피터(Repeater)에 관한 설명으로 옳은 것은?

① 적절한 전송 경로를 선택하여 데이터를 전달하는 장비이다.

② 프로토콜이 다른 네트워크를 결합하는 장비이다.

③ 감쇠된 전송 신호를 증폭하여 다음 구간으로 전달하는 장비이다.

④ 같은 프로토콜을 사용하는 독립적인 2개의 근거리 통신망에 상호 접속하는 장비이다.

08 다음 중 인터넷에서 사용하는 도메인 네임에 관한 설명으로 옳은 것은?

① IP 주소를 사람이 이해하기 쉬운 숫자 형태로 표현한 것이다.

② 소속 국가명, 소속 기관명, 소속 기관 종류, 호스트 컴퓨터명의 순으로 구성된다.

③ 퀵돔(QuickDom)은 2단계 체제와 같이 도메인을 짧은 형태로 줄여 쓰는 것을 말한다.

④ 국가가 다른 경우에는 중복된 도메인 네임을 사용할 수 있다.

09 다음 중 추상화, 캡슐화, 상속성, 다형성 등의 특징을 지니고 있으며, 크고 복잡한 프로그램 구축이 어려운 절차형 언어의 문제점을 해결하기 위해 개발된 프로그래밍 기법은?

① 구조적 프로그래밍 ② 객체지향 프로그래밍

③ 하향식 프로그래밍 ④ 비주얼 프로그래밍

10 다음 중 상용 소프트웨어가 출시되기 전에 미리 고객들에게 프로그램에 대한 평가를 수행하고자 제작한 소프트웨어로 옳은 것은?

① 알파(Alpha) 버전   ② 베타(Beta) 버전

③ 패치(Patch) 버전   ④ 데모(Demo) 버전

11 다음 중 컴퓨터를 이용한 가상 현실(Virtual Reality)에 관한 설명으로 옳은 것은?

① 고화질 영상을 제작하여 텔레비전에 나타내는 기술이다.
② 고도의 컴퓨터 그래픽 기술과 3차원 기법을 통하여 현실의 세계처럼 구현하는 기술이다.
③ 여러 영상을 통합하여 2차원 그래픽으로 표현하는 기술이다.
④ 복잡한 데이터를 단순화시켜 컴퓨터 화면에 나타내는 기술이다.

12 다음 중 컴퓨터에서 사용하는 ASCII 코드에 관한 설명으로 옳은 것은?

① 패리티 비트를 이용하여 오류 검출과 오류 교정이 가능하다.
② 표준 ASCII 코드는 3개의 존 비트와 4개의 디지트비트로 구성되며, 주로 대형 컴퓨터의 범용 코드로 사용된다.
③ 표준 ASCII 코드는 7비트를 사용하여 영문 대소문자, 숫자, 문장 부호, 특수 제어 문자 등을 표현한다.
④ 확장 ASCII 코드는 8비트를 사용하며 멀티미디어 데이터 표현에 적합하도록 확장된 코드표이다.

13 다음 중 컴퓨터의 주기억장치인 RAM에 관한 설명으로 옳은 것은?

① 전원이 공급되지 않더라도 기억된 내용이 지워지지 않는다.
② 시스템에서 사용하는 BIOS, POST 등이 저장된다.
③ 현재 사용 중인 응용 프로그램이나 데이터가 저장된다.
④ 주로 하드디스크에서 사용되는 기억장치이다.

14 다음 중 컴퓨터의 저장 매체 관리 방법으로 옳지 않은 것은?

① 주기적으로 디스크 정리, 검사, 조각 모음을 수행한다.
② 강한 자성 물체를 외장 하드디스크 주위에 놓지 않는다.
③ 오랜 기간 동안 저장된 데이터는 재 저장한다.
④ 예상치 않은 상황에 대비하여 주기적으로 백업하여 둔다.

15 다음 중 Windows의 사용자 계정을 통해 사용할 수 있는 기능으로 옳지 않은 것은?

① 관리자 계정의 사용자는 다른 계정의 컴퓨터 사용시간을 제어할 수 있다.
② 관리자 계정의 사용자는 다른 계정의 등급 및 콘텐츠, 제목별로 게임을 제어할 수 있다.
③ 표준 계정의 사용자는 컴퓨터 보안에 영향을 주는 설정을 변경할 수 있다.
④ 표준 계정의 사용자는 컴퓨터에 설치된 대부분의 프로그램을 사용할 수 있고, 자신의 계정에 대한 암호 등을 설정할 수 있다.

16 다음 중 Windows의 [Windows 탐색기]에 대한 설명으로 옳지 않은 것은?

① 컴퓨터에 설치된 디스크 드라이브, 파일 및 폴더 등을 관리하는 기능을 가진다.
② 폴더와 파일을 계층 구조로 표시하며, 폴더 앞의 기호는 하위 폴더가 있음을 의미한다.
③ 현재 폴더에서 상위 폴더로 이동하려면 바로 가기 키인 Home 키를 누른다.
④ 검색 상자를 사용하여 파일이나 폴더를 찾을 수 있으며, 검색은 입력을 시작함과 동시에 시작된다.

17 다음 중 바로 가기 아이콘에 대한 설명으로 옳지 않은 것은?

① 바로 가기 아이콘을 삭제해도 해당 프로그램은 지워지지 않는다.
② 바로 가기 아이콘은 폴더, 디스크 드라이버, 프린터 등 모든 항목에 대해 만들 수 있다.
③ 바로 가기 아이콘은 실제 프로그램이 아니라 응용 프로그램의 경로를 기억하고 있는 아이콘이다.
④ 바로 가기 아이콘의 확장자는 '*.exe'이다.

18 다음 중 Windows에서 작업 표시줄의 바로 가기 메뉴에서 설정할 수 있는 항목으로 옳지 않은 것은?

① 계단식 창 배열
② 창 가로 정렬 보기
③ 작업 표시줄 잠금
④ 아이콘 자동 정렬

19 다음 중 한글 Windows에서 [작업 표시줄]의 바로 가기 메뉴에 있는 [도구 모음]에서 선택할 수 있는 항목으로 옳지 않은 것은?

① 바탕 화면
② 링크
③ 주소
④ 알림 영역

20 다음 중 플래시 메모리에 대한 설명으로 옳지 않은 것은?

① 소비전력이 작다.
② 휘발성 메모리이다.
③ 정보의 입출력이 자유롭다.
④ 휴대전화, 디지털카메라, 게임기, USB 메모리 등에 널리 이용된다.

2 과목 | 스프레드시트 일반

21 아래 워크시트에서 총이익[G12]이 500000이 되려면 4분기 판매수량[G3]이 얼마가 되어야 하는지 목표값 찾기를 이용하여 계산하고자 한다. 다음 중 [목표값 찾기] 대화상자에 입력할 내용이 순서대로 바르게 나열된 것은?

① $G$12, 500000, $G$3
② $G$3, 500000, $G$12
③ $G$3, $G$12, 500000
④ $G$12, $G$3, 500000

22 다음 중 가상 분석 도구인 [데이터 표]에 대한 설명으로 옳지 않은 것은?

① 테스트 할 변수의 수에 따라 변수가 한 개이거나 두개인 데이터 표를 만들 수 있다.
② 데이터 표를 이용하여 입력된 데이터는 부분적으로 수정 또는 삭제할 수 있다.
③ 워크시트가 다시 계산될 때마다 데이터 표도 변경 여부에 관계없이 다시 계산된다.
④ 데이터 표의 결과값은 반드시 변화하는 변수를 포함한 수식으로 작성해야 한다.

23 다음 중 [데이터 유효성] 대화상자의 [설정] 탭에서 '제한 대상' 목록에 해당하지 않는 것은?

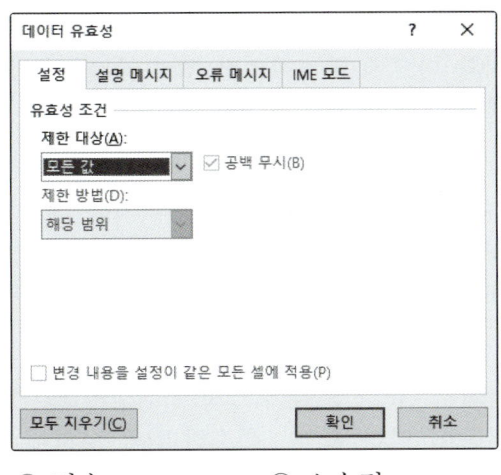

① 정수 　　② 소수점
③ 목록 　　④ 텍스트

24 다음 중 아래 그림의 표에서 조건범위로 [A9:B11] 영역을 선택하여 고급필터를 실행한 결과의 레코드 수는 얼마인가?

	A	B	C	D
1	성명	이론	실기	합계
2	김진아	47	45	92
3	이은경	38	47	85
4	장영주	46	48	94
5	김시내	40	42	65
6	홍길동	49	48	97
7	박승수	37	43	80
8				
9	합계	합계		
10	<95	>90		
11		<70		

① 0 　　② 3
③ 4 　　④ 6

25 다음 중 조건부 서식을 이용하여 [A2:C5] 영역에 EXCEL과 ACCESS 점수의 합계가 170이하인 행 전체에 셀 배경색을 지정하기 위한 수식으로 옳은 것은?

	A	B	C
1	이름	EXCEL	ACCESS
2	김경희	75	73
3	원은형	89	88
4	나도향	65	68
5	최은심	98	96

① =B$2+C$2<=170　　② =$B2+$C2<=170
③ =$B$2+$C$2<=170　　④ =B2+C2<=170

26 다음 중 아래 워크시트에서 [A1:B1] 영역을 선택한 후 채우기 핸들을 이용하여 [B3] 셀까지 드래그 했을 때 [A3] 셀, [B3] 셀의 값으로 옳은 것은?

	A	B	C
1	가-011	01월15일	
2			
3			
4			

① 다-011, 01월17일　　② 가-013, 01월17일
③ 가-013, 03월15일　　④ 다-011, 03월15일

27 다음 중 데이터 입력에 대한 설명으로 옳지 않은 것은?

① 데이터를 입력하는 도중에 입력을 취소하려면 Esc 키를 누른다.

② 셀 안에서 줄을 바꾸어 데이터를 입력하려면 Alt + Enter 키를 누른다.

③ 텍스트, 텍스트/숫자 조합, 날짜, 시간 데이터는 셀에 입력하는 처음 몇 자가 해당 열의 기존 내용과 일치하면 자동으로 입력된다.

④ 여러 셀에 동일한 데이터를 입력하려면 해당 셀을 범위로 지정하여 데이터를 입력한 후 Ctrl + Enter 키를 누른다. 열된다.

28 다음 중 매크로를 실행하는 방법으로 옳지 않은 것은?

① 매크로 기록 시 Alt 키 조합 바로 가기 키를 지정하여 매크로를 실행한다.

② 빠른 실행 도구 모음에 매크로 아이콘을 추가하여 매크로를 실행한다.

③ Alt + F8 키를 눌러 매크로 대화상자를 표시한 후 매크로를 선택하고 [실행] 단추를 클릭하여 실행한다.

④ 그림, 클립 아트, 도형 등의 그래픽 개체에 매크로 이름을 연결한 후 그래픽 개체 영역을 클릭하여 실행한다.

29 다음 중 매크로 작성 시 [매크로 기록] 대화상자에서 선택할 수 있는 매크로의 저장 위치로 옳지 않은 것은?

① 새 통합 문서   ② 개인용 매크로 통합 문서
③ 현재 통합 문서 ④ 작업 통합 문서

30 다음 중 참조의 대상 범위로 사용하는 이름 정의 시 이름의 지정 방법에 대한 설명으로 옳지 않은 것은?

① 이름의 첫 글자로 밑줄(_)을 사용할 수 있다.

② 이름에 공백 문자는 포함할 수 없다.

③ 'A1'과 같은 셀 참조 주소 이름은 사용할 수 없다.

④ 여러 시트에서 동일한 이름으로 정의할 수 있다.

31 다음 중 [페이지 설정] 대화상자의 [머리글/바닥글] 탭에 대한 설명으로 옳지 않은 것은?

① 홀수 페이지의 머리글 및 바닥글을 짝수 페이지와 다르게 지정하려면 '짝수와 홀수 페이지를 다르게 지정'을 선택한다.

② 인쇄되는 첫 번째 페이지에서 머리글과 바닥글을 표시하지 않으려면 '첫 페이지를 다르게 지정'을 선택한 후 머리글과 바닥글 편집에서 첫 페이지 머리글과 첫 페이지 바닥글에 아무것도 설정하지 않는다.

③ 인쇄될 워크시트를 워크시트의 실제 크기의 백분율에 따라 확대·축소하려면 '문서에 맞게 배율 조정'을 선택한다.

④ 머리글 또는 바닥글을 표시하기에 충분한 머리글 또는 바닥글 여백을 확보하려면 '페이지 여백에 맞추기'를 선택한다.

32 다음 중 아래 워크시트의 [A2] 셀에 수식을 작성하는 경우 수식의 결과가 다른 하나는?

	A
1	대한상공대학교
2	

① =MID(A1,SEARCH("대",A1)+2,5)

② =MID(A1,SEARCH("대",A1)+2,5)

③ =RIGHT(A1,FIND("대",A1)+5)

④ =MID(A1,FIND("대",A1)+2,5)

33 다음 중 차트의 데이터 계열 서식에 대한 설명으로 옳지 않은 것은?

① 계열 겹치기 수치를 양수로 지정하면 데이터 계열 사이가 벌어진다.

② 차트에서 데이터 계열의 간격을 넓게 또는 좁게 지정할 수 있다.

③ 특정 데이터 계열의 값이 다른 데이터 계열의 값과 차이가 많이 나거나 데이터 형식이 혼합되어 있는 경우 보조 세로(값) 축에 하나 이상의 데이터 계열을 나타낼 수 있다.

④ 보조 축에 해당되는 데이터 계열을 구분하기 위하여 보조 축의 데이터 계열만 선택하여 차트 종류를 변경할 수 있다.

34 다음 중 엑셀의 날짜 및 시간 데이터 관련 함수에 대한 설명으로 옳지 않은 것은?

① 날짜 데이터는 순차적인 일련번호로 저장되기 때문에 날짜 데이터를 이용한 수식을 작성할 수 있다.

② 시간 데이터는 날짜의 일부로 인식하여 소수로 저장되며, 낮 12시는 0.5로 계산된다.

③ TODAY 함수는 셀이 활성화 되거나 워크시트가 계산될 때 또는 함수가 포함된 매크로가 실행될 때마다 시스템으로부터 현재 날짜를 업데이트한다.

④ WEEKDAY 함수는 날짜에 해당하는 요일을 구하는 함수로 Return_type 인수를 생략하는 경우 '일월화수목금토' 중 해당하는 한 자리 요일이 텍스트 값으로 반환된다.

35 다음 중 아래 차트에 설정되어 있지 않은 차트 구성 요소는?

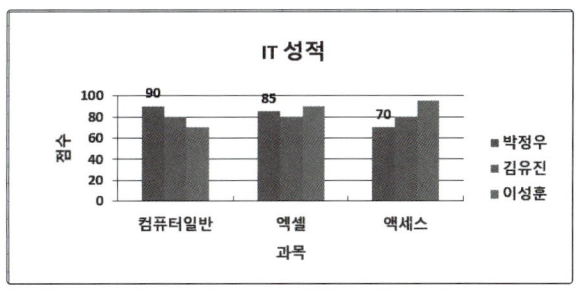

① 차트 제목 ② 가로 (항목) 축 보조 눈금선
③ 데이터 레이블 ④ 범례

36 다음 중 [A7] 셀에 수식 '=SUMIFS(D2:D6,A2:A6, "연필", B2:B6, "서울")'을 입력한 경우 결과 값으로 옳은 것은?

	A	B	C	D
1	품목	대리점	판매계획	판매실적
2	연필	경기	150	100
3	볼펜	서울	150	200
4	연필	서울	300	300
5	볼펜	경기	300	400
6	연필	서울	300	200
7				

① 100 ② 500
③ 600 ④ 750

37 다음 중 차트 편집에 대한 내용으로 옳지 않은 것은?

① 차트의 데이터 범위에서 일부 데이터를 차트에 표시하지 않으려면 행이나 열을 '숨기기'로 지정한다.

② 3차원 차트는 혼합형 차트로 만들 수 없다.

③ F11 키를 눌러 차트 시트를 만들 수 있다.

④ 여러 데이터 계열을 선택하여 한 번에 차트 종류를 변경할 수 있다.

38 다음 중 [인쇄 미리 보기]에 관한 설명으로 옳지 않은 것은?

① [인쇄 미리 보기] 창에서 셀 너비를 조절할 수 있으나 워크시트에는 변경된 너비가 적용되지 않는다.

② [인쇄 미리 보기]를 실행한 상태에서 [페이지 설정]을 클릭하여 [여백] 탭에서 여백을 조절할 수 있다.

③ [인쇄 미리 보기] 상태에서 '확대/축소'를 누르면 화면에는 적용되지만 실제 인쇄 시에는 적용되지 않는다.

④ [인쇄 미리 보기]를 실행한 상태에서 [여백 표시]를 체크한 후 마우스 끌기를 통하여 여백을 조절할 수 있다.

39 다음 중 시트 보호에 관한 설명으로 옳지 않은 것은?

① 차트 시트의 경우 차트 내용만 변경하지 못하도록 보호할 수 있다.

② '셀 서식' 대화상자의 '보호' 탭에서 '잠금'이 해제된 셀은 보호되지 않는다.

③ 시트 보호 설정 시 암호의 설정은 필수 사항이다.

④ 시트 보호가 설정된 상태에서 데이터를 수정하면 경고 메시지가 나타난다.

40 다음 중 아래 워크시트에서 C열의 수식을 실행했을 때 화면에 표시되는 결과로 옳지 않은 것은?

	A	B	C
1	2017	1	=A1/A2
2	워드	2	=A1*2
3	엑셀	3	=LEFT(A3)
4	파워포인트	4	=VLOOKUP("워",A1:B4,2,FALSE)

① [C1] 셀 : #VALUE!   ② [C2] 셀 : 4034

③ [C3] 셀 : #VALUE!   ④ [C4] 셀 : #N/A

제09회 기출정복문제

1과목 | 컴퓨터 일반

01 다음 중 오디오 데이터와 관련된 용어에 해당하지 않는 것은?

① 시퀀싱(Sequencing)
② 인터레이싱(Interlacing)
③ PCM(Pulse Code Modulation)
④ 샘플링(Sampling)

02 다음 중 무선 랜(WLAN) 시스템을 구성하기 위한 주요 구성 요소에 해당하지 않는 것은?

① 무선 랜카드
② AP(Access Point)
③ 안테나(Antenna)
④ 리피터(Repeater)

03 다음 중 ISP(Internet Service Provider) 업체에서 각 컴퓨터의 IP 주소를 동적으로 할당해 주는 프로토콜은?

① HTTP
② TCP/IP
③ SMTP
④ DHCP

04 다음 중 지하철이나 버스 정류장에서 지역과 관련된 지도나 주변 상가 정보 또는 특정 정보를 인터넷과 연결하여 효과적으로 전달하는 입간판 형태의 정보안내 기기는?

① 주문형 비디오(VOD)
② CAI(Computer Assisted Instruction)
③ 키오스크(Kiosk)
④ 화상회의 시스템(VCS)

05 다음 중 컴퓨터 바이러스에 대한 설명으로 가장 적절하지 않은 것은?

① 사용자가 인지하지 못한 사이 자가복제를 통해 다른 정상적인 프로그램을 감염시켜 해당 프로그램이나 다른 데이터 파일 등을 파괴한다.
② 보통 소프트웨어 형태로 감염되나 메일이나 첨부파일은 감염의 확률이 매우 적다.
③ 인터넷의 공개 자료실에 있는 파일을 다운로드하여 설치할 때 감염될 수 있다.
④ 온라인 채팅이나 인스턴트 메신저 프로그램을 통해서 전파되기도 한다.

06 다음 중 운영체제를 구성하는 제어 프로그램의 종류에 해당하지 않는 것은?

① 감시 프로그램
② 언어 번역 프로그램
③ 작업 관리 프로그램
④ 데이터 관리 프로그램

07 다음 중 여러 대의 컴퓨터를 일제히 동작시켜 대량의 데이터를 한 곳의 서버 컴퓨터에 집중적으로 전송시킴으로써 특정 서버가 정상적으로 동작하지 못하게 하는 공격방식은?

① 스니핑(Sniffing) ② 분산서비스거부(DDoS)
③ 백도어(Back Door) ④ 해킹(Hacking)

08 다음 중 디지털 컴퓨터와 아날로그 컴퓨터의 차이점에 관한 설명으로 옳은 것은?

① 디지털 컴퓨터는 전류, 전압, 온도 등 다양한 입력 값을 처리하며, 아날로그 컴퓨터는 숫자 데이터만을 처리한다.
② 디지털 컴퓨터는 증폭 회로로 구성되며, 아날로그 컴퓨터는 논리회로로 구성된다.
③ 아날로그 컴퓨터는 미분이나 적분 연산을 주로 하며, 디지털 컴퓨터는 산술이나 논리 연산을 주로 한다.
④ 아날로그 컴퓨터는 범용이며, 디지털 컴퓨터는 특수 목적용으로 많이 사용된다.

09 다음 중 소형화, 경량화를 비롯해 음성과 동작인식 등 다양한 기술이 적용되어 장소에 구애받지 않고 컴퓨터를 활용할 수 있도록 몸에 착용하는 컴퓨터를 의미하는 것은?

① 웨어러블 컴퓨터 ② 마이크로 컴퓨터
③ 인공지능 컴퓨터 ④ 서버 컴퓨터

10 다음 중 컴퓨터의 전원이 연결된 상태에서 장치를 연결하거나 분리할 수 있도록 하는 기능을 의미하는 것은?

① 플러그 앤 플레이(Plug and Play)
② 핫 스와핑(Hot swapping)
③ 채널(Channel)
④ 인터럽트(Interrupt)

11 다음 중 컴퓨터를 이용한 자료 처리 방식을 발달 과정 순서대로 옳게 나열한 것은?

① 실시간 처리 시스템 – 일괄 처리 시스템 – 분산 처리 시스템
② 일괄 처리 시스템 – 실시간 처리 시스템 – 분산 처리 시스템
③ 분산 처리 시스템 – 실시간 처리 시스템 – 일괄 처리 시스템
④ 실시간 처리 시스템 – 분산 처리 시스템 – 일괄 처리 시스템

12 다음 중 컴퓨터 시스템을 안정적으로 사용하기 위한 관리 방법으로 적절하지 않은 것은?

① 컴퓨터를 이동하거나 부품을 교체할 때에는 반드시 전원을 끄고 작업하는 것이 좋다.
② 직사광선을 피하고 습기가 적으며 통풍이 잘되고 먼지 발생이 적은 곳에 설치한다.
③ 시스템 백업 기능을 자주 사용하면 시스템 바이러스 감염 가능성이 높아진다.
④ 디스크 조각 모음에 대해 예약 실행을 설정하여 정기적으로 최적화 시킨다.

13 다음 중 프로세서 레지스터에 대한 설명으로 옳은 것은?

① 하드디스크의 부트 레코드에 위치한다.
② 하드웨어 입출력을 전담하는 장치로 속도가 빠르다.
③ 주기억장치보다 큰 프로그램을 실행시켜야 할 때 유용한 메모리이다.
④ 중앙처리장치에서 사용하는 임시기억장치로 메모리 중 가장 빠른 속도로 접근 가능하다.

14 다음 중 인터넷에서 사용하는 IPv6에 관한 설명으로 옳은 것은?

① IPv4의 주소 부족 문제를 해결하기 위하여 개발되었다.
② 64비트의 주소 체계를 가진다.
③ IPv4와는 호환성이 낮아 상호 전환이 어렵다.
④ IPv4에 비해 자료 전송 속도가 느리다.

15 다음 중 Windows의 제어판에서 시각 장애가 있는 사용자가 컴퓨터를 사용하기에 편리하도록 설정할 수 있는 기능은?

① 동기화 센터   ② 사용자 정의 문자 편집기
③ 접근성 센터   ④ 프로그램 호환성 마법사

16 다음 중 인터넷을 이용한 전자 우편에 관한 설명으로 옳지 않은 것은?

① 기본적으로 8비트의 유니코드를 사용하여 메시지를 전달한다.
② 전자 우편 주소는 '사용자ID@호스트 주소'의 형식으로 이루어진다.
③ SMTP, POP3, MIME 등의 프로토콜을 사용한다.
④ 보내기, 회신, 첨부, 전달, 답장 등의 기능이 있다.

17 다음 중 HD급 고화질 비디오를 저장할 수 있는 차세대 광학 장치로, 디스크 한 장에 25GB 이상을 저장할 수 있는 것은?

① CD-RW   ② DVD
③ Blu-ray 디스크   ④ ZIP 디스크

18 다음 중 Windows 원격 지원에 관한 설명으로 옳지 않은 것은?

① 다른 사용자에게 도움을 주기 위해서는 먼저 원격 지원을 시작한 후 도움 받을 사용자가 들어오는 연결을 기다려야 한다.
② 다른 사용자의 도움을 요청할 때에는 '간단한 연결'을 사용하거나 '도움 요청 파일'을 사용할 수 있다.
③ '간단한 연결'은 두 컴퓨터 모두 Windows 7을 실행 하고 인터넷에 연결되어 있는 경우에 좋은 방법이다.
④ '도움 요청 파일'은 다른 사용자의 컴퓨터에 연결할 때 사용할 수 있는 특수한 유형의 원격 지원 파일이다.

19 다음 중 Windows의 사용자 계정을 통해 사용할 수 있는 기능으로 옳지 않은 것은?

① 관리자 계정의 사용자는 다른 계정의 컴퓨터 사용 시간을 제어할 수 있다.

② 관리자 계정의 사용자는 다른 계정의 등급 및 콘텐츠, 제목별로 게임을 제어할 수 있다.

③ 표준 계정의 사용자는 컴퓨터 보안에 영향을 주는 설정을 변경할 수 있다.

④ 표준 계정의 사용자는 컴퓨터에 설치된 대부분의 프로그램을 사용할 수 있고, 자신의 계정에 대한 암호 등을 설정할 수 있다.

20 다음 중 Windows 10에서 32비트 운영체제인지 64비트 운영체제인지 확인하는 방법으로 옳은 것은?

① ⊞+X, N

② [시작] 단추 – [설정] – [시스템] – [정보]

③ [시작] 단추 – [실행] 후 'ms-settings:defaultapps'를 실행

④ [시작] 단추의 바로 가기 메뉴 – [컴퓨터 관리]

2 과목 | 스프레드시트 일반

21 다음 중 데이터 유효성 검사에 대한 설명으로 옳지 않은 것은?

① 목록의 값들을 미리 지정하여 데이터 입력을 제한할 수 있다.

② 입력할 수 있는 정수의 범위를 제한할 수 있다.

③ 목록으로 값을 제한하는 경우 드롭다운 목록의 너비를 지정할 수 있다.

④ 유효성 조건 변경 시 변경 내용을 범위로 지정된 모든 셀에 적용할 수 있다.

22 다음 중 아래 워크시트에서 [A1:B1] 영역을 선택한 후 채우기 핸들을 이용하여 [B3] 셀까지 드래그 했을 때 [A3] 셀, [B3] 셀의 값으로 옳은 것은?

	A	B
1	가-011	01월15일
2		
3		
4		

① 다-011, 01월17일   ② 가-013, 01월17일

③ 가-013, 03월15일   ④ 다-011, 03월15일

23 다음 중 아래 워크시트의 [A1:E9] 영역에서 고급 필터를 실행하여 영어 점수가 영어 평균 점수를 초과하면서 성명의 두 번째 문자가 '영'인 데이터를 추출하고자 할 때, 조건으로 (가)와 (나)에 입력할 내용으로 옳은 것은?

	A	B	C	D	E	F	G	H	I
1	성명	반	국어	영어	수학		영어평균	성명	
2	강동식	1	81	89	99		(가)	(나)	
3	남궁영	2	88	75	85				
4	강영주	2	90	88	92				
5	이동수	1	85	93	90				
6	박영민	2	75	91	84				
7	윤영미래	1	88	89	73				
8	이영순	1	100	84	96				
9	명지오	2	95	75	88				
10									

① (가) =D2>AVERAGE(D2:D9) (나) ="=?영*"

② (가) =D2>AVERAGE(D2:D9) (나) ="=*영?"

③ (가) =D2>AVERAGE($D$2:$D$9)
   (나) ="=?영*"

④ (가) =D2>AVERAGE($D$2:$D$9)
   (나) ="=*영"

24 아래의 왼쪽 워크시트에서 성명 데이터를 오른쪽 워크시트와 같이 성과 이름 두 개의 열로 분리하기 위해 [텍스트 나누기] 기능을 사용하고자 한다. 다음 중 [텍스트 나누기]의 분리 방법으로 가장 적절한 것은?

	A
1	김철수
2	박선영
3	최영희
4	한국인

→

	A	B
1	김	철수
2	박	선영
3	최	영희
4	한	국인

① 열 구분선을 기준으로 내용 나누기

② 구분 기호를 기준으로 내용 나누기

③ 공백을 기준으로 내용 나누기

④ 탭을 기준으로 내용 나누기

25 다음 중 다양한 상황과 변수에 따른 여러 가지 결과 값의 변화를 가상의 상황을 통해 예측하여 분석할 수 있는 도구는?

① 시나리오 관리자   ② 목표값 찾기

③ 부분합   ④ 통합

26 다음 중 데이터 입력에 대한 설명으로 옳지 않은 것은?

① 셀 안에서 줄 바꿈을 하려면 Alt + Enter 키를 누른다.

② 한 행을 블록 설정한 상태에서 Enter 키를 누르면 블록 내의 셀이 오른쪽 방향으로 순차적으로 선택되어 행단위로 데이터를 쉽게 입력할 수 있다.

③ 여러 셀에 숫자나 문자 데이터를 한 번에 입력하려면 여러 셀이 선택된 상태에서 데이터를 입력한 후 바로 Shift + Enter 키를 누른다.

④ 열의 너비가 좁아 입력된 날짜 데이터 전체를 표시하지 못하는 경우 셀의 너비에 맞춰 '#'이 반복 표시된다.

27 다음 중 입력자료에 주어진 표시형식으로 지정한 경우 그 결과가 옳지 않은 것은?

① 표시형식 : #,##0, 입력자료: 12345
   표시결과 : 12

② 표시형식 : 0.00 입력자료 : 12345
   표시결과 : 12345.00

③ 표시형식 : dd-mmm-yy 입력자료: 2015/06/25
   표시결과 : 25-June-15

④ 표시형식 : @@"**" 입력자료 : 컴활
   표시결과 : 컴활컴활**

28 아래 워크시트와 같이 평점이 3.0 미만인 행 전체에 셀 배경색을 지정하고자 한다. 다음 중 이를 위해 조건부 서식 설정에서 사용할 수식으로 옳은 것은?

	A	B	C	D
1	학번	학년	이름	평점
2	20959446	2	강혜민	3.38
3	21159458	1	김경식	2.60
4	21059466	2	김병찬	3.67
5	21159514	1	장현정	1.29
6	20959476	2	박동현	3.50
7	21159467	1	이승현	3.75
8	20859447	4	이병훈	2.93
9	20859461	3	강수빈	3.84

① =$D2<3
② =$D$2<3
③ =D2<3
④ =D$2<3

29 다음 중 각 함수식과 그 결과가 옳지 않은 것은?

① =TRIM(" 1/4분기 수익") → 1/4분기 수익
② =SEARCH("세","세금 명세서", 3) → 5
③ =PROPER("republic of korea") → REPUBLIC OF KOREA
④ =LOWER("Republic of Korea") → republic of korea

30 다음 중 매크로의 바로 가기 키에 관한 설명으로 옳지 않은 것은?

① 기본적으로 조합키 Ctrl과 함께 사용할 영문자를 지정한다.
② 바로 가기 키 지정 시 영문자를 대문자로 입력하면 조합키는 Ctrl+Shift로 변경된다.
③ 바로 가기 키로 영문자와 숫자를 함께 지정할 때에는 조합키로 Alt를 함께 사용해야 한다.
④ 바로 가기 키를 지정하지 않아도 매크로를 기록할 수 있다.

31 다음 중 매크로의 특징에 대한 설명으로 옳지 않은 것은?

① 매크로 기록을 시작한 후의 키보드나 마우스 동작은 VBA 언어로 작성된 매크로 프로그램으로 자동 생성된다.
② 기록한 매크로는 편집할 수 없으므로 기능과 조작을 추가 또는 삭제할 수 없다.
③ 매크로 실행의 바로 가기 키가 엑셀의 바로 가기 키보다 우선한다.
④ 도형을 이용하여 작성된 텍스트 상자에 매크로를 지정한 후 매크로를 실행할 수 있다.

32 다음 중 차트의 데이터 계열 서식에 대한 설명으로 옳지 않은 것은?

① 계열 겹치기 수치를 양수로 지정하면 데이터 계열 사이가 벌어진다.
② 차트에서 데이터 계열의 간격을 넓게 또는 좁게 지정할 수 있다.
③ 특정 데이터 계열의 값이 다른 데이터 계열 값과 차이가 많이 나거나 데이터 형식이 혼합되어 있는 경우 하나 이상의 데이터 계열을 보조 세로 (값) 축에 표시할 수 있다.
④ 보조 축에 그려지는 데이터 계열을 구분하기 위하여 보조 축의 데이터 계열만 선택하여 차트 종류를 변경할 수 있다.

33 다음 중 [A7] 셀에 수식 '=SUMIFS(D2:D6, A2:A6, "연필", B2:B6, "서울")'을 입력한 경우 그 결과 값은?

	A	B	C	D
1	품목	대리점	판매계획	판매실적
2	연필	경기	150	100
3	볼펜	서울	150	200
4	연필	서울	300	300
5	볼펜	경기	300	400
6	연필	서울	300	200
7				

① 100　　② 500
③ 600　　④ 750

34 다음 중 아래 차트에 설정되어 있지 않은 차트 요소는?

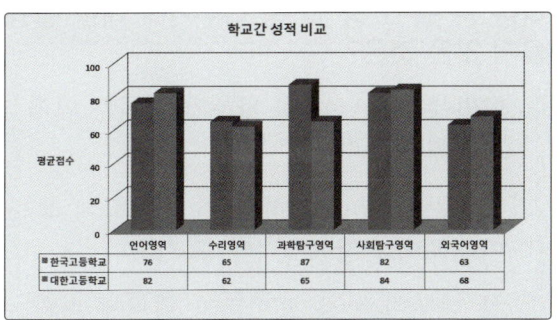

① 차트 제목　　② 데이터 표
③ 데이터 레이블　　④ 세로 (값) 축 제목

35 다음 중 아래의 워크시트를 참조하여 작성한 수식 '=INDEX(B2:D9,2,3)'의 결과는?

	A	B	C	D
1	코드	정가	판매수량	판매가격
2	L-001	25,400	503	12,776,000
3	D-001	23,200	1,000	23,200,000
4	D-002	19,500	805	15,698,000
5	C-001	28,000	3,500	98,000,000
6	C-002	20,000	6,000	96,000,000
7	L-002	24,000	750	18,000,000
8	L-003	26,500	935	24,778,000
9	D-003	22,000	850	18,700,000

① 19,500　　② 23,200,000
③ 1,000　　④ 805

36 다음 중 아래의 워크시트에서 '박지성'의 결석 값을 찾기 위한 함수식은?

	A	B	C	D
1	성적표			
2	이름	중간	기말	결석
3	김남일	86	90	4
4	이천수	70	80	2
5	박지성	95	85	5

① =VLOOKUP("박지성", $A$3:$D$5, 4, 1)
② =VLOOKUP("박지성", $A$3:$D$5, 4, 0)
③ =HLOOKUP("박지성", $A$3:$D$5, 4, 0)
④ =HLOOKUP("박지성", $A$3:$D$5, 4, 1)

37 다음 중 추세선을 추가할 수 있는 차트 종류는?

① 방사형 ② 표면형
③ 원형   ④ 분산형

38 다음 중 통합 문서 저장 시 설정할 수 있는 [일반 옵션]에 대한 설명으로 옳지 않은 것은?

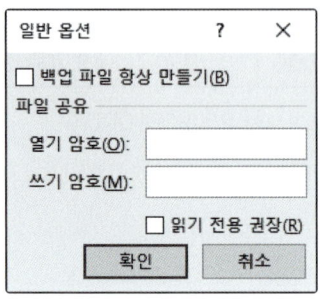

① '백업 파일 항상 만들기'에 체크 표시한 경우에는 파일 저장 시 자동으로 백업 파일이 만들어진다.
② '열기 암호'를 지정한 경우에는 열기 암호를 입력해야 파일을 열 수 있고 암호를 모르면 파일을 열 수 없다.
③ '쓰기 암호'가 지정된 경우에는 파일을 수정하고 다른 이름으로 저장 시 '쓰기 암호'를 입력해야 한다.
④ '읽기 전용 권장'에 체크 표시한 경우에는 파일을 열 때 읽기 전용으로 열지 여부를 묻는 메시지가 표시 된다.

39 다음 중 워크시트의 인쇄에 대한 설명으로 옳지 않은 것은?

① 인쇄 영역에 포함된 도형은 기본적으로 인쇄가 되지 않으므로 인쇄를 하려면 도형의 [크기 및 속성] 대화상자에서 '개체 인쇄' 옵션을 선택해야 한다.
② 인쇄하기 전에 워크시트를 미리 보려면 Ctrl+F2키를 누른다.
③ 기본적으로 화면에 표시되는 열 머리글(A, B, C 등)이나 행 머리글(1, 2, 3 등)은 인쇄되지 않는다.
④ 워크시트의 내용 중 특정 부분만을 인쇄 영역으로 설정 하여 인쇄할 수 있다.

40 다음 중 틀 고정 및 창 나누기에 대한 설명으로 옳지 않은 것은?

① 화면에 나타나는 창 나누기 형태는 인쇄 시 적용되지 않는다.
② 창 나누기를 수행하면 셀 포인트의 오른쪽과 아래쪽으로 창 구분선이 표시된다.
③ 창 나누기는 셀 포인트의 위치에 따라 수직, 수평, 수직·수평 분할이 가능하다.
④ 첫 행을 고정하려면 셀 포인트의 위치에 상관없이 [틀 고정] - [첫 행 고정]을 선택한다.

제 10 회 기출정복문제

1과목 | 컴퓨터 일반

01 다음 중 멀티미디어에 대한 설명으로 옳지 않은 것은?

① 멀티미디어 데이터는 다양한 하드웨어 및 소프트웨어 환경에서 생성, 처리, 전송, 이용 되므로 상호 호환되기 위한 표준이 필요하다.

② 정보사회의 멀티미디어는 텍스트, 이미지, 사운드, 애니메이션, 동영상 등을 아날로그화 시킨 복합 구성 매체이다.

③ 가상현실, 전자출판, 화상 회의, 방송, 교육, 의료 등 사회 전 분야에 응용 가능하다.

④ 사용자는 정보 제공자와의 상호작용을 통해 어떤 정보를 언제 어떠한 형태로 얻을 것인지 결정하여 데이터를 전달 받을 수도 있다.

02 다음 중 인터넷에서 사용하는 IPv6 주소체계에 대한 설명으로 옳지 않은 것은?

① 16비트씩 8부분으로 총 128비트로 구성 된다.

② 각 부분은 16진수로 표현하고, 세미콜론(;)으로 구분한다.

③ 유니캐스트, 멀티캐스트, 애니캐스트 등의 3가지 주소 체계로 나누어진다.

④ IPv4의 주소 부족 문제를 해결해 줄 수 있다.

03 다음 중 정보 사회의 문제점으로 옳지 않은 것은?

① 정보 기술을 이용한 컴퓨터 범죄가 증가할 수 있다.

② VDT 증후군 같은 컴퓨터 관련 직업병이 발생할 수 있다.

③ 정보의 편중으로 계층 간의 정보차이가 감소할 수 있다.

④ 정보처리 기술로 인간관계의 유대감이 약화될 가능성도 있다.

04 다음 중 정당한 사용자가 정상적으로 시스템을 종료하지 않고 자리를 떠났을 때 비인가된 사용자가 바로 그 자리에서 계속 작업을 수행하여 불법적 접근을 행하는 범죄 행위에 해당하는 것은?

① 스패밍(Spamming)

② 스푸핑(Spoofing)

③ 스니핑(Sniffing)

④ 피기배킹(Piggybacking)

05 다음 중 중앙의 주 컴퓨터에 이상이 발생하면 시스템 전체의 기능이 마비되는 통신망 형태는?

① 버스(Bus)형   ② 트리(Tree)형
③ 성(Star)형   ④ 메시(Mesh)형

06 다음 중 소프트웨어에 대한 설명으로 옳지 않은 것은?

① 소프트웨어란 컴퓨터를 이용하기 위해 필요한 일련의 명령어들의 집합이다.
② 오라클과 같은 데이터베이스 관리 시스템은 응용 소프트웨어에 해당된다.
③ 시스템 소프트웨어는 응용소프트웨어가 실행될 때 컴퓨터 하드웨어를 효율적으로 사용하도록 인터페이스 역할을 한다.
④ 시스템 소프트웨어는 기능에 따라 제어 프로그램과 번역 프로그램으로 구분한다.

07 다음 중 인터넷 환경에서 파일을 송수신 할 때 사용되는 원격 파일 전송 프로토콜로 옳은 것은?

① DHCP   ② HTTP
③ FTP   ④ TCP

08 다음 중 네트워크 구성에 대한 설명과 해당 프로토콜이 바르게 연결된 것은?

구 성	네트워킹 프로토콜
㉮ 노트북을 무선 핫스팟(hotspot)에 연결	ⓐ 블루투스
㉯ 무선 마우스를 PC에 연결	ⓑ Wi-Fi
㉰ 비즈니스 네트워크나 유선 홈 네트워크 구성	ⓒ Ethernet

① ㉮-ⓑ, ㉯-ⓒ, ㉰-ⓐ
② ㉮-ⓒ, ㉯-ⓐ, ㉰-ⓑ
③ ㉮-ⓑ, ㉯-ⓐ, ㉰-ⓒ
④ ㉮-ⓐ, ㉯-ⓑ, ㉰-ⓒ

09 다음 중 컴퓨터에서 사용하는 자료 표현 형식에 관한 설명으로 옳지 않은 것은?

① 비트(Bit)는 자료 표현의 최소 단위이며, 8Bit가 모여 니블(Nibble)이 된다.
② 워드(Word)는 바이트 모임으로 하프 워드, 풀 워드, 더블 워드로 분류된다.
③ 필드(Field)는 자료 처리의 최소 단위이며, 여러 개의 필드가 모여 레코드(Record)가 된다.
④ 데이터베이스(Database)는 레코드 모임인 파일(File)들의 집합을 말한다.

10 다음 중 Windows의 인쇄 기능에 대한 설명으로 옳지 않은 것은?

① 기본 프린터란 인쇄 시 특정 프린터를 지정하지 않아도 자동으로 인쇄되는 프린터를 말한다.
② 프린터 속성 창에서 공급용지의 종류, 공유, 포트 등을 설정할 수 있다.
③ 인쇄 대기 중인 작업은 취소시킬 수 있다.
④ 인쇄 중인 작업은 취소할 수는 없으나 잠시 중단시킬 수 있다.

11 다음 중 컴퓨터 소프트웨어 배포와 관련하여 셰어웨어(Shareware)에 관한 설명으로 옳은 것은?

① 특정 기능 또는 기간을 제한하여 공개하고, 사용한 후에 사용자의 구매를 유도하는 소프트웨어이다.
② 개발 회사의 1차 테스트 버전으로 제작 회사 내에서 테스트할 목적으로 배포하는 소프트웨어이다.
③ 정식 버전이 나오기 전에 프로그램에 대해 일반인에게 테스트할 목적으로 공개하는 소프트웨어이다.
④ 사용기간 및 기능에 제한 없이 무료로 사용할 수 있는 공개용 소프트웨어이다.

12 다음 중 USB 인터페이스에 대한 설명으로 옳지 않은 것은?

① 직렬포트보다 USB 포트의 데이터 전송 속도가 더 빠르다.
② USB는 컨트롤러 당 최대 127개까지 포트의 확장이 가능하다.
③ 핫 플러그인(Hot Plug In)과 플러그 앤 플레이(Plug &Play)를 지원한다.
④ USB 커넥터를 색상으로 구분하는 경우 USB 3.0은 빨간색, USB 2.0은 파란색을 사용한다.

13 다음 중 운영체제의 성능을 평가하는 항목에 대한 설명으로 옳지 않은 것은?

① 시스템이 일정한 시간 내에 일을 처리하는 능력
② 주어진 문제를 정확하게 처리하는 신뢰할 수 있는 정도
③ 처리할 데이터를 일정시간 동안 모아 일괄 처리할 수 있는 능력
④ 시스템의 즉시 사용 가능한 정도

14 다음 중 애니메이션에서의 모핑(morphing) 기법에 대한 설명으로 옳은 것은?

① 종이에 그린 그림을 셀룰로이드에 그대로 옮긴 뒤 채색 하고 촬영하는 기법이다.
② 2개의 이미지나 3차원 모델 간에 부드럽게 연결하여 서서히 변하는 모습을 보여주는 기법이다.
③ 키 프레임을 이용하여 애니메이션을 만드는 기법이다.
④ 점토를 사용하여 애니메이션을 만드는 기법이다.

15 다음 중 Windows의 [시스템 정보]창에서 확인 가능한 각 범주에 대한 설명으로 옳지 않은 것은?

① 시스템 요약 : 컴퓨터 이름 및 제조업체, 컴퓨터에서 사용하는 BIOS 유형, 설치된 메모리 용량 등 컴퓨터 및 운영 체제에 대한 일반 정보가 표시된다.
② 하드웨어 리소스 : 컴퓨터 하드웨어에 대한 IT 전문가용 고급 정보가 표시된다.
③ 구성 요소 : CPU와 저장장치를 제외한 입출력장치의 구성에 대한 정보가 표시된다.
④ 소프트웨어 환경 : 드라이버, 네트워크 연결 및 기타 프로그램 관련 정보공개가 표시된다.

16 다음 중 컴퓨터의 CPU에 있는 레지스터(register)에 관한 설명으로 옳지 않은 것은?

① 계산 결과의 임시 저장, 주소색인 등 여러 가지 목적으로 사용될 수 있는 레지스터들을 범용 레지스터라고 한다.
② 주기억장치보다 저장 용량이 적고 속도가 느리다.
③ ALU(산술/논리장치)에서 연산된 자료를 일시적으로 저장한다.
④ 프로그램 카운터는 다음에 수행할 명령어의 주소를 저장하는 레지스터이다.

17 다음 중 십진수 13을 16진수로 올바르게 표현한 것은?

① 15 ② B
③ D ④ 100

18 다음 중 Windows의 디스크 포맷에 관한 설명으로 적절하지 않은 것은?

① 하드 디스크의 트랙 및 섹터를 초기화하는 작업이다.
② 포맷 요소 중 파일 시스템은 문자 파일, 영상 파일, 데이터 파일 등을 관리하기 위한 기능이다.
③ 포맷을 실행하면 디스크의 모든 데이터가 지워진다.
④ 빠른 포맷은 하드 디스크에 새 파일 테이블을 만들지만 디스크를 완전히 덮어쓰거나 지우지 않는 포맷 옵션이다.

19 다음 중 Windows에서 하드디스크의 파일을 삭제할 경우 시스템에 영향을 미칠 수 있는 파일로 주의해야 하는 파일 확장자에 해당하지 않는 것은?

① .exe ② .ini
③ .sys ④ .tmp

20 다음 중 모니터의 전원은 정상적으로 들어와 있음에도 화면이 하얗게 나오는 백화현상의 원인으로 가장 적절한 것은?

① 전원 코드의 문제
② 그래픽 카드 드라이버 문제
③ 모니터 해상도의 문제
④ 모니터의 액정 패널이나 보드상의 문제

2 과목 | 스프레드시트 일반

21 다음 중 [D9] 셀에서 사과나무의 평균 수확량을 구하고자 하는 경우 나머지 셋과 다른 결과를 표시하는 수식은?

	A	B	C	D	E	F
1	나무번호	종류	높이	나이	수확량	수익
2	001	사과	18	20	18	105000
3	002	배	12	12	10	95000
4	003	체리	13	14	9	105000
5	004	사과	14	15	10	75000
6	005	배	9	8	8	77000
7	006	사과	8	9	10	45000
8						
9	사과나무의 평균 수확량					

① =INT(DAVERAGE(A1:F7,5,B1:B2))
② =TRUNC(DAVERAGE(A1:F7,5,B1:B2))
③ =ROUND(DAVERAGE(A1:F7,5,B1:B2),0)
④ =ROUNDDOWN(DAVERAGE(A1:F7,5,B1:B2),0)

22 다음 중 매크로의 바로 가기 키에 대한 설명으로 옳지 않은 것은?

① 바로 가기 키는 수정할 수 있다.
② 기본적으로 Ctrl 키와 조합하여 사용하지만 대문자로 지정하면 Shift 키가 자동으로 덧붙는다.
③ 바로 가기 키의 조합 문자는 영문자만 가능하고, 바로가기 키를 설정하지 않아도 매크로를 생성할 수 있다.
④ 엑셀에서 기본적으로 지정되어 있는 바로 가기 키는 매크로의 바로 가기 키로 지정할 수 없다.

23 다음 중 [삽입] 탭의 [일러스트레이션] 그룹에서 삽입 가능한 개체에 해당하지 않는 것은?

① 도형　　　② 그림
③ WordArt　　④ SmartArt

24 다음 중 [찾기 및 바꾸기] 대화상자에서 설정 가능한 기능으로 옳지 않은 것은?

① 대/소문자를 구분하여 찾을 수 있다.
② 수식이나 값을 찾을 수 있지만, 메모 안의 텍스트는 찾을 수 없다.
③ 이전 항목을 찾으려면 Shift키를 누른 상태에서 [다음 찾기] 단추를 클릭한다.
④ 와일드카드 문자인 '*' 기호를 이용하여 특정 글자로 시작하는 텍스트를 찾을 수 있다.

25 다음 중 재직기간이 20년 이상이면서 나이가 55세 이상인 직원의 데이터를 조회하기 위한 고급 필터의 조건으로 옳은 것은?

①
재직기간	나이
>=20	>=55

②
재직기간	나이
>=20	
	>=55

③
재직기간	>=20
나이	>=55

④
재직기간	>=20	
나이		>=55

26 다음 중 [A2:C9] 영역에 아래와 같은 규칙의 조건부 서식을 적용하는 경우 지정된 서식이 적용되는 셀의 개수는?

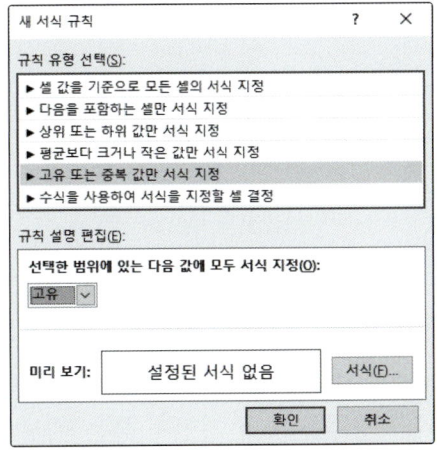

① 3개　　　② 10개
③ 14개　　④ 24개

27 다음 중 아래 그림과 같이 [A2:D5] 영역을 선택하여 이름을 정의한 경우에 대한 설명으로 옳지 않은 것은?

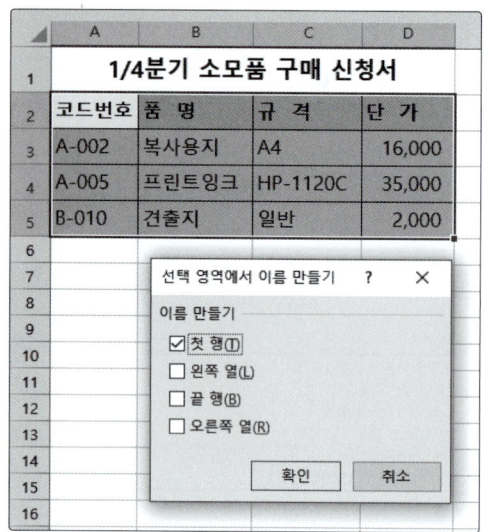

① 정의된 이름은 모든 시트에서 사용할 수 있으며, 이름 정의 후 참조 대상을 편집할 수도 있다.

② 현재 통합문서에 이미 사용 중인 이름이 있는 경우 기존 정의를 바꿀 것인지 묻는 메시지 창이 표시된다.

③ 워크시트의 이름 상자에서 '코드번호'를 선택하면 [A3:A5] 영역이 선택된다.

④ [B3:B5] 영역을 선택하면 워크시트의 이름 상자에 '품명'이라는 이름이 표시된다.

28 다음 중 차트에서 계열의 순서를 변경할 때 선택해야 할 바로 가기 메뉴는?

① 차트 이동   ② 데이터 선택
③ 차트 영역 서식   ④ 그림 영역 서식

29 다음 중 차트에 대한 설명으로 옳지 않은 것은?

① 기본적으로 워크시트의 행과 열에서 숨겨진 데이터는 차트에 표시되지 않으며 빈 셀은 간격으로 표시된다.

② 표에서 특정 셀 한 개를 선택하여 차트를 생성하면 해당 셀을 직접 둘러싸는 표의 데이터 영역이 모두 차트에 표시된다.

③ 차트를 만들 데이터를 선택한 후 Alt+F1키를 누르면 별도의 차트 시트가 생성된다.

④ 차트에 두 개 이상의 차트 종류를 사용하여 혼합형 차트를 만들 수도 있다.

30 다음 중 아래의 차트에 대한 설명으로 옳지 않은 것은?

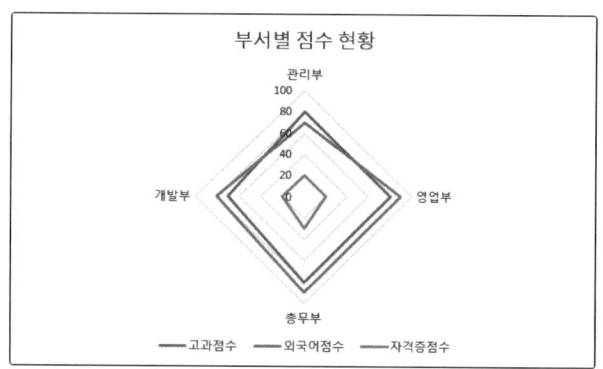

① 데이터 계열이 중심점에서 외곽선으로 나오는 축을 갖는다.

② 여러 데이터 계열의 집계 값을 비교할 때 사용한다.

③ 같은 계열에 있는 모든 값들이 선으로 연결되며, 각 계열마다 축을 갖는다.

④ 여러 데이터 계열에 있는 숫자 값 사이의 관계를 보여주거나 두 개의 숫자 그룹을 xy 좌표로 이루어진 하나의 계열로 표시한다.

31 아래 워크시트에서 [A2:B8] 영역을 참조하여 [E3:E7] 영역에 학점별 학생수를 표시하고자 한다. 다음 중 [E3] 셀에 수식을 입력한 후 채우기 핸들을 이용하여 [E7] 셀까지 계산하려고 할 때 [E3] 셀에 입력해야 할 수식으로 옳은 것은?

	A	B	C	D	E
1	엑셀 성적 분포				
2	이름	학점		학점	학생수
3	김현미	B		A	2
4	조미림	C		B	1
5	심기훈	A		C	2
6	박원석	A		D	1
7	이영훈	D		F	0
8	최세종	C			
9					

① =COUNTIF(B3:B8, D3)
② =COUNTIF($B$3:$B$8, D3)
③ =SUMIF(B3:B8, D3)
④ =SUMIF($B$3:$B$8, D3)

32 다음 중 정렬 기능에 대한 설명으로 옳지 않은 것은?

① 머리글의 값이 정렬 작업에 포함되거나 제외되도록 설정할 수 있다.
② 날짜가 입력된 필드의 정렬에서 내림차순을 선택하면 이전 날짜에서 최근 날짜 순서로 정렬할 수 있다.
③ 사용자 지정 목록을 사용하여 사용자가 정의한 순서대로 정렬할 수 있다.
④ 셀 범위나 표 열의 서식을 직접 또는 조건부 서식으로 설정한 경우 셀 색 또는 글꼴 색을 기준으로 정렬할 수 있다.

33 새 워크시트에서 [A1] 셀에 셀 포인터를 두고, [개발도구] 탭의 [상대 참조로 기록]을 선택한 후 [매크로기록]을 클릭하여 [그림1]과 같이 데이터를 입력하는 '매크로1'을 작성하였다. 다음 중 [그림2]와 같이 [C3]셀에 셀 포인터를 두고 '매크로1'을 실행한 경우 '성적현황'이 입력되는 셀의 위치는?

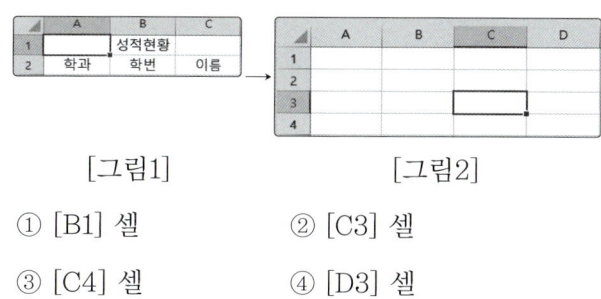

[그림1]   [그림2]

① [B1] 셀   ② [C3] 셀
③ [C4] 셀   ④ [D3] 셀

34 다음 중 [인쇄 미리 보기] 상태에서의 [페이지 설정] 대화상자에 대한 설명으로 옳은 것은?

① 눈금선이나 행/열 머리글의 인쇄 여부를 설정할 수 없다.
② 셀에 설정된 메모를 시트에 표시된 대로 인쇄하거나 시트 끝에 인쇄할 수 있도록 설정할 수 없다.
③ 인쇄 배율을 수동으로 설정할 수 있고, 배율은 워크시트 표준 크기의 10%에서 200%까지 가능하다.
④ [페이지] 탭에서 [배율]을 '자동 맞춤'으로 선택하고 '용지 너비'와 '용지 높이'를 1로 지정하는 경우 여러 페이지가 한 페이지에 출력되도록 확대/축소 배율이 자동으로 조정된다.

35 다음 중 각 워크시트에서 채우기 핸들을 [A3] 셀로 드래그 한 경우 [A3] 셀에 입력되는 값으로 옳지 않은 것은?

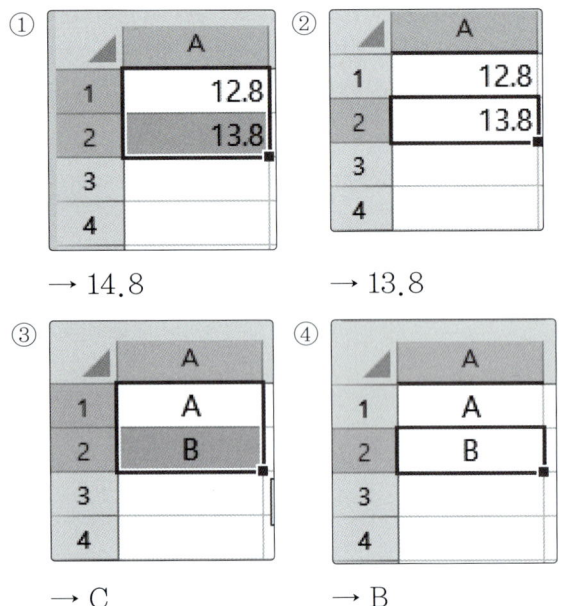

36 다음 중 엑셀의 화면 구성에 대한 설명으로 옳지 않은 것은?

① 화면 상단의 '제목 표시줄'은 현재의 작업 상태나 선택한 명령에 대한 기본적인 정보가 표시되는 곳이다.

② '리본 메뉴'는 엑셀의 다양한 명령들을 용도에 맞게 탭과 그룹으로 분류하여 아이콘으로 표시되는 곳이다.

③ 자주 사용하는 도구들을 모아 두는 곳이 '빠른 실행 도구 모음'이며, 원하는 도구를 추가하거나 제거할 수 있다.

④ '이름 상자'는 현재 작업 중인 셀의 이름이나 주소를 표시하는 부분으로 차트 항목이나 그리기 개체를 선택하면 개체의 이름이 표시된다.

37 아래 워크시트에서 [A2:B6] 영역을 선택한 후 그림과 같이 중복된 항목을 제거하였다. 다음 중 유지되는 행의 개수로 옳은 것은?

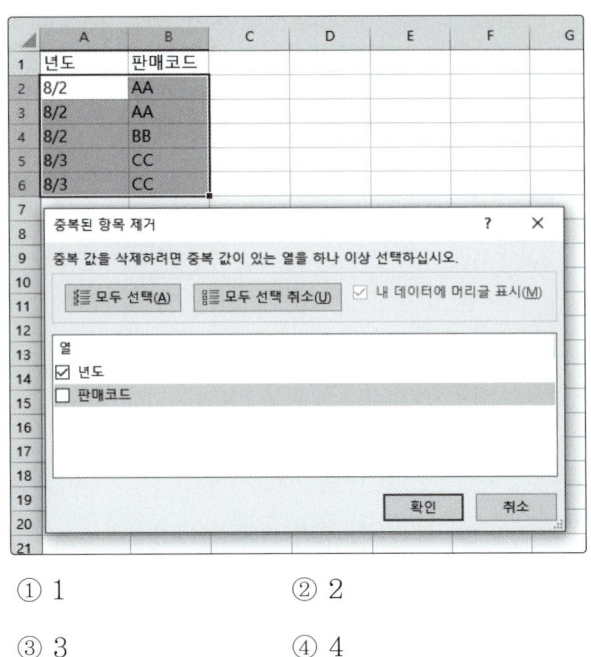

① 1 ② 2
③ 3 ④ 4

38 다음 중 아래의 워크시트를 참조하여 작성한 수식 '=VLOOKUP(LARGE(A2:A9,4),A2:F9,5,0)'의 결과로 옳은 것은?

	A	B	C	D	E	F
1	번호	이름	국어	영어	수학	합계
2	1	이대한	90	88	77	255
3	2	한민국	50	60	80	190
4	3	이효리	10	50	90	150
5	4	김애리	88	74	95	257
6	5	한공주	78	80	88	246
7	6	박초아	33	45	35	113
8	7	박예원	84	57	96	237
9	8	김윤이	64	90	68	222
10						

① 90 ② 95
③ 88 ④ 74

39 다음 중 판매관리표에서 수식으로 작성된 판매액의 총합계가 원하는 값이 되기 위한 판매수량을 예측하는데 가장 적절한 데이터 분석 도구는? (단, 판매액의 총합계를 구하는 수식은 판매수량을 참조하여 계산된다.)

① 시나리오 관리자

② 데이터 표

③ 피벗 테이블

④ 목표값 찾기

40 다음 중 [보기] 탭의 [창]-[틀 고정] 기능에 대한 설명으로 옳지 않은 것은?

① 워크시트를 스크롤 할 때 특정 행이나 열이 한 자리에 계속 표시되도록 선택할 수 있는 기능이다.

② 첫 행과 첫 열을 고정하여 표시되도록 한 번에 설정할 수 있다.

③ 틀 고정 선의 아무 곳이나 더블 클릭하여 틀 고정을 취소할 수 있다.

④ 화면에 표시되는 틀 고정 형태는 인쇄 시 적용되지 않는다.

제 11 회 기출정복문제

1과목 | 컴퓨터 일반

01 다음 중 JPEG 표준에 대한 설명으로 옳지 않은 것은?

① JPEG은 정지 화상을 위해서 만들어진 손실 압축 방식의 표준이며, 비손실 압축 방식도 규정되어 있으나 이 방식은 특허문제나 압축률 등의 이유로 잘 쓰이지 않는다.

② JPEG 표준을 사용하는 파일 형식에는 jpg, jpeg, jpe 등의 확장자를 사용한다.

③ JPEG은 웹 상에서 사진 등의 화상을 보관하고 전송하는데 가장 널리 사용되는 파일 형식이다.

④ 문자, 선, 세밀한 격자 등 고주파 성분이 많은 이미지의 변환에서는 GIF나 PNG에 비해 품질이 매우 우수하다.

02 다음 중 인터넷 서비스를 위한 프로토콜로 웹페이지와 웹브라우저 사이에서 하이퍼텍스트 문서를 전송하기 위한 것은?

① TCP/IP ② HTTP
③ FTP ④ WAP

03 다음 중 정보사회에서 정보 보안을 위협하기 위해 웜(Worm)의 형태를 이용하는 것에 해당하지 않는 것은?

① 분산 서비스 거부 공격 ② 버퍼 오버플로 공격
③ 슬래머 ④ 트로이 목마

04 다음 중 영상의 표현과 압축방식들에 대해서는 관여하지 않으며 특징추출을 통해 디지털방송과 전자도서관, 전자상거래 등에서 멀티미디어 데이터를 효과적으로 검색할 수 있는 영상압축기술은?

① MPEG 1 ② MPEG 4
③ MPEG 7 ④ MPEG 21

05 다음 중 정보통신에서 네트워크 관련 장비에 대한 설명으로 옳지 않은 것은?

① 라우터: 네트워크를 구성하기 위해 반드시 필요한 장비로 정보 전송을 위한 최적의 경로를 찾아 통신망에 연결하는 장치

② 허브: 네트워크를 구성할 때 여러 대의 컴퓨터를 연결하고, 각 회선들을 통합 관리하는 장치

③ 브리지: 네트워크를 구성할 때 디지털 신호를 아날로그 신호로 변환하여 전송하고 다시 수신된 신호를 원래대로 변환하기 위한 전송 장치

④ 게이트웨이: 한 네트워크에서 다른 네트워크로 들어가는 입구 역할을 하는 장치로 근거리 통신망(LAN)과 같은 하나의 네트워크를 다른 네트워크와 연결할 때 사용되는 장치

06 다음 중 HTML의 단점을 보완하여 이미지의 애니메이션을 지원하며, 사용자와의 상호 작용에 따른 동적인 웹페이지의 제작이 가능한 언어는?

① JAVA ② DHTML
③ VRML ④ WML

07 다음 중 마이크로소프트사의 엑셀이나 워드와 같은 파일을 매개로 하고 특정 응용 프로그램으로 매크로가 사용되면 감염이 확산되는 형태의 바이러스는?

① 부트(Boot) 바이러스
② 파일(File) 바이러스
③ 부트(Boot) &파일(File) 바이러스
④ 매크로(Macro) 바이러스

08 다음 중 인터넷 기술을 적용한 인트라넷에 관한 설명으로 옳은 것은?

① 핸드폰, 노트북 등과 같은 단말장치의 근거리 무선접속을 지원하기 위한 통신기술이다.
② 인터넷 기술을 기업 내의 전자우편, 전자결제 등과 같은 정보시스템에 적용한 것이다.
③ 납품업체나 고객업체 등 관련있는 기업들 간의 원활한 통신을 위한 시스템이다.
④ 분야별 공통의 관심사를 가진 인터넷 사용자들이 서로의 의견을 주고 받을 수 있게 하는 서비스이다.

09 다음 중 인터넷상에서 동시 접속자 수가 너무 많아 과부하가 걸리거나, 너무 먼 원격지일 경우 발생하는 속도 저하를 막기 위해 동일한 사이트를 허가 하에 여러 곳으로 복사해 놓는 것은?

① 링크 사이트(Link site)
② 인터커넥트(Interconnect)
③ 미러 사이트(Mirror site)
④ 엑스트라넷(Extranet)

10 다음 중 유틸리티 프로그램에 대한 설명으로 적절하지 않은 것은?

① 다수의 작업이나 목적에 대하여 적용되는 편리한 서비스 프로그램이나 루틴을 말한다.
② 컴퓨터의 동작에 필수적이고, 컴퓨터를 이용하는 주 목적에 대한 일부 특정 작업을 수행하는 소프트웨어들을 가리킨다.
③ 컴퓨터 하드웨어, 운영 체제, 응용 소프트웨어를 관리하는 데 도움을 주도록 설계된 프로그램을 의미한다.
④ Windows에서 제공하는 유틸리티 프로그램으로는 디스크 조각 모음, 화면 보호기, 스파이웨어 방지 소프트웨어인 Windows Defender 등을 예로 들 수 있다.

11 다음 중 Windows의 백업 작업에 관한 설명으로 틀린 것은?

① 원래 파일이 손상되거나 손실되면 사전에 백업한 자료로 복원할 수 있다.
② 백업시킬 위치로 외부 저장 장치는 가능하나 네트워크는 선택할 수 없다.
③ 백업은 불의의 사고로 인한 하드디스크의 내용 상실에 대비해 기타 외부 저장 장치 등에 저장시켜 놓는 작업을 말한다.
④ 파일을 OneDrive에 로그인하여 백업할 수 있다.

12 다음 중 하드웨어 장치의 설치나 드라이버 확장 시 사용자의 편의를 돕기 위해 사용자가 직접 설정할 필요 없이 운영체제가 자동으로 인식하게 하는 기능은?

① 원격지원
② 플러그 앤 플레이
③ 핫 플러그인
④ 멀티스레딩

13 다음 중 컴퓨터 보조기억장치로 사용되는 플래시 메모리에 관한 설명으로 옳지 않은 것은?

① EEPROM의 일종이다.
② 비휘발성 메모리이다.
③ 트랙 단위로 저장된다.
④ 전력 소모가 적고 데이터 전송속도가 빠르다.

14 다음 중 Windows의 [설정]에서 시각 장애가 있는 사용자가 컴퓨터를 사용하기에 편리하도록 설정할 수 있는 기능은?

① 개인 설정
② 계정
③ 접근성
④ 장치

15 다음 중 컴퓨터의 연산장치에 있는 누산기(Accumulator)에 관한 설명으로 옳은 것은?

① 연산 결과를 일시적으로 기억하는 장치이다.
② 명령의 순서를 기억하는 장치이다.
③ 명령어를 기억하는 장치이다.
④ 명령을 해독하는 장치이다.

16 다음 중 Windows의 에어로 피크(Aero Peek) 기능에 대한 설명으로 옳은 것은?

① 파일이나 폴더의 저장된 위치에 상관없이 종류별로 파일을 구성하고 파일에 액세스할 수 있게 한다.
② 모든 창을 최소화할 필요 없이 바탕 화면을 빠르게 미리 보거나 작업 표시줄의 해당 아이콘을 가리켜서 열린 창을 미리 볼 수 있게 한다.
③ 바탕 화면의 배경으로 여러 장의 사진을 선택하여 슬라이드 쇼 효과를 주면서 번갈아 표시할 수 있게 한다.
④ 작업 표시줄에서 프로그램 아이콘을 마우스 오른쪽 단추로 클릭하여 최근에 열린 파일 목록을 확인할 수 있게 한다.

17 다음 중 4비트로 나타낼 수 있는 정보 단위는?

① Character ② Nibble
③ Word ④ Octet

18 다음 중 컴퓨터에서 사용하는 일반 하드디스크에 비하여 속도가 빠르고 기계적 지연이나 에러의 확률 및 발열 소음이 적으며, 소형화, 경량화 할 수 있는 하드디스크 대체 저장 장치는?

① DVD ② HDD
③ SSD ④ ZIP

19 다음 중 컴퓨터의 롬(ROM)에 기록되어 하드웨어를 제어하며, 하드웨어의 성능 향상을 위해 업그레이드 할 수 있는 마이크로프로그램의 집합을 의미하는 것은?

① 프리웨어(Freeware)
② 셰어웨어(Shareware)
③ 미들웨어(Middleware)
④ 펌웨어(Firmware)

20 다음 중 올바른 PC 관리에 대한 설명으로 가장 적절하지 않은 것은?

① 데스크탑 PC는 평평하고 흔들림이 없는 곳에 설치하는 것이 바람직하다.
② 컴퓨터를 이동하거나 부품을 교체할 때에는 전원을 끄고 작업한다.
③ 바이러스 감염 방지를 위해 중요한 데이터는 자주 사용하는 하드디스크에 백업한다.
④ 먼지가 많은 환경의 경우 메인보드 내에 먼지가 쌓이지 않도록 주의하고, 자주 확인하여 청소한다.

2 과목 | 스프레드시트 일반

21 다음 중 데이터 관리 기능인 자동 필터에 대한 설명으로 옳지 않은 것은?

① 필터는 데이터 목록에서 설정된 조건에 맞는 데이터만을 추출하여 나타내기 위한 기능으로 워크시트의 다른 영역으로 결과 테이블을 자동 생성할 수 있다.
② 두 개 이상의 필드(열)로 필터링 할 수 있으며, 필터는 누적 적용되므로 추가하는 각 필터는 현재 필터 위에 적용된다.
③ 필터는 필요한 데이터 추출을 위해 조건을 만족하지 않는 데이터를 잠시 숨기는 것이므로 목록 자체의 내용은 변경되지 않는다.
④ 자동 필터를 사용하여 추출한 데이터는 레코드(행) 단위로 표시된다.

22 다음 중 아래의 괄호 안에 들어갈 단추명이 바르게 연결된 것은?

> 매크로 대화상자의 (㉮) 단추는 바로 가기 키나 설명을 변경할 수 있고, (㉯) 단추는 매크로 이름이나 명령 코드를 수정할 수 있다.

① ㉮-옵션, ㉯-편집

② ㉮-편집, ㉯-옵션

③ ㉮-매크로, ㉯-보기 편집

④ ㉮-편집, ㉯-매크로 보기

23 다음 중 아래 워크시트의 부분합 실행 결과에 대한 설명으로 옳지 않은 것은?

1 2 3 4		A	B	C	D
	1	성 명	소 속	직무	1차성적
	2	여종택	교통행정과	건축	93
	3	장성태	교통행정과	행정	98
	4	곽배동	교통행정과	행정	86
	5	박난조	교통행정과	환경	88
	6	교통행정과 평균			91.25
	7	교통행정과 최대값			98
	12	보건사업과 평균			85.63
	13	보건사업과 최대값			95
	18	사회복지과 평균			86.25
	19	사회복지과 최대값			95
	20	전체 평균			87.70833
	21	전체 최대값			98

① [부분합] 대화상자에서 그룹화할 항목을 '소속'으로 설정하였다.

② 그룹의 모든 정보 데이터를 표시하려면 윤곽 기호에서 3을 클릭하면 된다.

③ 부분합 실행 시 [데이터 아래 요약 표시]를 선택 해제하면 데이터 위에 요약을 표시할 수 있다.

④ [부분합 계산 항목]으로 선택된 항목에는 SUBTOTAL 함수가 자동으로 입력되어 최대값과 평균이 계산되었다.

24 다음 중 아래 워크시트에서 [A4] 셀의 메모가 지워지는 작업에 해당하는 것은?

	A	B	C	D
1	성적관리			
2	성명	영어	국어	총점
3	배순용	장학생	89	170
4	이길순		98	186
5	하길주	87	88	175
6	이선호	67	78	145

① [A3] 셀의 채우기 핸들을 아래쪽으로 드래그하였다.

② [A4] 셀의 바로 가기 메뉴에서 [메모 숨기기]를 선택하였다.

③ [A4] 셀을 선택하고, [홈] 탭 [편집] 그룹의 [지우기]에서 [모두 지우기]를 선택하였다.

④ [A4] 셀을 선택하고, 키보드의 BackSpace 키를 눌렀다.

25 다음 중 틀 고정과 창 나누기에 대한 설명으로 옳지 않은 것은?

① 틀 고정은 기본적으로 워크시트의 아래쪽에 있는 행과 오른쪽에 있는 열이 고정되지만 워크시트의 중간에 있는 행과 열도 고정할 수 있다.

② 셀 편집 모드에 있거나 워크시트가 보호된 경우에는 틀 고정 명령을 사용할 수 없다.

③ 틀 고정 구분선은 마우스를 이용하여 위치를 변경할 수 없으나 창 나누기 구분선은 위치 변경이 가능하다.

④ 두 개의 스크롤 가능한 영역으로 나뉜 창을 복원하려면 두 창을 나누고 있는 분할줄을 아무 곳이나 두 번 클릭한다.

26 다음 중 채우기 핸들을 이용하여 데이터를 입력하는 방법으로 옳지 않은 것은?

① 인접한 셀의 내용으로 현재 셀을 빠르게 입력하려면 위쪽 셀의 내용은 [Ctrl]+[D], 왼쪽 셀의 내용은 [Ctrl]+[R]을 누른다.

② 숫자와 문자가 혼합된 문자열이 입력된 셀의 채우기 핸들을 아래쪽으로 끌면 문자는 복사되고 숫자는 1씩 증가한다.

③ 숫자가 입력된 셀의 채우기 핸들을 [Ctrl]키를 누른 채 아래쪽으로 끌면 똑같은 내용이 복사되어 입력된다.

④ 날짜가 입력된 셀의 채우기 핸들을 아래쪽으로 끌면 기본적으로 1일 단위로 증가하여 자동 채우기가 된다.

27 다음 중 '페이지 나누기' 기능에 관한 설명으로 옳지 않은 것은?

① '페이지 나누기 미리 보기' 상태에서는 데이터의 입력이나 편집을 할 수 없다.

② 페이지 구분선을 마우스로 드래그하여 구분선의 위치를 변경할 수 있다.

③ 수동으로 삽입된 페이지 나누기는 실선으로 표시되고 자동으로 추가된 페이지 나누기는 파선으로 표시된다.

④ 인쇄할 데이터가 많아 한 페이지가 넘어가면 자동으로 페이지 구분선이 삽입된다.

28 다음 중 원본 데이터를 지정된 서식으로 설정하였을 때, 결과가 옳지 않은 것은?

① 원본 데이터 : 5054.2, 서식 : ### → 결과 데이터 : 5054

② 원본 데이터 : 대한민국, 서식 : @"화이팅" → 결과 데이터 : 대한민국화이팅

③ 원본 데이터 : 15:30:22, 서식 : hh:mm:ss AM/PM → 결과 데이터 : 3:30:22 PM

④ 원본 데이터 : 2013-02-01, 서식 : yyyy-mm-ddd → 결과 데이터 : 2013-02-Fri

29 다음 중 함수식과 그 결과로 옳지 않은 것은?

① =ODD(4) → 5   ② =EVEN(5) → 6

③ =MOD(18,-4) → -2   ④ =POWER(5,3) → 15

30 다음 중 '=SUM(A3:A9)' 수식이 '=SUM(A3A9)'와 같이 범위 참조의 콜론(:)이 생략된 경우 나타나는 오류 메시지로 옳은 것은?

① =#N/A   ② #NULL!

③ #REF!   ④ #NAME?

31 다음 중 아래 워크시트에서 [D4] 셀에 입력한 수식의 실행 결과로 옳은 것은? (단, [D4] 셀에 설정되어 있는 표시형식은 '날짜'임)

	A	B	C	D	E
1	사원번호	성명	직함	생년월일	
2	101	구민정	영업과장	1980-12-08	
3					
4				=EOMONTH(D2,1)	
5					

① 1980-11-30 ② 1980-11-08
③ 1981-01-31 ④ 1981-01-08

32 다음 중 매크로에 대한 설명으로 옳지 않은 것은?

① 매크로 이름은 대소문자를 구분하지 않으며, 공백이나 마침표를 포함하여 매크로 이름을 설정할 수 있다.
② 매크로를 실행할 키 조합 바로 가기 키는 매크로가 포함된 통합 문서가 열려 있는 동안 이와 동일한 기본 엑셀 바로 가기 키를 무시한다.
③ 매크로를 기록하는 경우 실행하려는 작업을 완료하는데 필요한 모든 단계가 매크로 레코더에 기록되며, 리본에서의 탐색은 기록에 포함되지 않는다.
④ 엑셀을 사용할 때마다 매크로를 사용할 수 있게 하려면 매크로 기록 시 매크로 저장 위치 목록에서 '개인용 매크로 통합 문서'를 선택한다.

33 다음 중 [홈]-[클립보드] 그룹의 [붙여넣기]에서 선택 가능한 붙여넣기 옵션으로 옳지 않은 것은?

① 수식 및 숫자 서식   ② 값 및 원본 서식
③ 테두리만 붙여넣기   ④ 연결하여 붙여넣기

34 다음 중 도넛형 차트에 대한 설명으로 옳지 않은 것은?

① 전체에 대한 각 데이터 계열의 관계를 보여주며, 하나의 고리에 여러 데이터 계열을 색상으로 구분하여 표시한다.
② 도넛의 바깥쪽에 위치한 데이터 계열의 모든 조각을 한 번에 분리하거나 개별적으로 조각을 선택하여 분리 할 수도 있다.
③ [데이터 계열 서식] 대화상자의 [계열 옵션]에서 첫째 조각의 위치를 지정하는 회전 각을 변경할 수 있다.
④ 데이터 계열이 많아 알아보기가 쉽지 않은 경우 누적 세로 막대형 차트나 누적 가로 막대형 차트로 변경하는 것이 좋다.

35 다음 중 피벗 테이블 보고서에 대한 설명으로 옳지 않은 것은?

① 피벗 테이블 보고서를 작성한 후에 사용자가 새로운 수식을 추가하여 표시할 수 있다.
② 원본 데이터가 변경되면 피벗 테이블 보고서의 데이터도 자동으로 변경된다.
③ 피벗 테이블 보고서는 현재 작업중인 워크시트나 새로운 워크시트에 작성할 수 있다.
④ 피벗 테이블을 삭제하더라도 피벗 테이블과 연결된 피벗 차트는 삭제되지 않고 일반 차트로 변경된다.

36 다음 중 성명이 '정'으로 시작하거나 출신지역이 '서울'인 데이터를 추출하기 위한 고급 필터 조건은?

①
성명	출신지역
정*	서울

②
성명	출신지역
정*	
	서울

③
성명	정*
출신지역	서울

④
성명	정*	
출신지역		서울

37 다음 중 셀 참조에 관한 설명으로 옳은 것은?

① 수식 작성 중 마우스로 셀을 클릭하면 기본적으로 해당 셀이 절대 참조로 처리된다.

② 수식에 셀 참조를 입력한 후 셀 참조의 이름을 정의한 경우에는 참조 에러가 발생하므로 기존 셀 참조를 정의된 이름으로 수정한다.

③ 셀 참조 앞에 워크시트 이름과 마침표(.)를 차례로 넣어서 다른 워크시트에 있는 셀을 참조할 수 있다.

④ 셀을 복사하여 붙여 넣은 다음 [붙여넣기 옵션]의 [셀 연결] 명령을 사용하여 셀 참조를 만들 수도 있다.

38 다음 중 [페이지 설정] 대화상자의 [시트] 탭에 대한 설명으로 옳지 않은 것은?

① 셀에 삽입된 메모를 시트 끝에 인쇄되도록 설정할 수 있다.

② 셀 구분선이나 그림 개체 등은 제외하고 셀에 입력된 데이터만 인쇄되도록 설정할 수 있다.

③ 워크시트의 행/열 머리글과 눈금선이 인쇄되도록 설정 할 수 있다.

④ 페이지를 기준으로 가운데에 인쇄되도록 '페이지 가운데 맞춤'을 설정할 수 있다.

39 다음 중 차트에 대한 설명으로 옳지 않은 것은?

① 기본적으로 워크시트의 행과 열에서 숨겨진 데이터는 차트에 표시되지 않는다.

② 차트 제목, 가로/세로 축 제목, 범례, 그림 영역 등은 마우스로 드래그하여 이동할 수 있다.

③ Ctrl 키를 누른 상태에서 차트 크기를 조절하면 차트의 크기가 셀에 맞춰 조절된다.

④ 사용자가 자주 사용하는 차트 종류를 차트 서식 파일로 저장할 수 있다.

40 다음 중 아래 차트에 대한 설명으로 옳지 않은 것은?

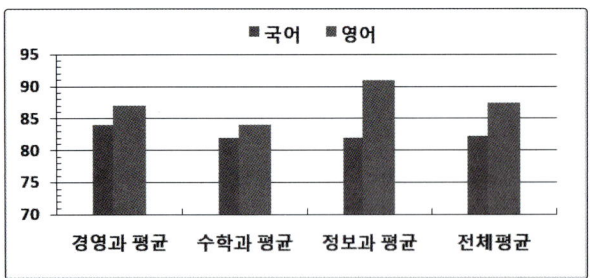

① 세로 (값) 축의 축 서식에서 주 눈금선 표시는 '바깥쪽', 보조 눈금 표시는 '안쪽'으로 설정하였다.

② 세로 (값) 축의 축 서식에서 주 단위 간격을 '5'로 설정하였다.

③ 데이터 계열 서식의 '계열 겹치기' 값을 0보다 작은 값으로 설정하였다.

④ 윤곽기호를 이용하여 워크시트와 차트에 수준 3의 정보 행이 표시되지 않도록 설정하였다.

제 12 회 기출정복문제

1 과목 | 컴퓨터 일반

01 다음 중 사용자의 기본 설정을 사이트가 인식하도록 하거나, 사용자가 웹 사이트로 이동할 때마다 로그인 해야하는 번거로움을 생략할 수 있도록 사용자 환경을 향상시키는 것은?

① 쿠키(Cookie)
② 즐겨찾기(Favorites)
③ 웹 서비스(Web Service)
④ 히스토리(History)

02 다음 중 멀티미디어 기법에 대한 설명으로 옳지 않은 것은?

① 안티앨리어싱(Anti-Aliasing)은 2차원 그래픽에서 개체 색상과 배경 색상을 혼합하여 경계면 픽셀을 표현함으로써 경계면을 부드럽게 보이도록 하는 기법이다.
② 모델링(Modeling)은 컴퓨터 그래픽에서 명암, 색상, 농도의 변화 등과 같은 3차원 질감을 넣음으로써 사실감을 더하는 기법을 말한다.
③ 디더링(Dithering)은 제한된 색을 조합하여 음영이나 색을 나타내는 것으로 여러 컬러의 색을 최대한 나타내는 기법을 말한다.
④ 모핑(Morphing)은 한 이미지가 다른 이미지로 서서히 변화하는 과정을 나타내는 기법이다.

03 다음 중 Windows에서 디스크에 저장된 파일의 위치를 재정렬하는 단편화 제거 과정을 통해 디스크에서의 파일 읽기/쓰기 성능을 향상시키는 기능은?

① 디스크 검사
② 디스크 정리
③ 디스크 포맷
④ 디스크 조각 모음

04 다음 중 정보의 기밀성을 저해하는 데이터 보안 침해 형태는?

① 가로막기(Interruption)
② 가로채기(Interception)
③ 위조(Fabrication)
④ 수정(Modification)

05 다음 중 Windows의 [디스플레이]에서 설정할 수 없는 것은?

① 테마 기능을 이용하여 바탕화면의 배경, 창 색, 소리 및 화면 보호기 등을 한 번에 변경할 수 있다.
② 연결되어 있는 모니터의 개수를 감지한다.
③ 모니터의 방향과 해상도를 설정할 수 있다.
④ 텍스트 및 기타 항목의 크기를 변경할 수 있다.

06 다음 중 네트워크 장비인 게이트웨이(Gateway)에 관한 설명으로 옳은 것은?

① 1:1 통신을 통하여 리피터(Repeater)와 동일한 역할을 하는 장비이다.
② 데이터의 효율적인 전송 속도를 제어하는 장비이다.
③ 컴퓨터와 네트워크를 연결하는 장비이다.
④ 서로 다른 네트워크 간에 데이터를 주고 받기 위한 장비이다.

07 다음 중 버전에 따른 소프트웨어에 대한 설명으로 옳지 않은 것은?

① 트라이얼 버전(Trial Version)은 특정한 하드웨어나 소프트웨어를 구매하였을 때 무료로 주는 프로그램이다.
② 베타 버전(Beta Version)은 소프트웨어의 정식 발표 전 테스트를 위하여 사용자들에게 무료로 배포하는 시험용 프로그램이다.
③ 데모 버전(Demo Version)은 정식 프로그램을 홍보하기 위해 사용기간이나 기능을 제한하여 배포하는 프로그램이다.
④ 패치 버전(Patch Version)은 이미 제작하여 배포된 프로그램의 오류 수정이나 성능 향상을 위해 프로그램의 일부 파일을 변경해 주는 프로그램이다.

08 다음 중 멀티미디어 데이터의 표현 방식에 관한 설명으로 옳지 않은 것은?

① PNG는 최대 256색으로 구성된 사진을 품질저하 없이 압축한 정지화상 압축 방법이다.
② MP3는 MPEG-1 동영상의 음성부분으로 개발되었으나 높은 압축률과 음반 CD 수준의 음질로 호평을 받아 음성 전용 코덱으로 발전하였다.
③ AC-3는 돌비 연구소에서 개발한 음성 코덱으로 입체 음향 구현에 최적화되어 DVD 등에 주로 사용된다.
④ DivX는 MPEG-4 코덱에 기반하여 개발된 동영상 코덱으로 용량대비 화질이 높아 영화 파일 압축에 많이 사용된다.

09 다음 중 EPROM에 관한 설명으로 옳은 것은?

① 제조과정에서 한 번만 기록이 가능하며, 수정할 수 없다.
② 자외선을 이용하여 기록된 내용을 여러 번 수정할 수 있다.
③ 특수 프로그램을 이용하여 한 번만 기록할 수 있다.
④ 전기적 방법으로 기록된 내용을 여러 번 수정할 수 있다.

10 다음 중 Wi-Fi나 3G망, LTE망 등 무선 통신망을 통해 음성을 전송하는 인터넷전화 방식은?

① IPTV ② m-VoIP
③ TCP/IP ④ IPv6

11 다음 중 플래시 메모리에 대한 설명으로 옳은 것은?

① 중앙처리장치와 주기억장치 사이에 위치하여 컴퓨터의 처리 속도를 향상시키는 역할을 한다.
② 보조기억장치의 일부를 주기억장치처럼 사용하는 메모리 관리 기법으로 주기억장치보다 큰 프로그램을 불러와 실행해야 할 때 유용하다.
③ 주기억장치에 저장된 정보에 접근할 때 주소 대신 기억된 정보의 내용의 일부를 이용하여 직접 접근하는 장치이다.
④ 전기적인 방법으로 수정이 가능한 EEPROM을 개선한 메모리 칩으로, MP3 플레이어, 휴대전화, 디지털 카메라 등에 널리 사용된다.

12 다음 중 정보통신과 관련하여 분산 처리 환경에 가장 적합한 네트워크 운영 방식은?

① 중앙 집중 방식
② 클라이언트/서버 방식
③ 피어 투 피어 방식
④ 반이중 방식

13 다음 중 컴퓨터의 발전 과정에 관한 설명으로 옳지 않은 것은?

① 파스칼의 계산기는 사칙연산이 가능한 최초의 기계식 계산기이다.
② 천공카드시스템은 홀러리스가 개발한 것으로 인구통계 및 국세 조사에 이용되었다.
③ EDSAC은 최초로 프로그램 내장 방식을 도입하였다.
④ UNIVAC-1은 최초의 상업용 전자계산기이다.

14 다음 중 한글 Windows 10의 [설정]-[시스템]-[소리]에서 수행할 수 없는 작업으로 옳은 것은?

① 스피커 장치의 속성 확인
② 문서에 소리를 연결하거나 삽입
③ 마이크의 볼륨을 조절
④ 앱 볼륨 및 장치 기본 설정

15 다음 중 한글 Windows에서 [작업 표시줄]의 바로 가기 메뉴에 있는 [도구 모음]에서 선택할 수 있는 항목으로 옳지 않은 것은?

① 바탕 화면   ② 링크
③ 주소   ④ 알림 영역

16 다음 중 Window에서 유해한 프로그램이나 불법 사용자가 컴퓨터 설정을 임의로 변경하려는 경우 이를 사용자에게 알려 컴퓨터를 제어할 수 있도록 도와주는 기능은?

① 사용자 계정 컨트롤
② Windows Defender
③ BitLocker
④ 시스템 복원

17 다음 중 네트워크 주변을 지나다니는 패킷을 엿보면서 계정(ID)과 비밀번호를 알아내는 보안 위협 행위는?

① 스니핑(Sniffing)
② 스푸핑(Spoofing)
③ 백도어(Back Door)
④ 키로거(Key Logger)

18 다음 중 컴퓨터의 연산속도 단위로 가장 빠른 것은?

① 1 ms
② 1 μs
③ 1 ns
④ 1 ps

19 다음 중 W3C에서 제안한 표준안으로 문서 작성 중심으로 구성된 기존 표준에 비디오, 오디오 등 다양한 부가 기능과 최신 멀티미디어 콘텐츠를 액티브X 없이 브라우저에서 쉽게 볼 수 있도록 한 웹의 표준 언어는?

① XML
② VRML
③ HTML5
④ JSP

20 다음 중 프린터 인쇄 시 발생할 수 있는 문제의 해결 방안으로 가장 적절하지 않은 것은?

① 인쇄가 되지 않을 경우 먼저 프린터의 전원이나 케이블 연결 상태를 확인한다.
② 프린터의 스풀 에러가 발생한 경우 프린트 스풀러 서비스를 중지하고 수동으로 다시 인쇄한다.
③ 글자가 이상하게 인쇄될 경우 시스템을 재부팅한 후 인쇄해 보고, 같은 결과가 나타나면 프린터 드라이버를 다시 설치한다.
④ 인쇄물의 상태가 좋지 않은 경우 헤드를 청소하거나 카트리지를 교환한다.

2 과목 | 스프레드시트 일반

21 다음 중 데이터 유효성 검사에 관한 설명으로 옳지 않은 것은?

① 유효성 조건에 대한 제한 대상과 제한 방법을 설정할 수 있다.
② 이미 입력된 데이터에 유효성 검사를 설정하는 경우 잘못된 데이터는 삭제된다.
③ 워크시트의 열 단위로 데이터 입력 모드(한글/영문)를 다르게 지정할 수 있다.
④ 유효성 검사에 위배되는 잘못된 데이터가 입력되는 경우 표시할 오류 메시지를 설정할 수 있다.

22 다음 중 데이터 통합에 관한 설명으로 옳지 않은 것은?

① 데이터 통합은 위치를 기준으로 통합할 수도 있고, 영역의 이름을 정의하여 통합할 수도 있다.
② '원본 데이터에 연결' 기능은 통합할 데이터가 있는 워크시트와 통합 결과가 작성될 워크시트가 같은 통합 문서에 있는 경우에만 적용할 수 있다.
③ 다른 원본 영역의 레이블과 일치하지 않는 레이블이 있는 경우에 통합하면 별도의 행이나 열이 만들어진다.
④ 여러 시트에 있는 데이터나 다른 통합 문서에 입력되어 있는 데이터를 통합할 수 있다.

23 다음 중 아래 그림과 같이 연 이율과 월 적금액이 고정되어 있고, 적금기간이 1년, 2년, 3년, 4년, 5년인 경우 각 만기 후의 금액을 확인하기 위한 도구로 적합한 것은?

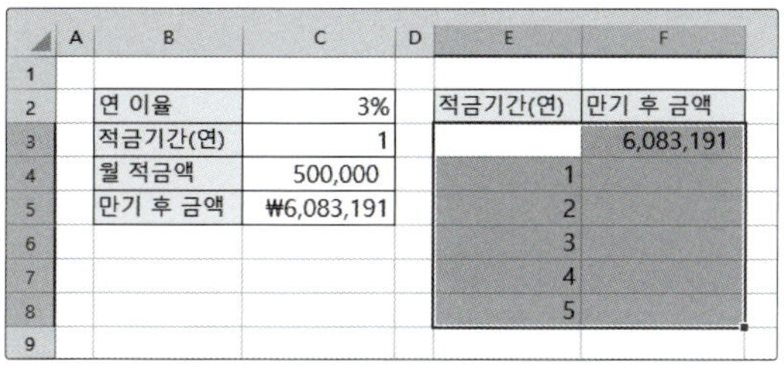

	A	B	C	D	E	F
1						
2		연 이율	3%		적금기간(연)	만기 후 금액
3		적금기간(연)	1			6,083,191
4		월 적금액	500,000		1	
5		만기 후 금액	₩6,083,191		2	
6					3	
7					4	
8					5	
9						

① 고급 필터　　② 데이터 통합
③ 목표값 찾기　　④ 데이터 표

24 다음 중 아래 그림과 같이 [A1:A2] 영역을 선택한 후 채우기 핸들을 아래쪽으로 드래그 했을 때 [A5] 셀에 입력될 값으로 옳은 것은?

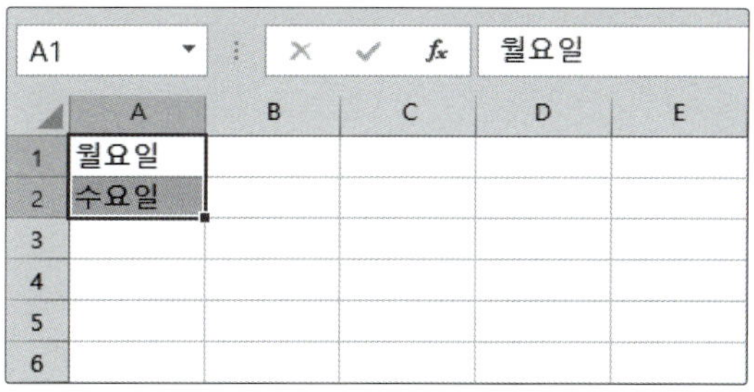

	A	B	C	D	E
1	월요일				
2	수요일				
3					
4					
5					
6					

① 월요일　　② 화요일
③ 수요일　　④ 금요일

25 다음 중 고급 필터를 이용하여 전기세가 '3만원 이하' 이거나 가스비가 '2만원 이하'인 데이터 행을 추출하기 위한 조건으로 옳은 것은?

①
전기세	가스비
<=30000	<=20000

②
전기세	가스비
<=30000	
	<=20000

③
전기세	정*
가스비	<=20000

④
전기세	<=30000	
가스비		<=20000

26 다음 중 셀에 데이터를 입력하는 방법에 대한 설명으로 옳지 않은 것은?

① [A1] 셀에 값을 입력하고 Esc 키를 누르면 [A1] 셀에 입력한 값이 취소된다.
② [A1] 셀에 값을 입력하고 오른쪽 방향키 →를 누르면 [A1] 셀에 값이 입력된 후 [B1] 셀로 셀 포인터가 이동한다.
③ [A1] 셀에 값을 입력하고 Enter 키를 누르면 [A1] 셀에 값이 입력된 후 [A2] 셀로 셀 포인터가 이동한다.
④ [C5] 셀에 값을 입력하고 Home 키를 누르면 [C5] 셀에 값이 입력된 후 [C1] 셀로 셀 포인터가 이동한다.

27 다음 중 셀의 이동과 복사에 대한 설명으로 옳지 않은 것은?

① 이동하고자 하는 셀 영역을 선택한 후 잘라내기 바로가기 키인 Ctrl+X를 누르면 선택 영역 주위에 점선이 표시된다.
② 클립보드에는 최대 24개 항목이 저장 가능하므로 여러 데이터를 클립보드에 복사해 두었다가 다른 곳에 한 번에 붙여넣을 수 있다.
③ 선택된 셀 영역을 이동할 위치로 드래그하는 동안에는 선택된 셀 영역의 테두리만 표시된다.
④ Shift 키를 누른 채 선택 영역의 테두리를 클릭하여 원하는 위치로 드래그하면 선택 영역이 복사된다.

28 다음 중 [보안 센터] 창의 [매크로 설정]에서 [신뢰할 수 없는 위치에 있는 문서의 매크로]에 대한 선택 항목으로 옳지 않은 것은?

① 알림이 없는 매크로 사용 안 함
② 알림이 포함된 VBA 매크로 사용 안 함
③ 디지털 서명된 매크로를 제외하고 VBA 매크로 사용 안 함
④ 모든 매크로 포함(기본 설정, 알림 표시)

29 다음 중 메모에 관한 설명으로 옳지 않은 것은?

① 메모를 삭제하려면 메모가 삽입된 셀을 선택한 후 [검토]탭 [메모]그룹의 [삭제]를 선택한다.
② [서식 지우기] 기능을 이용하여 셀의 서식을 지우면 설정된 메모도 함께 삭제된다.
③ 메모가 삽입된 셀을 이동하면 메모의 위치도 셀과 함께 변경된다.
④ 작성된 메모의 내용을 수정하려면 메모가 삽입된 셀의 바로 가기 메뉴에서 [메모 편집]을 선택한다.

30 다음 중 통합 문서와 관련된 바로 가기 키에 대한 설명으로 옳지 않은 것은?

① Ctrl+N 키를 누르면 새 통합 문서를 만든다.
② Ctrl+F11 키를 누르면 새 통합 문서를 만든다.
③ Ctrl+W 키를 누르면 현재 통합 문서 창을 닫는다.
④ Ctrl+F4 키를 누르면 현재 통합 문서 창을 닫는다.

31 다음 중 매크로에 관한 설명으로 옳지 않은 것은?

① 매크로 이름은 자동으로 부여되며, 사용자가 변경할 수 있다.

② 매크로의 바로 가기 키는 Ctrl과 영문자 또는 숫자를 조합하여 사용할 수 있다.

③ 매크로는 해당 작업에 대한 일련의 명령과 함수를 비주얼 베이직 모듈로 저장한 것이다.

④ 매크로가 저장되는 위치는 '개인용 매크로 통합 문서', '새 통합 문서', '현재 통합 문서' 중에서 선택할 수 있다.

32 아래의 워크시트에서 [B2:D5] 영역은 '점수'로 이름이 정의되어 있다. 다음 중 [A6] 셀에 수식 '=AVERAGE(INDEX(점수, 2, 1), MAX(점수))'을 입력하는 경우 결과 값으로 옳은 것은?

	A	B	C	D
1	성명	중간	기말	실기
2	오금희	85	60	85
3	백나영	90	80	95
4	김장선	100	80	76
5	한승호	80	80	85
6				
7				

① 85 ② 90
③ 95 ④ 100

33 다음 중 특정한 데이터 계열에 대한 변화 추세를 파악하기 위한 추세선을 표시할 수 있는 차트 종류는?

① 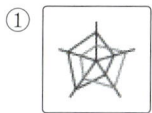 ②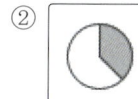

③ 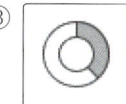 ④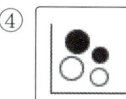

34 다음 중 워크시트의 [머리글/바닥글] 설정에 대한 설명으로 옳지 않은 것은?

① '페이지 레이아웃' 보기 상태에서는 워크시트 페이지 위쪽이나 아래쪽을 클릭하여 머리글/바닥글을 추가할 수 있다.

② 첫 페이지, 홀수 페이지, 짝수 페이지의 머리글/바닥글 내용을 다르게 지정할 수 있다.

③ 머리글/바닥글에 그림을 삽입하고, 그림 서식을 지정할 수 있다.

④ '페이지 나누기 미리 보기' 상태에서는 미리 정의된 머리글이나 바닥글을 선택하여 쉽게 추가할 수 있다.

35 다음 중 함수의 결과가 옳은 것은?

① =COUNT(1, "참", TRUE, "1") → 1

② =COUNTA(1, "거짓", TRUE, "1") → 2

③ =MAX(TRUE, "10", 8, ,3) → 10

④ =ROUND(215.143, -2) → 215.14

36 [A1] 셀에 '851010-1234567'과 같이 주민등록번호가 입력되어 있을 때, 이 셀의 값을 이용하여 [B1] 셀에 성별을 '남' 또는 '여'로 표시하고자 한다. 다음 중 이를 위한 수식으로 옳은 것은? (단, 주민등록번호의 8번째 글자가 1이면 남자, 2이면 여자임)

① =CHOOSE(MID(A1,8,1), "남","여")

② =HLOOKUP(A1, 8, B1)

③ =INDEX(A1, B1, 8)

④ =IF(RIGHT(A1,8)="1", "남", "여")

37 다음 중 아래의 차트에 설정된 차트의 구성요소로 옳지 않은 것은?

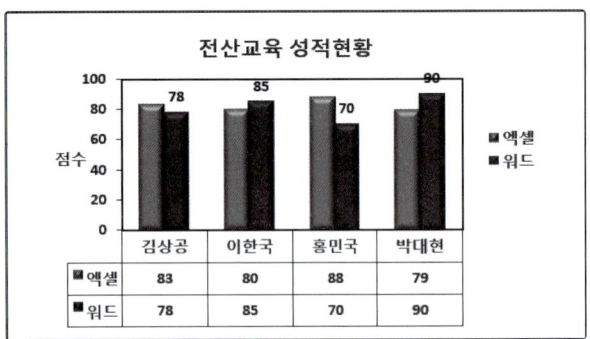

① 눈금선

② 데이터 표

③ '워드' 계열의 데이터 레이블

④ 세로 (값) 축 제목

38 아래 그림과 같이 짝수 행에만 배경색과 글꼴 스타일 '굵게'를 설정하는 조건부 서식을 지정하고자 한다. 다음중 이를 위해 아래의 [새 서식 규칙] 대화상자에 입력할 수식으로 옳은 것은?

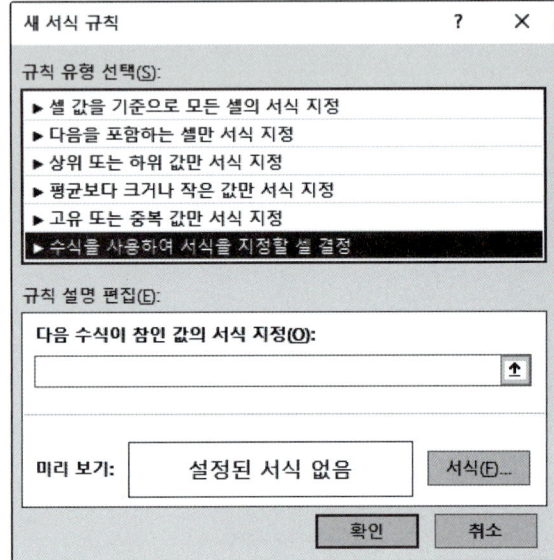

① =MOD(ROW(),2)=1

② =MOD(ROW(),2)=0

③ =MOD(COLUMN(),2)=1

④ =MOD(COLUMN(),2)=0

39 다음 중 아래의 차트에 대한 설명으로 옳지 않은 것은?

구분	남	여	합계
1반	23	21	44
2반	22	25	47
3반	20	17	37
4반	21	19	40
합계	86	82	168

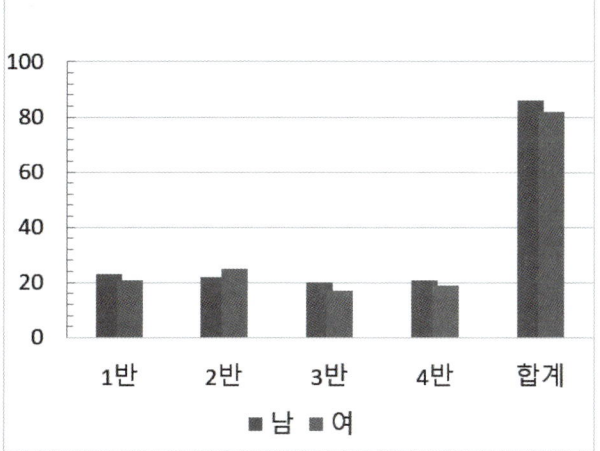

① 차트의 종류는 묶은 세로 막대형으로 계열 옵션의 '계열 겹치기'가 적용되었다.

② 세로 (값) 축의 [축 서식]에는 주 눈금과 보조 눈금이 '안쪽'으로 표시되도록 설정되었다.

③ 데이터 계열로 '남'과 '여'가 사용되고 있다.

④ 표 전체 영역을 데이터 원본으로 차트를 작성하였다.

40 다음 중 [보기]탭 [창]그룹의 각 기능에 대한 설명으로 옳지 않은 것은?

① [새 창]은 현재 활성화되어 있는 문서를 새 창에 하나 더 열어서 두 개 이상의 창을 통해 볼 수 있게 해준다.

② [틀 고정] 기능으로 열을 고정하려면 고정하려는 열의 왼쪽 열을 선택한 후 틀 고정을 실행한다.

③ [나누기]는 워크시트를 여러 개의 창으로 분리하는 기능으로 최대 4개까지 분할할 수 있다.

④ [모두 정렬]은 [창 정렬] 창을 표시하여 화면에 열려 있는 통합 문서 창들을 선택 옵션에 따라 나란히 배열한다.

MEMO

Computer Specialist in Spreadsheet & Database Level-II

Part 04

기출실전문제

제01회 기출실전문제
제02회 기출실전문제
제03회 기출실전문제

제01회 컴퓨터활용능력 2급 필기

1과목 | 컴퓨터 일반

01 다음 중 컴퓨터에 저장되는 이미지 파일 포맷인 래스터(Raster) 방식에 대한 설명으로 옳지 않은 것은?

① 주로 스캐너나 디지털 카메라를 이용해서 생성된다.
② 픽셀 단위로 이미지를 저장한다.
③ WMF는 Windows에서 기본으로 사용되는 래스터 파일 형식이다.
④ 파일의 크기는 이미지의 해상도에 비례해서 커진다.

02 다음 중 컴퓨터에서 사용하는 소리 파일인 웨이브(Wave) 파일에 관한 설명으로 옳지 않은 것은?

① 파일의 확장자는 .wav 이다.
② 녹음 조건에 따라 파일의 크기가 가변적이다.
③ Windows Media Player로 파일을 재생할 수 있다.
④ 음높이, 음길이, 세기 등 다양한 음악 기호가 정의되어 있다.

03 다음 중 인터넷을 사용하기 위한 웹 브라우저에 해당하지 않는 것은?

① 파이어폭스
② 사파리
③ 구글
④ 오페라

04 다음 중 네트워크 규모에 따른 통신망의 종류로 적절하지 않은 것은?

① MAN
② WAN
③ PCM
④ LAN

05 다음 중 HD급 고화질 비디오를 저장할 수 있는 차세대 광학장치로, 디스크 한 장에 25GB 이상을 저장할 수 있는 것은?

① CD-RW
② DVD
③ 블루레이 디스크
④ ZIP 디스크

06 다음 중 Windows의 [디스크 정리] 기능에 관한 설명으로 옳은 것은?

① 하드디스크에서 불필요한 파일의 수를 줄여 디스크에 여유공간을 확보한다.
② 분산되어 있는 저장 파일들을 연속된 공간에 저장함으로써 디스크 접근 속도를 향상시킨다.
③ 개인 파일에 영향을 주지 않고, 컴퓨터에 대한 시스템 변경 내용 실행을 취소한다.
④ 심각한 오류가 발생한 경우에 Windows를 복구하는데 사용한다.

07 다음 중 유명 기업이나 금융기관을 사칭한 가짜 웹 사이트나 이메일 등으로 개인의 금융정보와 비밀번호를 입력 하도록 유도하여 예금 인출 및 다른 범죄에 이용하는 수법인 것은?

① 웜(Worm)
② 해킹(Hacking)
③ 피싱(Phishing)
④ 스니핑(Sniffing)

08 다음 중 사용자의 기본 설정을 사이트가 인식하도록 하거나, 사용자가 웹 사이트로 이동할 때마다 로그인해야 하는 번거로움을 생략할 수 있도록 하여 사용자 환경을 향상 시키는것은?

① 쿠키(Cookie)
② 즐겨찾기(Favorites)
③ 웹 서비스(Web Service)
④ 히스토리(History)

09 다음 중 네트워크 연결을 위하여 사용하는 프로토콜에 대한 설명으로 옳지 않은 것은?

① 통신을 원하는 두 개체 간에 무엇을, 어떻게, 언제 통신할것인가에 대해 약속한 통신 규정이다.
② OSI 7계층 모델의 3번째 계층은 데이터 링크 계층이다.
③ 프로토콜에는 흐름 제어 기능, 동기화 기능, 에러 제어 기능등이 있다.
④ 인터넷에서 사용하고 있는 대표적인 프로토콜은 TCP/IP 이다.

10 ASCII 코드는 한 문자를 표시하는데 7개의 데이터 비트와 1개의 패리티 비트를 사용한다. 다음 중 ASCII 코드로 표현 가능한 문자 수는?

① 32
② 64
③ 128
④ 256

11 다음 중 파일을 삭제시 파일이 [휴지통]에 임시 보관되어 복원이 가능한 경우는?

① 바탕 화면에 있는 파일을 [휴지통]으로 드래그 앤 드롭 하여 삭제한 경우
② USB 메모리에 저장되어 있는 파일을 Delete로 삭제한 경우
③ 네트워크 드라이브의 파일을 바로 가기 메뉴의 [삭제]를 클릭하여 삭제한 경우
④ [휴지통]의 크기를 0%로 설정한 후 [내 문서] 폴더 안의 파일을 삭제한 경우

12 다음 중 Windows의 파일 탐색기에서 사용하는 바로 가기 키에 대한 설명으로 옳지 않은 것은?

① F4 : 선택한 파일/폴더의 이름 변경하기
② F3 : 검색
③ F11 : 활성 창을 최대화하거나 최소화하기
④ F5 : 목록 내용을 최신 정보로 수정

13 다음 중 Windows의 [폴더 옵션]에서 설정할 수 있는 작업에 해당되지 않는 것은?

① 숨김 파일 및 폴더를 표시할 수 있다.

② 색인된 위치에서는 파일 이름 뿐만 아니라 내용도 검색하도록 설정할 수 있다.

③ 숨긴 파일 및 폴더의 숨김 속성을 일괄 해제할 수 있다.

④ 파일이나 폴더를 한 번 클릭해서 열 것인지, 두 번 클릭해서열 것인지를 설정할 수 있다.

14 다음 중 Windows 10의 [설정]-[개인 설정]에서 설정 가능한 내용으로 옳지 않은 것은?

① 바탕 화면의 배경을 변경할 수 있다.

② 화면 보호기의 해제를 위한 암호를 설정할 수 있다.

③ 소리 구성표를 변경할 수 있다.

④ 테마를 적용하여 컴퓨터를 사용자가 원하는 스타일로 변경할 수 있다.

15 다음 중 Windows 10의 [설정]-[시스템]-[디스플레이]에서 설정할 수 있는 기능으로 옳지 않은 것은?

① 텍스트 및 기타 항목을 크거나 작게 만들기

② 화면 해상도 조정

③ 외부 디스플레이에 연결

④ 스피커 마스터 볼륨 조절

16 다음 중 각 소프트웨어에 대한 설명으로 옳지 않은 것은?

① 공개 소프트웨어(Open Software) : 특정한 하드웨어나 소프트웨어를 구매하였을 때 무료로 주는 프로그램

② 셰어웨어(Shareware) : 정상적인 프로그램을 구매 하도록 유도하기 위해 사용기간이나 기능 등을 제한하여 배포하는 프로그램

③ 데모 버전(Demo Version) : 정식 프로그램을 홍보하기 위해 사용기간이나 기능을 제한하여 배포하는 프로그램

④ 패치 버전(Patch Version) : 이미 제작하여 배포된 프로그램의 오류 수정이나 성능 향상을 위해 프로그램의 일부 파일을 변경해 주는 프로그램

17 다음 중 PC에서 사용하는 BIOS(Basic Input OutputSystem)에 관한 설명으로 옳지 않은 것은?

① 기본 입출력장치나 메모리 등 하드웨어 작동에 필요한 프로그램이다.

② 전원이 켜지면 POST를 통해 컴퓨터를 점검하고 사용 가능한 장치를 초기화한다.

③ RAM에 저장되며, 펌웨어라고도 한다.

④ 칩을 교환하지 않고도 업그레이드를 할 수 있다.

18 다음 중 Windows의 [메모장]에 대한 설명으로 옳지 않은 것은?

① 작성한 문서를 저장할 때 확장자는 기본적으로 .txt가 부여된다.
② 특정한 문자열을 찾을 수 있는 찾기 기능이 있다.
③ 그림, 차트 등의 OLE 개체를 삽입할 수 있다.
④ 현재 시간을 삽입하는 기능이 있다.

19 다음 중 Windows의 [설정]-[장치]에서 설정할 수 있는 항목으로 옳지 않은 것은?

① Bluetooth 및 기타 디바이스
② 프린터 및 스캐너
③ 마우스
④ 전원 및 절전

20 다음 중 데이터를 효과적으로 이용할 수 있도록 저장, 갱신, 조직, 검색할 수 있는 응용 소프트웨어를 의미하는 것은?

① 그룹웨어
② 데이터베이스 관리시스템
③ 스프레드시트
④ 전자출판

2과목 | 스프레드시트 일반

21 다음 중 [부분합] 대화상자의 각 항목 설정에 대한 설명으로 옳지 않은 것은?

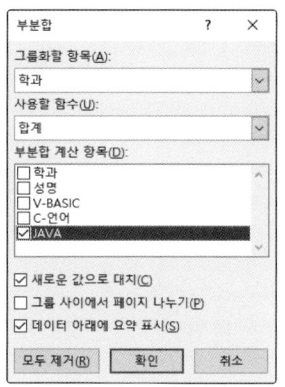

① '그룹화할 항목'에서 선택할 필드를 기준으로 미리 오름차순 또는 내림차순으로 정렬한 후 부분합을 실행해야 한다.
② 부분합 실행 전 상태로 되돌리려면 부분합 대화 상자의 [모두 제거] 단추를 클릭한다.
③ 세부 정보가 있는 행 아래에 요약 행을 지정하려면 '데이터아래에 요약 표시'를 선택하여 체크 표시한다.
④ 이미 작성된 부분합을 유지하면서 부분합 계산 항목을 추가할 경우에는 '새로운 값으로 대치'를 선택하여 체크한다.

22 왼쪽 워크시트의 성명 데이터를 오른쪽 워크시트와 같이 성과 이름 두 개의 열로 분리하기 위해 [텍스트 나누기] 기능을 사용하고자 한다. 다음 중 [텍스트 나누기]의 분리 방법으로 가장 적절한 것은?

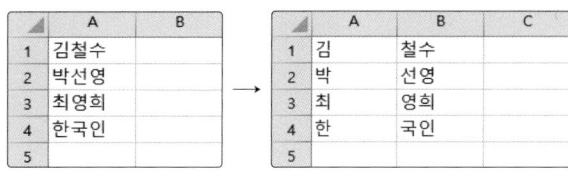

① 열 구분선을 기준으로 내용 나누기
② 구분 기호를 기준으로 내용 나누기
③ 공백을 기준으로 내용 나누기
④ 탭을 기준으로 내용 나누기

23 다음 중 아래의 수식을 [A7] 셀에 입력한 경우 표시되는 결과값으로 옳은 것은?

=IFERROR(VLOOKUP(A6,$A$1:$B$4,2),"입력오류")

	A	B	C
1	0	미흡	
2	10	분발	
3	20	적정	
4	30	우수	
5			
6	-5		
7			
8			

① 미흡 ② 분발
③ 입력오류 ④ #N/A

24 다음 중 고급필터를 적용한 결과값으로 옳은 것은?

	A	B	C	D	E	F	G
1		<데이터>					
2	성명	부서명	성적		성명	부서명	성적
3	명진수	총무	70		??명		
4	김진명	영업	78				
5	나오명	경리	90			영업	>80
6	김진수	영업	78				
7							

①
성명	부서명	성적
김진명	영업	78

②
성명	부서명	성적
김진명	영업	78
나오명	경리	90

③
성명	부서명	성적
명진수	총무	70
김진명	영업	78
나오명	경리	90

④
성명	부서명	성적
명진수	총무	70
김진명	영업	78
나오명	경리	90
김진수	영업	78

25 다음 중 잘못된 인수나 피연산자를 사용하였거나 수식 자동 고침 기능으로 수식을 고칠 수 없을 때 나타나는 오류 메시지는 무엇인가?

① #NAME? ② #NUM!
③ #DIV/0! ④ #VALUE!

26 다음 중 아래 그림과 같이 [A2:D5] 영역을 선택하여 이름을 정의한 경우에 대한 설명으로 옳지 않은 것은?

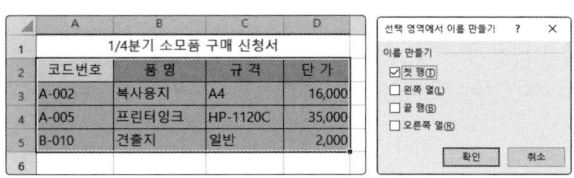

① 정의된 이름은 모든 시트에서 사용할 수 있으며, 이름 정의 후 참조 대상을 편집할 수도 있다.
② 현재 통합문서에 이미 사용 중인 이름이 있는 경우 기존 정의를 바꿀 것인지 묻는 메시지 창이 표시된다.
③ 워크시트의 이름 상자에서 '코드번호'를 선택하면 [A3:A5] 영역이 선택된다.
④ [B3:B5] 영역을 선택하면 워크시트의 이름 상자에 '품 명'이라는 이름이 표시된다.

27 다음 중 [A1] 셀을 선택하고 [연속 데이터] 대화 상자의 항목을 아래 그림과 같이 설정하였을 경우 [C1] 셀에 채워질 값으로 옳은 것은?

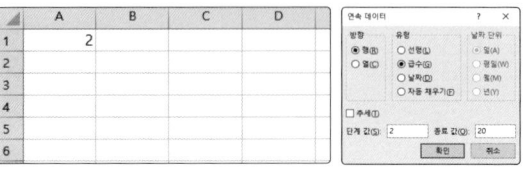

① 4 ② 6
③ 8 ④ 16

28 다음 중 [찾기 및 바꾸기] 대화상자의 각 항목에 대한 설명으로 옳지 않은 것은?

① 찾을 내용 : 검색할 내용을 입력할 곳으로 와일드카드 문자를 검색 문자열에 사용할 수 있다.
② 서식 : 숫자 셀을 제외한 특정 서식이 있는 텍스트 셀을 찾을 수 있다.
③ 범위 : 현재 워크시트에서만 검색하는 '시트'와 현재 통합 문서의 모든 시트를 검색하는 '통합 문서' 중 선택할 수 있다.
④ 모두 찾기 : 검색 조건에 맞는 모든 항목이 나열된다.

29 다음 중 매크로 기록에 대한 설명으로 옳은 것은?

① 매크로 이름의 첫 글자는 반드시 숫자이어야 하며, 문자, 숫자, 공백문자 등을 혼합하여 지정할 수 있다.
② 매크로의 바로 가기 키는 숫자 0 ~ 9 중에서 선택하여 사용해야 한다.
③ 선택된 셀의 위치에서 매크로가 실행되도록 하려면 상대 참조로 기록해야 한다.
④ 매크로 기록 후 매크로의 이름은 변경할 수 없으나 바로 가기 키는 변경할 수 있다.

30 다음 중 수식의 실행 결과가 옳지 않은 것은?

① =MOD(13,-3) $\Rightarrow$ -2
② =POWER(3,2) $\Rightarrow$ 9
③ =INT(-7.4) $\Rightarrow$ -7
④ =TRUNC(-8.6) $\Rightarrow$ -8

31 다음 중 근무일수를 구하기 위해 [B9] 셀에 사용한 함수로 옳은 것은?

	A	B	C	D	E
1	9월 아르바이트 현황				
3	날짜	김은수	한규리	정태경	
4	09월 22일	V	V		
5	09월 23일	V		V	
6	09월 24일	V	V		
7	09월 25일	V	V	V	
8	09월 26일	V	V	V	
9	근무일수	5	4	3	
10					

① =COUNTA(B4:B8)
② =COUNT(B4:B8)
③ =COUNTBLANK(B4:B8)
④ =DCOUNT(B4:B8)

32 다음 중 엑셀에서 저장할 수 있는 파일 형식에 해당하지 않는 것은?

① Excel 매크로 사용 통합 문서(*.xlsm)
② Excel 바이너리 통합 문서(*.xlsb)
③ dBASE 파일(*.dbf)
④ XML 데이터(*.xml)

33 다음 중 차트의 범례 설정에 대한 설명으로 옳지 않은 것은?

① 차트에 범례가 표시되어 있으면 개별 범례 항목을 선택하여 데이터 계열 서식을 변경할 수 있다.

② 차트에서 범례 또는 범례 항목을 클릭한 후 Delete 를 누르면 범례를 쉽게 제거할 수 있다.

③ 범례는 기본적으로 차트와 겹치지 않게 표시된다.

④ 마우스로 범례를 이동하거나 크기를 변경하면 그림 영역의 크기 및 위치는 자동으로 조정된다.

34 다음 중 매크로를 실행하는 방법에 대한 설명으로 옳지 않은 것은?

① [개발 도구]-[코드] 그룹의 [매크로]를 클릭한 후 매크로를 선택하여 실행한다.

② 셀의 바로 가기 메뉴에서 [매크로 지정]을 클릭하여 셀에 매크로를 연결한 후 실행한다.

③ 매크로를 기록할 때 지정한 바로 가기 키를 눌러 실행한다.

④ 빠른 실행 도구 모음에 매크로를 선택하여 아이콘으로 추가한 후 아이콘을 클릭하여 실행한다.

35 다음 중 [홈]-[클립보드] 그룹의 [붙여넣기]에서 선택 가능한 붙여넣기 옵션으로 옳지 않은 것은?

① 수식 및 숫자 서식   ② 값 및 원본 서식
③ 테두리만 붙여넣기   ④ 연결하여 붙여넣기

36 다음 중 수식의 실행 결과가 옳지 않은 것은?

① =ROUND(4561.604, 1) ⇒ 4561.6

② =ROUND(4561.604, -1) ⇒ 4560

③ =ROUNDUP(4561.604, 1) ⇒ 4561.7

④ =ROUNDUP(4561.604, -1) ⇒ 4562

37 다음 중 [페이지 나누기 미리 보기] 상태에 대한 설명으로 옳지 않은 것은?

① 차트나 그림 등의 개체를 삽입할 수는 없으나 데이터를 입력하거나 편집할 수는 있다.

② 페이지 구분선을 마우스로 드래그하여 페이지를 나눌 위치를 조정할 수 있다.

③ [페이지 레이아웃]-[페이지 설정] 그룹의 [나누기]-[페이지 나누기 모두 원래대로]를 클릭하면 사용자가 삽입한 페이지 구분선이 모두 삭제된다.

④ 자동으로 표시된 페이지 구분선은 점선, 사용자가 삽입한 페이지 구분선은 실선으로 표시된다.

38 다음 중 사용자가 자주 사용하거나 원하는 기능에 해당하는 명령들을 버튼으로 표시하며, 리본 메뉴의 윗쪽이나 아래에 표시하는 엑셀의 화면 구성 요소는?

① 오피스 버튼

② 빠른 실행 도구 모음

③ 리본 메뉴

④ 제목 표시줄

39 다음 중 워크시트의 [머리글/바닥글] 설정에 대한 설명으로 옳지 않은 것은?

① '페이지 레이아웃' 보기 상태에서는 워크시트 페이지 위쪽이나 아래쪽을 클릭하여 머리글/바닥글을 추가할 수 있다.

② 첫 페이지, 홀수 페이지, 짝수 페이지의 머리글/바닥글 내용을 다르게 지정할 수 있다.

③ 머리글/바닥글에 그림을 삽입하고, 그림 서식을 지정 할 수있다.

④ '페이지 나누기 미리 보기' 상태에서는 미리 정의된 머리글이나 바닥글을 선택하여 쉽게 추가할 수 있다.

40 다음 중 아래 차트에 대한 설명으로 옳지 않은 것은?

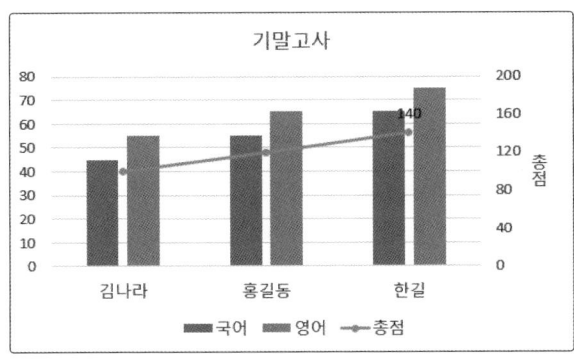

① 총점 계열이 보조 축으로 표시된 이중 축 차트이다.

② 범례는 아래쪽에 배치되어 있다.

③ 영어 계열의 홍길동 요소에 데이터 레이블이 있다.

④ 보조 세로(값) 축의 주 단위는 40 이다.

제02회 컴퓨터활용능력 2급 필기

1과목 | 컴퓨터 일반

01 다음 중 멀티미디어와 관련된 기술인 VOD(Video On Demand)에 대한 설명으로 옳지 않은 것은?

① 비디오를 디지털로 압축하여 비디오 서버에 저장하고, 가입자가 원하는 콘텐츠를 제공하며 재생, 제어, 검색, 질의 등이 가능하다.

② 사용자의 요구에 따라 영화나 뉴스 등의 콘텐츠를 통신 케이블을 통하여 서비스하는 영상 서비스이다.

③ 사용자 간 커뮤니케이션을 목적으로 원거리에서 영상을 공유하며, 공간적 시간적 제약을 극복할 수 있다.

④ VCR 같은 기능의 셋탑 박스는 비디오 서버로부터 압축되어 전송된 디지털 영상과 소리를 복원, 재생하는 역할을 한다.

02 다음 중 인터넷 주소 체계인 IPv6에 대한 설명으로 옳은 것은?

① 주소는 8비트씩 16개 부분으로 총 128비트로 구성되어 있다.

② 주소를 네트워크 부분의 길이에 따라 A클래스에서 E클래스까지 총 5단계로 구분한다.

③ IPv4와의 호환성은 낮으나 IPv4에 비해 품질 보장은 용이하다.

④ 주소의 한 부분이 0으로만 연속되는 경우 연속된 0은 ':' 으로 생략하여 표시할 수 있다.

03 다음 중 멀티미디어에 관련된 설명으로 옳지 않은 것은?

① 다중(Multi)과 매체(Media)의 합성어로 그래픽, 이미지, 텍스트, 오디오, 비디오 등의 매체들이 통합된 것을 의미한다.

② 멀티미디어는 매체 정보를 디지털화하고, 대용량으로 생성되므로 이를 저장할 수 있는 저장 장치를 사용해야 한다.

③ 대용량의 멀티미디어 정보를 효율적으로 저장하기 위해 다양한 압축 기술이 개발되었으나 아직 동영상 압축 기술의 개발은 미비하다.

④ 초고속 통신망의 기술이 발달되어 대용량의 멀티미디어 정보를 통신망을 통해 전송할 수 있다.

04 다음 중 컴퓨터 보안과 관련된 기술에 해당하지 않은 것은?

① 인증(Authentication)

② 암호화(Encryption)

③ 방화벽(Firewall)

④ 브리지(Bridge)

05 다음 중 인터넷을 이용한 자체 검색 기능은 가지고 있지 않으나, 한 번의 검색어 입력으로 여러 개의 검색 엔진에서 정보를 찾아 주는 검색 엔진은?

① 디렉토리형 검색 엔진

② 키워드형 검색 엔진

③ 메타 검색 엔진

④ 하이브리드형 검색 엔진

06 다음 중 컴퓨터 네트워크에서 정보를 전달하기 위한 구성 요소에 해당되지 않는 것은?

① 송·수신자 ② 음성인식
③ 전송매체 ④ 프로토콜

07 다음 중 각 통신망에 대한 설명으로 옳지 않은 것은?

① LAN : 전송거리가 짧은 구내에서 사용하는 통신망
② WAN : 국가 간 또는 대륙 간처럼 넓은 지역을 연결하는 통신망
③ B-ISDN : 초고속으로 대용량 데이터를 전송하며 동기식 전달방식을 사용하는 통신망
④ VAN : 통신 회선을 빌려 기존의 정보에 새로운 가치를 더해 다수의 사용자에게 판매하는 통신망

08 다음 중 디지털 컴퓨터에 대한 설명으로 옳지 않은 것은?

① 입력 형태는 부호화된 숫자, 문자, 이산자료 등이다.
② 출력 형태는 곡선, 그래프 등 연속된 자료 형태이다.
③ 자료처리를 위해서는 프로그래밍이 필요하다.
④ 우리가 일상생활에서 사용하는 대부분의 컴퓨터이다.

09 다음 중 컴퓨터의 연산속도 단위로 가장 빠른 것은?

① 1 ms ② 1 μs
③ 1 ns ④ 1 ps

10 다음 중 이진수 (0110)의 2의 보수 표현으로 옳은 것은?

① 1001 ② 1010
③ 1011 ④ 1000

11 다음 중 CPU의 성능에 영향을 미치는 요인으로 적절하지 않은 것은?

① 클럭 주파수 ② 캐시 메모리
③ 워드(명령어)의 크기 ④ 직렬 처리

12 키보드는 키의 기능에 따라 몇 개의 그룹으로 분류할 수 있다. 다음 중 키보드의 분류와 그에 속하는 키의 연결이 옳지 않은 것은?

① 기능 키 - [F1], [F2], [F3]
② 입력(문자, 숫자) 키 - [A], [B], [%]
③ 탐색 키 - [Tab], [Enter], [SpaceBar]
④ 제어 키 - [Ctrl], [Alt], [Esc]

13 다음 중 컴퓨터에서 사용하는 캐시 메모리(Cache Memory)에 대한 설명으로 옳지 않은 것은?

① 기억 용량은 작으나 속도가 빠른 버퍼 메모리이다.

② 가능한 최대 속도를 얻기 위해 소프트웨어로 구성한다.

③ 기본적인 성능은 히트율(Hit Ratio)로 표현한다.

④ CPU와 주기억 장치 사이에 위치한다.

14 다음 중 Windows 10의 [설정]의 [접근성]에서 설정할 수 없는 것은?

① 다중 디스플레이를 설정하여 두 대의 모니터에 화면을 확장하여 표시할 수 있다.

② 돋보기를 사용하여 화면에서 원하는 영역을 확대하여 크게 표시할 수 있다.

③ 내레이터를 사용하여 화면의 모든 텍스트를 소리 내어 읽어주도록 설정할 수 있다.

④ 키보드가 없어도 입력 가능한 화상 키보드를 표시할 수 있다.

15 다음 중 플러그앤플레이(PNP)의 지원 여부에 따라 작업 방법이 달라지는 것은?

① 날짜와 시간

② 전원 구성

③ 프로그램 및 기능

④ 장치 및 프린터 추가

16 다음 중 Windows의 사용자 계정에 대한 설명으로 옳지 않은 것은?

① 관리자 계정의 사용자는 다른 계정의 컴퓨터 사용 시간을 제어할 수 있다.

② 관리자 계정의 사용자는 다른 계정의 계정 유형과 계정 이름, 암호를 변경할 수 있다.

③ 표준 계정의 사용자는 컴퓨터 보안에 영향을 주는 설정을 변경할 수 있다.

④ 표준 계정의 사용자는 컴퓨터에 설치된 대부분의 프로그램을 사용할 수 있고, 자신의 계정에 대한 암호 등을 설정할 수 있다.

17 다음 중 사물 인터넷(IoT)에 대한 설명으로 옳지 않은 것은?

① IoT 구성품 가운데 디바이스는 빅데이터를 수집하면, 클라우드와 AI는 수집된 빅데이터를 저장하고 분석한다.

② IoT는 인터넷 기반으로 다양한 사물, 사람, 공간을 긴밀하게연결하고 상황을 분석, 예측, 판단해서 지능화된 서비스를 자율 제공하는 제반 인프라 및 융복합 기술이다.

③ 현재는 사물을 단순히 연결시켜 주는 단계에서 수집된 데이터를 분석해 스스로 사물에 의사결정을 내리는 단계로 발전하고 있다.

④ IoT 네트워크를 이용할 경우 통신 비용이 절감되는 효과가 있으며, 정보보안기술의 적용이 용이해진다.

18 다음 중 Windows의 [설정]에서 [시스템]-[정보]를 선택했을 때 확인할 수 있는 정보에 해당하지 않는 것은?

① 설치된 Windows 운영체제의 버전
② CPU의 종류와 설치된 메모리의 용량
③ 설치된 Windows 정품 인증 내용
④ 로컬 디스크의 용량 확인

19 다음 중 Windows에서 유해한 프로그램이나 불법 사용자가 컴퓨터 설정을 임의로 변경하려는 경우 이를 사용자에게 알려 사용자에게 알려 컴퓨터를 제어할 수 있도록 도와주는 기능은?

① 사용자 계정 컨트롤
② Microsoft Defender 바이러스 백신
③ BitLocker
④ 시스템 복원

20 다음 중 Windows의 [설정]-[앱]에서 설정 가능한 항목으로 옳지 않은 것은?

① 앱 및 기능
② 기본 앱
③ 클립보드
④ 시작 프로그램

2과목 | 스프레드시트 일반

21 다음 중 부분합에 관한 설명으로 옳지 않은 것은?

① 부분합을 작성할 때 기준이 되는 필드가 반드시 정렬되어 있지 않아도 제대로된 부분합을 실행할 수 있다.
② 부분합에 특정한 데이터만 표시된 상태에서 차트를 작성하면 표시된 데이터에 대해서만 차트가 작성된다.
③ [부분합] 대화상자에서 '새로운 값으로 대치'는 이미 작성한 부분합을 지우고, 새로운 부분합으로 실행할 경우에 설정한다.
④ 부분합 계산에 사용할 요약 함수를 두 개 이상 사용하기 위해서는 함수의 종류 수 만큼 부분합을 반복 실행해야 한다.

22 다음 중 고급 필터를 이용하여 국어 점수가 70점 이상에서 90점 미만인 데이터 행을 추출하기 위한 조건으로 옳은 것은?

①
국어	국어
>=70	<90

②
국어
>=70
<90

③
국어	국어
>=70	
	<90

④
국어	
>=70	<90

23 다음 중 다양한 상황과 변수에 따른 여러가지 결과값의 변화를 가상의 상황을 통해 예측하여 분석할 수 있는 도구는?

① 시나리오 관리자 ② 목표값 찾기
③ 통합 ④ 데이터 표

24 다음 중 정렬에 대한 설명으로 옳지 않은 것은?

① 머리글의 값이 정렬 작업에 포함 또는 제외되도록 설정하거나 해제할 수 있다.
② 숨겨진 열이나 행도 정렬시 이동되므로 데이터를 정렬하기전에 숨겨진 열과 행을 표시하는 것이 좋다.
③ 사용자 지정 목록을 사용하여 사용자가 정의한 순서대로 정렬할 수 있다.
④ 셀 범위나 표 열의 서식을 직접 또는 조건부 서식으로 설정한 경우 셀 색 또는 글꼴 색을 기준으로 정렬할 수 있다.

25 다음 중 데이터가 입력된 셀에서 Delete를 눌렀을 때의 상황에 대한 설명으로 옳지 않은 것은?

① 셀에 설정된 메모는 지워지지 않는다.
② 셀에 설정된 내용과 서식이 함께 지워진다.
③ [홈]-[편집]-[지우기]-[내용 지우기]를 실행한 것과 동일한 결과가 발생한다.
④ 바로 가기 메뉴에서 [내용지우기]를 실행한 것과 동일한 결과가 발생한다.

26 아래 워크시트는 채우기를 이용하여 데이터를 입력한 결과이다. 다음 중 연속 데이터 대화상자에서 방향은 '열', 유형은 '급수'일 때 단계 값으로 옳은 것은?

	A	B
1	2	
2	-6	
3	18	
4	-54	
5	162	
6	-486	
7	1458	
8	-4374	
9		

① 2 ② −3
③ 3 ④ −6

27 다음 중 원 단위로 입력된 숫자를 백만원 단위로 표시하기 위한 사용자 지정 표시 형식으로옳은 것은?

① #,### ② #,###,
③ #,###,, ④ #,###,,,

28 다음 중 찾기에 관한 설명으로 옳지 않은 것은?

① 대/소문자를 구분하여 찾을 수 있다.
② 수식이나 값을 찾을 수 있지만, 메모 안의 텍스트는 찾을 수 없다.
③ 위쪽 방향이나 왼쪽 방향으로 검색 방향을 바꾸려면 Shift를 누른 채 [다음 찾기]를 클릭한다.
④ 와일드카드 문자인 '*'는 모든 문자를 대신할 수 있고, '?'는 해당 위치의 한 문자를 대신할 수 있다.

29 다음 중 아래 워크시트에서 가입일이 2010년 이전이면 회원등급을 '골드회원', 아니면 '일반회원'으로 표시하려고 할 때 [C3] 셀에 입력할 수식으로 옳은 것은?

	A	B	C	D
1	회원가입현황			
2	성명	가입일	회원등급	
3	강민호	2010-01-05	골드회원	
4	김보라	2006-03-07	골드회원	
5	이수연	2012-06-20	일반회원	
6	황정민	2016-11-23	일반회원	
7	최경수	2008-10-20	골드회원	
8	박정태	2009-12-05	골드회원	
9				

① =TODAY(IF(B3<=2010,"골드회원","일반회원"))

② =IF(TODAY(B3)<=2010,"일반회원","골드회원")

③ =IF(DATE(B3)<=2010,"골드회원","일반회원")

④ =IF(YEAR(B3)<=2010,"골드회원","일반회원")

30 다음 중 아래의 [매크로 기록] 대화상자에서 각 항목에 입력하는 내용으로 옳지 않은 것은?

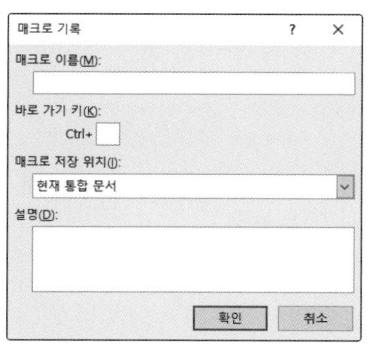

① 매크로 이름을 '매크로 연습'으로 입력하였다.

② 바로 가기 키 값을 'm'으로 입력하였다.

③ 매크로 저장 위치를 '새 통합 문서'로 지정하였다.

④ 설명에 매크로 기록자의 이름, 기록한 날짜, 간단한 설명 등을 기록하였다.

31 다음 중 수식의 실행 결과가 다르게 나타나는 것은?

① =POWER(2,5)

② =SUM(3,11,25,0,1,-8)

③ =MAX(32,-4,0,12,42)

④ =INT(32.2)

32 다음 중 [A1:C4] 영역에 대한 수식의 실행 결과가 다르게 나타나는 것은?

	A	B	C	D
1	바나나	7	2500	
2	오렌지	6	1500	
3	사과	5	1200	
4	배	3	1300	
5				

① =COUNTIF(B1:B4,"<>"&B3)

② =COUNTIF(B1:B4,">3")

③ =INDEX(A1:C4,4,2)

④ =TRUNC(SQRT(B1))

33 아래 워크시트에서 [B2:D6] 영역을 참조하여 [C8] 셀에 표시된 바코드에 대한 단가를 [C9] 셀에 표시하였다. 다음 중 [C9] 셀의 수식으로 옳은 것은?

	A	B	C	D	E
1		바코드	상품명	단가	
2		351	CD	1,000	
3		352	칫솔	1,500	
4		353	치약	2,500	
5		354	종이쪽	800	
6		355	케이스	1,100	
7					
8		바코드	352		
9		단가	1,500		
10					

① =VLOOKUP(C8,$B$2:$D$6,3,0)

② =HLOOKUP(C8,$B$2:$D$6,3,0)

③ =VLOOKUP($B$1:$D$6,C8,3,1)

④ =HLOOKUP($B$1:$D$6,C8,3,1)

34 다음 중 각 워크시트에서 채우기 핸들을 [A3]로 끌었을 때 [A3] 셀에 입력되는 값으로 옳지 않은 것은?

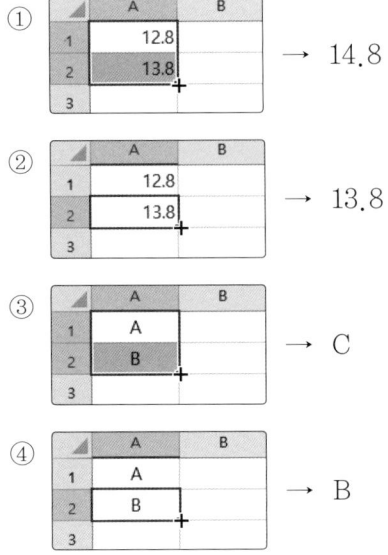

35 다음 중 [셀 서식] 대화상자에서 [표시 형식]의 각 범주에 대한 설명으로 옳지 않은 것은?

① [일반] 서식은 각 자료형에 대한 특정 서식을 지정하는데 사용된다.

② [숫자] 서식은 일반적인 숫자를 나타나는데 사용된다.

③ [회계] 서식은 통화 기호와 소수점에 맞추어 열을 정렬하는데 사용된다.

④ [기타] 서식은 우편번호, 전화번호, 주민등록번호 등의 형식을 설정하는데 사용된다.

36 다음 중 추세선을 사용할 수 있는 차트 종류는?

① 3차원 묶은 세로 막대형 차트

② 분산형 차트

③ 방사형 차트

④ 표면형 차트

37 다음 중 차트에서 계열의 순서를 변경할 때 선택해야 할 바로가기 메뉴는?

① 차트이동

② 데이터 선택

③ 차트 영역 서식

④ 그림 영역 서식

38 다음 중 아래의 피벗 테이블과 이를 활용한 데이터 추출에 대한 설명으로 옳지 않은 것은?

	A	B	C	D
1				
2				
3	평균 : TOIEC	열 레이블 ▼		
4	행 레이블 ▼	경영학과	컴퓨터학과	
5	김경호	880		
6	김영민	790		
7	박찬진	940		
8	최미진		990	
9	최우석		860	
10	총합계	870	925	
11				

① 피벗 테이블 옵션에서 열 총합계 표시가 해제되었다.

② 총 합계는 TOEIC 점수에 대한 평균이 계산되었다.

③ 행 레이블 영역, 열 레이블 영역, 그리고 값 영역에 각각 하나의 필드가 표시되었다.

④ 행 레이블 필터를 이용하면 성이 김씨인 사람에 대한 자료만 추출할 수도 있다.

39 다음 중 창 나누기 기능에 대한 설명으로 옳지 않은 것은?

① 화면에 표시되는 창 나누기 형태는 인쇄시에는 적용되지 않는다.

② 셀 포인터의 위치에 따라 수직, 수평, 수직·수평 분할이 가능하다.

③ 창 나누기를 수행하여 나누기 한 각각의 구역의 확대/축소 비율을 다르게 설정할 수 있다.

④ 나누기를 취소하려면 창을 나누고 있는 분할줄을 아무 곳이나 두 번 클릭한다.

40 다음 중 [페이지 설정] 대화상자에 대한 설명으로 옳지 않은 것은?

① '셀 오류 표시' 옵션을 이용하여 오류 값이 인쇄되지 않도록 할 수 있다.

② 인쇄할 내용이 페이지의 가로/세로의 가운데에 위치하도록 설정할 수 있다.

③ '시작 페이지 번호' 옵션을 이용하여 인쇄할 페이지의 시작 페이지 번호를 지정할 수 있다.

④ 설치된 여러대의 프린터 중에서 인쇄할 프린터를 선택할 수 있다.

제03회 컴퓨터활용능력 2급 필기

1과목 | 컴퓨터 일반

01 다음 중 컴퓨터 범죄에 관한 대비책으로 옳지 않은 것은?

① 컴퓨터 바이러스 예방 및 치료에 대한 프로그램을 지속적으로 개발한다.
② 크래커(Cracker)를 지속적으로 양성한다.
③ 인터넷을 통한 해킹으로부터 보호하기 위해 방화벽과 해킹방지 시스템을 설치한다.
④ 정기적인 보안 검사를 통해 해킹여부를 감시하도록 한다.

02 다음 중 네트워크 구성에 대한 설명과 프로토콜이 바르게 연결된 것은?

구 성	네트워킹프로토콜
㉮ 노트북 컴퓨터를 무선 핫스팟(hotspot)에 연결 ㉯ 무선 마우스를 PC에 연결 ㉰ 비지니스 네트워크나 유선 홈네트워크 구성	ⓐ 블루투스 ⓑ Wi-Fi ⓒ Ethernet

① ㉮ → ⓑ, ㉯ → ⓒ, ㉰ → ⓐ
② ㉮ → ⓒ, ㉯ → ⓐ, ㉰ → ⓑ
③ ㉮ → ⓑ, ㉯ → ⓐ, ㉰ → ⓒ
④ ㉮ → ⓐ, ㉯ → ⓑ, ㉰ → ⓒ

03 다음 중 Windows에서 인터넷 익스플로러의 작업 내용과 바로 가기의 연결이 옳지 않은 것은?

① 현재 창 닫기 : Ctrl+Q
② 홈 페이지로 이동 : Alt+Home
③ 현재 웹 페이지를 새로 고침 : F5
④ 브라우저 창의 기본 보기와 전체 화면 간 전환 : F11

04 다음 중 Windows의 [명령 프롬프트] 창에서 원격 장비의 네트워크 연결 상태 및 작동여부를 확인할 때 사용하는 명령어로 옳은 것은?

① echo   ② ipconfig
③ regedit   ④ ping

05 다음 중 멀티미디어의 특징으로 옳지 않은 것은?

① 정보의 디지털화
② 정보 제공의 단방향성
③ 정보 처리의 비선형성
④ 정보의 통합성

06 다음 중 컴퓨터를 사용한 정보 통신과 관련된 통신 용어에 대한 설명으로 옳지 않은 것은?

① 흐름 제어(Flow Control) : 자료를 송수신할 때 버퍼를 사용하여 그 속도의 흐름을 조절하기 위한 기능
② 정지 비트(Stop Bit) : 전송되는 데이터의 끝을 알리기 위해 보내는 비트
③ 패리티 비트(Parity Bit) : 데이터 전송시 에러 검출을 위해 데이터 비트에 붙여서 보내는 비트
④ 전송 속도(bps) : Bytes Per Second의 약자로 초당 전송되는 바이트 수를 의미한다.

07 다음 중 Windows의 네트워크와 관련하여 [어댑터 옵션 변경]의 [이더넷 속성] 창에서 할 수 있는 작업으로 옳지 않은 것은?

① 연결에 사용할 장치를 구성할 수 있다.
② TCP/IP 속성을 지정한다.
③ 호스트명과 도메인명을 설정할 수 있다.
④ Microsoft 네트워크용 파일 및 프린터 공유를 사용하도록 지정한다.

08 다음 중 디지털 컴퓨터의 특성을 설명한 것으로 옳지 않은 것은?

① 부호화된 숫자와 문자, 이산 데이터 등을 사용한다.
② 산술논리 연산을 주로 한다.
③ 증폭 회로를 사용한다.
④ 연산속도가 아날로그 컴퓨터보다 느리다.

09 다음 중 컴퓨터의 발전 과정을 세대별로 구분할 때, 5세대 컴퓨터의 특징으로 볼 수 없는 것은?

① 퍼지 컴퓨터
② 인공지능
③ 패턴인식
④ 집적회로(IC) 사용

10 다음 중 Windows의 기본 프린터에 대한 설명으로 가장 옳지 않은 것은?

① 특정한 프린터를 설정하지 않을 경우 자동으로 인쇄 작업을 처리하는 프린터이다.
② 프린터를 마우스 오른쪽 단추로 클릭한 다음 "기본 프린터로 설정'을 클릭한다.
③ 기본 프린터에는 프린터 아이콘에 확인 표시가 나타난다.
④ 네트워크 프린터를 제외한 모든 프린터를 기본 프린터로 설정할 수 있다.

11 다음 중 컴퓨터의 연산장치에 있는 누산기(Accumulator)에 관한 설명으로 옳은 것은?

① 연산 결과를 일시적으로 기억하는 장치이다.
② 명령의 순서를 기억하는 장치이다.
③ 명령어를 기억하는 장치이다.
④ 명령을 해독하는 장치이다.

12 다음 중 Windows의 기능에 대한 설명으로 옳지 않은 것은?

① 하나의 컴퓨터를 사용하는 여러 사용자가 사용자마다 사용 환경을 다르게 설정할 수 있다.
② Windows Media Player를 이용하여 간단하게 동영상을 편집할 수 있다.
③ 소규모 네트워크를 구축할 수 있다.
④ 파일 시스템으로 FAT32와 NTFS 등을 지원한다.

13 다음 중 Windows의 작업 표시줄의 바로 가기 메뉴에서 설정할 수 있는 항목으로 옳지 않은 것은?

① 계단식 창 배열
② 창 가로 정렬 보기
③ 작업 표시줄 잠금
④ 아이콘 자동 정렬

14 다음 중 플래시 메모리에 대한 설명으로 옳지 않은 것은?

① 소비전력이 작다.
② 휘발성 메모리이다.
③ 정보의 입출력이 자유롭다.
④ 휴대전화, 디지털 카메라, 게임기, MP3 플레이어 등에 널리 이용된다.

15 다음 중 그래픽 파일 형식 중 GIF에 대한 설명으로 옳지 않은 것은?

① 비손실 압축과 손실 압축을 모두 지원한다.
② 여러 번 압축을 하여도 원본과 비교해 화질의 손상은 없다.
③ 최대 256 색상까지만 표현할 수 있다.
④ 배경을 투명하게 처리할 수 있다.

16 다음 중 Windows 10에서 휴지통에 관한 설명으로 옳지 않은 것은?

① 작업 도중 삭제된 자료들이 임시로 보관되는 장소로 필요한 경우 복원이 가능하다.
② 각 드라이브마다 휴지통의 크기를 다르게 설정하는 것이 가능하다.
③ 원하는 경우 휴지통에 보관된 폴더나 파일을 직접 실행할 수 도 있고 복원할 수도 있다.
④ 지정된 휴지통의 용량을 초과하면 가장 오래 전에 삭제되어 보관된 파일부터 지워진다.

17 다음 중 컴퓨터에서 사용하는 일반 하드디스크에 비하여 속도가 빠 르고 기계적 지연이나 에러의 확률 및 발열소음이 적으며, 소형화, 경량화 할 수 있는 저장장치로 옳은 것은?

① DVD   ② HDD
③ SSD   ④ ZIP

18 다음 중 Windows 10에서 Ctrl+Esc를 눌러 수행되는 작업으로 옳은 것은?

① 시작 메뉴가 나타난다.
② 실행 창이 종료된다.
③ 작업 중인 항목의 바로 가기 메뉴가 나타난다.
④ 창 조절 메뉴가 나타난다.

19 다음 중 Windows 10의 [설정]-[장치]-[마우스]에서 설정할 수 있는 기능으로 옳지 않은 것은?

① 마우스의 기본 단추 선택은 상, 하, 좌, 우 중에서 하나를 설정할 수 있다.
② 마우스의 커서 속도(1~20)를 조절할 수 있다.
③ 마우스 휠을 돌릴 때 스크롤할 양을 선택할 수 있다.
④ 한 번에 스크롤할 줄 수(1~100)를 선택할 수 있다.

20 다음 중 zip 파일과 같이 압축된 파일이나 '보관 속성' 또는 '저장 속성'을 가진 파일을 의미하는 것으로 옳은 것은?

① 실행 파일
② 아카이브 파일
③ 동적링크 라이브러리 파일
④ 배치 파일

2과목 | 스프레드시트 일반

21 다음 중 [페이지 나누기 미리 보기] 기능에 대한 설명으로 옳지 않은 것은?

	A	B	C	D
1				
2	사원명	부서명	직위	실적
3	홍길동	개발1부	부장	3,500,000
4	김국수	개발1부	부장	3,700,000
5	이겨레	개발1부	과장	3,000,000
6	박미나	개발2부	대리	2,800,000
7	**개발부 실적**			13,000,000
8	한민국	영업1부	대리	2,500,000
9	최신호	영업2부	부장	3,300,000
10	이대한	영업2부	과장	2,800,000
11	**개발부 실적**			8,600,000
12				

① [A3:D6]의 영역을 선택한 후 [데이터]-[윤곽선]-[그룹]을 '행' 기준으로 실행한 상태이다.
② [A3:D6]의 영역을 선택한 후 [데이터]-[윤곽선]-[그룹]-[자동 윤곽]을 실행한 상태이다.
③ [A3:D6]의 영역을 선택한 후 [데이터]-[윤곽선]-[그룹 해제]를 '행' 기준으로 실행한 상태이다.
④ [A3:D6]의 영역을 선택한 후 [데이터]-[윤곽선]-[그룹]을 '열' 기준으로 실행한 상태이다.

22 다음 중 오름차순 정렬에 관한 설명으로 옳지 않은 것은?

① 숫자는 가장 작은 음수에서 가장 큰 양수의 순서로 정렬된다.
② 영숫자 텍스트는 왼쪽에서 오른쪽으로 정렬된다. 예를 들어, 텍스트 "A100"이 들어 있는 셀은 "A1"이 있는 셀보다 뒤에, "A11"이 있는 셀보다 앞에 정렬된다.
③ 논리값은 TRUE보다 FALSE가 앞에 정렬되며 오류값의 순서는 모두같다.
④ 공백(빈 셀)은 항상 가장 앞에 정렬된다.

23 다음 중 시나리오에 관한 설명으로 옳지 않은 것은?

① 하나의 시나리오에 최대 32개까지 변경 셀을 지정할 수 있다.

② 시나리오의 결과는 요약 보고서나 피벗 테이블 보고서로 작성할 수 있다.

③ 시나리오 병합을 통하여 다른 통합 문서나 다른 워크시트에 저장된 시나리오를 가져올 수 있다.

④ 시나리오는 입력된 자료들을 그룹별로 분류하고 해당 그룹별로 특정한 계산을 수행하는 기능이다.

24 다음 중 데이터 통합에 관한 설명으로 옳지 않은 것은?

① 데이터 통합은 위치를 기준으로 통합할 수도 있고, 영역의 이름을 정의하여 통합할 수도 있다.

② '원본 데이터에 연결' 기능은 통합 할 데이터가 있는 워크시트와 통합 결과가 작성될 워크시트가 같은 통합 문서에 있는 경우에만 적용할 수 있다.

③ 다른 원본 영역의 레이블과 일치하지 않는 레이블이 있는 경우에 통합하면 별도의 행이나 열이 만들어 진다.

④ 여러 시트에 있는 데이터나 다른 통합 문서에 입력되어 있는 데이터를 통합할 수 있다.

25 다음 중 참조의 대상 범위로 사용하는 이름에 대한 설명으로 옳은 것은?

① 이름 정의 시 첫 글자는 반드시 숫자로 시작해야 한다.

② 하나의 통합 문서 내에서 시트가 다르면 동일한 이름을 지정할 수 있다.

③ 이름 정의 시 영문자는 대소문자를 구분하므로 주의하여야 한다.

④ 이름은 기본적으로 절대참조로 대상 범위를 참조한다.

26 다음 중 메모에 대한 설명으로 옳지 않은 것은?

① 메모 상자의 크기는 조절이 가능하다.

② 인쇄 시 메모의 인쇄 여부를 설정할 수 있다.

③ 정렬을 하면 메모도 메모가 삽입된 셀과 함께 이동된다.

④ 피벗 테이블 보고서의 레이아웃(행, 열, 보고서 필터, 값)이 변경되면 메모도 메모가 삽입된 셀과 함께 이동된다.

27 다음 중 하이퍼링크에 대한 설명으로 옳지 않은 것은?

① 단추에는 하이퍼링크를 지정할 수 있지만 도형에는 하이퍼링크를 지정할 수 없다.

② 다른 통합 문서에 있는 특정 시트의 특정 셀로 하이퍼링크를 지정할 수 있다.

③ 특정 웹 사이트로 하이퍼링크를 지정할 수 있다.

④ 현재 사용 중인 통합 문서의 다른 시트로 하이퍼링크를 지정할 수 있다.

28 다음 중 원본 데이터를 지정된 서식으로 설정하였을 때, 결과가 옳지 않은 것은?

① 원본 : 5054.2, 서식 : ### → 결과 : 5054

② 원본 : 대한민국,

　　서식 : @"화이팅" → 결과 : 대한민국화이팅

③ 원본 : 15:30:22,

　　서식 : hh:mm:ss AM/PM → 결과 : 3:30:22 PM

④ 원본 : 2023-02-01,

　　서식 : yyyy-mm-ddd → 결과 : 2023-02-Wed

29 다음 중 매크로에 관한 설명으로 옳지 않은 것은?

① 매크로 이름은 자동으로 부여되며, 변경할 수 있다.

② 매크로의 바로 가기 키는 Ctrl과 영문자 또는 숫자로 조합하여 사용 할 수 있다.

③ 매크로는 해당 작업에 대한 일련의 명령과 함수를 비주얼 베이직 모듈로 저장한 것이다.

④ 매크로가 저장되는 위치는 '개인용 매크로 통합 문서', '새통합 문서', '현재 통합 문서' 중 선택하여 지정할 수 있다.

30 다음 중 선택 가능한 매크로 보안 설정으로 옳지 않은 것은?

① 알림이 없는 매크로 사용 안 함

② 알림이 포함된 VBA 매크로 사용 안 함

③ VBA 매크로 사용

④ 디지털 서명된 매크로를 포함하여 VBA 매크로 사용

31 다음 중 아래 그림에서 [E2] 셀의 함수식이 =CHOOSE(RANK.EQ(D2,$D$2:$D$5),"대상","금상","은상","동상")일 때, 결과 값으로 옳은 것은?

	A	B	C	D	E
1	성명	이론	실기	합계	순위
2	갈나래	47	45	92	
3	이석주	38	47	85	
4	박명권	46	48	94	
5	장영주	49	48	97	
6					

① 대상　　② 금상
③ 은상　　④ 동상

32 다음 중 아래 시트에서 [A7] 셀에 수식 =$A$1+$A2를 입력한 후 [A7] 셀을 복사하여 [C8] 셀에 붙여넣기 했을 때, [C8] 셀에 표시 되는 결과로 옳은 것은?

	A	B	C	D
1	1	2	3	
2	2	4	6	
3	3	6	9	
4	4	8	12	
5	5	10	15	
6				
7				
8				
9				

① 3　　② 4
③ 7　　④ 10

33 다음 중 [인쇄 미리 보기]에 관한 설명으로 옳지 않은 것은?

① [인쇄 미리 보기] 창에서 셀 너비를 조절할 수 있으나 워크시트에는 변경된 너비가 적용되지 않는다.

② [인쇄 미리 보기]를 실행한 상태에서 [페이지 설정]을 클릭하여 [여백] 탭에서 여백을 조절할 수 있다.

③ [인쇄 미리 보기] 상태에서 '확대/축소'를 누르면 화면에는 적용되지만 실제 인쇄 시에는 적용되지 않는다.

④ [인쇄 미리 보기]를 실행한 상태에서 [여백 표시]를 체크한 후 마우스 끌기를 통하여 여백을 조절할 수 있다.

34 다음 중 엑셀의 화면 구성 요소를 설명한 것으로 옳지 않은 것은?

① 엑셀에서 열 수 있는 통합 문서 개수는 사용 가능한 메모리와 시스템 리소스에 의해 제한된다.

② 워크시트란 숫자, 문자와 같은 데이터를 입력하고 입력된 결과가 표시되는 작업공간이다.

③ 각 셀에는 행 번호와 열 번호가 있으며, [A1] 셀은 A행과 1열이 만나는 셀로 그 셀의 주소가 된다.

④ 하나의 통합 문서에는 최대 255개의 워크시트를 포함할 수 있다.

35 다음 중 차트에 대한 설명으로 옳지 않은 것은?

① 표면형 차트 : 두 개의 데이터 집합에서 최적의 조합을 찾을 때 사용한다.

② 방사형 차트 : 분산형 차트의 한 종류로 데이터 계열 간의 항목 비교에 사용된다.

③ 분산형 차트 : 데이터의 불규칙한 간격이나 묶음을 보여주는 것으로 주로 과학이나 공학용 데이터 분석에 사용된다.

④ 이중 축 차트 : 특정 데이터 계열의 값이 다른 데이터 계열의 값과 현저하게 차이가 날 경우나 두 가지 이상의 데이터 계열을 가진 차트에 사용한다.

36 다음 중 엑셀의 출력에 대한 설명으로 옳지 않은 것은?

① 엑셀에서 그림을 시트 배경으로 사용하면 화면에 표시된 형태로 시트 배경이 인쇄된다.

② 시트 배경은 통합 문서를 저장할 때 워크시트 데이터와 함께저장된다.

③ 워크시트에 삽입된 그림, 도형 및 SmartArt 등 일러스트레이션은 출력할 수 있다.

④ 차트를 클릭한 후 [Office 단추]-[인쇄]를 선택하면 '인쇄' 대화상자의 인쇄 대상이 '선택한 차트'로 지정된다.

37 다음 중 =SUM(A3:A9) 수식이 =SUM(A3A9)와 같이 범위 참조의 콜론(:)이 생략된 경우 나타나는 오류 메시지로 옳은 것은?

① #N/A   ② #NULL!
③ #REF!   ④ #NAME?

38 다음 중 아래 차트에 설정되지 않은 차트 요소는?

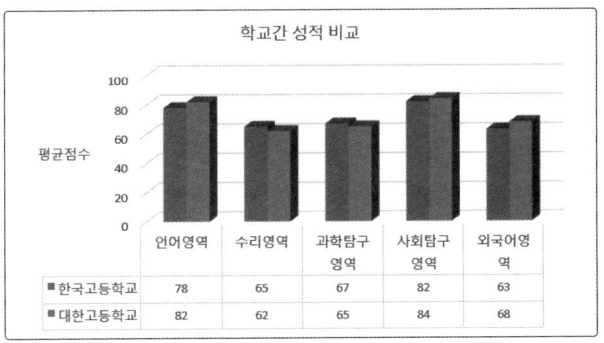

① 차트제목

② 데이터 표

③ 데이터 레이블

④ 세로(값) 축 제목

39 다음 중 동일한 통합 문서에서 Sheet1의 [C5]셀, Sheet2의 [C5]셀, Sheet3의 [C5] 셀의 합을 구하는 수식으로 옳은 것은?

① =SUM([Sheet1:Sheet3]!C5)

② =SUM(Sheet1:Sheet3![C5])

③ =SUM(Sheet1:Sheet3!C5)

④ =SUM(['Sheet1:Sheet3'!C5])

40 다음 중 아래 그림과 같이 위 차트를 수정하여 아래 차트로 변환하였을 때, 변환과 관련된 설명으로 옳지 않은 것은?

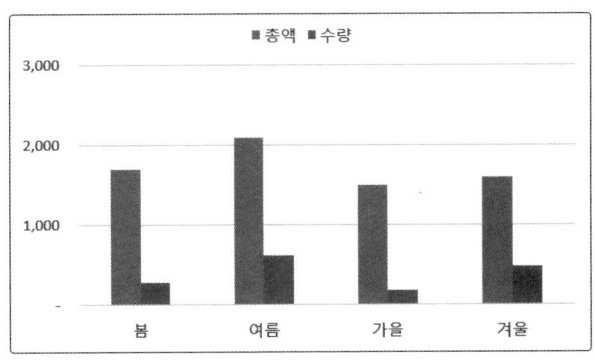

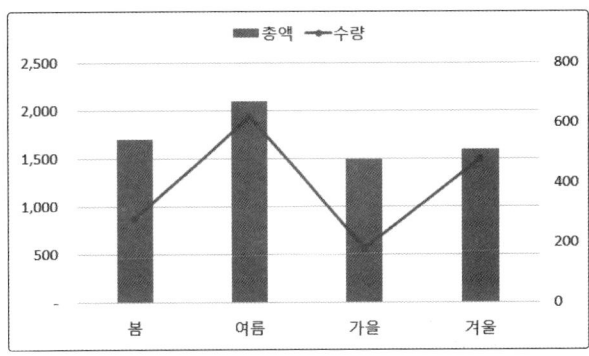

① '수량' 계열의 차트 종류를 변경하였다.

② 기본 세로 축의 주 눈금선을 없앴다.

③ 보조 축으로 총액 계열을 사용하였다.

④ 기본 세로 축의 주 단위를 500으로 설정하였다.

■ *MEMO*

Part 05

정답 및 해설

Part 01 컴퓨터 일반
Part 02 스프레드시트 일반
Part 03 기출정복문제
Part 04 기출실전문제

PART 01 컴퓨터 일반

정답

001 ③	002 ③	003 ④	004 ②	005 ②
006 ①	007 ③	008 ①	009 ④	010 ③
011 ④	012 ②	013 ④	014 ②	015 ①
016 ③	017 ③	018 ④	019 ③	020 ④
021 ②	022 ④	023 ③	024 ③	025 ②
026 ①	027 ①	028 ③	029 ③	030 ③
031 ④	032 ②	033 ④	034 ①	035 ①
036 ①	037 ②	038 ④	039 ①	040 ①
041 ②	042 ④	043 ④	044 ①	045 ②
046 ②	047 ③	048 ②	049 ④	050 ③

정답

051 ④	052 ②	053 ②	054 ①	055 ④
056 ②	057 ①	058 ③	059 ②	060 ①
061 ①	062 ①	063 ②	064 ③	065 ④
066 ②	067 ②	068 ④	069 ④	070 ④
071 ②	072 ②	073 ④	074 ②	075 ②
076 ②	077 ①	078 ②	079 ②	080 ②
081 ③	082 ②	083 ③	084 ④	085 ②
086 ③	087 ②	088 ①	089 ④	090 ③
091 ③	092 ②	093 ④	094 ④	095 ②
096 ②	097 ③	098 ①	099 ②	100 ①

정답

101 ①	102 ①	103 ②	104 ④	105 ③
106 ③	107 ①	108 ②	109 ④	110 ③
111 ②	112 ②	113 ②	114 ②	115 ②
116 ③	117 ②	118 ④	119 ③	120 ④
121 ③	122 ②	123 ②	124 ④	125 ①
126 ②	127 ②	128 ②	129 ②	130 ②
131 ②	132 ②	133 ④	134 ②	135 ③
136 ④	137 ②	138 ④	139 ④	140 ②
141 ②	142 ②	143 ②	144 ②	145 ③
146 ④	147 ②	148 ①	149 ③	150 ④
151 ③	152 ③	153 ①	154 ③	155 ③
156 ④	157 ②	158 ①	159 ②	160 ②
161 ③	162 ②			

PART 02 스프레드시트 일반

정답

001 ③	002 ②	003 ①	004 ②	005 ②
006 ③	007 ④	008 ①	009 ④	010 ④
011 ①	012 ②	013 ③	014 ④	015 ②
016 ②	017 ②	018 ①	019 ②	020 ③
021 ①	022 ②	023 ④	024 ②	025 ③
026 ①	027 ②	028 ②	029 ①	030 ②
031 ④	032 ②	033 ④	034 ④	035 ④
036 ③	037 ①	038 ①	039 ③	040 ④
041 ③	042 ②	043 ④	044 ②	045 ④
046 ①	047 ②	048 ③	049 ①	050 ③

정답

051 ②	052 ③	053 ②	054 ④	055 ③
056 ③	057 ②	058 ③	059 ④	060 ②
061 ②	062 ④	063 ③	064 ②	065 ②
066 ③	067 ④	068 ①	069 ④	070 ④
071 ④	072 ③	073 ④	074 ④	075 ②
076 ④	077 ①	078 ②	079 ②	080 ①
081 ④	082 ②	083 ②	084 ④	085 ①
086 ②	087 ②	088 ④	089 ④	090 ②
091 ④	092 ②	093 ④	094 ②	095 ③
096 ④	097 ②	098 ②	099 ②	100 ③

정답

101 ③	102 ③	103 ①	104 ②	105 ②
106 ③	107 ④	108 ④	109 ②	110 ①
111 ①	112 ②	113 ①	114 ④	115 ③
116 ③	117 ④	118 ③	119 ②	120 ①
121 ②	122 ①			

PART 03 기출정복문제

제01회 기출정복문제

정답

01 ①	02 ④	03 ④	04 ②	05 ②
06 ③	07 ③	08 ①	09 ②	10 ③
11 ①	12 ④	13 ②	14 ④	15 ②
16 ④	17 ④	18 ②	19 ③	20 ④
21 ④	22 ②	23 ②	24 ②	25 ④
26 ④	27 ④	28 ①	29 ②	30 ①
31 ③	32 ②	33 ④	34 ③	35 ③
36 ③	37 ②	38 ①	39 ③	40 ②

01 - ①
[해설] **누산기** : 연산 결과 또는 중간 값을 일시적으로 기억하는 레지스터
[정리] ② **프로그램 카운터(PC)** : 실행할 명령의 순서를 기억하는 제어장치
③ **명령 레지스터(IR)** : 실행할 명령어를 기억하는 제어장치
④ **명령 해독기(ID)** : 실행할 명령을 해독하는 제어장치

02 - ④
[해설] 주소의 한부분이 0으로만 연속되는 경우 연속된 0은 '::'으로 생략가능
[정리] ① 16비트씩 8부분으로 총 128비트로 구성
② IPv4의 클래스 구성
③ 서로 호환성이 좋음

03 - ④
[해설] WAV는 오디오 형식(WAV, MIDI, MP3)
[정리] 비트맵(BMP, GIF, TIF, JPEG, PCX 등) 방식, 벡터(DXF, AI, WMF, CDR 등) 방식으로 이미지 저장 형식

04 - ②
[해설] **안티앨리어싱(Antialiasing)** : 2차원 그래픽에서 개체의 경계면 픽셀을 개체의 색상과 배경의 색상을 혼합해서 표현함으로써 경계면을 부드럽게 보이도록 하는 기법으로 Anti는 반대를 표현하는 접두어임, 앨리어싱(거칠게)의 반대말이 안티앨리어싱(부드럽게)임
[정리] ① **디더링(dithering)** : 제한된 색상을 조합하여 복잡한 색이나 새로운 색을 만드는 작업
③ **모델링(modeling)** : 렌더링을 하기 전에 수행되는 작업으로 어떠한 방법으로 렌더링 할 것인지를 정함
④ **렌더링(rendering)** : 3차원 애니메이션을 만드는 과정 중의 하나로 물체의 모형에 명암과 색상을 입혀 사실감을 더해 주는 작업

05 - ②
[해설] 메모장은 주로 간단하게 메모를 하기 위한 것으로, 서식이 없는 아스키(ASCII) 형식의 텍스트(.txt)를 작성 및 저장하며, 그림이나 차트 등 OLE 개체의 삽입이 불가

06 - ③
[해설] 원본 파일을 삭제하면 해당 파일의 바로 가기 아이콘은 실행되지 않음, 또한 바로 가기 아이콘을 삭제하더라도 원본 파일은 삭제되지 않음.

07 - ③
[해설] ③은 MIME에 대한 설명이며, POP3는 메일 서버에 도착한 메일을 사용자 컴퓨터로 가져오는 수신 프로토콜

08 - ①
[해설] **공개소프트웨어** : 개발자가 소스를 공개한 소프트웨어이며 구매와 관계없이 누구나 자유롭게 사용하고 수정 및 재배포 할 수 있음

09 - ②
[해설] 객체지향프로그래밍의 속성을 표시하며, 개념정도만 이해하고 감
[정리] ① **구조적프로그래밍** : GOTO문을 사용하지 않으며, 순서, 선택, 반복의 세 가지 논리 구조를 사용하는 기법
③ **하향식프로그래밍** : 구조적프로그래밍의 다른 표현으로 흐름이 위에서 아래로 흐르게 함
④ **비주얼프로그래밍** : 윈도우 대화형(GUI방식)으로 화면을 보면서 쉽게 프로그래밍 할 수 있는 기법

10 - ③
[해설] ③은 모뎀(MODEM)에 대한 설명임. 브리지(Bridge)는 서로 독립적으로 동작하면서 같은 프로토콜을 사용하는 두 LAN을 연결하는 네트워크 장치로 연결하는 다리(Bridge) 역할을 함

11 - ①
[해설] **캐시메모리** : 중앙처리장치(CPU)와 주기억장치 사이에 위치하여 처리 속도를 향상시키는 역할을 함
[정리] ② **가상기억장치** : 보조기억장치의 일부를 주기억장치처럼 사용하는 메모리 관리 기법으로 주기억장치보다 큰 프로그램을 불러와 실행해야 할 때 유용함
③ **플래시메모리** : 롬(ROM)처럼 기억된 내용이 전원이 나가도 지워지지 않는 비휘발성 메모리이면서 램(RAM)처럼 입력과 수정이 쉽도록 개발된 빠른 속도의 기억장치
④ **연상기억장치** : 주기억장치에 저장된 정보에 접근할 때 주소 대신 기억된 정보의 내용의 일부를 이용하여 직접 접근하는 장치

12 - ④
[해설] **속도가 빠른 순서** : 밀리초(ms, 10^{-3}) < 마이크로초(μs, 10^{-6}) < 나노초(ns, 10^{-9}) < 피코초(ps, 10^{-12}) < 펨토초(fs, 10^{-15}) < 아토초(as, 10^{-18})

13 - ②
[정리] ① 스니핑(Sniffing) : 사전적인 의미로는 '냄새를 맡다, 코를 킁킁거리다'의 뜻으로 네트워크 주변을 지나다니는 패킷을 엿보면서 계정과 패스워드를 알아내는 행위
③ 백도어(BackDoor) : 서비스 기술자나 유지 보수 프로그래머들의 액세스 편의를 위해 만든 보안이 제거된 비밀통로를 이르는 말로 시스템에 무단 접근하기 위한 일종의 비상구
④ 해킹(Hacking) : 사용 권한이 없는 사람이 시스템에 침입하여 정보를 수정하거나 빼내는 행위를 의미

14 - ④
[해설] 클립보드는 데이터를 일시적으로 보관해 두는 임시 저장 공간, 복사/잘라내기/붙여넣기 등에 사용되며, 시스템을 재시작하면 클립보드에 저장된 데이터는 지워짐

15 - ②
[해설] 트리형 : 중앙의 컴퓨터와 일정 지역의 단말기까지 하나의 통신 회선으로 연결되어 이웃 단말기는 이 단말기로부터 근처의 다른 단말기로 회선이 연장되는 형태로 하나의 고장이 전체에 영향을 미침
[정리] ① 버스형 : 모든 노드들은 탭을 통해 버스라는 하나의 케이블에 연결되는 형태
③ 링형 : 모든 노드들은 원형으로 연결
④ 망형 : 모든 노드들이 상호간에 연결을 하고 있는 형태

16 - ④
[해설] 8비트가 모여 1바이트(Byte)가 됨, 크기순으로 이해하고 기억해야 함.

17 - ④
[해설] 아이콘 자동 정렬은 바탕 화면의 바로 가기 메뉴 중 [보기]의 하위 메뉴이며(아래왼쪽그림), 오른쪽 그림은 작업표시줄 바로 가기 메뉴 내용

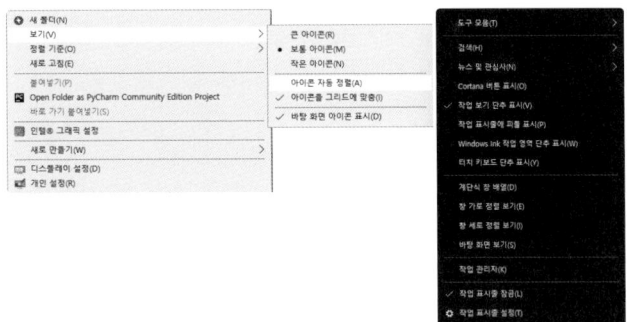

18 - ②
[해설] 7비트에 1비트를 추가한 확장 ASCII 코드는 특수기호, 외래어, 그래픽기호 등 128개의 문자를 더 표현하며, 8비트를 사용하여 256가지의 문자를 표현
[정리] ①, ③번은 EBCDIC 코드, ④번은 해밍 코드에 대한 설명

19 - ①
[해설] 벡터(Vector)방식 : 점과 점을 연결하는 직선이나 곡선을 이용하여 이미지를 표현하는 방식, 이미지를 확대해도 테두리가 매끄럽게 표현되고 단순한 도형과 같은 개체 표현에 적합, 파일 형식은 DXF, AI, WMF, CDR 등

20 - ④
[해설] 인쇄 중인 작업도 인쇄를 취소하거나 잠시 중단가능, 또한 인쇄 대기중인 문서를 다른 프린터로 전송할 수 있지만 인쇄중인 문서 또는 일시 중지된 문서, 오류가 발생한 문서 등은 다른 프린터로 전송할 수 없다.

21 - ④
[해설] '새로운 값으로 대치'를 해제해야 함, 해제하지 않으면 기존의 자료는 새로운 값으로 대치됨

22 - ②
[해설] 매크로는 셀에 연결하여 실행할 수 없으며, 텍스트 상자, 워드아트, 그림을 이용하여 그린 개체에 매크로를 연결하여 실행

23 - ②
[해설] '셀 서식' 대화상자의 '보호' 탭에서 '잠금'이 해제된 셀은 보호되지 않는다. 따라서 '잠금'이 해제된 셀은 보호되지 않음, 보호하려면 '잠금' 속성을 해제하면 안 됨

24 - ②
[해설] 피벗 테이블을 삭제하면 피벗 차트는 일반 차트로 변경됨

25 - ④
[해설] 데이터 정렬 시 숨겨진 행이나 열은 정렬에 포함되지 않으며, 고급 필터가 적용되어 숨겨진 데이터 또한 정렬에 포함되지 않음. 따라서 숨겨진 데이터는 풀어서 정렬해야 함

26 - ④
[해설] 오류메시지 참조

#####	셀 너비보다 큰 숫자 또는 날짜, 시간이 입력되어 있거나 계산 결과가 음수인 날짜와 시간이 있을 경우
#DIV/0!	나누는 수가 빈 셀이나 0이 있는 셀을 참조한 경우 (피연산자가 빈 셀이면 0으로 간주됨)
#NUM!	숫자 오류로 너무 크거나 작은 숫자를 결과로 표시하는 수식을 입력한 경우
#NAME?	함수 이름이나 정의되지 않은 셀 이름을 사용한 경우, 수식에 잘못된 문자열을 지정하여 사용한 경우
#N/A	수식에서 잘못된 값으로 연산을 시도한 경우
#NULL!	교점 연산자(공백)를 사용했을 때 교차 지점을 찾지 못한 경우
#REF!	셀 참조가 유효하지 않을 경우
#VALUE!	수식 자동 고침 기능으로 수식을 고칠 수 없을 때나 잘못된 인수나 피연산자를 사용하는 경우

27 - ④
[해설] 셀에 입력된 데이터를 Delete로 삭제한 경우 메모는 함께 삭제되지 않음

28 – ①

29 – ②
해설 서로 다른 통합 문서에 있는 워크시트의 경우에도 '원본 데이터에 연결'을 적용할 수 있음

30 – ①
해설 눈금선 표시 없음

31 – ③
해설 숫자가 입력된 셀의 채우기 핸들을 드래그하면 동일한 내용이 복사되고, 을 누른 채 드래그하면 값이 1씩 증가 하여 입력됨

32 – ③
해설 "hh:mm:ss AM/PM"로 지정하면 "03:30:22 PM"으로 표시됨(왼쪽화면), 즉 두 자리로 표시됨. 하지만 "h:mm:ss AM/PM"로 지정하면 "3:30:22 PM"으로 표시됨(오른쪽화면), 즉 한 자리로 표시됨

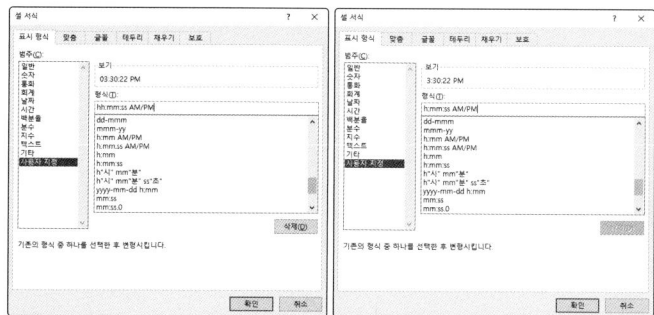

33 – ④
해설 '페이지 가운데 맞춤'은 오른쪽 그림 [여백]탭에서 설정함

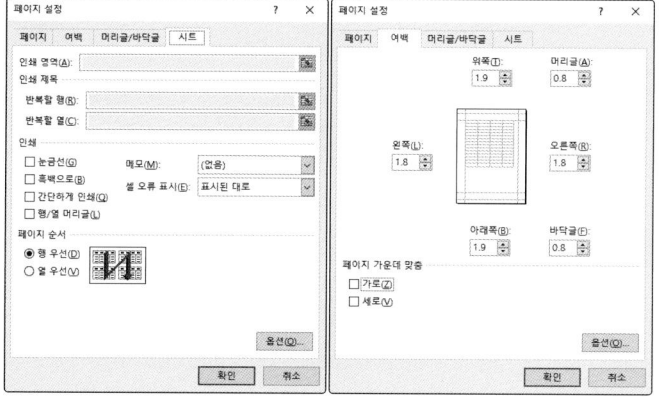

34 – ③
해설 이 문제 유형은 함수의 특징을 기억하면 수식을 풀지 않고도 정답을 고를 수 있음
[정리] ①은 (DAVERAGE(A1:F7,5,B1:B2)의 결과 값 12.66667을 정수(integer)만 취하여 12
②는 (DAVERAGE(A1:F7,5,B1:B2)의 결과 값 12.66667을 소수점 버림(자르다:truncate) 12
③은 (DAVERAGE(A1:F7,5,B1:B2)의 결과 값 12.66667을 반올림하여 13임
④은 (DAVERAGE(A1:F7,5,B1:B2)의 결과 값 12.666670에서 소수점을 무시하여 12

	A	B	C	D	E	F
1	나무번호	종류	높이	나이	수확량	수익
2	001	사과	18	20	18	105000
3	002	배	12	12	10	95000
4	003	체리	13	14	9	105000
5	004	사과	14	15	10	75000
6	005	배	9	8	8	77000
7	006	사과	8	9	10	45000
8						
9	사과나무의 평균 수확량					
10						
11	수식					결과
12	=DAVERAGE(A1:F7,5,B1:B2)					12.666667
13	① =INT(DAVERAGE(A1:F7,5,B1:B2))					12
14	② =TRUNC(DAVERAGE(A1:F7,5,B1:B2),0)					12
15	③ =ROUND(DAVERAGE(A1:F7,5,B1:B2),0)					13
16	④ =ROUNDDOWN(DAVERAGE(A1:F7,5,B1:B2),0)					12

35 – ③
해설 여러 셀에 숫자나 문자 데이터를 한 번에 입력하려면 여러 셀이 선택된 상태에서 데이터를 입력한 후 Ctrl+Enter 키를 누름

36 – ③
해설 ③ 결과는 "한상공대학교", 나머지는 "상공대학교", 아래 그림의 D열이 결과임

	A	B	C	D	E
1	대한상공대학교		①	=MID(A1,SEARCH("대",A1)+2,5)	상공대학교
2			②	=RIGHT(A1,LEN(A1)-2)	상공대학교
3			③	=RIGHT(A1,FIND("대",A1)+5)	한상공대학교
4			④	=MID(A1,FIND("대",A1)+2,5)	상공대학교
5					

[정리] ① =MID(A1,SEARCH("대",A1)+2,5)
SEARCH("대",A1)=1의 위치 + 2칸 이동=3, '상' 위치에서 5개 문자출력
② =RIGHT(A1,LEN(A1)-2)
LEN(A1) = 총7개 문자크기 - 2=5, 오른쪽 5개 문자 출력
③ =RIGHT(A1,FIND("대",A1)+5)
FIND("대",A1)=1의 위치 + 5=6, 오른쪽 6개 문자출력
④ =MID(A1,FIND("대",A1)+2,5)
FIND("대",A1)=1의 위치 + 2칸 이동=3, '상' 위치에서 5개 문자출력

37 – ②
해설 특정 서식이 지정된 텍스트나 숫자를 찾을 수 있음

38 – ①
해설 '〈〉'은 부정임. AND 조건(한줄에 조건)인지, OR 조건(두줄에 조건)인지를 알면 해결 가능

39 – ③
해설 문자 데이터는 기본이 왼쪽 맞춤, 날짜 및 시간 데이터는 기본이 오른쪽 맞춤

40 - ②

[정리] ① 세로(값) 축의 축 서식에서 주 단위 간격을 5, 최대값을 95로 설정
③ '영어'의 데이터 레이블은 바깥쪽 끝에 표시
④ 가로(항목) 축에는 주 눈금선만 표시

제02회 기출정복문제

정답

01 ②	02 ②	03 ④	04 ③	05 ③
06 ③	07 ①	08 ④	09 ③	10 ①
11 ②	12 ①	13 ②	14 ①	15 ②
16 ③	17 ④	18 ④	19 ①	20 ②
21 ③	22 ②	23 ②	24 ④	25 ①
26 ①	27 ①	28 ②	29 ④	30 ③
31 ②	32 ③	33 ④	34 ④	35 ③
36 ②	37 ②	38 ②	39 ③	40 ④

01 - ②

[정리] ① **안티앨리어싱(Anti-Aliasing)** : 2차원 그래픽에서 톱니 모양의 개체 경계면 픽셀을 개체의 색상과 배경의 색상을 혼합해서 표현함으로써 경계면을 부드럽게 보이도록 하는 기법
③ **인터레이싱(Interlacing)** : 그림 파일을 표시하는데 있어서 이미지의 대략적인 모습을 먼저 보여준 다음 점차 자세한 모습을 보여주는 기법
④ **메조틴트(Mezzotint)** : 금속판에 점과 가늘게 교차하는 선을 새겨 넣고 그 선을 메우거나 깎는 등의 명암을 내는 기법

02 - ②

[해설] **라우터(Router)** : 인터넷에 접속할 때 최적의 경로를 설정하여 데이터들이 효율적인 속도로 전송될 수 있도록 흐름을 제어함
[정리] ① **허브(Hub)** : 여러 대의 컴퓨터를 연결할 때 각 회선을 통합 관리하는 장비
③ **게이트웨이(Gateway)** : 다른 네트워크에 데이터를 보내고 받기 위한 출입구 역할을 하는 장비
④ **DNS(Domain Name Server)** : 인터넷 도메인 네임을 숫자로 된 IP 주소로 바꾸어 주는 장비

03 - ④

[해설] JPEG 압축 방법은 파일 크기가 작아 웹 상에서 사진 같은 이미지를 보관하고 전송하는데 적합하지만, 문자, 선, 세밀한 격자 등 고주파 성분이 많은 이미지의 변환에서는 GIF나 PNG에 비해 품질이 낮음

04 - ③

[해설] 컴퓨터 바이러스를 예방하기 위해서는 ①,②,④과 같은 방법으로 예방하는 것이 효과적이지만, 다른 이름으로 저장해서 사용한다 해서 바이러스를 예방하는 것은 아님

05 - ③

[해설] 선택한 파일/폴더의 속성 대화상자를 표시함

06 - ③

[해설] 어댑터 주소는 컴퓨터 네트워크 어댑터(랜카드)의 물리적 주소(Physical address)(기계주소)로 한번 지정되면 수정불가함.
① **IP주소** : 현재 컴퓨터에 설정된 IP 주소로 네트워크 주소와 호스트 주소로 구성됨
② **서브넷 마스크** : IP 주소의 네트워크 부분과 호스트 부분을 구별하여 하나의 IP를 여러 개로 나누어서 사용할 수 있도록 해주며, 사용자가 속한 네트워크를 식별
④ **DNS 서버 주소** : 도메인 네임을 숫자로 된 IP 주소로 변환하는 DNS 서버의 IP 주소
• **게이트웨이** : 종류가 다른 네트워크 간의 통신을 가능하게 해주는 장치

07 - ①

[해설] **패치 버전** : 프로그램의 오류를 수정하거나 기능 향상을 위해 프로그램의 일부를 변경해 주는 프로그램
[정리] ② **알파 버전** : 베타 테스트를 하기 전, 제작 회사 내에서 테스트할 목적으로 제작하는 프로그램
③ **트라이얼 버전** : 상용 소프트웨어를 일정 기간 동안 사용해 볼 수 있도록 제공하는 체험판 프로그램
④ **프리웨어** : 무료로 배포되는 공개된 프로그램

08 - ④

[해설] 폴더를 마우스로 선택한 후 [Alt]키를 누른 채 같은 드라이브의 다른 폴더로 끌어서 놓으면 바로가기가 만들어짐

09 - ③

[해설] **HTML5(Hypertext Markup Language Version5)** : 최신 멀티미디어 콘텐츠를 '엑티브X없이' 웹 서비스로 제공할 수 있는 언어로 HTML의 완전한 5번째 버전
[정리] ① **XML(EXtensible Markup Language)** : '확장성 생성 언어'라는 뜻으로 기존 HTML의 단점을 보완하여 웹에서 구조화된 폭넓고 다양한 문서를 상호 교환할 수 있도록 설계된 언어
② **VRML(Virtual Reality Modeling Language)** : '가상현실 모델링 언어'라는 뜻으로 웹에서 3차원 가상 세계를 표현할 수 있게 해주는 언어
④ **JSP(JavaServer Pages)** : 자바로 만들어진 서버 스크립트로 다양한 운영체제에 사용 가능하며, 데이터베이스와 연결이 쉽고 시스템을 효율적으로 사용할 수 있음

10 - ①

해설 ①은 [설정]-[시스템]-[디스플레이]에서 실행하는 기능

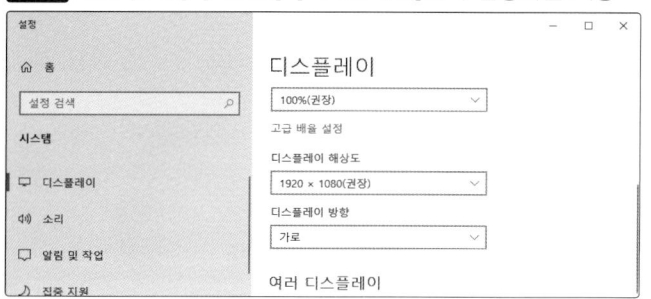

그리고, [제어판]-[접근성 센터]에서 설정할 수 있는 기능은 돋보기 시작 / 내레이터 시작 / 화상 키보드 시작 / 고대비 설정

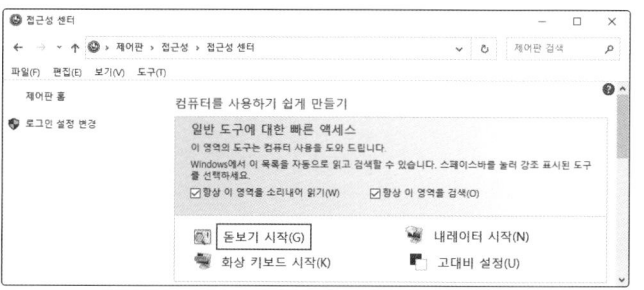

11 - ②

해설 **에어로 피크** : 바탕 화면에 여러 개의 창들이 열려 있어 바탕 화면 내용을 확인하기 어려울 때 바탕 화면을 일시적으로 표시할 수 있다. 바탕 화면을 일시적으로 미리 보기

12 - ①

해설 **단방향(Simplex) 통신** : 한쪽은 수신만, 다른 한쪽은 송신만 가능한 방식(TV, 라디오)
정리 ② **반이중(Half Duplex) 통신** : 양방향으로 송수신이 가능하지만 동시에는 불가능한 방식(무전기)
③ **전이중(Full Duplex) 통신** : 양방향 모두 동시에 송수신이 가능한 방식(전화)
④ **양방향(Duplex) 통신** : 동시에 양방향 전송이 가능한 통신방식이며, 반이중과 전이중 두 가지로 나눔

13 - ②

해설 **가로채기** : 데이터를 전송 도중에 몰래 보는 기밀성 저해 행위
정리 ① **가로막기** : 데이터의 전달을 방해하는 가용성 저해 행위
③ **변조/수정** : 다른 내용으로 수정하여 변조하는 무결성 저해 행위
④ **위조** : 다른 송신자로부터 송신된 것처럼 꾸미는 무결성 저해 행위

14 - ①

해설 ①은 복구가능, 자기 PC에 저장된 파일을 삭제한 경우
정리 ② 자기 PC에 저장된 파일이 아니라 복원 불가능
③ 자기 PC에 저장된 파일이 아니라 복원 불가능
④ 휴지통 크기를 0 MB 설정하면, 완전삭제, 복원불가능

15 - ②

해설 **HDMI(High Definition Multimedia Interface)** : 고선명 멀티미디어 인터페이스로 디지털 연결 방식으로 비디오와 오디오를 모두 지원하는 인터페이스
정리 ① **DVI(Digital Video/visual Interactive)** : 비디오를 디지털 데이터로 저장했다가 컴퓨터로 재생가능한 동화상 기술
③ **USB(Universal Serial Bus)** : 정보기기에 주변 장치를 연결하기 위한 직렬 버스 규격의 하나이며, 작은 이동식 기억장치
④ **IEEE 1394(Institue of Electrical and Eletronics Engineers 1394)** 는 PC나 각종 AV 기기에서 대량으로 고속 데이터 통신을 실행하기 위한 인터 페이스로 USB와 마찬 가지로 직렬 방식의 인터페이스

16 - ③

해설 드럼식이 레이저로 비 충격식 방식을 사용, 그러나 체인식, 밴드식은 충격식 프린터 방식

17 - ④

해설 **캐시메모리** : 중앙처리장치(CPU)와 주기억장치 사이에 위치하여 처리 속도를 향상시키는 역할을 함
정리 ① **가상기억장치** : 보조기억장치의 일부를 주기억장치처럼 사용하는 메모리 관리 기법으로 주기억장치보다 큰 프로그램을 불러와 실행해야 할 때 유용함
② **연상기억장치** : 주기억장치에 저장된 정보에 접근할 때 주소 대신 기억된 정보의 내용의 일부를 이용하여 직접 접근하는 장치
③ **플래시메모리** : 롬(ROM)처럼 기억된 내용이 전원이 나가도 지워지지 않는 비휘발성 메모리이면서 램(RAM)처럼 입력과 수정이 쉽도록 개발된 빠른 속도의 기억장치

18 - ④

해설 연결되는 부분을 숙지바람
정리 ① ㉠ - 프로세서 종류
② ㉡ - 그래픽카드 종류
③ ㉢ - 메모리 용량과 종류

19 - ①

해설 **웨어러블 컴퓨터(Wearable Computer)** : 시계, 안경, 모자, 의복 등 사람의 몸에 착용할 수 있는 컴퓨터를 말함, 웨어러블(Wearable)의 뜻이 몸에 착용한다는 뜻
정리 ② **마이크로 컴퓨터(Micro Computer)** : 일반 개인용 컴퓨터로 가정용이나 업무용으로 사용
③ **인공지능 컴퓨터(Artificial intelligence Computer)** : 인공지능(人工知能) 또는 A.I.(Artificial Intelligence)는 인간이 지닌 지적 능력의 일부 또는 전체, 혹은 그렇게 생각되는 능력을 인공적으로 구현한 것
④ **서버 컴퓨터(Server Computer)** : 서버는 클라이언트에게 네트워크를 통해 서비스하는 컴퓨터를 의미. 홈페이지를 운영하려면 직간접적으로 서버가 필요하며, 온라인 게임이나 웹게임들도 서버를 통해서 서비스를 제공함

20 - ②

해설 HTTP(HyperText Transfer Protocol) : 하이퍼텍스트 문서를 교환하기 위하여 사용된 통신 규약

정리 ① TCP(Transmission Control Protocol) : 서버와 클라이언트간에 데이터를 신뢰성 있게 전달하기 위해 만들어진 인터넷 표준 데이터 통신 프로토콜
③ FTP(File Transfer Protocol, FTP) : 파일 전송 프로토콜은 서버와 클라이언트 사이의 파일 전송을 하기 위한 프로토콜
④ SMTP(Simple Mail Transfer Protocol) : 전자 우편을 송신하고 수신하는 데 사용되는 프로토콜

21 - ③

해설 일단 삭제 작업이 이루어지고 나면 복원 불가능

22 - ②

해설 [셀 서식] 대화상자의 [보호] 탭에서 '잠금'이 해제된 셀은 보호되지 않는다. 따라서 '잠금'이 해제된 셀은 보호되지 않음. 보호하려면 '잠금' 속성을 해제하면 안 됨

23 - ①

해설 ②는 분수 입력방법으로 수식으로 인식함. 나머지는 문자로 인식함

24 - ④

해설 미리 오름차순, 내림차순을 수행 후, 부분합을 실행해야 함

25 - ①

해설 다음과 같이 채워 짐

	A	B	C	D
1	가	갑	월	자
2	가	을	화	축
3	가	병	수	인
4	가	정	목	묘
5	가	무	금	진
6	가	기	토	사
7	가	경	일	오
8	가	신	월	미
9	가	임	화	신
10	가	계	수	유

26 - ①

해설 **수식 셀** : 결과 값이 출력되는 셀 주소
찾는 값 : 목표로 하는 값
값을 바꿀 셀 : 목표값을 만들기 위해 변경되는 값
수식 셀(36.67)이 찾는 값(40)이 되기 위해서 값을 바꿀 셀(60)이 얼마가 되어야 하는가를 구하는 것으로 '평균이 40이 되기 위해서 노트북 판매량은 얼마가 되어야 하는가?'로 이해하면 된다.

27 - ①

해설 ①은 AND 조건(~이면서)(한 줄에 조건)이고, ②는 OR 조건(~이거나)(두 줄에 조건)

28 - ②

정리 ① '메모'는 (없음), '시트 끝', '시트에 표시된 대로' 중 하나를 선택하여 인쇄함
③ '간단하게 인쇄'를 체크하면 모든 서식과 구분선, 도형, 개체 등이 제거된 텍스트만을 인쇄함
④ 숨겨진 열이나 행은 인쇄안 함

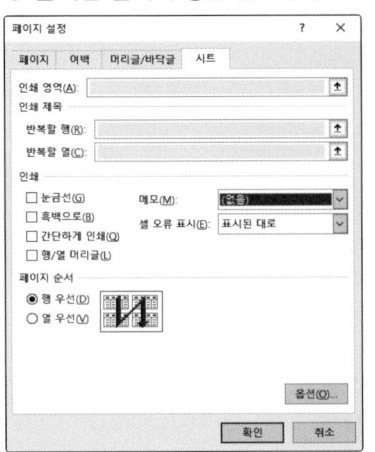

29 - ④

해설 '원본데이터에 연결' 후 자료가 변경되면 자동 업데이트 됨. 하지만 '통합에 참조된 영역에서의 행 또는 열이 변경될 때'에는 참조영역이 변경되면 자동으로 업데이트 되지 않음

30 - ③

해설 ① A4셀 "이길순"이 "배순용"으로 수정됨. 메모는 변화 없음
② "지워진다"가 아니고 메모를 숨기는 기능
④ "이길순" 자료만 삭제되고, 띄어쓰기가 한번 입력되나, 메모는 변화 없음

31 - ②

해설 ?는 '숫자가 남는 자리에는 공백으로 표시하라'는 와일드 카드로 '44.398'을 '???.???'로 설정하면 ' 44.398'이 표시됨

32 - ③

해설 행을 계산해보면 4행이 변하면 안되므로, C$4로 4행을 고정시키고.
열을 계산해보면 B열이 변하면 안되므로, $B5로 B열을 고정시킴. 그러므로 'C5=C$4*$B5'의 수식을 지정하고 핸들로 정리함.

정리

	A	B	C	D	E	F
C5				=C$4*$B5		
1			이율과 원금에 따른 수익금액			
2						
3				원금		
4			5,000,000	10,000,000	30,000,000	500,000,000
5	이	1.5%	75,000.0	150,000.0	450,000.0	7,500,000.0
6	율	2.3%	115,000.0	230,000.0	690,000.0	11,500,000.0
7		3.0%	150,000.0	300,000.0	900,000.0	15,000,000.0
8		5.0%	250,000.0	500,000.0	1,500,000.0	25,000,000.0

33 - ④

해설 매크로에서 지정한 바로 가기 키와 엑셀의 바로 가기 키가 같은 경우 매크로에서 지정한 바로 가기 키가 적용. 즉,중복시 매크로 우선

34 - ④
해설 ④만 여, 나머지는 남

35 - ③
해설 이 문제 유형은 함수의 특징을 기억하면 수식을 풀지 않고도 정답을 고를 수 있음

정리 ①은 (DAVERAGE(A1:F7,5,B1:B2)의 결과 값 12.66667을 정수(integer)만 취하여 12

②는 (DAVERAGE(A1:F7,5,B1:B2)의 결과 값 12.66667을 소수점 버림(자르다:truncate) 12

③은 (DAVERAGE(A1:F7,5,B1:B2)의 결과 값 12.66667을 반올림하여 13임

④은 (DAVERAGE(A1:F7,5,B1:B2)의 결과 값 12.66667에서 소수점을 무시하여 12

36 - ②
해설 늘이기는 값에 비례하지 않고, 막대의 크기에 비례함

37 - ②
해설 [파일]-[옵션]-[보안센터]-[보안센터 설정]을 클릭하면, 매크로 설정 화면에서 '알림이 포함된 VBA 매크로 사용 안 함'으로 설정시(기본) 위의 '보안경고'가 나타남

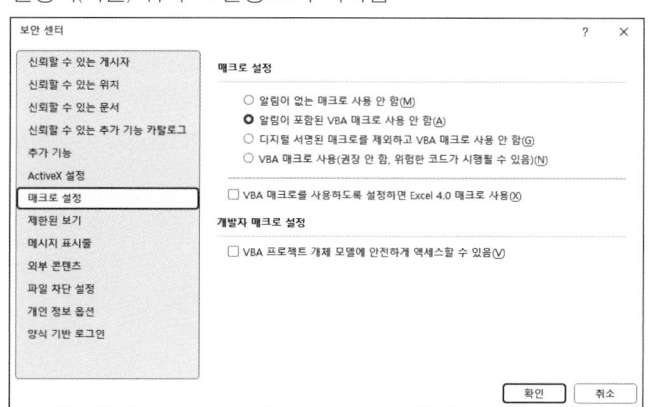

38 - ②
해설 [보기] 탭-[페이지 나누기 미리보기]를 클릭하면 자동은 점선

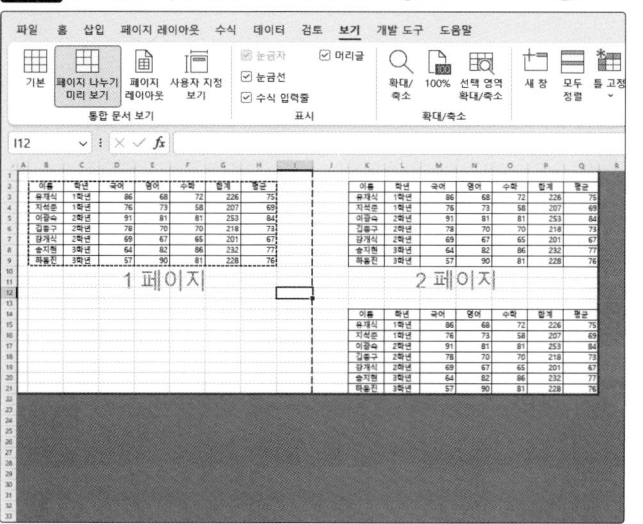

실선을 드래그하면 수동으로 페이지를 조절할 수 있음

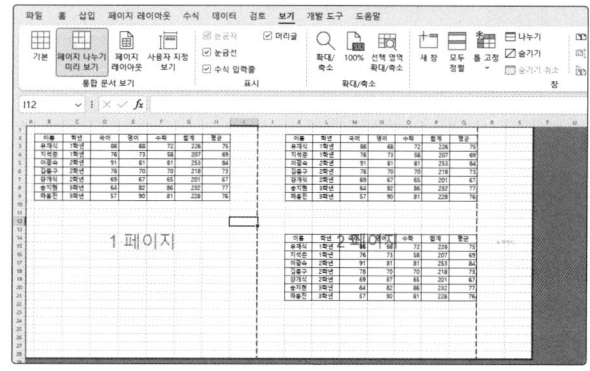

39 - ③
해설 REPT 반복함수와 개수 찾아주는 COUNTIF 함수 조합으로 사용되는 인수의 위치를 기억해야 함

REPT(텍스트, 개수) : 텍스트를 지정한 횟수만큼 반복(repeat)해서 표시해 주는 함수

COUNTIF(범위, 조건) : 지정한 범위에서 조건에 맞는 개수를 구하는 함수

두 개의 함수에서 인수 위치를 알면, 실행하지 않고도 알 수 있음. ③번 결과가 정답, 실행을 해 보면 아래와 같음

		①결과	②결과	③결과	④결과
①	=REPT("♣", COUNTIF(D3, $B$3:$B$10))		#VALUE!	♣	#VALUE!
②	=REPT(COUNTIF(D3, $B$3:$B$10), "♣")		#VALUE!	♣♣♣♣	#VALUE!
③	=REPT("♣", COUNTIF($B$3:$B$10, D3))		#VALUE!	♣♣♣	#VALUE!
④	=REPT(COUNTIF($B$3:$B$10, D3), "♣")		#VALUE!	♣♣	#VALUE!

40 - ④
해설 원본데이터의 오른쪽 각각의 반의 합계 데이터는 사용하지 않아서 표 전체 영역을 사용한 것은 아님, 다음 그림이 표 전체 영역을 사용한 결과임

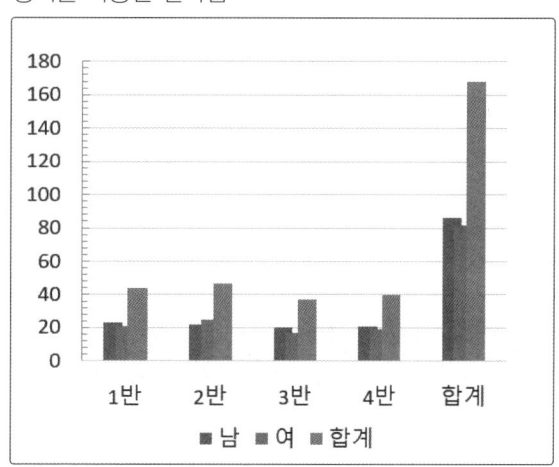

제03회 기출정복문제

정답

01 ③	02 ④	03 ③	04 ①	05 ②
06 ①	07 ④	08 ②	09 ②	10 ④
11 ④	12 ②	13 ④	14 ②	15 ②
16 ②	17 ③	18 ③	19 ①	20 ④
21 ③	22 ③	23 ④	24 ②	25 ④
26 ②	27 ①	28 ②	29 ③	30 ①
31 ①	32 ③	33 ②	34 ④	35 ③
36 ③	37 ④	38 ③	39 ③	40 ④

01 – ③
해설 멀티미디어의 특징 : 둘 이상의 매체가 동시에 사용되는 것이며, 미디어별 파일 형식이 통합 처리되어 멀티미디어의 제작이 용이

02 – ④
해설 WAV : 무손실 압축 포맷이기에 실제 소리가 저장되어 있으므로 재생은 쉽지만 용량이 큼, 자연음향, 사람음성 표현이 가능하기에, 음높이, 음길이, 세기 등 다양한 음악 기호는 정의되어 있지 않음

03 – ③
해설 ③이 전송된 데이터를 다른 내용으로 바꾸는 변조
[정리] ① **가로막기** : 정상적으로 전송되는 것을 방해
② **가로채기** : 전송되는 도중에 몰래 엿보거나 정보를 유출
④ **위조** : 다른 사람이 송신한 것처럼 꾸미는 것

04 – ①
해설 정보의 "편중"으로 계층간 정보차이가 확대되는 역기능과 정보의 "보편화"로 계층간 정보차이가 감소하는 순기능의 두 가지가 혼합되어 있음
- **VDT 증후군**(Visual Display Terminal Syndrome) : 컴퓨터 모니터 등 VDT를 보면서 장시간 작업을 하고 난 뒤에 발생하는 안 증상과 근골격계 증상, 피부 증상, 정신신경계 증상을 통틀어 일컫는 용어
- **테크노스트레스**(Technostress) : 컴퓨터가 발달하고 산업이 그에 맞춰감에 따라 컴퓨터 관련된 산업에 종사하는 사람들이 받는 스트레스

05 – ②
해설 가상메모리 : 주기억장치보다 큰 프로그램을 불러와 실행해야 할 때 유용함
[정리] ① **플래시메모리** : 롬(ROM)처럼 기억된 내용이 전원이 나가도 지워지지 않는 비휘발성 메모리이면서 램(RAM)처럼 입력과 수정이 쉽도록 개발된 빠른 속도의 기억장치
③ **캐시메모리** : 중앙처리장치(CPU)와 주기억장치 사이에 위치하여 처리 속도를 향상시키는 역할을 함
④ **버퍼 메모리** : 두 장치간 데이터를 주고 받을 때 속도 차이 해결을 위해 데이터를 임시저장

06 – ①
해설 URL은 인터넷 상에 존재하는 각종 자원들의 위치를 같은 형식으로 나타내기 위한 표준 주소 체계
- **형식** : 프로토콜://도메인 네임[:포트 번호][/파일 경로], 참고로 [ ]구분된 포트번호나 파일경로는 생략이 가능
- **URL 주소의 사용 예** : http://www.rexmedia.net/main/index.html

07 – ④
해설 OSI(Open Systems Interconnection) 7 계층 : 기종이 서로 다른 컴퓨터 간의 정보 교환을 원활하게 하기 위해 국제표준화기구(ISO)에서 제정한 표준화 방식
- **하위 계층** : 1.물리 계층, 2.데이터 링크 계층, 3.네트워크 계층
- **상위 계층** : 4.전송 계층, 5.세션 계층, 6.표현 계층, 7.응용 계층

08 – ②
해설 인트라넷 : 외부 인터넷을 기업 내부의 네트워크와 하나로 연결하여 저렴한 비용으로 필요한 네트워크를 구축하는 것(LAN 기반의 네트워크)

09 – ②
해설 메시지를 보내고 받는 데이터 통신용으로 7비트의 ASCII코드를 사용

10 – ④
해설 백신 프로그램 : 바이러스의 감염 여부를 검사하고 치료하는 프로그램(종류 : V3, 알약)

11 – ④
해설 같은 색끼리 연결해야 최대 속도를 지원함
검정색 USB 2.0 : 검정색 USB 포트 : 480Mbps
파란색 USB 3.0 : 파란색 USB 포트 : 5Gbps
빨간색 USB 3.1 : 빨간색 USB 포트 : 10Gbps

12 – ②

13 – ④
해설 사물 인터넷(Internet of Things) : 사물에 센서나 데이터 취득이 가능한 구조의 인터넷을 연결한 구조로 무선 통신을 통해 각종 사물을 연결하는 기술이며, IoT 네트워크구성 비용이 추가되므로, 통신비용이 상승하며, 각 기기간 정보보안문제도 더욱 증가하게 됨

14 – ②
해설 셰어웨어 : 일부 기능에 제한을 두거나 일정 기간 동안 사용이 가능한 프로그램
[정리] ① **상용소프트웨어** : 판매를 목적으로 개발하여 일정 금액을 지불하고 사용하는 프로그램
③ **공개소프트웨어**(Freeware) : 개발자가 소스를 공개한 소프트웨어
④ **베타버전**(Beta Version : 일반인한테 테스트)과 알파버전 (Alpha Version : 제작한 회사 내에서 회사원에게 테스트) : 배포 이전의 테스트 버전의 소프트웨어

15 - ②
해설 픽셀은 화면을 구성하는 단위, 1023x756 화면인 경우 가로 픽셀수가 1023개, 세로의 픽셀수가 756개라는 뜻으로 픽셀이 많을수록 해상도가 선명해 짐

16 - ②
해설 시스템의 속도가 느려졌을 경우, 드라이브 조각 모음 및 최적화를 수행하여 하드 디스크의 단편화를 제거 함

17 - ③
해설 ③은 방화벽은 외부의 불법적인 침입을 보호하지만, 내부에서 발생하는 해킹 행위는 막아 낼 수 없음

18 - ③
해설 표준 계정의 사용자는 컴퓨터 보안에 영향을 주는 설정을 변경할 수 없음. 그러나 관리자 계정의 사용자는 가능함

19 - ①
해설 Ctrl+Shift+드래그 : 바탕화면에 있는 아이콘 파일이 생성됨(아이콘복사)
정리 ② 해당 파일이 복사 : Ctrl+드래그하면 됨. 하지만 다른 드라이버라면, Ctrl키를 누르지 않고 드래그해도 자동으로 복사됨
③ 해당 파일이 이동 : 파일 선택 후 드래그 혹은 다른 드라이브로 이동시 Shift+드래그
④ 해당 파일이 영구 삭제 : Shift+휴지통으로 드래그, 혹은 Shift+Delete를 누르고 확인 후 영구 삭제가능

20 - ④
해설 화면 참조, 현재 로그인한 사용자 계정은 없음

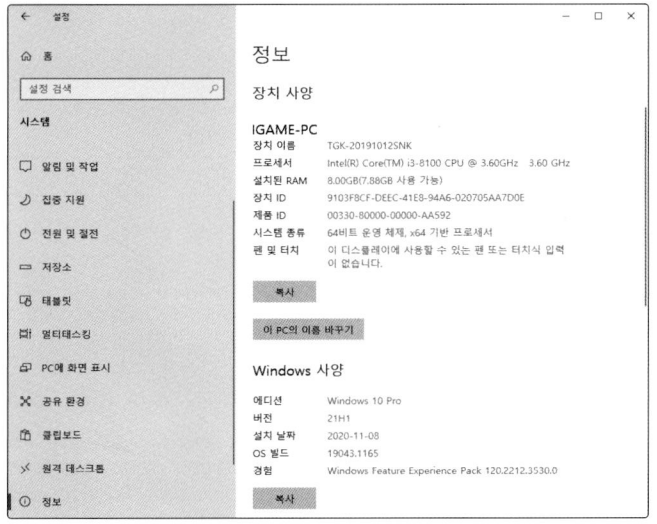

21 - ③
해설 시나리오의 값을 변경하여 해당 변경 내용이 기존 요약 보고서에 표시하려면 시나리오 요약 보고서를 재작성해야 함

22 - ③
해설 AND 조건은 같은 줄에, 그리고 OR 조건은 다른 줄에 표시함, 따라서 '국사가 80 이상이면서(AND) 영어가 85 이상이거나(OR), 평균이 85 이상인 경우'가 올바름

23 - ④
해설 문제에서 제시한 부분합 대화상자의 아래 부분의 '데이터 아래에 요약표시'가 체크되어 있으므로 계산 결과는 그룹별로 '아래쪽'에 표시됨

24 - ②
해설 원본 데이터와의 연결 여부를 지정하며, 통합할 데이터와 통합 결과가 표시될 위치가 같은 통합 문서에 있는 경우에는 적용할 수 없음

25 - ④
해설 [옵션] 단추를 클릭하면 매크로의 바로가기 키와 설명은 편집 가능, 하지만 매크로 이름은 수정할 수 없음. 다만, 매크로 이름을 수정하려면, [편집] 단추를 클릭하여, Visual Basic 편집기에서 수정가능

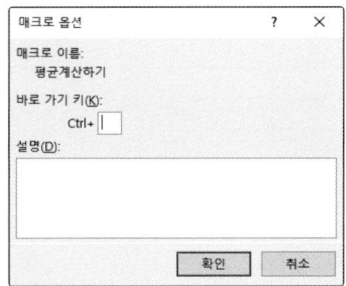

26 - ②
해설 아래 화면을 보면 '주 단위로 채우기'는 없음

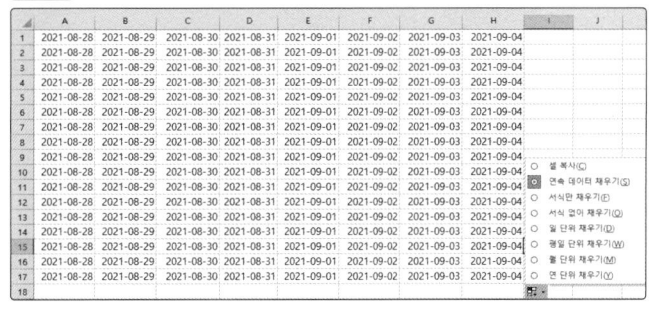

27 - ①
해설 마지막 셀의 내용이 아니라 왼쪽 셀의 내용만 남기고 모두 지움

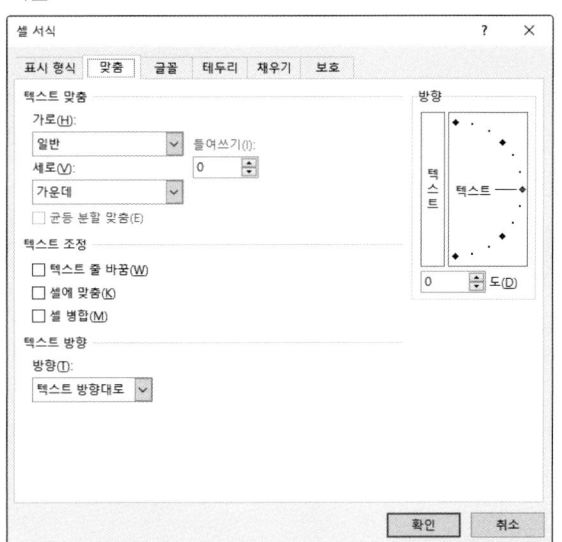

28 - ④

해설 [C5] 셀에 값을 입력하고 Home 키를 누르면 [C5] 셀에 값이 입력된 후 [A5] 셀로 셀 포인터가 이동함. 즉, 어디에 있든 왼쪽 A열 첫 번째 열로 이동함

29 - ④

해설 수식의 인수의 위치를 기억하면 풀 수 있음. 수강생들의 학점별(조건:IF) 학생수(COUNT)를 [E3:E7] 영역에 계산하는 함수는 '=COUNTIF(조건범위, 조건)', 실행결과는 다음 화면임. 이때, 조건범위는 반드시 절대참조로 해야 함

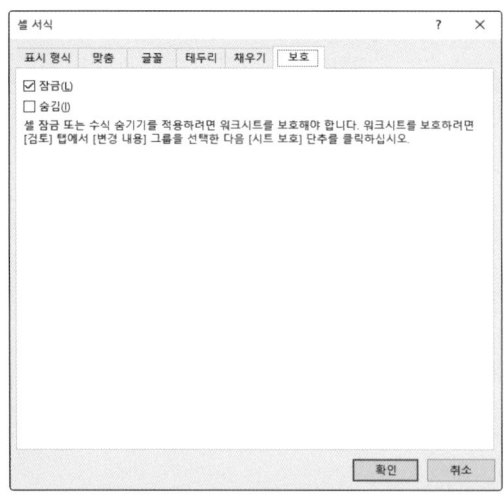

30 - ①

해설 시트 보호에서 '잠긴 셀 선택'을 허용하지 않으려면 시트 보호 설정 전 [셀 서식] 대화상자의 [보호] 탭에 '숨김'이 아니라 '잠금' 항목이 선택되어 있어야 함(기본설정)

그리고, 시트 보호에서 '잠긴 셀 선택'을 허용하지 않으려면 아래 그림의 시트 보호에서 '워크시트에서 허용할 내용'의 '잠긴 셀 선택'을 해제함

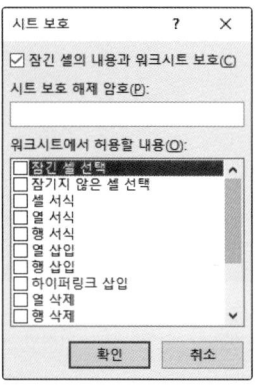

31 - ①

해설 키보드의 BackSpace 키를 누르면, C2셀에 있는 내용만 지워짐

	A	B	C	D	E
1	성명	출석	과제	실기	총점
2	박경수	20		55	95
3	이정수	15	10	60	85
4	경동식	20	14	50	84
5	김미경	5	11	45	61

32 - ③

해설 '직무'(B2)가 90 이상이거나(OR), '국사'(C2)와 '상식'(D2)이 모두 80 이상(AND)이면(IF) '평가'에 "통과"(참일 때)를 표시. 함수 형태를 보면,
=IF(조건, 참, 거짓)
=AND(조건1, 조건2, ...)
=OR(조건1, 조건2, ...)임
먼저, 국사와 상식을 AND로 묶고 'AND(C2)=80,D2)=80)' 이것과 직무를 OR로 묶고 'OR(B2)=90, AND(C2)=80, D2)=80)' IF문의 조건식에 넣으면, '=IF(OR(B2)=90, AND(C2)=80,D2)=80)),"통과","")'가 됨

33 - ①

해설 먼저, 괄호안의 함수를 풀고, 결과를 밖의 함수에 바로 대입해서 결과를 풀면 됨. 공백문자도 개수에 포함됨

① =LEFT(MID("Sound of Music",5,6),3) → of

수식	결과	해설
=MID("Sound of Music",5,6)	d of M	5번째 d부터 6개 문자 추출
=LEFT("d of M",3)	d o	왼쪽부터 3개 문자 추출

② =MID(RIGHT("Sound of Music",7),2,3) → Mu

수식	결과	해설
=RIGHT("Sound of Music",7)	f Music	오른쪽에서 왼쪽으로 7개 문자 추출
=MID("f Music",2,3)	Mu	2번째 ' '부터 3개 문자 추출

③ =RIGHT(MID("Sound of Music",3,7),3) → fM

수식	결과	해설
=MID("Sound of Music",3,7)	und of	3번째 u부터 7개 문자 추출
=RIGHT("und of",3)	of	오른쪽에서 왼쪽으로 3개 문자 추출

④ =MID(LEFT("Sound of Music",7),2,3) → und

수식	결과	해설
=LEFT("Sound of Music",7)	Sound o	왼쪽부터 7개 문자 추출
=MID("Sound o",2,3)	oun	2번째 o부터 3개 문자 추출

34 - ④

해설 매크로 이름에 사용되는 영문자는 대소문자를 구분하지 않음. 첫 글자는 반드시 문자로 입력이 되어야 하고 나머지는 문자, 숫자 밑줄 등을 사용해서 입력가능. 단, 공백은 입력할 수 없으며 ?, /, -, #, @, $, %, & 등의 기호 문자도 입력할 수 없음

35 - ③
해설 키를 누른 상태에서 차트 조절점을 드래그를 해서 차트 크기를 조절하면 차트의 크기가 셀 영역에 맞게 위치 조절됨

36 - ③
해설 상품코드에 따른 단가는 VLOOKUP 함수에서 가져와야 함. 서로 다른 테이블의 값을 참조하여 원하는 계산을 할 때 사용. 함수형태는 '=VLOOKUP(찾을값, 참조범위, 열번호, 옵션)'이며, 함수를 불러오면 다음과 같음

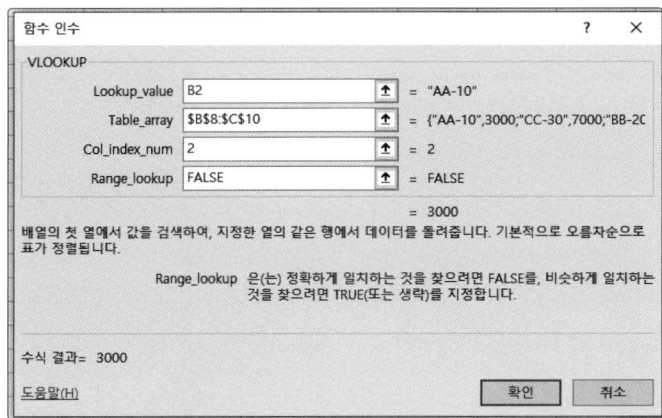

Lookup_value(찾을값) : B2('AA-10')을 지정
Table_array(참조범위) : $B$8:$C$10 지정. 참조범위는 채우기 핸들을 사용할 때 범위가 바뀌지 않게 절대참조로 고정
Col_index_num(열번호) : 2는 두번째 열(단가)을 의미
Range_Lookup(옵션) : FALSE 지정. 찾을값에 대해 해당 열에 대해서 정확히 일치하는 값 검색

37 - ④
해설 추세선은 비누적 2차원 차트에만 가능하며, ④는 거품형이라 가능. 추세선이 불가한 차트들은 누적 2차원 영역형과, 3차원 효과 영역형 ①방사형, ②원형, ③도넛형 등이 있음

38 - ③
해설 3차원 원형 안에 데이터 레이블이 표시가 되었는데 레이블 내용이 항목 이름, 값 이렇게 두 개가 설정이 되어 있음
[정리] ① 첫째 조각의 각에 대해서 조절할 수 있는데, 주어진 그림에서는 첫째 조각의 각을 설정하지 않았음.(기본값은 0)
② 차트는 3차원 원형 차트임([삽입]-[차트]-[원형]-[3차원 원형])
④ 차트 영역의 맨 위의 차트 제목에 위치함

39 - ③
해설 행 높이와 열 너비를 변경하게 되면 자동 페이지 나누기 구분선의 위치가 변경되어서 페이지의 수가 변경됨

40 - ④
해설 ④번은 시트 이름 삽입이 아니라 통합 문서 파일의 엑셀 파일(.xlsx)인 파일 이름 삽입 아이콘임. 시트 이름 삽입 아이콘은 이다.

제04회 기출정복문제

정답

01 ②	02 ②	03 ④	04 ④	05 ①
06 ③	07 ①	08 ②	09 ①	10 ②
11 ③	12 ④	13 ④	14 ①	15 ③
16 ④	17 ②	18 ④	19 ①	20 ③
21 ④	22 ②	23 ③	24 ①	25 ③
26 ①	27 ②	28 ④	29 ③	30 ①
31 ①	32 ①	33 ②	34 ④	35 ③
36 ④	37 ①	38 ②	39 ④	40 ②

01 - ②
해설 • 모델링 : 물체의 형상을 컴퓨터 내부에서 3차원 그래픽으로 어떻게 표현할 것인지를 정하는 과정
• 렌더링(Rendering) : 컴퓨터 그래픽에서 3차원 질감(그림자, 색상, 농도 등)을 줌으로써 사실감을 추가하는 과정

02 - ②
해설 IPTV : 광대역 연결 상에서 인터넷 프로토콜을 사용하여 소비자에게 디지털 텔레비전 서비스를 제공하는 시스템
[정리] ① VoIP : 인터넷과 같은 인터넷 프로토콜(IP) 네트워크를 통해 음성 통신(음성 전화서비스, 인터넷전화)과 멀티미디어 세션의 전달을 위한 기술
③ IPv6 : IPv4의 주소 고갈 문제를 해결하기 위하여 기존의 IPv4주소 체계를 128비트 크기로 확장한 차세대 인터넷 프로토콜이며 주소유형으로는 유니캐스트, 멀티캐스트, 애니캐스트 3가지가 존재함
④ TCP/IP : 컴퓨터 사이의 통신 표준 및 네트워크의 라우팅 및 상호연결에 대한 자세한 규칙을 지정하는 프로토콜, 이는 인터넷에서 광범위하게 사용되며 이를 통해 학회, 대학, 정부, 기업에서 서로 통신할 수 있음

03 - ④
해설 브리지 : 독립된 두 개의 근거리 통신망(LAN)이나 광역통신망(WAN)등을 연결(Bridge : 다리역할)해 주는 접속 장치
[정리] 컴퓨터 보안과 관련된 기술에 해당
① 인증 : 정보를 보낸 사람의 신원을 확인하고 접근 권한을 검증
② 암호화 : 데이터를 보낼 때 송신자가 지정한 수신자 이외에는 그 내용을 알 수 없도록 평문을 암호문으로 변환하는 것
③ 방화벽 : 바이러스 및 웜을 포함한 사용자 컴퓨터에 무단으로 접근하려는 시도를 방어

04 - ④
해설 대중화 현상이 강화되고 개성과 자유를 중요시 하게 되었음

05 - ①
해설 데이터 전송 방식(병렬방식, 직렬(동기/비동기)방식)과 네트워크 운영 방식(중앙 집중(Host-Terminal), 클라이언트/서버(Client/Server), 동배간(Peer-To-Peer)의 처리 방식)의 차이가 있음)

06 - ③

해설 버스형 : 모든 노드들은 탭을 통해 버스라는 하나의 케이블에 연결되는 형태, 단말기의 추가와 제거가 쉽지만 비밀 보장이 어렵고 단말기의 개수가 많을수록 성능이 약해짐

정리 ① 망형 : 모든 노드들이 상호간에 연결을 하고 있는 형태, 통신 회선의 장애 발생시 우회 전송이 가능하여 신뢰성이 좋지만 가장 많은 통신 회선이 필요 하여 설치가 복잡하고 비용이 많이듬
② 성형(중앙 집중형) : 모든 노드는 중앙에 있는 제어 노드와 점대점(point to point)으로 직접 연결되는 형태, 중앙 집중 방식으로 통제가 쉽지만 중앙의 컴퓨터가 고장나면 모든 네트워크가 마비됨
④ 링형 : 모든 노드들은 원형으로 연결되어 있고 각 노드는 인접한 노드와 직접 점대점(point to point)으로 연결된 형태, 각 노드 사이의 연결을 최소화 가능하며 통신 제어가 간단하지만 문제 파악 및 수리가 어려움

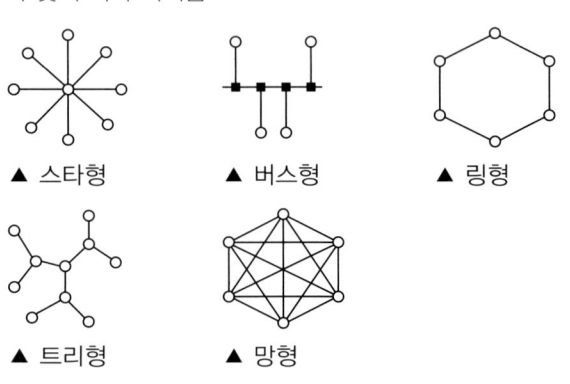

▲ 스타형 ▲ 버스형 ▲ 링형

▲ 트리형 ▲ 망형

07 - ①

해설 SATA : 직렬(Serial) ATA는 하드 디스크 혹은 광학 드라이브와 데이터 전송을 주요 목적으로 만든 컴퓨터 버스, 반면에 PATA는 병렬(Parallel) ATA로 개인용 컴퓨터 안에서 하드 디스크, CD-ROM 드라이브와 같은 기억 장치를 연결하는 표준 인터페이스

08 - ②

해설 가장 대표적인 시스템 소프트웨어는 운영체제이며, 사용자와 컴퓨터 사이에서 중간 역할을 하여 사용자가 컴퓨터를 편리하게 사용할 수 있도록 도와주는 프로그램. 종류는 Windows, UNIX, LINUX 등이 있음

정리 ① 컴파일러 : 특정 프로그래밍 언어(C나 파이썬등: 소스코드, 원시코드)로 쓰여 있는 문서를 다른 프로그래밍 언어(기계어: 목적코드)로 옮기는 언어 번역 프로그램
③ 유틸리티 : 컴퓨터의 동작에 필수적이지는 않지만 컴퓨터를 이용하는 주 목적에 대한 부차적인 일부 특정 작업을 수행하는 소프트웨어들(계산기, 화면캡쳐, 메모장, 휴지통 등)
④ 라이브러리 : 소프트웨어 개발에 관련한 파일의 집합이나 콘텐츠를 한 데 모아놓은 폴더

09 - ①

해설 인터넷 옵션에서는 멀티미디어 편집기를 선택할 수 없고, 홈페이지, 보안설정, 개인정보 등 브라우저의 설정을 할 수 있음

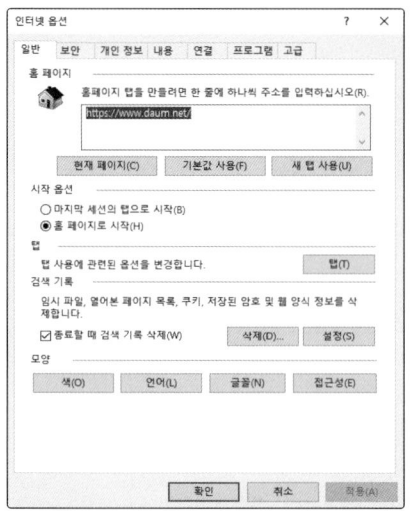

10 - ②

해설 일괄 처리 : 일반 운영체제의 운영방식 중 하나로 처리할 데이터를 일정량 또는 일정시간 동안 모아서 한꺼번에 처리함(급여계산, 공공요금계산 등)

11 - ③

해설 플래시 메모리 : ROM처럼 기억된 내용이 전원이 나가도 지워지지 않는 비휘발성 메모리이면서 RAM처럼 입력과 수정이 쉽도록 개발된 빠른 속도의 기억장치, 소비 전력이 작아 MP3 플레이어, 휴대전화, 디지털 카메라 등에 널리 사용됨. 블록 단위로 저장

12 - ④

해설 유니코드 : 국제표준으로 제정된 2바이트계(데이터의 처리나 교환을 위하여 1개 문자를 16비트로 표현)의 만국 공통의 국제 문자부호 체계

정리 ① EBCDIC : IBM에서 개발한 8비트 코드로 표현 가능한 문자수는 최대 256자
② 해밍코드 : 데이터 전송시 에러 검출이나 교정이 가능한 코드
③ EBCDIC : 연산을 빠르게 수행하기 위하여 Zone 비트와 Digit 비트로 구성

13 - ④

해설 비트는 정보의 최소 단위이며, 8비트가 모여 1바이트가 됨. 크기순으로 이해하고 기억해야 함

비트(Bit)	0이나 1을 표시하는 2진수 한자리
니블(Nibble)	4비트
바이트(Byte)	8비트
워드(Word)	2바이트나 4바이트, 8바이트로 명령단위 구성
필드(Field)	파일구성의 최소단위로 여러개의 워드단어로 구성

레코드(Record)	하나 이상의 필드로 구성
블록(Block)	하나 이상의 레코드로 구성
파일(File)	하나 이상의 블록으로 구성
데이터베이스(Database)	여러 개의 관련된 파일의 집합

14 - ①
해설 각 드라이브마다 만들 수 있고, 휴지통의 크기를 다르게 설정하는 것도 가능
정리 ② 지정된 휴지통의 용량을 초과하면 가장 오래 전에 삭제되어 보관된 파일부터 삭제됨
③ 휴지통에 보관된 파일이나 폴더의 이름은 변경불가
④ 휴지통에 보관된 폴더나 파일은 직접 실행할 수 없으며, 보관된 파일은 복원 후 실행

15 - ③
해설 RAM접근 속도 : 수치가 작을수록 빠르게 작동함. 반면 나머지는 수치가 클수록 좋음

16 - ④
해설 시스템 복원 시 windows update에 의한 변경사항도 복원됨, update시 이미 내용이 설치가 완료되었기 때문

17 - ②
해설 유틸리티 : 컴퓨터의 동작에 필수적이지는 않지만 컴퓨터를 이용하는 주 목적에 대한 부차적인 일부 특정 작업을 수행하는 소프트웨어들(계산기, 화면캡쳐, 메모장, 휴지통 등). ②의 내용은 시스템 소프트웨어(운영체제)에 해당됨

18 - ④
해설 점프 목록에서 항목을 제거하려면 [시작]메뉴에서 원하는 항목위에서 마우스 오른쪽 단추를 눌러 바로가기 메뉴에서 '시작 화면에서 제거'나, 혹은 '작업 표시줄에서 제거'를 선택함

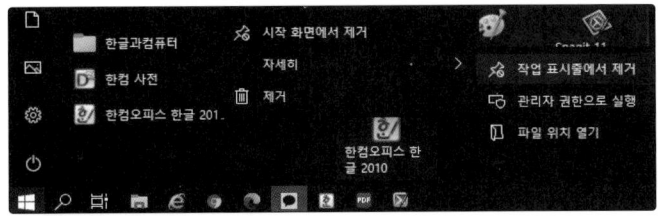

작업표시줄에서는 원하는 항목위에서 마우스 오른쪽 단추를 눌러 바로가기 메뉴에서 '작업표시줄에서 제거'를 선택함

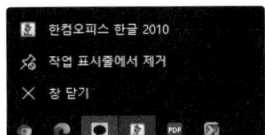

19 - ①
해설 사용자 계정 컨트롤 : 불법 사용자가 컴퓨터 설정을 임의로 변경하려는 경우 이를 사용자에게 알려 컴퓨터를 제어할 수 있도록 알려줌. 새로운 사용자의 등록 및 등록 계정의 옵션을 변경, 표준 사용자, 컴퓨터 관리자, 다른 사용자 계정의 이름 및 암호, 계정 유형 등을 변경할 수 있음

정리 ② 윈도우 디펜더(Windows Defender) : Microsoft Windows에 기본으로 탑재 및 제공되는 안티바이러스 소프트웨어(백신)
③ 비트로커(BitLocker) : 운영 체제에 포함된 완전한 디스크 암호화 기능으로, 볼륨 전체에 암호화를 제공함으로써 자료를 보호하도록 설계됨
④ 시스템 복원 : 시스템 파일, 레지스트리 키, 설치된 프로그램 등을 이전 시점으로 되돌리는 기능

20 - ③
해설 단편화로 디스크에 비연속적으로 분산 저장된 파일들을 모아서 디스크를 최적화시켜 접근 속도를 향상시키는 기능이며, 디스크의 용량 증가와는 관계가 없음

21 - ④
해설 (와일드카드)인 '?' 나 '*' 문자 자체를 찾을 때 물결표(~)를 와일드카드 앞에 입력함(예, '예를 들면?'에서 '들면?'을 찾으려면 '들면~?'을 입력함)

22 - ②
해설 [Home]키를 누르면 선택한 셀의 가장 왼쪽 셀로 이동하게 되어 [A5] 셀로 이동함

23 - ③
해설 조건이 '김씨이고 근속연수가 10년 초과'(김일민) 이거나 (or) '사원이고 근속연수가 5년 미만'(김유민, 석명희)인 사람들을 필터링 하는 것

24 - ①
해설 '피벗 테이블 보고서를 넣을 위치로 기존 워크시트의 [M5]셀을 선택하였다'가 정답. M3셀은 보고서 필터로 보고서 필터에는 직업 필드가 위치함

25 - ③
해설 숫자가 입력된 셀의 채우기 핸들을 키를 누른 채 아래쪽으로 끌면 1씩 증가하게 됨. 그러나 그냥 아래로 드래그하면 똑같은 내용이 복사되어 입력됨

26 - ①
해설 '#,##0,'의 서식의미는 '천단위'로 표시(뒤에 3자리 생략하고, 끝자리는 반올림)하라는 의미로 결과 데이터에는 '315'가 표시됨

	원본 데이터	서식	결과 데이터
①	314826	#,##0,	315
②	281476	#,##0.0	281,476.0
③	12:00:00 AM	0	0
④	2025-03-25	yyyy-mmmm	2025-March

27 - ②
해설 정렬 기준에 따라 값, 셀 색, 글꼴 색, 셀 아이콘을 사용 가능
정리 ① 정렬은 최대 64개까지 지정할 수 있음
③ 정렬 대상 범위에 병합된 셀이 포함되어 있으면 정렬할 수 없음
④ 숨겨진 행이나 숨겨진 열은 정렬 결과에 포함되지 않음

28 - ④
해설 데이터 유효성 검사 (데이터 유효성) 기능의 오류 메시지 스타일이 3개(경고 ①번, 중지 ②번, 정보 ③번)가 있음

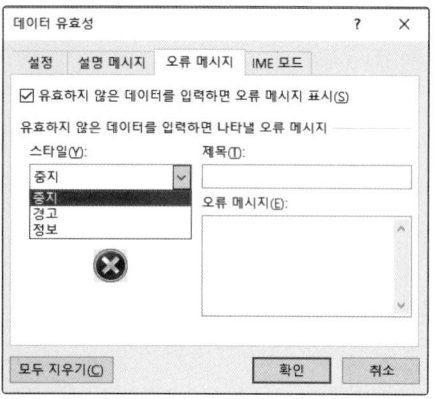

29 - ③
해설 3차원 차트 변경이 불가능한 차트(①:도넛형, ②:분산형, 방사형, ④:주식형)

30 - ①
해설 같은 통합 문서 내에서는 동일한 매크로 이름으로 기록할 수 없음, 다른 이름으로 해야 함

31 - ①
해설 • 찾는 값이 문자일 경우 : '=VLOOKUP(찾을값, 범위, 열 번호, 옵션)'에서 옵션의 경우 0이나 FALSE를 사용하는 경우는 정확하게 일치하는 값을 찾을 때 사용하며 이때, 오름차순으로 정렬 되어 있지 않아도 가능
• 찾는 값이 숫자일 경우 : 옵션을 TRUE, 1, 또는 생략을 하는 경우에는 참조표의 첫 열의 값이 반드시 오름차순으로 정렬되어 있어야 함

32 - ①
해설 이름(영문자)은 최대 255자까지 지정할 수 있으나, 한글은 127자까지 가능합니다.
정리 ② 이름의 첫 자는 반드시 문자나 밑줄(_) 또는 역슬래시(₩)로 시작해야 함
③ 이름의 일부로 공백을 사용할 수 없음
④ Excel에서는 이름의 대문자와 소문자를 구별안함

33 - ②
해설 함수를 살펴보면 MOD 함수는 나머지 값을 구해주는 함수 (=MOD(숫자, 나누는수)), 즉, '숫자/나누는 수'의 나머지 값을 구함, 문제에서 행을 변화시키는 것이므로 ROW를 선택, ROW 함수는 해당하는 행번호 숫자 값을 반환함. 따라서 홀수행이면 1을, 짝수행이면 0을 지정하면 됨

34 - ④
해설 상대 참조의 의미를 숙지하면 풀 수 있음. 상대적 위치에 따라 주소가 변하는 것이므로 그림1의 내용이 A1을 중심으로 작성 했으면 그림 2는 C3을 중심으로 D3셀에 성적 현황이 위치하게 됨

35 - ③
해설 [차트 디자인]-[차트 레이아웃] 그룹에서 [차트 요소 추가]-[눈금선]-[기본 보조 가로]를 클릭

36 - ④
해설 필드명인 '지역', '판매수량', '판매금액'은 절대로 보기에서 식 위의 제목으로 사용 못함. 따라서 ①, ③번 제외, 평균함수(AVERAGE)의 범위를 절대참조로 '$B$2:$B$8' 지정해야 하니 ④번이 정답, B2>=평균(224)이니 다음 화면 참조

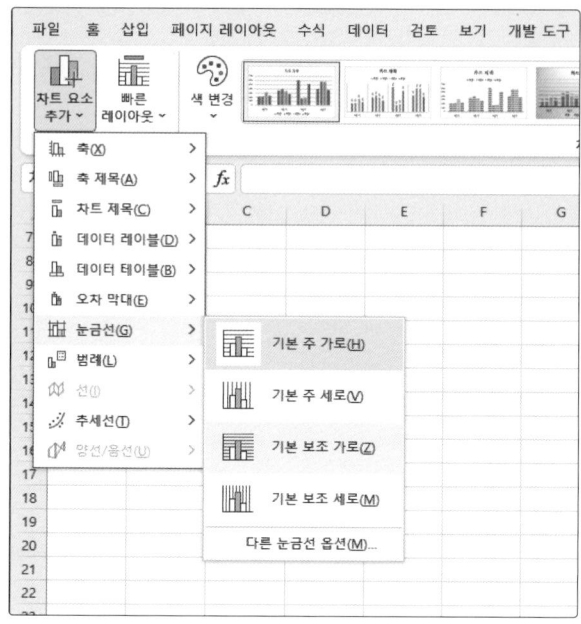

37 - ①

해설
- Ctrl+Enter 키를 누르면 선택된 범위에 같은 값이 입력
- Alt+Enter 키를 누르면 두 줄로 입력가능

38 - ②

해설 원형 차트가 아니라 도넛형 차트(여러 데이터 계열이 각각의 고리로 표시)임. 그리고 전체에 대한 각 부분의 관계를 보여주는 건 둘 다 공통임

39 - ④

해설 배율을 '자동 맞춤'으로 선택하고 용지 너비와 용지높이를 '1'로 지정하는 경우 여러 페이지가 한 페이지에 출력되도록 확대/축소 배율이 자동으로 조정 됨(한 페이지로 출력하고 싶을 때 유용)

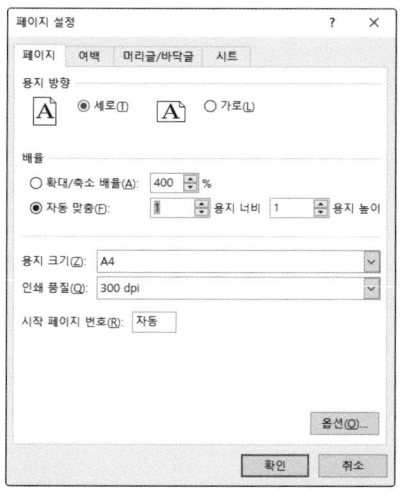

정리
① 눈금선이나 행/열 머리글의 인쇄 여부를 설정할 수 있으며, [시트]의 '인쇄' 부분에서 가능
② 인쇄 영역이나 인쇄 제목으로 반복할 행 또는 반복할 열이 항목은 나타나지만 비 활성화 되어있으므로 설정을 할수 없음
③ 인쇄 배율을 수동으로 설정할 수 있고, 배율은 워크시트 표준 크기의 '10%'에서 '400%'까지 가능(즉, 10과 400 사이의 값으로 입력)

40 - ②

해설 눈금선과 행/열 머리글을 포함하여 인쇄를 하려면, [파일] 탭-[인쇄]에서 '페이지 설정'을 누른 후 [시트] 탭의 인쇄에서 '눈금선'과 '행/열 머리글'을 선택함

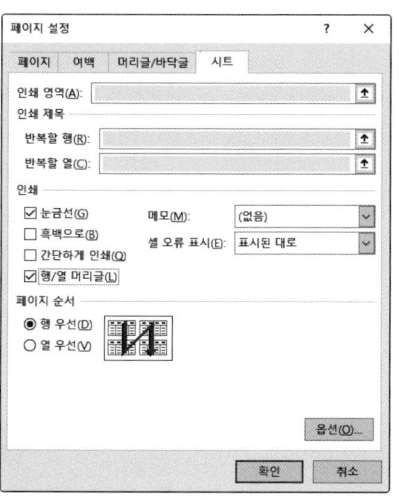

제05회 기출정복문제

정답

01 ②	02 ②	03 ②	04 ①	05 ③
06 ④	07 ④	08 ②	09 ④	10 ④
11 ④	12 ③	13 ②	14 ②	15 ④
16 ③	17 ④	18 ③	19 ④	20 ②
21 ①	22 ①	23 ②	24 ①	25 ②
26 ④	27 ②	28 ③	29 ③	30 ④
31 ②	32 ②	33 ③	34 ④	35 ①
36 ①	37 ③	38 ③	39 ②	40 ④

01 - ②

해설 폴더를 삭제하는 작업은 해당 폴더를 선택하여 삭제 할 수 있으며, [속성] 대화상자에서는 할 수 없음

02 - ②

해설 객체 지향 프로그래밍에 대해 하여 설명함. 또한, 메서드의 상속과 재사용이 가능하고 시스템의 확장성이 높음 언어로 C++, Actor, Small Talk, JAVA 등이 있음

정리 ① 구조적 프로그래밍 : 순서적, 선택적, 반복적인 세 가지 논리 구조를 사용하여 하나의 입력과 출력을 갖는 구조로 GOTO 문을 사용하지 않는 프로그래밍 기법
③ 하향식 프로그래밍 : 프로그램을 작성할 때 상위에서 하위 모듈순으로 작성해 나가는 프로그래밍 기법
④ 비주얼 프로그래밍 : 윈도의 GUI 환경에서 아이콘과 마우스를 이용해서 대화 형식으로 프로그래밍하는 기법

03 - ②

해설 디스크 정리는 불필요한 파일을 삭제하여 여유 공간을 확보하는 것, 사용하지 않은 폰트 파일은 정리에 해당하지 않음

04 - ①

해설 ①은 벡터방식이며, 비트맵 방식과 차이점을 숙지

비트맵 (Bitmap)	• 점(Pixel, 화소)으로 이미지를 표현하는 방식(래스터 방식이라고도 함) • 이미지를 확대하면 테두리가 거칠게 표현(계단 현상 : 앨리어싱)되지만 다양한 색상을 사용하므로 사진과 같은 사실적인 이미지를 표현할 수 있음 • 파일 형식 : BMP, GIF, TIF, JPEG, PCX 등
벡터 (Vector)	• 점과 점을 연결하는 직선이나 곡선을 이용하여 이미지를 표현하는 방식 • 이미지를 확대해도 테두리가 매끄럽게 표현(안티앨리어싱)되고 단순한 도형과 같은 개체 표현에 적합 • 파일 형식 : DXF, AI, WMF, CDR 등

05 - ①
해설 컴퓨터에서 각종 명령을 처리하는 기본단위는 워드(Word)로 HalfWord(2Byte), FullWord(4Byte), (DoubleWord(8Byte)가 있음

06 - ④
해설 **가상 메모리** : 기억공간의 확대가 목적이며, 주기억 장치보다 큰 프로그램을 실행할 경우에 사용하게 하는 메모리 관리 기법
정리 ① **캐시메모리** : 컴퓨터의 처리 속도를 향상시키기 위해, CPU와 주기억 장치 사이에 위치해 메모리 접근 시간을 감소시킴
② **디스크 캐시** : 디스크의 엑세스를 빠르게 하기 위해 파일을 미리 읽어들여 속도를 높이는 주기억 장치 내에 설치한 버퍼 메모리
③ **연관 메모리** : 저장된 내용의 일부를 이용하여 기억 장치에 접근하여 메모리에 기억된 정보를 검색하여 자료를 읽어오는 기억 장치

07 - ④
해설 **MPEG(Moving Picture Experts Group)** : 동영상 전문가 그룹에서 제정한 동영상 압축 기술에 관한 국제 표준 규격
정리 ① **XML(eXtensible Markup Language)** : 확장성 생성 언어라는 뜻으로 기존 HTML의 단점을 보안하여 웹에서 구조화된 폭 넓고 다양 한 문서들을 상호 교환할 수 있도록 설계된 언어
② **SVG(Scalable Vector Graphics)** : 2차원 벡터 그래픽을 표현하기 위한 XML 기반의 파일 형식
③ **JPEG(Joint Photographic Experts Group)** : 정지 화상을 위해서 만들어진 손실 압축 방법 표준

08 - ②
해설 Parity bit는 에러 검출을 목적으로 원래의 데이터에 추가되는 1비트에러 검출 코드

09 - ④
해설 주소의 단축을 위해 각 블록에서 선행되는 0은 생략가능, 또한 주소유형은 유니캐스트, 멀티캐스트, 애니캐스트 3가지
정리 ① 16비트씩 8부분으로 총 128비트로 구성
② IPv4에 해당되는 내용
③ IPv4와 호환성 및 주소의 확장성, 융통성, 연동성이 뛰어남

10 - ④
해설 ④는 회신기능, 전달은 받은 메일을 다른 사람에게 그대로 다시 보내는 기능이고, 첨부는 전자우편에 그림, 텍스트 파일 등을 같이 보내는 기능

11 - ④
해설 실행 중인 응용 프로그램의 실행 순서를 변경할 수 없음, 실행화면을 보려면 작업 표시줄의 바로가기 중 [작업관리자]을 선택하면, 다음의 화면과 같이 실행됨

12 - ③
해설 **SSD(Solid State Drive)** : 반도체를 이용하여 정보를 저장하는 보조기억장치로, 고속으로 데이터를 입·출력할 수 있음, 속도가 빠르고 기계적 지연이나 에러의 확률 및 발열 소음이 적으며, 소형화, 경량화할 수 있음
정리 ① **DVD(Digital Video Disc)** : CD와 크기는 같지만 4.7~17GB의 대용량 저장 매체로 고화질, 고음질의 멀티미디어 데이터를 저장하기 적합
② **HDD(Hard Disk Drive)** : 하드디스크 보조기억장치
④ **ZIP Disk** : 병렬포트나 USB 포트 등을 사용하여 연결, 100~250MB 정도의 데이터를 저장할 수 있음

13 - ②
해설 **HTTP** : 인터넷 서비스를 위한 프로토콜이며, 웹페이지와 웹브라우저 사이에서 하이퍼텍스트 문서를 전송
정리 ① **TCP/IP** : 네트워크로 연결된 시스템 간의 데이터 전송을 위해 인터넷에서 사용하는 표준 프로토콜
③ **FTP** : 파일 전송 프로토콜, 파일을 전송하거나 받을때 사용
④ **WAP** : 무선 네트워크에 연결할 수 있는 모바일컴퓨터용 아키텍처

14 - ②
해설 [시작]메뉴에서 마우스 오른쪽 단추-> [디스크관리] 창에서 드라이브의 바로가기 메뉴 중 [볼륨 삭제]를 실행해야 함, 나머지는 [포맷]창에서 실행

15 - ②
해설 의심이 가는 이메일은 내용을 확인하지 말고 삭제

16 - ③
해설 메모장은 그림, 차트 등의 OLE 개체를 삽입할 수 없음

17 - ④

해설 홀수 패리티(Odd Parity)이므로 1의 개수가 홀수개가 아닌 짝수(10111011)인 경우 에러가 발생함

```
1010111 -> 0

0011010 -> 0

0011011 -> 1

1011101 -> ̶1̶
1011101 -> 0
```

홀수 패리티(Odd Parity)는 1의 갯수를 확인 홀수인 경우 패리티 비트가 0, 짝수인 경우 1로 만들어 주어야 함

18 - ③

해설 로컬프린터를 선택한 경우에는 연결할 프린터의 포트를 지정하고, 네트워크 프린터는 포트를 지정안함

19 - ④

해설 폴더 및 파일을 모두 선택 할 수 있는 키는 Ctrl+A 이며, Alt+SpaceBar 키를 누르면 다음 그림과 같이 해당 폴더의 창 조절 메뉴가 표시됨

20 - ②

해설 포인터 자국 표시는 작업표시줄의 검색창(🔍)에서 '마우스'를 검색하면 나타나는 [마우스 포인터 표시 또는 속도변경]을 선택하면 [마우스속성]창이 나타남. 왼쪽그림 참조, 키보드속성은 검색창에서 '키보드'로 검색, 오른쪽의 [키보드]를 누르면 [키보드 속성]창에서 설정할 수 있는 내용은 오른쪽 그림 참조

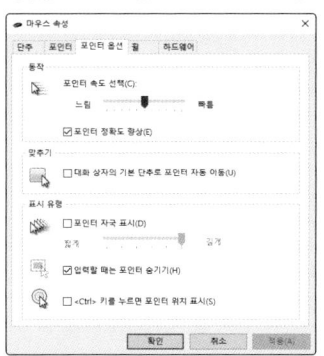 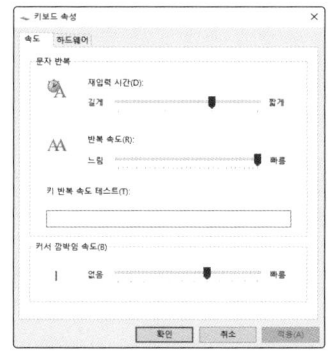

21 - ①

해설 이름은 기본적으로 절대참조를 사용 함. 이름을 정의하게 되면 범위를 잡을 때, 절대참조로 사용하는 효과를 봄

22 - ①

해설 일단 작성된 매크로의 이름을 변경하려면, 매크로 대화상자에서 [편집] 버튼 눌러 Visual Basic 편집기에서 변경 가능

23 - ③

해설 ③은 반올림, 0은 유효하지 않는 자리를 0으로 채움. 반면 #은 표시하지 않음

	값	형식	결과
①	2234543	#,##0.00	2,234,543.00
②	2234543	0.00	2234543.00
③	2234543	#,###,"천원"	2,235천원
④	2234543	#%	223454300%

24 - ①

해설 ① 문자와 숫자가 혼합된 셀의 채우기 핸들을 Ctrl 키를 누른 채 드래그하면 동일한 내용으로 복사 됨. 하지만 그냥 드래그를 하면 문자는 그대로 복사되지만, 숫자는 하나씩 증가함

정리 ② 숫자가 입력된 첫 번째 셀과 두 번째 셀을 범위로 설정한 후에 아래로 채우기 핸들을 드래그하면 두 셀의 차이만큼 숫자가 증가하거나 감소함
③ 숫자가 입력된 셀에서 Ctrl 키를 누른 채 채우기 핸들을 오른쪽으로 드래그하면 숫자가 1씩 증가, 왼쪽으로 하면 1씩 감소
④ 사용자 정의 목록에 정의된 목록 데이터의 첫 번째 항목을 입력하고 Ctrl 키를 누른 채 채우기 핸들을 드래그하면 첫 번째 항목이 복사됨

25 - ②

해설 '새로운 값으로 대치' 설정을 해제하면, 부분합이 계산이 되어 있는 상태로 새로운 부분합이 추가됨

26 - ④

해설 메모의 인쇄 여부 및 인쇄 위치를 지정하기 위하여 선택해야 탭은 [시트] 탭임

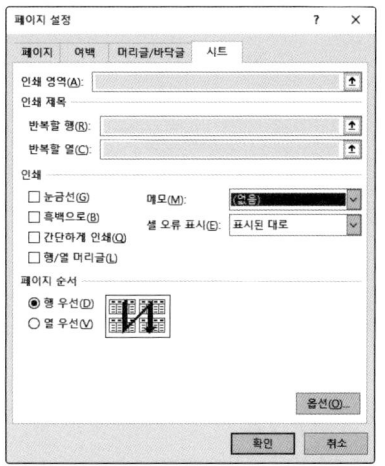

27 - ②
해설 다중 IF함수 형태, =IF(조건, 참, IF(조건, 참, 거짓))
정리

	A	B	C	D	E	F	G	H	I	J	K
1	번호	이름	영어	상식	총점	판정	① 결과	② 결과	③ 결과	④ 결과
2	1	원빈	97	80	177	우수	인수과다에러	우수	괄호부족에러	괄호부족에러
3	2	장동신	87	72	159	보통		보통		
4	3	현지	60	40	100	보통		보통		
5	4	한길	40	50	90	노력		노력		

28 - ③
해설 숫자는 오른쪽 정렬, 문자는 왼쪽 정렬이 기본

29 - ③
해설 항상 한 개의 데이터 계열만을 가지고 있는 차트이고 한 계열에 대해서 데이터를 표시를 해주는 차트이기 때문에 각 데이터 간의 값을 비교하는 데는 적합하지 않음

30 - ④
해설 매크로는 반복적인 작업을 단순화하기 위해서 작업과정을 자동화를 하여 실행하는 기능
정리 ① 매크로 이름 첫글자는 반드시 문자이여야 하고 매크로 이름에 공백이나 #, @, $, %, &등의 기호 문자는 사용할 수 없음
② [매크로] 대화상자에서 [삭제]를 이용하여 삭제가능
③ 매크로 작성을 위해 visual Basic 언어를 따로 설치해야 할 필요 없음

31 - ②
해설 "영어 국어 사회"를 나눌 때, 텍스트 마법사 대화상자에 있는 데이터 미리 보기에서 나뉘진 열에 대해서는 순서를 변경할 수 없음

32 - ②
해설 [숨기기]를 클릭하면 선택되어 있는 현재 '통합문서'를 숨김

33 - ③
해설 합계를 구하는 함수들로 SUM(범위1, 범위2, ...), SUMIF(조건범위, 조건, 합계범위), DSUM(전체범위, 열번호, 조건범위), 따라서 ③번의 조건범위를 수정하면 올바른 결과 나옴

	A	B	C	D	E	F	G
1	대리점	단가	공급단가	판매수량			
2	부산	500	450	120			
3	인천	500	420	150			
4	부산	500	450	170	번호	수식	결과
5	서울	500	410	250	①	=SUM(D2,D4,D9)	580
6	광주	500	440	300	②	=SUMIF(A2:A9,"부산",D2:D9)	580
7	인천	500	420	260	③	=DSUM(A1:D9,D1,A2)	#VALUE!
8	광주	500	440	310	④	=SUMIF(A2:D9,A2,D2:D9)	580
9	부산	500	450	290	수정③	=DSUM(A1:D9,D1,A1:A2)	580
10							
11	부산 판매수량 합계			580			

34 - ④
해설 표에 병합된 셀들이 포함되어 있는 경우에는 정렬되지 않음, 셀의 크기가 동일해야 정렬됨

35 - ①
해설 COUNTBLANK는 비어있는 셀의 개수(2개), COUNT는 숫자가 포함된 셀의 개수(2개) 구하기

	A	B	C	D
1	민영호			
2				
3	이민정			
4	노치국		수식	결과
5	6		=COUNTBLANK(A1:A7)	2
6	2019-09-09		=COUNT(A1:A7)	2
7				
8				

36 - ①
해설 [파일]-[옵션]-[고급]에서 소수점 자동 삽입에 체크 후 소수점 위치를 3으로 지정한 후에 확인 눌러준 후 5를 입력하면 결과는 소수점 세자리가 표시되며, 0.005로 출력

37 - ③
해설 YEAR(날짜)는 년,월,일 중 '년'을 알려주는 함수이며, TODAY()는 현재 날짜(2023-08-29)를 알려주는 함수. 따라서 '2023'이 출력됨

	수식	결과
①	=DAYS360(YEAR())	인수 오류
②	=DAY(YEAR())	인수 오류
③	=YEAR(TODAY())	2023
④	=YEAR(DATE())	인수 오류

정리 ① DAYS360(시작날짜, 끝날짜)은 두 날짜의 차이 일수 계산
② DAY(날짜) 년월일 중 '일'을 알려주는 함수
④ DATE(년,월,일) 년,월,일에 해당하는 숫자 출력

38 - ③

해설 '설명'은 시나리오에 대한 추가적인 설명으로 생략 가능

39 - ②

해설 데이터 계열 서식의 '계열 겹치기' 값을 0보다 작은 음수 값(벌어짐)으로 설정, 0보다 큰값(겹쳐짐)

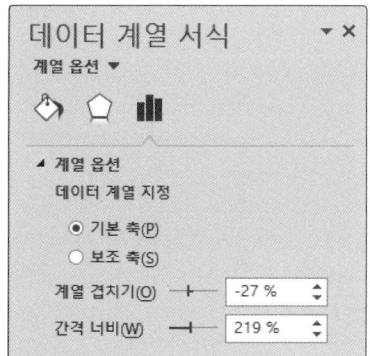

정리 ① 세로 (값) 축의 축 서식에서 주 단위 간격을 '5'로 설정
③ '영어'의 데이터 레이블은 '바깥쪽 끝'에 표시되고 있다.
④ 가로 (항목) 축의 주 눈금선과 '기본 세로 눈금선'이 함께 표시되고 있다.

40 - ④

해설 마우스로 범례를 이동하거나 크기를 변경하면 그림 영역의 크기 및 위치는 자동으로 조정되지 않음

제06회 기출정복문제

정답

01 ①	02 ③	03 ②	04 ④	05 ②
06 ①	07 ④	08 ②	09 ③	10 ④
11 ③	12 ①	13 ②	14 ①	15 ①
16 ④	17 ③	18 ④	19 ②	20 ③
21 ④	22 ②	23 ③	24 ②	25 ④
26 ①	27 ④	28 ④	29 ①	30 ③
31 ③	32 ①	33 ③	34 ④	35 ①
36 ④	37 ③	38 ①	39 ④	40 ②

01 - ①

해설 점과 점을 연결하는 직선 또는 곡선을 이용하여 이미지를 표현함

비트맵 (Bitmap)	• 점(Pixel, 화소)으로 이미지를 표현하는 방식(래스터 방식이라고도 함) • 이미지를 확대하면 테두리가 거칠게 표현(계단 현상 : 앨리어싱)되지만 다양한 색상을 사용하므로 사진과 같은 사실적인 이미지를 표현할 수 있음 • 파일 형식 : BMP, GIF, TIF, JPEG, PCX 등
벡터 (Vector)	• 점과 점을 연결하는 직선이나 곡선을 이용하여 이미지를 표현하는 방식 • 이미지를 확대해도 테두리가 매끄럽게 표현(안티앨리어싱)되고 단순한 도형과 같은 개체 표현에 적합 • 파일 형식 : DXF, AI, WMF, CDR 등

02 - ③

해설 로컬 디스크에 해당, 네트워크 드라이브는 오류 검사를 하지 못함

03 - ②

해설 LBS(Location Based Service) : 무선 인터넷 사용자에게, 사용자의 변경되는 위치에 따르는 특정 정보를 제공하는 무선 콘텐츠 서비스.
VR(Virtual Reality), VCS(Video Conterence System), VOD(Video On Demand)

04 - ④

해설 휴지통에 있는 파일 삭제는 보조 기억장치인 하드디스크 공간이 부족한 경우에 해당

05 - ②

해설 원본파일을 삭제하면 바로가기 아이콘도 실행 못함

06 - ①

해설 Microsoft Windows에 기본으로 탑재 및 제공되는 안티바이러스 소프트웨어

정리 ② BitLocker : 윈도우 10 운영 체제에 포함된 완전한 디스크 암호화 기능으로 볼륨 전체에 암호화를 제공함으로써 자료를 보호
③ Archive : 백업용이나, 기타 다른 목적으로 한곳에 모아둔 파일을 의미
④ Malware : 정상적인 작동을 방해하거나 사용자의 컴퓨터, 휴대폰, 태블릿 또는 기타 디바이스를 감염시키도록 설계된 악성 코드를 총칭하는 이름

07 - ④

해설 [작업표시줄 아이콘 만들기]기능은 제공하지 않음

08 - ②

해설 디스크가 아닌 메모리에 데이터를 기록하여 배드섹터가 발생하지 않음, 하드디스크에 비해 외부충격에 강함

09 - ③

해설 ROM에 저장되며, 펌웨어라고도 함

10 - ④

해설 기본 웹 브라우저와 HTML 편집 프로그램은 [프로그램] 탭을 이용하여 설정

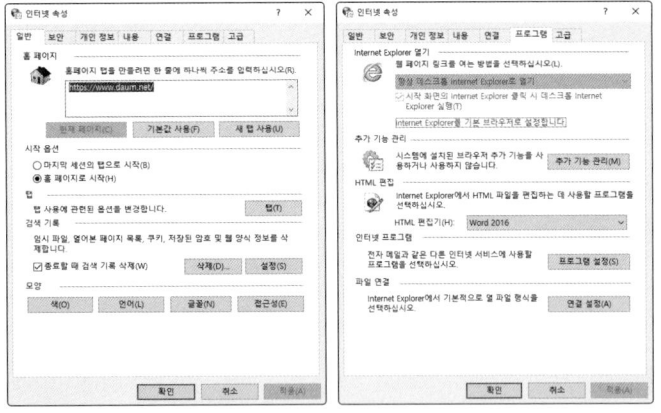

11 - ③

해설 1GB = 1024 × 1024 × 1024 Byte, Byte<KB<MB<GB 순으로 커짐

12 - ①

정리 ② 누산기(AC) : 연산결과를 일시적으로 기억
③ 메모리 주소 레지스터(MAR) : 주소를 기억
④ 메모리 버퍼 레지스터(MBR) : 내용을 기억

13 - ②

해설 운영체제는 컴퓨터가 동작하는 동안 "주기억장치"에 위치하여 실행 됨

14 - ①

15 - ①

해설 데이터를 수치화하여 처리하는 컴퓨터. 사칙 연산이 바탕이 되며 연속적인 양의 표현이 불가능하므로 데이터를 수치로 변환하여 나타냄. 보통 컴퓨터라고 하면 이것을 가리킴. 나머지는 아날로그 컴퓨터의 특징임

16 - ④

해설 RFID(Radio Frequency IDentification) : 모든 사물에 센싱, 컴퓨터 및 통신 기능을 탑재하여 언제 어디서나 정보를 처리, 제공할 수 있도록 지원하는 유비쿼터스 서비스(비접촉 ID 시스템)

정리 ① 텔레매틱스 : 통신망을 통해 확보된 위치 정보를 기반으로 교통 안내, 긴급 구난, 물류 정보 등을 제공하는 이동형 정보 활용 서비스
② DMB(Digital Multimedia Broadcasting) : 음성, 영상 등의 멀티미디어 신호를 디지털 방식으로 변조하여 고정 또는 차량이나 휴대용 수신기에 제공하는 방송 서비스
③ W-CDMA : 3세대 이동통신 기술 표준의 하나로 확산대역 기술을 이용한 서비스

17 - ③

해설 피싱 : 개인 정보(Private)를 낚는다(Fishing)라는 의미의 합성어로 허위 웹 사이트를 만들어 사용자의 개인 신용 정보를 빼내는 행위

정리 ① 웜 : 네트워크를 통해 연속적으로 자신을 복제하여 시스템의 부하를 높여 결국 시스템을 다운시키는 바이러스 일종
② 해킹 : 사용 권한이 없는 사람이 시스템에 침입하여 정보를 수정하거나 빼내는 행위
④ 스니핑 : 네트워크 주변을 지나다니는 패킷을 엿보면서 계정과 패스워드를 알아내는 행위

18 - ④

해설 디스크 정리는 디스크의 사용 가능한 공간을 늘리기 위한 목적

19 - ②

해설 IP 네트워크를 통해 특정한 호스트가 도달할 수 있는지의 여부를 테스트하는 데 쓰이는 컴퓨터 네트워크 도구
정리 ① Telnet, ③ Tracert, ④ Finger

20 - ③

해설 ③은 모뎀(MODEM)에 대한 설명. 브리지는 서로 독립적으로 동작하면서 같은 프로토콜을 사용하는 두 개의 근거리 통신망(LAN)을 연결해 주는 접속장치

21 - ④

해설 그림은 없음, 다음 조건부 서식 화면 참조

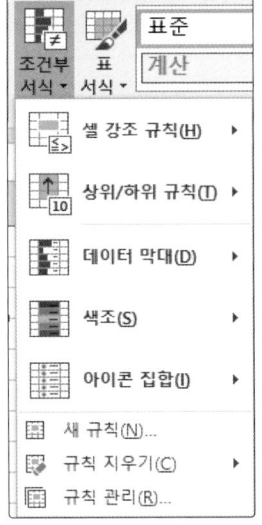

22 - ②

해설 수식이나 값에서도 찾을 수 있고, 메모 안의 텍스트도 찾을 수 있음

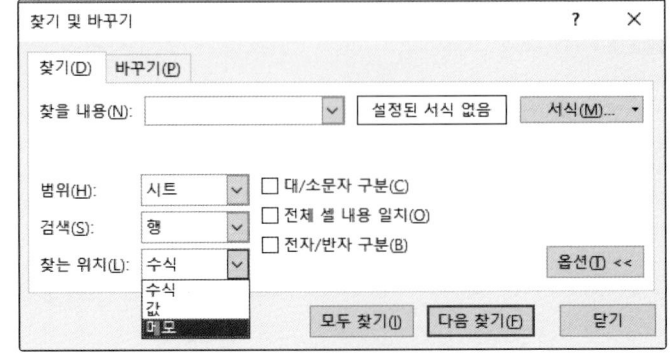

23 - ③
해설 클립보드는 임시 저장소로 한 번에 하나의 데이터만 저장할 수 있는 것이 아니고 최대 24까지 저장함. 다음의 화면과 같이 필요한 것을 골라서 선택 할 수 있음

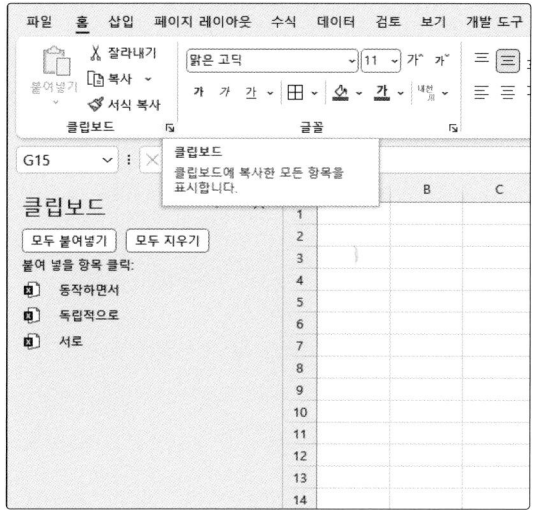

24 - ②
해설 반올림에 주의, 그리고 0은 지정한 자리수 만큼 표시함, 반면 #은 유효숫자 없으면 생략함

	입력 데이터	표시 형식	결과
①	10	##0.0	10.0
②	2123500	#,###,"천원"	2,124천원
③	홍길동	@"귀하"	홍길동귀하
④	123.1	0.00	123.10

25 - ④
해설 매크로를 지정한 워크시트의 셀 자체를 클릭하여 실행할 수 없음

26 - ①
해설 매크로 이름 입력할 때 기호 문자(공백, 마침표'.', #, @, $, %, & 등)나, 특수문자(+,-,&,*,? 등)는 사용할 수 없음

27 - ④
해설 ④는 #NUM!임, #REF!는 셀 참조를 잘못 사용한 경우의 오류

28 - ④
해설 POWER(인수, 제곱값) 함수는 거듭제곱을 구해주는 함수(5의 세제곱)

	수식	결과	해설
①	=MOD(9,2)	1	나머지 값을 구해주는 함수 9/2의 나머지는 1
②	=COLUMN(C5)	3	A(1열), B(2열), C(3열), ... 3을 출력함
③	=TRUNC(8.73)	8	소수점 아래를 절삭하고 정수만 취함
④	=POWER(5,3)	125	거듭제곱을 구해주는 함수, 5의 3제곱, 5x5x5

29 - ①
해설 차트에서 범례는 표시가 안 되어 있음

30 - ③
해설 SUMIF(조건범위, 조건, 합계범위)는 조건에 맞는 합계를 구해주는 함수, 범위는 절대참조로 고정해야함

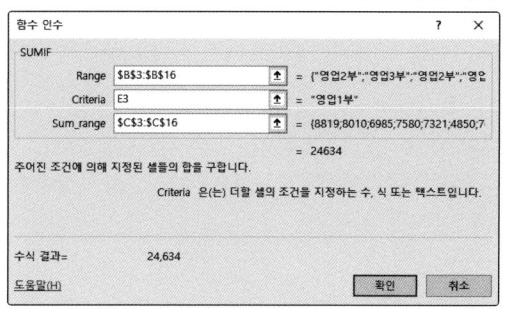

함수의 인수들을 확인 해보면 다음과 같이 절대참조로 고정

따라서 수식은 '=SUMIF($B$3:$B$16,E3,$C$3:$C$16)'이 됨

31 - ③
정리 ① 다음 워크시트로 전환하려면 시트 탭에서 Ctrl+PageDown 키를 누르고, 이전 워크시트로 전환하려면 Ctrl+PageUp키를 누름
② 시트를 복사하려면 Ctrl키를 누른 채 해당 시트의 시트 탭을 마우스로 드래그 앤 드롭함
④ 인접하지 않은 둘 이상의 시트를 선택할 때는 Ctrl키를 누른 채 원하는 시트 탭을 순서대로 클릭함

32 - ①
해설 '평균이 현재 60.0(수식셀: $E$4)에서 65(찾는값)가 되려면 컴퓨터의 판매량(값을 바꿀셀: $B$4)이 얼마가 되어야 하는가?'를 알고 싶을 때 이용

33 - ③
해설 문자로 취급하는지, 숫자로 취급하는 지를 구별해야 함. 그리고 ROUND 함수의 반올림을 이해해야 함

	수식	결과	해설
①	=COUNT(1,"참",TRUE,"1")	3	숫자만 카운트함, (1,TRUE=1,"1"=1)
②	=COUNTA(1,"거짓",TRUE,"1")	4	문자, 숫자 구분없이 모두 카운트함
③	=MAX(TRUE,"10",8,3)	10	최대값을 구함("10"=10)
④	=ROUND(215.143,-2)	200	소수점 기준 왼쪽으로 두 번째 자리(215의 1)에서 반올림, 만일 255라면 300이 됨

34 - ③

해설 차트가 만들어 지고 해당 요소를 선택 후에는 [서식 지우기]는 활성화 자체가 안됨. [모두 지우기]와 [내용 지우기]만 활성화 됨

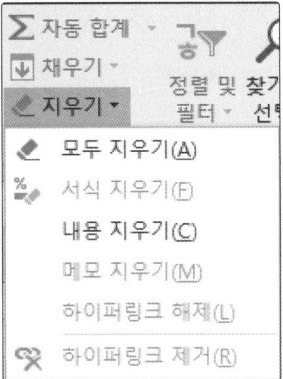

35 - ①

해설 차트 계열 요소의 값들을 '데이터 표'로 나타낼 수 없음

36 - ④

해설 행높이 열 너비를 변경하면 자동 페이지 나누기에도 영향을 받음

37 - ③

해설 현재의 창 나누기 상태를 유지하면서 추가로 창 나누기를 지정할 수 없음

38 - ①

해설 AND 조건은 같은 줄에 입력하고, OR 조건은 서로 다른 행에 입력함. 그리고 연산자 '<>'는 '아님'을 의미함

39 - ④

해설 **부분합** : 입력된 자료들을 그룹별로 분류하고, 해당 그룹별로 원하는 함수를 이용한 계산 결과를 볼 수 있는 기능

40 - ②

해설 작성된 피벗 테이블을 삭제하는 경우 함께 작성한 피벗 차트는 일반차트로 변경됨

제07회 기출정복문제

정답

01 ②	02 ③	03 ②	04 ③	05 ④
06 ②	07 ②	08 ②	09 ③	10 ②
11 ②	12 ④	13 ④	14 ②	15 ④
16 ④	17 ③	18 ④	19 ①	20 ②
21 ④	22 ④	23 ①	24 ②	25 ④
26 ③	27 ②	28 ①	29 ②	30 ③
31 ③	32 ④	33 ②	34 ②	35 ④
36 ①	37 ③	38 ①	39 ②	40 ③

01 - ②

해설 멀티미디어는 텍스트, 이미지, 사운드, 애니메이션, 동영상 등의 데이터를 디지털화 시킨 복합 구성 매체임

02 - ③

해설 IoT : 사물 인터넷, 사물에 센서나 데이터 취득이 가능한 구조의 인터넷을 연결한 구조로 데이터를 주고 받을 수 있는 환경을 의미

정리 ① **클라우드 컴퓨팅** : 인터넷 기반 컴퓨팅의 일종으로 정보를 자신의 컴퓨터가 아닌 클라우드에 연결된 다른 컴퓨터로 처리하는 기술을 의미
② **RSS** : 뉴스나 블로그 사이트에서 주로 사용하는 콘텐츠 표현 방식
④ **빅 데이터** : 기존의 관리 방법이나 분석 체계로는 처리하기 어려운 막대한 양의 데이터 집합

03 - ②

해설 앨리어싱은 거칠게 보이는 형상을, 안티앨리어싱(Anti-Aliasing)은 반대로 부드럽게 해주는 기술

정리 ① **디더링** : 제한된 색상을 조합하여 복잡한 색이나 새로운 색을 만드는 작업
③ **모델링** : 렌더링을 하기 전에 수행되는 작업으로 어떠한 방법으로 렌더링할 것인지를 정함
④ **렌더링** : 3차원 애니메이션을 만드는 과정 중의 하나로 물체의 모형에 명암과 색상을 입혀 사실감을 더해 주는 작업

04 - ③

해설 정보의 편중으로 계층 간의 정보수준 차이가 증가함

05 - ④

해설 ①번의 이유로 인해, ④번의 내용이 뒤바뀜. 즉, 컴파일러는 번역 속도는 느리고, 인터프리터는 번역 속도가 빠름

06 - ②

해설 월드 와이드 웹에서 사용자들이 인터넷에 접속할 때 기본적으로 거쳐 가도록 만들어진 사이트를 말하며, 온라인 데이터베이스, 뉴스, 홈쇼핑, 블로그 등 다양한 서비스를 제공함

정리 ① **미러 사이트** : 컴퓨팅에서 다른 인터넷 사이트의 복사본인 자료 모음의 복사본으로, 동일한 정보를 여러 곳에서 제공
③ **커뮤니티 사이트** : 특정 매체를 통해 상호작용하는 개인들로 이루어진 사회적 조직으로, 인터넷 공동체라 함
④ **멀티미디어 사이트** : 멀티미디어 데이터의 활용이 가능한 사이트

07 - ②

해설 인터넷은 TCP/IP 프로토콜을 통해 연결된 네트워크로 중앙 통제기구가 없고, 사용에 제한이 없음. InterNIC은 인터넷 공동체에 기여하는 조직체로 월드와이드웹을 위한 .com, .net 및 .org 등 최상위 도메인 이름의 등록 및 유지관리 책임을 맡고 있는 조직

08 - ②

해설 응용 소프트웨어에 대한 설명으로 문제 해결을 위한 도구로써 활용하는 소프트웨어임

09 - ③
해설 FTP서버에 있는 프로그램은 다운 받은 후에만 실행이 가능

10 - ②
해설 정보보호 및 바이러스를 예방하기 위해서 백신을 설치해서 컴퓨터 범죄로부터 예방을 하기 위한 대책

11 - ②
해설 ASCII 코드는 7비트로 구성, 128가지 문자 표현 가능하며 데이터 통신용으로 사용, 확장 ASCII코드는 8비트로 256가지 문자 표현 코드, ①과 ③번은 EBCDIC 코드, ④번은 해밍코드

12 - ④
해설 1ms 〈 1μs 〈 1ns 〈 1ps

13 - ④
해설 레지스트리(Registry)에 대한 설명임

14 - ②
해설 RAM의 접근 속도는 수치가 클수록 느린 것이므로 좋은 것이 아님

15 - ④
해설 고급 공유 설정 옵션에 이더넷 공유는 없음, [제어판]-[네트워크 및 공유 센터]-[고급 공유 설정 변경

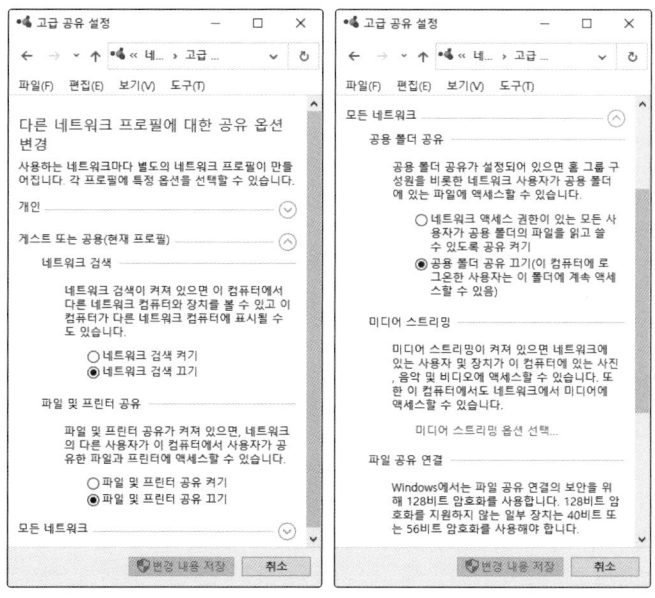

'이더넷 공유'는 [네트워크 및 공유 센터]-[어댑터 설정 변경]-[이더넷]-[바로가기 메뉴]-[속성]에 있음

16 - ④
해설 SSD는 기존 HDD에서 발생하는 기계적 소음이 없는 무소음이며, 소비전력이 저전력이고 고효율의 속도를 보장해주는 차세대 보조기억장치

17 - ③
해설 업데이트가 자동수행 되도록 설정할 수는 없음

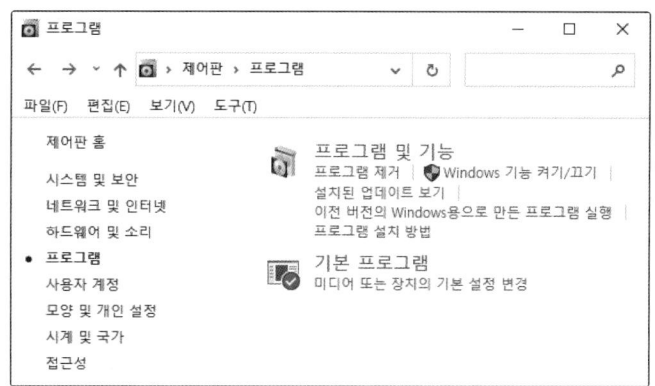

18 - ④
해설 **디스크 조각 모음** : 처리속도 효율은 높아지지만 용량이 늘어나는 건 아님
[정리] ① **리소스 모니터** : 로컬 컴퓨터의 성능과 자원 사용을 모니터함
② **디스크 정리** : 윈도우에서 디스크의 사용 가능한 공간을 늘리기 위하여 불필요한 파일들을 삭제하는 작업
③ **디스크 포맷** : 이동식 디스크나 하드디스크를 초기화하는 작업

19 - ①
해설 [Alt]+[Tab] : 미리보기로 활성창을 전환할 수 있음
[정리] ② [⊞]+[Tab] : 로컬 컴퓨터의 성능과 자원 사용을 모니터함
③ [Ctrl]+[Esc] : [시작] 메뉴를 표시
③ [Alt]+[Esc] : 실행중인 창을 전환

20 - ②
해설 해당 폴더의 바로가기 아이콘은 해당폴더에서 오른쪽 마우스로 클릭하면 뜨는 창에서 바로가기 아이콘을 만들 수 있음

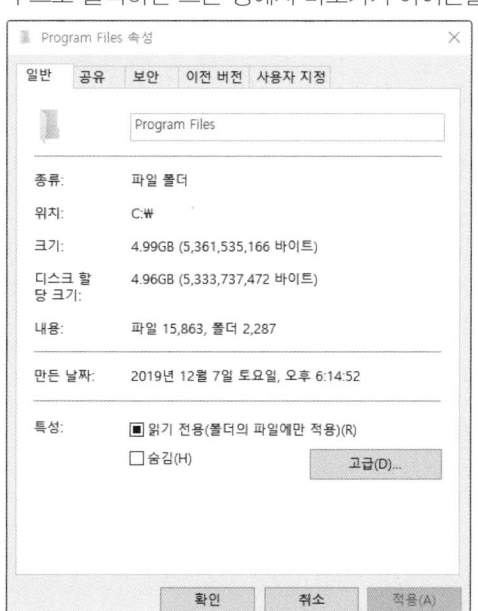

21 - ④

해설 부분합을 실행하지 않은 상태로 다시 되돌리려고 할 때는 부분합 대화상자에서 [모두 제거] 버튼을 눌러야 함

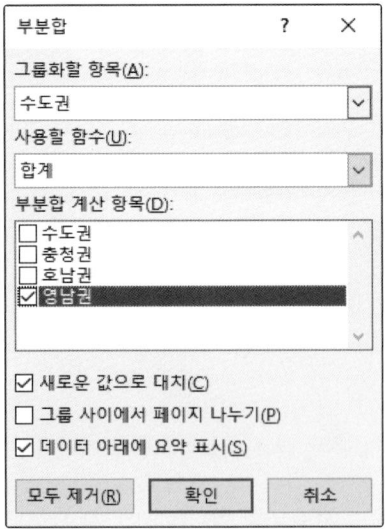

22 - ④

해설 피벗 테이블과 피벗 차트를 함께 만든 후에 피벗 테이블을 삭제하면 피벗차트는 일반차트로 변경됨

23 - ①

해설 목표값 찾기는 수식의 결과값(1170000)은 알고 있지만 그 결과값을 얻기 위한 입력값을 모를 때 이용하는 기능임

수식 셀 : 특정 값으로 결과가 나오기를 원하는 수식셀($F$2)
찾는 값 : 찾고자 하는 것을 숫자 상수로 입력하는 부분(1170000)
값을 바꿀 셀 : 조절할 단일 셀($D$6)

24 - ②

해설 논리값의 경우 'FALSE=0' 다음 'TRUE=1'이기 때문에 이 순서로 정렬됨

25 - ④

해설 복사가 됨

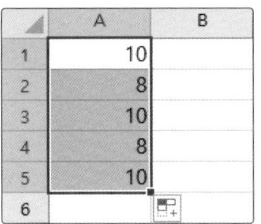

26 - ③

해설 HLOOKUP은 테이블이 가로(수평)방향으로 되어있때 사용하고, VLOOKUP은 세로(수직)로 되어있을때 사용함. 형식은 '=HLOOKUP(찾을값, 범위, 행 번호, 옵션)'

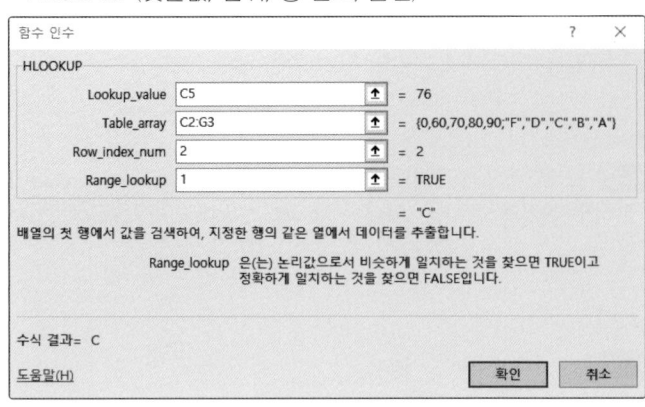

27 - ②

해설 특정 서식이 있는 텍스트 셀과 숫자 셀도 찾을 수 있음

28 - ①

해설 임의의 날짜를 기준으로 셀의 서식 지정은 없음

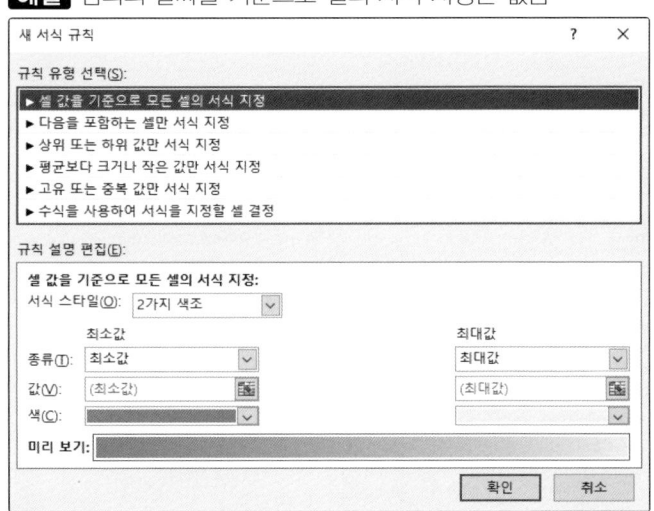

29 - ③

해설 엑셀 사용할 때 마다 해당 매크로 사용하고 싶으면 매크로 저장위치에서 '개인용 매크로 통합 문서' 선택 하면 됨

30 - ③

해설 [만들기]단추는 새로운 매크로를 작성하기 위해서 Visual Basic 편집기를 실행함

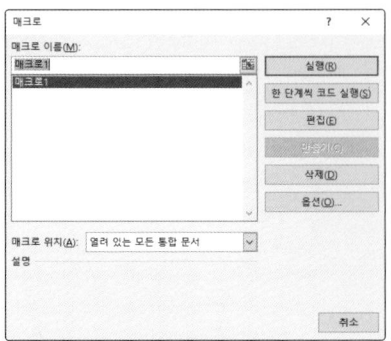

31 - ③

해설 RANK함수는 순위를 구하는 함수이고 옵션이 생략되면 내림차순임(92는 3번째)(항상 범위는 절대참조)

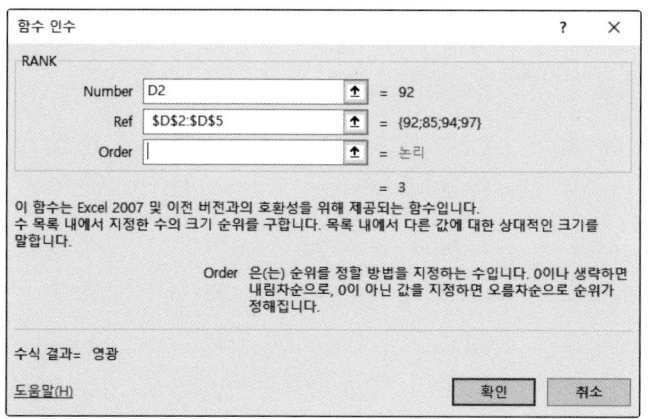

그리고 CHOOSE 함수는 인덱스번호(3)에 따라서 값(영광)을 반환함

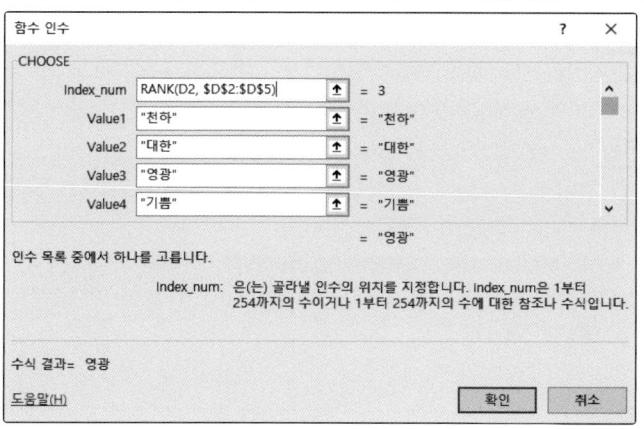

32 - ④

해설 다음 화면은 [차트 디자인] 탭의 [차트 레이아웃] 그룹에서 삽입할 수 있는 항목임

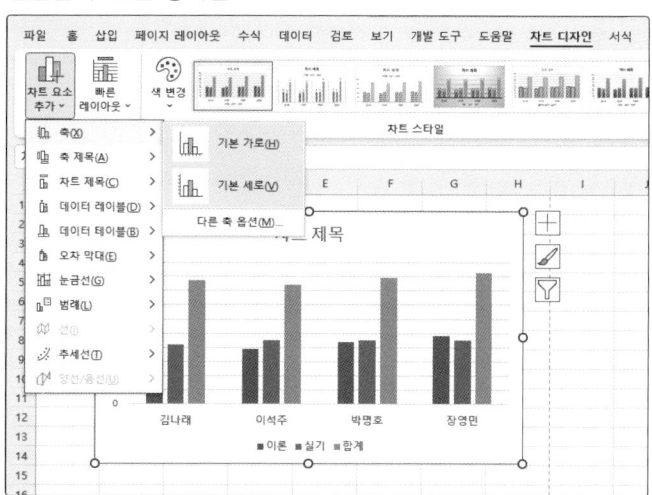

반면, 텍스트 상자는 [삽입] 탭의 텍스트 그룹에 있는 기능임

33 - ②

해설 나무가 '배'이고, 높이가 10 초과이면서 높이가 20 미만인 수확량의 평균을 구하는 것

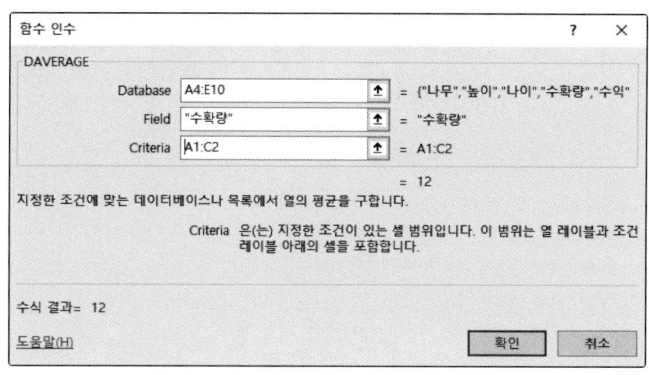

34 - ②

해설 '₩' 기호가 붙게 하는 방법은 통화방식, 회계방식 두가지 임

	A	B	C
1	통화형식	₩123,456,789	
2			
3	회계형식	₩ 123,456,789	
4			

35 - ④

해설 아래의 표 내용을 숙지

#####	• 셀 너비보다 큰 숫자 또는 날짜, 시간이 입력되어 있거나 계산 결과가 음수인 날짜와 시간이 있을 경우
#DIV/0!	• 나누는 수가 빈 셀이나 0이 있는 셀을 참조한 경우(피연산자가 빈 셀이면 0으로 간주됨)
#NUM!	• 숫자 오류로 너무 크거나 작은 숫자를 결과로 표시하는 수식을 입력한 경우
#NAME?	• 함수 이름이나 정의되지 않은 셀 이름을 사용한 경우, 수식에 잘못된 문자열을 지정하여 사용한 경우
#N/A	• 수식에서 잘못된 값으로 연산을 시도한 경우
#NULL!	• 교점 연산자(공백)를 사용했을 때 교차 지점을 찾지 못한 경우
#REF!	• 셀 참조가 유효하지 않을 경우
#VALUE!	• 수식 자동 고침 기능으로 수식을 고칠 수 없을 때나 잘못된 인수나 피연산자를 사용하는 경우

36 - ①

해설 화면의 확대/축소 기능은 인쇄 크기에는 영향 없음

37 - ③

해설 '하반기' 계열이 아니라 '합계' 계열의 '한길수' 요소에 데이터 레이블이 표시되어 있음

38 - ①

해설 머리글 또는 바닥글을 표시하기에 충분한 머리글 또는 바닥글 여백을 확보하려면 '페이지 여백에 맞추기'를 선택함

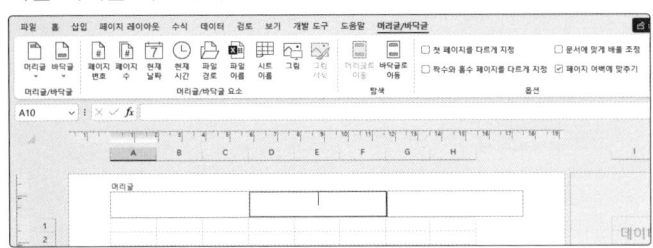

'문서에 맞게 배율 조정'은 인쇄될 워크시트가 아닌 머릿글/바닥글의 내용을 워크시트의 실제 크기의 백분율에 따라 확대·축소하려 할 때 사용

39 - ②

해설 거품형 차트는 분산형 차트의 한 종류로 데이터 계열간의 항목 비교에 사용, 방사형 차트는 많은 데이터 계열의 합계 값을 비교할 때 사용

40 - ③

해설 인쇄 영역 내에 포함된 숨겨진 행과 열은 인쇄할 수 없음

제08회 기출정복문제

정답

01 ③	02 ④	03 ③	04 ②	05 ②
06 ④	07 ③	08 ③	09 ②	10 ②
11 ②	12 ③	13 ③	14 ③	15 ③
16 ③	17 ④	18 ④	19 ④	20 ②
21 ①	22 ②	23 ②	24 ②	25 ②
26 ②	27 ③	28 ①	29 ④	30 ④
31 ③	32 ③	33 ①	34 ④	35 ②
36 ②	37 ④	38 ①	39 ③	40 ③

01 - ③

해설 DMB(Digital Multimedia Broadcasting) : 신규 이동형 TV 서비스이며, 영상서비스를 단방향으로 제공하는 새로운 디지털 멀티미디어 방송서비스이며, 커뮤니케이션은 상호 교류 대화(양방향)

[정리] ② LBS(Location-based service) : 위치 기반 서비스는 무선 인터넷 사용자에게, 사용자의 변경되는 위치에 따르는 특정 정보를 제공하는 무선 콘텐츠 서비스

④ MMS(Multimedia Messaging Service, MMS) : 멀티미디어 메시지 서비스는 멀티미디어 메시지를 대화 형식으로 만들어 보내는 메시징 시스템

02 - ④

해설 그래픽 카드는 CPU에 의해 처리된 디지털데이터를 영상 신호로 변환하여 모니터로 보내는 장치

03 - ③

해설 정크메일로 의심 가는 이메일은 본문을 확인할 필요 없이 삭제함

04 - ②

해설 근거리 통신망(LAN)은 전이중 방식으로 통신, 반이중 방식은 무전기와 같이 양쪽 모두 송,수신이 가능하지만 동시에는 불가능한 방식임

05 - ②

해설 POP3 프로토콜에 관한 설명임

[정리] ① 이메일을 전송할 때 필요로 하는 프로토콜은 SMTP
③ 멀티미디어 이메일을 주고 받기 위한 프로토콜은 MIME
④ 이메일의 회신과 전체 회신을 가능하게 하는 프로토콜은 IMAP

06 - ④

해설 키로거 : 키보드 움직임을 탐지해서 개인정보를 몰래 빼내는 해킹 행위

[정리] ① 스니핑 : 네트워크 주변을 지나다니는 패킷을 엿보면서 계정과 패스워드를 알아내는 행위

② 피싱 : 허위 웹 사이트를 만들어 사용자의 개인 신용 정보를 빼내는 행위

③ 스푸핑 : 다른 사람의 시스템에 침입할 때 침입자의 정보를 속여 역추적을 어렵게 만드는 방법

07 - ③
해설 **리피터** : 감쇠하는 디지털 신호를 장거리 전송을 위해 수신한 신호를 재생시키거나 출력 전압을 높여 전송하는 장치
정리 ① 적절한 전송 경로를 선택하여 데이터를 전달하는 장비(라우터)
② 프로토콜이 다른 네트워크를 결합하는 장비(게이트웨이)
④ 같은 프로토콜을 사용하는 독립적인 2개의 근거리 통신망에 상호 접속하는 장비(브리지)

08 - ③
해설 퀵돔은 빠른 도메인이라는 의미

09 - ②
해설 문제설명이 객체지향프로그래밍의 속성을 표시
정리 ① **구조적프로그래밍** : GOTO문을 사용하지 않으며, 순서, 선택, 반복의 세 가지 논리 구조를 사용하는 기법
③ **하향식프로그래밍** : 구조적프로그래밍의 다른 표현으로 흐름이 위에서 아래로 흐르게 함
④ **비주얼프로그래밍** : 윈도우 대화형(GUI)방식으로 화면을 보면서 쉽게 프로그래밍 할 수 있는 기법

10 - ②
해설 베타버전을 설명함
정리 ① **알파버전** : 베타테스트 하기 전에 제작회사에서 최종적인 테스트를 할 목적으로 제작한 소프트웨어
③ **패치버전** : 판매되거나 공개한 프로그램의 기능 향상을 위하여 프로그램의 일부를 변경해주는 프로그램
④ **데모버전** : 게임 프로그램 등 상용 프로그램의 판매 촉진을 위한 홍보용 프로그램

11 - ②
해설 고도의 컴퓨터 그래픽 기술과 3차원 기법을 통하여 현실의 세계처럼 구현하는 기술(가상현실)

12 - ③
해설 ASCII 코드는 개인용 컴퓨터 범용 코드, 데이터 통신에 사용함
정리 ① 해밍코드에 대한 설명
② EBCDIC 코드에 대한 설명
④ 통신용도에 적합

13 - ③
해설 RAM은 현재 사용중인 프로그램이나 데이터가 저장되어 있으며, 전원이 꺼지면 기억된 내용이 모두 지워지는 휘발성 메모리

14 - ③
해설 오랜 기간 동안 저장된 데이터는 새로운 매체에 저장

15 - ③
해설 표준 계정의 사용자는 컴퓨터 보안에 영향을 주는 설정을 변경할 수 없음

16 - ③
해설 현재 폴더에서 상위 폴더로 이동하려면 바로 가기 키인 BackSpace 키를 누름

17 - ④
해설 바로 가기 아이콘의 확장자는 '*.lnk'임, '*.exe'는 실행파일 확장자

18 - ④
해설 아이콘 자동 정렬은 바탕화면에서 오른쪽 마우스 누르고 [보기]에서 실행함

19 - ④
해설 [작업 표시줄]의 바로 가기 메뉴에 있는 [도구 모음]에는 주소, 링크, 바탕 화면, 새 도구 모음 등이 있음.

20 - ②
해설 플래시 메모리는 비휘발성 메모리임

21 - ①
해설 수식 셀(총이익[G12])이 찾는 값(500000)이 되려면 값을 바꿀 셀(4분기 판매수량[G3])이 얼마가 되어야 하는지를 푸는 문제

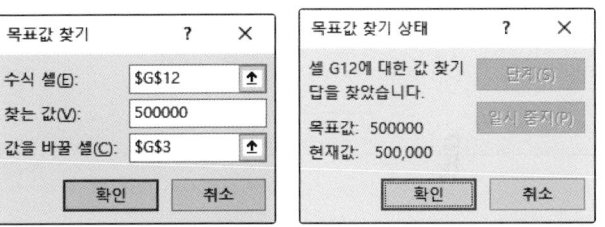

22 - ②
해설 워크시트에서 특정 데이터 값의 변화에 따른 결과값의 변화 과정을 표의 형태로 표시해 주는 기능. 부분적으로 수정 또는 삭제할 수 없음

23 - ④
해설 '텍스트'가 아니라, '텍스트 길이'임

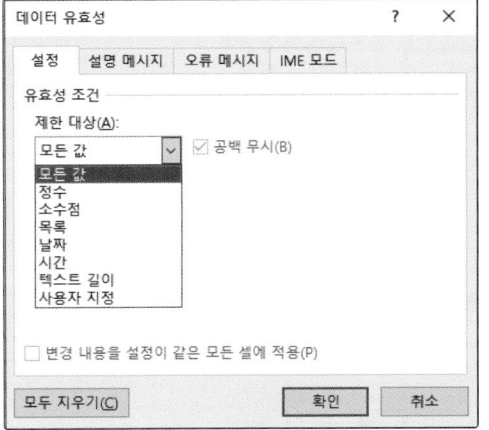

24 - ②

해설 조건은 '합계'가 95미만이고 90초과(AND)를 만족하는 조건(2명)이거나(OR), 70미만을 만족하는 조건(1명)의 두 가지임

25 - ②

해설 조건부 서식에서 [행 전체]에 셀 배경색을 지정하려면 '열 고정' 형태로 수식을 넣어야 함(행이 변하기 때문)

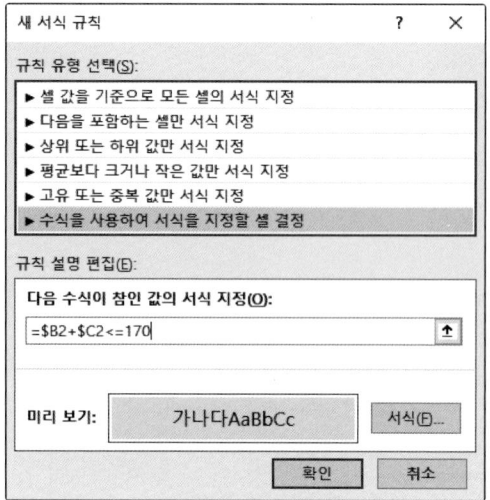

26 - ②

해설 문자+숫자는 숫자만 증가, 문자는 복사가 됨

	A	B	C
1	가-011	01월15일	
2	가-012	01월16일	
3	가-013	01월17일	
4			

27 - ③

해설 '텍스트', '텍스트/숫자' 조합은 처음 몇 자가 해당 열의 기존 내용과 일치하면 자동으로 입력이 되지만, '날짜', '시간 데이터'는 해당 열의 기존 내용과 일치해도 자동으로 입력되지 않음

28 - ①

해설 매크로 기록 시 Ctrl 키 조합 바로 가기 키를 지정하여 매크로를 실행함. 매크로 바로가기 키는 Ctrl+영문 소문자, Ctrl+Shift+영문 대문자로 실행함

29 - ④

해설 '작업 통합 문서'는 없음

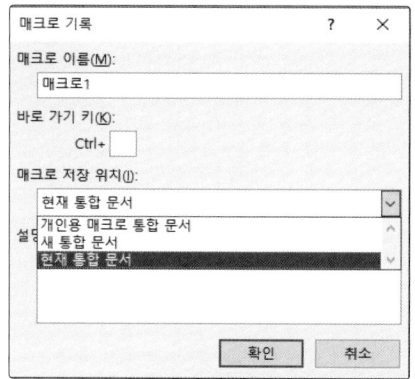

30 - ④

해설 여러 시트에서 동일한 이름으로 정의할 수 없음

31 - ③

해설 인쇄될 워크시트를 워크시트의 실제 크기의 백분율에 따라 확대·축소하려면 [페이지]탭에서 '확대/축소 배율'을 선택함

32 - ③

해설 ③ 결과는 "한상공대학교", 나머지는 "상공대학교", 아래 그림의 D열이 결과임

	A	B	C	D
1	대한상공대학교	①	=MID(A1,SEARCH("대",A1)+2,5)	상공대학교
2		②	=RIGHT(A1,LEN(A1)-2)	상공대학교
3		③	=RIGHT(A1,FIND("대",A1)+5)	한상공대학교
4		④	=MID(A1,FIND("대",A1)+2,5)	상공대학교

① =MID(A1,SEARCH("대",A1)+2,5) : SEARCH("대",A1)=1의 위치+ 2칸 이동=3, '상'위치에서 5개 문자출력

② =RIGHT(A1,LEN(A1)-2) : LEN(A1)=총7개 문자크기 - 2=5, 오른쪽 5개 문자 출력

③ =RIGHT(A1,FIND("대",A1)+5) : FIND("대",A1)는 1 위치+ 5=6, 오른쪽 6개 문자출력

④ =MID(A1,FIND("대",A1)+2,5) : FIND("대",A1)는 1 위치+ 2칸 이동=3, '상'위치에서 5개 문자출력

33 - ①

해설 계열 겹치기 수치를 음수로 지정하면 데이터 계열 사이가 벌어진다.(음수는 벌리기, 양수는 겹치기)

34 - ④

해설 WEEKDAY 함수는 요일의 번호를 구해주는 함수이며, 함수형태 =WEEKDAY(날짜, 옵션(Return_Type)), 한자리의 요일이 텍스트 값이 아닌 숫자 값으로 반환됨, 아래와 같이 100은 2(월요일)을 반환함

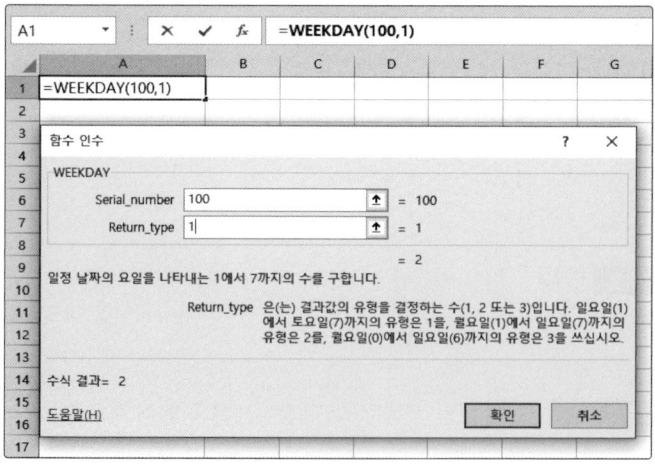

35 - ②

해설 가로 (항목) 축 보조 눈금선은 들어가 있지 않음

36 - ②

해설 SUMIFS(합계 구할 범위, 조건범위1, 조건1, 조건범위2, 조건2, …) 함수는 조건에 모두 맞는 것에 대해서 합계를 구해주는 함수이며, 조건이 여러 개가 있는 경우에 쓰임(AND 조건과 유사함)
=SUMIFS(D2:D6, A2:A6,"연필",B2:B6, "서울") 판매실적에 대해서 합계를 구하는데 품목이 연필이면서(AND) 대리점이 서울인 것의 판매실적의 합계를 구해주는 문제

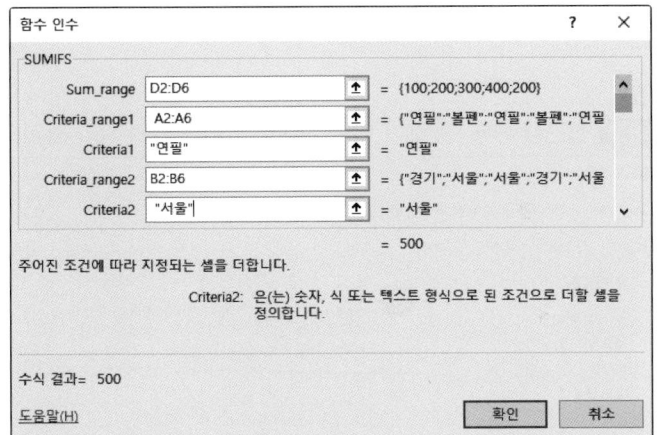

37 - ④

해설 여러 데이터 계열을 선택하여 한 번에 차트 종류를 변경할 수 없고, 하나의 계열을 선택하여 차트 종류를 변경해야 함

38 - ①

해설 [인쇄 미리 보기] 창에서 셀 너비를 조절할 수 있으나 워크시트에도 변경된 너비가 적용됨

39 - ③

해설 시트 보호 설정 시 암호의 설정은 선택 사항임

40 - ③

해설 LEFT(텍스트, 글자수)는 맨 앞에서 입력한 글자수 만큼 출력함, LEFT(A3)은 LEFT(A3,1)와 같은 의미, '엑'을 출력

	A	B	C	D
1	2017	1	=A1/A2	#VALUE!
2	워드	2	=A1*2	4034
3	엑셀	3	=LEFT(A3)	엑
4	파워포인트	4	=VLOOKUP("워",A1:B4,2,FALSE)	#N/A

제09회 기출정복문제

정답

01 ②	02 ④	03 ④	04 ③	05 ②
06 ②	07 ②	08 ③	09 ①	10 ②
11 ②	12 ③	13 ④	14 ①	15 ③
16 ①	17 ②	18 ①	19 ②	20 ②
21 ③	22 ②	23 ③	24 ①	25 ①
26 ③	27 ②	28 ①	29 ③	30 ③
31 ③	32 ①	33 ②	34 ③	35 ②
36 ②	37 ④	38 ③	39 ①	40 ②

01 - ②

해설 인터레이싱은 이미지의 그림파일을 대략적인 모습을 보여준 후 점차 자세한 모습을 보여 주는 효과

정리 ① **시퀀싱** : 음을 입력/편집하고, 전반적인 작/편곡 작업을 하고 악기의 볼륨/패닝 조절 등을 하는 모든 과정
③ **PCM** : 아날로그 신호를 디지털로 변환하여 작업한 후 다시 재생할 때에는 다시 아날로그 신호로 환원시키는 방법
④ **샘플링** : 음악의 일부 구간을 잘라 사용하는 것을 의미

02 - ④

해설 리피터 : 신호가 감쇠하는 디지털 신호를 장거리 전송을 위해 수신한 신호를 재생시키거나 증폭하는 중계장치

정리 ① **무선 랜카드** : 무선으로 인터넷 사용이 가능한 랜카드
② **AP** : 유선랜과 무선랜을 연결시켜주는 장치
③ **안테나** : 무선통신에서 도달 영역을 확장시키는 장비

03 - ④

해설 DHCP는 각 컴퓨터의 IP 주소를 동적으로 할당해 주는 프로토콜

정리 ① **HTTP** : 웹 문서를 보여주는 프로토콜
② **TCP/IP** : 데이터 전송 프로토콜
③ **SMTP** : 전자우편 전송 프로토콜

04 - ③

해설 키오스크는 입간판 형태의 무인 자동화 안내 시스템으로 터치 스크린 방식으로 이용함

정리 ① **주문형 비디오** : 사용자의 주문에 따라 드라마, 영화, 게임 등의 콘텐츠를 통신 케이블을 통하여 서비스하는 영상서비스
② **CAI** : 컴퓨터를 이용한 학습지원 시스템이며, 자동 교육 시스템을 의미
④ **화상회의 시스템** : 원거리에 있는 사람들과 화면을 통해 회의를 할 수 있도록 지원하는 서비스

05 - ②
해설 메일이나 첨부파일은 감염의 확률이 매우 큼

06 - ②
해설 제어프로그램의 종류 3가지는 감시, 작업 관리, 데이터 관리 프로그램이며, 처리 프로그램 종류 3가지는 언어 번역, 서비스, 문제 처리 프로그램임

07 - ②
해설 분산서비스거부 : 특정 서버가 정상적으로 동작하지 못하게 하는 공격방식
정리 ① 스니핑 : 네트워크 주변을 지나다니는 패킷을 엿보면서 계정과 패스워드를 알아내는 행위
③ 백도어 : 보안이 제거된 비밀통로를 이르는 말로 시스템에 무단 접근하기 위한 일종의 비 상구
④ 해킹 : 권한이 없는 사람이 시스템에 침입하여 정보를 수정하거나 빼내는 행위

08 - ③
해설 디지털 컴퓨터 : 숫자, 산술, 논리연산, 범용, 아날로그 컴퓨터 : 전류, 전압, 온도, 증폭회로, 특수목적용

09 - ①
해설 웨어러블 컴퓨터 : 몸에 착용하는 컴퓨터를 의미
정리 ② 마이크로 컴퓨터 : 일반 개인용 컴퓨터로 가정용이나 업무용으로 사용
③ 인공지능 컴퓨터 : 지능을 갖고 있는 기능을 갖춘 컴퓨터 시스템이며, 인간의 지능을 기계 등에 인공적으로 시연(구현)하는 컴퓨터
④ 서버 컴퓨터 : 클라이언트에게 네트워크를 통해 정보나 서비스를 제공하는 컴퓨터

10 - ②
해설 핫 스와핑(Hot swapping) : 컴퓨터가 작동 중일 때 실행에 지장을 주지 않고 주변 장치나 디스크 등의 제거나 설치가 가능한 기능
정리 ① 플러그 앤 플레이(Plug and Play) : 자동 감지 설치 기능
③ 채널(Channel) : CPU의 처리 효율을 높이고 데이터의 입출력을 빠르게 할 수 있게 만든 입출력 전용 처리기
④ 인터럽트(Interrupt) : 컴퓨터가 정상 작동 중일 때 특수한 상태가 발생하여 현재 실행중인 프로그램을 일시 중지하고 그 특수한 상태를 처리한 후 다시 원래의 프로그램으로 복귀하여 정상적으로 처리하는 것

11 - ②
해설 일괄처리-> 실시간처리-> 다중처리-> 시분할처리-> 분산처리

12 - ③
해설 시스템 백업 기능을 자주 사용해서 시스템 바이러스 감염 가능성이 높아지지 않음

13 - ④
해설 기억장치 중 속도가 가장빠르며, 보조기억장치-> 주기억장치-> 캐시메모리-> 레지스터 순임

14 - ①
해설 IPv6는 IPv4가 더 이상 주소를 지정할 수 없을 정도로 포화 상태에 이르게 되어 이에 대한 대책으로 개발되었고, 16비트씩 8부분, 총 128비트로 구성

15 - ③
해설 접근성 센터 : 장애가 있는 사용자를 위해 도와주는 기능

16 - ①
해설 전자우편은 기본적으로 7비트의 ASCII 코드를 사용하여 메시지를 전송

17 - ③
해설 Blu-ray 디스크 : HD급 고화질 비디오를 저장할 수 있는 차세대 광학장치로, 디스크 한장에 25GB 이상을 저장할 수 있음
정리 ① CD-RW : 읽고 쓰기 가능 CD, 700MB
② DVD : 4.7GB
④ ZIP 디스크 : 100MB

18 - ①
해설 반대임, 즉 원격 지원은 도움받을 사용자가 컴퓨터에서 설정을 통해 먼저 시작한 후, 도움 주는 사용자가 원격 지원을 시작할 수 있음

19 - ③
해설 표준 계정의 사용자는 컴퓨터 보안에 영향을 주는 설정을 변경할 수 없음

20 - ②
해설 32비트(×86) 운영체제인지 64비트(×64) 운영체제인지 확인하는 방법

방법 1	⊞[시작]-[설정]-[시스템]-[정보]
방법 2	⊞[시작] 단추에서 바로 가기 메뉴의 [시스템]
방법 3	⊞+X, Y
방법 4	⊞+Pause

방법 5	⊞[시작]-[Windows 시스템]-[제어판]-[시스템]
방법 6	⊞[시작]-[Windows 시스템]-[내 PC]에서 바로 가기 메뉴의 [자세히]-[속성]
방법 7	실행(⊞+R)에서 'msinfo32'를 입력한 후 [확인] 단추를 클릭
방법 8	실행(⊞+R)에서 'control system'를 입력한 후 [확인] 단추를 클릭
방법 9	명령 프롬프트창('cmd')에서 'systeminfo'를 입력한 후 Enter를 누름
방법 10	실행 또는 파일 탐색기, 웹 브라우저의 주소 표시줄에 'ms-settings:about'를 입력한 후 Enter를 누름

21 - ③

해설 목록으로 값을 제한하는 경우 드롭다운 목록의 너비는 고정되어 있어 변경할 수 없음

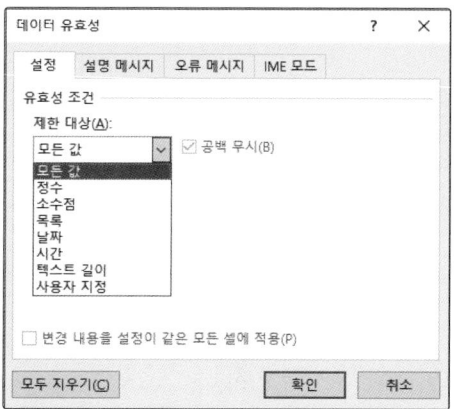

22 - ②

해설 문자+숫자가 혼합되어 입력한 경우, 채우기 핸들을 끌면 문자 복사, 숫자는 하나씩 증가, 날짜가 입력되어 있는 경우, 채우기 핸들을 끌면 1일 단위로 증가

	A	B
1	가-011	01월15일
2	가-012	01월16일
3	가-013	01월17일
4	가-014	01월18일

23 - ③

해설 개개인의 영어 점수를 영어평균 값과 비교하기 위해서는 영어평균 값의 범위가 변경되면 안되므로 절대 참조로 설정한다.

[정리] * : 와일드 카드 문자로서 모든 문자열
? : 한개의 문자

- "?영*" : 영 앞에 문자 한개가 있고 뒷 문자열은 상관이 없음. 즉 두번째 문자가 영이면 해당됨.
- "*영*" : 문자열 앞이나 뒤에 아무 문자나 있어도 상관없고 영이라는 글자만 있으면 됨.
- "영??" : 전체 문자열의 문자 개수가 3개 이면서 첫 번째 문자가 영으로 시작하는 문자열.

24 - ①

해설 열을 구분선으로 나눔, 방법은 범위설정 후 [데이터 탭]-[데이터 도구]그룹의 [데이터 나누기]를 클릭

[텍스트 마법사 - 3단계 중 1단계] 대화상자가 나타나면 [원본 데이터 형식]을 선택한 후 [다음] 단추를 클릭

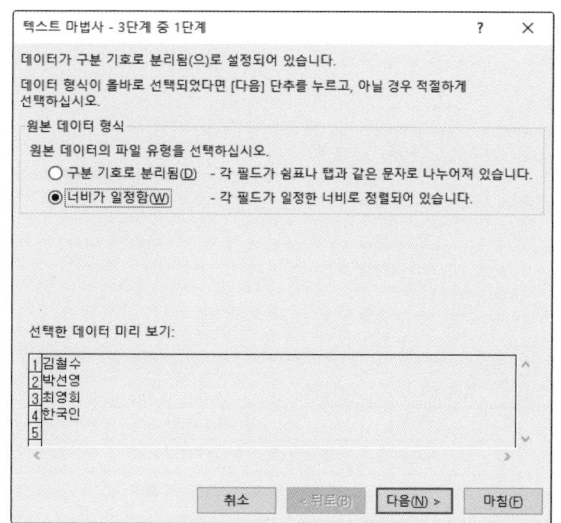

[텍스트 마법사 - 3단계 중 2단계] 대화상자가 나타나면 성과 이름 사이에 마우스로 구분선 클릭한 후 [다음] 단추를 클릭

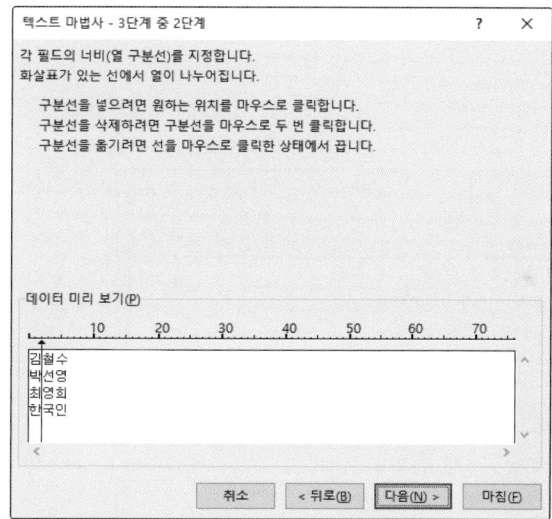

[텍스트 마법사 - 3단계 중 3단계] 대화상자가 나타나면 [열 데이터 서식]을 선택한 후 [마침] 단추를 클릭

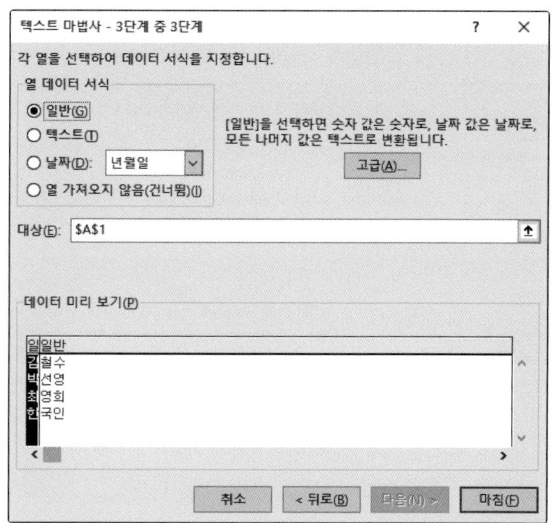

25 – ①

해설 ② 목표값 찾기 : 수식의 결과값은 알고 있지만 수식에서 결과값을 계산하기 위해서 입력값을 모를 때 사용
③ 부분합 : 원본 데이터 목록을 그룹별로 분류하고 해당 그룹별로 특정한 계산을 수행하는 데이터 분석 도구
④ 통합 : 여러 데이터를 하나의 표로 통합하여 표시해 주는 기능

26 – ③

해설 여러 셀에 숫자나 문자 데이터를 한 번에 입력하려면 여러 셀이 선택된 상태에서 데이터를 입력한 후 바로 Ctrl + Enter 키를 누름

27 – ③

해설 ③의 'mmm'은 3자리인 'jun'으로 표시됨

	A	B	C	D	E
1		표시형식	입력자료	표시결과	해설
2	①	#,##0,	12345	12	오른쪽에서 왼쪽으로 3자리에서 반올림
3	②	0.00	12345	12345.00	0은 무조건 자리수차지, #은 생략가능
4	③	dd-mmm-yy	2015-06-25	25-Jun-15	mmm -> 3자리로 출력
5	④	@@"**"	컴활	컴활컴활**	'컴활'에 '컴활**'를 붙임

28 – ①

해설 행은 변하는데(상대 참조), 열은 변하지 않기에 열고정(절대 참조)임, A2:D9까지 영역을 잡고 조건부 서식 -> 새 규칙 -> '수식을 사용하여 서식을 지정할 셀 결정'까지 들어간 다음, '=$D2<3'식을 입력하고 서식을 지정한 후 [확인]

29 – ③

해설

	A	B	C	D	E
1		수식		결과	해설
2	①	=TRIM(" 1/4분기 수익")	→	1/4분기 수익	텍스트의 양끝 공백 없애기
3	②	=SEARCH("세","세금 명세서", 3)	→	5	왼쪽→오른쪽(3번째) "부터" 검색 '세금 명[세]서', 그 위치가 5
4	③	=PROPER("republic of korea")	→	Republic Of Korea	첫 글자를 대문자로 나머지는 소문자로 표현
5	④	=LOWER("Republic of Korea")	→	republic of korea	모든 문자를 소문자로 표현

30 – ③

해설 기본적으로 조합키 Ctrl과 함께 영문자만 지정

31 – ②

해설 기록한 매크로는 VBE에서 편집할 수 있고, 기능과 조작을 추가 또는 삭제할 수 있음

32 – ①

해설 계열 겹치기 수치를 양수로 지정하면 데이터 계열 사이가 겹쳐지고, 음수로 지정하면 벌어짐

33 – ②

해설 SUMIFS(합계 구할 범위, 조건범위1, 조건1, 조건범위2, 조건2, ...) 함수는 조건에 모두 맞는 것에 대해서 합계를 구해주는 함수이며, 조건이 여러 개가 있는 경우에 쓰임(AND 조건과 유사함)
=SUMIFS(D2:D6, A2:A6,"연필",B2:B6, "서울") 판매실적에 대해서 합계를 구하는데 품목이 연필이면서(AND) 대리점이 서울인 것의 판매실적의 합계를 구해주는 문제

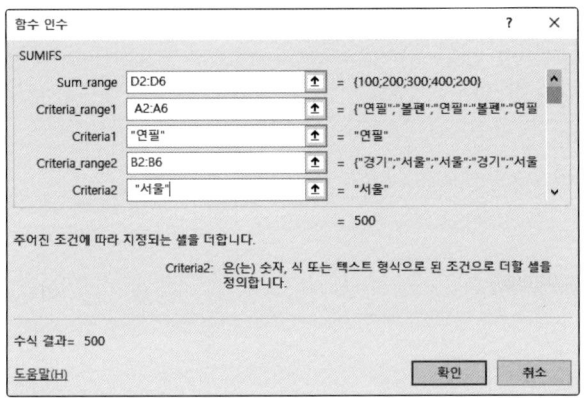

34 – ③

해설 데이터 레이블이 없음

35 – ②

해설 INDEX(범위, 행, 열) 함수는 지정한 행, 열의 위치에 있는 값을 출력함. INDEX(B2:D9,2,3)는 B2:D9의 범위에서 2행 3열을 찾아야 함

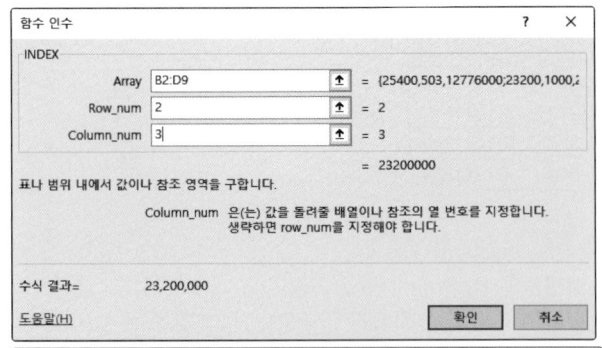

36 - ②

해설 테이블이 세로형(수평)Hlookup 함수를, 가로형(수직)이면 Vlookup함수를 사용 Vlookup(찾을 값, 전체 범위(절대 참조), 열 번호, 정확일치=0/유사일치=1)

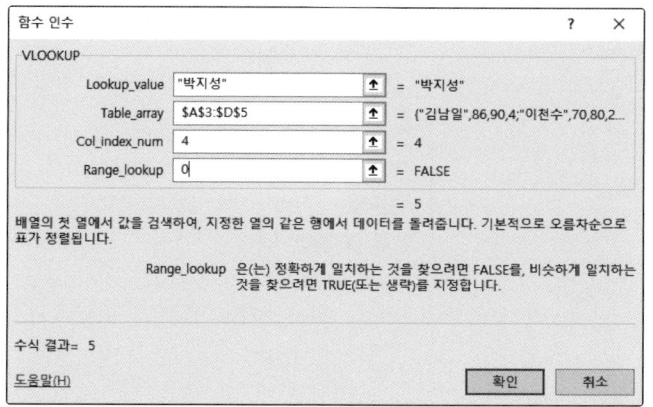

37 - ④

해설 추세선을 추가할 수 없는 차트종류(3차원, 방사형, 원형, 도넛형, 표면형)

38 - ③

해설 '쓰기 암호'가 지정된 경우에는 파일을 수정하고 다른 이름으로 저장 시 '쓰기 암호'를 입력하지 않아도 됨

39 - ①

해설 인쇄 영역에 포함된 도형, 차트 등의 개체는 기본적으로 인쇄가 됨

40 - ②

해설 창 나누기를 수행하면 셀 포인터의 왼쪽과 위쪽으로 창 구분선이 표시됨

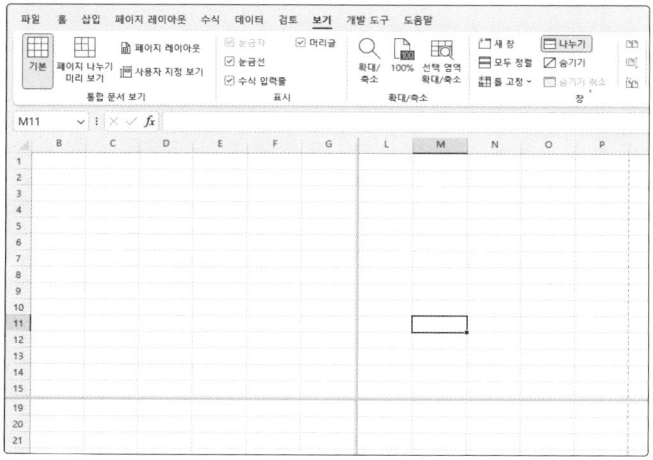

제10회 기출정복문제

정답

01 ②	02 ②	03 ③	04 ④	05 ③
06 ④	07 ③	08 ③	09 ①	10 ④
11 ①	12 ④	13 ③	14 ②	15 ③
16 ②	17 ③	18 ②	19 ②	20 ④
21 ③	22 ④	23 ③	24 ②	25 ①
26 ②	27 ④	28 ②	29 ③	30 ④
31 ②	32 ④	33 ④	34 ④	35 ③
36 ①	37 ②	38 ③	39 ④	40 ③

01 - ②

해설 정보사회의 멀티미디어는 텍스트, 이미지, 사운드, 애니메이션, 동영상 등을 디지털화 시킨 복합 구성 매체임

02 - ②

해설 각 부분은 16진수로 표현하고, 콜론(:)으로 구분함

03 - ③

해설 계층 간의 정보차이가 증가함

04 - ④

해설 피기배킹은 부정 인증을 이용한 출입 방법의 하나로, 제한된 구역에 대한 출입 권한이 없는 사람이 의도적으로 출입 권한을 가진 사람과 함께 진입하는 것

정리 ① **스패밍** : 인터넷을 이용하여 다수의 수신인에게 무작위로 발송된 광고성 이메일 메시지
② **스푸핑** : 다른 사람의 시스템에 침입할 때 침입자의 정보를 속여 역추적을 어렵게 만드는 방법
③ **스니핑** : 네트워크 주변을 지나다니는 패킷을 엿보면서 계정과 패스워드를 알아내는 행위

05 - ③

해설 성(Star)형 : 중앙 집중 방식으로 통제가 쉽지만 중앙의 컴퓨터가 고장나면 모든 네트워크가 마비됨

정리 ① **버스(Bus)형** : 하나의 통신 회선에 여러 대의 컴퓨터를 접속하는 방식으로 컴퓨터의 증설이나 삭제가 용이
② **트리(Tree)형** : 중앙 컴퓨터와 일정 지역의 단말장치까지는 하나의 통신 회선으로 연결, 분산 처리 환경에 적합
④ **메시(Mesh)형** : 모든 지점의 컴퓨터의 단말 장치를 서로 연결한 상태로 응답 시간이 빠르고 노드의 연결성이 높지만 비용이 많이 듬

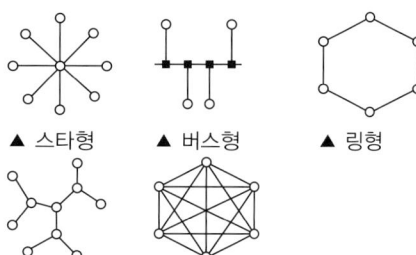

▲ 스타형   ▲ 버스형   ▲ 링형

▲ 트리형   ▲ 망형

06 - ④
해설 시스템 소프트웨어는 제어프로그램과 처리프로그램으로 구성됨

07 - ③
해설 FTP(File Transfer Protocol) : 파일 송수신 프로토콜
정리 ① DHCP : IP주소 동적(자동) 할당 프로토콜
② HTTP : 인터넷에서 웹데이터 전송프로토콜
④ TCP : IP 프로토콜 위에서 연결형 서비스를 전송하는 인터넷 표준 프로토콜

08 - ③
해설 ㉮ 무선 데이터 전송 시스템 : Wi-Fi
㉯ 근거리 무선 통신 프로토콜 : 블루투스
㉰ 유선 인터넷 : Ethernet(이더넷)

09 - ①
해설 비트(Bit)는 자료 표현의 최소 단위이며, 4Bit가 모여 니블(Nibble)이 됨

10 - ④
해설 인쇄 중인 작업도 취소 가능

11 - ①
해설 ② 알파버전
③ 베타버전
④ 공개소프트웨어

12 - ④
해설 USB 2.0 이하 검정색, USB 3.0 파란색, UBS 3.1 이상 빨간색 or 하늘색 사용

13 - ③
해설 ③번은 일괄 처리 방식을 설명
정리 운영체제 성능평가 4요소는 ①번 처리량, ②번 신뢰도, ④번 사용가능도 그리고 ③ 응답시간(작업의뢰 후 결과까지 시간)임

14 - ②
정리 ① 셀 애니메이션(cells animation)
③ 키 프레임 애니메이션(key frame animation)
④ 클레이 애니메이션(Clay animation)

15 - ③
해설 다음의 화면에서 CPU와 '저장소'의 정보도 표시됨

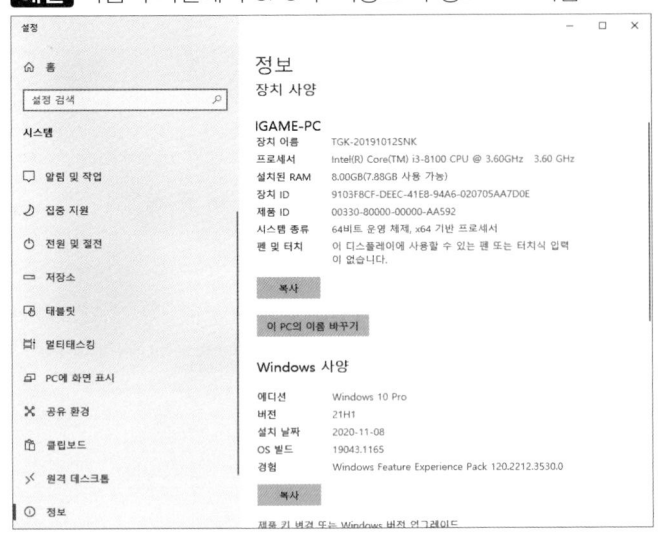

16 - ②
해설 주기억장치보다 저장 용량이 적고 속도가 빠름.
레지스터 > 캐시 > 주기억장치 > 보조기억장치 순임

17 - ③

10진수	10	11	12	13	14	15
2진수	1010	1011	1100	1101	1110	1111
16진수	A	B	C	D	E	F

18 - ②
해설 ② 포맷된 디스크는 시스템 영역과 데이터 영역으로 구성됨

19 - ④
해설 ④ tmp 파일은 임시 파일로 삭제해도 됨.
정리 .exe : 실행 파일, .ini : 환경설정 파일, .sys : 시스템 파일

20 - ④
해설 모니터 전원부 이외의 부분이 고장날 경우, 액정 패널이나 모니터의 A/D보드에 문제가 생긴 경우

21 - ③
해설 이 문제 유형은 함수의 특징을 기억하면 수식을 풀지 않고도 정답을 고를 수 있음
① DAVERAGE(A1:F7,5,B1:B2)의 결과 값 12.66667을 정수(integer)만 취하여 12
② DAVERAGE(A1:F7,5,B1:B2)의 결과 값 12.66667을 소수점 버림(자르다:truncate) 12
③ DAVERAGE(A1:F7,5,B1:B2)의 결과 값 12.66667을 반올림하여 13임
④ DAVERAGE(A1:F7,5,B1:B2)의 결과 값 12.66667에서 소수점을 무시하여 12

	A	B	C	D	E	F
1	나무번호	종류	높이	나이	수확량	수익
2	001	사과	18	20	18	105000
3	002	배	12	12	10	95000
4	003	체리	13	14	9	105000
5	004	사과	14	15	10	75000
6	005	배	9	8	8	77000
7	006	사과	8	9	10	45000
8						
9	사과나무의 평균 수확량					
10						
11	수식					결과
12	=DAVERAGE(A1:F7,5,B1:B2)					12.66667
13	① =INT(DAVERAGE(A1:F7,5,B1:B2))					12
14	② =TRUNC(DAVERAGE(A1:F7,5,B1:B2))					12
15	③ =ROUND(DAVERAGE(A1:F7,5,B1:B2),0)					13
16	④ =ROUNDDOWN(DAVERAGE(A1:F7,5,B1:B2),0)					12

22 - ④
해설 엑셀에서 기본적으로 지정된 바로가기 키와 동일한 바로가기 키를 지정할 수 있고, 매크로의 바로가기 키가 우선 사용 됨

23 - ③
해설 WordArt는 [텍스트]그룹에 있음

24 - ②
해설 '찾는 위치(L)' 항목의 콤보상자를 눌러 '메모' 안의 텍스트를 찾을 수 있음

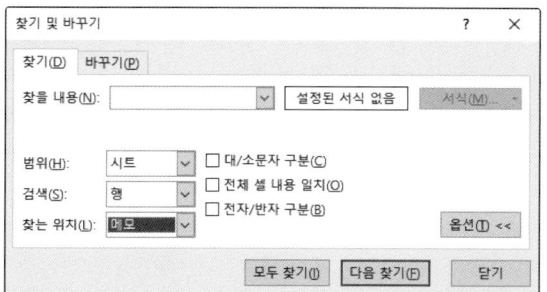

25 - ①
해설 ①은 AND 조건(~이면서)(한 줄에 조건)이고, ②는 OR 조건(~이거나)(두 줄에 조건)

26 - ②
해설 고유 범위에 있는 값에 서식을 지정. "합격", "불합격"을 제외한 셀은 10개

	A	B	C
1			
2	성명	컴활1급	컴활2급
3	이상용	불합격	합격
4	김진태	합격	합격
5	박수현	불합격	불합격
6	최진웅	불합격	불합격
7	한영진	합격	합격
8	서경진	불합격	합격
9	김수정	불합격	합격

27 - ④
해설 이름에 공백이 있으면 안되기에, 공백을 '_'로 채워서 만듦. 따라서 '품 명'이라는 글자는 '품_명'의 글자로 '_'기호를 강제로 추가함

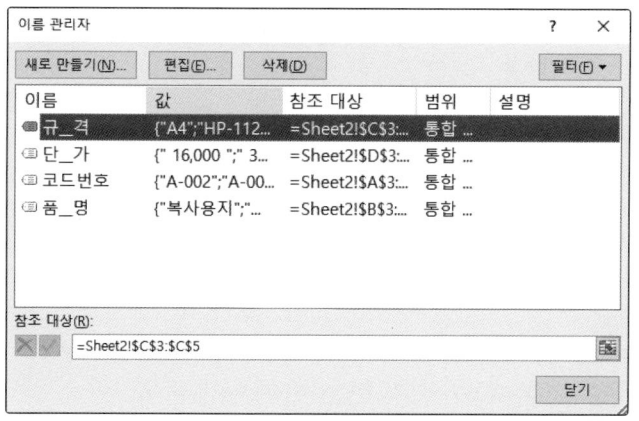

28 - ②
해설 [데이터 선택]에 대한 설명임

29 - ③
해설 ③ 차트를 만들 데이터를 선택한 후 [Alt]+[F11] 키를 누르면 워크시트에 차트가 생성됨. [F11] 키를 누르면 차트 시트가 생성됨

30 - ④
해설 ④는 분산형 차트를 설명함

31 - ②
해설 COUNTIF(범위, 조건)는 조건에 맞는 수를 세는 것임. 범위 설정시 절대참조로 함. SUMIF는 조건에 맞는 합계를 구하는 함수임

	A	B	C	D	E	F
1	엑셀 성적 분포					
2	이름	학점		학점	학생수	
3	김현미	B		A	2	
4	조미림	C		B	1	
5	심기훈	A		C	2	
6	박원석	A		D	1	
7	이영훈	D		F	0	
8	최세종	C				
9						

E3 =COUNTIF($B$3:$B$8, D3)

32 - ②
해설 날짜가 입력된 필드의 정렬에서 내림차순을 선택하면 최근 날짜에서 이전 날짜 순서로 정렬할 수 있음

33 - ④
해설 상대 참조의 의미를 숙지하면 풀 수 있음. 상대적 위치에 따라 주소가 변하는 것이므로 그림1의 내용이 A1을 중심으로 작성했으면 그림 2는 C3을 중심으로 D3셀에 성적 현황이 위치하게 됨

34 - ④

해설 ①과 ②는 가능, ③은 400%까지

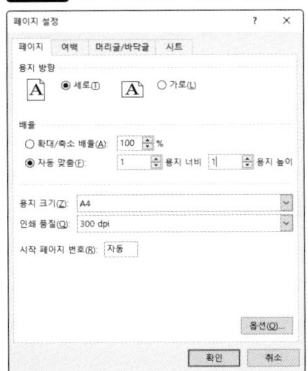
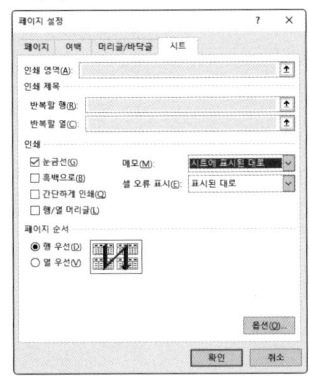

35 - ③

해설 ③번은 복사가 됨, [A3]셀에 입력되는 값은 'A'

	A
1	A
2	B
3	A
4	B
5	

36 - ①

해설 화면 하단의 '상태 표시줄'은 현재의 작업 상태나 선택한 명령에 대한 기본적인 정보가 표시되는 곳임. 상단의 '제목표시줄'에는 현재 사용되고 있는 프로그램이름, 파일 이름, 창 조절버튼이 표시

37 - ②

해설 중복 제거가 '년도'임을 확인. 만일 '판매코드'까지 포함하면 3줄이 됨

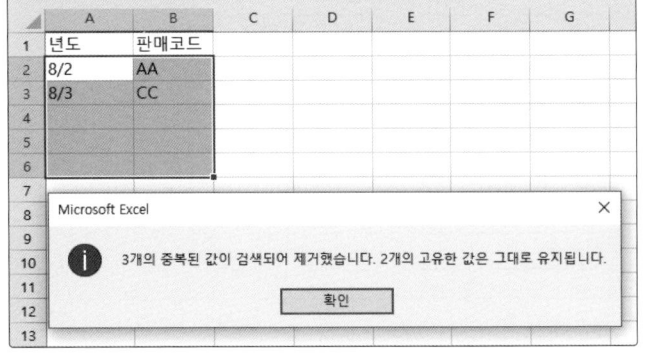

38 - ③

해설 LARGE(A2:A9,4) 함수부터 먼저 계산함. [A2:A9]영역에서 4번째로 큰 수, '5'가 나옴(8,7,6,5,...). 수식에 대입하여 =VLOOKUP(5,A2:F9,5,0)이 되며, [A6]셀(큰수 5가 지정한 셀)에서 시작하여 5번째 열에 있는 값(88)이 출력됨

수식	결과	해설
=VLOOKUP(LARGE(A2:A9,4),A2:F9,5,0)	88	수직형(세로) 테이블에서 검색
=LARGE(A2:A9,4)	5	4번째로 큰값=5 (8,7,6,5...)
=VLOOKUP(5,A2:F9,5,0)	88	5를 대입, 5열의 값 88출력

함수의 기능을 쉽게 보려면, 먼저, 그림처럼 LARGE(A2:A9,4)를 입력하면서 fx를 눌러 확인하면 함수들을 보다 쉽게 이해 할 수 있음

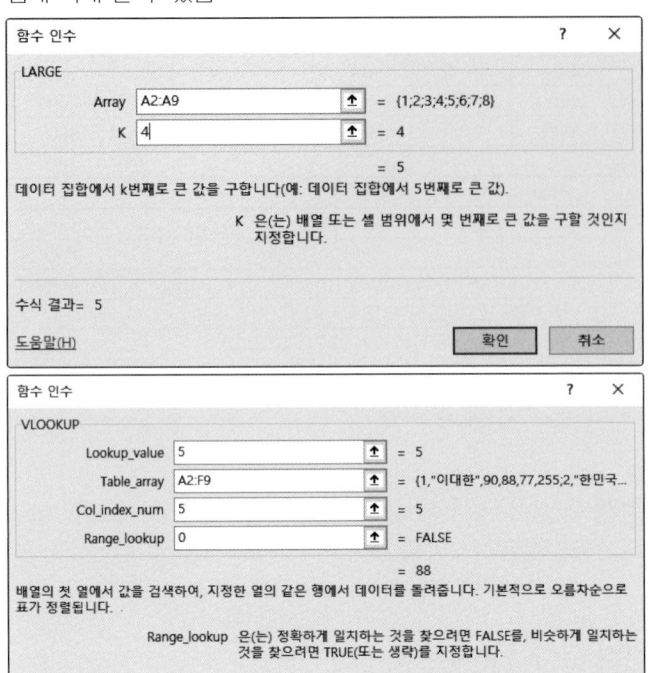

39 - ④

해설 목표값 찾기를 설명함. 수식에서 원하는 결과값은 알고 있지만 그 결과값을 계산하기 위해 필요한 입력값을 모를 경우 사용

정리 ① 시나리오 관리자 : 입력된 데이터에서 특정 셀의 변화에 따른 가상의 결과물을 예측하고 분석하기 위해 사용
② 데이터 표 : 워크시트에서 특정 데이터 값의 변화에 따른 결과값의 변화 과정을 표의 형태로 표시해 주는 기능
③ 피벗 테이블 : 많은 양의 데이터를 한 눈에 파악할 수 있도록 요약, 분석하는 기능

40 - ③

해설 틀고정은 [틀고정 취소] 메뉴로 취소해야 하고, 나누기는 나누기 선을 더블클릭하여 취소

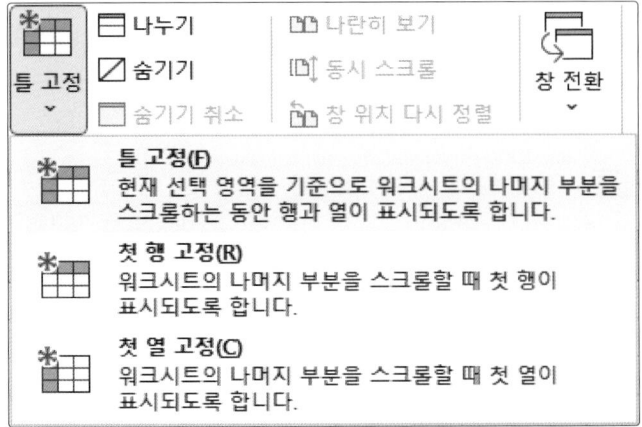

제11회 기출정복문제

정답

01 ④	02 ②	03 ④	04 ③	05 ③
06 ②	07 ④	08 ②	09 ③	10 ②
11 ②	12 ②	13 ③	14 ③	15 ①
16 ②	17 ②	18 ③	19 ④	20 ③
21 ①	22 ①	23 ②	24 ③	25 ①
26 ③	27 ①	28 ③	29 ④	30 ④
31 ③	32 ①	33 ③	34 ①	35 ②
36 ②	37 ④	38 ④	39 ③	40 ③

01 - ④
[해설] 문자, 선, 세밀한 격자 등 고주파 성분이 많은 이미지의 변환에서는 GIF나 PNG에 비해 품질이 매우 우수하지 못함

02 - ②
[정리] ① TCP/IP : 인터넷 연결 표준 프로토콜
③ FTP : 파일 송수신 프로토콜
④ WAP : 무선 보안 프로토콜

03 - ④
[해설] 트로이 목마 : 정상적인 기능을 하는 프로그램으로 가장하여 프로그램 내에 숨어 있다가 해당 프로그램이 동작할 때 활성화되어 부작용을 일으키는 것으로 자기 복제 능력은 없음
[정리] 웜 : 네트워크를 통해 연속적으로 자신을 복제하여 시스템의 부하를 높여 결국 시스템을 다운시키는 바이러스(분산 서비스 거부 공격(DDos), 버퍼 오버플로 공격, 슬래머)

04 - ③
[해설] 디지털방송과 전자도서관, 전자상거래는 MPEG 7임

MPEG-1	• CD와 같은 고용량 매체에서 동영상을 재생하기 위한 규격 • CD, 비디오 CD 등이 있음
MPEG-2	• MPEG-1 규격의 화질을 개선하여 차세대 텔레비전 방송이나 ISDN, 케이블 망 등을 이용한 영상 전송 규격 • HDTV, 위성 방송, DVD 등이 있음
MPEG-4	• MPEG-2의 압축률을 개선하여 통신, PC, 방송 등을 결합하는 복합 멀티미디어 서비스의 통합 표준을 위한 규격 • IMT-2000 환경에서 영상 정보 압축 전송시 필수 요소
MPEG-7	멀티미디어 정보 검색이 가능한 동영상, 데이터 검색 및 전자 상거래 등에 사용하도록 개발
MPEG-21	MPEG 기술들을 통합하여 디지털 콘텐츠 제작, 유통, 보안 등 전과정을 관리할 수 있는 기술

05 - ③
[해설] ③은 모뎀에 대한 설명, 브리지는 독립된 두 개의 네트워크를 연결

06 - ②
[정리] ① JAVA : 객체지향프로그래밍 언어
③ VRML : 3차원 공간을 인터넷 문서에서 표현함
④ WML : 무선 인터넷 환경을 지원하는 웹프로그래밍 언어

07 - ④
[해설] 매크로 바이러스 : 매크로 언어로 기록된 바이러스를 말하며, 워드프로세서와 같은 문서가 열릴 때 프로그램이 자동으로 실행되며 감염시킬 수 있음
[정리] ① 부트 바이러스 : 부트섹터를 감염시켜 컴퓨터의 부팅을 방해하는 바이러스
② 파일 바이러스 : 실행 파일을 감염시키는 바이러스
③ 부트&파일 바이러스 : ①번과 ②번을 모두 가지는 바이러스

08 - ②
[정리] ① 블루투스 : 근거리 무선접속 통신기술
③ 엑스트라넷 : 기업 외부에서도 함께 사용하는 시스템
④ 유즈넷 : 공통의 관심사를 지원하는 서비스

09 - ③
[정리] ① 링크 사이트 : 서로 관련 있는 분야 사이트를 모아서 제공하는 사이트
② 인터커넥트 : 상호 연결하는 케이블이나 선
④ 엑스트라넷 : 기업외부의 기업간의 협력적 네트워크

10 - ②
[해설] 유틸리티는 사용자 편의를 위해 제공되는 프로그램으로 "필수"적이진 않음

11 - ②
[해설] 백업시킬 위치로 외부 저장 장치, 클라우드, 네트워크 등을 선택할 수 있음

12 - ②
[정리] ① 원격지원 : 원격으로 상대방의 컴퓨터와 연결하여 지원
③ 핫 플러그인 : 전원이 켜진 상태에서도 기기연결이 가능
④ 멀티스레딩 : 여러 개의 스레드를 병렬로 실행 가능

13 - ③
[해설] 블록단위로 기록됨

14 - ③
[해설] 접근성 : 사용자의 시력, 청력, 기동성에 따라 컴퓨터 설정을 조정하고 음성 인식을 사용하여 음성 명령으로 컴퓨터를 조정함

15 - ①
[해설] 연산 결과를 일시적으로 기억하는 장치
[정리] ② **프로그램 카운터** : 명령의 순서를 기억하는 장치
③ **명령 레지스터** : 명령어를 기억하는 장치
④ **명령 해독기** : 명령을 해독하는 장치

16 - ②
[해설] ②번이 에어로 피크 설명임

17 - ②
[해설] Bit(0 or 1) → Nibble(4bit) → Byte(8bit) → Word(4Byte /Half Word–2Byte/ Double Word–8Byte) → Field → Record → File → Database 순

18 - ③
[해설] SSD에 대한 설명임

19 - ④
[해설] 펌웨어에 대한 설명임
[정리] ① **프리웨어** : 무료로 배포되는 프로그램
② **셰어웨어** : 일부 기능에 제한을 두거나 일정 기간 동안 사용이 가능한 프로그램
③ **미들웨어** : 시스템 S/W와 응용 S/W의 중개 역할하는 프로그램

20 - ③
[해설] 바이러스 감염 방지를 위해 중요한 데이터는 자주 사용하는 않는 하드디스크에 백업

21 - ①
[해설] 자동 필터는 워크시트의 다른 영역으로 결과 테이블을 자동 생성할 수 없지만, 고급 필터에서는 다른 영역으로 테이블을 자동 생성할 수 있음

22 - ①

23 - ②
[해설] 윤곽 기호는 항목들을 필요 시에 보여지거나 감출 수 있는 기능, 그룹의 모든 정보 데이터를 표시하려면 4 를 클릭하면 됨

24 - ③
[정리] ① A4셀 "이길순"이 "배순용"으로 수정됨, 메모는 변화 없음
② "지워진다"가 아니고 메모를 숨기는 기능
④ "이길순"자료만 삭제되고, 띄어쓰기가 한번 입력되나, 메모는 변화 없음

25 - ①
[해설] 틀 고정은 기본적으로 워크시트의 위쪽에 있는 행과 왼쪽에 있는 열이 고정됨

26 - ③
[해설] 숫자가 입력된 셀의 채우기 핸들을 Ctrl 키를 누른 채 아래쪽으로 끌면 1씩 증가 됨

27 - ①
[해설] '페이지 나누기 미리 보기'상태에서도 데이터의 입력이나 편집을 할 수 있음

28 - ③
[해설] "hh:mm:ss AM/PM"로 지정하면 "03:30:22 PM"으로 표시됨 (왼쪽화면), 즉 두 자리로 표시됨. 하지만 "h:mm:ss AM/PM"로 지정하면 "3:30:22 PM"으로 표시됨(오른쪽화면), 즉 한 자리로 표시됨

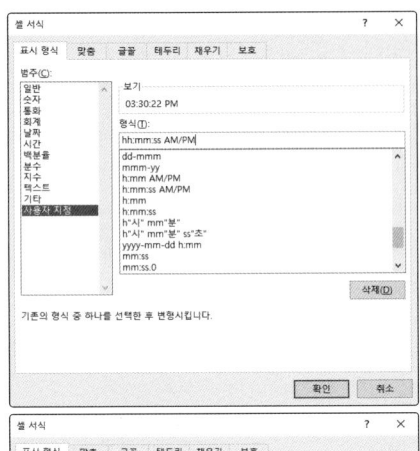

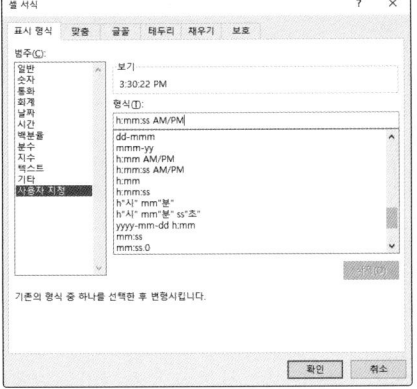

29 - ④
[해설]

A	B	C	D	E
	수식		결과	해설
①	=ODD(4)	→	5	주어진 수에 가장 가까운 홀수로, 양수인 경우 올림, 음수인 경우에 내림함
②	=EVEN(5)	→	6	주어진 수에 가장 가까운 짝수로, 양수인 경우 올림, 음수인 경우에 내림함
③	=MOD(18,-4)	→	-2	나머지를 구하는 함수
④	=POWER(5,3)	→	125	거듭제곱을 구하는 함수, 5의 3승 125

30 - ④
[해설] ':'이 생략되면 인식할 수 없는 문자열이 됨
[정리] ① **#N/A** : 수식에서 틀린 값으로 연산을 사용할 때
② **#NULL!** : 교차하지 않는 두 영역의 교차점을 사용할 때
③ **#REF!** : 셀 참조가 유효하지 않았을 때

31 - ③
[해설] EOMONTH(날짜, 개월)함수는 입력 된 '날짜'에서 지정한 '개월'이 지난 '마지막 날짜'가 나오는 함수로 1980–12–08에서 한 달 뒤 마지막 날짜인 1981–01–31로 출력됨

32 - ①
[해설] 매크로 이름에는 공백이나 마침표를 설정할 수 없음

33 - ③
해설 • **붙여넣기** : 붙여넣기, 수식, 수식 및 숫자 서식, 원본 서식 유지, 테두리 없음, 원본 열 너비 유지, 바꾸기
• **값 붙여넣기** : 값, 값 및 숫자 서식, 값 및 원본 서식
• **기타 붙여넣기 옵션** : 서식, 연결하여 붙여넣기, 그림, 연결된 그림
• **선택하여 붙여넣기**

34 - ①
해설 ①은 영역형 차트를 설명하고 있음

35 - ②
해설 자동으로 변경되지 않고, [새로고침]을 눌려야 변경됨

36 - ②
해설 고급 필터에서 AND(~이면서) 조건은 한 줄로, OR(~이거나) 조건은 두줄로 작성함

37 - ④
정리 ① 기본적으로 상대 참조로 처리됨
② 이미 셀 참조의 이름을 정의한 경우에는 자동으로 수정됨
③ 마침표(.)아닌 느낌표(!)를 사용함

38 - ④
해설 ④는 대화상자의 [여백]탭에 대한 설명임

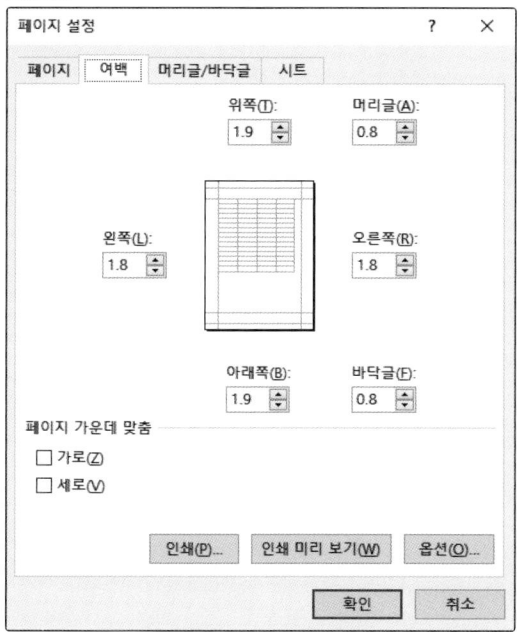

39 - ③
해설 [Alt] 키를 누른 상태에서 차트 크기를 조절하면 차트의 크기가 셀에 맞춰 조절됨

40 - ③
해설 데이터 계열 서식의 '계열 겹치기' 값을 0보다 큰 값으로 설정함(양수: 겹치기, 음수: 벌리기)

제12회 기출정복문제

정답

01 ①	02 ②	03 ④	04 ②	05 ①
06 ④	07 ①	08 ①	09 ②	10 ②
11 ④	12 ②	13 ①	14 ②	15 ④
16 ①	17 ①	18 ④	19 ③	20 ②
21 ②	22 ②	23 ④	24 ②	25 ②
26 ④	27 ④	28 ④	29 ②	30 ②
31 ②	32 ③	33 ④	34 ④	35 ③
36 ①	37 ①	38 ②	39 ④	40 ②

01 - ①
해설 **쿠키(Cookie)** : 인터넷 웹 사이트의 방문 정보를 기록하고 있는 텍스트 파일로 쿠키를 이용하면 웹 사이트에 접속 후 정보의 검색 기록이 사용자 PC에 저장되며, 인터넷 접속시 매번 아이디와 비밀번호를 넣지 않아도 자동으로 입력되도록 설정도 할 수 있어 유출될 경우 문제가 발생할 수도 있음
정리 ② **즐겨찾기** : 웹 브라우저에서 사용자가 웹사이트의 URL를 등록하는 기능 또는 그렇게 등록한 URL의 목록
③ **웹 서비스** : 네트워크 상에서 서로 다른 종류의 컴퓨터들 간에 상호작용을 하기 위한 소프트웨어 시스템
④ **히스토리** : 사용자가 방문했던 웹 사이트 주소들을 순서대로 보관하는 기능

02 - ②
해설 ②번은 랜더링에 대한 설명임. 모델링은 렌더링을 하기 전에 수행되는 작업으로 어떠한 방법으로 렌더링 할 것인지를 정함

03 - ④
해설 디스크 조각 모음 설명임. 성능 향상이 목적
정리 ① **디스크 검사** : 디스크의 논리적, 물리적 오류 검사
② **디스크 정리** : 불필요한 파일을 지워 공간확보가 목적
③ **디스크 포맷** : 파일 시스템 초기화 작업

04 - ②
해설 가로채기는 송신된 데이터가 수신지까지 가는 도중 몰래 보거나 도청하는 행위로 기밀성 저해함
정리 ① **가로막기** : 데이터의 정상적인 전달을 가로막아 흐름을 방해하는 행위로 가용성을 저해함
③ **위조** : 마치 다른 송신자로부터 데이터가 송신된 것처럼 꾸미는 것으로 정보의 무결성을 저해함
④ **수정** : 전송된 데이터를 원래의 데이터가 아닌 다른 내용으로 바꾸는 것으로 정보의 무결성을 저해함

05 - ①
해설 **디스플레이** : 화면 해상도 조정, 텍스트 및 기타 항목의 크기 변경
정리 ① **개인 설정** : 바탕화면 아이콘 설정, 마우스 포인터 변경, 테마, 바탕 화면 배경, 창 색, 소리, 화면 보호기

06 – ④
[해설] ④는 게이트웨이를 설명

07 – ①
[해설] ①은 번들버전을 설명, 트라이얼 버전은 체험판으로 프로그램의 사용 기간 동안만 사용

08 – ①
[해설] PNG는 무손실 압축 포맷을 채택하였으며, 256색에 한정된 GIF의 한계를 극복하여 32비트 트루컬러를 표현

09 – ②
[해설] ②이 EPROM(Erasable PROM)에 대한 설명
[정리] ① Mask ROM
③ PROM
④ EEPROM(Electrically Erasable PROM)

10 – ②
[해설] m-VoIP(Mobile - Voice over Internet Protocol) : 모바일 인터넷 전화, 음성정보를 패킷형태로 변환하여 IP방식으로 전송하는 기술
[정리] ① IPTV : 인터넷망을 이용하여 멀티미디어 콘텐츠를 제공하는 방송 통신 융합서비스
③ TCP/IP : 인터넷에 연결된 서로 다른 기종의 컴퓨터들 간에 데이터를 주고 받을 수 있도록 하는 인터넷 표준 프로토콜
④ IPv6 : IP 주소 체계(IPv4)가 더 이상 주소를 지정할 수 없을 정도로 포화 상태에 이르게 되어 이에 대한 대책으로 개발

11 – ④
[정리] ① 캐시메모리
② 가상메모리
③ 연관메모리

12 – ②
[해설] 분산 처리는 여러 자원을 공유하고 속도 및 용량 등의 효율을 높이기 위한 시스템으로 클라이언트/서버 방식을 선호

13 – ①
[해설] 파스칼의 계산기는 세계 최초의 수동 기계식 계산기로 덧셈과 뺄셈이 가능

14 – ②
[해설] [소리]에서 문서에 소리를 연결하거나 삽입하는 기능은 지원되지 않음

15 – ④
[해설] [작업 표시줄]의 바로 가기 메뉴에 있는 [도구 모음]에는 주소, 링크, 바탕 화면, 새 도구 모음 등이 있음

16 – ①
[정리] ② Windows Defender : 시스템에 침입한 악성프로그램을 윈도우가 실시간으로 감지해 주는 바이러스 백신
③ BitLocker : 드라이브를 암호화하여 데이터 보호
④ 시스템 복원 : 시스템에 오류가 났거나 설정이 변경된 경우 복원 시점을 만들어서 오류가 나기 전의 상태로 시스템을 복원하는 기능

17 – ①
[정리] ② 스푸핑(Spoofing) : 다른 사람의 시스템에 침입할 때 침입자의 정보를 속여 역추적을 어렵게 만드는 방법
③ 백도어(Back Door) : 특정한 시스템에서 보안이 제거되어 있는 비밀 통로
④ 키로거(Key Logger) : 키보드 상의 키 입력을 은밀히 기록하는 프로그램

18 – ④
[해설] ms 〈 μs 〈 ns 〈 ps

19 – ③
[정리] ① XML : HTML의 단점을 보안하여 웹에서 구조화된 폭넓고 다양 한 문서들을 상호 교환할 수 있도록 설계된 언어
② VRML : 3차원 가상 세계를 표현할 수 있게 해주는 언어
④ JSP : 자바로 만들어진 서버 스크립트로 다양한 운영체제에 사용 가능

20 – ②
[해설] 기존 프린터 드라이버를 삭제한 다음 최신 버전으로 재설치 하여 사용

21 – ②
[해설] 이미 입력된 데이터에 유효성 검사를 설정하는 경우 잘못된 데이터는 삭제되지 않음

22 – ②
[해설] 통합 결과가 작성될 워크시트가 같은 통합 문서에 있는 경우에만 적용할 수 없음

23 – ④
[해설] 데이터 표 : 워크시트에서 특정 데이터 값의 변화에 따른 결과값의 변화 과정을 표의 형태로 표시해 주는 기능
[정리] ① 고급 필터 : 사용자가 직접 조건을 수식으로 설정하여 자동 필터에 비해 복잡한 조건을 사용할 수 있음
② 데이터 통합 : 여러 데이터를 하나의 표로 통합하여 표시해 주는 기능
③ 목표값 찾기 : 수식에서 원하는 결과값은 알고 있지만 그 결과값을 계산하기 위해 필요한 입력값을 모를 경우 사용

24 – ②
[해설] 두 셀을 선택해 채우기 핸들을 할 경우 두 셀의 차이만큼 증가/감소함

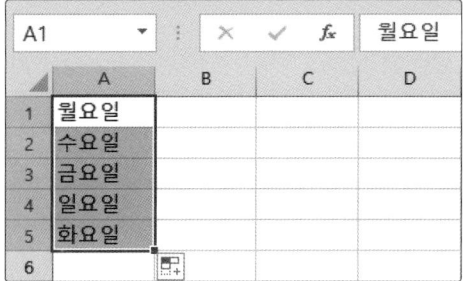

25 – ②
해설 AND조건(~이면서)은 같은 행에, OR조건(~이거나)은 두 개의 행에 작성함

26 – ④
해설 Home 키를 누르면 각 행의 'A'열로 이동함. 따라서 'C1'셀이 아닌 'A5'셀로 이동함

27 – ④
해설 Shift 키를 누른 채 선택 영역의 테두리를 클릭하여 원하는 위치로 드래그하면 선택 영역이 삽입되어 붙여넣기가 실행 됨. 복사는 Ctrl+드래그임

28 – ④
해설 모든 매크로 포함(기본 설정, 알림 표시)는 없음

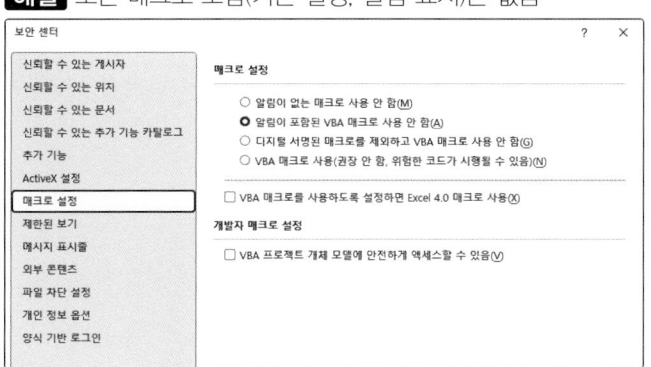

29 – ②
해설 서식 지우기는 서식만 지우고 메모는 삭제되지 않음

30 – ②
해설 Shift+F11 키를 누르면 새 워크시트가 추가됨

31 – ②
해설 매크로 바로가기 키에서는 숫자를 사용하지 않음, 영문자만 가능함

32 – ③
해설 안에 있는 함수부터 풀이 하면 됨

수식	결과	해설
=AVERAGE(INDEX(점수, 2, 1), MAX(점수))	95	안에 있는 함수 부터 풀면 됨
=INDEX(점수, 2, 1)	90	INDEX(범위, 행, 열)값 반환 = 90
=MAX(점수)	100	MAX(범위)에서 최대값 = 100
=AVERAGE(90, 100)	95	AVERAGE(수1,수2,…)의 평균 값 = 95

33 – ④
해설 추세선을 표시할 수 있는 차트는 거품형인 ④, 추세선을 표시할 수 없는 차트(①:방사형, ②:원형, ③:도넛형)

34 – ④
해설 '페이지 나누기 미리 보기' 상태에서는 미리 정의된 머리글이나 바닥글을 선택하여 쉽게 추가할 수 없음

35 – ③
해설 함수의 기능과 인수를 숙지해야함

수식	결과	해설
① =COUNT(1, "참", TRUE, "1")	3	수의 개수 반환, 1+ TRUE=1+ "1"=1 -> 3, "참"은 문자 제외
② =COUNTA(1, "거짓", TRUE, "1")	4	셀들의 개수 반환, 4개의 셀
③ =MAX(TRUE, "10", 8, ,3)	10	최대값 반환, (1, 10, 8, , 3) -> 10반환
④ =ROUND(215.143, -2)	200	215에서 십의 자리에서 반올림 -> 200출력

fx를 이용하여 각 함수의 인수 값들을 살펴볼 수 있음

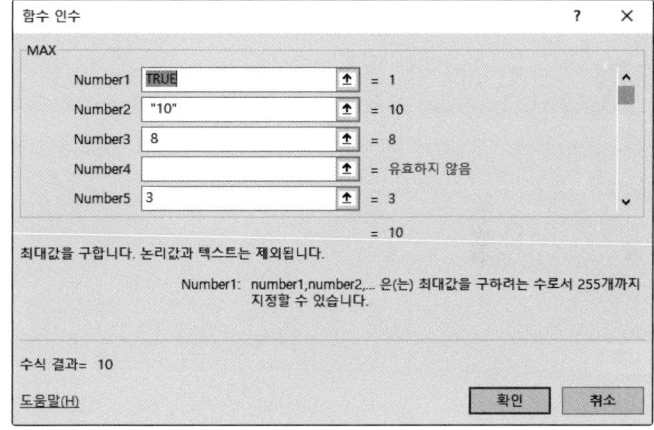

36 – ①
해설 함수들이 어떤 일을 하는지 기능을 알아야 함

수식	결과	해설
① =CHOOSE(MID(A1,8,1), "남","여")	남	
=MID(A1,8,1)	1	8번째 1자리 = 1
=CHOOSE(1, "남","여")	남	선택함수 1="남", 2="여"를 출력, "남" 출력
② =HLOOKUP(A1, 8, B1)	#N/A	오류
③ =INDEX(A1, B1, 8)	#REF!	오류
④ =IF(RIGHT(A1,8)= "1", "남", "여")	여	
=RIGHT(A1,8)	-1234567	오른쪽에서 왼쪽으로 8개 문자 출력
=IF(-1234567= "1", "남", "여")	여	참이 아닌 거짓, "여" 출력

37 – ①
해설 눈금선이 없음

38 – ②
해설 함수를 살펴보면 MOD 함수는 나머지 값을 구해주는 함수(=MOD(숫자, 나누는수)), 즉, '숫자/나누는 수'의 나머지 값을 구함. 문제에서 행을 변화시키는 것이므로 ROW를 선택, ROW 함수는 해당하는 행번호 숫자 값을 반환함. 따라서 홀수행이면 1을, 짝수행이면 0를 지정하면 됨

39 – ④
해설 원본데이터의 오른쪽 각각의 반의 합계 데이터는 사용하지 않아서 표 전체 영역을 사용한 것은 아님. 다음 그림이 표 전체 영역을 사용한 결과

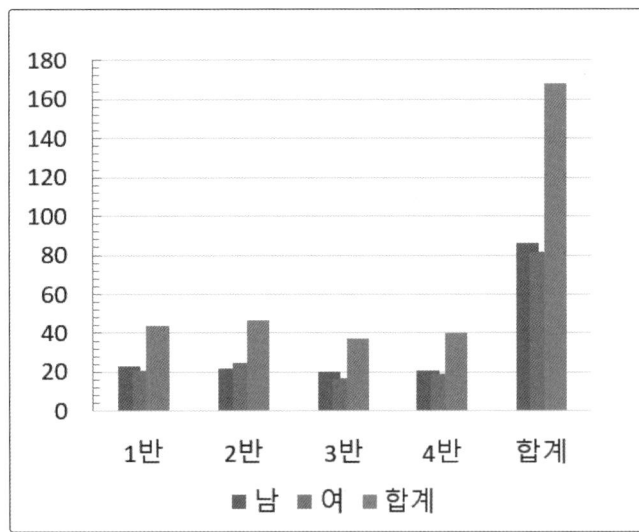

40 - ②

해설 [틀 고정] 기능으로 열을 고정하려면 고정하려는 열의 오른쪽 열을 선택한 후 틀 고정을 실행함

PART 04 기출실전문제

제01회 기출실전문제

정답

01 ③	02 ④	03 ③	04 ③	05 ③
06 ①	07 ③	08 ①	09 ②	10 ③
11 ①	12 ①	13 ③	14 ②	15 ④
16 ①	17 ③	18 ③	19 ④	20 ②
21 ④	22 ①	23 ③	24 ③	25 ④
26 ④	27 ③	28 ②	29 ③	30 ③
31 ①	32 ③	33 ④	34 ②	35 ③
36 ④	37 ①	38 ②	39 ④	40 ③

01 - ③

해설
• 윈도우 메타파일(Windows MetaFile)인 WMF는 벡터 그래픽스와 비트맵 구성 요소를 모두 포함할 수 있음
• 래스터 파일은 비트맵 방식을 말하며, 직사각형의 격자 또는 점을 모니터에 표시하여 화면을 표시하는 방식

02 - ④

해설 ④번은 MIDI에 대한 설명으로 디지털 음악 규격에 사용되는 음악 파일, MID 파일에는 음높이, 음길이, 세기 등 다양한 음악 기호가 정의되어 있음

03 - ③

해설 구글은 웹 브라우저가 아닌 포털 사이트
정리 ① **파이어폭스(Fire Fox)** : Mozilla에서 제작한 웹브라우저로 인터넷 익스플로러 보다 빠르고 간편함
② **사파리(Safari)** : 애플사에서 제작한 매킨토시용 웹브라우저
④ **오페라** : 노르웨이 오슬로의 오페라 소프트웨어에서 제작한 웹브라우저

04 - ③

해설 PCM은 펄스부호 변조방식으로 음성이나 영상 등의 아날로그 신호의 순간 크기를 고정된 길이의 부호(Code)열로 변환한 디지털 부호 방식
정리 ① **MAN(Metropolitan Area Network, 도시지역 통신망)** : LAN과 WAN의 중간 형태로 LAN의 기능을 충분히 수용하면서 도시 전역 또는 도시와 도시 등 넓은 지역을 연결하는 통신망으로 높은 전송률을 갖음
② **WAN(Wide Area Network, 광대역 통신망)** : MAN보다 넓은 범위인 국가와 국가 또는 대륙과 대륙을 하나로 연결하는 통신망으로 넓은 지역을 연결하기 때문에 비교적 에러 발생률이 높음
④ **LAN(Local Area Network, 근거리 통신망)** : 자원 공유를 목적으로 학교, 회사, 연구소, 병원 등의 구내에서 사용하는 통신망으로 전송 거리가 짧아 고속 전송이 가능하며 에러 발생률이 낮음

05 - ③
[해설] 블루레이 디스크는 고선명(HD) 비디오를 위한 디지털 데이터를 저장할 수 있도록 블루레이 디스크 협회에서 정한 기준에 따른 광 기록 방식의 저장매체로 25GB 분량의 데이터를 저장 할 수 있음

06 - ①
[해설] • **디스크 조각 모음** : 디스크에 프로그램이 추가 및 제거되거나 파일의 수정, 읽기, 쓰기가 반복되면서 디스크에 비연속적으로 분산(단편화)된 파일들을 모아서 디스크를 최적화함
• **디스크 검사** : 파일과 폴더 및 디스크의 논리적, 물리적인 오류를 검사하고 수정함

07 - ③
[정리] ① **웜** : 네트워크를 통해 연속적으로 자신을 복제하여 시스템의 부하를 높여 결국 시스템을 다운시키는 바이러스 일종으로 대표적으로 분산 서비스 거부 공격이 있음
② **해킹** : 사용 권한이 없는 사람이 시스템에 침입하여 정보를 수정하거나 빼내는 행위를 뜻하며, 이런 일을 하는 사람을 해커(Hacker)라고 부름
④ **스니핑** : 사전적인 의미로는 '냄새를 맡다, 코를 킁킁거리다'의 뜻으로 네트워크 주변을 지나다니는 패킷을 엿보면서 계정과 패스워드를 알아내는 행위

08 - ①
[정리] ② **즐겨찾기** : 북마크라고도 하며, 자주 방문하는 웹 사이트를 쉽게 찾을 수 있도록 해당 웹 사이트의 주소를 기록해 놓는 기능
③ **웹 서비스** : 네트워크 상에서 서로 다른 종류의 컴퓨터들 간에 상호 작용을 하기 위한 소프트웨어 시스템
④ **히스토리** : 방문했던 웹사이트의 정보를 기록, 보관하고 있는 곳

09 - ②
[해설] **OSI 7 계층** : 모든 네트워크 통신에서 생기는 여러 가지 충돌 문제를 완화하기 위하여 국제표준기구(ISO)에서 표준화된 네트워크 구조를 제시한 기본 모델로써 통신을 통한 상호 접속에 필요한 제반 통신절차를 정의하고 이 가운데 비슷한 기능을 제공하는 모듈을 동일 계층으로 분할하여 모두 7계층으로 분할한 것
• **상위계층** : 7계층(응용), 6계층(표현), 5계층(세션), 4계층(전송)
• **하위계층** : 3계층(네트워크), 2계층(데이터 링크), 1계층(물리)

10 - ③
[해설] 아스키(ASCII) 코드는 미국에서 추진된 정보 교환용 부호로, 데이터 통신용과 개인용 컴퓨터에 주로 사용되는 코드로 7비트(Bit)로 구성되어 128개의 문자 표현이 가능함

11 - ①
[해설] 휴지통에 보관되지 않는 경우
• 플로피디스크, USB 메모리, DOS 모드, 네트워크 드라이브 등에서 삭제한 경우
• 키보드의 키를 누르고 삭제 명령을 실행한 경우
• 휴지통의 크기를 0%로 설정한 경우
• 휴지통 속성이 '파일을 휴지통에 버리지 않고 삭제할 때 바로 제거'를 선택한 경우
• 같은 이름의 항목을 복사/이동 작업으로 덮어쓴 경우

12 - ①
[해설] F4 : Windows 파일 탐색기에서 주소 표시줄 목록을 표시
[정리] F2 : 선택한 파일/폴더의 이름 바꾸기

13 - ③
[해설] 숨긴 파일 및 폴더의 숨김 속성의 해제는 [폴더 옵션]이 아닌 해당 폴더 창의 바로가기 메뉴의 [속성]에서 직접 설정할 수 있음
[정리] ①은 [보기]탭, ②은 [검색]탭, ④은 [일반]탭에서 설정 가능

14 - ②
[해설] [화면 보호기] 탭에서 '다시 시작할 때 로그온 화면 표시'를 선택할 수는 있지만 화면 보호기 암호는 설정할 수 없음

15 - ④
[해설] **소리** : 스피커 마스터 볼륨 조절

16 - ①
[해설] ①은 번들 프로그램에 대한 설명
[정리] **공개 소프트웨어** : 개발자가 저작권을 포기하고 소스를 공개한 프로그램으로 무료로 사용 또는 수정 및 재배포가 가능한 프로그램

17 - ③
[해설] BIOS는 컴퓨터의 기본 입출력장치나 메모리 등 하드웨어 작동에 필요한 명령을 모아 놓은 프로그램으로 롬(ROM)에 저장되어 ROM BIOS 라고도 함

18 - ③
[해설] 메모장은 간단한 텍스트 문서를 입력하는데 사용하는 장치로 내용 전체의 단순한 글자 크기 등은 수정할 수 있지만 다양한 편집 기능을 제공하고 있지 않으며, 그림/차트/음악/동영상 등 개체의 삽입 또는 연결 기능(OLE)을 제공하지 않음

19 - ④
[해설] **전원 및 절전** : [설정]-[시스템]에 [전원 및 절전] 설정 항목이 있음

20 - ②
[정리] ① **그룹웨어(Groupware)** : 협동 소프트웨어 또는 협동 작업 프로그램이라고도 하며, 여러 사용자가 서로 다른 작업을 하여 하나의 완성체를 같이 만들 수 있는 프로그램을 의미함
③ **스프레드시트(Spreadsheet)** : 표계산(함수)을 하는 프로그램을 지칭하며 대표적인 프로그램으로 마이크로소프트사의 엑셀, 한글과 컴퓨터의 한셀, 구글의 스프레드시트 등이 있음
④ **전자출판(Electronic Publishing)** : 종이를 이용하는 기존의 출판 방식에서 벗어나 전자적 기억 매체에 문자나 도형뿐만 아니라 음성, 동화상까지 기록하여 출판하는 것을 의미함

21 - ④
해설 이미 작성된 부분합을 유지하면서 부분합 계산 항목을 추가할 경우에는 '새로운 값으로 대치'를 체크 해제해야 하며, '새로운 값으로 대치'를 체크할 경우 이전의 부분합 결과가 지워짐

22 - ①
해설 텍스트 나누기는 각 필드가 쉼표나 탭과 같은 문자로 나누어져 있을 경우 사용하는 '구분 기호로 분리됨'과 각 필드가 일정한 너비로 정렬되어 있는 '너비가 일정함'으로 유형을 선택할 수 있으며, 보기의 경우 구분 기호가 아닌 순수한 글자의 길이, 즉 너비를 기준으로 구분되어 '너비가 일정함'의 유형으로 선택하여 분리한 방법임

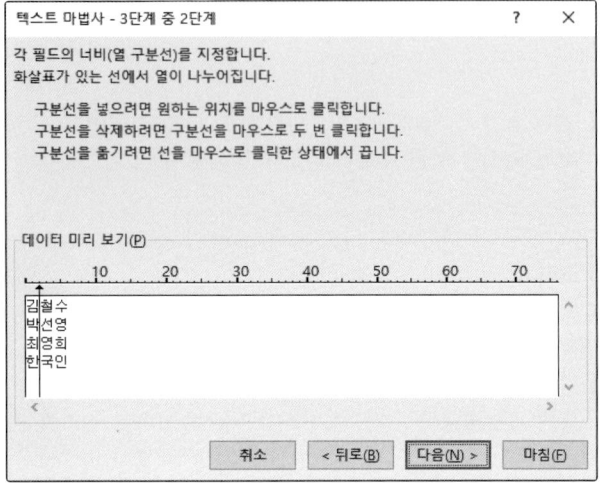

23 - ③
해설 VLOOKUP 함수는 찾기 함수로 보기의 수식에서 찾을 값인 [A6]셀이 범위([A1:A4])의 0~30을 벗어난 음수값이 입력되어 수식에서의 잘못된 값으로 연산을 시도한 오류 메시지인 #N/A 오류가 나오지만 IFERROR 함수로 에러 발생시 "입력오류" 메시지를 표시하도록 함수를 사용하여 [A7] 셀에는 "입력오류"가 표시됨

수식	결과	해설
=IFERROR(VLOOKUP(A6,$A$1:$B$4,2),"입력오류")	입력오류	오류가 반환되면 "입력오류" 출력
=VLOOKUP(A6,$A$1:$B$4,2)	#N/A	-5를 찾지 못해 오류 반환

24 - ②
해설 고급필터의 조건에서 물음표(?)는 한 글자를 의미하여 이름이 마지막 글자가 '명'으로 끝나는 세 글자의 조건에 맞는 데이터('김진명'과 '나오명' 추출) 또는(OR) 부서명(영업)과 성적(>80)의 조건은 같은 행에 입력되어 부서명이 영업이면서(AND) 성적이 80점을 초과하는 사람(없음)을 필터하게 됨

25 - ④
정리 ① #NAME? : 함수 이름이나 정의되지 않은 셀 이름을 사용한 경우, 수식에 잘못된 문자열을 지정하여 사용한 경우
② #NUM! : 숫자 오류로 너무 크거나 작은 숫자를 결과로 표시하는 수식을 입력한 경우
③ #DIV/0! : 나누는 수가 빈 셀이나 0이 있는 셀을 참조한 경우 (피연산자가 빈 셀이면 0으로 간주됨)

26 - ④
해설 이름 정의의 규칙에서 첫 문자는 반드시 문자(영문, 한글) 또는 역슬래시(\)로 시작해야 하며, 공백은 포함할 수 없으므로 이름 만들기가 적용될 경우 첫 행의 항목에 공백이 포함된 경우 공백은 밑줄로 변경되어 "품 명" 이름은 "품_명"으로 변경되어 지정됨

27 - ③
해설 연속데이터 항목에 방향(행), 유형(급수=곱하기), 단계값(2), 종료값(20) 등이 설정되어 [B1] = 4(2*2), [C1] = 8(4*2), [D1] = 16(8*2)이고 종료값이 20으로 지정되어 [E1] 셀에 32는 입력되지 않음

A1	:	×	✓	fx	2	
	A	B	C	D	E	
1	2	4	8	16		
2						
3						

28 - ②
해설 서식은 숫자 뿐만 아니라 문자(텍스트) 등에 특정 서식이 있는 조건으로 찾을 수 있음

29 - ③
정리 ① 매크로 이름의 첫글자는 반드시 문자(한글,영문)이어야 하며, 두 번째 부터는 문자, 숫자, 밑줄(_) 등의 사용이 가능함
② 매크로의 바로 가기 키는 옵션으로 입력하지 않아도 매크로 기록이 가능하며, 영문자만 사용할 수 있음
④ 매크로 기록 후 매크로의 이름을 포함한 기록 내용은 Visual Basic Editor를 이용하여 변경 할 수 있음

30 - ③
해설 INT 함수는 정수를 표시하는 함수로 음수의 경우 작은값의 정수로 표시하게 되어 -8의 결과 값이 표시됨

	A	B	C	D	E
1		수식		결과	해설
2	①	=MOD(13,-3)	⇒	-2	나눗셈의 나머지를 구함
3	②	=POWER(3,2)	⇒	9	제곱합을 구함 3의2승
4	③	=INT(-7.4)	⇒	-8	소수점을 버리고 가장 가까운 정수로 내림함
5	④	=TRUNC(-8.6)	⇒	-8	소수점 이하 버림

31 - ①

해설 ① =COUNTA(B4:B8)가 적절한 함수

	A	B	C	D	E
1	9월 아르바이트 현황				
2					
3	날짜	김은수	한규리	정태경	
4	09월22일	V	V		
5	09월23일	V		V	
6	09월24일	V	V		
7	09월25일	V	V	V	
8	09월26일	V	V	V	
9	근무일수	5	4	3	해설
10	① =COUNTA(B4:B8)	5	4	3	비어있지 않은 셀의 개수 구함
11	② =COUNT(B4:B8)	0	0	0	숫자가 포함된 셀의 개수 구함
12	③ =COUNTBLANK(B4:B8)	0	1	2	비어있는 셀의 개수 구함
13	④ =DCOUNT(B4:B8)	인수오류	인수오류	인수오류	인수부족 오류

32 - ③

해설 확장자가 '*.dbf'인 파일은 'dBASE'라는 데이터베이스(Database) 프로그램에서 사용되는 파일 형식으로 엑셀 프로그램에서 파일을 열 수는 있지만 저장할 수는 없음

33 - ④

해설 마우스로 범례를 드래그하여 이동해도 그림 영역의 크기는 변하지 않음

34 - ②

해설 개체에는 매크로를 연결할 수 있지만 셀에는 매크로를 연결할 수 없음

35 - ③

해설
- **붙여넣기** : 붙여넣기, 수식, 수식 및 숫자 서식, 원본 서식 유지, 테두리 없음, 원본 열 너비 유지, 바꾸기
- **값 붙여넣기** : 값, 값 및 숫자 서식, 값 및 원본 서식
- **기타 붙여넣기 옵션** : 서식, 연결하여 붙여넣기, 그림, 연결된 그림
- 선택하여 붙여넣기

36 - ④

해설 ROUND는 반올림, ROUNDUP은 올림 함수로 =ROUNDUP(4561.604,-1)에서 -1은 1의 자릿수에서 10의 자릿수로 올림을 실행하게 되어 4570의 결과값을 표시함

	수식		결과	해설
①	=ROUND(4561.604, 1)	⇒	4561.6	소수점 아래 두번째 자리 ⇒ 첫번째 자리로 반올림
②	=ROUND(4561.604, -1)	⇒	4560	반대로 정수부분의 1의 자릿수에서 10의 자릿수로 반올림
③	=ROUNDUP(4561.604, 1)	⇒	4561.7	소수점 아래 두번째 자리 ⇒ 첫번째 자리로 올림
④	=ROUNDUP(4561.604, -1)	⇒	4570	반대로 정수부분의 1의 자릿수에서 10의 자릿수로 올림

37 - ①

해설 [페이지 나누기 미리 보기] 상태에서도 차트나 그림 등의 개체를 삽입할 수 있음

38 - ②

해설 빠른 실행 도구 모음은 사용자가 자주 사용하거나 원하는 기능을 명령 버튼으로 표시하여 해당 버튼을 클릭하여 바로 실행할 수 있도록 리본 메뉴의 위쪽 또는 아래에 표시하는 도구 모음임

[파일]-[옵션]을 클릭하여 빠른 실행 도구 모음의 추가 및 제거 등을 할 수 있음

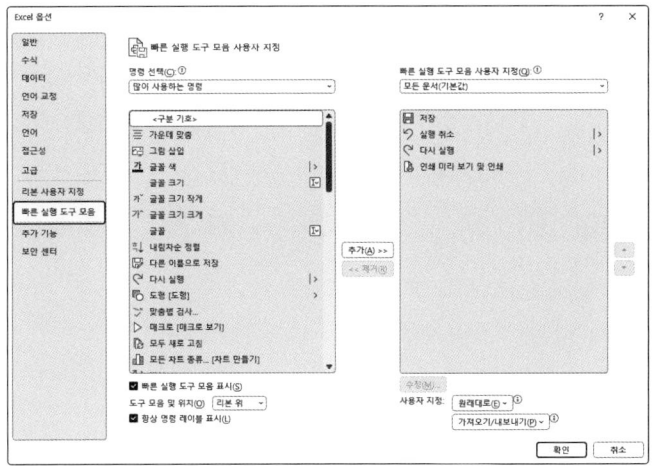

39 - ④

해설 '페이지 나누기 미리 보기'는 어느 위치에서 페이지가 나누어지는지를 점선으로 표시하면서 해당 영역을 직접 조정하는 기능이며, 미리 정의된 머리글이나 바닥글을 선택하여 쉽게 추가할 수 있는 통합 문서 보기 방식은 '페이지 레이아웃'에서 가능

40 - ③

해설 데이터 레이블은 총점 계열의 한길 요소에 표시되어 있음

제02회 기출실전문제

정답

01 ③	02 ④	03 ③	04 ④	05 ③
06 ②	07 ③	08 ②	09 ④	10 ②
11 ④	12 ③	13 ②	14 ①	15 ④
16 ③	17 ④	18 ④	19 ①	20 ③
21 ②	22 ①	23 ①	24 ②	25 ①
26 ②	27 ③	28 ②	29 ④	30 ①
31 ③	32 ④	33 ①	34 ③	35 ①
36 ②	37 ②	38 ①	39 ③	40 ④

01 - ③
[정리] ③번은 VCS(영상회의 시스템)에 대한 설명임

02 - ④
[해설] • 콜론(:)은 IPv6 주소를 표현할 때에 16비트씩 8부분으로 구분지을 때 사이에 표시하는 구분자 역할임
• IPv6 주소 체계는 16비트씩 8부분으로 총 128비트로 구성됨
• IPv6은 유니캐스트, 애니캐스트, 멀티캐스트 3종류의 형태로 구분됨
• IPv6은 IPv4와의 호환성이 높음

03 - ③
[해설] AVI, DVI, 퀵타임 MOV, MPEG, DivX 등 다양한 동영상 압축 기술이 개발되었으며, 점점 더 고화질의 동영상 표현을 위해 용량도 커지는 추세임

04 - ④
[해설] 브리지(Bridge) : 서로 독립적으로 동작하면서 같은 프로토콜을 사용하는 두 개의 근거리 통신망(LAN)을 연결해 주는 접속장치
[정리] ① 인증 : 정보를 보낸 사람의 신원을 확인하여 사용자를 식별하고 사용자의 접근 권한을 검증
② 암호화 : 데이터를 보낼 때 송신자가 지정한 수신자 이외에는 그 내용을 알 수 없도록 평문을 암호문으로 변환하는 것으로 비밀키 암호화 기법과 공개키 암호화 기법이 있음
③ 방화벽 : 보안이 필요한 네트워크의 통로를 단일화하여 관리함으로써 외부의 불법적인 침입으로부터 내부의 정보 자산을 보호하기 위한 시스템

05 - ③
[해설] 메타 검색 엔진 : 각 포털 사이트의 검색 결과를 받아 사용자에게 한 번에 보여주는 검색 엔진
[정리] ① 디렉토리형 검색 엔진 : 검색하고자 하는 정보를 주제에 따라 분류한 검색 엔진
② 키워드형 검색 엔진 : 사용자가 입력한 검색어(키워드)를 기준으로 검색하는 검색 엔진
④ 하이브리드형 검색 엔진 : 디렉토리형 및 키워드형 검색을 모두 실시하는 검색 엔진

06 - ②
[해설] 음성인식은 사람이 발성한 음성의 의미 내용을 컴퓨터 등을 사용하여 자동적으로 인식하게 하는 기술로 네트워크 정보 전달을 위한 구성 요소와는 관계 없음

07 - ③
[해설] B-ISDN은 광대역 종합정보통신망을 의미하는 것으로 고도의 광범위한 서비스를 제공하는 디지털 공중통신망이며, 비동기식 시분할 다중화(ATM) 방식을 사용함

08 - ②
[해설] 디지털 컴퓨터의 출력 형태는 이산적(비연속적인 구분된)인 숫자나 문자로 조합하여 표시하며, 곡선, 그래프 등의 출력 형태는 아날로그 컴퓨터의 특징

09 - ④
[해설] 컴퓨터의 연산속도 단위(느림 ▶ 빠름)
ms(10-3초) ▶ μs(10-6초) ▶ ns(10-9초) ▶ ps(10-12초) ▶ fs(10-15초) ▶ as(10-18초)

10 - ②
[해설] 이진수 0110의 1의 보수는 1은 0으로 0은 1로 바꾸어 1001이 되며, 2의 보수는 1의 보수의 마지막 비트에 1을 더하여 1010이 됨(1001 + 0001 = 1010)

11 - ④
[해설] CPU가 한 번에 처리할 수 있는 단위로 워드(Word)를 사용하며, 4바이트(32비트)를 병렬로 한꺼번에 읽어 처리하게됨

12 - ③
[해설] [Tab]은 이동, [Enter]는 다음 줄로 이동 및 줄 삽입, [SpaceBar]는 공백 삽입에 사용하는 키

13 - ②
[해설] 캐시 메모리(Cache Memory)는 중앙처리장치(CPU)와 주기억장치 사이에 위치하여 처리 속도를 향상시키는 역할을 하는 메모리로 소프트웨어가 아닌 하드웨어 장치임

14 - ①
[해설] 다중 디스플레이 설정 : [설정]-[시스템]-[디스플레이]의 '여러 디스플레이'에서 설정함

15 - ④
[해설] 플러그앤플레이(PNP) : 새로운 하드웨어를 감지하여 연결하는 기능으로 새로운 장치의 추가와 관련된 [장치 및 프린터 추가]와 관련 있음

16 – ③

[해설] 표준 계정의 사용자는 다른 사용자나 컴퓨터의 보안을 영향을 주지 않는 시스템 설정을 변경할 수 있음

[정리] 관리자 계정
- 컴퓨터에 대한 모든 제어 권한을 가지며 컴퓨터를 완전하게 제어할 수 있음
- 모든 설정을 변경하고 컴퓨터에 저장된 모든 파일 및 프로그램에 액세스할 수 있음

17 – ④

[해설] IoT 네트워크를 이용할 경우 사물마다 네트워크가 연결되므로 통신 비용이 증가되며 성능과 형태가 모두 다른 이기종 간의 사물 인터넷마다 정보보안기술을 적용하기가 용이하지 않음

18 – ④

[해설] 로컬 디스크의 용량 확인 : [시스템]–[저장소]

19 – ①

[해설] 사용자 계정 컨트롤 설정
- 유해한 프로그램이나 컴퓨터를 변경하는 것을 방지하는 데 도움을 줌
- 슬라이더를 이동하여 사용자 계정 컨트롤이 잠재적으로 유해한 변경으로부터 사용자를 보호할 정보를 선택함

[정리] ② Microsoft Defender 바이러스 백신 : 스파이웨어, 바이러스, 맬웨어를 검색하고 치료해주는 백신으로 실시간 보호 기능을 제공함
③ BitLocker : 드라이브를 암호화하여 PC를 보호해 주는 기능 (Windows 10 Home 버전은 지원하지 않음)
④ 시스템 복원 : 컴퓨터의 시스템 파일을 이전 시점으로 복원시켜주는 기능

20 – ③

[해설] 클립보드 : [설정]–[시스템]에 [클립보드] 항목이 있음
[정리] [설정]–[앱] : 앱 및 기능, 기본 앱, 오프라인 지도, 웹 사이트용 앱, 비디오 재생, 시작 프로그램 등

21 – ①

[해설] 부분합의 기준이 되는 필드는 반드시 정렬되어 있어야 제대로 된 부분합을 실행할 수 있음

22 – ①

[해설] 국어 점수가 70점 이상에서 90점 미만인 데이터 행을 추출할 경우 70점 이상이면서 90점 미만에 해당하므로 AND 조건에 해당하여 같은 행에 입력해야 하며, 필드 이름은 하나의 필드 이름이지만 조건이 두 가지 경우이므로 2번 입력함

23 – ①

[해설] 시나리오 : 워크시트에 입력되어 있는 자료들에 대해 자료 값이 변함에 따라 그 결과를 분석하고 예측하는 기능

[정리] ② 목표값 찾기 : 수식의 결과값은 알고 있지만 그 결과를 얻기 위해 입력값은 어떻게 바뀌는지 알고 싶을때 사용하는 기능
③ 통합 : 데이터 통합은 비슷한 형식의 여러 데이터를 하나의 표로 통합, 요약하여 표시해 주는 도구로 여러 시트에 입력되어 있는 데이터 및 다른 통합 문서에 입력된 데이터도 통합할 수 있음
④ 데이터 표 : 워크시트에서 특정 데이터 값의 변화에 따른 결과 값의 변화 과정을 표의 형태로 표시해 주는 도구로 특정 값의 수에 따라 단일 표와 이중 표로 구분함

24 – ②

[해설] 정렬시 방향이 기본 설정인 '위쪽에서 아래쪽'일 경우 숨겨진 열은 정렬 대상에 포함되어 이동되지만 숨겨진 행은 포함되지 않아 이동되지 않으며, '왼쪽에서 오른쪽'일 경우 숨겨진 행은 정렬 대상에 포함되어 이동되지만 숨겨진 열은 포함되지 않아 이동되지 않음

25 – ②

[해설] 데이터가 입력된 셀에서 를 누르면 내용만 지워지며, 내용과 서식을 함께 지우려면 [홈]–[편집]–[지우기]–[모두 지우기]를 선택해야 함

26 – ②

[해설]
- 유형이 급수인 경우 단계 값만큼 곱하여 입력하게 되므로 단계 값은 -3이 됨
- **선형** : 단계 값만큼 더하여 입력함
- **급수** : 단계 값만큼 곱하여 입력함
- **날짜** : 날짜 단위에서 지정한 값만큼 증가하여 입력
- **자동 채우기** : 채우기 핸들로 자동 채우기를 수행한 것과 같은 결과를 표시함

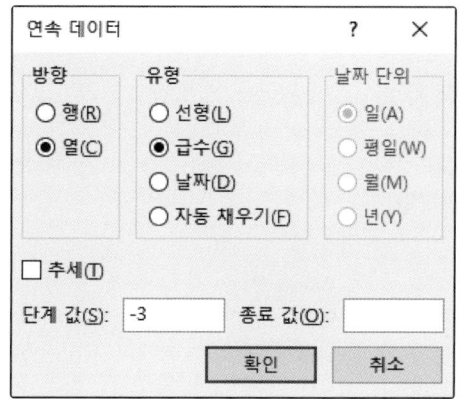

27 – ③

[해설] 사용자 지정 표시 형식의 #,### 뒤에 콤마(,)가 하나씩 붙을 때마다 결과값의 마지막 자리를 3자리씩 생략하여 표시함
1000000000 → #,### → 1,000,000,000
1000000000 → #,###, → 1,000,000 (천 단위의 단위 변경에 사용)
1000000000 → #,###,, → 1,000 (백만 단위의 단위 변경에 사용)
1000000000 → #,###,,, → 1 (십억만 단위의 단위 변경에 사용)

28 - ②
해설 찾기를 통해 찾을 수 있는 워크시트의 요소에는 수식, 값, 메모 등이 있으며, '메모'로 설정한 경우 메모 안의 텍스트도 찾을 수 있음

29 - ④
해설 =IF(YEAR(B3)<=2010,"골드회원","일반회원") : [B3] 셀에서 연도가 2010 이하이면 "골드회원"을 표시하고 그렇지 않으면 "일반회원"을 표시하여 [C3] 셀에 "골드회원"을 표시함

정리 TODAY 함수에는 괄호 안에 인수가 들어가지 않으며, DATE 함수는 년, 월, 일에 해당하는 인수 3개를 콤마(,)로 구분하여 입력해야 함

30 - ①
해설
• 매크로 이름을 지정시 첫 글자는 반드시 문자로 지정해야 하며, 두 번째 글자부터는 문자, 숫자, 밑줄 문자(_) 등을 사용할 수 있지만 / ? ' ' . - ※ 등의 특수문자와 공백 문자는 사용할 수 없음
• 매크로 저장 위치에는 개인용 매크로 통합 문서, 새 통합 문서, 현재 통합 문서 중에서 선택할 수 있음

31 - ③
해설 =MAX(32,-4,0,12,42) : 최대값을 계산 42

정리 ① =POWER(2,5) : 거듭 제곱(25 = 2*2*2*2*2)을 계산 32
② =SUM(3,11,25,0,1,-8) : 합계를 계산 32
④ =INT(32.2) : 정수값을 계산 32

32 - ④
해설 =TRUNC(SQRT(B1)) : [B1] 셀의 값인 7의 제곱근 값(2.6457...)에서 TRUNC를 통해 지정한 자릿수 미만을 버리는데 뒤에 인수가 생략되어 0으로 인식하므로 정수 부분인 2가 실행 결과로 표시됨

정리 ① =COUNTIF(B1:B4,"<>"&B3) : B3셀과 같지 않은 셀의 개수로 3의 결과값이 표시됨
② =COUNTIF(B1:B4,">3") : 3을 초과하는 셀의 개수로 3의 결과값이 표시됨
③ =INDEX(A1:C4,4,2) : [A1:C4] 범위에서 4행, 2열의 값을 찾으므로 3의 결과값이 표시됨

33 - ①
해설
• =VLOOKUP(찾을 값, 범위, 열 번호, 옵션) : 범위의 첫 번째 열에서 찾을 값을 찾은 후 찾을 값이 있는 행에서 지정된 열에 있는 데이터를 표시함
• 찾을 값은 바코드 352가 있는 셀로 [C8]이고 범위는 [B2:D6]으로 셀 주소가 변하지 않도록 절대 주소($B$2:$D$6)로 고정하며, 열 번호는 찾을 값인 바코드 352에 대한 단가가 있는 열 위치이므로 3이 됨. 옵션의 경우 바코드가 정확히 일치하는 값을 찾아야 하므로 FALSE를 지정해야 하지만 범위의 첫 번째 열이 오름차순으로 정렬되어 있으므로 생략 하거나 TRUE(0)로 지정해도 정상적으로 표시됨

34 - ③
해설 두 개 이상의 문자 셀을 채우기 핸들로 끌면 두 개 셀 문자가 반복적으로 복사됨

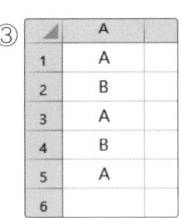

정리

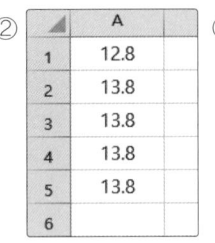

35 - ①
해설 [셀 서식] 대화상자의 [표시 형식] 탭에서 '일반'은 특별한 서식을 지정하지 않은 경우로 문자는 왼쪽, 숫자는 오른쪽에 표시되며, 현재 지정된 서식을 해제할 때 사용하기도 함

36 - ②
해설
• 추세선을 사용 가능한 차트 : 영역형, 가로 막대형, 세로 막대형, 꺾은선형, 주식형, 분산형, 거품형 등
• 추세선을 사용할 수 없는 차트 : 누적형 차트, 3차원 차트, 방사형, 원형, 도넛형, 표면형 등

37 - ②
해설 데이터 선택은 차트에 포함된 데이터 범위를 변경하거나 행/열 전환 또는 계열의 순서를 변경할 때 사용함

38 - ①
해설 피벗 테이블 옵션에서 행 총합계가 해제되고 열 총합계가 표시된 결과임

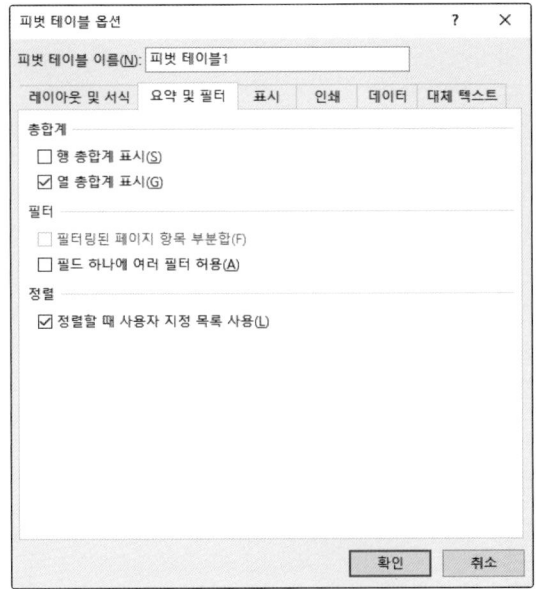

39 – ③

해설 창 나누기는 데이터의 양이 많아 필요한 데이터를 한 화면으로 보기 어려운 경우 수직, 수평 또는 수직·수평으로 분할하는 기능으로 나누어진 전체에 대해 확대/축소는 할 수 있지만 각각의 구역에 확대/축소는 할 수 없음

40 – ④

해설 인쇄할 프린터 선택은 [인쇄] 대화상자에서 설정함

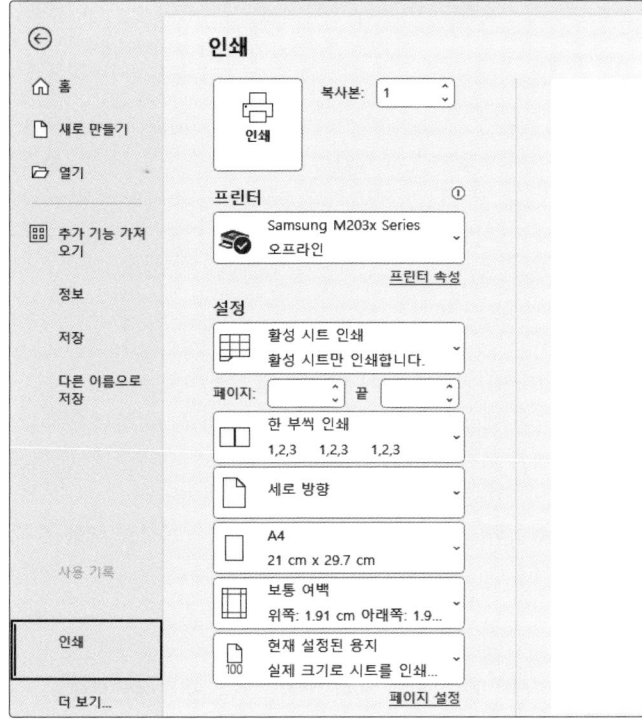

정리 ①은 [시트] 탭, ②는 [여백] 탭, ③은 [페이지] 탭에서 지정

제O3회 기출실전문제

정답

01 ②	02 ③	03 ①	04 ④	05 ②
06 ④	07 ③	08 ③	09 ④	10 ④
11 ①	12 ②	13 ④	14 ②	15 ①
16 ③	17 ③	18 ①	19 ①	20 ②
21 ①	22 ④	23 ②	24 ②	25 ④
26 ④	27 ①	28 ②	29 ②	30 ④
31 ③	32 ②	33 ①	34 ③	35 ②
36 ①	37 ④	38 ③	39 ③	40 ③

01 – ②

해설 크랙커(Cracker)란 어떤 목적을 가지고 타인의 시스템에 불법으로 침입하여 정보를 파괴하거나 정보의 내용을 자신의 이익에 맞게 변경하는 사람을 의미함

02 – ③

해설 • 블루투스(Bluetooth) : 근거리에서 데이터 통신을 무선으로 가능하게 해주는 표준 기술로 무선 키보드 및 마우스 등을 PC와 연결하거나 핸드폰, PDA, 노트북과 같은 휴대 가능한 장치들 간의 양방향 정보 전송을 목적으로 함
• 와이파이(Wi-Fi) : 무선으로 사용자에게 광대역 인터넷 서비스를 제공하여 Wi-Fi 네트워크에 액세스할 수 있는 핫스팟(Hotspot) 구역에서 스마트폰 또는 노트북 등으로 인터넷에 접속 가능
• 이더넷(Ethernet) : 근거리 통신망(LAN)에서 사용되는 컴퓨터 네트워크 기술로 가정이나 학교, 사무실 등의 컴퓨터 네트워크 구성에 사용

03 – ①

해설 현재 창 닫기에 사용하는 바로 가기 키는 [Alt]+[F4] 임

04 – ④

해설 ping : 원격 컴퓨터가 현재 네트워크에 연결되어 정상적으로 작동하는지 알아보는 명령어
정리 ① echo : 메시지를 보여주거나 명령어 반향을 켜거나 끔
② ipconfig : 현재 컴퓨터의 IP 주소, 서브넷 마스크, 게이트웨이 등을 표시해줌
③ regedit : 레지스트리 편집기의 실행 명령어

05 – ②

해설 멀티미디어의 특징 : 디지털화, 비선형성, 쌍방향성, 정보의 통합성

06 – ④

해설 전송 속도(bps) : Bits Per Second의 약자로 초당 전송되는 비트(Bit)의 수를 의미함

07 - ③
해설 • [이더넷 속성] 창에서 호스트명과 도메인명을 설정하는 기능은 지원되지 않음
• [설정]-[네트워크 및 인터넷]-[상태]-고급 네트워크 설정의 [어댑터 옵션 변경]-[이더넷]의 바로 가기 메뉴에서 [속성]을 클릭하여 [이더넷 속성] 창에서 지정

08 - ③
해설 증폭 회로는 아날로그 컴퓨터의 구성 회로이며, 디지털 컴퓨터는 논리 회로를 사용함

09 - ④
해설 • 1세대(진공관) : 기계어 사용, 하드웨어 중심, 일괄처리 시스템
• 2세대(트랜지스터) : 고급언어 개발, 운영체제 도입, 온라인 실시간 처리, 다중 프로그램
• 3세대(집적회로) : 시분할 처리, 다중처리, OMR, OCR, MICR, MIS 도입
• 4세대(고밀도 집적회로) : 개인용 컴퓨터 개발, 마이크로프로세서 개발, 네트워크, 분산 처리
• 5세대(초고밀도 집적회로) : 인터넷, 인공지능, 퍼지이론, 패턴인식, 전문가 시스템 등 신기술 개발

10 - ④
해설 기본 프린터는 로컬 프린터와 네트워크로 공유한 프린터 모두 설정이 가능함

11 - ①
해설 연산장치에 속하는 레지스터 → 누산기, 가산기, 보수기 등
제어장치에 속하는 레지스터 → 프로그램 카운터(PC), 명령 레지스터, 명령해독기 등
정리 ② 프로그램 카운터(PC)로 연산장치에 해당
③ 명령 레지스터(IR)로 제어장치에 해당
④ 명령 해독기(Inatruction Decoder)로 제어장치에 해당

12 - ②
해설 Windows Media Player 또는 Windows Media Center를 이용하면 비디오 파일을 재생할 수 있지만 편집은 불가능

13 - ④
해설 작업 표시줄의 바로 가기 메뉴 : 도구 모음, 계단식 창 배열, 창 가로 정렬 보기, 창 세로 정렬 보기, 바탕 화면 보기, 작업 관리자 시작, 작업 표시줄 잠금, 작업 표시줄 설정 등이 있음
정리 ④ 아이콘 자동 정렬은 바탕 화면의 바로 가기 메뉴에 있음

14 - ②
해설 플래시 메모리 : 롬(ROM)처럼 기억된 내용이 전원이 나가도 지워지지 않는 비휘발성 메모리이면서 램(RAM)처럼 입력과 수정이 쉽도록 개발된 빠른 속도의 기억장치로 소비 전력도 작아 MP3 플레이어, 휴대전화, 디지털 카메라 등에 널리 사용됨

15 - ①
해설 • GIF 파일 형식 : 비트맵 방식의 비(무)손실 압축 방식을 이용함
• JPG 파일 형식 : 비트맵 방식의 비(무)손실과 손실 압축 방식을 모두 지원함

16 - ③
해설 휴지통에 보관된 파일은 직접 실행할 수 없으며, 보관된 파일은 [파일]-[복원]을 이용하여 복원 후 실행해야 함

17 - ③
해설 SSD : 하드디스크(HDD)와 비슷하고 동작하면서 HDD와 달리 기계적 장치가 없는 반도체를 이용하여 고속으로 데이터를 입출력할 수 있고 기계적인 지연이나 실패율이 없으며, 발열, 소음과 전력 소모가 적고 소형화, 경량화가 가능, 외부 충격에도 강하나 저장 용량당 가격은 비싼편임
정리 ① DVD : 디지털 압축 기술을 이용한 디지털 비디오 디스크로 CD와 외관이 동일하면서 용량은 약 7배 이상 큼
② HDD : 자성 물질을 입힌 금속 원판을 여러 장 겹쳐서 만든 기억 매체로 저장 용량이 크고 데이터 접근 속도가 빠르지만 충격에 약해 본체에 고정시켜 사용하는 고정식 저장매체
④ ZIP Drive : 파일을 백업하거나 보관할 때 사용하는 휴대용 디스크 드라이브

18 - ①
정리 ②는 Alt+F4, ③은 Shift+F10, ④는 Alt+SpaceBar를 눌러 실행함

19 - ①
해설 마우스의 기본 선택은 왼쪽, 오른쪽 중에서 하나를 설정할 수 있음

20 - ②
해설 아카이브 파일(Archive File) : 압축 파일이라고도 하며, 소스 볼륨과 미디어 정보, 파일 디렉터리 구조, 오류 감지, 복구 정보, 파일 설명을 포함할 수 있는 메타데이터가 포함된 하나 이상의 파일로 이루어진 파일
정리 ① 실행 파일 : 암호화된 명령에 따라 지시된 작업을 수행하도록 하는 컴퓨터 파일
③ 동적 라이브러리 파일 : 동적 링크를 사용한 라이브러리로 윈도우에서는 확장자가 '䚦'인 파일로 제공되고 있음
④ 배치 파일 : 일괄처리 파일로 컴퓨터 운영체제에서 수행되는 명령어들로 구성된 텍스트파일

21 - ①
[정리] ② [A3:D7]의 영역을 선택해야 [데이터]-[윤곽선]-[그룹]-[자동 윤곽]을 실행할 수 있음
③ 자동 윤곽 설정을 해제하는 방법임
• **자동 윤곽** : 부분합과 유사하지만 합계 및 평균 등 그룹의 부분합 과정 없이 바로 윤곽 기호를 표시해주는 기능으로 문제 보기와 같이 범위(A3:D6)를 지정한 경우 [데이터]-[윤곽선]-[그룹]을 클릭한 다음 [그룹] 대화상자에서 '행'을 선택하여 자동 윤곽선을 만들 수 있음

22 - ④
[해설] 오름차순 정렬 순서는 숫자 - 기호(특수) 문자 - 영문 소문자 - 영문 대문자 - 한글 - 빈 셀(공백) 순서이며, 정렬 옵션 방향은 '위쪽에서 아래쪽'과 '왼쪽에서 오른쪽'이 있음

23 - ④
[해설] 시나리오는 워크시트에 입력되어 있는 자료들에 대해 자료값이 변함에 따라 그 결과를 분석하고 예측하는 기능
[정리] ④는 부분합에 대한 설명임

24 - ②
[해설] 데이터 통합은 비슷한 형식의 여러 데이터를 하나의 표로 통합, 요약하여 표시해 주는 도구로 여러 시트에 입력되어 있는 데이터 및 다른 통합 문서에 입력된 데이터도 통합할 수 있음

25 - ④
[정리] ① 이름 정의시 첫 글자는 반드시 문자나 밑줄(_), 역슬래시(\)로 시작해야 함
② 시트가 다르더라도 같은 통합 문서에서는 동일한 이름을 지정할 수 없음
③ 이름 정의시 영문자는 대소문자를 구분하지 않음

26 - ④
[해설] 피벗 테이블 보고서의 레이아웃(행, 열, 보고서 필터, 값)이 변경되어도 메모가 삽입된 셀은 이동되지 않음

27 - ①
[해설] **하이퍼링크(HyperLink)** : 문서에서 클릭했을 때 다른 페이지나 파일을 열도록 연결되는 링크로 연결 대상은 다른 웹 페이지, 그림, 전자 메일 주소, 프로그램 등이 있으며, 텍스트나 단추, 도형, 그림 등에 하이퍼링크를 지정할 수 있음

28 - ③
[해설] 원본 데이터 '15:30:22'에 'hh:mm:ss AM/PM' 서식을 지정하면 '03:30:22 PM'의 결과 데이터가 표시됨
[정리]

	입력 데이터	서식	결과
①	5054.2	###	5054
②	대한민국	@"화이팅"	대한민국화이팅
③	15:30:22	hh:mm:ss AM/PM	03:30:22 PM
④	2023-02-01	yyyy-mm-ddd	2023-02-Wed

29 - ②
[해설] 매크로의 바로 가기 키는 영문자만 가능하고 입력하지 않아도 매크로를 생성할 수 있으며, 기본적으로 Ctrl과 조합하여 사용하나 대문자로 지정할 경우 Shift가 자동으로 덧붙여 지정됨(Ctrl+영문 소문자, Ctrl+Shift+영문 대문자)

30 - ④
[해설] 매크로 보안 설정 종류 : 모든 매크로 제외(알림 표시 없음), 모든 매크로 제외(알림 표시), 디지털 서명된 매크로만 포함, 모든 매크로 포함(위험성 있는 코드가 실행될 수 있으므로 권장하지 않음) 등이 있음

31 - ③
[해설] 등수를 구하는 함수인 =RANK.EQ(D2,$D$2:$D$5)에서 [D2] 셀이 전체 합계 영역($D$2:$D$5)에서 3번째 이므로 결과값 3을 CHOOSE 함수에 대응하면 =CHOOSE(3,"대상","금상","은상","동상")이 되어 인수 3에 해당하는 3번째 "은상"을 결과 값에 표시함

	A	B	C	D	E
1	성명	이론	실기	합계	순위
2	갈나래	47	45	92	은상
3	이석주	38	47	85	동상
4	박명권	46	48	94	금상
5	장영주	49	48	97	대상

E2 수식: =CHOOSE(RANK.EQ(D2,$D$2:$D$5),"대상","금상","은상","동상")

32 - ②

해설 [A7] 셀의 수식 =$A$1+$A2를 복사하여 [C8] 셀에 붙여 넣기 했을 경우 수식의 [$A$1] 셀은 절대 주소로 행과 열이 모두 고정된 주소를 표시하게 되며, [$A2] 셀의 경우 열은 고정되고 행은 변경되는 혼합 주소로 [A7] 셀에서 [C8] 셀로 행이 1증가하여 [$A3]이 되므로 =$A$1+$A3인 결과값 4의 결과를 표시하게 됨

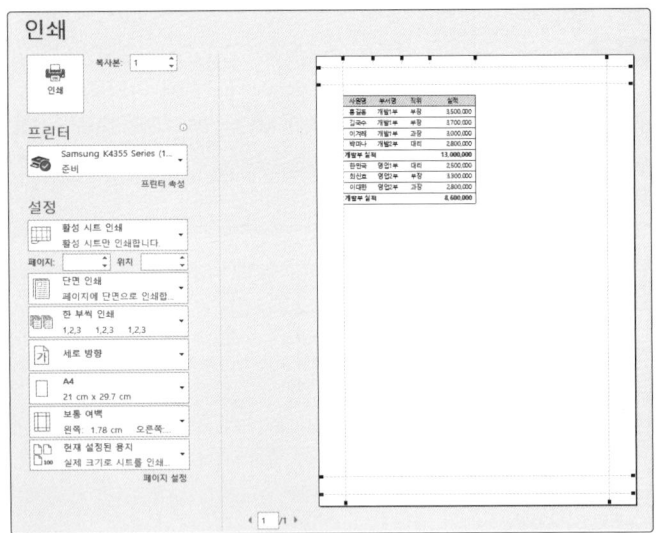

33 - ①

해설 • [인쇄 미리 보기] 화면에서는 열너비의 조절이 가능하며 조절된 너비 만큼 워크시트에도 적용됨
• [인쇄 미리 보기] 화면에서는 행 높이의 조절은 불가능함

34 - ③

해설 각 셀에는 열 문자와 행 번호가 있으며, [A1] 셀은 A열, 1행이 만나는 셀로 그 셀의 주소가 됨

35 - ②

해설 • **거품형 차트** : 분산형 차트의 한 종류로 데이터 계열 간의 항목 비교에 사용되는 차트
• **방사형 차트** : 많은 데이터 계열의 집합적인 값을 나타낼 때 사용하며, 각 계열은 가운데서 뻗어 나오는 값 축을 갖음

36 - ①

해설 엑셀에서 그림을 시트에 배경으로 사용하면 화면에는 표시되지만 인쇄할 경우 시트의 배경이 인쇄되지는 않음

37 - ④

해설 =SUM(인수1, 인수2, …) 함수는 인수들의 합계를 구하는 함수로 인수에는 숫자 또는 숫자가 들어있는 셀 주소를 사용하지만 A1A9와 같이 사이에 콜론(:)이 빠져 셀 참조 영역이 아닌 텍스트로 인식하여 수식에 인식할 수 없는 텍스트를 사용하였으므로 #NAME? 오류 메시지가 표시됨(단, A1A9가 셀에서 범위 이름으로 정의 된 경우 해당 범위의 합계를 구할 수 있음)
정리

38 - ③

해설 데이터 레이블은 막대나 선이 나타내는 표식에 대한 데이터 항목 또는 값 등의 추가 정보를 표시하는 차트 요소로 보기 화면에는 표시되지 않음

39 - ③

해설 • 동일한 통합문서의 시트 참조의 경우 시트 이름과 셀 주소 사이를 느낌표(!)로 구분하여 연속적인 Sheet1:Sheet3 워크시트의 C5셀 합계를 계산하므로 =SUM(Sheet1:Sheet3!C5)로 수식을 작성해야 함
• 다른 통합 문서의 셀을 참조할 경우 통합 문서 이름을 대괄호([ ])로 묶어 구분하며, 워크시트 이름에 한글, 영문 외에 다른 문자가 있을 경우(공백 포함) 작은 따옴표(' ')로 묶어 주어야 함

40 - ③

해설 보기의 차트는 보조 축으로 수량 계열을 사용함

MEMO

MEMO